군자 프로젝트

『논어』에서 말하는 이 시대의 진정한 리더십

안성재 지음

어문학사

들어가면서

　군자(君子)는 일반적으로 성품이 훌륭하고 학식이 높은 지성인을 일컫는 말로 알려져 있습니다. 심지어 앞에 '성인(聖人)'을 붙여서 '성인군자'라고도 하죠. 그런데 '군자'라는 단어는 원래 말 그대로 '임금의 아들'이란 뜻입니다. 즉 아버지의 뒤를 이어서 나라를 이끌 '차기 지도자'라는 의미를 갖는데요. 하지만 임금이 죽으면, 첫째 아들만이 아버지의 뒤를 이어서 임금이 됩니다. 그럼 나머지는 어떻게 될까요? 둘째부터는 임금보다 하나 아래에 있는 귀족 신분의 사회 지도자 계급이 됩니다. 또 이들 중 임금에게서 영토를 분봉 받은 이들은 그곳에 제후국을 세우고 스스로 제후가 되어 임금을 보호하며, 나아가 자기 백성을 지키는 임무를 맡게 되죠. 따라서 '군자'는 어려서부터 지도자가 갖춰야 할 인성과 예절 교육을 받은, 한 나라의 리더라고 할 수 있습니다.

　그리고 이 '군자'를 영어로 번역한 것이 젠틀맨(gentleman)인데요. 신사(紳士)라는 뜻으로 더 잘 알려진 젠틀맨은 사실 본래 예절과 신의를 갖춘 교양 있는 상류사회의 남성을 뜻합니다. 젠틀맨은 외출용과 장례식 참석용 양복 두 벌만 갖춘다는 말이 있는데, 이는 검소함을 상징하죠. 따라서 일반적으로 돈에 대해서는 잘 이야기하지 않았는데, 그저 위스키를 살 돈만 있으면 된다고 생각했다고 합니다.

　우리는 지금까지도 영국을 젠틀맨의 나라로 부르는데, 그 기원은 1000여 년 전 노르망디(Normandie)에서 건너온 정복왕 윌리엄(William the Conqueror) 때로 거슬러 올라갑니다. 바이킹(Viking) 출신의 윌리엄은 강력한 군대를 이끌고 영국으로 건너와, 토착민들을 정복하고는 왕위에 올랐습니다. 그리고 윌리엄을 따라 프랑스 북부 노르망디에서 건너온 기사들은 자연스레 귀족이 되었는데, 이들은 바이킹답게 아주 거칠고 사나웠습니다. 그래서 토론이 걸핏하면 칼싸움으로 번졌고, 서로 죽고 죽이는 일이 빈번하게 일어났죠. 이를 더는 방관할 수 없었던 귀족들은 자신들의 거친 천성을 순화하기 위해서, 프랑스의 에티켓(etiquette)을 배워와 점차 우아한 귀족의 모습으로 변화했습니다. 하지만 적장자 계승제인 동양과 마찬가지로 이들 역시 모든 신분이 큰아들에게 세습되어서, 나머지 자녀들은 귀족 아래 신분인 향사(鄕士)가 될 수밖에 없었습니다. 그리고 어린 시절부터 귀족의 기품을 익힌 이 향사들은 새로운 계급인 젠트리(Gentry)를 형성했고, 이 계급이 젠틀맨의 기원이 됩니다.

따라서 군자와 젠틀맨은 모두 인격이 훌륭한 인물이라는 오늘날의 뜻과는 달리, 본래 국민의 귀감이 되는 지도자 계급이라는 신분적 의미를 지녔습니다. 그렇다면 우리는 지금처럼 혼란스러운 사회를 되돌리기 위해서 원래 의미로서의 군자를 많이 양성해야 하는데, 문제는 어떡해야 다시 현대판 군자들을 키워낼 수 있을까 하는 겁니다. 그 해답이 고스란히 『논어』 안에 담겨 있으니, 이제 군자가 되는 방법을 하나씩 살펴볼까요?

『도덕경』이나 『논어』 등 선진(先秦) 즉 진(秦)나라의 전국 통일(B.C. 221년) 이전의 서적들은 단 하나의 예외도 없이 모두가 연역법으로 서술되어 있습니다. 앞에서 구체적인 사실들을 논리적으로 열거한 후 맨 마지막에 결론을 도출해내는 귀납법과 달리, 연역법은 먼저 잠정적인 결론을 앞에 제시하고 이어서 그것이 사실임을 입증할 증거들을 나열하는 글쓰기 방법이지요. 예를 들어 설명하면 다음과 같습니다.

연역법		
일반명제	구체적 사실1	구체적 사실2
모든 생명체는 죽는다.	동물은 언젠가 죽는다.	식물은 언젠가 죽는다.

귀납법		
구체적 사실1	구체적 사실2	일반명제
동물은 언젠가 죽는다.	식물은 언젠가 죽는다.	모든 생명체는 죽는다.

또 선진시기 서적들은 길게 풀어 쓰는 산문과 달리, 시처럼 짧은 운문으로 쓰여있습니다. 소설은 별도의 설명 없이도 쉬이 읽을 수 있죠. 하지만 시(詩)는 어떨까요? 짧은 시구를 읽는 것만으로도 작가가 전하고자 하는 말뜻을 정확하게 알 수 있을까요? 다음 『시경』의 첫 작품 「관저」편

을 보면 알다시피, 작가의 의도를 파악하기란 그리 쉬운 게 아닙니다.

구구 지저귀는 물수리가, 황하의 모래톱에 있네.

얌전하고도 정숙한 아리따운 여인은, 군자가 짝으로 하기를 좋아하네.

들쭉날쭉한 노랑어리연꽃을, 이리저리 헤치네.

얌전하고도 정숙한 아리따운 여인은, 자나 깨나 군자가 구한다네.

군자가 구하여도 얻지 못하니, 자나 깨나 마음속에 간직하네.

아, 아! 잊지 못하여 이리 뒤척이고 저리 뒤척인다네.

들쭉날쭉한 노랑어리연꽃을, 이리저리 뜯네.

얌전하고도 정숙한 아리따운 여인은, 거문고와 비파로 가까이하네.

들쭉날쭉한 노랑어리연꽃을, 이리저리 뽑네.

얌전하고도 정숙한 아리따운 여인은, 쇠북과 북으로 즐거워하네.

사실 '운문'은 후대에 들어서 생긴 단어랍니다. 옛 중국사람들은 오늘날의 '운문'을 '미언대의(微言大義)'라고 표현했지요. '작을 미(微)'와 '말씀 언(言)'은 글자 수가 많지 않다는 뜻을 갖고, '큰 대(大)'와 '뜻 의(意)'는 심오한 의미를 가진다는 뜻으로 풀이됩니다. 따라서 오늘날의 짧지만 깊은 의미를 함축한 '운문'과 같은 개념이 되죠.

그렇다면 선진시기 서적들은 왜 하나같이 운문으로 써진 걸까요? 그 이유는 의외로 간단합니다. 당시에는 글쓰기가 아직 산문 단계까지 발전하지 못했기 때문인데요. 이는 동양뿐 아니라 서양에도 똑같이 보이는 현상이랍니다.

이러한 운문은 그 문장 자체만 가지고 해석하기가 무척 어렵습니다. 따라서 운문처럼 압축된 문장을 풀이할 때는 반드시 다양한 관련 자료들을 함께 비교하며 분석해야 하는데, 이때 특히 작품 분석의 3가지 요소 즉 1) 작가가 누구인가? 2) 작가의 집필 의도는 무엇인가? 3) 작가가 처한 시대적 배경은 어땠는가?를 파악하는 것이 중요합니다. 이 세 가지를 제대로 알지 못하면, 운문의 뜻을 정확하게 파악할 수 없죠. 즉 『논어』는 『논어』로만 풀이하면 안 되고, 『예기』를 중심으로 『시경』『서경=상서』『춘추좌전』 등 다양한 서적들을 함께 봐야 합니다. 왜냐면 대략 16,000자로 이뤄진 『논어』는 99,000여 자로 이뤄진 『예기』를 요약한(summary) 것이라고 볼 수 있기 때문이죠. 그래야 『논어』의 각 구절이 말하고자 하는 내용이 무엇인지 정확하게 이해할 수 있답니다.

자, 이제 저와 함께 이 3가지 요소를 바탕으로 『논어』 구절들을 하나씩 풀어볼까요?

『논어』에 앞서서 -대동과 소강

그런데, 우리는 『논어』를 읽기에 앞서서 먼저 대동(大同)과 소강(小康)의 개념을 이해해야 합니다. 왜냐면 예로부터 전해오는 중국의 고대 문화는 단 하나의 예외도 없이 이 대동과 소강의 개념과 밀접하게 연결되기 때문입니다. 따라서 『논어』를 정확하게 이해하기 위해서는 이 대동과 소강을 먼저 짚고 넘어가야 하는데, 이를 위해서 『예기』 「예운」편의 다음 부분을 읽어보도록 하죠.

예전에 공자가 하늘에 지내는 제사에 참석했다. 제사가 끝난 후, 공자는 누각에 올라 길게 한숨을 내쉬었다. 공자가 길게 한숨을 내쉰 것은 아마도 노나라의 앞날을 한탄한 것이리라. 곁에 있던 제자 자유(子游)가 물었다. "스승님, 어쩐 일로 한숨을 내쉰 것입니까?" 그러자 공자가 대답했다. "큰 도가 실시될 때와 하(夏)나라, 상(商)나라, 주(周)나라 세 왕조의 훌륭한 인물들이 통치할 때는, 비록 내가 그 시대로 돌아가 볼 수는 없으나 기록에 보존되어 있으므로, 그 시대 상황이 어땠는지 알 수 있다."

춘추시대에 살았던 공자는 여기서 옛날을 1) 큰 도가 실시될 때와 2) 하, 상, 주 세 왕조의 훌륭한 인물이 나라를 다스리던 때 두 부분으로 나누고 있음을 알 수 있습니다. '큰 도' 즉 대도(大道)가 실시되던 때는 이른바 대동사회이고, 하, 상, 주 세 왕조의 훌륭한 인물들이 통치하던 시기는 바로 소강사회입니다.

그런데 여기서 주의해야 할 점이 있습니다. 바로 공자는 소강사회에 대해서 정의를 내릴 때 단지 하나라, 상나라, 주나라의 훌륭한 인물이 다스리던 시기라고 소개했지, 결코 세 왕조의 모든 시기를 지칭하지는 않았다는 점이죠. 그리고 여기서 미리 밝혀야 할 것이 있는데, 하, 상, 주 세 왕조의 훌륭한 인물이란 잠시 후 아래에서 언급되는 여섯 명의 군자(君子)라는 점입니다.

> 큰 도가 실시될 때는 세상이 모든 이들의 것이었다. 인품이 훌륭한 인물이 선택되었고, 또 재능이 있는 이가 선발되었다. 신뢰가 중시되고, 사람들의 관계가 화목하게 되었다. 이 때문에 사람들은 자기 부모만 보살핀 것이 아니었고, 역시 자기 자녀만 돌본 것이 아니었다.

임금을 선발할 때 사람들은 혈통이나 배경에 의지하지 않고 오로지 인품과 행정 능력만 보고 뽑았는데, 이것이 바로 대동사회의 선양(禪讓) 제도입니다. 특히 여기서 주의해야 할 것은 노자는 『도덕경』에서 도(道)를 설명할 때마다, 종종 대도(大道) 즉 '큰 도' 또는 천도(天道) 다시 말하자면 '하늘의 도'라고 불렀다는 점인데요. 노자의 도는 대동과 관련된답니다. 그리고 남의 부모와 자녀들을 자기 가족처럼 돌봤다는 말뜻은, 대동사회가 진정한 의미에서의 상생과 공생을 실천한 사회였음을 의미하고 있죠.

> 노인들은 천수를 다하다 죽고, 젊은이들은 재능을 펼칠 수 있었으며, 어린 이들은 보살핌을 받으며 성장할 수 있었다. 늙어 부인이 없는 이(환: 鰥), 늙어 남편이 없는 이(과: 寡), 부모 없는 어린이(고: 孤), 자식 없는 노인(독: 獨)과

장애인들 모두가 보살핌을 받았다. 모든 남성은 일자리가 있어 자신이 속한 직분이 있었고, 모든 여성은 남편이 있어 자신이 속한 집안이 있었다.

여기서는 오늘날의 복지제도와 유사한 개념을 설명하고 있는데, 이는 두 가지 관점에서 접근할 필요가 있습니다. 하나, 환과고독(鰥寡孤獨)이 네 가지 계층은 사회의 최약자층을 대표하는데, 이들은 모두 국가의 보살핌을 받고 있었다는 점입니다. 또 당시에는 장애인 역시 사회 구성원 중 하나로, 무시 받지 않았음을 의미하기도 하죠. 둘, 국가가 발 벗고 나서서 배우자를 찾지 못한 남녀들을 연결해줘서, 독신생활을 하는 이들이 없었다는 점입니다.

사람들은 재산을 귀히 여겨서 함부로 대하지 않았지만, 반드시 자기 집에 보관하려 하지는 않았다. 사람들은 또한 자기 힘을 들여 애써 일하는 것을 중시했지만, 반드시 자기만을 위해서 그런 것은 아니었다. 이 때문에 얄팍한 계략이 통하지 못하고 도적이나 반란이 일어나지 못했다. 따라서 사람들이 밖의 대문을 잠그지 않았으니, 이를 대동이라고 일컫는다.

계략이라는 것은 남보다 자신이 더 잘나고 더 잘되기를 바라는 마음에서 비롯되죠. 따라서 귀한 물건을 귀히 여기되 나 혼자만 독차지하지 않고, 또 열심히 일하고자 하나 그것이 반드시 자기 자신만을 위함이 아니라 함께 하려는 마음이 있다면, 굳이 타인의 것에 욕심을 부리지 않게 되므로, 남의 집 대문을 열고자 하는 탐욕이 일지 않던 겁니다.

그런데 이제는 큰 도가 사라졌으니, 세상이 자기 것만을 챙기게 되었다. 사람들은 자기 부모만을 모시고, 자기 자녀만을 챙겼다. 재물과 힘은 자기 자신을 위해서만 썼다. 지배계급들은 세습을 예의로 삼았고, 성 주위에 둘러 판 연못인 해자를 만들어 다른 사람들이 침입하지 못하도록 했으며, 예(禮)와 의로움(義)을 기강으로 삼았다. 그들은 예의와 의로움으로 임금과 신하 관계를 바로 하고, 부모와 자식 관계를 돈독히 하였으며, 형제간에 화목하게 하고, 부부 사이를 조화롭게 하였으며, 제도를 설치했다. 또 논밭의 경계를 명확하게 가르고, 용감하고 지혜로운 자를 존중하고, 공적을 자기의 것으로 여겼다. 이에 사람들은 자기가 남들보다 더 가지려고 권모술수를 쓰기 시작했고, 나아가 전쟁이 발발하게 되었다. 하나라의 우, 상나라의 탕, 주나라의 문왕과 무왕, 성왕 및 주공은 모두 예(禮)와 의로움(義)으로 시비를 가렸다. 이 여섯 군자는 하나도 빠짐없이 모두 예(禮)를 대단히 중시했다.

이 여섯 군자는 위에서 언급한 바 있는 하, 상, 주 세 왕조의 위대한 인물들이죠. 따라서 이를 통해서, 군자는 소강사회와 밀접한 관계를 맺고 있음을 눈치챌 수 있을 겁니다.

이를 따르지 않는 이가 있다면, 설령 그가 권세가 있는 사람일지라도 처벌하여, 백성들이 그것을 재앙으로 삼았으니, 이를 소강이라고 일컫는다.

이를 통해서 우리는 다음의 사실을 유추해낼 수 있는데, 이 여섯 군자가 중시한 예(禮)와 의로움(義)은 공자가 강조한 것이기도 하다는 겁니다. 다시 말해서, 공자가 그토록 강조한 군자는 인격이 훌륭한 인물이 아니라, 바로 훌륭한 정치가 즉 리더들을 지칭한 것이라는 점입니다. 또 공자의 현실적 목표는 대동에 있지 않고, 바로 소강사회로의 복귀에 있음을 확인할 수 있죠. 이제 대동과 소강에 대해서 좀 더 구체적으로 살펴보기로 할까요?

B.C. 50	B.C. 21	B.C. 17	B.C. 11	B.C. 8
상고(上古)시대	하(夏)	상(商)	주(周)	
			서주	동주 = 춘추(春秋)

    고대 중국의 역사는 다음과 같이 나눌 수 있습니다. 첫째, 옛날보다도 더 위에 있었던 까마득한 옛날이라는 뜻을 가진 상고(上古)시대. 둘째, 우임금이 세운 하나라. 셋째, 탕임금이 세운 상나라. 상나라는 은(殷)나라로 부르기도 하죠. 그다음이 무왕이 세운 주나라인데, 이 주나라는 서주(西周) 시기와 동주(東周) 시기로 나뉘고, 동주 시기는 춘추(春秋)시대라고도 불립니다.

    물론 이후로 또 전국(戰國)시대, 진나라, 한나라, 위진 남북조, 수나라, 당나라, 오대십국, 송나라, 원나라, 명나라 그리고 청나라 왕조가 있었습니다. 하지만 우리가 이야기하고자 하는 것은 춘추시대에 살았던 공자의 사상이기 때문에, 전국시대 이후의 상황에 대해서는 굳이 논할 필요가 없을 겁니다. 왜냐면 그건 공자가 죽은 이후의 역사라, 공자도 몰랐을 테니까 말이죠.

    일반적으로 말해서, 중국의 역사는 대동과 소강 그리고 혼란기 세 부분으로 나눌 수 있습니다. 그렇다면 까마득히 오래된 상고시대는 대동 그리고 하, 상, 주 세 왕조의 여섯 군자들이 나라를 다스리던 시기는 소강에 속하므로, 그 나머지와 공자가 처한 춘추시대는 혼란기에 속한다고 할 수 있겠죠.

B.C. 50	B.C. 21	B.C. 17	B.C. 11	B.C. 8
상고(上古)시대	하(夏)	상(商)	주(周)	
			서주	동주 = 춘추(春秋)
대동(大同)	소강(小康)			혼란기

　　먼저 대동에 대해서 간략하게 말하자면, 하늘과 땅 즉 자연과 인간이 조화로이 함께 살던 시기라고 할 수 있습니다. 따라서 세상이 모든 이들의 것이었던 사회였죠. 또 앞에서 언급한 것처럼, 대동의 대표적인 특징 중 하나는 바로 임금을 선양제도로 뽑았다는 점을 들 수 있답니다. 선양제도는 혈연이나 지연, 학연에 얽매이지 않고, 오로지 인격과 행정 능력만 보고 임금을 뽑는 제도입니다.

　　이 시기에는 삼황오제(三皇五帝)가 나라를 다스렸는데, 삼황에는 어떤 인물들이 있었는지 이제 하나씩 살펴보기로 합시다. 첫 번째 인물은 복희씨 (伏羲氏)인데, 그 상반신은 여느 사람들과 똑같았지만, 하반신은 전혀 달라서 마치 비늘로 뒤덮인 용이나 뱀의 형체와 닮았다고 전해집니다.

　　그는 물고기를 잡는 그물인 어망과 최초의 문자부호인 팔괘(八卦)를 발명했다고 알려져 있습니다. 팔괘는 긴 막대인 양효(陽爻)와 짧은 막대인 음효 (陰爻)를 조합하여 만든 여덟 개의 부호인데, 한국의 국기인 태극기의 검은색 막대 부분은 이 중 네 개만 표시한 것

이죠. 특히 어망의 발명은 중요한 의미를 지니는데, 바로 이 시기에 인류

가 이미 집단생활단계로 접어들었음을 보여줍니다. 알다시피 물고기를 잡는 법에는 두 가지가 있죠. 하나는 낚시인데, 이는 많아야 한 번에 한두 마리만 낚을 수 있습니다. 또 하나는 어망을 던져 잡는 방법으로, 한 번에 많은 양의 물고기를 잡을 수 있습니다. 그리고 너무나 당연하게도 당시 인류가 집단생활을 하지 않았다면, 하루에 그렇게 많은 물고기를 잡을 필요도 없었겠죠.

두 번째 인물은 여와씨(女媧氏: 여왜씨라고도 함)인데, 사람들은 그녀가 인류를 창조하고 나아가 자연계와 인류의 질서를 바로잡았다고 믿어 왔답니다. 여와씨가 하루는 지푸라기로 끈을 엮은 후에 누런 흙탕물에 적셔 공중에 한 바퀴 돌리니, 물방울들이 사방으로 튀어 땅에 떨어졌다고 합니다. 잠시 후 무언가 땅을 뚫고 바깥으로 나왔는데, 그것이 바로 지금의 인류였다는 거죠. 만약 이 전설이 맞는다면, 현 인류는 좀비의 후손이 맞을 겁니다. 그리고 여기서 끈을 누런 흙탕물에 적셨다는 설정은 우리가 황인종임

을 염두에 두고 만들어진 겁니다. 만약 우리가 흑인종이라면 탄광촌의, 백인종이라면 도자기를 만드는 하얀 점토가 있는 곳의 흙탕물로 바뀌었겠죠? 여와씨가 인류를 만들기 전 이 세상에는 동물들만 있었지만, 이제 인류가 생겨나 그들과 영역을 두고 싸우게 되었습니다. 따라서 여와씨는 그들의 영역을 분리하여 동물들은 숲속에서 밤에 활동하게 하고, 인류는 평원에서 낮에 생활하도록 정리했다고 합니다.

그런데 사실 복희씨와 여와씨는 친남매였습니다. 그들은 본래 각자 반려자를 찾아 결혼하고자 했지만 끝내 마음에 드는 이를 찾지 못했고, 이에 결국 남매끼리 결혼해서 아이를 낳았다고 전해져요. 따라서 위의 그림처럼 그들의 상반신은 남녀로 분리된 모습을 지니고 있지만, 하반신은 한데 얽혀 있는 모습으로 묘사되고 있습니다. 그리고 이는 당시 옛날 사람들이 이미 남녀가 합해져야만이 아이를 낳을 수 있다는 과학적 사실을 충분히 이해하고 있었음을 단적으로나마 보여주고 있죠. 또 그들의 하반신 모습은 흡사 용이나 뱀과 같은데, 이는 그들이 용이나 뱀을 숭상한 토템 부족의 족장이었음을 설명하고 있습니다. 설마하니, 복화씨와 여와씨가 뱀이나 용이었다고 믿는 사람들은 없겠죠?

한국의 단군신화에 등장하는 곰과 호랑이 역시 이와 같은 논리인데, 사실 곰과 호랑이를 토템으로 하는 부족을 뜻하죠. 호랑이가 며칠을 버티지 못하고 동굴에서 도망간 반면, 곰이 사람으로 변했다는 것은 두 부족 사이의 싸움에서 곰 토템 부족이 승리했음을 암시한답니다.

세 번째는 신농씨(神農氏)인데, 이름만 봐도 알 수 있듯이 그는 최초로 인류에게 농업을 보급한 인물로 알려져 있답니다. 그런데 문제는 그의 인물 상상화들을 보면, 예외 없이 그의 외모에서 뭔가 이상한 점을 찾아낼 수 있습니다. 쉽게 말해서, 그의 생김새는 사람이라기보다는 되려 도깨비에 가까운데요.

그렇다면 당시 사람들은 왜 이렇게 추하게 생긴 신농씨를 그들의 리더로 섬겼던 것일까요? 신농씨는 어려서부터 밖으로 돌아다니며, 이것저

것 가리지 않고 온갖 곡물과 과실 맛보기를 좋아했다고 합니다. 점차 커가면서, 그는 자연스레 어떤 것을 먹어도 되고 또 어떤 것을 먹어서는 안 되며, 어떤 것이 맛있고 어떤 것이 맛없는 것인지 등등을 알 수 있었죠. 그리고 훗날 이러한 귀한 정보들을 사람들에게 알려주어, 그들이 농사에 전념할 수 있도록 한 것이랍니다.

알다시피, 어떤 곡물이나 과실에는 독이 들어 있습니다. 다행히도 신농씨가 독이 있는 것들을 먹을 때마다 운이 좋게도 목숨을 건졌지만, 독성으로 인해 그의 얼굴과 피부는 점차 일그러진 것이죠. 바꿔 말해서 그는 자기 한 몸을 희생하여 백성들을 위했던 것이니, 백성들은 그런 신농씨의 추한 외모를 보고 놀라거나 혐오했을까요, 아니면 진심으로 그를 자신의 리더로 추대해 섬기고자 했을까요?

이어서 오제에는 누가 있는지 계속 살펴보기로 하죠. 일반적으로 오제는 황제(黃帝)와 전욱(顓頊), 제곡(帝嚳), 제요(帝堯)와 제순(帝舜)을 일컫습니다. 황제는 유웅씨(有熊氏)라고도 불리는데, 그는 화하(華夏)족 즉 중화민족의 시조로 여겨진답니다. 전욱은 황제의 손자, 제곡은 황제의 증손자였으며, 제요는 제곡의 아들이었답니다. 하지만 제순은 뜻밖에도 평범한 장님이었던 고수의 아들이었습니다. 그런데 제요와 제순이 다스리던 시대는 특히 평화로웠기 때문에, 이 두 임금의 이름을 붙인 '요순(堯舜)'은 태평성대를 상징하는 대명사가 되었답니다.

훗날 진시황제는 자신이 이룩한 사상 최초의 중국 통일 치적이 삼황과 오제의 업적에 비견될 만하다고 여겨서, 삼황 오제의 숫자인 삼과 오를 뺀 '황제'의 호칭을 자신에게 썼답니다. 즉 진시황제 이전에는 '황제'라는 호칭이 없었던 겁니다. 이제 중국인들에게 있어 삼황 오제가 얼마나 대단한 지위를 갖는지 짐작할 수 있겠죠?

여기서 한 가지 주의할 것은, 대동과 관련된 기록이 과연 믿을 만한 것인지는 그리 중요하지 않다는 점입니다. 오히려 아주 오래전부터 중국인들은 그렇게 믿어 왔다는 사실이 더 중요하죠. 왜냐면, 노자나 공자 등 옛날 사람들의 사상 역시 이러한 믿음을 전제로 출발하고 있기 때문이랍니다.

대동사회와 달리, 소강은 신분이 대대손손 유지되는 세습제를 기반으로 한 사회였습니다. 바꿔 말해서, 사회체제가 씨족 공동체에서 계급 사회로 전환된 것이죠. 이러한 변화의 배경에 관련해서는, 관련 역사기록들을 살펴볼 필요가 있습니다.

'요'임금은 중원 지역에서 빈번히 발생하는 홍수 때문에 골머리를 앓고 있었습니다. 이에 '곤(鯀)'이라는 인물에게 홍수 문제를 해결하라고 명했지만, 그는 '순'임금으로 바뀔 때까지도 여전히 해결하지 못했습니다. 결국 일을 맡은 지 9년이 지나 '순'임금은 그 책임을 물어서 '곤'을 처벌하고, 그의 아들인 '우(禹)'에게 홍수 문제를 해결하도록 했죠.

'우'는 13년 동안 전국을 돌아다니면서 홍수 문제를 해결하기 위해 애썼는데, 심지어 세 차례나 자기 집을 지나쳤지만 한 번도 집에 들어가지 않았다고 합니다. 또 아버지 '곤'이 흙을 쌓아 올려 물을 막으려 한 것과 달리, '우'는 오히려 땅을 파 물길을 만들어 흘려보내 결국 중원 지역에 범람하던 홍수 문제를 해결할 수 있었죠. 다시 말해서, 아버지 '곤'은 물의 천성을 거스르려 했기 때문에 실패했지만, 아들 '우'는 물의 천성을 따랐기 때문에 성공한 겁니다. 그리고 '순'임금은 그의 공로를 인정하여, 후에 '우'가 자신의 왕위를 계승토록 했죠.

그로부터 15년 후, '우'임금은 여전히 대동사회의 전통인 선양제도에 따라서 왕위를 익(翼)이라는 인물에게 넘기고자 했습니다. 하지만 이게 웬일입니까? 백성들이 오히려 "'우'임금의 아들 계(啓)가 우리의 다음 임금이시다!"라고 외치며, '계'에게로 몰려간 것이 아니겠습니까? 바로 이 점 때문에 학자들은 '우'임금 때부터 세습제 위주의 소강사회가 시작된 것으로 인식하고 있답니다.

또 홍수를 막은 치수(治水)의 일화를 통해서, 정치(政治)의 한자어 어원도 함께 이해할 수 있는데요. 중국인들은 오래전부터 음양(陰陽)학을 대단히 중시해왔습니다. '음양'이란 세상 모든 것들은 반드시 동전의 양면처럼 앞면과 뒷면이 동시에 존재한다는 것인데, 예를 들어 태양이 있으면 달도 있고, 낮이 있으면 반드시 밤도 있으며, 남성이 있으면 역시 여성도 함께 있다는 것이죠.

중국인들은 나아가 이러한 전통의 음양개념을 언어영역에까지 확장시켰고, 그 결과 중국어 단어는 일반적으로 짝수로 이뤄지게 되었습니다. 짝수로 된 단어를 만들 때 가장 좋은 방법은, 互相(hù xiāng: 서로 호, 서로 상)이나 黑暗(hēi àn: 검을 흑, 어두울 암)처럼 의미가 같거나 서로 통하는 두 한자를 찾는 것입니다. 만약 이 방법으로 짝수를 만들지 못한다면, 老師(lǎo shī: 늙을 로, 스승 사)나 相信(xiāng xìn: 서로 상, 믿을 신)처럼 주된 한자의 뜻을 좀 더 꾸며주거나 보충하여 설명해주는 단어를 붙여서 만들었습니다. 여기서 老(늙을 로)는 주된 한자인 師(스승)이란 오랜 세월을 연마하여 깊이가 있다는 의미를 좀 더 꾸며주고 있고, 그리고 相(서로 상) 역시 주된 한자인 信(믿을 신)이란 사람과 사람 사이에서 생겨나는 것이란 뜻을 보충해주고 있죠.

老師
老 → 師

相信
相 → 信

그리고 이 두 가지 방법으로도 짝을 찾을 수 없다면, 어쩔 수 없이 한자 뒤에 아무런 의미가 없는 접미사 '자(子)'나 '아(兒)' 등을 붙여서 짝수를 만들었는데, 이에 해당하는 대표적인 단어로는 椅子(yǐ zi: 의자)나 那兒(nàr: 저곳) 등이 있답니다.

다시 본론으로 돌아와서, 이제 정치라는 한자어를 하나씩 분석해보기로 하죠. 한자 '정사 정(政)'은 '바를 정(正)'과 '칠 복(攵)'으로 이뤄져 있습니다. 먼저 '바를 정(正)'의 옛 모양인 갑골문을 보면, 하늘(一)과 '그칠 지(止)'가 합쳐진

모양입니다. 따라서 '바를 정'은 하늘과 같이 높은 지위에 있는 인물 즉 지도자가 멈춰서 그치는 경지가 올바른 것이라는 뜻을 갖고 있습니다. 결국 지도자의 일거수일투족은 모두 바라야 한다는 거죠. 이어서 '칠 복'은 '오른손'으로 '망치같은 도구'를 든 모습을 표현한 문자이므로, '치다'는 의미를 지닙니다. 따라서 이 둘을 합친 '정사 정'은 망치로 쳐서 바르게 한다는 의미를 지니므로, 사람의 잘못 즉 인재(人災)로 인해 일어나는 재앙을 바로잡는 것임을 알 수 있습니다.

'다스릴 치(治)'는 '삼수(氵)변' 즉 '물 수(水)'와 '기쁠 이(怡)'의 옛 글자인 '기쁠 이(台)'가 합쳐진 것인데, 여기서 왼쪽의 '물 수'는 홍수로 범람한 강

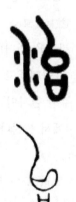

을 뜻합니다. 또 오른쪽의 '기쁠 이'는 '가라앉다, 평온해지다'라는 뜻을 가집니다. 따라서 이 둘을 합친 '다스릴 치'는 홍수로 범람한 강을 다스려 평온하게 한다는 의미로 풀이할 수 있죠. 그러므로 '다스릴 치'는 사람의 힘으로는 어찌할 수 없는 자연현상 즉 천재(天災)로 인해 일어나는 재난을 해결하는 것임을 알 수 있을 겁니다.

요컨대, 정치라는 단어는 의미가 완전히 같지는 않지만 서로 통하는 두 한자를 조합하여 만든 단어라고 할 수 있습니다. 따라서 '정치'라는 개념은 두 가지 측면에서 다가가야 하는데, 하나는 사람의 잘못으로

인해 일어나는 재앙을 고쳐 바로잡는 것이고, 또 하나는 자연현상으로 인해 일어나는 재난을 극복하는 것이 됩니다. 다시 말해서, 정치를 하려는 자는 사람의 잘못으로 일어나는 인재(人災)와 자연현상으로 인해 일어나는 천재(天災) 두 가지를 모두 해결하여 백성들을 위기에서 구해내야 하는 겁니다.

그렇다면 『논어』와 정치는 어떤 관련성이 있는 걸까요? 앞에서 잠깐 설명했듯이 주나라는 서주와 동주로 나뉘는데, 서주 시기는 개국 이래 비교적 안정적이었던 전반기라고 말할 수 있습니다. 이 시기 왕조의 수도는 함양(오늘날의 시안)에 있었으므로, 역사상 서주라고 부르기도 합니다. 동서고금을 막론하고 일반적으로 역대왕조들은 보통 초기에 상대적으로 안정적인 국면을 보였는데, 그 이유는 개국 초기의 지도자들은 이전 왕조의 붕괴 원인이 지도자의 잘못에 있음을 알았기 때문이죠. 그럼 당연히 그들은 자신의 말과 행동 나아가 통치에 자연스레 신중할 수밖에 없었습니다. 하지만 시간이 흐를수록 선조들의 이러한 교훈들은 점차 무디어지다 못해 사라져버리고, 지도자들이 부패하고 무능해짐에 따라 나라의 운명 역시 점차 기울어질 수밖에 없죠.

학창시절 공부에 집중하지 못할 때면, 괜히 아무런 잘못도 없는 책상 위치를 옮겨서 분위기를 바꿔보려고 한 적이 있을 겁니다. 주나라 평왕(平王) 역시 수도를 동쪽 즉 오늘날의 낙양(오늘날의 뤄양)으로 옮겨 나라의 기풍을 새로이 하고자 했습니다. 하지만 책상을 옮겼다고 안 되던 공부가 갑자기 잘되던가요? 마찬가지로, 수도를 옮기는 것으로 망해가는 국운을 바꿀 수는 없었습니다. 그리고 역사학자들은 이 시기를 일컬어 춘추시대라고 불렀는데, 다시 말해서 동주 시기가 바로 춘추시대였던 거죠.

춘추시대의 주나라 영토는 서주 시기와 비교하여 많이 줄어들었습니다. 반면 천자의 나라인 주나라를 지켜야 할 주변의 제후국들의 영토가 오히려 크게 확장되었는데, 이는 당시 제후국들 세력이 점차 강해지면서 주나라의 실질적인 권력은 오히려 약화했음을 반증합니다.

이와 반대로 지도에 주
나라가 더는 보이지 않고,
최종 일곱 개의 제후국들만
남는 국면을 전국시대라고
합니다. 그리고 이 일곱 나
라 중에서 왼쪽의 진(秦)나
라가 마지막까지 남아서 최
초로 전국을 통일함으로써,
중국역사상 최초의 통일 왕
조가 되죠.

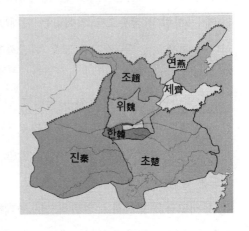

즉 『논어』를 포함하는 모든 선진시기 서적들은 이처럼 전무후무한
대혼란기를 어떻게 극복하여 평화를 회복하고, 나아가 땅에 떨어진 리더
십 즉 '도'를 회복할 수 있는가에 대한 방법론을 제시했다는 겁니다. 그
렇다면, 천자의 나라인 주나라를 무시하고 제후들이 자기 세력 확장에만
열을 올리던 춘추시대에, 동쪽의 한 작은 제후국인 노나라에 살던 공자
는 과연 우리에게 어떤 말을 하고 싶어 한 걸까요? 이제 『논어』의 첫 구
절부터 살펴보겠습니다.

제1편: 학이(學而)

지도자가 '도'를 배우면 기쁘지 않겠는가!

『논어』는 총 20편으로 구성되어 있는데, 원래는 편명이 없었습니다.

후대의 누군가가 임의로 각 편의 첫 두 글자를 제목으로 정한 것입니다.

子曰: "學而時習之, 不亦說乎?"
자 왈   학 이 시 습 지   불 역 열 호

공자가 말씀하셨다. "지도자가 '도'를 배워서 새가 첫 비행에 성공하기 위해 끊임없이 날갯짓하듯 부단히 '도'를 실천하려 애쓴다면 나라가 평온하고 백성들이 행복해할 테니, 이 또한 지도자로서 기쁜 일이 아니겠는가?"

『논어』에는 '배울 학(學)'이란 단어가 자주 등장합니다. 그렇다면 과연 배움의 대상은 무엇일까요?

하늘이 명한 것을 타고난 천성(性)이라 하고, 타고난 천성을 따르는 것을 도(道)라 하며, 도를 닦는 것을 가르침(敎)이라고 한다.   『예기』 「중용」

'도'라는 것은 타고난 천성을 따르는 것이므로, 타고난 성질을 바꾸려 들거나 억지로 하면 '도'가 아님을 알 수 있습니다. 또 다음 기록을 살펴보죠.

옥은 다듬지 않으면 그릇이 되지 못하고, 사람은 배우지 않으면 도를 알지 못한다. 이러한 까닭에, 옛날의 임금 된 자는 나라를 세우고 백성을 다스림에 있어서 가르침과 배움을 먼저 행했다.   『예기』 「학기」

여기서 '사람이 배우지 않으면 도를 알지 못한다.'라고 했으므로, 배움의 대상은 바로 '도(道)'가 됩니다. 그리고 '가르침은 바로 도를 닦는 과정'이 되죠. 또 '임금 된 자는 나라를 세우고 백성을 다스림에 가르침과 배움을 먼저 행했다.'라고 했으므로, '도'는 정치와 밀접한 관련이 있습니다. 그런데 가르침과 배움, 그리고 앎은 사실상 분리될 수 없는 삼위일체의 개념입니다. 좀 더 구체적으로 말해서, 가르침(敎)과 배움(學)의 과정을 통해서 앎(知)에 이르는 것이죠.

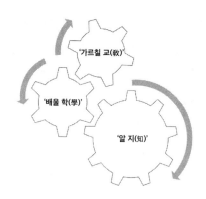

현대 중국어 '知道(zhīdào)'라는 단어는 오늘날 '도를 안다.'라는 뜻이 아닌, 단순히 '알다, 이해하다.'라는 의미로 풀이됩니다. 특히 뒷부분의 '도(道)'는 뜻이 도태된 상태에서, 그저 짝수를 만들기 위해서 아직까지 남아 있는 거죠. 이처럼 현대 중국어 단어를 통해서도, 옛 중국인들의 '앎, 이해'의 대상이 도(道)에 있었다는 흔적을 찾을 수 있습니다.

공자의 교육목표는 '도(道)'를 배워서 실천하는 군자를 양성하여, 나라를 평안하게 다스리게 하는 데 있었습니다. 따라서 공자는 '도'를 배워서 실천해야 한다고 말하는데, 그렇다면 부단히 실천하려 애쓴다는 것은 어떤 자세를 말하는 걸까요?

時　時

'때 시(時)'는 '날 일(日)'과 '절 사(寺)'가 합쳐진 글자인데, '절 사(寺)'는 '갈 지(之)'와 '마디 촌(寸)'이 합쳐져서 '경건하게 일정한 보폭으로 걷는 곳'이라는 뜻을 지닙니다. 따라서 '때 시(時)'는 태양이 일정한 간격에 따라 꾸준하게 규칙적으로 움직이는 걸 나타내죠.

좀 더 구체적으로 설명하자면, '절 사(寺)'는 원래 '갈 지(之)'의 옛 글자와 '마디 촌(寸)'이 합쳐진 겁니다. 윗부분인 '갈 지(之)'는 새싹이 자란 모습을 문자로 나타냈는데, 풀이 성장하여 옆에 새로운 가지가 생겨난 걸 표현한 겁니다. 왼쪽과 오른쪽의 두 싹 높이가 다르다는 건 그만큼 시간이 지나간 것이라는 뜻이지요. 그리고 아랫부분인 '마디 촌(寸)'은 오른손에서 하나 내려간 동맥이 있는 곳까지의 길이가 한 마디(3.33cm)라는 뜻인데, 이는 일정한 간격을 가리킵니다. 따라서 '절 사(寺)'는 경건하게 일정한 보폭으로 걷는 걸 뜻하고, 태양(日)이 그렇게 간다는 뜻을 지니는 '때 시(時)'는 꾸준히 규칙적으로 계속 움직이는 걸 말하죠.

'익힐 습(習)'은 날개를 활짝 편 새 한 마리가 태양 주위를 날고 있는 모습을 문자로 옮겨 놓은 상형(象形)문자입니다. 그런데 문제는 새가 높은 하늘을 자유자재로 날기 위해서 먼저 어떤 과정을 거쳐야 할까요?

나무 위 둥지에서 어미가 주는 먹이를 먹으면서 자라는 새끼 새들은, 몸에 털이 나기 시작하면 곧 날갯짓을 시작하죠. 왜냐면 둥지를 떠나는 첫 비행에서 실패하면 추락해서 죽거나, 또는 운이 좋아 살아남더라도 날개가 부러져 결국 다른 동물들의 먹잇감이 되기 때문입니다. 그렇다면 새끼 새들은 평소에 어떤 마음가짐으로 날갯짓을 할까요? 심심할 때마다 이따금 몇 번씩 할까요, 아니면 단 한 번 주어진 기회에서 살아남기 위해 정말 죽기 살기로 부단히 노력해야 할까요?

'도'의 특징 중 하나는 변치 않고 초지일관(初志一貫)하는 '항상 상

(常)'입니다. 따라서 '익힐 습(習)'은 단순히 오늘날의 '배우다, 연습하다.'라는 뜻만 갖는 게 아니라, "새가 날갯짓을 하여 스스로 하늘을 날 수 있도록 부단히 연습하고 노력하다."라는 의미를 지니죠. 결국 이 말은 초지일관하는 마음으로 노력해서 도를 배우는 상(常)의 자세를 강조하고 있어요. 즉 바로 앞의 '때 시(時)'와 마찬가지로, 규칙적으로 꾸준히 계속한다는 의미를 지닌다는 걸 알 수 있습니다. 그럼 지도자가 이처럼 쉬지 않고 '도'를 배워서 실천하려 노력하는 모습이 어떤 것인지 예를 들어볼까요? 이제 고사성어 하나를 소개합니다. 그건 바로 '악발토포(握髮吐哺)'인데요. '악발토포'는 머리털을 잡고 먹은 것을 토해낸다는 뜻입니다. 주나라 무왕의 동생 주공이 머리를 감다가 나랏일을 논하기 위해서 손님이 찾아오면 그가 기다릴 것을 염려해 머리채를 쥐고 나와서 만나고, 음식을 먹다가도 이를 뱉고 만났을 정도로 인재와 현인을 모시기 위해 정성을 다한 태도를 빗대어 표현한 거죠. 그래서 오늘날 이 성어는 민심을 바로잡고 나랏일을 돌봄에 조금도 해이함이 없는 자세를 뜻합니다. 지도자가 이런 자세로 다스리는데, 정치가 바로잡히지 않을 나라가 있을까요? 또 그러면 행복해하지 않을 국민들이 있을까요? 그리고 그런 모습을 바라보는 지도자는 당연히 기뻐하겠죠.

1-1-2

"有朋自遠方來, 不亦樂乎?"
유 붕 자 원 방 래   불 역 낙 호

"그렇게 되면, 자연스레 나라 밖의 본래 백성이 아닌 많은 사람들이 우리나라가 살기 좋다는 소식을 듣고 몰려와서 지도자를 따를 터이니, 이 또한 지도자로서 즐거운 일이 아니겠는가?"

지금까지 많은 사람들이 '무리 붕(朋)'을 '벗 붕(朋)'으로 해석해서, "멀리서 친구가 찾아오면" 또는 "멀리서 자기와 뜻을 같이하는 이들이 찾아오면"으로 해석해 왔습니다. 그런데 그렇게 해석하면, 바로 앞 구절과 내용상 연결이 되지 않습니다. 게다가 멀리 사는 친구가 찾아와야 기쁘다는 말인데, 그럼 가까이 사는 친구가 찾아오면 기쁘지 않은 걸까요?

'무리 붕(朋)'은 본래 여러 개의 조개껍데기들을 실로 꿴 모습을 문자로 옮긴 상형문자입니다. 개오지과(Cypraeidae)의 카우리(cowry) 조개는 화려하고 광택이 나는 껍데기로 인해서 예로부터 귀히 여겨졌지요. 그래서 사람들은 카우리 조개껍데기 가운데에 구멍을 내어 실로 꿰어 화폐로 썼다는 것은 정설로 인정받는답니다. 특히 『논어』의 다른 구절에서 '친구'라는 단어는 모두 '붕우(朋友)'나 '벗 우(友)' 또는 '예 구(舊)'로 표현하고 있죠. 이제 다음 구절도 함께 살펴볼까요?

13-16

葉公問政。子曰: "近者說, 遠者來。"
섭 공 문 정   자 왈   근 자 열   원 자 래

초나라 재상 섭공이 정치란 무엇인지 물었다. 공자가 말씀하셨다. "가까이 있는 사람은 자기 백성들을 뜻하고, 먼 데 있는 사람은 나라 영토 밖의 사람들을 뜻합니다. 참된 정치란 지도자가 통치하는 영토 안에 살고 있는 백성들을 행복하게 하고, 또 그 소식을 전해들은 타 지역 사람들이 몰려와 백성이 되기를 원하게 하는 것입니다."

이와 같은 내용은 『예기』에도 기록되어 있습니다.

옛날의 가르침은, 집에는 글방(행랑방)이 있고, 향리에는 향학이 있으며, 취락에는 학당이 있고, 나라에는 국학이 있었다. 매년 입학하고, 매년 중반에 시험을 치렀다. 1년 차에는, 경전의 문장들을 문맥에 맞게 나누고 그 뜻을 잘 풀이하는지 본다. 3년 차에는, 학업을 공경하고 벗들과 즐기는지를 본다. 5년 차에는, 널리 익히고 스승을 가까이하는지 본다. 7년 차에는, 배움을 논하고 벗을 골라 뽑는 것을 보니 이를 일컬어서 소성(기본기 완성)이라고 한다. 9년 차에는, 대부분을 깨달아서 통달하고, 굳건히 세워서 어긋나지 않으니 이를 일컬어서 대성(크게 이룸)이라고 한다. 무릇 그러한 후에는, 백성들을 교화시키고 풍속을 바꿀 수 있으니, 가까운 이들(나라 안 백성들)이 기꺼이 복종하고, 먼 이들(나라 밖의 타 지역 사람들)이 따르게 된다. 이것이 큰 배움의 길이다. 『예기』「학기」

위의 구절을 보면 '배울 학(學)'의 대상이 문(文) 즉 경전의 '문장'이라는 걸 알 수 있습니다. 그런데 경전의 문장들은 하나 같이 지도자의 자세에 대해서 서술한 것이므로, '도'의 이론이라고도 할 수 있죠. 따라서 지도자가 '도'를 배워서 실천하면 먼저 나라 안 백성들이 복종하고, 나라 밖 사람들이 몰려온다고 말한 것입니다. 자, 어때요? 『예기』를 보면 정말로 『논어』의 짧은 구절을 길게 늘여서 보다 이해하기 쉽게 설명하고 있죠? 그렇다면, '문(文)' 즉 경전의 문장들이 왜 '도'와 같은 뜻이 되는 걸까요?

문(文)은 본래 사람 몸에 새긴 문신을 뜻했는데, 후에 갑골이나 청동기에 글자를 새겼기 때문에 '문자'라는 뜻으로 확대된 것이죠. 그리고 이런 문자로 이뤄진 책들인 『시경』이나 『서경=상서』『역경=주역』 등은 하나 같이 '지도자의 도리'에 대해서 기록한 것이기 때문에, 결국 문(文)은 '도'의 이

론이라고 할 수 있는 겁니다. 이제 상반된 사례를 통해서 이 구절의 뜻을 보다 명확하게 이해해보기로 하죠.

한국의 국적포기 인구는 10년간 매년 평균 2만 명을 상회하고 있는데, 이는 OECD(경제협력개발기구) 가입 국가 중 압도적인 1위 수치입니다. 2018년에는 3만 명을 돌파하기도 했죠. 그렇다면 어떤 위험이 기다리고 있을지도 모르는데 왜 사람들은 조국을 등지고 떠나는 걸까요?

국적포기는 1)국적상실과 2)국적이탈로 나뉘는데, 국적상실은 외국 국적을 취득해서 자동적으로 한국 국적을 상실하는 경우이고, 국적이탈은 선천적인 복수국적자가 법정기간(보통 18세) 내에 외국국적을 선택하는 경우죠. 그렇다면 이들은 왜 국적포기를 선택하는 걸까요? 이유는 크게 세 가지를 들 수 있습니다.

1. 병역 기피
2. 저성장, 일자리 부족
3. 각박한 사회 현실과 과도한 경쟁

조국은 쉬이 떠날 수 있는 보금자리가 아닙니다. 위험을 무릅쓰고 떠나려는 이들의 마음을 헤아려야 합니다.

또 하나의 사례를 살펴봅시다. 2015년 터키의 한 해변에서 차가운 주검으로 발견된 시리아 난민 아동 세 살배기 알란 쿠루디(Alan Kurdi). 이 사건은 시리아 난민 이슈의 심각성을 전 세계에 알렸습니다. 그렇다면 왜 시리아 국민들은 이처럼 목숨을 걸고 조국을 탈출하려고 하는 걸까요? 2011년 범아랍권 민주화 운동인 '아랍의 봄(Arab Spring)'이 시작된 이래, 2019년 기준으로 8년째 진행 중인 시리아 내전은 처음에는 바샤르 알아사드(Bashar al-Assad)의 독재정권에 반대하는 민주화 요구 시위로 시작되었습니다. 그는 2000년 아버지 하페즈 알아사드(Hafez al-

Asad)를 이어서 대통령이 된 인물로, 자기를 반대하는 언론인과 운동가들을 체포하고 탄압하는 공포정치를 폈습니다. 하지만 민주화 요구 시위는 점차 이슬람교 종파인 수니파와 시아파 간의 다툼으로 변했고, 나아가 이를 둘러싼 아랍 국가들의 이해관계 및 IS 심지어 러시아와 미국까지 개입함으로써, 이제는 비단 한 나라의 국내 정치문제가 아닌 종교 그리고 이념을 둘러싼 외교 대리전의 성격까지 띠게 되었습니다. 이 내전으로 시리아 국민 수십만 명이 목숨을 잃었는데, 문제는 학교와 병원 등 국가기반시설이 대부분 파괴되었다는 거죠. 생존자 70%가 식수 부족으로 고통 받고, 건물도 모두 붕괴되어 겨울에도 얇은 천막에서 잠을 청해야 합니다. 설상가상으로 아동을 대상으로 하는 성범죄와 노동착취까지 난무합니다. 이런 상황에서도 조국을 등지지 않을 수 있을까요?

1-1-3

> **"人不知而不慍, 不亦君子乎?"**
> 인 부 지 이 불 온   불 역 군 자 호
>
> "지도자는 남에게 칭찬을 받거나 보여주려고 하는 것이 아니라, 자기 자신을 위해서 삼가 부단히 '도'를 닦아야 하는 것이다. 따라서 설령 자신이 이처럼 부단히 노력하여 통치를 잘하고 있음을 백성들이 알아주지 않아도 화를 내거나 속상해 하지 않으면, 이야말로 또한 참된 지도자인 군자가 아니겠는가?"

지도자가 '도'를 배워서 실천하면 나라가 평안해 지고, 백성들은 행복하게 지냅니다. 그런데 백성들은 자신이 누리는 행복한 삶을 누구 덕분이라고 생각할까요? 아니면 "위대하신 우리 지도자 덕분입니다!"라고 눈물을 흘리며 감격할까요? 이와 관련하여 다음 기록을 살펴보겠습니다.

요임금이 세상을 다스린 지 50년째 되던 해. 세상이 잘 다스려지는지 다스려지지 않는지, 백성들이 자기를 원하는지 원하지 않는지 도무지 알 수가 없었다. 그래서 조정의 좌우 인물들에게 물었으나 알지 못하고, 조정 바깥으로 물었으나 알지 못했으며, 재야에 물었으나 역시 알지 못했다. 그래서 요임금이 변장을 하고는 큰 거리로 나가니, 마침 동요가 들렸다. "우리 많은 백성을 일으킴에, 그대의 지극함이 아닌 것이 없네. 우리가 알지 못하는 사이에, 임금의 법을 따르네." 자리를 다른 곳으로 옮기니 이번에는 저쪽에서 한 노인이 걸어오는데, 그는 입에 음식을 잔뜩 물고 배를 두드리며(고복) 땅을 치며(격양) 노래하기(가) 시작했다. "해가 뜨면 일하고, 해가 지면 집에 돌아가 쉬며, 목이 마르면 우물을 파서 마시고, 배가 고프면 밭을 갈아서 먹으니, 임금이 나에게 해준 게 뭔가?"

『십팔사략』「오제」

위에서 소개한 기록은 저명한 고복격양가(鼓腹擊壤歌)인데, 이처럼 요(堯)임금은 지도자로서 백성들을 위해 부단히 노력하였지만, 백성들이 그 노고를 알아주지 않아도 개의치 않고 오히려 크게 기뻐하였다고 합니다. 이제 여기서 '성인'과 '군자'에 대해 짚고 넘어가겠습니다. 다음 구절을 보시죠.

군자는 중용(中庸)에 의지하여 세상을 피하고, 사람들이 자기를 알아주지 않더라도 후회하지 않아야 하는데, 사실 이는 오로지 성인만이 이를 수 있는 경지이다.

『예기』「중용」

이 구절의 맥락을 살피면, 언뜻 보기에도 '성인'이 '군자'보다 한 단계 더 높은 경지에 있는 존재인 것처럼 보이죠?

'성인 성(聖)'은 '귀 이(耳)'와 '드릴 정(呈)'으로 이뤄진 글자입니다. 신하들의 간언에 귀를 기울여

서 경청하는 사람이라는 뜻이죠. '임금 군(君)'은 오른손으로 '하나(一)'를 움켜쥐고(尹) 입으로 명령(口)하는 사람이라는 뜻입니다. 특히 '하나(一)'란 사리사욕을 탐하지 않고 오로지 나라와 백성의 안위에만 전념하는 자세를 뜻합니다. 즉 성인(聖人)은 그 누구한테도 '도'를 배우지 않았지만 스스로 깨달아 몸소 실천한 대동사회의 지도자를 뜻합니다. 반면 군자(君子)는 후천적

으로 성인의 도를 배우고 익혀서 실천하려 애쓴 소강사회의 지도자를 뜻하지요. 그래서 『예기』에서도 남이 알아주지 않아도 서운해하지 않는 건 성인이나 도달할 수 있는 경지라고 말한 겁니다.

공자는 참된 지도자인 군자란 백성들이 자기를 알아주기를 바라기보다, 자신의 허물을 고치고 '덕'을 닦는데 부단히 힘쓰는 인물이라고 강조합니다. 이처럼 『논어』의 첫 구절이 말하고자 한 바는 지도자란 과연 어떤 자세로 나랏일에 임해야 하는가에 관한 것입니다. 따라서 『논어』는 바로 리더십에 대해서 상세히 설명한 지도자의 지침서, 즉 정치서적이 됩니다. 앞에서 『논어』는 먼저 결론을 제시하고 이어서 그것이 사실임을 입증할 증거들을 나열하는 연역법으로 쓰였다고 했습니다. 그렇다면 이제부터는 소강사회의 지도자인 군자가 되기 위한 구체적인 방법에 대해서 설명하고 있겠죠? 지금부터 그 구체적인 강령들이 하나씩 드러납니다.

有子曰:"其爲人也, 孝弟而好犯上者, 鮮矣。不好犯上而好作亂者,
유 자 왈 기 위 인 야 효 제 이 호 범 상 자 선 의 불 호 범 상 이 호 작 란 자

未之有也。君子務本, 本立而道生。孝弟也者, 其爲仁之本與。"
미 지 유 야 군 자 무 본 본 립 이 도 생 효 제 야 자 기 위 인 지 본 여

유자가 말씀하셨디. "집 안에서 부모에게 효도(孝)하고 집 밖에서 윗사람을 공경(悌)하는데도, 사회에 나아가 자신의 상관이나 임금의 뜻을 거스르는 사람은 드물다. 자신의 상관이나 임금의 뜻을 거스르지 않으면서, 상관이나 임금을 배신하여 반란을 일으키는 자는 존재하지 않는다. 따라서 군자는 근본이 되는 효도와 공경함에 힘쓰는데, 그 이유는 근본인 효도와 공경함이 확립되어야 비로소 어짊(仁)이 완성되기 때문이다. 즉 어짊(仁)은 상관과 임금을 진심으로 섬기고 따르는 것인데, 그 기본이 되는 부모에 효도하고 윗사람을 공경함을 실천한 후에야 최종 완성되는 것이다."

유자의 본명은 유약(有若)입니다. 『사기』 「중니제자열전」에 따르면, 그는 공자보다 43세 어리지만 공자와 외모가 매우 닮아서, 제자들은 공자가 죽은 후 그를 공자 모시듯이 대했다고 하죠. 그런데 어느 날 제자 한 명이 물었습니다. "스승께서는 비가 올 것을 예측하셨는데 맞아떨어졌고, 제자 상구(商瞿)가 나이가 들도록 자식이 없자 마흔이 넘으면 자식 다섯을 낳게 될 것이라고 예측하셨는데도 역시 맞아떨어졌으니, 어떻게 된 일입니까?" 유약은 그 질문에 명쾌하게 대답하지 못했고, 이에 제자들은 유약의 통찰력이 공자에 크게 못 미친다고 생각하여 스승의 자리에서 물러나라고 요구했다고 합니다. 공자와 마찬가지로, 유자의 자(子) 역시 스승을 뜻하는 존칭어입니다. 따라서 '유자'라는 호칭을 통해서 『논어』의 최종 편집자는 공자의 제자가 아닌, 공자 제자의 제자(들)였다고 추측할 수 있답니다. 그렇다면 공자는 유자의 발언에 대해서 어떻게 생각했을까요?

공자가 말씀하셨다. "효도함으로써 임금을 섬기고, 공경함으로써 어른을 섬겨야 한다. 이렇게 하는 것은 백성들에게 자신이 윗사람의 뜻을 어기지 않는다는 모습을 보이기 위해서이다."

『예기』「방기」

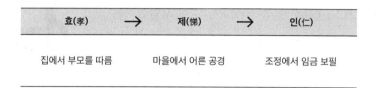

효(孝)	→	제(悌)	→	인(仁)
집에서 부모를 따름		마을에서 어른 공경		조정에서 임금 보필

따라서 유자의 말은 공자의 가치관과 일치하고 있죠. 부모님께 효도(孝)하고 윗사람을 공경(悌)하는 것은 그 자체로 끝나는 것이 아니라, 나아가 자신의 군주를 진심으로 섬기고 따름(仁)으로써 사회의 질서 체계를 공고히 하는 바탕이 되는 거랍니다. 다시 말해서, 『논어』에서 효도(孝)와 공경(悌)을 강조한 이유는, 이 두 가지가 바로 어짊(仁)의 기초이자 출발점이 되기 때문입니다. 결국 집안에서 하는 효도(孝)에서 시작하여 마을 어른들을 공경(悌)하는 과정을 통해서만이 비로소 넓은 사회에 나가 임금을 진심으로 섬기고 따르는 어짊(仁)을 실천할 수 있다고 목소리를 높이고 있는 겁니다. 마치 실개천의 물이 강을 통해서 바다로 나아가듯이, 작은 데서 시작하여 점차 큰 것으로 나아가야 한다는 말이죠.

1-3/17-17

子曰: "巧言令色, 鮮矣仁。"
자 왈   교 언 영 색   선 의 인

공자가 말씀하셨다. "상관, 나아가 임금을 기만하거나 아첨하는 것이 아니라, 진심이 담긴 말과 진솔한 얼굴빛으로 대해야 한다. 만약 그렇지 못하면, 그는 상관과 임금을 진심으로 섬기고 따르는 어진(仁) 자가 아니다."

이 구절은 1-3과 17-17에서 글자 하나 다르지 않고 똑같이 중복되어 나오므로, 여기서 같이 설명하겠습니다.

'어질 인(仁)'은 '사람 인(人)'과 '위 상(上)'이 합쳐진 문자입니다. 왼쪽의 '사람 인(人)'은 두 손을 모으고 공손한 모습을 보이는 것이 사람이라는 뜻이고, 오른쪽의 '二'는 기준(一)보다 위(-)에 있다는 뜻을 갖습니다. 따라서 윗사람에게 두 손을 모으고 공손한 자세를 보이는 것이 바로 어짊이 되는 거죠.

여기서 공자는 어진(仁) 신하란 사리사욕을 탐하거나 상관, 나아가 임금에게 아첨해서는 안 된다고 경고하고 있습니다. 임금이 옳은 길을 걷도록 바른 말로 인도해야 하는 거죠. 이와 관련하여 『서경=상서』의 두 기록을 살펴볼 텐데, 여섯 명의 군자 중 하나였던 상나라 탕 임금을 보필하던 재상 이윤은 중국역사상 대표적인 충신 중 하나로 손꼽힙니다. 이제 이윤의 발언을 통해서, 신하가 마땅히 해야 할 충언이란 어떤 것인지 가늠해보겠습니다.

> 이윤이 이에 말했다. "선왕께서는 먼동이 틀 무렵 엄숙하게 모습을 드러내 앉아서 아침을 기다리셨고, 뛰어난 인재와 훌륭한 선비들을 두루 찾아 구해서 뒷사람들을 가르쳐 길을 여셨으니, 임금께서 이제 그 명을 어겨서 스스로 배반하지 마십시오. 신중하여 이에 검소한 덕을 행하시고, 원대한 계획을 품으십시오. 경험이 많고 능숙한 사냥꾼이 화살을 활시위에 얹고 화살 끝이 법도에 맞는지 살펴 신중하게 활을 발사하는 것처럼, 그 행동거지를 공경하고 이에 선조가 행하신 바를 따르면, 제가 그럼으로써 기쁘고 또 만세에 임금의 말씀이 남을 것입니다."
>
> 『상서』「태갑상」

"임금이 교묘한 말에 휘둘려서 예로부터 내려오는 바른 정치를 어지럽히지 않고, 또 신하가 총애와 이익 때문에 공을 세우는 것에 집착하지 않으면, 나라가 오래도록 아름답게 빛날 것입니다."

『상서』「태갑하」

曾子曰:"吾日三省吾身。爲人謀而不忠乎, 與朋友交而不信乎,
증 자 왈   오 일 삼 성 오 신   위 인 모 이 불 충 호   여 붕 우 교 이 불 신 호

傳不習乎。"
전 불 습 호

증자가 말씀하셨다. "나는 매일 세 가지를 염두에 두고 나 자신에게 잘못이 없는지를 살핀다. 첫 번째는 다른 이를 위해서 일을 도모할 때 한쪽으로 치우치지 않고 객관적이고도 공정한 태도를 보였는가. 두 번째는 친구와 교류하면서 믿음을 보였는가. 세 번째는 전해 내려오는 옛 성현들의 '도'를 나의 것으로 만들기 위해서, 변치 않고 부단히 노력하는 초지일관의 태도를 보였는지 살핀다."

여기서 증자는 '도'의 구성요소 중 세 가지를 설명하고 있습니다.

忠 충성 충	'가운데 중(中)'과 '마음 심(心)'이 합쳐진 문자로서, 마음이 한쪽으로 치우치지 않고 공정하다는 의미를 지닙니다. 즉 충성을 다한다는 것은 맹종이 아니랍니다.
信 믿을 신	'사람 인(人)'과 '말씀 언(言)'이 합쳐진 문자로서, 사람이 내뱉은 말은 믿음이 된다는 의미를 지닙니다. 이는 자기가 말한 바를 지키지 않으면 사람이 아니라는 뜻이기도 합니다.
常 항상 상	집을 나타내는 '오히려 상(尙)'과 옷을 나타내는 '수건 건(巾)'이 합쳐진 문자로서, 집에서 늘 입는 옷처럼 변치 않고 한결같다는 의미를 지닙니다.

증자의 본명은 증삼(曾參)이고, 자(字)는 자여(子輿)입니다. 중국어로 '이름'을 名字(míng zi)라고 하는데, 옛사람들의 명(名)과 자(字)는 원래 달랐답니다. 그러다가 차츰 자(字)를 쓰지 않게 되었고 또 중국인들은 본래 짝수를 선호하기 때문에, 오늘날에는 명(名)과 자(字)를 합쳐서 사용하고 있죠. 『사기』의 「중니제자열전」에 따르면 그는 공자보다 46세 어리지만, 효성이 지극하여 후에 『효경(孝經)』을 지었다고 합니다. 그리고 여기서도 '증삼'을 '증자'라고 기록한 것으로 보아, 『논어』의 최종 편집자는 공자의 제자가 아닌 제자의 제자(들)였음을 다시 한번 확인할 수 있습니다.

1-5

子曰: "道千乘之國, 敬事而信, 節用而愛人, 使民以時。"
자 왈 도 천 승 지 국 경 사 이 신 절 용 이 애 인 사 민 이 시

공자가 말씀하셨다. "제후의 나라를 다스린다는 것은 몸가짐과 언행을 조심하여 다스려서 자기가 한 말에 책임을 지고, 아껴 쓰는 검소한 생활을 실천해서 다른 이들을 사랑하며, 백성들을 부릴 때는 시기를 봐야지 아무 때나 동원해서 그들의 원성을 사서는 안 된다."

공자는 여기서 '도'의 구성요소 중 세 가지를 설명하고 있습니다. 첫째, 언행에 신중하여 경거망동하지 말고, 나아가 자신이 내뱉은 말은 반드시 책임져야 한다는 것. 둘째, 국고의 재물은 백성들에게서 거둬들인 것이므로, 함부로 낭비하면 안 된다는 것. 마지막으로, 농번기인 봄부터 가을까지는 백성들이 자기 생업에 전념할 수 있도록 하고, 농한기인 겨울에나 군사훈련 등의 다른 일에 차출해야 한다는 것입니다. 여기에다 앞에서 증자가 언급한 세 가지를 더하면, '도'의 구성요소들이 벌써 여섯 가지나 드러납니다.

謙 겸손할 겸	몸을 낮춰서 언행에 신중할 것
儉 검소할 검	물자를 아껴 써서 만일의 사태에 대비할 것
慈 사랑 자	백성을 자기 가족처럼 아끼고 사랑할 것

흥미로운 것은 노자 역시 『도덕경』에서 자신이 아끼는 세 가지 보물로 이 세 요소를 꼽았다는 사실입니다.

나에게는 세 가지 보물이 있어서, 그것을 지니고 보호한다. 첫 번째는 자애로움을 말하고, 두 번째는 검소함을 말하며, 세 번째는 감히 세상의 앞에 나서지 않음을 말한다.　　　　　　　　　　　　　　　　　　　　　　　　「67장」

재앙은 적을 가벼이 여기는 것보다 더 큰 것이 없는데, 적을 가벼이 보다가는 하마터면 나의 보물을 잃게 된다.　　　　　　　　　　　　　　「69장」

다만 노자는 '겸손함'을 '감히 세상의 앞에 나서지 않는다.'라는 표현으로 바꿔서 말했을 뿐, 그 취지는 공자와 일치하고 있음을 알 수 있습니다. 다시 말해서, 노자와 공자의 사상은 전혀 다른 별개의 것이 아닙니다. 그런데 공자는 왜 문장 처음에 굳이 '제후의 나라'를 다스리는 것으로 한정하고 있을까요?

공자의 정치관은 천자를 포함하지 않는 제후 이하에만 적용된다는 점에 유의해야 합니다. 즉 공자는 당시의 종법(宗法) 제도를 대단히 중시했는데, 그도 그럴 것이 이 종법 제도는 그가 가장 존경했던 주나라 주공(周公)이 처음 확립했고, 또 공자를 포함한 당시 모든 사람들은 신분이란 하늘이 정해준 것이라고 믿어 왔기 때문이랍니다. 이 제도는 간단하게 말하면 정실부인이 낳은 적장자상속제도입니다. 천자가 죽으면 장남이 그 자리를 계승하고, 둘째부터 나머지는 제후=공(公)이 됩니다. 공의 장남은 공이 되고, 나머지는 경(卿)이 되죠. 경의 장남은 경이 되고, 나머지는 대부(大夫)가 됩니다. 대부의 장남은 대부가 되고, 나머지는 선비인 사(士)가 되고요. 사의 장남은 사가 되고, 나머지는 일반 서인인 민(民)이 됩니다. 따라서 우리나라도 마찬가지였지만, 선비는 바로 조정에 나아가 벼슬을 할 수 있는 최소의 신분이 됩니다. 즉 『논어』에는 선비인 사(士)가 종종 등장하는데, 이 역시 정치에 종사할 수 있는 최소의 계급이라는 뜻을 암시합니다.

다시 본론으로 돌아와서, 공자는 천자의 주나라를 지키는 제후국 중 하나인 노(魯)나라 대부를 맡았던 인물입니다. 그리고 뒤에서도 계속 언급되지만 공자는 하늘에 대해서는 거의 언급하지 않는데, 그 이유는 바로 공자 자신이 일개 제후국의 대부에 불과했기 때문이죠. 즉 공자는 일개 제후국의 대부가 감히 하늘이 정해준 천자의 도리에 대해서 논할 수는 없다고 생각했던 겁니다. 이제 여기서 '도'에 대해서 짚고 넘어가겠습니다.

　'길 도(道)'는 '쉬엄쉬엄 갈 착(辶)'과 '머리 수(首)'가 합쳐진 상형문자입니다. 특히 그림 중간에 있는 '머리 수(首)'의 갑골문과 세 번째의 금문(金文)을 보면, 동물의 머리 모양을 그대로 본 딴 것임을 알 수 있죠. 사람이 목적지를 향해 갈 때 먼저 머리가 앞으로 향하기 때문에, '머리 수(首)'는 목적지를 향해 간다는 의미를 지니고 있죠. 그런데 문제는 쉬엄쉬엄 가는 것이 '길'이라는 겁니다. 보통 목적지가 눈앞에 보이면 걸음을 재촉하게 됩니다. 그렇다면 어떤 길을 갈 때 쉬엄쉬엄 갈까요? 끝이 보이지 않는 길을 갈 때 쉬엄쉬엄 가게 되죠. 또 이처럼 쉬엄쉬엄 간다는 것은 서두르지 않고 천천히 그리고 꾸준히 발걸음을 옮기는 것을 의미합니다. 다시 말해서 '길 도(道)'는 바로 변치 않고 꾸준하게 행하는 '항상 상(常)'의 개념을 포함하고 있는 겁니다. 그렇다면 '도'에는 몇 가지가 있을까요?

　　스스로 진실한 것은 하늘의 '도'이고, 애써서 진실하게 하는 것은 사람의 '도'이다. 스스로 진실한 사람은 굳이 힘쓰지 않아도 객관적이고 공정해서 중(中)하고, 또 생각하지 않아도 자연스레 얻게 되어서 차분하게 '도'에 들어맞는데, 이는 성인만이 할 수 있다. 애써서 진실하게 한다는 것은, 선한 것을 가려서 흔들리지 않도록 굳건히 잡는 것이다.　　『예기』「중용」

　이처럼 '도'에는 두 가지가 있는데, 억지로 통제하지 않고 스스로 그러도록 하는 무위자연(無爲自然)의 '도'는 하늘의 '도' 즉 천도(天道)이고, 애써서 바로잡으려고 노력하는 '도'는 사람의 '도' 즉 인도(人道)입니다. 그런데 천성에 따르는 무위자연의 '천도'는 오직 '성인'만이 행할 수 있으므로, 노자는 『도덕경』에서 성인(聖人)이라는 단어를 31차례나 사용한 것과 대조적으로, 군자(君子)라는 단어는 단지 2차례만 썼죠. 또 '도'를 설명할 때마다 큰 '도'인 이른바 '대도(大道)'나 '천도'라고 표현합니다. 하지만 공자는 달랐습니다.

> 공자가 노나라 임금인 애공을 모시고 앉았다. 애공이 물었다. "감히 묻노니, 사람의 '도'는 무엇을 큰 것으로 여기는가?" 그러자 공자가 엄정하게 낯빛을 고치고는 대답했다. "임금께서 이 말씀에 이르신 것은 백성들의 덕입니다. 진실로 신은 감히 사양치 않고 대답하겠습니다. 사람의 '도'는 정치를 큰 것으로 여깁니다." 그러자 애공이 다시 물었다. "감히 묻겠는데, 어떤 것을 이르러 정치한다고 일컫는가?" 이에 공자가 대답했다. "정치는 바로잡는 것입니다. 임금이 바르게 하면, 곧 백성들이 정치에 따릅니다. 임금이 행하면, 백성들은 따릅니다."
>
> 『예기』「애공문」

하늘의 '도'인 '천도'가 천성(天性)에 따라서 다스리는 이른바 무위자연의 '도'인 반면, 사람의 '도'인 '인도'는 통제하여 바로잡으려고 애쓰는 인위적인 '도'입니다. 그러므로 『논어』에는 '군자'라는 단어가 107차례나 등장하지만, '성인'이라는 단어는 겨우 4차례에 불과하죠. 더군다나 공자는 『논어』에서 단 한 차례도 큰 '도'인 '대도'나 하늘의 '도'인 '천도'를 따르겠다고 한 적이 없답니다. 이를 통해서 우리는 다시 한번 '도'라는 것이 정치와 직결되는 개념임을 확인할 수 있고, 또 공자가 『논어』를 통해서 설명하고 있는 '도'가 하늘의 '도'가 아닌 사람의 '도'임을 추측할 수 있을 겁니다.

사실 '도'는 법도(法道)라는 단어의 줄임말이고, 법도는 '마땅히 지켜야 할 도리'라는 뜻을 갖습니다. 이런 측면에서 본다면, '도'를 태평성대를 이끈 지도자들의 통치이념이라고 생각해도 무방하겠죠. 다시 말해서, 현대적 의미의 '도'는 '위대한 지도자가 걸어야 할 길' 즉 '리더십'이라고 풀이할 수 있습니다.

1-6

子曰: "弟子, 入則孝; 出則弟。謹而信, 汎愛衆而親仁。行有餘力,
자왈　제자　입즉효　출즉제　근이신　범애중이친인　행유여력

則以學文。"
즉이학문

공자가 말씀하셨다. "젊은이는 집에 들면 부모에게 효도하고, 집 밖에 나가서는 윗사람을 공경해야 한다. 말과 행동에 신중하여 내뱉은 말은 반드시 지키는 믿음을 보이고, 벼슬을 하면 널리 백성들을 사랑하되 자신의 군주를 진심으로 섬기고 따르는 어짊(仁)을 가까이해야 한다. 이렇게 행하고도 남는 힘이 있으면, '도'의 구체적인 내용이 기록된 문장을 배워야 할 것이다."

여기서는 1-2과 1-4 그리고 1-5에서 설명한 구성요소들을 합쳐서 설명하고 있습니다. 공자는 1-2와 1-4 그리고 1-5에 등장하는 요소들을 실천하려 애쓰고, 그래도 남는 힘이 있으면 이제 문(文) 즉 문장을 배우라고 말합니다. 앞에서 설명했듯이, 문장은 '도'의 내용들을 기록한 서적을 의미하므로 결국 '도'의 이론이 된다고 했었죠? 따라서 공자는 여기서 1-2와 1-4 그리고 1-5에서 설명한 것들이 '도'로 나아가는 출발선임을 확인함과 동시에, '도'라는 것이 이 기초적인 구성요소들을 바탕으로 하여 점차 다른 구성요소들로 확대 및 심화 학습해야 비로소 도달할 수 있다고 가르치고 있습니다.

　그런데 다음 『예기』의 기록을 보면, 우리가 습관적으로 쓰는 '인자

(仁慈)'하다는 표현이 아랫사람과 윗사람의 각기 다른 도리임을 알 수 있습니다. 어짊(仁)은 윗사람을 섬기고 따르는 순종인 반면, 자애로움(慈)은 아랫사람에게 베푸는 사랑이죠.

> 공자가 말씀하셨다. "부모가 먼저 자식에게 타인을 사랑하는 모습을 보여주는 이유는, 궁극적으로 임금이 백성들에게 화목함이 무엇인지 가르치기 위해서이다. 윗사람이 먼저 타인을 본받는 모습을 보여주는 이유는, 궁극적으로 임금이 백성들에게 순종함이 무엇인지 가르치기 위해서이다. 타인을 사랑하고 화목하도록 가르치면, 백성들은 부모가 있음을 귀하게 여긴다. 윗사람을 공경하도록 가르치면, 백성들은 윗사람의 명령을 받드는 것을 귀히 여긴다. 효도로 부모를 섬기고, 순종함으로 명령을 따르며, 이 효도와 순종함을 온 세상에 시행하면, 행하지 못할 것이 없다." 『예기』「제의」

즉 윗사람이 아랫사람을 아끼는 것은 자애로움(慈)입니다. 윗사람이 자애로움으로 대하면 아랫사람은 화목함(和)을 깨닫게 되어 부모를 귀히 여기게(孝) 되죠. 그리고 부모를 귀히 여기면(孝) 윗사람을 공경하게(悌) 되고, 그렇게 되면 상관과 임금에게 순종(仁)하게 된다는 겁니다.

이는 결국 효도가 백성들을 다스리기 위한 근본이라는 뜻입니다. 집안에서의 효도(孝)를 점차 사회로 확장한 것이 마을 윗사람을 공경함(悌) 그리고 더 나아가 사회에서 상관과 임금에게 순종하는 어짊(仁)이 되는 것입니다. 그렇게 되면 상하 질서 체계가 바로잡혀서, 비단 한 나라뿐만 아니라 온 세상도 다스릴 수 있다는 거죠.

하지만 그렇게 되기 전에 반드시 필요한 전제가 있습니다. 먼저 윗사람이 아랫사람을 자애로움으로 감싸고 아껴야 한다는 거죠. 모든 일에는 항상 순서가 있습니다. 『도덕경』에도 이와 통하는 구절이 있답니다.

대국은 하류이므로, 세상이 뒤섞이는 지점이자 세상의 모성이다. 모성이 항상 고요함으로 부성을 제압하는 것은, 고요함으로 아래에 처하기 때문이다. 그러므로 대국은 소국에게 낮춤으로써 곧 소국을 얻고, 소국은 대국에게 낮춤으로써 곧 대국을 얻는다. 그러므로 낮춤으로써 얻게 되고, 또 낮추지만 얻게 된다. 대국은 마땅히 사람을 포용하여 사랑해야 할 따름이고, 소국은 마땅히 사람에 들어가 섬겨야 할 따름이다. 그렇게 되면 무릇 양자는 각기 그 바라는 바를 얻게 될 것이니, 대국이 먼저 마땅히 아래에 처해야 한다.

「61장」

결국 윗사람이 솔선수범하여 먼저 아랫사람에게 자애로움을 보여야, 아랫사람 역시 그 진심을 깨달아서 윗사람을 따르게 된다는 겁니다. 아랫사람이 윗사람을 진심으로 섬기고 따르면 당연히 나라가 안정되겠죠.

1-7

子夏曰: "賢賢, 易色; 事父母, 能竭其力; 事君, 能致其身; 與朋友交,
자 하 왈 현 현 역 색 사 부 모 능 갈 기 력 사 군 능 치 기 신 여 붕 우 교

言而有信, 雖曰未學, 吾必謂之學矣。"
언 이 유 신 수 왈 미 학 오 필 위 지 학 의

자하가 말씀하셨다. "공손한 얼굴빛으로 현명한 이를 정중히 대하고, 정성을 다해서 부모를 섬기며, 몸을 바쳐서 최선을 다해 임금을 섬기고, 자기가 한 말은 반드시 지키는 신뢰로 친구와 교류할 수 있다면, 설령 그 사람이 '도'를 배우지 못했다고 말하더라도, 나는 반드시 그 사람은 '도'를 배웠다고 평가할 것이다."

『사기』「중니제자열전」에 따르면, 자하는 본명이 복상(卜商)이고 자(字)가 자하(子夏)였다고 합니다. 공자보다 44세 어렸다고 하죠. 스승 공

자가 죽은 후에는 사람들을 가르치면서 여생을 보냈는데, 훗날 아들이 죽자 너무나 서럽게 울다가 결국 장님이 되었다고 합니다.

여기서 자하는 왜 이 네 가지를 갖춘 인물은 '도'를 배우지 못했더라도 '도'를 배웠다고 평한다고 했을까요? 그 이유는 자하가 열거한 네 가지가 결국 '도'와 불가분의 관계를 갖기 때문입니다. 다시 말해서 현명한 이를 존중하는 공손함(恭)과 부모에 대한 효도(孝), 임금을 진심으로 섬김(仁) 그리고 믿음(信)은 '도'의 중요한 구성요소가 됩니다. 이제 이 구절과 관련된 현대 사례를 하나 살펴볼까요?

道 (도)			
恭(공손할 공)	孝(효도 효)	仁(어질 인)	信(믿을 신)

서울의 한 구두 수선집 사장 김병양(84) 씨는 반평생 동안 밤낮없이 일하며 모은 돈 6억 원을 조용히 한 대학교에 기부했습니다. 언론사와의 인터뷰에서 기자가 '거액을 기부한 소회'를 묻자, "기부한 게 맞기는 하지만 소회라니. 내가 뭐 대단한 일을 한 것도 아닌데 참."이라며 말끝을 흐렸습니다. 그러다가 "어릴 적부터 못 배운 게 한이 됐는데, 이렇게라도 학생들을 도울 수 있다니 기쁩니다."라고 겨우 대답했죠. 슬하 네 자녀들은 다음 날 신문기사를 보고야 기부 소식을 알았는데, 자식들이 서운한 기색을 보이면 자신의 결심이 흐려질까 싶어서 차마 말을 하지 못했다고 합니다. 그는 어려운 가정 형편 탓에 중학교에 진학하지 못했죠. 집에서 농사일을 돕다, 스무 살이 넘어서는 공장에서 일했습니다. 그리고 1970년대 들어서 모아온 돈으로 지금의 구두 수선 가게를 인수했습니다. 그는 습관처럼 묵묵히 하루도 거르지 않고 가게에 나와 일하면서 "행복이 뭐 별것이 있겠나?"라고 생각해왔다고 합니다. 하지만 어느 날

문득 기부를 해야겠다는 생각이 들어서 대학을 찾아갔을 때, 조금은 기분이 좋아졌다고 합니다. 그리고 마지막으로 "학생들이 내가 못다 한 공부 열심히 해줬으면 합니다!"라며 인터뷰를 마쳤습니다. 우리가 배우는 궁극의 이유는 결국 보다 나은 인성을 키우기 위해서입니다. 이런 인물이야말로, 배우지 못했지만 배운 그 누구보다도 더 훌륭한 인성의 소유자가 아닐까요?

1-8

子曰: "君子, 不重, 則不威; 學, 則不固。主忠信, 無友不如己者, 過,
자 왈   군 자 부 중 즉 불 위   학   즉 불 고 주 충 신 무 우 불 여 기 자 과

則勿憚改。"
즉 물 탄 개

공자가 말씀하셨다. "군자라고 할지라도 신중하지 못하여 경거망동하면, 높고 엄숙함을 잃어 신임을 잃게 되고, 도를 배워도 결국 자기의 것으로 만들어 실천할 수 없게 된다. 따라서 객관적이고도 공정한 자세와 내뱉은 말은 반드시 지키는 신뢰를 중시하고, 자기보다 못한 사람은 배울 것이 없으므로 가까이하지 말며, 잘못을 저지르면 주저하지 말고 뉘우쳐서 고쳐야 한다."

이제 이 구절과 관련된 예를 들어보겠습니다. 보리스 존슨(Alexander Boris de Pfeffel Johnson) 영국 제77대 총리는 반백신(anti-vaccine)주의자였습니다. 그는 코로나19가 창궐하던 초창기에 "우리는 환상적인 검사와 환상적인 감시체계를 가지고 있다"면서 의료진의 경고에도 불구하고 손만 잘 씻으면 코로나19에 걸리지 않는다면서 사람들과 악수하고 다녔고, 영국에서 확진자 수가 급증하자 집단 면역을 고려한다면서 가족을 잃는 슬픔에 대비해야

한다고 말해 국민의 반발을 샀습니다. 그러다가 2020년 3월 세계 정부 수반 중 최초로 코로나19에 감염되고, 보건차관과 보건 장관까지 확진 판정을 받았죠. 4월 중순 완치판정을 받은 직후 그는 자진해서 모든 예방주사를 접종한 후에야 퇴원했고, 초췌한 얼굴로 등장해 의료진과 제약회사들이 진정한 영웅이라고 치켜세우면서 결국 반백신주의를 반성했습니다.

1-9

曾子曰:"愼終追遠, 民德歸厚矣。"
증 자 왈　신 종 추 원　민 덕 귀 후 의

증자가 말씀하셨다. "지도자가 부모상을 당했을 때 예절을 다하여 애도하고, 나아가 조상의 뜻을 받들어서 제사를 게을리하지 않으면, 백성들이 이에 지도자의 솔선수범함을 보고 따르게 되어 백성들의 '덕' 역시 두터워진다."

여기서 증자는 효도(孝)의 중요성을 이야기하고 있는데, 『논어』의 효도(孝)는 어짊(仁)의 출발점이라는 측면에서 이해해야 합니다. 즉 『논어』에 등장하는 효도(孝)는 효도(孝) 그 자체가 아닌, 사실상 어짊(仁)을 강조하고 있는 겁니다. 따라서 임금이 부모상에 정성을 다하면, 그 모습을 본 백성 역시 임금에게 정성을 다하는 어짊(仁)을 행하게 된다고 말하는 거죠. 말 그대로 윗물이 맑아야 아랫물이 맑다는 겁니다.

또 2-1에서 자세히 소개하겠지만, '덕'이란 '대동사회를 이끈 성인들이 행한 강함과 부드러움의 통치법을 조화롭게 실천하려는 절조(절개와 지조)'를 말합니다. 즉 지도자가 자신의 허물에는 엄격한 강함을 보이고 타인의 잘못에는 관대한 부드러움을 보이며 부모와 조상을 진심으로 섬기면, 백성 역시 그 모습을 보고 자기에게는 엄격해지고 나아가 지도자를 진심으로 섬기고 따르게 된다는 것입니다.

1-10

子禽問於子貢曰: "夫子至於是邦也, 必聞其政。
자 금 문 어 자 공 왈   부 자 지 어 시 방 야   필 문 기 정

求之與? 抑與之與?" 子貢曰: "夫子溫良恭儉讓以得之。夫子之求之也,
구 지 여   억 여 지 여?   자 공 왈   부 자 온 량 공 검 양 이 득 지   부 자 지 구 지 야

其諸異乎人之求之與。"
기 저 이 호 인 지 구 지 여

자금이 자공에게 물으셨다. "스승께서 한 나라에 가게 되면, 반드시 그 나라 정치가 어떤지 반드시 들으십니다. 이는 물어서 알게 되신 것입니까? 아니면 그 나라에서 알려준 것입니까?" 자공이 대답하셨다. "한 나라 정치가 어떤지에 대한 소식은 본인이 가서 묻거나 혹은 누군가 알려줘서 얻게 되오. 하지만 스승께서는 온화함과 어짊 공손함과 검소함 그리고 사양함으로 그것을 얻으셨으니, 이는 '도'를 파악하여 세상의 이치를 이해하고 나아가 예측하는 것과

자금은 본명이 진항(陳亢)이고 자(字)가 자금(子禽)이라서 진자금(陳子禽)이라고도 불렸습니다. 그는 공자의 제자이죠. 그런데 19-25에도 나오지만, 그는 후에 스승이 자공보다 못한 인물이라고 폄훼합니다.

자공은 자(字)가 자공(子貢)이고, 성(姓)은 단목, 이름(名)이 단목사(端木賜)입니다. 『사기』「중니제자열전」에 따르면, 그는 공자보다 31세 어렸다고 하죠. 남을 비교하기를 좋아하고, 언변에 뛰어난 재능이 있었습니다.

여기서는 공자가 몸소 체득하여 실천한 '도'의 다섯 가지 요소가 등장합니다. 따라서 자공은 스승 공자께서는 묻거나 들어서가 아니라, '도'의 구성요소들로 한 나라의 정치가 어떤지 파악하신 것이라고 설명하고 있음을 알 수 있습니다.

道 (도)				
溫(따뜻할 온) = 慈(사랑자)	良(어질 량) = 仁(어질 인)	恭 (공손할 공)	儉 (검소할 검)	讓(사양할 양) = 謙(겸손할 겸)

그렇다면 어떻게 '도'로서 한 나라의 상황을 파악하는 게 가능할까요? 윗물을 보면 아랫물이 맑은지 혼탁한지 알 수가 있습니다. 아랫물을 보면 역시 윗물이 어떤지 알 수 있고요. 리더가 백성의 입장에 서서 그들의 삶을 헤아리는 자애로움을 베풀면, 백성은 진심으로 리더를 믿습니다. 리더가 공손함을 보이면, 백성은 리더를 따르죠. 리더가 검소하면, 백성도 검소하게 생활합니다. 리더가 겸손함을 보이면, 백성 역시 겸손해집니다. 반면 백성들이 리더를 불신하여 따르지 않는다면, 그리고 공

손함과 겸손함을 보이지 못한다면, 또 사치하려고만 든다면, 과연 그 나
라의 리더가 어떤지 굳이 물어볼 필요가 있을까요?

子曰: "父在, 觀其志; 父沒, 觀其行; 三年, 無改於父之道, 可謂孝矣。"
자 왈　부 재　관 기 지　부 몰　관 기 행　삼 년　무 개 어 부 지 도　가 위 효 의

공자가 말씀하셨다. "아버지가 살아계실 때는 그의 뜻을 이어받으려고 애쓰
고, 아버지가 돌아가시면 그의 행적을 이어받으려고 애쓰며, 아버지가 돌아
가시고 상복을 입는 3년 동안 그의 뜻과 행적을 계승하여 따른다면, 진심으로
섬기고 따른다고 할 수 있으니, 이것이야말로 참된 효도(孝)이다."

이 구절은 뒤에서도 중복되므로, 여기서 함께 짚고 넘어가겠습니다.

子曰: "三年, 無改於父之道, 可謂孝矣。"
자 왈　삼 년　무 개 어 부 지 도　가 위 효 의

공자가 말씀하셨다. "아버지가 돌아가셔서 상복을 입는 3년 동안, 그의 뜻과
행적을 계승하여 따른다면, 이것이야말로 참된 효도이다."

子張曰: "書云: '高宗諒陰, 三年不言。'" "何謂也?" 子曰: "何必高宗?
자 장 왈   서 운   고 종 량 음   삼 년 불 언   하 위 야   자 왈   하 필 고 종

古之人皆然。君薨, 百官總己, 以聽於冢宰三年。"
고 지 인 개 연   군 훙   백 관 총 기   이 청 어 총 재 삼 년

자장이 말씀하셨다. "『상서』「무일」편에 이르기를 '고종이 부친상을 당하자, 3년 동안 말하지 않으셨다.'라고 했습니다. 이게 무슨 말입니까?" 공자가 말씀하셨다. "어찌 고종만 그랬겠는가? 옛사람들이 모두 그랬다. 임금이 돌아가시면 온 관리들이 자숙하여 삼 년 동안 슬퍼함으로써 도리를 지켜야 하므로, 이 기간에는 모든 정사를 주나라 백관의 수장인 총재(재상)에게 일임하여 처리하게 했다."

여기서 자장이 인용한 『상서』「무일」편의 원문은 다음과 같습니다.

주공이 말했다. "(생략) 고종이 재위했을 때 오랫동안 밖에서 수고를 하셔서, 소인(신분이 낮은 백성)들과 함께 하였습니다, 임금으로 즉위해서는 부친상을 당하시고, 삼 년 동안 말하지 않았습니다. 평상시에는 말하지 않았으나 필요한 경우에 부득이 말하면 온화했고, 또 감히 편안함에 빠지지 않았으니 상나라가 아름답고도 평안해졌습니다. 그러자 낮은 사람이건 높은 사람이건, 원망하는 이가 없게 되었습니다. 드디어 고종은 나라를 오십구 년 다스리셨습니다." 『상서』「무일」

다시 한번 강조하지만, 『논어』에 등장하는 효도(孝)는 사실상 어짊(仁)을 설명하고 있는 겁니다. 그리고 이러한 취지의 내용은 『예기』의 다음 기록에서도 확인할 수 있죠.

아버지를 여의면 3년 동안 상복을 입고 임금을 여의면 3년 동안 상복을 입는 것은, 백성들에게 머뭇거리지 않고 아버지와 군주의 뜻을 계승함을 보이기 위해서이다. 부모가 살아계시면 감히 몸을 자기의 몸이라고 생각하여 함부로 하지 않고, 감히 재물을 자기의 재산이라고 생각하여 함부로 쓰지 않는 것은, 백성들에게 위와 아래의 질서체계가 있음을 보이기 위해서이다.

『예기』「방기」

공자가 말씀하셨다. "군자는 부모의 허물을 지나치게 따지지 않고, 그 좋은 일들을 공경한다."

『예기』「방기」

그렇다면 공자는 왜 이처럼 효도(孝)에서 시작되어 어짊(仁)으로 이르는 과정을 끊임없이 강조한 걸까요? 이는 공자의 조국인 노나라 상황과 무관치 않습니다.

『통지(通志)』에 의하면 일가족 형제의 항렬은 정실부인이 낳은 장자인 백(伯: 적장자), 후실부인이 낳은 장자인 맹(孟: 서장자) 그리고 중(仲: 차남), 숙(叔: 삼남)과 계(季: 사남)의 순서가 됩니다. 주공을 시조로 하는 노(魯)나라는 임금인 환공(桓公) 이후 나라의 모든 권력이 맹손(孟孫)과 숙손(叔孫) 그리고 계손(系孫)씨에 의해서 장악되는데, 이 세 집안은 모두 환공의 후손이므로 삼환(三桓)이라고 불리기도 하죠. 다시 말해서 삼환은 바로 환공의 자식들이고, 아버지의 자리를 이어 임금 자리에 오른 적장자 즉 장남을 제외한 나머지 세 아들이 모두 경(卿)이 되어 대대로 임금보다 더 큰 권력을 행사해왔던 겁니다. 공자는 당연히 자신의 조국 노나라 시조인 주공이 최종 확립한 종법제도를 중시할 수밖에 없었을 것이고, 그런 공자는 신하로서 임금을 좌지우지하는 삼환이 마음에 들 리 없었겠죠. 『예기』의 다음 기록을 보면, 공자가 얼마나 삼환을 미워했는지 짐작할 수 있습니다.

대부의 권력이 강하면, 임금이 그를 죽이는 것이 의로움(義)이다. 이러한 강령은 노나라의 삼환 때문에 시작되었다.

『예기』「교특생」

그렇다면 또 왜 3년에 걸쳐서 부모상을 치러야 한다고 말하는 걸까요? 이제 여기서 17-21을 먼저 살펴보겠습니다.

17-21

宰我問: "三年之喪, 期已久矣。君子,
재 아 문　삼 년 지 상　기 이 구 의　　군 자

三年不爲禮, 禮必壞; 三年不爲樂, 樂必崩。舊穀旣沒, 新穀旣升,
삼 년 불 위 례　예 필 괴　삼 년 불 위 악　악 필 붕　　구 곡 기 몰　신 곡 기 승

鑽燧改火, 期可已矣。"子曰: "食夫稻, 衣夫錦, 於女安乎?"曰:
찬 수 개 화　기 가 이 의　　자 왈　식 부 도　의 부 금　어 여 안 호　　왈

"安!""女安, 則爲之! 夫君子之居喪, 食旨不甘, 聞樂不樂, 居處不安,
안　　여 안　즉 위 지　부 군 자 지 거 상　식 지 불 감　문 악 불 락　거 처 불 안

故不爲也。今女安, 則爲之!"宰我出。子曰: "予之不仁也!
고 불 위 야　금 여 안　즉 위 지　재 아 출　자 왈　여 지 불 인 야

子生三年, 然後免於父母之懷。夫三年之喪, 天下之通喪也。
자 생 삼 년　연 후 면 어 부 모 지 회　부 삼 년 지 상　천 하 지 통 상 야

予也有三年之愛於其父母乎?"
여 야 유 삼 년 지 애 어 기 부 모 호

재아가 물었다. "삼년상은 기간이 너무 깁니다. 군자라고 할지라도 삼 년 동안 예(禮)를 행하지 않으면 예(禮)가 반드시 무너지고, 또 삼 년 동안 음악(樂)을 행하지 않으면 음악(樂)이 반드시 무너질 것이니, 부모상을 치르느라 삼 년을 보내면, 예악(禮樂)제도를 제대로 행할 수 없게 됩니다. 자고로 옛 곡식이 바닥나면 다음 해에 새 곡식이 익게 되고, 철이 바뀌면 사시사철에 맞는 나무를 비벼대어 새로이 불을 지피듯 일 년을 기준으로 바꾸니, 부모상 역시 일 년이면 될 것입니다." 공자가 말씀하셨다. "부모상을 당했는데도, 너는 흰쌀밥을 먹고 비단옷을 입는 편안한 생활을 할 수 있겠느냐?" 재아가 말했다. "편안합니

다!" 공자가 말씀하셨다. "네가 편하다면, 곧 그리해라! 무릇 군자가 초상을 치를 때는 맛있는 것을 먹어도 달지 않고, 음악을 들어도 즐겁지 않으며, 거처해도 편안하지 않기 때문에, 그렇게 하지 않는 것이다. 지금 네가 편안하다면, 곧 그렇게 해라!" 잠시 후 재아가 밖으로 나가자, 공자가 말씀하셨다. "재아는 어질지 못하구나! 자식이 태어나면 누구라도 부모의 무릎 안에서 자라는 슬하(膝下) 자식 삼 년의 기간을 겪고, 그런 후에야 부모의 품에서 벗어날 수 있는 것이다. 무릇 삼년상은 세상에서 통하는 상례이다. 재아 역시 그 부모에게서 삼 년의 사랑을 받았을 터인데?"

갓난아이가 무작정 무릎 위로 기어올라와 재롱을 떨면, 부모는 아무런 조건 없이 무한의 사랑을 아이에게 베풉니다. 하지만 3년이 지나면 아이는 부모의 무릎 위를 벗어나 서서히 독립적으로 생활하죠. 이렇게 아이는 부모에게 3년이라는 무한한 사랑을 빚지게 됩니다. 그리고 세월이 흘러서 부모님이 세상을 떠나시면, 이제 자식 된 도리로서 그 3년이라는 빚을 갚는 것이 바로 삼년상이 되는 겁니다. 오늘 오랜만에 부모님 무릎 위에 앉아서, "사랑합니다."라고 말씀드리는 건 어떨까요?

1-12

有子曰: "禮之用, 和爲貴。先王之道, 斯爲美, 小大由之。有所不行,
유자왈 예지용 화위기 선왕지도 사위미 소대유지 유소불행

知和而和, 不以禮節之, 亦不可行也。"
지화이화 불이예절지 역불가행야

유자가 말씀하셨다. "예(禮)를 행하는 것은 조화로움(和)을 위해서이다. 상고시대 태평성대를 구가했던 선왕들의 통치이념인 '도'는 바로 이 조화로움(和)을 최상의 것으로 여겼으니, 세상의 크고 작은 일들은 바로 이 조화로움(和)으로 인해서 생겨난다. 하지만 진정한 조화로움(和)이란 절도에 맞도록 조절하여 표현하는 것이니, 예(禮)로 모자라거나 지나치지 않도록 절제해야 한다."

유약은 예(禮)라는 것이 조화로움(和)을 최상의 가치로 여긴다고 말하므로, 예(禮)는 조화로움(和)보다 아래에 있는 하위개념이 됩니다. 그런데 조화로움(和)은 반드시 예(禮)로 절제(節)해야 한다고 했으니, 예(禮)의 참다운 가치는 지나쳐서 아첨이나 아부한다는 오해를 사거나 모자라서 무례하다는 평가를 받지 않도록 절제하고 통제하는 것이 됩니다. 이 말이 어떠한 의미를 지니는지, 다음의 기록을 통해서 살펴보기로 하죠.

희로애락의 감정이 드러나지 않은 것을 한쪽으로 치우치지 않는 중(中)이라고 하고, 그 감정들이 다 드러나지만 지나치거나 모자라지 않고 모두 절도에 맞은 것을 조화로움(和)이라고 한다. 중(中)이라는 것은 세상의 큰 근본이고, 조화로움(和)은 세상이 이미 '도'에 닿은 것이다. 따라서 중(中)과 화(和)에 이르면, 천지가 자리를 잡고 만물이 자란다. 『예기』「중용」

이 말은 객관적이고 공정한 중(中)의 태도를 바탕으로 하는 조화로움(和)을 실천해야만이 '도'에 도달할 수 있다는 뜻이므로, 중(中)과 조화로움(和)은 '도'의 구성요소가 됩니다. 그런데 조화로움(和)은 예(禮)로 절제하고 통제해야 하므로, 예(禮) 역시 '도'의 구성요소가 되죠.

특히 위의 『예기』 기록은 인간의 희로애락 네 가지 감정을 절제하여 드러나지 않게 하는 것이 중(中)이라고 했는데, 여기서는 쉽게 설명하기 위해 감정을 예로 든 것이지, 결코 감정에만 국한된 개념이 아님에 유의할 필요가 있습니다. 즉 중(中)은 한쪽으로 치우치지 않는 객관적이고도 공정한 자세인데, 예를 들어서 설명해봅시다.

한국 프로야구 팬들 사이에서 '돌부처'라고 불리는 오승환 선수가 있습니다. 기쁠 때나 슬플 때나 심지어 화가 날 때도 그의 표정이 한결같아서 붙여진 별명이죠. 실제로 인터넷을 검색해보면, 사진의 표정만 봐서는 그것이 마지막 투구로 승리를 확정 지은 순간인지 아니면 홈런을

맞은 순간인지 거의 구분하기가
어렵습니다.

　반면에 조화로움(和)은 희로
애락의 감정을 숨기지 않고 자연
스럽게 모두 드러내 표출시키는
것이므로, 기쁨과 분노 그리고 슬
픔과 즐거움이 각각 고유의 특성
을 유지하면서도 서로 충돌하지 않고 조화를 이룬다는 뜻이 됩니다. 그
리고 그 대표적인 것이 바로 성년식, 결혼식, 장례식과 제사를 뜻하는 관
혼상제(冠婚喪祭)의 예(禮)가 되므로, 예(禮)는 화(和)와 밀접한 관계를 지니
고 있죠. 즉 예(禮)라는 것은 '도'에 도달하기 위해서 조화로움(和)을 통제
하는 요소가 되는 것, 다시 말해서 '조화로움(和)을 위한 절제와 통제'가
되는 겁니다.

　그렇다면 이러한 절제와 통제는 도대체 무엇을 뜻하는 것일까요?
예를 들어서, 성년식 당일 축배를 들다가 "오늘은 마시고 죽자!"라고 말
하면서 절제하지 못하면 어떻게 될까요? 정말로 죽겠죠? 또 부모상을
당했을 때 슬픔을 절제하지 못하면, 자칫 부모님 장례식에서 자기 장례
를 치를 수 있겠죠? 1-7에서 자하는 아들이 죽자 너무나 서럽게 울다가
결국 장님이 되었다고 했습니다. 따라서 이 모든 것들이 바로 예(禮)에
어긋나는 행동이 됩니다.

　예(禮)에는 두 가지가 있습니다. 하나는 주례(周禮)인데, 주관(周官)으
로도 불리며 오늘날의 관제(官制)와 의식(儀式) 등 국가 행사를 뜻합니다.
또 하나는 의례(儀禮)인데, 이는 가정행사로서의 관혼상제에서의 예절을
뜻하죠. 그런데 사실 예(禮)는 조화로움(和)뿐 아니라, 중(中)을 통제하는
조건이기도 합니다.

자공이 자리를 넘어가 물으셨다. "감히 묻습니다. 장차 무엇을 가지고 이러한 중(中)을 행하는 것입니까?" 공자가 말씀하셨다. "예(禮)일지니, 예(禮)로다! 무릇 예(禮)라는 것은 중(中)을 바로잡는 조건이 된다." 『예기』「중니연거」

이제 왜 예(禮)가 중(中)과 조화로움(和)을 위한 절제와 통제가 되는지 11-15를 통해서 구체적으로 살펴보겠습니다. 우리에게 잘 알려진 과유불급(過猶不及)이라는 성어가 여기서 유래했죠. 그렇다면 공자는 어떤 의미에서 지나친 것과 모자란 것은 같다고 한 걸까요? 세상 모든 것에 '과유불급'이 적용될까요? 타인을 위한 배려와 사랑은 넘치면 안 되는 걸까요?

11-15

子貢問: "師與商也, 孰賢?" 子曰: "師也, 過; 商也, 不及。" 曰:
자공문   사여상야 숙현   자왈   사야 과 상야 불급   왈

"然則師愈與?" 子曰: "過猶不及。"
연즉사유여   자왈   과유불급

자공이 물으셨다. "자장과 자하 중에서, 누가 더 현명합니까?" 공자가 말씀하셨다. "자하는 슬픔을 누르지 못해서 선왕의 예를 다하지 못했으니 부족하고, 반면에 자장은 슬픔이 모자라서 선왕의 예를 다했으니 지나치다." 자공이 말씀하셨다. "그렇다면 자장이 더 낫습니까?" 그러자 공자가 말씀하셨다. "현명함이란 예(禮)로 이성과 감성을 조율하여 중(中) 즉 한쪽으로 치우치지 않는 객관적이고도 공정함과, 양쪽을 모두 아우르는 조화로움(和)으로 이르게 하는 것이다. 예(禮)가 지나치거나 예(禮)가 모자라면 둘 다 중(中)과 화(和)에 이르지 못하니, 결국에는 같은 것이다."

이제 이 구절의 의미를 정확하게 파악하기 위해서, 『예기』의 다음 구절을 살펴보죠.

자하가 상을 치르고 공자를 뵈었다. 공자가 그와 함께 거문고를 탔는데 화답하기는 했지만 합치지 못했으니, 자하가 연주를 하기는 했지만 공자의 화음과 어울려서 온전한 소리를 이루지는 못했다. 연주가 끝난 후 자하가 일어나서 말씀하셨다. "슬픔을 아직 잊을 수 없어서 제대로 연주할 수 없습니다. 하지만 선왕께서 예(禮)를 제정하신 것이라서, 감히 어기지 못해서 겨우 연주했습니다." 세월이 흐르고 자장이 상을 치르고 공자를 뵈었다. 공자가 그와 함께 거문고를 탔는데 화답하여 합쳐졌으니, 자장이 연주를 하자 공자의 화음과 어울려서 온전한 소리를 이뤘다. 연주가 끝난 후 자장이 일어나서 말씀하셨다. "선왕께서 예(禮)를 제정하신 것이라서, 슬픔을 누르고 제대로 연주했습니다." 『예기』「단궁상」

자하는 슬픔이 지나쳐서 제대로 연주를 못했으므로, 예(禮)가 모자랐습니다. 반면 자장은 슬픔이 모자라서 아무렇지도 않다는 듯이 평상시처럼 연주를 했으므로, 예(禮)가 지나쳤던 겁니다.

즉 모자라지도 않고 또 지나치지도 않아야 하는 '과유불급'의 대상은 바로 예(禮)인 것입니다. 이처럼 『논어』는 『논어』만 가지고는 참뜻을 파악할 수 없습니다. 반드시 『예기』를 중심으로 해서 『시경』 『서경=상서』 『춘추좌전』 등 수많은 서적들을 함께 살펴봐야 합니다.

1-13

有子曰: "信近於義, 言可復也。恭近於禮, 遠恥辱也。因不失其親,
유 자 왈   신 근 어 의   언 가 복 야   공 근 어 예   원 치 욕 야   인 불 실 기 친

亦可宗也。"
역 가 종 야

유자가 말씀하셨다. "의로운(義) 사람은 자신이 내뱉은 말을 반드시 이행하므로 신뢰를 얻게 된다. 또한 예(禮)를 갖춘 사람은 절제하여 지나치게 아부하거

나 무례하지 않으므로 공손한 모습을 보인다. 이처럼 의로움(義)과 예(禮)를 갖춘 인물은 믿을 수 있거니와 공손하게 되므로, 백성을 이끄는 지도자가 될 수 있다."

이제 여기서 의로움(義)이 무엇인지 알아보겠습니다.

모가 나 있지만, 상처를 입히지 않는 것이 의로움(義)이다.　　『예기』「빙의」

모가 나 있다는 것은 매끄럽거나 부드럽지 않고, 뾰족하고 딱딱함을 뜻합니다. 따라서 의로움은 부드러움이 아닌 강함이 그 특징이 되죠. 그런데 자기나 타인을 다치게 하는 해로운 것은 아니라고 말합니다.

따라서 나라에 근심이나 재난이 있을 때 임금이 사직에 목숨을 거는 것을 의로움(義)이라고 한다. 대부가 종묘에 목숨을 거는 것을 변(變)이라고 한다.
　　　　　　　　　　　　　　　　　　　　　　　　　　『예기』「예운」

그리고 의로움(義)이란 옳은 일에 목숨을 거는 자세임을 알 수 있는데, 그렇다면 무엇이 옳은 일일까요?

무엇을 의로움(義)이라고 하는가? 아버지는 자애롭고(慈), 아들은 효도하며(孝), 형은 자애롭고(良), 아우는 공경하며(悌), 남편은 합당한 행동을 하고(義), 아내는 순응하며(聽), 어른은 은혜를 베풀고(惠), 어린이는 따르며(順), 임금은 어질고(仁), 신하는 객관적이고 공정(忠)해야 하니, 이 열 가지를 사람의 의로움(義)이라고 일컫는다.　　　　　　　　　　　　『예기』「예운」

의로움(義)에는 열 가지가 있는데, 이는 윗사람의 도리 다섯 가지와

윗사람의 도리				
아버지의 자애로움(慈)	형의 자애로움(良)	남편의 합당한 행동(義)	어른의 은혜를 베풂(惠)	임금의 섬겨서 따름(仁)

아랫사람의 도리				
아들의 효도(孝)	아우의 공경(悌)	아내의 순응(聽)	어린이의 따름(順)	신하의 객관적이고 공정함(忠)

아랫사람의 도리 다섯 가지로 나눌 수 있습니다. 즉 의로움(義)이라는 것은 '윗사람과 아랫사람이 각자 처한 자리에서 마땅히 행해야 할 도리를 옳다고 여기고, 또 목숨을 걸고라도 지키는 것'을 뜻하는 겁니다. 예를 하나 들어보겠습니다. 한 대학교수가 대학교 등록금이 너무 비싸다며, 반값으로 인하하겠다고 공언하고 있습니다. 그렇다면 이 교수는 의로운 사람일까요? 정답부터 말하자면, 아닙니다. 왜냐면 등록금 인하는 일개 교수가 결정할 수 있는 사안이 아니기 때문이죠.

그런데 열 가지 의로움(義) 중에서 아랫사람의 다섯 가지 도리를 살펴보면, 이는 상관, 나아가 임금을 진심으로 섬기고 따르는 어짊(仁)과 같다는 인상을 지울 수 없습니다. 왜 그럴까요?

어짊(仁)이라는 것은 의로움(義)의 근본이고, 또 순응하는 방식이 된다.

『예기』「예운」

즉 열 가지 의로움(義) 중에서 아랫사람의 도리는 사실상 어짊(仁)이 되는 것이므로, 순수한 의로움(義)은 바로 윗사람의 도리가 되는 겁니다. '의로울 의(義)'는 창끝에 뿔 달린 양 머리를 매달고 그 창을 쥐고 있는 모습을 묘사한 문자입니다. 권위를 상징하는 창을 쥔 지도자를, 무리를 지키는 큰 뿔 양의 위풍당당한 모습에 비유한 단어죠.

　　다만 의로움(義)은 어짊(仁)을 근본으로 해서 존재하므로, 이 둘은 떼려야 뗄 수 없는 관계에 있습니다. 마치 기초공사를 해야만이 그 위에 건물을 올릴 수 있는 것처럼요. 그래서 아랫사람의 도리인 어짊(仁)과 윗사람의 도리인 의로움(義)을 합쳐서 열 가지라고 소개했음을 알 수 있습니다. 하지만 어짊(仁)과 의로움(義)은 성격이 다릅니다.

> 어짊(仁)을 중시하는 이는 의로움(義)이 부족해지므로, 백성들이 그를 가까이 하지만 공경하지는 않는다. 의로움(義)을 중시하는 이는 어짊(仁)이 부족해지므로, 백성들이 그를 공경하지만 가까이하지는 않는다.
>
> 『예기』「표기」

　　앞에서 조화로움(和)을 실천해야만이 '도'에 도달할 수 있다고 했으므로, '도'는 반드시 강함과 부드러움 어느 한쪽으로 치우치지 않고 균형을 갖춰야 합니다. 다시 말해서 지도자가 부드러움의 어짊(仁)만 강조하면 백성들이 편하게 다가서지만 공경하지는 않는 반면, 지도자가 강함의 의로움(義)만 강조하면 백성들이 어려워하여 공경하지만 편하게 다가서지는 않는다는 거죠. 즉 강함과 부드러움을 조화롭게 하는 것이 참된 리더십이라는 겁니다. 그렇다면 어짊(仁)과 의로움(義) 그리고 예(禮)에는 어떤 관계가 있을까요?

> '도'와 '덕' 그리고 어짊(仁)과 의로움(義)은 예(禮)가 아니면 완성시킬 수 없다.
>
> 『예기』「곡례상」

> 따라서 어짊(仁)과 의로움(義)의 도를 살피는 데는, 예(禮)가 그 근본이 된다.
>
> 『예기』「예기(禮器)」

의로움(義)의 이치는 예(禮)로서 채색하는 것이다. 근본이 없으면 확고하게 설 수 없고, 채색함이 없으면 행할 수 없다.

『예기』「예기」

정리하면 어짊(仁)과 의로움(義) 그리고 예(禮)는 모두 '도'의 구성요소인데, 이 중 어느 하나라도 부족하면 '도'에 이를 수 없습니다. 특히 흰 도화지에 채색을 한다는 비유법을 써서, 흰 도화지는 본질이 되는 '도'의 내용인 반면 채색하는 것은 '도'의 형식이라고 설명하고 있죠. 즉 어짊(仁)과 의로움(義)은 '도'의 내용이 되고, 예(禮)는 '도'의 형식이 되는 겁니다.

道 (도)		
내용		형식
어짊(仁)	의로움(義)	예(禮)

이제 1-13의 뜻을 풀어보면 다음과 같습니다. "'도'는 태평성대를 이끈 통치자들의 통치이념이다. 의로움(義)과 예(禮)는 도의 중요한 구성요소이고, 이를 행하게 되면 신뢰할 수 있거니와 공손하게 되므로 참된 지도자가 될 수 있다."

즉 유약은 여기서 의로움(義)과 예(禮)가 '도'의 구성요소임을 설명한 겁니다. 물론 의로움(義)과 떼려야 뗄 수 없는 관계에 있는 어짊(仁)도 포함해서 말이죠. 이제 이 구절에 부합되는 지도자의 사례를 살펴보겠습니다.

우루과이의 제40대(2010.03~2015.02) 대통령을 지낸 호세 무히카(Jose Mujica)는 세상에서 가장 가난한 대통령으로 널리 알려져 있습니다. 그는 항상 세 가지를 강조해왔습니다.

1) 우리는 배워야 한다. 하지만 사회는 가르칠 준비가 되어 있지 않다. 이것이 싸워야 하는 이유다.
2) 나는 단지 조금 더 떳떳한, 조금 더 부끄럽지 않은 나라를 갖고 싶다고 말하는 것이다. 무엇보다 그것이 먼저다.
3) 가난한 사람에게 필요한 것은 동정이 아니라 기회다.

그리고 그는 이 말을 실천함으로써 더 나은 나라로 이끌기 위해 노력했습니다. 보수적 경제정책과 진보적 사회정책을 동시에 추진하는 포용정책을 써서 부정부패와 문맹 그리고 가난과 맞서 싸웠죠. 대통령 궁은 국민의 재산이라면서 노숙자 숙소로 개방하고, 자신은 사저인 농가에서 출퇴근했습니다. 또 월급의 90%를 사회에 기부했던 '천사' 대통령이기도 했죠. 그가 공식적으로 신고한 재산은 폭스바겐의 1987년식 비틀 자동차 한 대로, 항상 검소한 생활을 실천한 지도자였습니다. 취임 시 지지율 52%는 퇴임 직전 65%까지 올랐고, 많은 사람이 재출마를 요구했습니다. 하지만 그는 "민주주의국가의 지도자는 물러날 때 물러나야 한다."라는 말을 하면서 거절하기도 했습니다. 자신이 처한 대통령이라는 신분에서 마땅히 해야 할 의로움(義)과, 보수와 진보의 조화로움(和)을 위해서 절제하고 통제하는 예(禮)를 실천하며 공손함을 보인 호세 무히카. 그러했기에 '페페'라는 애칭으로 불리면서 지금까지도 국민의 무한한 신뢰와 존경을 받고 있습니다.

1-14

子曰: "君子, 食無求飽, 居無求安, 敏於事而愼於言。就有道而正焉,
자 왈 　군자 식무구포, 거무구안 민어사이신어언 　취유도이정언

可謂好學也已。"
가 위 호 학 야 이

공자가 말씀하셨다. "군자는 사치와 향락을 탐하지 않고, 일할 때는 태만하지 않고 몸을 부지런히 하면서도 말을 함부로 내뱉지 않는다. 여기서 한 걸음 더 나아가 '도'를 가까이해서 자신을 바로잡는다면, 진정으로 '도'를 배우기를 좋아한다고 할 수 있다."

군자는 오로지 나라와 백성의 안위만을 생각하여 애쓰는 지도자라고 했습니다. 그런 지도자가 가까이해야 할 것이 '도'라고 했으므로, 여기서 공자의 '도'가 상고의 태평성대를 구가한 옛 성현들의 통치이념이 됨을 다시 한번 확인할 수 있습니다. 이제 다음 기록을 살펴보면, 이 말뜻을 더 잘 이해할 수 있을 겁니다.

순임금이 말씀하셨다. "오시오, 우여! 홍수가 발생하여 나를 주의시켰는데, 믿음을 이루고 공을 이루었으니, 그대의 어짊 때문이오. 나랏일에 능히 부지런하고, 집안에 능히 검소하며, 스스로 만족하여 위대한 체하지 않으니, 그대의 어짊 때문이오. 그대가 자랑하지 않기에 세상은 그대와 기량을 다툴 수 없고, 그대가 드러내지 않기에 세상은 그대와 공을 겨룰 수가 없소.

나는 그대의 덕을 독려하고, 그대의 큰 공을 기리니, 하늘의 헤아림이 그대 몸에 있어서, 그대가 결국에는 임금에 오를 것이오. 사람의 마음은 위태롭고, 도의 마음은 희미하니, 정성스럽고도 한결같이, 그 중(中)을 진실로 잡아야 하오. 여러 사람과 상의하지 않은 말은 듣지 말고, 상의하지 않은 계책은 쓰지 마시오. 백성을 사랑할 이는 임금이 아니겠소? 임금을 두려워할 이는 백성이 아니겠소? 백성은 임금이 아니면 누구를 받들겠소? 또 임금은 백성이 아니면 함께 나라를 지킬 사람이 없소. 공경하시오! 삼가면 이에 자리가 있게 되고, 공경하여 베풀면 바라는 바가 있게 되지만, 온 나라가 곤궁해지면 하늘이 준 영화도 영영 끝나게 되오. 입에서 나는 말은 곧잘 전쟁을 일으키니, 나는 다시 말하지 않겠소."

『상서』「대우모」

이번에는 구절과 정반대되는 사례를 들어보겠습니다. 페르디난드 마르코스(Ferdinand Marcos)는 1965년 대통령이 된 직후 경제개혁 등 사회문제들을 해결하는 데 성공했고, 1969년 필리핀 역사상 최초로 연임에 성공했습니다. 하지만 1972년 계엄령을 공포하고 정적과 언론인을 투옥하는 등 독재체제를 구축하여 21년 동안 장기집권하게 되는데, 이때부터 온갖 부정과 부패를 일삼았죠. 그는 오로지 권력을 지키는 데에만 급급했고, 국민을 자기 발밑의 노예 정도로 생각해 마음대로 대했습니다. 또 미국에서 받은 지원금을 스위스 은행의 개인 계좌로 빼내는가 하면, 배우자인 이멜다(Imelda Trinidad Romualdez)는 엄청난 사치에 빠져

명품 구입에 몰두하는 등 필리핀 경제를 악화시켰죠. 그녀의 명품 구두 수천 켤레가 대통령 궁 곳곳에 빼곡히 진열된 사진은 전 세계를 충격에 빠뜨리기도 했답니다. 그리고 이때부터 한때 일본보다 부유했던 필리핀은 점차 추락하기 시작했죠. 이를 견디다 못해 반정부 시위가 일어나자, 그는 자진해서 대통령직을 사퇴하고 하와이로 망명했다가 결국 그 낯선 이국땅에서 사망했습니다.

1-15

子貢曰: "貧而無諂, 富而無驕, 何如?" 子曰: "可也。未若貧而樂,
자 공 왈   빈 이 무 첨   부 이 무 교   하 여   자 왈   가 야   미 약 빈 이 낙

富而好禮者也。" 子貢曰: "詩云: '如切如磋, 如琢如磨。' 其斯之謂與?"
부 이 호 례 자 야   자 공 왈   시 운   여 절 여 차   여 탁 여 마   기 사 지 위 여

子曰: "賜也, 始可與言詩已矣。告諸往而知來者。"
자 왈   사 야   시 가 여 언 시 이 의   고 저 왕 이 지 래 자

자공이 물으셨다. "가난해도 아첨하지 않고, 부유해도 교만하지 않으면, 이런 사람은 어떻습니까?" 공자가 대답하셨다. "괜찮다. 하지만 (안회처럼) 가난해도 도를 배우는 것을 즐기고, (계문자처럼) 부유해도 예(禮)로 자기 생활을 절제하고 통제하여 조화로움(和)에 힘쓰기를 좋아하는 사람만 못하다." 자공이 물으셨다. "『시경』「위풍(衛風)·기욱(淇奧)」에 "옥돌을 끊고 줄로 쓰는 듯, 끌로 쪼고 가는 듯하다."라는 구절이 있습니다. 이 『시경』 구절이 스승께서 말씀하신 안회나 계문자처럼 삼가 부단히 노력하고 실천해야 한다는 것을 뜻하는 것입니까?" 그러자 공자가 말씀하셨다. "자공아, 이제 비로소 너와 함께 『시경』에 대해서 이야기해도 되겠구나. 나는 하나를 가르쳤는데 학생이 세 가지를 응용하지 못하면 더는 가르치지 않는다. 온고지신(溫故知新)이라고 했거늘. 내가 옛 지식을 알려주었더니, 너는 그 지식을 응용해서 새로운 것으로 연상할 줄 아는구나."

이 구절을 설명하기에 앞서서, 먼저 다음 『예기』의 기록을 살펴보시죠.

공자가 말씀하셨다. "피지배계급인 소인은 가난하면 위축되어 오그라들고, 부유하면 방자하여 교만하다. 오그라들면 도둑질하고, 교만하면 무도하다." 『예기』「방기」

즉 자공은 뜬금없이 질문한 것이 아니라, 위에 제시한 공자의 가르침에 대해서 추가로 질문한 것입니다. 소인(小人)은 소인배가 아닙니다. 지배계급을 뜻하는 대인(大人)의 반대말로서, 바로 피지배계급인 하층민을 가리키죠. 표준중국어를 뜻하는 만다린(mandarin)은 만대인(滿大人)의 중국어 발음(mǎndàrén)에서 왔는데, 이는 청나라 지배계급인 만주족 어르신(滿洲族 大人)을 줄여서 부른 데서 기원합니다. 그런데 영어에서는 민족과 그 민족의 언어를 같은 단어로 표현하므로, 오늘날 만다린은 만주족이라는 뜻 외에도 만주족이 쓴 표준어라는 의미까지 지니게 되었죠. 따라서 소인은 종법 제도에서 벼슬에 나아갈 수 있는 최소한의 조건인 선비 즉 사(士)보다 더 아래 계급인 민(民)과 그보다 더 낮은 노예나 천민을 가리킵니다. 당시 그들은 하루 일해서 그날을 겨우 입에 풀칠하며 살아가는 존재였으니까요.

그렇다면 공자는 왜 가난해도 아첨하지 않는 것보다, 가난해도 '도'를 배우는 것을 즐기는 것이 더 높은 경지라고 말할까요? 이와 관련하여, 먼저 다음 구절을 살펴보겠습니다.

6-9

子曰: "賢哉, 回也。一簞食, 一瓢飲, 在陋巷, 人不堪其憂。回也,
자 왈   현 재 회 야 일 단 사 일 표 음 재 루 항 인 불 감 기 우   회 야

不改其樂。賢哉, 回也。"
불 개 기 락   현 재 회 야

공자가 말씀하셨다. "사람들은 굶주림과 가난함의 고통을 견디지 못한다. 그

런데 안회는 굶주림과 누추함이라는 어려운 환경 속에서도 도를 배우는 즐거움을 견지하고 있다. 현명하구나, 안회여."

안회(顏回)는 자(字)가 자연(子淵)이라서 안연(顏淵)이라고도 칭합니다. 『사기』의 「중니제자열전」에 따르면 그는 공자보다 30세 어렸다고하는데, 『사기』 「공자세가」의 기록을 통해서 나이를 고증해보면, 그는아쉽게도 41세의 젊은 나이에 삶을 마감했죠. 공자는 안회를 가장 아끼고 사랑했던 것으로 알려져 있습니다. 안회는 대나무 그릇 밥 한 그릇에표주박의 물 한 바가지로 겨우 끼니를 때우고 또 비가 오면 빗물이 주룩주룩 새는 누추한 집에 살았어도, 도를 배우는 행복함에 항상 즐거워했다고 합니다. 따라서 공자가 이처럼 말한 것은 가난해도 아첨하지 않는것은 일반인들도 일시적으로 행할 수 있지만, 가난해도 '도'를 즐기는 것은 공자의 교육목표인 군자만이 꾸준히 실천할 수 있는 경지이기 때문입니다.

그렇다면 공자는 또 왜 부유해도 교만하지 않는 것보다, 부유해도예(禮)를 좋아하는 것이 더 높은 경지라고 말할까요? 이 역시 다음 구절을 살펴보면, 이해가 될 겁니다.

5-19

季文子, 三思而後行。子聞之, 曰:"再, 斯可矣。"
계 문 자 삼 사 이 후 행   자 문 지 왈   재   사 가 의

노나라 경(卿) 계문자는 항상 경계를 늦추지 않고 신중하게 고민했는데, 세 번생각하고 그런 후에 행했다. 공자가 계문자의 신중함을 듣고, 말씀하셨다. "그정도로 경계를 늦추지 않고 신중하게 고민했으니 어찌 실수가 있었겠는가?그 정도의 위인이라면, 사실 두 번만 해도 충분했었다."

『좌전』에 따르면, 계문자가 진(晉)나라를 방문하려고 했는데, 자신이 진나라에 가서 죽었을 때 받을 수 있는 예우를 확인한 후에야 출발하고자 했습니다. 이에 수행원이 왜 그러냐고 묻자, 계문자는 "만일의 사태에 대비하는 것이 옛날부터 내려오는 가르침이다. 내가 진나라에 가서 어떤 일이 발생할지 모르는데, 닥쳐서야 처리하려고 하면 때가 너무 늦는다. 미리 준비해 놓으면 나쁠 게 없지 않겠는가?"라고 대답했다고 합니

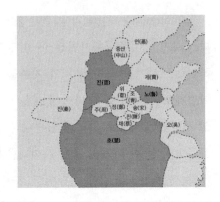

다. 당시 진나라는 초나라와 함께 대국이기 때문에, 계문자는 진나라에 가게 되면 자신이 어떻게 될지 몰라서 미리 준비하고자 한 거죠. 이는 바로 신중한(愼) 자세가 됩니다.

계문자는 '삼환' 중 하나인 계손씨 집안사람입니다. 그는 노나라 선공(宣公)과 성공(成公) 그리고 양공(襄公) 때 경(卿)을 지냈는데, 대단히 검소한 인물이었다고 합니다. 『좌전』과 『국어』에는 계문자의 첩이 비단옷을 입지 못하고, 기르는 말은 곡식을 먹지 못했다는 기록이 있습니다. 이는 백성들이 굶주림에 지쳐있는데 그들을 이끄는 정치하는 이가 사치할 수는 없다는 취지에서 내린 조치였죠.

그리고 오(吳)나라가 담(郯)나라와 우호 관계를 맺자, 계문자는 "오랑캐가 들어와도 우려를 나타내지 않으니, 이는 지도자의 탓이다. 지도자가 훌륭하면 어찌 재앙을 받겠는가? 우리도 멸망할 날이 멀지 않았다!"고 한탄했고, 이에 "계문자와 같이 경계를 늦추지 않으면, 멸망하지 않을 것이다!"라는 내용이 『좌전』에 남아 있습니다.

역시 『좌전』에 따르면, 노나라 성공이 진(晉)나라에서 돌아와서는

초나라와 우호 관계를 맺고 진나라를 배반하려고 했습니다. 그러자 계문자는 "진나라가 무도하기는 하지만 대국이거니와, 또 양국의 신하들끼리 화목하고 특히 노나라와 가깝습니다. 더군다나 진나라는 우리와 동족이지만, 초나라는 이민족이니 우리를 받아들이지 않을 것입니다."라고 하여 성공을 설득했다고 합니다. 이처럼 그는 전통과 신의를 매우 강조했습니다.

따라서 공자가 이처럼 말한 것은 부유해도 교만하지 않는 것은 일반인들도 일시적으로 행할 수 있지만, 부유해도 예(禮)로 자기를 절제하고 통제하는 것은 역시 공자의 교육목표인 군자만이 꾸준히 실천할 수 있는 경지이기 때문인 거죠. 결국 공자가 강조하는 것은 바로 일시적이 아닌, 변치 않고 부단히 행하는 초지일관의 '항상 상(常)'임을 알 수 있는 겁니다. 그러자 자공은 스승의 가르침을 깨닫고, 순간적으로 퍼뜩 떠오른 『시경』한 구절을 말한 거죠. 이제 그가 인용한 시구가 포함된 이 작품의 첫 장을 감상해봅시다.

저 기수(淇水)의 물굽이를 바라보니, 푸른 대나무가 무성하네.
아름다운 광채가 나는 군자여, 옥돌을 끊고 줄로 쓰는 듯, 끌로 쪼고 가는 듯하다.
엄숙하고 당당하니, 그 덕이 빛나고도 뛰어나네.
아름다운 광채가 나는 군자여, 끝내 잊지 못하네.

『시경』최초의 해설서인 『모시전』에 의하면, 이 작품은 위나라 사람들이 무공의 덕을 칭송하기 위해서 지은 작품입니다. 『국어』에 따르면, 무공은 주나라 평왕의 신하로, 주나라를 도와서 백성들을 화합시킨 인물로 묘사되고 있죠. 심지어 95세 때에도 주변 사람들에게 무릇 신하는 조정에서 항상 공경하는 마음으로 나랏일을 해야 하므로, 바른말로 자신을 훈계해주기 바란다고 부탁할 정도였다고 하니, 그의 인물됨이 어떠했는지 짐작할 수 있습니다. 그리고 바로 이 작품에서 원석인 옥돌을 갈고 닦아서 옥을 만든다는 성어 절차탁마(切磋琢磨)가 유래했는데, 알다시피 땅속에 묻혀있던 옥돌은 처음에는 보잘것없어 보입니다. 하지만 갈고 닦는 과정을 통해서 빛나는 보석으로 다시 태어나죠. 따라서 오늘날 '절차탁마'는 더 나은 모습을 위해서 부단히 노력하는 '항상 상(常)'의 자세를 상징합니다. 따라서 스승의 가르침을 바로 이해하여 '항상 상(常)'의 자세를 의미하는 구절을 떠올렸으니, 공자는 자공의 연상능력과 응용력을 높이 사면서 이제 함께 『시경』의 참뜻에 대해서 논할 수 있다고 크게 기뻐한 거죠. 이런 연상능력과 관련하여 다음 구절도 함께 살펴보겠습니다.

3-8

子夏問曰: "巧笑倩兮, 美目盼兮。' 素以爲絢兮, 何爲也?" 子曰:
자 하 문 왈   교 소 천 혜   미 목 반 혜   소 이 위 현 혜   하 위 야   자 왈

"繪事後素。" 曰: "禮後乎?" 子曰: "起予者, 商也。 始可與言詩已矣。"
회 사 후 소   왈   예 후 호   자 왈   기 여 자   상 야   시 가 여 언 시 이 의

자하가 물으셨다. "『시경』「위풍(衛風)·석인(碩人)」에서 '어여쁜 미소가 환하고, 아름다운 눈은 흰색과 검은색이 분명하네.'라고 하였는데, 이는 흰색으로 밝게 비춘다는 것이니, 무슨 뜻입니까?" 공자가 말씀하셨다. "흰 바탕이 있은 후에야 그림을 그릴 수 있네." 자하가 물으셨다. "흰 명주를 갖춘 다음에 그림을 그릴 수 있듯이, 먼저 내용이 되는 어짊(仁)과 의로움(義)을 실천하고 그다음에 형식인 예(禮)로서 그것을 수식해야 비로소 완전해진다는 뜻입니까?" 공자가 말씀하셨다. "자하 네가 새로운 연상능력으로 나를 일깨우는구나. 이제 비로소 너와 함께 『시경』을 말할 수 있겠구나."

여기서도 오늘날의 흰 도화지에 해당하는 흰 명주를 먼저 준비한

다음에야 채색할 수 있다는 비유법을 써서, 어짊(仁)과 의로움(義)은 '도'의 내용이 되는 반면 예(禮)는 '도'의 형식이 된다고 설명하고 있음을 알 수 있습니다. 참고로 종이는 한(漢)나라 이후 발명된 것이라, 진(秦)나라 때까지는 이처럼 하얀 명주 천을 종이처럼 사용했죠.

자하가 인용한 구절은 「석인」 2장에 나오는 구절인데, 해설서인 『모시전』에서는 이 작품의 주제를 "장강을 가엾게 여긴 것이다."라고 했습니다. 『사기』 「노주공세가」에 따르면, 제나라 태자 득신의 누이동생 장강은 위나라 장공에게 시집갔습니다. 하지만 장공은 첩에게 빠져 본실인 그녀에게 자식이 없게 되자, 위나라 백성들이 이 시를 지어서 장강을 위로했다고 합니다. 이제 2장을 살펴보죠.

손은 연한 싹과도 같이 부드럽고, 피부는 응고된 기름과도 같이 희고 매끄럽구나.

목은 나무굼벵이와도 같이 희고도 길고, 치아는 박의 살과 씨와도 같이 희고 고르구나.

매미의 작고 단정한 이마와 누에나방의 가늘고 긴 곡선의 눈썹, 어여쁜 미소가 환하고, 아름다운 눈은 흰색과 검은색이 또렷하게 나뉘네.

장강이 시름에 빠지자 위나라 사람들이 그녀가 시집올 때의 아름다운 모습을 회상하여 묘사함으로써 위로하고자 한 것이 이 작품의 탄생 배경입니다. 그런데 이 작품의 주제나 시구의 맥락이 자하와 공자의 대화와는 아무런 관련성이 없다는 걸 알 수 있죠? 따라서 자하가 이 시구를 인용한 것은 어디까지나 작품의 일부를 인용하여 필요한 의미만을 취하는 단장취의(斷章取義)이고, 심지어 억지로 끌어 붙이는 견강부회(牽強附會)인 겁니다. 그럼 공자는 이 사실을 몰랐던 걸까요?

『좌전』이나 『국어』 등을 살펴보면, 춘추시대에는 『시경』이나 『서경

=상서』 등의 고전 서적 구절들을 인용해서 자신의 의중을 피력하는 것이 이미 매우 보편화되었음을 볼 수 있습니다. 그 이유는 오늘날과 별반 다를 바 없는 것처럼, 유력한 근거를 인용하여 말함으로써 자신의 말에 설득력을 높이기 위해서이죠. 그런데 이러한 고전 인용은 작품과 본인의 뜻이 완전히 부합되는 경우와 어느 정도 일맥상통하는 경우, 그리고 전혀 맞지 않는 '견강부회'의 세 가지로 나눌 수 있습니다. 자하의 경우는 세 번째에 해당되죠. 그런데 공자는 왜 비로소 자하와 『시경』을 논할 수 있게 되었다며 칭찬하고 있을까요? 바로 연상능력과 응용력을 대단히 중시했기 때문입니다.

이는 사실상 오늘날 우리가 공부해야 하는 이유와 일맥상통하죠. 배운 것을 응용해서 새로운 영역으로 확대하지 못하고 배운 것 자체에서 머문다면, 학습은 무의미하니까요. 공자가 이처럼 연상능력과 상상력을 중시하고 나아가 강조하는 모습은 앞으로도 계속 보입니다.

1-16

子曰: "不患人之不己知, 患不知人也。"
자 왈   불 환 인 지 부 기 지   환 부 지 인 야

공자가 말씀하셨다. "참된 지도자는 남들이 자기가 노력하는 모습을 알아주지 않을까 걱정하지 않고, 오히려 자기가 훌륭한 인재를 찾아내지 못할까 걱정하여 수고를 아끼지 않는다."

앞에서 소개한 바 있는 주공의 '악발토포'의 자세는 다름 아닌 인재와 현인을 모시기 위해 정성을 다한 태도를 상징합니다. 아무리 훌륭한 지도자라도 혼자서는 뛰어난 정치를 할 수 없습니다. 따라서 지도자의 뜻을 이해하고 부단히 실천할 수 있는 인재가 무엇보다 절실한 거죠. 이

처럼 공자는 참된 지도자란 남에게 잘 보이기 위해서 힘쓰지 않고 오로지 자신의 허물을 고치는 데 힘쓰며, 훌륭한 인재를 찾아내는 데 모든 수고를 아끼지 않는다고 강조하고 있습니다.

조선왕조 세종대왕이 통치하던 시기, 장영실은 노비 출신이었습니다. 엄격한 신분제 때문에, 노비는 벼슬을 할 수 없었죠. 하지만 세종대왕은 그를 곁에 두고, 심지어 중국으로 유학을 보내기도 했습니다. 그는 조선으로 돌아와 천문 기구인 혼천의, 강우량을 재는 측우기, 물시계인 자격루, 해시계인 앙부일구 등을 만들었습니다. 그리고 결국 높은 벼슬에까지 오르게 되었지요.

당시 적잖은 신하들이 세종대왕의 장영실에 대한 파격적인 대우를 반대하고, 또 못마땅해했습니다. 하지만 세종대왕은 그저 훌륭한 인재를 등용해서 나라에 보탬이 되게 할 뿐이라며, 자신의 생각을 관철시켰죠. 그 덕분에 장영실은 각종 천문 관측기구들을 만들어서, 백성들의 삶을 이롭게 할 수 있었습니다. 하지만 장영실을 알아본 세종대왕이 없었다면, 지금 우리는 장영실이라는 인물을 몰랐겠죠. 더군다나 세종대왕은 한자를 배우기 어려워서 고생하는 백성들을 위해, 자신의 건강을 해쳐가면서까지 한글을 창제하려고 애썼습니다. 남들이 자기가 노력하는 모습을 알아주지 않을까 걱정하지 않고, 오히려 자기가 훌륭한 인재를 찾아내지 못할까 노심초사하는 지도자의 자세. 동서고금을 막론하고 온 국민이 바라는 참된 리더의 모습입니다.

제2편 : 위정(爲政)

지도자의 '덕'은 북극성과 같다

子曰: "爲政以德, 譬如, 北辰居其所而衆星共之。"
자 왈   위 정 이 덕   비 여   북 신 거 기 소 이 중 성 공 지

공자가 말씀하셨다. "지도자가 '덕'으로 나라를 다스리면, 마치 별들이 북극성 주변을 맴돌듯이 사람들이 몰려와 그를 지지하고 따르게 된다."

북태평양의 쓰레기 섬은 육지의 쓰레기가 홍수나 태풍으로 인해 바다로 쓸려가거나 해변의 쓰레기가 떠내려가 형성되었습니다. 처음 발견되었을 당시에는 면적이 70만㎢로 한반도의 일곱 배 크기였지만, 지금은 두 배가 넘는 160만㎢가 되었습니다. 99%가 플라스틱으로 이뤄져 있는데, 알다시피 플라스틱은 부식되지 않거니와 또 이로 인해 해양 동물들도 고통받고 있죠. 광고 기획자 마이클 휴와 달 데반스드 알메이다(DAL&MIKE)는 하루가 다르게 커지는 쓰레기 섬에 관심을 가지게 되었고, 이를 해결하고자 2017년 UN에 쓰레기 섬(Great Pacific Garbage Patch)을 국가로 인정해달라는 신청서를 제출했습니다. 사실 이는 세계 지도자들이 해양 쓰레기 규모를 인지하고 해결책을 모색하도록 동기를 부여하기 위해서 였는데요. 여기에 국가로 인정받기 위해서 여권과 지폐 국기도 디자인하여 제작했습니다. 그러자 놀라운 일이 발생하죠. 무려 20만 명이 넘는 사람들이 시민권 신청을 한 겁니다. 또 미국의 전 부통령 앨 고어(Albert Arnold Gore Jr)가 이 프로젝트에 관심을 가지고 시민이 되기를 자청해서 1호 국민이 되었습니다. 두 광고 기획자 덕분에 쓰레기 섬이 알려졌지만 나아가 그들을 돕기 위해서 많은 이들이 발벗고 나서, 결국 UN으로부터 공식적인 국가로 인정받았습니다. 나 하나를 위해서가 아니라 우리 모두를 위해서 움직인다면, 그는 결코 혼자가 아닙니다. 반드시 뜻을 같이하는 사람들이 다가와 그와 어깨동무하고 일으켜주죠.

이것이 바로 상생과 공존의 도리입니다. 또 이 구절은 4-25와 같은 의미이므로, 함께 묶어서 설명하겠습니다.

子曰: "德不孤, 必有隣。"
지 왈   덕 불 고   필 유 린

공자가 말씀하셨다. "지도자가 '덕'을 베풀면 누군가 곁에서 보필하므로, 그 지도자는 결코 외롭지 않게 된다."

이 사진은 장시간 카메라 조리개를 열어서 촬영한 겁니다. 어때요, 북극성을 찾을 수 있나요? 바로 오른쪽의 한 자리에만 머물러서 마치 하나의 점처럼 보이는 것이 북극성이죠. 따라서 사람들은 예로부터 지도자가 '덕'으로 다스리면, 별들이 북극성을 에워싸고 지키는 것처럼 사람들이 모인다고 생각한 겁니다.

그리고 여기서 바로 임금이 앉는 방향이 정해진 거죠. 한 나라의 최고 지도자인 임금은 마치 북극성처럼 북쪽에 등을 기대고 남쪽을 향해야 한다는 겁니다. 즉 옛사람들은 북극성을 지도자와 동등하게 여겨서, 지도자란 북극성과 마찬가지로 북쪽에 자리하고 남쪽을 향해서 앉아있어야 하는 존재로 여긴 겁니다. 실제 '북녘 북(北)'은 등지고 있는 모습을 그대로 옮겨놓은 문자입니다.

子曰:"雍也, 可使南面。"
자 왈　옹 야　가 사 남 면

공자가 말씀하셨다. "옹은, 남쪽을 따르게 할 수 있다."

子曰:"無爲而治者, 其舜也與? 夫何爲哉? 恭己正南面而已矣。"
자 왈　무 위 이 치 자　기 순 야 여　부 하 위 재　공 기 정 남 면 이 이 의

공자가 말씀하셨다. "무위로 다스리는 이는, 순임금일 뿐일 것이니? 무엇을 하였는가? 자기 몸을 공손히 하고 남쪽을 향하였을 뿐이다."

　　따라서 이제 위의 두 구절이 무엇을 의미하는지도 이해할 수 있겠죠? 6-1은 남쪽에 위치한 사람들이 북쪽에 앉아있는 옹을 따르는 것이고, 15-5는 순이 북쪽에 앉아서 남쪽을 바라보는 것이므로, 바로 최고 지도자인 '임금'이 되는 걸 뜻하는 겁니다.

　　이제 '덕'이 무엇인지 살펴보도록 합시다.

　　'덕'이 있음을 숭상하는 것은 어찌 된 일일까? 그것(덕)이 '도'에 가깝기 때문이다.　　　　　　『예기』「제의」

　　따라서 큰 '덕'을 지닌 이는 반드시 천명을 받는다.　　　　　　『예기』「중용」

　　진실로 '덕'에 이르지 못하면, '도'가 머물지 않는다.　　　　　　『예기』「중용」

옛사람들이 '덕'을 중시한 이유는, 이처럼 '덕'이 '도'에 도달하기 위한 직전 단계이기 때문입니다. 즉 '덕'을 통해서만이 '도'에 도달할 수 있으므로, '덕'은 '도' 바로 아래에 있는 하위개념이 되죠. 그렇다면 공자는 왜 '덕'과 정치를 연결한 것일까요? 다음 기록을 보면, 쉬이 이해할 수 있을 겁니다.

> 임금 '태갑'으로부터 '옥정', '태경', '소갑', '옹기'를 거쳐 '태무'에 이르러, 박에 요망한 뽕나무와 곡식(또는 닥나무)이 함께 아침에 나서 하루가 지나 저물녘에 크게 한 아름만 해지니 '이윤'의 아들 '이척'이 말했다. "요망함은 '덕'을 이기지 못하니 임금께서는 그 '덕'을 닦으소서!" 태무가 선왕들이 했던 대로 정치를 행하자 이틀 만에 요망한 뽕나무가 말라 죽고 상나라의 '도'가 다시 세워졌으므로, 역사상 태무를 나라를 부흥시킨 임금이라는 뜻의 '중종'이라고 불렀다. 『십팔사략』「은왕조」

이처럼 '덕'을 닦는다는 것은, 태평성대를 이끌었던 선왕들의 정치를 배워서 실천하는 것임을 알 수 있습니다. 즉 '덕'은 정치를 하는 구체적인 방법이 되죠. '덕 덕(德)'은 '조금 걸을 척(彳)'과 '곧을 직(直)' 그리고 '마음 심(心)'이 합쳐진 문자입니다.

'곧을 직(直)'은 '열 십(十)'과 '눈 목(目)' 그리고 '숨을 은(ㄴ)'이 합쳐져서 만들어진 문자로서, 열 개의 눈으로 숨은 것을 바라보면 바르고 곧아진다는 뜻을 가집니다. 따라서 '덕'이란 마음을 바르고 곧게 하는 것인데, '덕'을 행하면 타인이 얻는 바가 있거니와 자기 자신도 얻는 바가 있게 됩니다. 또한 '덕'은 정치와 직결된 것이므로 결국 지도자 즉 리더가 '덕'으로 세상을 이끌면 백성이 얻는 바가 있고, 지도자 자신도 얻는 바가 있다는 뜻이 되는 겁니다. 즉 지도자가 덕치를 행하면 백성들의 삶이 윤택해지고, 그렇게 되면 백성들이 지도자를 믿고 따르게 되므로, 결국 최고의 수혜자는 지도자 자신이 되는 거죠.

『상서』「고요모」에 따르면, '덕'에는 아홉 가지가 있어서 '구덕'이라고도 부르는데, 이 중 세 가지인 '삼덕'을 행하면 제가(齊家) 즉 집안을 다스릴 수 있고, 여섯 가지인 '육덕'을 행하면 치국(治國) 나라를 다스릴 수 있으며, 아홉 가지를 모두 행하면 평천하(平天下) 즉 온 세상을 다스릴 수 있다고 합니다. 이걸 도표로 정리하면 다음과 같습니다.

구덕	육덕	삼덕
평천하(平天下)	치국(治國)	제가(齊家)
1. 관이율(寬而栗): 관대하면서도 엄격함	○	
2. 유이립(柔而立): 유하면서도 확고히 섬		○
3. 원이공(願而共): 정중하면서도 함께 함	○	
4. 치이경(治而敬): 다스리면서도 공경함	○	
5. 요이의(擾而毅): 길들이면서도 강인함	○	
6. 직이온(直而溫): 정직하면서도 부드러움		○
7. 간이염(簡而廉): 질박하면서도 청렴함	○	
8. 강이실(剛而實): 강직하면서도 정성스러움		○
9. 강이의(强而義): 굳세면서도 의로움	○	

이 아홉 가지 '덕'을 살펴보면 하나같이 강함과 부드러움이 조화(和)를 이루고 있음을 알 수 있는데, 이는 강함이나 부드러움 어느 한쪽에 치우치지 않는 중(中)과 강함과 부드러움을 아우르는 조화로움의 화(和)를 모두 포괄하는 개념이 되죠. 즉 '덕'은 중(中)과 화(和)를 실천할 때 비로소 도달할 수 있는 겁니다. 그럼 무엇을 기준으로 '삼덕'과 '육덕'을 나눌 수 있을까요?

"삼덕 즉 세 가지 덕은 첫 번째 정직함을 말하는 것이요, 두 번째 강직함으로 다스림을 말하는 것이요, 세 번째는 유함으로 다스림을 말하는 것이니, 평화롭고 안락하면 정직함으로 하고, 굳어서 따르지 않으면 강직함으로 다스리며, 화해하여 따르면 부드러움으로 다스리고, 심성이 가라앉아 겉으로 드러나지 않으면 강직함으로 다스리며, 식견이 높으면 부드러움으로 다스리는 것입니다."

『상서』「주서」

이처럼 아홉 가지 중에 2번과 6번 그리고 8번이 '삼덕'이 되므로, 자연스레 나머지는 '육덕'이 됩니다.

앞에서 중(中)은 조화로움(和)의 기초가 되고, 조화로움(和)은 이미 '도'에 도달했음을 의미한다고 했습니다. 이제 좀 더 구체적으로 말하자면, 중(中)과 조화로움의 화(和)는 '도'의 직전 단계인 '덕'의 두 구성요소가 되는 것이죠. 따라서 '덕'은 대동사회를 이끈 성인들이 행한 강함과 부드러움의 통치법을 조화롭게 실천하려는 절조(절개와 지조)라고 풀어서 설명할 수 있습니다. 그런데 어떻게 한 사람이 강함과 부드러움을 두루 갖출 수 있을까요? 바로 자기의 잘못은 크게 부끄러워하여 엄격하게 꾸짖고 고치도록 노력하지만, 타인의 잘못은 너그럽게 감싸주어 관대한 태도를 보이는 것입니다. 다시 말해서 참된 지도자의 모습은 내가 하면 로맨스이고 남이 하면 불륜인 '내로남불'이 아닌, 내가 하면 불륜이고 남이 하면 로맨스인 '내불남로'가 되어야 하는 겁니다. 그래서 공자는 다음처럼 말하기도 했습니다.

子曰: "躬自厚而薄責於人, 則遠怨矣!"
자 왈　궁 자 후 이 박 책 어 인　즉 원 원 의

공자가 말씀하셨다. "윗사람이 자신의 잘못은 엄하게 책망하고 남의 잘못은
가볍게 책망하면, 아랫사람이 윗사람을 원망하지 않는다."

그렇다면 지도자가 '덕'으로 세상을 이끌면 백성들이 얻는 바가 있
게 되고, 자기 자신 역시 얻는 바가 있게 된다는 말은 또 무슨 뜻일까요?
리더가 자기의 잘못을 크게 부끄러워하여 고치려고 노력하면, 그만큼 리
더의 결점이 없어지거니와 백성들이 더욱 살기 좋은 나라가 됩니다.

마찬가지로 타인의 잘못을 너그러이 감싸주면, 타인은 그만큼 용서
를 받을 수 있거니와 더욱 지도자를 믿고 따르게 되는 것이죠. 그래서 공
자는 군자와 소인을 비교하여 그 차이점을 이처럼 표현하기도 했습니다.

子曰: "君子, 求諸己; 小人, 求諸人。"
자 왈　군 자 구 저 기　소 인 구 저 인

공자가 말씀하셨다. "군자는 자기를 탓하지만, 피지배계급인 소인은 남을 탓
한다."

그렇다면 '덕'이라는 개념은 언제 생겨난 걸까요?

우 임금이 구주 즉 나라 전체의 쇠를 거두어서 아홉
개의 솥을 주조하니, 솥의 세 발은 삼덕을 상징했다.

『십팔사략』「하왕조」

이처럼 '덕'은 우임금 때 이미 존재했는데, 앞서 소개한 『상서』「고
요모」의 고요는 순임금 때 형법을 관장하던 신하였으므로, 사실상 상고
시대인 대동사회부터 전해 내려온 거죠. 즉 '덕'이란 개념은 '도'와 함께
존재해왔던 겁니다.

'덕'은 '도'에 도달하기 위한 직전 단계라고 설명했습니다. 그렇다
면 '덕'과 '도'는 어떤 차이가 있는 걸까요? 이 점을 짚고 넘어가기 위해
서, 다음 기록을 주의 깊게 살펴보시죠.

도라는 것은 잠시도 떠날 수 없는 것이니, 떠날 수 있다면 도가 아니다.

『예기』「중용」

덕(德)  상(常) 도(道)

눈치 챘나요? '덕'과 '도'의 차이점은 바로 변치 않는 자세(常)의 유
무에 달려있는 겁니다. '덕'은 변치 않음(常)을 포함하지 않으므로, '덕'에
변치 않음(常)이 더해졌을 때 비로소 '도'가 완성되는 겁니다.

역사적으로 처음에는 정치를 잘 하다가, 사치와 향락에 빠져 비참
한 최후를 맞이한 인물들을 어렵지 않게 접할 수 있습니다. 그런데 비
단 정치뿐만이 아닙니다. 스포츠나 예술 분야 등에서도 종종 이런 모습
을 볼 수 있죠. 처음에는 탄탄하면서도 안정된 모습을 보이지만, 언제부
터인가 흔들리더니 급기야 끝이 보이지 않는 절망에 빠지는 경우를 말

입니다. 굳이 멀리 나가지 않고 가까운 예를 들어보겠습니다. 저는 대학에서 강의를 하면서, 방황하는 학생들을 가끔 보게 됩니다. 사람은 온데 간데없는데 책가방만이 묵묵히 학교 도서관 한 자리를 지키고 있고, 수업시간 출석 체크할 때 분명 남학생 이름을 불렀는데 여학생이 대답을 하는 경우 등등. 이 학생들은 입학할 때부터 "부모님이 그토록 바라시던 대학에 합격했으니까, 이제부터 난 삐뚤어질 테다!"라고 마음먹었을 까요, 아니면 언제부턴가 서서히 굳은 마음이 흐트러진 걸까요? 세상엔 처음부터 일을 망치려고 작정한 사람은 없습니다. 그저 중간에 변한 사람들만 있을 뿐이죠.

2-2

子曰: "詩三百, 一言以蔽之。" 曰: "思無邪。"
자 왈　시 삼 백　일 언 이 폐 지　　왈　　사 무 사

공자가 말씀하셨다. "『시경』 삼백 편의 전체 주제를 『시경』의 한 구절로 요약하고자 한다." 그러고는 계속해서 말씀하셨다. "바로 「노송(魯頌)・경(駉)」의 '노나라 희공이 백금을 그리워함에 한 점의 사악함도 없다.'라는 구절이다."

여기서 공자는 『시경』 「노송(魯頌)・경(駉)」의 한 구절로 『시경』 전체를 요약하고 있습니다. 다시 말해서 이 구절이 『시경』 전체를 관통하는 주제가 되죠. 『시경』 최초의 해설서 『모시전』에서는 이 작품의 주제를 "희공을 칭송한 것이다."라고 했습니다. 희공은 장공에 이어서 제후가되어 노나라를 다시 부강한 나라로 만들었고, 후에 계문자가 희공의 '덕'을 칭송하기 위해 이 작품을 만든 것으로 알려져 있습니다. 『좌전』 「희공」에도 주공의 아들 백금이 노나라의 예악(禮樂) 제도를 잘 정비했고, 희공은 백금의 정신을 계승하여 노나라를 부강하게 만들었기 때문에, 후에 계문자가 희공을 찬양하기 위해서 이 작품을 지었다는 기록이 있습니다. 이제 위의 시구(詩句)가 있는 이 작품의 마지막 장을 감상해보죠.

늠름하고 튼실한 수컷 말이 국경 근처의 들에 있네.

늠름하고 튼실한 수컷 말들에는 흰털이 섞인 거무스름한 말, 붉고 흰빛의 털이 섞여 있는 말, 정강이가 흰 말, 두 눈이 흰 말이 있으니, 이에 수레가 달리는 모습이 씩씩하네.

노나라 희공이 백금을 그리워함에 사악함이 없으니, 말들은 이렇듯 앞으로 나아감만을 생각하네.

『사기』 「노주공세가」에 따르면, 무왕은 자신을 도와 주나라를 안정시킨 동생 주공에게 노나라 땅을 분봉했습니다. 하지만 주공은 주나라가 아직 온전하지 않았다고 판단하여, 자기 대신에 아들 백금을 노공(魯公)으로 봉해 노나라 땅으로 보냈습니다. 그런데 백금은 주나라를 떠난 지 3년이 지난 후에야 돌아와 보고했죠. 주공이 왜 이리 늦었는지 묻자, 백금은 노나라의 세속과 예(禮)를 고치는 데 3년이 걸렸다고 대답했습니다.

훗날 희공은 백금이 3년 동안 예악제도를 정비한 정신을 이어받아 노나라를 다시 강성하게 하였고, 이에 계문자는 이 작품을 만들어 희공을 칭송하면서 마지막에 희공이 백금을 그리워한다고 묘사한 겁니다. 따라서 희공이 백금을 그리워함에 사악함이 없다고 표현한 것은, 희공이 백금을 본받아서 단 한 점의 사심도 없이 오로지 하나(一) 즉 나라와 백성의 안위만을 생각했다는 뜻으로 이해해야 하죠. 좀 더 구체적으로 말해서, 희공은 마차를 타고 국경을 분주히 뛰어다니며 외세의 침략을 막아낸 겁니다. 나아가 공자가 이 구절로 『시경』 전체를 총괄했다는 것은, 『시경』 작품 전체가 결국 이 구절과 서로 밀접하게 연관되어있음을 의미합니다.

하지만 역사가 후세에 남기는 교훈은 한 가지 방법으로만 하는 게 아닙니다. 이 작품처럼 올바른 모습을 보여서 가르치는 정면교사(正面教師)도 있지만, 가르치려는 바와 반대되는 사례를 보여줌으로써 깨닫게 하는 반면교사(反面教師)도 있죠. 임금이 잘 다스려서 나라가 흥성했다는 것도 좋은 교훈입니다만, 임금이 흥청망청하여 국운이 기울고 백성들이 도탄에 빠졌다는 내용 역시 훌륭한 가르침이 되죠. 즉『시경』역시 마찬가지로 이 두 가지 방법이 끊임없이 교차하며 후세의 지도자들을 깨우치고 있답니다.

『시경』은 중국에서 가장 오래된 시집으로, 작품 편수는 총 311편이 있습니다. 이 가운데서 6편은 제목만 있어서 그 실제 편수는 305편이므로, 예로부터 흔히 '시 삼백' 혹은 '시'로만 불리기도 했습니다. 이 305편은 다시 「풍(風): 160편」, 「아(雅): 105편」, 「송(頌): 40편」으로 분류할 수 있는데, 하나같이 주나라 초기(B.C. 11세기)~춘추시대 중기(B.C. 6세기)까지의 정치와 역사를 다뤘죠.

그런데 송나라 때의 주자(朱子)로 더 잘 알려진 주희를 비롯한 일부 학자들의 주장과 달리,『시경』에 수록된 305편에는 이른바 남녀 간의 애틋한 감정을 읊은 작품이 없습니다. 단 한 편의 예외도 없이 각 나라 백성들의 모습들을 여과 없이 담아낸 일종의 정치역사서이죠. 마치 서양의 호메로스에 의해 B.C. 8세기 중엽에 써진 장편 서사시『일리아스』나『오디세이』처럼 말입니다. 이들 역시 시대적 한계에서 부득이하게 운문으로 써진 역사서입니다.

다시 말해서,『시경』305편은 모두 어떤 지도자가 '도'로 다스리니 나라가 흥하고, 어떤 지도자가 사치와 향락에 빠지니 나라가 쇠하였으며, 나라에 '도'가 바로 서니 백성들이 행복해하며 지도자를 그리워하고, 나라에 '도'가 무너지니 백성이 도탄에 빠져 지도자를 원망하더라는 이야기를 담고 있는 겁니다. 앞에서도 설명했듯이, 이처럼『시경』에 수록

된 모든 문자 기록은 하나도 빠짐없이 '도'라는 이론을 구체적으로 풀이
한 내용 즉 문(文)이 되는 거죠.

子曰: "道之以政, 齊之以刑, 民免而無恥。道之以德, 齊之以禮,
자 왈   도 지 이 정   제 지 이 형   민 면 이 무 치   도 지 이 덕   제 지 이 례

有恥且格。"
유 치 차 격

공자가 말씀하셨다. "형벌을 강화하여 통제하려 하면, 백성들은 어떡하든 형
벌을 피하려고만 들지, 정작 자신들의 잘못에 부끄러움을 느끼지 않는다. 반
면에 지도자가 자기에게 엄격하고 타인에게는 관대한 '덕'으로 다스리고 또 조
화로움(和)을 위해서 절제하고 통제하는 예(禮)로 다스리면, 백성들이 비로소
부끄럼이 무엇인지를 깨닫고 나아가 스스로 절제하여 자기를 바로잡게 된다."

『좌전』「소공 29년」에 따르면, 진(晉)나라 조앙과 순인은 경(卿) 범
선자가 지은 형법을 큰 솥에 새겨서 이제 진나라는 형벌을 강화하여 다
스릴 것이라고 세상에 알렸습니다. 즉 만방에 법치국가임을 선언한 거
죠. 그러자 공자는 "진나라가 법도를 잃었으니, 곧 망할 것이다. 천자에
게서 받은 법도로 백성들을 다스려야 하는 것이 도리인데, 이제 그 법도
를 버리고 형벌로 다스리려 하면, 백성들이 오로지 그 형벌에만 마음을
둘 것이니, 어찌 윗사람을 공경하고 자신의 본업을 지키겠는가? 범선자
의 형법은 당시 나라의 혼란스러움을 제압하는 임시방편이었을 따름이
다."라고 비판했습니다.

이처럼 공자는 형벌을 강화해서 다스리는 것에 대해서 반대 입장을
표명하고 있는데, 실제로 진나라는 공자의 예언대로 결국 망해서 전국
(戰國)시대에 한나라와 위나라 그리고 조나라로 분할되게 됩니다.

백성에게 조세와 노역 및 부역 등 온갖 세납을 부담시키고 또 형벌을 강화하여 다스리려고 하면, 백성들은 더 얕은꾀를 부려서 어떻게든 납세 부담과 형벌을 피하려고만 들지 그것을 피하려고 저지르는 불법이나 편법에 대해서는 전혀 부끄러워하지 않습니다. 설령 걸렸다 하더라도, "남들도 다 하는데, 나만 재수 없게 걸렸네!"라고만 생각할 뿐.

'선한 도가 한 자(33.3cm) 높아지면, 사악한 마귀는 한 장(3.33m) 높아진다(道高一尺, 魔高一丈).'라는 성어가 있습니다. 집주인이 담장을 높이 쌓아서 도둑이 들지 못하게 하면, 도둑은 포기하는 게 아니라 오히려 어떻게 해야 그 담장을 넘을까 더 궁리한다는 거죠. 바로 이 성어가 본문에서 공자가 하려던 말이 아닐까요? 따라서 공자는 지도자가 내불남로의 '덕'을 행하고 예(禮)로 스스로 절제하여 솔선수범하는 모습을 보여야 한다고 강조하는데, 특히 다음 기록을 보면 왜 예(禮)가 스스로 절제하고 통제하는 규율이 되는지 명확하게 알 수 있습니다.

이 때문에 군자는 예(禮)를 행함에 삼가지 않을 수 없다. 예(禮)는 사람들이 지켜야 할 기강인데, 그 기강이 해이해지면 여러 사람이 혼란에 빠진다.

『예기』「예기」

이제 이 구절과 관련된 사례를 살펴보겠습니다. 금주법은 1919년 미국의 수정 헌법 18조에 등재되었는데, 알코올 농도 0.5% 이상 주류의 제조와 유통 및 수출입을 전면 금지한 법입니다. 당시 미국에서는 일부

사람들이 금주법을 도입해야 한다고 목소리를 높였는데, 그 배경으로는 미국의 술 소비량이 상당히 많았고, 그로 인해 범죄와 부패 등 문제점들이 노출되었기 때문입니다. 또 숙취로 인한 노동자들의 능률 하락도 한 몫 했었죠. 더군다나 미국은 1차 세계대전 참전 중이라서, 술을 만들 곡식을 군량미로 활용하자는 목소리도 있었습니다. 하지만 정작 금주법 발효 후 마피아가 밀주 제조 및 판매에 뛰어들면서 범죄가 조직화 및 대형화되고, 밀주를 단속해야 할 경찰들이 오히려 마피아에게서 술과 뇌물을 받아서 단속 불능상태가 되었으며, 이권 쟁탈을 위해 마피아 간에 거리에서 총격전을 벌여도 통제 불능이라 공직자 부패가 더욱 심화하여 치안이 무너지는 지경에 이르렀죠. 또 그저 금전적 이익만을 위해서, 불량 재료와 깨끗하지 못한 제조 및 유통과정으로 사망에 이르게 되는 등 국민 건강이 오히려 악화했습니다. 심지어 몰래 공업용 알코올로 술을 만들어 마시다가 죽은 사람들도 많았습니다. 결국 14년 후인 1933년 헌법 수정 제21조에 의해 금주법이 폐지되었지만, 그 긴 시간 동안 미국은 오히려 암흑기를 겪었던 겁니다.

2-4

子曰: "吾, 十有五而志于學。三十而立。四十而不惑。五十而知天命。
자왈   오 십유오이지우학   삼십이립   사십이불혹   오십이지천명

六十而耳順。七十而從心所欲, 不踰矩。
육십이이순   칠십이종심소욕   불유구

공자가 말씀하셨다. "나는 열다섯 살에 '도'에 뜻을 두고 배웠다. 서른 살에는 '도'의 개념을 확고히 정립할 수 있었다. 마흔 살에는 현혹되지 않았으니, 노여움으로 인해 자신의 통제력을 잃어서 어버이를 아프게 하지 않는 평정심을 갖게 되었다. 쉰 살에는 천명이란 지도자가 백성을 통제하여 바로잡는 것이 아니라, 그들의 천성에 따라 순리대로 다스려야 한다는 것을 깨닫게 되었다. 이렇게 '도'를 깨달아 실천하게 되니, 예순 살에는 어떤 말을 들어도 즉각 반응

『좌전』과 『사기』에 따르면, 노나라 경(卿)이었던 맹희자가 병이 들었을 때 공자를 '달인'이라고 칭찬하며, 그의 두 아들 맹의자와 남궁경숙을 보내 공자의 제자가 되게 했습니다. 이때 공자 나이가 17세였으므로, 공자는 그 이전에 이미 '도'에 뜻을 두고 배웠음을 알 수 있죠.

'설 립(立)'은 '큰 대(大)'와 땅(一)이 합쳐진 글자입니다. 땅 위에 커다란 물체가 우뚝 서 있는 모습을 그대로 문자로 그려 넣은 거죠. 한번 생각해보세요. 땅 위에 커다란 나무 한 그루가 우뚝 서 있다면, 그 나무는 쉬이 움직일까요? 이처럼 '설 립(立)'은 단순히 서 있다는 뜻이 아니라, 확고하여 흔들리지 않는다는 깊은 의미를 지니고 있습니다.

『사기』에 따르면, 노나라 소공 20년에 제나라 임금 경공이 안영 즉 안자와 함께 노나라를 방문했습니다. 그리고는 공자를 찾아와 진(秦)나라 목공의 치세법에 대해서 물었죠. 이때 공자 나이 서른 살이었습니다. 공자가 "진나라는 작고 외진 곳에 처한 나라였습니다. 하지만 목공은 친히 죄인이었던 백리해를 석방하고 삼 일 밤낮으로 그와 이야기를 나누고는, 그를 대부로 등용하여 정사를 맡겼습니다. 이렇듯 인재를 중용하는 자세로 나라를 다스리면 온 세상의 왕이 되어서 호령할 수 있으니, 그런 지도자가 겨우 작은 나라의 패주가 된 것은 별일도 아닙니다."라고 대답하자, 경공은 그 말을 듣고 매우 기뻐했다고 합니다. 이 일화를 통해서 공자는 서른 살에 그간 배운 '도'의 개념을 이미 확고히 정립했음을 알 수 있죠. 이어서 마흔 살의 경지를 살펴볼 텐데, 그 전에 먼저 다음 구절을 살펴보겠습니다.

12-21

樊遲從遊於舞雩之下曰: "敢問崇德, 脩慝, 辨惑。" 子曰: "善哉問!
번 지 종 유 어 무 우 지 하 왈   감 문 숭 덕   수 특   변 혹   자 왈   선 재 문

先事後得, 非崇德與? 攻其惡, 無攻人之惡, 非脩慝與? 一朝之忿,
선 사 후 득   비 숭 덕 여   공 기 악   무 공 인 지 악   비 수 특 여   일 조 지 분

忘其身以及其親, 非惑與?"
망 기 신 이 급 기 친   비 혹 여

번지가 기우제를 지내는 무우대 아래서 공자를 모시고 걷다가 말씀하셨다. "어떻게 해야 '덕'을 숭상하고, 요사스럽고도 간사함을 경계할 수 있으며, 또 현혹됨을 분별할 수 있습니까?" 공자가 말씀하셨다. "좋은 질문이다! '덕'은 자기에게 엄격하고 타인에게는 관대함으로써 강함과 부드러움을 조화롭게 하려는 절조이다. 지도자가 이처럼 덕치를 행하면 백성들의 삶이 윤택해지고, 그렇게 되면 백성들이 지도자를 믿고 따르게 되므로, 결국 최고의 수혜자는 지도자 자신이 된다. 따라서 먼저 자기 자신에게 엄격히 하여 마땅히 해야 할 의무를 다한 후에, 그에 따르는 이익을 얻는 것이 '덕'을 높이는 것이 아니겠느냐? 또 자기의 허물을 고치는 것을 부끄럽게 생각하지 않는 개과물린(改過勿吝)과, 타인의 잘못을 너그러이 포용하는 태도를 지니면 요사스럽고도 간사함을 경계할 수 있지 않겠느냐? 순간적인 충동으로 이성을 잃어서 자기 자신을 해치고 그로 인해서 부모가 괴로워한다면, 그것이 현혹됨이 아니겠느냐?"

순간적인 충동으로 자기를 제어하지 못해서 결국 스스로를 망치면, 부모님이 그 사실을 알고 얼마나 괴로워하실까요? 이처럼 불혹(不惑)이란 자기를 다스림으로써 현혹됨에 빠지지 않는 경지를 뜻합니다.

2020년 9월, 평택의 한 편의점 안으로 30대 여성이 승용차를 몰고 돌진하는 사건이 있었습니다. 그런데 이 사건은 가해자인 30대 여성이

실수로 엑셀을 밟아서 급발진하거나 음주운전을 한 게 아니라 고의로 사고를 낸 것으로 밝혀지면서, 많은 사람들이 경악을 금치 못했죠. 사건의 발단은 편의점 본사가 주최한 초등학생 대상의 그림 대회로, 가해자는 해당 매장을 통해 그림 대회에 딸의 그림을 접수했습니다. 그런데 그 그림이 본사로 보내는 택배 배송 과정에서 분실되었고, 이에 편의점 점주는 수차례 사과하며 보상을 약속했습니다. 하지만 가해자는 점주가 그림을 고의로 보내지 않았다면서, 보상도 거부하고 수시로 찾아와 항의했다고 합니다. 사건 당일 가해자는 그림 문제로 편의점 점주와 말다툼을 벌였고, 직후 차를 운전해 편의점으로 돌진한 후 20분간 점포 안에서 전진과 후진을 반복하며 내부 집기를 파손해 편의점 내부를 난장판으로 만들었습니다. 신고를 받고 온 경찰이 내리라는 요구에도 따르지 않다가, 결국 경찰이 공포탄 1발을 쏜 후 차 문을 열고 들어가 가해자를 현행범으로 체포했습니다.

물론 사건의 시작은 편의점 점주의 실수에서 비롯되었습니다. 그리고 그 실수로 자신이 사랑하는 딸이 대회에 참가하지 못했다면, 어느 부모든 속상했을 겁니다. 그렇지만 속상함을 넘어서 자신의 감정을 다스리지 못하고 분노를 분출한 결과, 자기 자신을 망치고 나아가 사회적으로 큰 혼란을 만드는 결과를 불러왔습니다. 이 사건을 접한 가해자 부모님의 심경은 어땠을까요? 이처럼 분노를 누르지 못해 발생하는 충동적인 사건들이 점점 늘어나서 걱정입니다.

나이가 쉰 살에 접어들면서, 공자는 천명이 무엇인지 깨달았다고 했습니다. 그렇다면 천명은 과연 무엇을 뜻할까요?

> 하늘이 명한 것을 타고난 천성(性)이라 하고, 타고난 천성을 따르는 것을 도
> (道)라 하며, 도를 닦는 것을 가르침(敎)이라고 한다.　　　　『예기』「중용」

이 말은 하늘이 명한 천명(天命)과 타고난 천성(天性)이 같다는 뜻입니다. 그렇다면 '천성'이란 과연 무엇일까요? 사전적인 의미는 '하늘이 부여한 타고난 성품이나 성질'이므로, 자연(自然) 즉 문자 그대로 '스스로 그러한 성질'이 되죠. 우리가 산이나 바다를 '자연'이라고 부르는 이유는, 누가 인위적으로 만든 게 아니라 스스로 그렇게 된 것이기 때문입니다. 따라서 '천명'은 스스로 그러한 성질을 따르라는 것이니, 바로 순리(順理)와 같은 뜻이 됩니다.

이처럼 타고난 '천성'을 따르는 것이 '도'이고, 그 '도'를 자기 것으로 만들려고 부단히 노력하는 과정이 '가르침'입니다. 공자는 열다섯 살에 '도'에 뜻을 두고 학생들을 가르치면서, 부단히 자기 것으로 만들려고 노력했습니다. 그렇다면 공자는 쉰 살에 드디어 '천성'을 따른다는 것이 무엇인지 온전히 깨달았음을 추측할 수 있죠.

『좌전』「양공 29년」에서 비심은 "선한 것이 선하지 못한 것을 대신하는 것이 천명입니다."라고 했고, 『좌전』「소공 1년」과 『국어』「진어」에서 의화는 "어진 신하가 죽으면, 천명이 보우하지 않을 것입니다."라고 말한 바 있습니다. 즉 '순리'란 '선한 것과 옳은 것을 지키는 것'을 뜻하는 거죠. 결국 공자는 50세에 사람의 삶이란 선한 것과 옳은 것을 지키는 것임을 깨달은 겁니다. 이를 지도자 입장에서 해석해보면, 백성이란 통제하는 것이 아닌 그들의 천성에 따라 순리대로 다스려야 하는 존재라는 것을 깨닫게 되었다고 풀이할 수 있을 겁니다.

실제로 공자는 56세에 노나라 대부가 되어 백성들을 다스리자, 양과 돼지를 파는 사람들이 값을 속이지 않았고, 남녀가 길을 갈 때 예(禮)를 갖춰서 서로 떨어져 걸었으며, 길에 물건이 떨어져도 주워가지 않았

다고 합니다. 또 타지에서 손님이 방문해도 담당 관리를 찾아 불편함이나 억울함을 호소할 필요가 없었다고 하니, '순리'라는 것이 과연 어떠한 통치를 뜻하는 것인지 미루어 짐작할 수 있을 겁니다. 물론 이를 위해서는 윗물이 맑아야 아랫물이 맑다는 지도자의 솔선수범이 전제되어야 하는 건 이제 쉬이 이해하시겠죠?

이제 천성에 따라 순리대로 다스린다는 것이 어떤 건지, 당송팔대가 중 한 명인 유종원의 「종수곽탁타전」을 살펴보겠습니다. 한국어로는 '나무 심는 곱사등이 곽씨 이야기'로 풀어 쓸 수 있겠네요.

곽탁타의 본래 이름이 무엇인지는 모른다. 그저 곱사병을 앓아 등이 솟아 구부리고 다녀서 탁타(橐駝) 즉 낙타와 비슷했기 때문에, 마을 사람들은 그를 탁타라고 불렀다. 탁타가 듣고는 "참으로 좋구나. 이름이 내게 꼭 맞는다."라고 하여, 본래 이름을 버리고 스스로 탁타라고 불렀다. 그가 살던 마을은 '풍악'이라고 불렸는데, '장안'의 서쪽에 있었다. 탁타는 나무를 심는 것을 업으로 삼았는데, 무릇 장안의 세도가들과 부자들 그리고 감상하며 노니는 이들 및 과일을 파는 이들이 모두 다투어 타를 맞이하여 나무를 키우게 했다. 탁타가 심은 나무들은 옮겨 심더라도 살지 않는 것이 없었고, 무성하고 튼실한 과실들이 일찍 열렸다. 하지만 다른 나무 심는 이들이 타를 엿보고 모방해도 같게 할 수는 없었다. 하루는 어떤 이가 물으니, 탁타가 대답했다. "저는 나무를 오래 살게 하고 우거지게 할 수 있는 것이 아니라, 나무의 천성을 능히 따름으로써 그 본성을 다하게 할 따름입니다. 무릇 나무의 본성은 그 뿌리가 펴기를 바라고, 그 흙을 돋움은 고르기를 바라며, 그 흙은 본래의 것이기를 바라고, 흙을 다짐은 촘촘하기를 바라는 것이지요. 이미 그렇게 했으면 건드려서는 안 되고, 걱정해서도 안 되며, 떠나면 다시 돌아보지 말아야 합니다. 심을 때는 자식같이 하지만, 내버려둘 때는 버린 듯이 하면, 곧 그 천성이 온전해져서 그 본성을 얻게 되는 것이지요. 따라서 나는 그 성장을 해치지 않을 뿐, 크고 무성하게 할 수 있는 것은 아닙니다. 그 열매 맺음을 억누르고 없애지 않을 뿐, 일찍 번성하게 할 수 있는 것은 아닙니다. 반면에 다른 나무 심는 이들은 그렇지 않으니, 뿌리를 구부리고 흙을 바꿉니다. 그 흙을 돋움은 너무 지나치거나, 아예 미치지 못합니다. 모두 저와는 정반대로 하고 있으니, 나무를 사랑함이 지나치게 두텁고, 또 걱정함이 지나치게 부지런합니다. 아침에 보고 저녁에 어루만지며 이미 떠났으나 다시 돌아와서 돌보는데, 지나친 이들은 그 껍질을 긁어서 나무가 싱싱한지 시들었는지 검사해 보고, 그 뿌리를 흔들어서 심어진 상태가 성긴지 촘촘한지 살펴보니, 결국 나무의 본성이 점차 흩어지게 됩니다. 비록 사랑한다고 말하지만, 사실은 해치는 것이요, 비록 걱정한다 말하지만, 사실은 그것을 죽이는 것이지요. 따라서 저와 같게 할 수 없으니, 제가 또 무엇을 어찌할 수 있겠습니까?" 그러자 그가 다시 물었다. "그대의 '도'를 관청의 다스림으로 바꾸는 것이 가능하겠습니까?" 이에 탁타가 대답했다. "저는 나무 심는 것을 알 따름이지, 관청의 다스림은 저의 본업이 아닙니다. 그런데 제가 이 고을에 살면서 관청의 수장(원님)을 보아하니 명령을 성가시게 하기를 좋아하던데, 이는 백성을 심히 어여삐 여기는 듯하지만 결국에는 화를 입히게 됩니다. 아침저녁으로 관리가 와서, 소리쳐 말합니다. '관청에서 너희들의 경작을 재촉하고, 너희들의 번식을 권면하며, 너희들의 수확을 감독하고, 서둘러서 우선 누에고치를 켜며, 서둘러서 실로 옷감을 짜고, 어린이들을 양육하며, 닭과 돼지를 키우도록 명령하셨다!' 그리고는 북을 울려 백성을 모으고, 목제 악기를 두드려 백성을 소집합니다. 우리 서민들은 저녁밥과 아침밥을 지어서 관리들을 위로하느라 정작 본업에 신경 쓸 겨를이 없으니, 어찌 우리 삶을 번성케 하고 본성을 편하게 할 수 있겠습니까? 그러므로 병들고 게을러집니다. 이와 같으니, 곧 저의 본업과도 비슷한 점이 있지 않을까요?" 그러자 묻는 이가 기뻐하며 말했다. "훌륭하지 않은가! 나는 나무 키우는 것을 물었는데, 이제 사람 돌보는 방법을 얻었다. 이 일을 전하여, 관청의 훈계로 삼겠습니다!"

노자의 『도덕경』이 전하는 바를 네 글자로 압축하면 무위자연(無爲自然)이 됩니다. 이는 '아무것도 하지 말고 자연으로 돌아가라!'는 뜻이 아닙니다. '순리를 거슬러서 억지로 통제하지 말고, 하늘이 부여한 천성에 따라서 스스로 그러하도록 하라!'는 뜻입니다. 잘 자랄 수 있는 환경을 최선을 다해 마련해 준 후에는 스스로 자라도록 놔두는, 「종수곽탁타전」이 가르치는 '심을 때는 자식같이 하지만, 내버려둘 때는 버린 듯이 하라!'라는 도리입니다. 바로 하늘의 '도'인 '천도'이고, 이는 대동사회를 이끈 성인들의 '도'가 되는 거죠.

그렇다면 공자는 열다섯 살부터 '도'를 배워서 자기 것으로 만들려고 애썼는데, 왜 쉰 살에야 비로소 천명을 깨달았다고 말하는 걸까요? '도'에는 하늘의 도(天道)와 사람의

도(人道)가 있고, 대동은 성인이 하늘의 도인 '무위자연'의 도리로 다스린 사회입니다. 대동사회가 무너진 후, 하, 상, 주나라의 여섯 군자가 어짊(仁)과 의로움(義) 그리고 예(禮)로 스스로를 절제하고 나아가 백성들을 통제한 것이 소강사회죠. 하지만 이런 최소한의 규율조차 무너진 역사상 전무후무한 혼란기인 춘추시대가 도래했고, 이에 신하가 임금을 해치고 리더가 백성을 등한시하는 이기주의가 만연했습니다. 더군다나 공자는 온 세상을 다스리는 천자도 아닌, 일개 제후국의 대부일 뿐이었죠. 이런 상황에서 과연 공자는 갑작스레 대동사회 '하늘의 도'를 외치는 게 옳다고 봤을까요? 어쩌면 그건 먼저 '사람의 도'로 절제하고 통제하여 과도

기인 소강사회를 이룬 후에나 고려해야 할 단계로 본 건 아닐까요? 따라서 젊은 시기의 공자는 적극적으로 세상을 바꾸려는 '사람의 도'를 강조했던 겁니다. 하지만 나이가 들면서 서서히 '하늘의 도'를 따르는 달라진 모습을 보이기 시작합니다.

50세에 이미 '하늘의 도'가 무엇인지 체득하는 경지에 도달했으니, 나이가 들면서 더욱 무르익어 60세에는 어떤 말을 들어도 즉각 반응하여 기뻐하거나 화내지 않고 순응하는 온화함을 유지할 수 있었습니다. 더 나아가 70세에는 이미 '도'를 따르는 자세가 습관이 되어서, 자신이 원하는 바를 그대로 따라도 세상의 법도에 어긋나지 않게 된 거죠.

2-5

孟懿子問孝。子曰:"無違。"樊遲御, 子告之曰:"孟孫問孝於我。
맹 의 자 문 효   자 왈   무 위   번 지 어   자 고 지 왈   맹 손 문 효 어 아

我對曰:'無違。'"樊遲曰:"何謂也?"子曰:"生事之以禮, 死葬之以禮,
아 대 왈   무 위   번 지 왈   하 위 야   자 왈   생 사 지 이 예   사 장 지 이 예

祭之以禮。"
제 지 이 예

맹의자가 효도가 무엇인지 물었다. 공자는 비록 맹의자가 자신의 제자이기는 하지만, 서열상 아버지 맹희자를 이어 노나라 경(卿)이 된 윗사람인 그에게 차마 직설적으로 말할 수 없어서 부득이하게 돌려 말씀하셨다. "상하의 서열체계를 어겨서는 안 되는 것입니다." 얼마 후 제자 번지가 공자의 수레를 몰고 있는데, 공자가 그에게 말씀하셨다. "맹의자가 나에게 효도에 대해 물었다. 그래서 나는 짧게 '어겨서는 안 됩니다.'라고만 대답했다." 번지가 물으셨다. "스승의 말씀은 무엇을 뜻하는 것입니까?" 공자가 말씀하셨다. "살아계실 때 예(禮)로 부모를 섬기고, 돌아가셔서 장례를 치를 때 예(禮)로 하며, 제사 지낼 때 예(禮)로 하는 것이다. 또한 효도에서 어짊(仁)으로 나아가는 것이니, 신하 된 도리로서 임금을 공격한 것은 잘못된 일인 것이다."

번지의 이름은 수(須)이고, 자(字)는 자지(子遲)입니다. 『사기』 「중니 제자열전」에 따르면, 그는 공자보다 36세 어렸다고 하죠. 그렇다면 공자 는 도대체 무엇이 그리 어려워서 이렇게 완곡하게 돌려서 말한 걸까요?

『좌전』과 『사기』에 따르면, 노나라 소공 25년 즉 공자가 35세가 되 던 해에 계손씨 집안의 계평자가 후소백과 닭싸움을 했는데, 가죽옷을 입은 계평자의 수비형 닭이 금속발톱을 채운 후소백의 공격형 닭에게 졌죠. 그러자 상관인 계평자는 분노하여 부하 후소백을 질책했고, 이에 후소백이 계평자를 원망하게 된 겁니다. 후에 공약과 공위가 계평자를 칠 계획을 소공에게 아뢰게 되는데, 이때 소공이 후소백의 의견을 묻자, 후소백은 복수심에 그래도 된다고 대답했습니다. 소공이 군대를 거느리 고 계평자를 공격했지만, 계평자는 맹손씨, 숙손씨와 힘을 합쳐 역으로 소공을 공격했고, 소공은 오히려 패하여 제나라로 도망을 가서 그곳에서 죽었습니다.

그런데 계평자를 도운 맹손씨 집안사람이 다름 아닌 맹의자였던 거 죠. 그런 인물이 효(孝)에 대해서 묻고 있으니, 효(孝)를 통해서 어짊(仁)을 이루는 것이라도 가르친 공자는 맹의자를 탐탁히 여기지 않았을 겁니다. 비록 맹의자가 공자의 제자이긴 했지만, 어쨌든 맹손씨 집안사람이니 자 신의 상관이 됩니다. 그리고 상관에게 직설적으로 이야기하여 상대방을 불쾌하게 하는 것 역시 어짊(仁)에 어긋나므로, 공자는 부득이하게 이렇 게나마 완곡하게 돌려서 대답한 거죠. 그리고 직설적으로 말하지 못한 답답함을 달래기 위해서, 또 다른 제자 번지에게 토로한 것이고요.

孟武伯問孝。子曰：“父母唯其疾之憂。”
맹 무 백 문 효　　자 왈　　부 모 유 기 질 지 우

아버지 맹의자를 이어 노나라 경(卿)이 된 맹무백이 효도에 대해서 물었다. 공자가 말씀하셨다. "신하 된 도리로서 군주인 애공을 헐뜯기 바쁘고 무례하며 심지어 퇴폐적인 생활로 건강도 별로 좋지 않으신데, 부모는 당신이 바로 그러한 퇴폐적인 생활 때문에 질병에 걸린 것을 괴로워하십니다."

『좌전』에 따르면, 노나라 임금 애공은 집정 24년이 되던 해에 신하들의 반대에도 불구하고 첩을 부인으로 맞아들인 걸로 모자라, 심지어는 월(越)나라 태자 적영의 딸까지도 부인으로 맞이했습니다. 이듬해 애공이 월나라에서 돌아온다는 소식을 듣고, 계강자와 맹무백이 '오오'라는 지역에서 그를 맞이했죠. 이때 애공의 수레를 몰던 곽중은 저 둘이 임금께서 월나라에 머무는 동안 임금의 나쁜 말을 많이 했다고 전했습니다. 이윽고 술잔치가 열리자, 맹무백이 먼저 곽중에게 왜 이리 살이 쪘냐며 비아냥거렸고, 이에 계강자는 임금을 모시고 수고한 곽중을 그리 말하는 것은 실례라며, 맹무백에게 벌주를 마시게 하라고 권했습니다. 이 말을 들은 애공은 곽중이 살찐 이유가 그대들의 뒷담화를 너무 많이 먹어서라며 비꼬게 되고, 이에 술자리가 불편해졌다고 합니다.

역시 『좌전』에 따르면, 애공이 '능판'으로 놀러 가던 중 맹무백을 만나게 되자, "내가 죽음에 이르겠는가?"라고 물었다고 합니다. 애공이 세 번을 물었으나, 맹무백은 끝까지 "저로서는 알 길이 없습니다."라고 빈정대며 대답했다고 합니다.

이처럼 군주에게 충직하지 못하고 무례한 신하의 모습을 보인 맹부백은 퇴폐적인 생활로 건강도 별로 좋지 않았습니다. 따라서 공자는 맹무백이 탐탁지 않았지만 자신보다 신분이 높은 맹손씨 집안사람이었고 또 제자인 맹의자의 아들이기 때문에, 완곡하게 타일러서 말한 겁니다.

2-7

子游問孝。子曰: "今之孝者, 是謂能養。至於犬馬, 皆能有養。
자 유 문 효   자 왈   금 지 효 자   시 위 능 양   지 어 견 마   개 능 유 양

不敬何以別乎?"
불 경 하 이 별 호

자유가 효도에 대해서 물으셨다. 공자가 말씀하셨다. "오늘날의 효도는 부모를 봉양할 수 있으면 된다고 하는데, 개와 말도 모두 부모를 봉양할 수 있다. 예(禮)를 갖춰서 부모를 공경하지 않으면, 어찌 사람과 짐승을 구별할 수 있겠는가?"

『사기』에 따르면 자유는 공자보다 45세 어렸는데, 공자는 그가 문학(文學)에 뛰어났다고 평가한 바 있습니다. 그런데 공자가 말하는 '문학'은 오늘날과 달리, 문장(文) 즉 『시경』이나 『상서』 등 옛 전적들에 기록된 성현들의 말씀 및 업적들의 구체적인 문장 내용들을 배우는(學) 것을 의미함에 유의해야 합니다. 다시 말해서, 자유는 '도'의 이론서가 되는 서적들의 내용에 능통했음을 알 수 있죠. 이제 본문과 관련된 다음의 기록을 살펴보겠습니다.

앵무새는 말할 수 있지만 조류를 벗어나지 못하고, 성성이(오랑우탄)는 말할 수 있지만 짐승을 벗어나지 못한다. 이제 사람에게 예(禮)가 없으면, 비록 말할 수 있어도, 역시 동물의 마음이 아니겠는가? 무릇 동물은 예(禮)가 없기 때문에, 아비와 아들이 암컷을 공유하고 있는 것이다. 이러한 까닭에 성

인이 나서서 예(禮)를 만듦으로써 사람을 가르치고, 사람으로 하여금 예(禮)가 있도록 함으로써 스스로 동물과는 다름을 알게 한 것이다.

『예기』「곡례상」

이처럼 공자는 조화로움을 위해 절제하고 통제하는 예(禮)가 사람과 동물을 구분하는 기준이라고 강조합니다.

2-8

子夏問孝。子曰："色難。有事, 弟子服其勞; 有酒食, 先生饌。
자 하 문 효 자 왈 색 난 유 사 제 자 복 기 로 유 주 식 선 생 찬

曾是以爲孝乎?"
증 시 이 위 효 호

자하가 효도에 대해서 물으셨다. 공자가 말씀하셨다. "조화로움을 위해 절제하고 통제하는 예(禮)를 갖춰서 공손하고도 정중히 대하는 얼굴빛으로 부모를 대하는 것이 무척이나 어려운 일이다. 일이 생기면, 젊은 자식이 나이 든 부모 대신에 그 일을 하고, 술과 밥이 생기면, 먼저 태어난 부모님께서 먼저 먹도록 하는 것이 참된 효도인가? 그 정도는 죽게 되면 무덤을 향하여 몸을 바로잡는 여우도 행할 줄 안다. 따라서 예(禮)를 갖춰서 행하지 못하면, 어찌 사람이라고 할 수 있겠는가?"

이와 관련하여 먼저 다음 기록을 살펴보겠습니다.

옛말에 이르기를, "여우가 죽게 되면 무덤을 향하여 몸을 바로잡는다."고 했는데, 이는 바로 어짊(仁)이다.

『예기』「단궁상」

이는 어짊(仁)이라는 것이 일개 미물인 여우도 할 수 있는 것이므로, 사람이 동물과 구별되려면 바로 예(禮)를 갖춰야 한다는 거죠. 즉 2-7과

동일한 맥락으로 이해해야 합니다. 또한 공자는 여기서도 '도'의 내용이 되는 어짊(仁)과 형식이 되는 예(禮)가 조화를 이뤄야 함을 강조하고 있죠. 다시 말하지만, 『논어』에서 이처럼 계속해서 효도(孝)를 강조하는 이유는 바로 어짊(仁)의 출발점이기 때문입니다.

2-9

子曰: "吾與回言終日, 不違如愚, 退而省其私, 亦足以發。回也, 不愚。"
자왈   오여회언종일   불위여우   퇴이성기사   역족이발   회야   불우

공자가 말씀하셨다. "내가 안회와 함께 온종일 대화하다 보면, 그는 그저 내 말을 듣기만 할 뿐 도통 질문을 하거나 어떤 의견도 내세우지 않는다. 그래서 그가 어리석어서 내 가르침을 이해하지 못한 것 아닌가 했는데, 그가 물러나 평상시에 행하는 모습을 보니, 역시 내가 가르친 '도'의 내용을 몸소 실천하려고 노력하고 있었다. 안회는 어리석지 않도다."

이와 관련하여 먼저 다음 기록을 살펴보겠습니다.

공자가 말씀하셨다. "모두 자기가 지혜롭다고 말하는데, 그들을 몰아서 그물이나 덫이나 함정 가운데에 넣어도 피할 줄 모른다. 사람들은 모두 자기가 지혜롭다고 말하는데, 그들은 중용을 택하고도 한 달을 채 지키지 못한다."   『예기』 「중용」

즉 공자는 안회가 신중하여 스스로 아직 많이 부족하다고 여겨서, 항상 한쪽으로 치우치지 않고 객관적이고도 공정하게 판단하려는 중용의 자세를 유지하고자 노력하고 있다고 칭찬한 겁니다.

子曰: "視其所以, 觀其所由, 察其所安, 人焉廋哉? 人焉廋哉?"
자 왈   시 기 소 이 관 기 소 유 찰 기 소 안 인 언 수 재   인 언 수 재

공자가 말씀하셨다. "그렇게 한 원인을 엿보고, 그렇게 한 이유를 바라보며, 그 편안해 하는 바를 살피면, 사람이 어찌 본모습을 숨길 수 있겠는가? 사람이 어찌 본모습을 숨길 수 있겠는가?"

2-9에서 확인했듯이, 안회는 누가 보지 않아도 한결같은 모습을 보였습니다. 억지로 한 게 아니라, 즐기면서 편안해 한 거죠. '도'를 배우고 부단히 노력하여 실천하는 올바른 지도자인 군자는 타인의 시선을 의식하거나 그들에게 잘 보이기 위해서가 아니라, 자신을 위해서 갈고 닦는 데 온 힘을 기울입니다. 따라서 그런 척만 하여 겉과 속이 다르거나, 말과 행동이 다를 수가 없죠. 이처럼 사람의 본모습은 숨기려고 해도 숨길수 없으니, 결국 부지불식간에 드러나게 됩니다. 습관이 안 된 행동은 오래가지 못하니까요. 꼬리가 길면 결국 밟히게 되어있죠. 『예기』역시 이러한 겉과 속이 일치하는 자세를 강조합니다.

도라는 것은 잠시도 떠날 수 없는 것이니, 떠날 수 있다면 도가 아니다. 이 때문에 군자는 보이지 않는 바를 조심하고 삼가며, 들리지 않는 바를 두려워한다. 숨기는 것보다 더 드러나는 것이 없고, 미세한 것보다 더 잘 나타나는 것이 없으니, 따라서 군자는 그 홀로 있음을 삼가는 것이다.

『예기』「중용」

짐 존스(James Warren Jim Jones)는 미국 인디아나주 출생으로 인민 사원(Peoples Temple of the Disciples of Christ) 설립자입니다. 초창기 인종

에 상관없이 누구나 평등하다는 주장을 펼쳐서
흑인들의 많은 지지를 받았죠. 또한 빈민계층을
위한 구호활동 및 노인병원 탁아소 등을 설립하
여 많은 인기를 얻었고, 이를 기반으로 교세를 확
장했습니다. 하지만 그 과정에서 신도들을 노예
처럼 부리며 착취하고 폭력을 일삼자, 신도들은
점차 그를 떠나게 되었죠. 짐 존스는 불안감을 느
껴서 남은 신도들에게 여기서는 우리가 원하는
유토피아를 건설할 수 없다며, 그들을 데리고 남아메리카 가이아나 협동
공화국(Co-operative Republic of Guyana)으로 이주했습니다. 그리고 이곳
에 존스 타운(Jones town)을 세우고는 계속해서 신도들을 착취하고 폭력
과 학대를 가했는데, 심지어 그들이 탈출하지 못하게 무장 경비병들이
감시하도록 했습니다. 1978년 신도들 가족들의 신고로 미국의 한 하원
의원이 기자단과 함께 존스 타운을 방문했고, 떠나기를 원하는 신도들과
함께 비행기에 탑승했습니다. 하지만 갑자기 존스가 나타나 하원의원과
사람들을 살해했죠. 그날 밤 존스는 남아 있는 신도들을 한 자리에 모아
놓고 "죽음을 두려워하지 말라." "영광스럽게 죽음을 맞이하라!"라고 말
하며, 그들에게 독을 섞은 주스를 마시게 했습니다. 따르지 않으려는 신
도들에게는 일일이 주사기로 독을 주입했고요. 사망한 신도는 모두 918
명에 달했는데, 이 중 아동들이 276명이었습니다. 그리고 존스 또한 머
리에 총상을 입어 사망한 채로 발견되면서, 이 사건은 일단락되었습니
다. 사이비 종교로 악한 본성을 숨기면서 높은 인지도를 얻기 위해 정의
로운 척했지만, 결국 시간이 흐르면서 꼬리가 밟힌 거죠.

子曰: "溫故而知新, 可以爲師矣。"
자 왈   온 고 이 지 신   가 이 위 사 의

예로부터 내려오는 '도'를 익혀서 새로이 다가올 것을 깨달으면, 스승이 될 수 있다.

'도'를 배워서 실천하는 것은 지도자인 군자의 몫입니다. 그렇다면 군자와 스승은 또 어떤 관련이 있을까요? 먼저 앞에서 제시했던 다음 기록을 다시 살펴봅시다.

> 하늘이 명한 것을 타고난 천성(性)이라 하고, 타고난 천성을 따르는 것을 도(道)라 하며, 도를 닦는 것을 가르침(敎)이라고 한다.   『예기』「중용」

'도'를 배워 깨달은 것을 타인에게 가르치는 게 바로 '도'를 닦는 과정인 거죠. 저 역시 지금 열심히 '도'를 닦고 있는 겁니다. 그런데 왜 '도'를 깨달은 다음에는 타인에게 가르쳐야 하는 걸까요?

> 군자는 도를 배우는 게 어렵다는 걸 깨달아야 아름다움이 뭔지 알고, 도에 위배되는 쉬운 길이 어떤지 깨달아야 악함을 알게 된다. 그런 후에야 널리 깨달을 수 있고, 널리 깨달은 후에야 스승이 될 수 있으며, 스승이 되어 도를 가르친 후에야 우두머리가 될 수 있고, 우두머리가 된 후에야 임금이 될 수 있다.   『예기』「학기」

가르침으로써 '도'를 닦는 과정을 거쳐야 비로소 행정 실무를 처리할 수 있는 우두머리가 된다는 겁니다. 이제 소개할 내용은 우리에게 잘알려진 '교학상장(敎學相長)'의 의미입니다. '도'를 배워야 얼마나 부족했는지 알게 되고, 가르쳐야 '도'를 실천하기가 얼마나 어려운지 깨닫게 되므로, 비로소 서로 더욱 노력하게 된다는 거죠.

옥은 다듬지 않으면 그릇이 되지 못하고, 사람은 배우지 않으면 도를 알지못한다. 이러한 까닭에, 옛날의 임금 된 자는 나라를 세우고 백성을 다스림에 가르침과 배움을 먼저 했다. 『상서』「열명」에 있는 "삼가 처음부터 끝까지 배움에 종사한다."라는 말은 이를 일컫는 것이다! 비록 좋은 안주가 있어도 먹지 않으면 그 맛을 알지 못하고, 비록 지극한 도가 있어도 배우지않으면 그 선함을 알지 못한다. 이러한 까닭에 배운 후에야 부족함을 알고, 가르친 후에야 어려움을 안다. 부족함을 알면 그런 후에야 스스로 돌이켜보고, 어려움을 알면 그런 후에야 스스로 힘쓴다. 따라서 "가르침과 배움은서로 성장한다."라고 했다. 『상서』「열명」에 있는 "가르침은 배움의 절반이된다."라는 말은 바로 이를 일컫는 것이다!　　　　　　　　　　『예기』「학기」

군자가 '도'를 실천하기 위해서는, 먼저 '도'를 배워야 합니다. '도'를 닦으려면 스승이 되어서 백성들을 가르쳐야 하는데, 그래야 어려움을깨달아 비로소 더욱 정진하니까요. 그런 노력을 거친 후에야 우두머리가되어서 '도'를 행정 실무에 적용할 수 있고, 또 그런 후에야 비로소 진정한 나라의 지도자가 될 수 있습니다. 따라서 공자는 예로부터 내려오는'도'를 배워서 다가올 새로운 일들을 대처할 수 있다면, 장차 올바른 지도자인 군자가 되어 나랏일을 맡을 수 있다고 말한 것임을 알 수 있습니다. 즉 원칙을 바탕으로 하는 응용을 중시한 거죠. 이처럼 공자는 예로부터 내려오는 대원칙을 바탕으로 해서 점차 이를 확대하여 응용해나가는 자세를 올바른 리더의 모습으로 보았습니다. 그런데 노자는 공자와 달리, 멀리 나가지 말고 다시 근본으로 돌아와서 대원칙만 따르면 된다고 말합니다.

> 따라서 이러한 대동의 도를 견지하는 이는 가득 채우려 하지 않고, 무릇 가득 채우지 않으므로 능히 포괄하여 새로이 만들지 않는다.　「15장」

> 만물이 무릇 무성해졌으니, 이제 각자 다시 그 근본으로 돌아간다.　「16장」

> 지도자가 대문을 나가지 않아도 세상을 알 수 있고, 창 밖을 보지 않아도 하늘의 도를 알 수 있다. 나가는 것이 멀수록, 아는 것이 적어진다.　「47장」

두 사람의 견해가 서로 다른 이유는 공자가 소강사회를 이끈 군자의 '사람의 도'를 주장한 반면, 노자는 대동사회를 이끈 성인의 '하늘의 도'를 강조했기 때문입니다. '사람의 도'는 원칙을 세분화하여 인, 의, 예(仁, 義, 禮)로 절제하고 통제하는 것을 중시한 반면, '하늘의 도'는 세분화하여 통제하지 않고 천성을 따르는 '무위자연'의 대원칙만을 강조하기 때문이죠.

특히 공자는 원칙뿐 아니라 이를 확대 재생산하는 연상능력과 응용력을 대단히 중시했는데, 이제 다음을 보면 공자가 왜 그토록 연상능력과 응용력을 중시했는지 이해할 수 있을 겁니다.

子曰:"不憤不啓, 不悱不發。舉一隅, 不以三隅反, 則不復也。"
자 왈   불 분 불 계   불 비 불 발   거 일 우   불 이 삼 우 반   즉 불 부 야

공자가 말씀하셨다. "나는 배우고자 하는 모든 이에게 공정한 교육기회를 제
공하지만, 분발하여 노력하지 않으면 더 이상 가르치지 않는다. 그리고 하나
를 가르쳤는데 세 가지를 유추하여 새로운 것을 응용하지 못한다면 역시 더
이상 가르쳐주지 않는다."

子曰:"誦詩三百, 授之以政, 不達; 使於四方, 不能專對; 雖多,
자 왈   송 시 삼 백   수 지 이 정   부 달   사 어 사 방   불 능 전 대   수 다

亦奚以爲?"
역 해 이 위

공자가 말씀하셨다. "『시경』을 잘 외워서 임금이 그에게 직접 벼슬을 내려 나
라의 정무를 담당하게 해도, 스스로 능숙하게 행정업무를 처리하지 못한다면
무슨 소용인가? 또 주변 나라에 사신으로 보내더라도, 돌발 상황이 발생했을
때 스스로 그 일을 감당하지 못하면 무슨 소용인가? 제아무리 『시경』을 많은
작품들을 외우더라도 스스로 연상능력과 응용력을 발휘해 해결할 수 없다면,
이는 일개인으로서는 말할 것도 없고 나아가 자기가 섬기는 임금을 망신시키
는 게 아니겠는가?"

이는 『시경』을 외워도 응용하지 못하면 아무런 쓸모가 없다는 뜻으
로, 『예기』에도 같은 말이 등장합니다.

『시경』 3백 편을 외워도, 간단한 제사조차도 준비하기에 부족하다.

『예기』「예기」

결국 공자는 제아무리 어려운 학문을 했다고 할지라도, 지금 우리가 살고 있는 실생활로 확대해 응용하지 못한다면, 그 학문은 아무 쓸모없는 죽은 학문이라고 말합니다. 배우는 이유는 실생활에 적용하기 위해서죠. 이러한 취지는 『좌전』의 다음 두 기록에서도 고스란히 드러납니다.

제나라 경봉이 노나라를 방문했는데, 그의 수레가 아름다웠다. 맹손씨가 숙손씨에게 말했다. "경봉의 수레가, 아름답지 않습니까?" 숙손씨가 말했다. "내가 듣기로는 '의복과 장신구가 자기 신분에 걸맞지 않으면, 필히 나쁜 결과를 갖게 될 것이다.'라고 했는데, 아름다운 수레가 무슨 필요가 있겠소?" 숙손씨와 경봉이 식사를 하는데, 경봉의 태도가 불경스러웠다. 이에 『시경』 「상서」를 연주케 했는데, 역시 그 의도를 이해하지 못했다.

『좌전』 「양공 27년」

여름 송나라 화정이 노나라를 방문했는데, 이는 송나라의 새로운 임금과 노나라 임금의 우정을 잇게 하기 위해서였다. 노나라에서 그를 위해서 연회를 열어주고는, 『시경』 「요소」를 연주케 했다. 그런데 화정은 그 의도를 알지 못했고, 이에 또 다른 『시경』 작품을 연주케 했지만 화정은 그에 화답하지도 못했다. 소자가 말했다. "저 사람은 반드시 망하리라! 연회에서 쓰이는 언어를 이해하지 못하고, 총애와 신임을 받는 영화로움을 널리 알리지도 못하며, 아름다운 덕을 알지 못하고, 함께하는 복도 받지 못하는데, 어찌 그 자리에 있을 수 있겠는가?"

『좌전』 「소공 12년」

이제 '응용'과 관련된 사례를 생각해보죠. 아토피 피부염(Atopic Dermatitis)은 주로 유아기나 소아기에 시작되는 피부질환입니다. 발생원인이 학술적으로 명확히 밝혀지지는 않았지만, 산업화에 따른 환경공해와 식품첨가물 사용의 증가 그리고 주거 환경 등으로 추측하고 있습니다. 특히 아파트나 단독 주택 등에서 자주 발생되므로, 아토피를 발생시키는 네 가지 실내 환경인자로 습도, 곰팡이, 온도, 그리고 새집증후군을 꼽습니다. 그런데 이 고질적인 문제가 의외로 단순한 아이디어 하나로 해소되었는데, 그 해결방안이 바로 황토로 만든 판을 벽 내부에 덧대어 붙이는 방식의 인테리어였습니다. 황토는 비염과 불면증 및 혈당조정과 암세포 억제기능이 있거니와, 또한 방음과 단열에도 효과적이며 탈취나 습도 및 온도 조절기능까지 있는 것으로 알려져 있습니다. 이처럼 다양한 효능을 가진 황토는 조선시대부터 널리 사용해왔는데, 그 이유는 진흙과 물을 섞은 후 햇빛에 말려 사용하면 되기 때문이었습니다. 과거 선조들의 지혜를 현대식 인테리어의 형식으로 확대 응용하여, 많은 사람들의 고충을 덜어낼 수 있게 된 겁니다. 이처럼 탁상 행정에 머물지 않고 옛날의 지혜를 응용하여 오늘날 우리 삶에 긍정적인 영향을 주려고 끊임없이 노력하는 인물에게 행정을 맡긴다면, 세상은 지금보다 훨씬 더 나아지지 않을까요?

2-12

子曰: "君子不器。"
자 왈　군 자 불 기

공자가 말씀하셨다. "'도'를 배워서 실천하는 지도자인 군자는 작은 한 분야에 치우쳐 전문가가 되지 않는다. 가르침의 목적은 바로 옛 성현들의 통치이념인 '도'를 배우고 익혀서 실천하게 하는 데 있다. 무릇 이와 같이 '도'를 이해하고 실천하면 곧 주변 나라의 백성들이 자기 자식을 업고 몰려올 텐데, '도'를 배우고 부단히 노력하여 실천하는 올바른 지도자가 어찌 스스로 한 작은 분야에 치우쳐 전문가가 되려고 하는가?"

성인은 인류를 창조하여 이 세상과 더불어 시작된 대동사회를 '도'로 이끈 인물이죠. 따라서 누구에게 배운 것이 아니라 스스로 '도'를 깨우친 인물들입니다. 반면 군자는 성인의 '도'를 후천적으로 배워서 실천한 인물들이고요. 하지만 성인과 군자는 '도'로 세상을 다스렸다는 공통점이 있습니다. 반면 그릇은 '도'의 구성요소들을 유기적으로 조화롭게 실천하는 경지에는 미치지 못합니다.

이미 앞에서 몇몇 가지를 언급했듯이, '도'는 수많은 구성요소들로 이뤄진 집합체입니다. 물론 '사랑'처럼 만지거나 볼 수 없는, 형이상학적인 추상명사

성인(聖人)	대동 사회 지도자
군자(君子)	소강 사회 지도자
그릇(器)	한 방면의 전문가

죠. 성인과 군자는 이 '도'의 구성요소들을 조화롭게 실천한 인물들이었던 겁니다. 하지만 그릇은 '도'의 구성요소 모두가 아닌, 한둘 혹은 몇몇 가지만 실천할 수 있을 뿐이었죠. 그래서 한 나라를 이끄는 최고 지도자가 아닌, 일개 기관을 담당하는 수장의 역할 정도만 수행할 수 있었습니다. 이제 이와 관련된 다음 구절을 살펴보죠.

5-3

子貢問曰:"賜也, 何如?" 子曰:"女, 器也。" 曰:"何器也?" 曰:
자 공 문 왈　사 야 하 여　자 왈　여 기 야　왈　하 기 야　왈

"瑚璉也。"
호 련 야

자공이 물으셨다. "저의 정치적 재능은 어떻습니까?" 공자가 말씀하셨다. "정치하는 이는 대동사회의 지도자인 성인과 소강사회의 지도자인 군자 그리고 기(器) 즉 전문가의 순서로 나눌 수 있는데, 너는 전문가이다." 자공이 물으셨

다. "어떤 전문가입니까?" 공자가 말씀하셨다. "오곡을 담아 신께 바치던 제기와도 같으니, 귀한 인재이다."

'호련'은 제사 때 쓰인 제기(祭器)입니다. 그 해에 갓 추수한 오곡을 담아서 신에게 감사의 마음을 올릴 때 사용했으니, 얼마나 대단히 중요한 그릇이었는지 짐작할 수 있죠. 하지만 공자의 교육목표는 '군자'를 양성하여 나라를 안정시키는 데 있었습니다. 제자인 자공 역시 이 사실을 몰랐을 리가 없겠죠. 그런데 이제 스승께서 그를 일개 전문가 정도로 평가했으니, 그의 기분이 어땠을까요? 무척 실망스러웠을 겁니다. 하지만 남과 비교하기를 좋아했던 자공은 금새 미련을 훌훌 털어버리고, 기운을 차려 다시 묻습니다. "그렇다면 전문가 중에서, 저는 어떤 수준입니까?" 공자는 이에 대답합니다. "전문가들 중에는 최고 수준이라고 할 수 있다." 따라서 '도'의 구성요소들을 유기적으로 조화롭게 실천한다는 것이 얼마나 어려운 경지인지 간접적으로나마 이해할 수 있을 겁니다.

2-13

子貢問君子。子曰:"先行其言, 而後從之。"
자 공 문 군 자   자 왈   선 행 기 언   이 후 종 지

자공이 군자에 대해 물으셨다. 공자가 말씀하셨다. "먼저 말을 하고 그것을 실천하면 백성들이 그다지 그를 중시하지 않지만, 먼저 행동으로 보이고 그것을 말하면 백성들이 그를 믿고 따르며 나아가 진심으로 섬기게 된다."

이 같은 취지의 내용은 바로 아래의 『예기』와 『논어』의 다음 두 구절에도 보입니다.

공자가 말씀하셨다. "먼저 말을 하고 나서 말한 것을 행하면, 말한 것은 아름답게 수식될 수 없다. 하지만 먼저 행하고 나서 행한 것을 말하면, 행한 것은 거짓으로 꾸며질 수 없다. 따라서 군자가 말을 적게 하고 몸소 실천함으로써 그 믿음을 이루면, 백성들은 부득이하게 그의 좋은 일을 중히 여기는 반면 그의 잘못은 가벼이 여겨서 넘어가게 된다." 『예기』「치의」

4-22

子曰: "古者, 言之不出, 恥躬之不逮也。"
자 왈   고 자 언 지 불 출   치 궁 지 불 체 야

공자가 말씀하셨다. "태평성대를 이끌었던 옛 지도자들은 함부로 말을 내뱉지 않았는데, 그 이유는 몸이 말을 쫓아가지 못하는 걸 부끄러워 했기 때문이다."

4-24

子曰: "君子欲訥於言而敏於行。"
자 왈   군 자 욕 눌 어 언 이 민 어 행

공자가 말씀하셨다. "참된 지도자인 군자는 말을 할 때는 어눌하지만, 누구보다도 민첩하게 행동하려고 애쓴다."

즉 몸이 입보다 바삐 움직여야 한다는 말입니다. 이는 지도자가 지켜야 할 만고의 진리죠. 그런데 저는 왜 이 대목에서 매번 선거철에는 시끄럽게 거창한 공약들을 남발하다가, 선거가 끝나면 갑자기 조용해지는

분들의 일터인 국회의사당이 자꾸 생각나는 걸까요?

2-14

子曰: "君子周而不比; 小人比而不周。"
자 왈   군 자 주 이 불 비   소 인 비 이 불 주

공자가 말씀하셨다. "도를 배우고 부단히 노력하여 실천하는 올바른 지도자인
군자는 어느 한쪽으로 치우쳐 편들지 않고 공정하게 판단하지만, 반면에 피지
배계급인 소인은 한쪽으로 치우쳐 편들어 공정하게 판단하지 못한다."

여기서 공자가 강조하는 것은 바로 중(中)입니다. 중(中)이란 양 끝의 가운데를 잡는 것으로, 편벽되지 않고 치우치지 않으며 지나치거나 미치지 못함이 없는 상태를 뜻하죠. 현대어로는 공평성, 형평성, 객관성으로 표현할 수 있습니다. 그렇다면 공자는 왜 이처럼 "중(中)"을 강조하고 있는 것일까? 이제 다음의 기록을 살펴보면, 그 이유를 알 수 있을 겁니다.

"치우치지 않고 편들지 않으면 임금의 도는 평탄하고, 편들지 않고 치우치지 않으면 임금의 도는 평평하며, 어기지 않고 배반하지 않으면 왕의 도는 정직해지고, 지극함이 있는 이들을 모으면 지극함이 있음으로 돌아가게 됩니다." 『상서』「홍범」

이처럼 중(中)은 지도자가 지키고 실천해야 하는 통치이념 즉 '도'의 중요한 구성요소가 되는 것이니, '도'와 마찬가지로 정치적 색채가 농후한 개념이라고 할 수 있습니다.

정의의 여신 '디케(DIKE)'를 아시나요? 한쪽 손에 쥐고 있는 검은 법의 권위를 나타내고, 또 다른 한쪽 손으로 들고 있는 천칭은 공정함을

상징합니다. 그리고 한쪽으로 치우치지 않고 공정함을 지키기 위해서 눈가리개를 한 모습입니다. 더러 눈가리개가 없는 경우도 있지만 그때는 두 눈을 감고 있죠. 이처럼 중(中)은 '도'에 도달하는 데 필수적인 구성요소이기 때문에, 공자는 다음처럼 강조하기도 했습니다.

9-7

子曰: "吾有知乎哉? 無知也。有鄙夫問於我, 空空如也。
자 왈　오 유 지 호 재　무 지 야　유 비 부 문 어 아　공 공 여 야

我叩其兩端而竭焉。"
아 고 기 양 단 이 갈 언

공자가 말씀하셨다. "내가 아는 것이 있는가? 아는 것이 없다. 보잘것 없는 평범한 한 사내가 나에게 물으면, 마치 머릿속이 텅 빈 것과도 같이 아는 바가 없다. 나는 오로지 도의 중요한 구성요소인 한쪽으로 치우치지 않는 객관적이고도 공정한 태도(中)를 지켜서 말할 뿐이다."

그런데 대한민국은 정치와 관련된 거의 모든 이슈에서 촛불로 상징되는 진보와 태극기로 대표되는 보수 두 파벌로 나뉘어, 서로 자기편끼리는 무조건 두둔하고 상대는 그저 비방만 하고 있습니다. 만약 공자가 지금 살아있다면 이 말을 하고 싶어 하지 않았을까요?

사랑하더라도 그 나쁜 점을 알고, 미워하더라도 그 좋은 점을 아는 것이다.

『예기』「곡례상」

포털 사이트는 정보제공 역할 측면에서 그 비중이 매우 큽니다. 특히 실시간 검색어 기능은 사회적 이슈나 유행에 대한 지식을 습득할 수 있게 하죠. 하지만 포털 사이트의 실시간 검색어 조작 사례가 점점 빈번

해져서 사회적 문제가 되고 있습니다. 특히 실시간 검색어 순위 조작 마케팅 업체들이 존재한다고 알려져서 충격을 주고 있는데요. 개인이나 단체가 어떤 목적을 위해서 업체들에게 검색어 조작을 의뢰하는데, 한국의 가장 큰 포털인 네이버(NAVER)는 시간당 700~800만 원, 다음(DAUM)의 경우에는 100~150만 원이 필요하다고 합니다. 만약 포털 사이트의 검색어를 조작하면 정치적으로 이용될 수 있거니와, 여론을 조작해 정치적 사회적 사건 사고를 실시간 검색어에서 사라지게 하여, 일반인들이 그 정보에 대해서 알 수 없게 되고, 또 쉽게 접하지 못하게 됩니다. 파급력이 강한 포털 사이트는 무엇보다도 공정함을 유지하는 것이 생명인데, 돈이나 권력에 매수당해서 대중들의 눈과 귀를 막는다면 그 존재 의의를 상실하는 것이죠. 바로 공정성과 객관성에 대한 겁니다. 포털 사이트는 이해관계에 얽매이지 않고 객관적인 자세를 잃지 말아야 합니다. 물론 이는 언론매체 역시 잃지 말아야 할 중요한 요소이기도 한데요. 어떠한 이슈나 인물에 대해서 철저히 객관적이고도 공정한 자세로 다루고 알려야 합니다. 어쩌면 너무나 당연하고 모르는 이들 역시 없지만, 실천하기는 쉽지 않으므로 더욱 노력해야 할 것입니다.

2-15

子曰: "學而不思, 則罔; 思而不學, 則殆。"
자 왈   학 이 불 사   즉 망   사 이 불 학   즉 태

공자가 말씀하셨다. "'도'의 형식인 예(禮)를 배우지만 '도'의 내용이 되는 구성요소들을 생각하지 않으면, 내용 없이 형식만 존재하므로 무의미하다. 반면에 '도'의 내용이 되는 구성요소들을 생각하지 '도'의 형식인 예(禮)를 배우지 않으면, 한쪽으로 치우쳐 잘못된 행동을 하므로 위태로워진다."

이는 맥락상 다음 구절과도 연결되므로, 여기서 함께 짚고 넘어가 겠습니다.

子曰：“吾嘗終日不食，終夜不寢以思，無益，不如學也。”
자 왈　오 상 종 일 불 식　종 야 불 침 이 사　무 익　불 여 학 야

공자가 말씀하셨다. "내가 일찍이 온종일 먹지도 않고 밤새도록 자지도 않으면서 '도'의 내용이 되는 구성요소들에 대해서 생각해봤지만 아무런 도움이 되지 못했으니, 반드시 '도'의 형식인 예(禮)를 배워서 병행해야 한다."

예(禮)는 '도'의 형식으로서 조화(和)를 위해 절제하고 통제하는 것이죠. 그런데 이 두 구절의 뜻을 정확하게 이해하려면, 반드시 17-8과 함께 살펴봐야 합니다. 왜냐면 사실상 이 구절들은 모두 같은 뜻을 지니고 있으니까요. 즉 2-15와 15-31을 풀어서 자세히 설명한 게 17-8이라고 할 수 있습니다. 17-8의 분량이 많으므로, 읽고 그 내용을 도표로 정리해 보 겠습니다.

子曰：“由也，女聞六言六蔽矣乎？”對曰：“未也。”“居。吾語女。好仁，
자 왈　유 야　여 문 육 언 육 폐 의 호　대 왈　미 야　거　오 어 여　호 인

不好學，其蔽也，愚。好知，不好學，其蔽也，蕩。好信，不好學，其蔽也，
불 호 학　기 폐 야　우　호 지　불 호 학　기 폐 야　탕　호 신　불 호 학　기 폐 야

賊。好直, 不好學, 其蔽也, 絞。好勇, 不好學, 其蔽也, 亂。好剛,
적   호직 불호학 기폐야 교   호용 불호학 기폐야 란   호강

不好學, 其蔽也, 狂。"
불호학 기폐야 광

공자가 말씀하셨다. "자로야, 너는 여섯 가지 말씀과 여섯 가지 결점에 대해서 들었느냐?" 자로가 대답하셨다. "아직 듣지 못했습니다." 공자가 말씀하셨다. "자리를 잡고 앉아라. 내가 너에게 말해주마. 임금을 진심으로 섬기고 따르려고(仁) 하지만 '도'의 형식인 예(禮)를 배워서 절제하지 못하면, 공정하게 판단하지 못해서 그저 맹목적으로 추종하게 된다. 지혜롭고자(知) 하지만 예(禮)를 배워서 절제하지 못하면, 제멋대로 해석하여 행동에 거리낌이 없게 된다. 입으로 내뱉은 말은 반드시 지키려고(信) 하지만 예(禮)를 배워서 절제하지 못하면, 그런 척만 하게 되는 것이다. 올곧고자(直) 하지만 예(禮)를 배워서 절제하지 못하면, 자신에게는 엄격하고 남에게는 관대해야 하는데 오히려 타인에게만 엄격하여 비방하게 된다. 용감해지고자(勇) 하지만 예(禮)를 배워서 절제하지 못하면, 무도해져서 포악해진다. 마음이 굳세어 사사로운 탐욕을 부리지 않으려고(剛) 하지만 예(禮)를 배워서 절제하지 못하면, 방자해진다."

도(道)의 구성요소	호학(好學: 배우기를 좋아함)의 결과	불호학(不好學)의 결과
어짊(仁)	임금을 진심으로 섬기고 따름	공정하게 판단하지 못하고, 임금을 맹목적으로 추종함
지혜로움(知)	솔선수범하여 백성들이 의로움(義)을 행하도록 권하고, 조상을 공경하되 그들의 초자연적인 힘에 의탁하지 않는 객관적인 판단력	제멋대로 해석하여 행동에 거리낌이 없게 됨
신뢰(信)	말을 하면 지키는 성실함	그런 척만 함
올곧음(直)	사사로운 정에 얽매이지 않고 공정하게 판단함	자신에게는 엄격하고 남에게는 관대해야 하는데, 오히려 타인에게만 엄격하여 비방하게 됨
용감함(勇)	義(의: 자기가 처한 서열에서 마땅히 지녀야 할 바를 목숨을 걸고 지키는 것)를 몸으로 실천하는 것	무도해져서 포악해짐
강직함(剛)	마음이 굳세어 사사로운 탐욕을 부리지 않음	방자해짐

道 (도)	
내용	**형식**
어짊(仁), 의로움(義), 지혜로움(知), 신뢰(信), 올곧음(直), 용감함(勇), 강직함(剛) …	예(禮), 악(樂)

'도'는 내용이 되는 어짊(仁)과 의로움(義) 그리고 형식이 되는 예(禮), 악(樂) 이외에도 지혜로움(知), 신뢰(信), 올곧음(直), 용감함(勇), 강직함(剛) 등 '도'의 또 다른 내용이 되는 다양한 구성요소들로 이뤄진 추상적인 집합체입니다. 그런데 '도'의 형식인 예(禮)를 배우려고 하면서 내용이 되는 구성요소들을 인지하여 실천하지 못하면, 형식만 남게 되므로 무의미한 거죠.

반면에 '도'의 내용이 되는 많은 구성요소들은 형식인 예(禮)로 절제하고 통제해야, 비로소 온전한 모습의 긍정적 효과를 기대할 수 있다는 겁니다. 즉 내용과 형식이 균형을 이뤄야 한다는 거죠. 마치 앞에서 설명했던 음양학의 도리처럼 말입니다. 낮과 밤, 더위와 추위, 남성과 여성이 공존해야 하듯이.

특히나 '도'의 중요한 구성요소 중 하나가 한쪽으로 치우치지 않는 객관성과 공정함의 중(中)과 어느 하나도 버리지 않고 모두 함께 하는 조화로움의 화(和)입니다. 따라서 공자가 이 두 구절을 통해서 하고자 한 말은, '도'의 내용과 형식이 조화를 이뤄서 유기적으로 돌아가지 않으면, 한쪽으로 치우쳐지는 폐단을 낳는다는 뜻이 되죠. 그리고 17-8의 내용과 상당히 비슷한 구절이 또 있습니다.

子曰：“恭而無禮，則勞；愼而無禮，則葸；勇而無禮，則亂；直而無禮，
자 왈　공 이 무 례　즉 노　신 이 무 례　즉 사　용 이 무 례　즉 난　직 이 무 례

則絞。”
즉 교

공자가 말씀하셨다. “공손하지만 무례하면 고달프고, 신중하지만 무례하면 주 눅이 들어 안절부절 못하며, 용감하지만 무례하면 포악해지고, 올곧지만 무례 하면 타인을 헐뜯게 된다.”

이 말은 '도'의 네 구성요소인 공손함(恭), 신중함(愼), 용감함(勇), 올 곧음(直)은 조화로움을 위해서 절제하고 통제하는 예(禮)를 갖추지 못하 면, 한쪽으로 치우치지 않는 중(中)의 자세를 잃게 되어서 결국 '도'에 이 르지 못하는 폐단이 생기게 된다는 뜻입니다. 다시 말해서, '도'의 내용 이 되는 위의 네 가지 요소들은 '도'의 형식인 예(禮)와 조화를 이뤄야 하 는 겁니다. 이제 17-8과 이 구절이 중복되는 부분을 살펴보죠.

17-8: 용감해지고자(勇) 하지만 '도'의 형식인 예(禮)를 배워서 절제하지 못 하면, 무도해져서 포악해진다.

8-2: 용감하지만 무례하면 포악해진다.

17-8: 올곧고자(直) 하지만 예(禮)를 배워서 절제하지 못하면, 자신에게는 엄격하고 남에게는 관대해야 하는데 오히려 타인에게만 엄격하여 비방하 게 된다.

8-2: 올곧지만 무례하면 타인을 헐뜯게 된다.

따라서 2-15와 17-8이 설명하고자 한 도리는 다름 아닌 '도'의 내용이 되는 구성요소들은 '도'의 형식인 예(禮)와 합쳐져야 비로소 조화를 이룰 수 있다는 뜻이 됩니다. 다시 말해서 공자는 예(禮)가 비록 '도'의 형식이지만, 내용 못지않게 반드시 필요하다고 강조하고 있는 거죠.

앞에서도 소개했듯이, '도'는 물질이 아닌 추상명사입니다. 그리고 '도'는 마치 지구처럼, 수많은 구성요소들로 이뤄져 있습니다. 하늘, 태양, 달, 구름, 바람, 비, 나무, 흙, 바다, 강, 풀 등 누가 인위적으로 만들지 않고 태고로부터 스스로 그렇게 존재해 온 자연(自然), 그리고 그 위에서 활동하는 사람 동물 식물 등의 생명체가 그것이죠.

이 수많은 구성요소들이 따로 놀지 않고 유기적으로 조화를 이룬 것이 지구이듯이, 앞에서부터 설명한 변치 않음(常), 덕(德), 중(中), 조화로움(和), 어짊(仁), 의로움(義), 예(禮), 음악(樂), 자애로움(慈), 검소함(儉), 겸손함(謙), 지혜로움(知), 신뢰(信), 올곧음(直), 용감함(勇), 강직함(剛) 등이 분리되지 않고 하나가 되어 상호작용하는 것이 바로 '도'인 겁니다. 따라서 공자는 이처럼 『논어』 곳곳에서 '도'의 구성요소들은 따로 행해서는 안 된다고 부단히 강조하고 있는 겁니다.

2-16

子曰: "攻乎異端, 斯害也已。"
자 왈   공 호 이 단   사 해 야 이

공자가 말씀하셨다. "태평성대를 이끈 성현들의 통치이념인 '도'를 따르지 않고 나라를 다스리게 되면, 이는 결국 재앙으로 돌아오게 된다."

소련(Union of Soviet Socialist Republics)은 1922년 12월부터 1991년 12월까지 유라시아 북부에 존재했던 세계 최초의 사회주의 국가였습니

다. 사회주의는 생산 수단의 사적 소유에 반대하여, 공동 이익을 사회 기반으로 삼아서 운영하는 협동 경제와 평등하게 분배받는 사회를 지향하는 사상입니다. 사회주의 이론 자체는 어찌 보면 대동사회와 닮은 구석이 있어서 다소 이상적이기까지 합니다. 하지만 소련은 비리와 부패에 취약했습니다. 지도자들이 자신들만의 사리사욕을 위하여 재산 축적하고 온갖 비리를 저지르니, 나라 기강이 흔들릴 수밖에요. 공동의 노력으로 얻은 부를 분배하지 않고, 소수의 지도자들만이 지녔습니다. 거기에다 무력으로 백성을 탄압하기까지 했으니, 민중들이 들고일어나 소련이 해체되는 건 시간문제였죠. 에스토니아 전 대통령 토마스 헨드릭 일베스(Toomas Hendrik Ilves)는 "소련 정권은 사람들을 죽이고, 공포에 빠뜨렸다. 모스크바는 나치로부터의 해방을 말하면서, 자신들이 에스토니아 라트비아 리투아니아 폴란드인들에게 자행한 것들에 대해서는 잊어버린다."고 비판한 바 있습니다. 또 러시아의 정치인 파벨 그루디닌(Pavel Grudinin) 역시 "우윳값도 못 내던 그때를 기억하십니까? 우린 그 시대를 살았습니다!"라고 울분을 토한 바 있습니다.

子曰: "由, 誨女知之乎! 知之爲知之, 不知爲不知, 是知也。"
자 왈　유　회 여 지 지 호　지 지 위 지 지　부 지 위 부 지　시 지 야

공자가 말씀하셨다. "자로야, 너에게 '도'를 안다는 것을 가르쳐 주겠다. 아는 것은 안다고 하고, 모르는 것은 모른다고 하는 것이 아는 것이다. 옛날 태평성대를 이끈 성현들은 삼가 자신을 낮추고 부단히 묻는 자세로 임했다. 자신이 이미 알고 있다고 생각한 것은 정말로 아는 것이 맞는지 확인하고, 자신이 모르는 것은 가르침을 청하여 배워나갔다."

　　자로는 본명이 중유(仲由)이고 자(字)가 자로(子路)입니다. 『사기』에 따르면, 자로는 공자보다 9세 어렸는데 성격이 거칠고 용맹하며 강직했습니다. 그래서 공자는 자로가 '도'의 내용과 형식에서 강함을 나타내는 의로움(義)과 예(禮)에 있어서는 자신을 뛰어넘는다고 칭찬했지만, 부드러움에 대한 부분에서 많이 부족하다고 평가하곤 했습니다. 이제 이 구절과 관련된 『예기』 및 『논어』의 다른 두 기록들을 살펴보겠습니다.

　　공자가 말씀하셨다. "순임금은 크게 지혜로우셨으니, 순임금은 묻기를 좋아하시고 깊이가 없는 얕은 말도 무시하지 않고 살피기를 좋아하셨으며, 악함은 숨기시고 선함을 드러내셨다. 양쪽의 끝부분을 잡아 백성들에게 그 중간을 쓰셨으니, 이 때문에 순임금이 되셨다."　　　　　　　　『예기』「중용」

子入大廟, 每事問。或曰:"孰謂鄹人之子知禮乎? 入大廟, 每事問。"
자 입 태 묘 매 사 문 혹 왈 숙 위 추 인 지 자 지 예 호 입 태 묘 매 사 문

子聞之曰:"是禮也。"
자 문 지 왈 시 예 야

공자께서는 종묘에 들어가 매사에 대해서 물으셨다. 어떤 이가 말했다. "누가 '추' 지역 사람의 아들인 공자가 예(禮)를 안다고 하였는가? 종묘에 들어가서 는, 매사에 대해서 묻는다." 공자가 그 말을 들으시고 말씀하셨다. "아는 것도 다시 한번 물음으로써 이상이 없는지 확인하는 것이 예(禮)이다. 제례(祭禮)는 조상을 따르는 어짊(仁)을 드러내는 형식이지만, 반드시 신중하고 정성을 다해 야 한다. 따라서 아는 것이라도 다시 한번 물음으로써 이상이 없는지 확인하 는 호문(好問) 즉 묻기를 좋아하는 자세를 갖춰야 한다."

그리고 다음 구절에도 공자가 종묘에서 매사에 대해 묻는 내용이 똑같이 나옵니다.

入太廟, 每事問。
입 태 묘 매 사 문

공자는 종묘에 들면, 매사에 대해 물으셨다.

이처럼 태평성대를 이끈 성현들은 삼가 자신을 낮추며 부단히 묻는 자세로 일관함으로써, 자신의 생각이 옳은지 또는 그른지를 객관적으로 판단할 수 있었습니다. 따라서 공자의 이 말에는 신(愼: 신중함)과 상(常: 변 치 않고 초지일관하는 태도) 그리고 중(中: 객관적인 태도)과 겸(謙: 겸손함)이 포함 된 의미로 이해해야 하죠. 즉 공자는 한마디 말로 '도'의 네 가지 요소를

설명하고 있는 겁니다. 그럼 이제 소개하는 재아의 경우는 어떨까요?

哀公問社於宰我。宰我對曰:"夏后氏以松, 殷人以栢, 周人以栗。"曰:
애 공 문 사 어 재 아   재 아 대 왈   하 후 씨 이 송   은 인 이 백   주 인 이 율   왈

"使民戰栗。"子聞之, 曰:"成事不說, 遂事不諫, 旣往不咎。"
사 민 전 율   자 문 지   왈   성 사 불 설   수 사 불 간   기 왕 불 구

노나라 임금 애공이 재아에게 토지신으로 섬기는 나무에 대해 물었다. 재아가 대답하셨다. "하나라의 시조 우는 소나무를 심었고, 상(=은)나라 사람은 잣나무를 심었으며, 주나라 사람은 밤나무를 심었습니다." 그러고는 계속해서 말하셨다. "이는 밤나무를 뜻하는 율(栗)이 두려움을 뜻하는 율(慄)과 발음이 같기 때문이니, 임금께서 공포정치를 해야 합니다." 공자가 이를 들으시고 말씀하셨다. "이미 발생한 일은 말하지 말고 이미 지나간 일은 책망하지 말아야 하니, 이제 와 말을 해도 아무런 소용이 없다. 알지 못하는 것을 아는 척하는 재아를 지금 질책해 봤자, 이미 다 벌어진 일인데 무슨 소용이 있겠는가?"

공자는 아는 것은 안다고 하고, 모르는 것은 모른다고 하는 것이 아는 것이라고 가르쳤습니다. 그런데 재아는 화려한 언변만 믿고, 모르는 것조차도 마치 다 아는 척하려고 했죠. 그런데 공자는 그런 재아를 보고 화를 내거나 혼내지 않았습니다. 오히려 이미 발생한 과거는 그냥 과거의 것으로 남기고, 굳이 다시 들추지 말자고 말합니다. 왜 그랬을까요? 다음 기록을 보시죠.

子曰: "伯夷叔齊, 不念舊惡, 怨是用希。"
자 왈　백 이 숙 제　불 염 구 악　원 시 용 희

공자가 말씀하셨다. "상나라의 제후국인 고죽국의 왕자 백이와 숙제는 상대방이 과거에 행한 잘못에 연연하지 않아서, 지난 잘못을 가지고 그 사람을 원망하는 일이 드물었다."

사람은 앞으로 나아가는 존재입니다. 과거에 지나치게 집착해 봤자 당사자나 본인 모두에게 좋을 게 없겠죠. 이처럼 공자는 백이와 숙제의 장점을 배워서 자기 것으로 만들려고 노력한 겁니다. 공자는 자기보다 나은 사람은 정면교사로 삼아서 배우려 노력하고, 자기보다 못한 사람은 반면교사로 삼아서 그렇게 되지 않으려 노력했습니다. 이것이 말로만 끝내지 않고 몸소 행하는 자세를 실천한 공자의 위대한 점입니다. 다시 본론으로 돌아와서, 재아처럼 화려한 언변만 믿고 모르는 것조차도 다 아는 척하는 지도자의 모습은 오늘날에도 찾아볼 수 있습니다.

도널드 존 트럼프(Donald John Trump) 전 미국 대통령은 2020년 재임 시 한 정례브리핑에서 "주사로 살균제를 몸 안에 집어넣는 방법 같은 건 없을까? 폐에 들어간다면 어떻게 될지 확인해보면 흥미로울 것 같다!"라고 발언했었습니다. 이는 표백제가 침 속의 바이러스를 5분 안에 죽였는데, 살균제는 이보다 더 빠르다는 연구 결과를 보고 언급한 건데요. 문제는 대통령 발언이 뉴스에 보도된 지 불과 하루 만에, 독물통제센터에 30건의 살균제 관련 사고 신고가 접수된

겁니다. 특히 접수된 30건 중 가정용 살균제 제품에 인체가 노출된 게 20건이고 표백제가 10건이었습니다. 이에 질병통제예방센터(CDC)는 살균제를 부적절하게 사용해서는 안 된다는 '경고문'을 트위터에 올렸고, 살균제 제조업체인 레킷 벤키저(Reckitt Benckiser Ltd)도 어떤 상황에서도 인체에 주입하거나 코로나19 치료제로 사용해선 안 된다는 안내문을 발표했습니다. 트럼프 전 대통령은 이 일이 벌어지기 한 달 전에 말라리아 치료제 하이드록시클로로퀸(Hydroxychloroquine)이 코로나19 치료에 효과가 있다는 발언도 했었는데, 이후 애리조나 주에 사는 부부가 어항 청소에 쓰는 클로로퀸을 먹었다가 남편이 사망하기도 했습니다.

그렇다면 도대체 재아의 평소 모습이 어땠길래, 공자는 이처럼 자포자기하는 듯한 발언을 한 걸까요? 다음 구절을 살펴보겠습니다.

5-9

宰予晝寢。子曰: "朽木, 不可雕也; 糞土之墻, 不可杇也。於予與何誅?"
재 여 주 침   자 왈   후 목 불 가 조 야   분 토 지 장 불 가 오 야   어 여 여 하 주

子曰: "始吾於人也, 聽其言而信其行。今吾於人也, 聽其言而觀其行。
자 왈   시 오 어 인 야   청 기 언 이 신 기 행   금 오 어 인 야   청 기 언 이 관 기 행

於予與改是。"
어 여 여 개 시

재아가 수업 때 낮잠을 잤다. 공자가 말씀하셨다. "썩은 나무로 조각해 봤자 금방 부숴지므로 소용없고, 썩은 흙으로 만든 담장에 흙손질을 해 봤자 역시 금방 무너져서 다 소용없다. 내가 지금 기본이 안 갖춰진 재아에게 벌을 줘 봤자, 이제 와서 다 무슨 소용이 있겠는가?" 또 공자가 말씀하셨다. "애초에 나는 어떤 사람이 말을 하면 그가 말한 대로 행동하리라 믿었다. 하지만 이제 나는 어떤 사람이 말을 하면, 그가 말한 대로 행동하는지 꼭 확인한다. 이 모든 게 재아 때문에 바뀐 것이다."

재아는 삼년상을 설명할 때 등장했던 인물입니다. 본명은 재여(宰予)이고 자(字)가 자아(子我)라서, 재아라고 불리기도 했습니다. 그는 언변에 뛰어난 재능을 보였지만 후에 제나라 임치의 대부가 되어 역시 제나라 대부 진성자와 함께 반란을 일으켰는데, 공자는 이를 두고두고 수치스러워 했다고 합니다. 현대사에도 재아처럼 화려한 언변의 소유자가 있었습니다. 그 역시 쿠데타를 일으켜서 권력을 잡으려고 했던 인물이죠. 그럼 그의 말로는 어땠을까요?

아돌프 히틀러(adolf hitler)는 1889년에 태어났습니다. 유년기 술꾼에다 종종 폭력적으로 변하는 아버지에게 맞서 대들기 시작했고, 1907년 어머니까지 돌아가시는 바람에 부모님의 사랑을 받으며 크지 못했죠. 1919년 9월 독일 노동자당(Deutsche Arbeit-erPartei, DAP)에 입당하고, 얼마 되지 않아서 뛰어난 언변으로 당 선전부 책임자 자리에까지 오릅니다. 이때 그는 '나치스'라는 이름으로 더 유명한 국가 사회주의 독일 노동자당(NSDAP)을 조직합니다.

이후 이탈리아의 베니토 무솔리니(Benito Mussolini)와 파시스트당의 로마 진군에 자극받은 히틀러는 1923년 11월 뮌헨에서 국민혁명이라는 이름으로 폭동을 일으켰지만 실패하여 투옥되기도 했죠. 감옥에서 나온 후 경제 대공황으로 기업들이 도산하고 실직자 수가 6백만 명으로 늘어나자, 많은 사람이 히틀러를 지지하기 시작했습니다. 대통령이 그를 총리로 임명하자 일당 독재를 위한 기틀을 마련하고, 대통령이 죽자 스스로 총통이 되어 2차 세계대전을 일으킵니다. 이 과정에서 그는 많은 유대인을 학살했는데, 세계대전이 실패로 돌아가자 결국 자살로 초라하게 삶을 마감합니다.

子張學干祿。子曰："多聞闕疑, 愼言其餘, 則寡尤。多見闕殆,
자 장 학 간 록   자 왈   다 문 궐 의   신 언 기 여   즉 과 우   다 견 궐 태

愼行其餘, 則寡悔。言寡尤, 行寡悔, 祿在其中矣。"
신 행 기 여   즉 과 회   언 과 우   행 과 회   녹 재 기 중 의

자장이 벼슬을 하여 나라의 녹봉을 받는 법을 배우고자 했다. 공자가 말씀하
셨다. "많이 들어서 의심을 없애고, 그 밖의 아직 듣지 못해서 잘 모르는 것은
신중하게 말하면 실수가 적어진다. 많이 보아서 의심을 없애고, 그 밖의 아직
보지 못해서 잘 모르는 것은 신중하게 행동하면 실수가 적어진다. 말에 실수
가 적고 행동에 실수가 적으면, 자연스럽게 중용 받아 정치에 참여할 수 있을
것이다."

『사기』에 따르면 자장은 공자보다 48세 어렸다고 하죠. 그는 객관
적으로 판단하는 중(中)의 태도를 지키지 못하고, 한쪽으로 치우치는 인
물이었다고 합니다.

이 구절 역시 앞에서 설명한 2-17과 3-15에서 강조한 호문(好問) 즉
묻기 좋아하는 태도와 같은 맥락으로 이해할 수 있습니다. 이제 현대사
회에서 이 세 구절과 관련된 사례를 살펴보겠습니다.

여기서 소개할 인물은 바로 23년간 연임하여 '스웨덴의 가장 긴 총
리'라는 별명을 가지고 있는 타게 엘란데르(Tage Erlander)입니다. 원래는
스웨덴 역사상 23년이라는 가장 긴 시간 동안 총리직을 맡았다는 의미
로 만들어졌지만, 키가 무척 커서 붙
여진 별명이기도 했죠. 그는 재임 기
간에 국가가 국민을 보호하는 따뜻
한 '국민의 집'이 되도록 만들려고 노
력했습니다. 하지만 무엇보다 여기서
그를 언급하는 이유는 바로 그가 이

른바 '목요 클럽'의 창시자이기 때문입니다. 당시 스웨덴 역시 좌파와 우파 그리고 노사문제 등으로 골머리를 앓고 있었고, 이는 복지국가 건설에 큰 장애가 되었습니다. 이때 타게 총리는 "난 목요일이 한가하니, 목요일 저녁에 함께 식사하며 얘기합시다!"라고 제안했습니다. 그 후로 비슷한 생각을 지닌 사람끼리만의 유유상종 모임이 아니라, 매주 목요일마다 서로 다른 생각과 입장을 지닌 사람들이 모여 이야기를 주고받게 되었죠. 23년 동안 정이 조금씩 쌓이면서, 서로를 이해하게 되고 궁극적으로는 마음의 벽을 허물 수 있게 된 겁니다. 또 이 자리를 통해서 자신이 그간 알지 못했던 인재들을 발굴하여 기용할 수 있었습니다. 그렇게 스웨덴은 선진 복지국가로 도약했습니다.

1969년 그가 총리직을 퇴임할 때 머무를 집이 없자, 스웨덴 국민들이 그에게 별장을 지어준 것은 또 하나의 유명한 일화입니다. 그만큼 지도자가 근검절약하고 나를 버리며 오로지 백성을 섬기는 자세로 일관했는데, 어찌 백성들이 그러한 지도자를 진심으로 따르지 않을 수 있고 또 잊을 수 있었을까요? 그러므로 그 이름은 잊히지 않고, 지금은 물론 앞으로도 전해져 내려갈 겁니다.

2-19

哀公問曰: "何爲, 則民服?" 孔子對曰: "擧直錯諸枉, 則民服;
애 공 문 왈   하 위   즉 민 복   공 자 대 왈   거 직 착 저 왕   즉 민 복

擧枉錯諸直, 則民不服。"
거 왕 착 저 직   즉 민 불 복

애공이 물었다. "어찌해야 백성들이 복종하겠소?" 공자가 대답하셨다. 사사로운 정에 얽매이지 않고 공정하게 판단할 수 있는 올곧은 이를 등용하여 올곧지 못한 이들을 바로잡으면, 곧 백성들이 지도자의 선함에 감동하여 복종할

것입니다. 하지만 그 반대로 올곧지 못한 이를 등용함으로써 올곧은 이가 묻히게 하면, 백성들은 지도자를 신뢰하지 않기 때문에 복종하지 않습니다."

여기서는 먼저 올곧음(直)이 뭔지 이해해야 합니다. 『좌전』「소공 14년」의 기록을 살펴보죠.

진(晉)나라의 형후와 옹자가 '축(鄐)' 지역을 가지려고 오랫동안 다퉜는데, 이 일은 본래 법 담당인 사경백이 판단해야 할 업무였지만, 마침 다른 일 때문에 초나라로 가느라 자리를 비웠다. 이에 한선자의 명으로 숙어가 대리로 그 일을 판단했는데, 사실 잘못은 옹자가 했지만 옹자가 그의 딸을 숙어에게 바치자 숙어는 잘못을 형후에게 덮어씌웠고, 결국 형후는 분노하여 숙어와 옹자를 모두 조정에서 죽였다. 한선자가 숙향에게 누구의 잘못이냐고 묻자, 숙향은 "옹자는 자신의 잘못을 알면서도 뇌물로 속였고, 숙어는 공정해야 할 소송을 거래하는 물건으로 여겼으며, 형후는 사람을 함부로 죽였는데, 『하서』에 잘못을 미화하는 혼(昏)과 뇌물을 받아 관료의 권위를 더럽히는 묵(墨) 그리고 함부로 사람을 죽이는 적(賊)은 모두 사형에 처한다고 되어있으니, 세 사람의 죄는 같습니다."라고 대답했다.

이 일에 대해서, 공자는 숙향이 숙어의 친형인데도 사사로운 정에 얽매이지 않고 공정하게 판단함으로써 예로부터 내려오는 올곧음(直)을 따랐으니 의로운(義) 사람이었다고 평가했습니다. 따라서 올곧음을 나타내는 직(直)은 바로 '사사로운 정에 얽매이지 않고 공정하게 판단하는 것'이고, 의로움(義)을 행하기 위한 전제조건임을 알 수 있죠.

대통령이 청렴결백한 인물을 총리로 임명한다면, 이는 무엇을 의미할까요? 바로 부정부패를 척결하겠다는 강한 의지를 드러낸 겁니다. 그럼 그 아래의 장관들은 그 의중을 알아차리고 더욱 신중한 모습을 보이겠죠. 반면에 대통령이 비리로 얼룩진 인물을 장관에 임명한다면 어떨까요? 당연히 차관이나 국장 등 그 밑에 있는 사람들은 아무런 거리낌도 없이 부정부패를 저지를 겁니다. 왜냐면 직속 상관이 처벌받기는커녕 오히려 중용을 받으니, 무엇을 걱정할 필요가 있겠습니까? 하지만 그 모습을 보는 국민들은 어떨까요? 그들에게 실망하고 나아가 반발할 겁니다.

정치는 이처럼 단 한 사람에게서 시작됩니다. 물론 정치는 한 사람만 잘해서 될 순 없습니다. 역대로 태평성대를 구가한 시절에는 임금과 그를 보필하는 충신들이 늘 함께했기 때문입니다. 하지만 최고 지도자 단 한 명이 어떤 길을 걷는지에 따라서, 그 나라의 정치는 크게 바뀝니다.

나집 라작(Najib Razak)은 2009년부터 2018년까지 말레이시아 총리를 지냈습니다. 온화한 인상에 언변이 뛰어났고, 전직 총리의 아들로서 국방부 장관과 부총리를 거쳐 총리가 된 엘리트의 전형이었습니다. 그는 집권 초기부터 인종과 빈부격차를 이겨내는 '하나된 말레이시아'

를 외쳤고, 이러한 정치 이념 실현을 위해서 국영 펀드를 내세웠습니다. 그의 계획은 이 투자금을 해외에 투자해서 이익을 얻고, 그 수익으로 사회기반시설을 짓겠다는 것이었죠. 그런데 아무도 들어본 적이 없는 신생 기업의 펀드에 10억 달러(한화 1조 1,000억 원)를 투자합니다. 이 기업 대표는 나집 총리 의붓아들의 친구 조 로우(Jho Low)였죠. 그는 유흥업계에서 큰손 중의 큰손으로 불렸습니다. 할리우드 스타들을 초대해서 큰 파티를 종종 열어주기도 했다고 합니다. 이야기는 여기서 끝나지 않습니다. 나집의 아내 로스마흐 만소르(Rosmah Mansor)는 필리핀 페르디난드 마르코스 전 대통령의 부인인 이멜다보다 더 사치스러웠다고 합니다. 한 번의 해외여행에서 쇼핑한 상품이 제트기 한 대 분량을 넘기도 했다는데, 조 로우는 이처럼 사치스러운 로스마흐에게 많은 돈을 상납했다고 합니다. 하지만 2013년 시작된 TRX 금융센터 건설이 더딘 진행 끝에 중단되면서 이상한 자금의 흐름이 포착되었고, 조사 결과 부채만 90억 달러에 달했습니다. 결국 국민들의 피와 땀이 들어간 국영 펀드는 이들의 사치와 돈세탁으로 사라졌는데, 조 로우가 이 중 27억 달러를 횡령했고 또 그중 7억 달러는 나집의 주머니로 들어갔다고 합니다. 최고 지도자 한 명의 역할이 얼마나 중요한지 여실히 보여주는 사건이었습니다. 이러한 내용은 12-22에도 보이니, 함께 살펴보죠.

12-22

樊遲問仁。子曰:"愛人。"問知。子曰:"知人。"
번 지 문 인　 자 왈　 애 인　 문 지　 자 왈　 지 인

樊遲未達。子曰:"擧直錯諸枉, 能使枉者直。"樊遲退, 見子夏曰:
번 지 미 달　 자 왈　 거 직 착 저 왕　 능 사 왕 자 직　 번 지 퇴　 현 자 하 왈

"鄕也吾見於夫子而問知, 子曰:'擧直錯諸枉, 能使枉者直。'何謂也?"
향 야 오 현 어 부 자 이 문 지　 자 왈　 거 직 착 저 왕　 능 사 왕 자 직　 하 위 야

子夏曰: "富哉, 言乎! 舜有天下, 選於衆, 擧皐陶, 不仁者遠矣。
자 하 왈   부 재 언 호   순 유 천 하   선 어 중   거 고 도   불 인 자 원 의

湯有天下, 選於衆, 擧伊尹, 不仁者遠矣。"
탕 유 천 하   선 어 중   거 이 윤   불 인 자 원 의

번지가 어짊(仁)에 대해서 물으셨다. 공자가 말씀하셨다. "그 사람을 진심으로 사랑하여 따르는 것이다." 번지가 안다는 것(知)에 대해 물으셨다. 공자가 말씀하셨다. "그 사람이 어떤 사람인지 아는 것이다." 하지만 번지가 이해하지 못했다. 그러자 공자가 말씀하셨다. "올곧은(直) 이를 뽑아 굽은 이들 사이에 섞으면, 굽은 이들을 곧게 할 수 있다." 번지가 물러나, 자하를 만나 말씀하셨다. "방금 내가 스승을 뵙고 앎에 대해 물었는데, 스승께서는 '올곧은 이를 뽑아 굽은 이에 섞으면, 굽은 이를 곧게 할 수 있다'라고 하셨습니다. 그게 무슨 뜻입니까?" 그러자 자하가 말씀하셨다. "심오하구나, 스승의 말씀이! 순임금이 세상을 다스릴 때 고요를 선발하여 등용하자, 어질지 못한 사람들이 감히 조정에 발을 들이지 못했습니다. 또 상나라의 탕임금이 세상을 다스릴 때 이윤을 선발하여 등용하자, 어질지 못한 사람들이 감히 조정에 발을 붙이지 못했다는 말씀이십니다."

이제 이를 바탕으로, 다음 『예기』의 기록이 무엇을 말한 것인지 알아볼까요?

요순이 어짊(仁)으로 세상을 다스리자 백성들이 따라서 어질어졌고, 걸주가 포악함으로 세상을 다스리자 백성들이 따라서 포악해졌다. 지도자가 명령하는 바가 백성이 좋아하는 바와 반대되면, 백성들은 따르지 않는다.

『예기』「대학」

요임금과 순임금이 세상을 다스리자 백성들은 선해졌지만, 하나라와 상나라의 마지막 임금인 걸임금과 주임금이 세상을 다스리자 백성들이 포악해진 거죠. 지도자는 백성들의 거울입니다. 백성들은 지도자라는 거울을 통해서 자신의 모습을 확인하죠. 따라서 지도자가 어떤 모습을

보이느냐에 따라서, 백성들의 품성 역시 결정됩니다. 윗물이 맑아야 아랫물도 맑기 마련입니다. 물론 백성들이 지도자에 불만을 가져서 반발하면, 지도자는 그 자리를 오래 지킬 수 없겠죠. 그래서 『예기』에서는 다음과 같이 말하기도 했습니다.

"문왕과 무왕의 정치는 목판과 대쪽에 기록되어 드러나 있습니다. 적합한 사람이 자리에 있으면 곧 그 정치가 흥기하게 되고, 적합한 사람이 자리에 없으면 그 정치는 멈추게 됩니다." 『예기』「중용」

이처럼 최고 지도자에게 요구되는 가장 중요한 임무는 바로 올바른 인재 선발인 겁니다. 이는 아무리 강조해도 부족함이 없습니다.

목판과 대쪽은 방책(方策) 즉 선왕들의 행적을 새긴 나무판과 대나무 조각을 나타냅니다. 당시는 한나라 이전이기 때문에 아직 종이가 발명되지 않았죠. 따라서 여기서도 문왕과 무왕의 정치 기록이 바로 문(文)이고, 이는 주나라 문왕과 무왕의 정치행적을 기록한 '도'의 내용이 되며, 나아가 공자의 '도'는 문왕과 무왕의 정치 즉 소강사회의 통치이념을 말하고 있는 것임을 다시 한번 확인할 수 있습니다.

그리고 하나 더. 12-22에서 번지가 어짊(仁)에 대해서 묻자, 공자는 "그 사람을 진심으로 사랑하여 따르는 것이다."라고 가르치는데요. 이와 관련하여 다음 구절 역시 함께 살펴보겠습니다.

14-7

子曰: "愛之, 能勿勞乎? 忠焉, 能勿誨乎?"
자왈 애지 능물노호 충언 능물회호

공자가 말씀하셨다. "임금을 진심으로 사랑하여 따른다 해서, 도의 다른 구성요소들을 배우려고 애쓰지 않을 수 있는가? 마음을 객관적이고도 공정하게 한다고 해서, 도의 다른 구성요소들을 가르치지 않을 수 있는가?"

즉 '도'라는 것은 어짊(仁)과 한쪽으로 치우치지 않은 공정한 마음가짐(忠)만 가지고 도달할 수 있는 것이 아닙니다. 따라서 공자는 이들을 바탕으로 해서 점차 다른 구성요소들로 확대 및 심화학습해야, 비로소 온전한 '도'에 도달할 수 있다고 가르치고 있는 거죠.

2-20

季康子問: "使民敬忠以勸, 如之何?" 子曰: "臨之以莊, 則敬; 孝慈,
계강자문   사민경충이권 여지하   자왈   임지이장 즉경 효자

則忠; 擧善而敎不能, 則勸。"
즉충 거선이교불능 즉권

계강자가 물으셨다. "백성들이 몸가짐과 언행을 조심하고 한쪽으로 치우치지 않고 공정하며 선함을 권장하려면, 어떻게 해야 하오?" 공자가 말씀하셨다. "그들을 다스림에 자신에게 철저하고도 올바른 자세로 그들을 다스리면 백성들이 몸가짐과 언행을 조심하고, 아랫사람이 윗사람에게 효성스럽고 또 윗사람이 아랫사람에게 자애로움을 보이면 백성들이 한쪽으로 치우치지 않고 공평하게 되며, 선한 이를 등용하고 선하지 못한 이를 바르도록 가르치면 백성들이 선함에 힘쓰게 됩니다."

계강자는 삼환 중 하나인 계손씨 집안사람으로, 아버지 계환자를 이어서 노나라의 경(卿)이 되었죠. 그는 앞에 나온 맹무백과 마찬가지로 임금인 애공에게 대단히 무례했습니다. 후에 아버지 계환자의 유언을 따르기 위해서, 공자의 제자이자 자신의 가신인 염구를 위나라로 보내 공자를 다시 노나라로 모셔옵니다.

이제 본문의 내용을 요약하면 다음과 같습니다.

지도자	백성
자신에게 철저한 올바른 자세	몸가짐과 언행을 조심함
효도와 자애로움	한쪽으로 치우치지 않고 공정함
선한 이 등용, 못한 이를 가르침	선함에 힘쓰게 됨

따라서 이 역시 2-19나 12-22와 마찬가지로, 백성이 바뀌려면 결국 지도자가 먼저 솔선수범을 보여야 한다는 도리를 다시 한번 강조한 구절임을 알 수 있습니다. 이제 여기서 바람과 풀의 관계에 대해서 알아보죠.

12-19

季康子問政於孔子曰: "如殺無道, 以就有道, 何如?" 孔子對曰:
계 강 자 문 정 어 공 자 왈   여 살 무 도   이 취 유 도   하 여   공 자 대 왈

"子爲政, 焉用殺? 子欲善而民善矣。君子之德, 風; 小人之德, 草。
자 위 정   언 용 살   자 욕 선 이 민 선 의   군 자 지 덕   풍   소 인 지 덕   초

草上之風必偃。"
초 상 지 풍 필 언

계강자가 공자에게 정치에 대해 물었다. "만일 무도한 사람을 죽여서 나라에 도가 있도록 하면 어떻겠소?" 공자가 대답하셨다. "그대는 정치를 함에, 어찌 죽임을 사용하십니까? 그대가 선을 행하고자 하면 백성이 선을 행할 것입니다. 지도자인 군자의 덕은 바람이고, 피지배계급인 소인의 덕은 풀입니다. 풀 위에 바람이 불면, 풀은 반드시 바람이 부는 방향으로 쓰러지는 법입니다."

계강자가 공포정치를 통해 나라를 다스리려고 하자, 공자는 지도자가 먼저 올바른 길을 걸으면 백성들은 자연스레 지도자를 믿고 따르게 된다고 말합니다. 지도자가 바람이라면, 백성들은 그 바람이 부는 방향에 따라 꺾이는 풀인 거죠. 국어사전을 보면 '민초(民草)'가 백성을 질긴

생명력을 가진 잡초에 빗댄 단어라고 합니다. 그런데 잡초는 줄기를 잡아당기면 한번에 뿌리째 뽑히지요. 왜 저는 공자의 '지도자는 바람, 백성은 풀'이라는 설명이 더욱 설득력 있게 다가올까요?

호화로운 삶을 누리는 한 여성 지도자가 외출할 때마다 멋진 고급차를 타고 다닙니다. 그리고 그런 그녀의 모습을 매일 마주하는 서민층의 다른 여성이 있죠. 그렇다면 이 여성은 저 멋진 고급 차를 바라보면서, "저건 내 삶이 아니니까, 나와는 상관없어."라고 생각할까요, 아니면 "아, 부럽다! 나도 저런 차를 탈 수 있다면 얼마나 좋을까?"라고 생각할까요? 그런데 이 여성에게 구매력이 없다면, 그냥 거기서 포기하고 말까요, 아니면 수단과 방법을 가리지 않고 어떡해서든 내 것으로 만들어야겠다는 생각이 싹트기 시작할까요?

베블런 효과(Veblen effect)라는 경제용어가 있습니다. 비슷한 기능이나 수준이라면 더 비싼 가격의 제품을 사는 거죠. 이러한 심리는 소비자가 자기를 타인과 차별화하여 과시하고자 하는 욕망에서 나옵니다. 또 밴드웨건 효과(Band wagon effect)라는 용어도 있는데, 한 소비자가 구매할 때 특별히 원하는 제품이 있는 것이 아니라면 보통은 다른 소비자들이 어떤 것을 사는지 보고 그 영향을 받아 구매한다는 것입니다. 그리고 이 두 경제용어는 소비자들이 어떤 심리로 상품을 구매하는지를 알려주는 중요한 기준이 되어왔죠.

이제 다음의 두 가지 사례를 살펴보겠습니다. 재임 시절 이명박 전 대통령이 서민경제를 이해하기 위한 차원에서 한 재래시장을 방문한 적이 있었습니다. 그런데 다음날 언론의 이슈가 된 것은 이 전 대통령의 행보가 아닌, 동행한 손녀딸이 입은 옷의 브랜드였죠. 이

옷은 한 벌 가격이 100만 원을 훌쩍 넘는데도 불구하고, 언론에 노출된 지 3일 만에 재고상품까지 동이 났습니다.

박근혜 전 대통령 역시 대선 직후, 서민경제를 이해한다는 차원에서 한 마트를 찾았습니다. 그런데 그다음 날 언론의 이슈가 된 것은 역시 박근혜 당선자의 행보가 아닌, 그녀가 계산하기 위해 꺼낸 지갑의 브랜드였는데요. 이 지갑은 국내의 한 업체에서 제작했고 가격이 4천 원인 것으로 알려  졌는데, 마찬가지로 언론에 노출된 지 3일 만에 재고상품까지 동이 났습니다. 문제는 위에서 소개했던 경제용어들을 이 두 가지 사례들에 대입해보면, 도저히 이해할 수 없는 점이 있단 겁니다. 위에서 소개한 두 경제용어로는, 사람들이 3일이라는 짧은 기간에 갑자기 두 가지 제품들에 폭발적인 반응을 보인 원인을 찾아낼 수 없는 거죠.

단 하나, 바로 민초 현상으로 풀이할 수밖에 없는 겁니다. 따라서 이 역시 다름 아닌 지도자의 솔선수범 즉 사회지도층에게 요구되는 높은 도덕적 의무인 '노블레스 오블리주(noblesse oblige)'가 되는 겁니다.

이뿐만이 아닙니다. 지도자의 솔선수범 즉 노블레스 오블리주(noblesse oblige: 사회 고위층 인사에게 요구되는 높은 수준의 도덕적 의무)를 강조하는 구절들은 다음처럼 『논어』에 계속 등장한답니다.

季康子問政於孔子。孔子對曰:"政者, 正也。子帥以正, 孰敢不正?"
계 강 자 문 정 어 공 자　공 자 대 왈　정 자　정 야　자 솔 이 정　숙 감 부 정

계강자가 공자에게 정치에 대해 물었다. 공자가 말씀하셨다. "정치는 올바른 것입니다. 그대가 올바름으로 이끌면, 누가 감히 바로잡지 않겠습니까?"

季康子患盜, 問於孔子。孔子對曰:"苟子之不欲, 雖賞之不竊。"
계 강 자 환 도　문 어 공 자　공 자 대 왈　구 자 지 불 욕　수 상 지 불 절

노나라에 도둑질이 빈번히 발생하자, 계강자가 이를 어떻게 해결해야 할지 공자에게 물었다. 공자가 말씀하셨다. "윗물이 맑아야 아랫물이 맑은 법입니다. 지도자인 당신이 재물을 탐하지 않으면, 설령 백성들에게 도둑질을 하라고 장려하더라도 따르지 않을 것입니다."

『사기』「공자세가」에 따르면, 공자는 56세에 대부 자리를 버리고 노나라를 떠납니다. 이유는 정치에 크게 실망했기 때문이죠. 훗날 계강자는 공자를 다시 모셔오는데, 이때 공자 나이는 68세였습니다. 즉 『논어』에서 계강자가 공자에게 정치에 대해 물은 것은 하나같이 공자 나이 68세 이후의 일임을 짐작할 수 있습니다.

子曰: "上好禮, 則民易使也。"
자 왈   상 호 례   즉 민 역 사 야

공자가 말씀하셨다. "윗사람이 예(禮)를 좋아하면 백성 역시 예(禮)를 좋아하여
윗사람을 섬기고 따르므로, 일을 시키기 쉬워진다."

이와 더불어, 『예기』에서 솔선수범을 강조한 관련 구문들도 함께
살펴보죠.

"국가를 가진 이가 선함을 밝히고 악함을 노여워하여 백성들에게 정성스
러움을 보이면, 백성들의 진심이 둘로 나뉘지 않는다."   『예기』「치의」

공자가 말씀하셨다. "아랫사람이 윗사람을 섬기는 것은 그 명령을 따르는
것이 아니라, 그 행한 바를 따르는 것이다. 윗사람이 옳은 일을 좋아하면,
아랫사람 중에는 반드시 그 윗사람보다 더 옳은 일을 하기를 좋아하는 이
가 있게 된다. 따라서 윗사람은 좋아하거나 미워하는 것에 대해 삼가지 않
을 수 없다. 이것이 백성들의 모범이다."   『예기』「치의」

공자가 말씀하셨다. "윗사람이 어짊(仁)을 좋아하면, 아랫사람들은 어짊(仁)
을 행함에 있어서 남들보다 앞서려고 다투게 된다. 따라서 백성들의 우두
머리인 자는 하늘의 뜻을 밝히고 가르침을 바르게 하며 어짊(仁)을 공경하
고 백성들을 자식처럼 사랑하면, 백성들은 면밀하게 자기를 돌아보게 되어
서 윗사람을 기쁘게 한다."   『예기』「치의」

이제 지금까지 설명한 개념을 가지고 다음 구절이 뜻하는 게 뭔지 살펴볼까요?

6-27

子曰: "中庸之爲德也, 其至矣乎! 民鮮久矣。"
자왈 중용지위덕야 기지의호 민선구의

공자가 말씀하셨다. "중용의 자세로 덕을 행하는 데 힘써야 한다. 하지만 백성들이 그런 모습을 보이지 않은 지 이미 오래되었다."

이 구절은 『예기』에도 나옵니다.

공자가 말씀하셨다. "중용에 힘써야 하는데, 백성 중에서 할 수 있는 이를 찾지 못한 지 이미 오래되었구나." 『예기』「중용」

중(中)은 편벽되지 않고 치우치지 않으며 지나치거나 미치지 못함이 없는 것의 이름이요, 용(庸)은 늘 그러함이다. 『예기』「중용·서」

'중용'은 늘 한쪽으로 치우치지 않고 공정하게 판단하는 자세를 뜻합니다. 그런데 지도자가 공정한 모습을 보이지 않는데, 어떻게 백성들에게 공정하게 판단하는 모습을 기대할 수 있겠습니까?

或謂孔子曰: "子奚不爲政?" 子曰: "書云孝乎? '惟孝, 友于兄弟,
혹 위 공 자 왈   자 해 불 위 정   자 왈   서 운 효 호   유 효 우 우 형 제

施於有政。' 是亦爲政, 奚其爲政?"
시 어 유 정   시 역 위 정   해 기 위 위 정

어떤 이가 공자에게 말했다. "선생께서는 어찌 정치를 하지 않습니까?" 공자
가 말씀하셨다. "『상서』에 주공이 소공의 은퇴를 만류하면서 한 말이 기록되어
있소. 그 내용은 '오직 효도일 뿐이니! 그렇게 하면 형제간에 우애가 있게 되
고, 정치에까지 그 영향력이 퍼지게 된다.'라는 것이오. 이처럼 집안에서 효도
(孝)하는 것이 사회로 확장된 형태가 바로 어짊(仁)인데, 이미 나는 효도(孝)를
실천하고 있으니 정치를 하고 있는 것이나 다름없소. 그런데도 굳이 조정에
나아가 정치를 하는 것만이 정치를 하는 것이겠소?"

본문에서 공자가 인용한
것은 『서경=상서』「군진」편의
한 구절인데, 주나라 무왕을 이
어 임금이 된 어린 성왕을 모시
던 주공이 소공의 은퇴를 만류
하면서 한 말입니다. 소공은 무
왕의 친척으로서 주공과 함께
성왕을 훌륭하게 보필한 인물

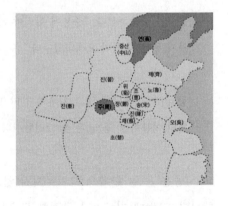

로 잘 알려져 있는데, 후에 '연(燕)' 지역을 분봉 받음으로써 연나라의 시
조가 되죠. 이제 공자의 말뜻이 무엇인지 다음 기록들을 통해서 살펴보
기로 합니다.

요임금이 말했다. "아, 사악이여! 짐이 재위한 지 70년인데 그대는 천명을
변치 않게 할 수 있으니, 짐의 자리에 오르시오." 사악이 대답했다. "저희는

덕이 낮아 임금 자리를 욕되게 할 것입니다." 요임금이 말했다. "귀족이거나 관계가 먼 사람 숨어 사는 사람 모두를 천거해주시오." 모두가 요임금에게 말했다. "민간에 홀아비가 있는데, 이름이 순이라 합니다." 요임금이 말했다. "그러한가? 짐도 그에 대해 들었소. 그는 어떠하오?" 사악이 말했다. "장님의 아들입니다. 아버지는 완고하고 어머니는 간사하며 동생은 교만하지만, 온화하게 부모님을 섬기고 나아가 자신을 더욱 수양하여, 더 큰 어지러움에 이르지 않게 되었습니다." 요가 말했다. "내가 그를 시험해보겠소." 이에 요는 두 딸을 그에게 시집 보내고, 두 딸을 통해서 그의 덕을 살폈다.

『사기』「오제본기」

순은 장님인 아버지 고수와 새어머니 그리고 이복동생인 상과 함께 살고 있었습니다. 그런데 요임금이 순에게 두 딸을 시집보내자, 새어머니는 자기가 낳은 아들 상보다 순이 더 잘되었다는 질투심에, 그만 순을 미워하게 되었습니다. 그래서 남편 고수와 아들 상을 시켜 틈만 나면 순을 죽이려 했죠.

순의 아버지 고수는 고집 세고 어머니는 간사하였으며 동생 상은 교만하여, 모두 순을 죽이고자 하였다. 하지만 순은 그들을 거스르지 않고 좇아 자식 된 도리를 잃지 않았고, 동생에게 형 노릇하여 효성스럽고도 자애로웠다. 그들은 순을 죽이고 싶어도 죽일 수 없었지만 그들이 부르면 순은 항상 그들 곁에 있었다.

『사기』「오제본기」

고수는 오히려 다시 그를 죽이려고 하여 순으로 하여금 지붕 위로 올라가 곳간을 매흙질하게 하고, 고수는 아래에서 불을 질러 곳간을 태웠다. 순은 이에 두 개의 삿갓으로 스스로 불을 막고 내려와 피하여 죽지 않았다. 후에 고수는 또 순으로 하여금 우물을 파게 했는데, 순은 우물을 파면서 몰래 옆으로 나오는 구멍을 만들었다. 순이 깊이 들어가자 고수와 상은 함께 흙을 부어 우물을 메웠지만, 순은 몰래 파놓은 구멍으로 나가서 피했다.

『사기』「오제본기」

요임금이 죽고 3년 상이 끝나자, 순은 단주에게 양보하고 남하의 남쪽으로 물러났다. 제후 중에 조정에 알현하는 이들이 단주에게 가지 않고 순에게 갔으며, 소송을 하는 이들이 단주에게 가지 않고 순에게 갔으며, 칭송하는 이들이 단주를 칭송하지 않고 순을 칭송했다. 순이 "운명이로다!"라고 말하고는, 결국 중원으로 돌아가 천자의 자리에 올랐으니, 이가 순임금이다.

『사기』「오제본기」

순은 어려운 환경 속에서도 부모에게 효도하고 동생에게 자애로웠습니다. 그랬기에 후에 세상을 다스리는 임금이 될 수 있었죠. 하찮은 일이라고 소홀히 하는 사람이, 과연 큰 일을 할 수 있을까요? 집안에서 부모에게 효도(孝)하지 못하는 사람이 윗사람을 공경(悌)하고 나아가 임금을 진심으로 섬길 수(仁) 있을까요?

따라서 공자는 지도자는 먼저 집안에서 작은 것부터 기초를 잘 닦아야 한다고 강조합니다. 높은 빌딩을 세우려면 먼저 기초를 튼튼히 다져야 합니다. 그렇지 않으면 금세 무너질 테니까요.

2-22

子曰: "人而無信, 不知其可也。大車無輗, 小車無軏, 其何以行之哉?"
자 왈 인 이 무 신 부 지 기 가 야   대 차 무 예 소 차 무 월 기 하 이 행 지 재

공자가 말씀하셨다. "사람에게 내뱉은 말을 지키는 신뢰가 없으면, 옳은 것을 알지 못한다. 큰 수레에 끌채 끝 쐐기가 없고, 작은 수레에 끌채 끝 쐐기가 없

> 으면, 어떻게 수레가 앞으로 나갈 수 있겠는가? 신뢰는 수레의 끌채 끝 쐐기와
> 같고 사람은 수레와도 같으니, 수레에 끌채 끝 쐐기가 없으면 수레가 앞으로
> 갈 수 없듯이, 사람도 신뢰가 없으면 사회에 나아가 정치에 참여할 수 없다."

수레와 말을 연결하는 도구가 바로 끌채 끝 쐐기입니다. 다만 큰 수레의 끌채 끝 쐐기는 말 여러 마리를 연결하기 때문에 이처럼 큰 틀로 연결되어 있습니다. 즉 공자는 끌채 끝 쐐기 없이 수레가 앞으로 나아갈 수 없는 것처럼, 지도자가 신뢰 없이는 어떤 일도 해낼 수 없다고 빗대어 설명하고 있습니다.

매니페스토(manifesto)는 선거 당시 후보가 유권자인 국민들에게 내세운 공약에 대한 실천계획을 수립하고 이행실태를 공개하는 운동으로, 더이상 단순히 표를 얻기 위한 거짓말을 하지 않겠다는 선언입니다. 현재 대한민국은 2010년 공직선거법 개정을 통해서 매니페스토 관련 법과 규정이 법제화되었지만, 아직 보완 및 개선되어야 할 부분이 많이 남아 있습니다. 심지어 현 국회의원들의 공약 이행률은 지난 19대보다도 4.44%가 모자란 것으로 알려져, 도덕적 해이가 더 심화된 것 아니냐는 우려 섞인 목소리도 커지고 있습니다. 물론 정치인들이 국민들의 신뢰를 받지 못하는 것이 비단 우리나라만의 문제는 아니지만, 그렇다고 해서 더이상 방관해서는 안 될 것입니다.

2-23

子張問:"十世, 可知也?"子曰:"殷因於夏禮, 所損益, 可知也。
자 장 문 십 세 가 지 야 자 왈 은 인 어 하 례 소 손 익 가 지 야

周因於殷禮, 所損益, 可知也。其或繼周者, 雖百世, 可知也。"
주 인 어 은 례 소 손 익 가 지 야 기 혹 계 주 자 수 백 세 가 지 야

자장이 물으셨다. "열 세대(삼백 년) 후의 미래를 알 수 있습니까?" 공자가 말씀

하셨다. "한 나라의 지도자가 조화로움을 위해 절제하고 통제하는 예(禮)를 숭상하면 나라가 흥성하고, 그렇지 못하면 결국 몰락하게 된다. 하나라와 상나라의 지도자들은 예(禮)를 숭상했기 때문에 부흥할 수 있었지만, 각각 걸임금과 주임금에 이르러 절제하지 못하고 사치와 향락에 젖은 생활 때문에 몰락했다. 주나라 역시 문왕과 무왕 그리고 주공이 성왕을 보필하여 예(禮)를 숭상했기 때문에 부흥할 수 있었지만, 여왕과 선왕 그리고 유왕에 이르러서는 무도한 정치를 폈기 때문에 몰락하게 되었다. 그리고 결국 평왕에 이르러 수도를 낙양으로 옮겼지만, 천자의 권위가 이미 땅에 떨어져서 회복될 수 없게 된 것이다. 이처럼 예(禮)를 숭상하고 따르면 나라가 흥성하고 그렇지 못하면 몰락하게 되니, 이러한 이치로 본다면 열 세대뿐 아니라 백 세대(삼천 년) 후라도 예측할 수 있다."

건국 초기에는 보통 지도자가 나라를 잘 다스립니다. 바로 이전 왕조가 어떻게 멸망했는지를 직접 목격했기 때문이죠. 따라서 늘 검소하고 겸손한 자세로 나라를 이끌었던 겁니다. 하지만 세월이 흐르면서 건국이념은 희미해지고, 서서히 사치와 향락에 젖은 지도자들이 등장합니다. 그리고 마지막 임금에 이르러 결국 도탄에 빠진 백성들이 들고일어나는 거죠. 순임금을 이은 우임금은 하나라를 세우면서 나라를 태평성대로 이끌었습니다. 탕임금은 하나라를 멸하고 상나라를 세우면서 나라를 태평성대로 이끌었습니다. 무왕은 상나라를 멸하고 주나라를 세우면서 나라를 태평성대로 이끌었습니다.

하지만 걸임금과 주임금은 각각 하나라 우임금과 상나라 탕임금의 건국이념을 망각하고, 사치와 향락에 빠지는 등 무도했습니다.

공갑 이후 고임금과 발임금을 거쳐 이계임금에 이르렀는데, 이계는 하나라 마지막 임금인 걸의 이름이다. 걸은 탐욕스럽고도 사나웠으며, 힘은 쇠갈고리로 된 밧줄을 펼 수 있을 정도였다. (생략) 옥으로 장식한 궁궐과 누각을 짓고, 백성들의 재물을 모두 털어내어 고기로 숲을 만들었다. 술로 만든 연못은 배를 띄울 수 있었고, 술을 만들고 남은 술지게미로 쌓은 둑에 오르면 십 리 밖을 내다볼 수 있었다. (생략) 나라 백성들의 신망이 크게 무너졌다.

『십팔사략』「하왕조」

상나라 주임금이 유소씨를 정벌하자, 달기라는 여인을 바쳤다. 주임금은 달기에게 빠져서 그녀의 말이라면 모두 따랐다. 부세를 더 거둬들여서 거대한 금고인 녹대에 재물을 가득 채우고, 창고인 거교에 곡식을 메웠으며, 온갖 짐승과 새를 키우는 사구와 원대를 더 넓히고, 술로 못을 만들고 고기를 매달아 숲을 만들어서 며칠이고 계속 술자리를 벌였으니, 백성들이 원망하고 심지어 제후 중에 배반하는 이들도 생기게 되었다.

『십팔사략』「은왕조」

특히 술로 만든 연못과 고기로 만든 숲을 뜻하는 사자성어 '주지육림(酒池肉林)'은 사치와 향락의 대명사가 되었죠. 결국 백성들의 삶은 도탄에 빠지게 되었고, 각각 상나라의 탕임금과 주나라의 무왕에 의해 비참한 최후를 맞이하게 된 겁니다. 동서고금을 막론하고 지도자의 선택은 한 나라의 운명에 절대적인 영향을 미칩니다. 건국 초기 검소함과 겸손함으로 절제하여 스스로를 통제하는 리더십을 따르는 지도자는 흥할 것이고, 그 반대의 길을 걸으면 이들처럼 되겠죠.

튀니지의 정치인이자 군인이었던 제인 벤 알리(Zine Ben Ali)는 1987년 11월 총리 자격으로 대통령을 강제 퇴임시키고 자신이 대통령직을 승계했습니다. 정권 초기 그는 국민의 압도적 지지를 얻었고 민주주의 인권 국제상을 수상하기도 했죠. 하지만 이후 그는 23년간 독재자의 길을 걸었고, 그의 배우자 레일라 트라벨시(Leila Trabelsi)는 사치를 즐기며 온갖 부정부패에 개입해서 '아랍의 이멜다'로 불렸습니다. 2010년 말 정부의 억압과 높은 실업률 및 물가 상승 때문에 시민들은 일자리 요구

시위를 시작했고, 점차 벤 알리 정부 퇴진 요구로 격화되었죠. 특히 이 과정에서 대학을 졸업하고도 취업하지 못해 노점상을 하던 모하메드 부아지지(Mohamed Ben Bouazizi)는 경찰이 자신의 과일과 트럭을 압수한 것에 항의하기 위해 시청 앞에서 분신을 시도했고 이듬해인 2011년 1월 숨을 거뒀습니다. 이 사건은 범아랍권 민주화 운동인 '아랍의 봄(Arab Spring)'의 시작을 알리는 기폭제가 됩니다. 벤 알리는 차기 대통령 선거 불출마와 부패인사 경질 및 민간 일자리 창출을 약속하면서 민심 달래기에 나섰으나 역부족이었고, 이에 그는 자세를 바꿔 시위대를 향해서 발포하라고 명령을 내리기까지 했죠. 다행히 군부는 발포 명령을 거부했고, 알리는 결국 2011년 1월 허둥지둥 사우디아라비아로 망명해야만 했습니다.

알리 압둘라 살레(Ali Abdullah Saleh)는 군인이자 정치가로서, 1978년부터 2011년까지 33년간 예멘을 통치한 최장기 집권 대통령입니다. 특히 1990년에는 남예멘과 북예멘을 통일하여 예멘공화국을 수립하고, 그 공로를 인정받아서 통일 예멘의 초대 대통령으로 선출되었죠. 하지만 그동안 쌓인 가난과 내전에 대한 시민들의 불만이 터지고, 급기야 '아랍의 봄' 영향으로 2011년 1월 대규모 반정부 혁명 시위가 발발하는 등 살레 정부는 국민의 대규모 퇴진 요구에 직면합니다. 이에 버티지 못한 살레는 2011년 11월 정권 이양서에 서명하고 미국으로 망명했는데요. 2014년 이슬람 시아파 반군이 예멘의 수도를 공격하자 살레는 공개적으로 반군을 지지하며 권력 탈환을 노렸는데, 오히려 반군이 수세에 몰리자 입장을 철회하여 반군과 대립하던 사우디아라비아와 동맹을 맺자고 제안하는 등 스스로 화를 키웠습니다. 그리고 2017년 12월 그는 수도에서 빠져나가다가 반군이 쏜 총에 결국 사망했죠.

무아마르 알 카다피(Muammar al Gaddafi)는 리비아의 군인이자 정치가였습니다. 1969년 9월 육군 대위의 신분으로 동료들과 쿠데타를 일으키고, 왕정을 무너뜨리고 권력을 장악해서 국가원수 자리에 올랐죠. 그 역시 집권 초기에는 빈민국에서 벗어나기 위한 경제개발 정책을 추진하며 긍정적인 평가를 받았지만, 42년간의 장기집권과 철권통치이념에 반대하는 반정부 시위가 진행되자 시민군에 대한 유혈 보복을 선언하며 내전을 지속했습니다. 2011년 8월 시민군이 나토(NATO)와 세계 각국의 지원 속에서 수도인 트리폴리를 함락시키자 종적을 감췄다가, 같은 해 10월 자신의 고향 시르테에서 체포되었고 그 과정에서 한 시민군이 쏜 총에 초라한 삶을 마쳤습니다.

호스니 무바라크(Hosni Mubarak)는 이집트의 정치인이자 군인으로 1981년부터 2011년까지 이집트의 대통령을 지냈습니다. 집권 초기에는 국내 총생산(GDP) 증가에 일정 부분 역할을 하는 등 긍정적인 모습을 보이기도 했습니다. 하지만 이후 비상계엄령을 선포하는 등 강경책으로 국민의 자유를 박탈하고, 정부의 주요 인사를 자기의 심복으로만 구성해서 반발을 샀죠. 그러던 2011년 1월 튀니지에서 발생한 '아랍의 봄' 혁명의 영향으로 이집트에서도 무바라크 장기 독재에 대한 국민의 불만이 폭발했습니다. 거리로 쏟아져 나온 시민들이 무바라크 퇴진 운동과 반정부 시위를 계속하자 무바라크대통령은 처음에는 퇴진을 거부하였으나, 반정부 시위가 확대되면서 결국 2월에 대통령직을 사임했습니다.

이 사진은 2010년 리비아에서 개최된 아랍-아프리카 정상회담 단체 사진입니다. 맨 앞줄 왼쪽부터 튀니지의 벤 알리, 예멘의 살레, 리비아의 카다피, 이집트의 무바라크가 함께 웃으면서 함께 서 있죠. 하지만 이 네 명은 안타깝게도 이제 다시 함께 모여 이 사진을 보면서

당시 추억을 회상할 기회가 없을 듯합니다. 가운데 두 번째와 세 번째 인물인 예멘의 살레와 리비아의 카다피는 이미 이 세상 사람이 아니고, 맨 왼쪽 튀니지의 벤 알리와 맨 오른쪽 이집트의 무바라크는 유죄 판결로 감옥에 갔기 때문이죠.

> **2-24-1**
>
> ---
>
> 子曰: "非其鬼而祭之, 諂也。"
> 자 왈　비 기 귀 이 제 지　첨 야
>
> 공자가 말씀하셨다. "자기 조상의 귀신이 아닌데도 그에게 제사를 지내면, 그건 간사하고 악한 것이다."

이 말뜻을 정확하게 이해하려면, 먼저 귀신이 무엇인지 파악해야 합니다.

기(氣)는 신(神)의 왕성함이고, 백(魄)은 귀(鬼)의 왕성함이다. 귀와 신을 합한 것이 가르침 즉 교(敎)의 지극함이다. 살아있는 모든 것은 반드시 죽고 죽으면 반드시 흙으로 돌아가는데, 이를 귀라고 한다. 뼈와 살은 아래의 흙으로 덮어져서, 음(陰)으로 들판의 흙이 된다. 반면에 그 기는 양(陽)이 되어서 위로 일어나, 밝고 명확하게 된다. 기운이 서려 올라 오싹해지는 것 이는 온 갖 것들의 정기이니, 신이 분명히 드러난 것이다.　『예기』「제의」

이 말을 정리해 보면, 모든 생명은 죽고 나면 음(-)을 나타내는 육체와 양(+)을 나타내는 영혼으로 나뉜다는 겁니다. 또 기백과 귀신은 사실 같은 의미를 지녔는데, 음과 양이 합해진 개념이죠. 그리고 '귀신 귀(鬼)'는 생명체가 죽으면 땅으로 들어가 썩는 육신을 의미합니다.

'귀신 신(神)'은 뜻을 담당하는 '보일 시(示)'와 소리를 담당하는 '납 신(申)'이 합쳐진 문자입니다. 특히 '보일 시(示)'는 '윗 상(上)'의 옛 글자인 '二'와 하늘로 올라가는 기운인 '小'(오늘날의 ⚊ 표시와 같음)가 합쳐져 하늘로 올라가는 기운을 나타냅니다. 그리고 소리를 담당하는 '납 신(申)'은 본래 구름에서 뻗쳐 나오는 번개의 모습을 나타낸 문자이므로, '귀신 신(神)'은 시신에서 빠져나와 하늘로 올라가는 기운 즉 영혼이라는 의미를 지닙니다. 즉 '귀신 귀(鬼)'는 무덤에 있는 조상의 육신을 나타내고, '귀신 신(神)'은 하늘로 올라간 조상의 영혼을 뜻하죠.

　그렇다면 공자는 왜 자기 조상이 아닌데도 그에게 제사를 지내면 간사하고도 악독한 것이라고 말하고 있을까요? 다음 기록을 살펴보겠습니다.

> 소강 이래로 왕저, 왕괴, 왕망, 왕설, 왕불항, 왕경, 왕근을 거쳐 왕 공갑에 이르렀는데, 공갑은 귀신을 좋아하고 음란한 행위를 일삼아서 하나라의 덕이 쇠하였다.
>
> 『십팔사략』「하왕조편」

　공자의 말뜻은 바로 무턱대고 아무 귀신이나 섬기면 오히려 나라가 혼란에 빠지게 된다는 겁니다. 이제 『논어』의 다음 구절과 『좌전』「애공 6년」의 기록을 함께 살펴보죠.

7-20

子不語怪力亂神。
자 불 어 괴 력 난 신

공자는 초자연적인 괴이한 힘이나 자기 선조의 혼백이 아닌데도 제사를 지내는 문란한 행위에 대해서는 일체 언급하지 않으셨다.

초나라 소왕이 병이 들어서 점을 쳤는데, 황하의 신에게 제사를 지내야 한다고 청했다. 하지만 소왕이 거절하자, 대부들이 거듭 교외에서 제사를 지내야 한다고 청했다. 이에 소왕은 "하나라와 상나라 그리고 주나라 삼 대의 천자들께서는 제후들의 제사 범위를 정해주셨으니, 자기 영토를 넘지 않는 범위의 산천(山川)에게만 제사를 지내는 것이다. 그런데 황하는 우리의 영토 밖이니, 내 부덕함을 황하의 신께서 벌줄 만한 것은 아니다."라고 말했다. 공자가 이에 대해서 평했다. "초나라 소왕은 큰 도를 안다. 소왕이 나라를 잃지 않는 것은 마땅하다! 『하서』에서 '저 도당(요임금)부터 기나라가 있었는데, 지금 그 도를 잃고, 그 기강을 어지럽혀, 이에 멸망했다.'라고 했다. 또 '진실로 이에서 나오니, 이에 있도다.'라고도 했다. 따라서 스스로 변치 않는 자세(常)를 따르는 것이, 옳다."

이처럼 아무 귀신이나 섬기지 않고 자기 조상의 혼령만 기리며, 무엇보다 지도자는 현실에 바탕을 두지 않은 초자연적인 힘에 의탁하지 않는 현실적인 자세가 필요한 겁니다. 이제 여기서 다음 구절도 함께 살펴보기로 하죠.

7-34

子疾病, 子路請禱。子曰: "有諸?" 子路對曰: "有之。誄曰:
자 질 병 자 로 청 도 자 왈 유 제 자 로 대 왈 유 지 뇌 왈

'禱爾于上下神祇。'" 子曰: "丘之禱, 久矣。"
도 이 우 상 하 신 기 자 왈 구 지 도 구 의

공자가 병에 걸렸는데 위중해지자, 자로는 스승의 병이 쾌유하도록 기도하고자 했다. 그러자 공자가 말씀하셨다. "아프면 낫게 해달라고 기도한 사례가 있느냐?" 자로가 대답하셨다. "있습니다. 추도문에 '하늘과 땅의 신에게 너를 기도한다.'라는 구절이 있습니다." 공자가 말씀하셨다. "자로 네가 추도문의 뜻

기도는 사적으로 하는 것이 아닙니다. 늘 나라와 백성의 안위를 위
해서 공적으로 비는 겁니다. 바로 앞에서 초나라 소왕이 병들었을 때 신
하들이 제사를 지내야 한다고 한 경우 역시 임금 일개인의 병을 낫게 해
달라고 한 게 아니라, 임금을 보우하여 초나라와 백성의 안녕을 가져와
달라고 기원하려고 했던 거죠. 너무도 당연하게도 공자는 항상 지도자가
'도'로 나라를 다스려서 세상이 안정되기를 간절히 염원해 왔으므로, 그
런 기도라면 이미 오래전부터 지금까지 계속해왔다고 말한 겁니다. 이처
럼 기도는 일개인의 사적인 목적을 위해서 비는 것이 아닌데, 한 나라의
지도자가 이를 어겨서 나라가 흔들리고 심지어 무너진 경우는 근대사에
서도 찾아볼 수 있습니다.

러시아의 니콜라이 2세는 어렸을 때부터 약자를 도와주는 따뜻한
마음씨의 소유자였습니다. 하지만 그는 너무 유약했기 때문에 지도자로
적합하지 않았죠. 1894년 황제로 즉위한 이후 재위 기간 내내 정치적 무
능함을 보였고 급기야 미신을 신봉했는데, 여기서 언급할 인물이 바로
그리고리 라스푸틴(Grigori Rasputin)입니다.
그는 혈우병으로 고생하던 황태자 알렉세
이의 증세를 매번 기도 요법으로 일시적으
로나마 호전시켜 신망을 얻었고, 급기야 귀
족 대접을 받기에 이르렀죠. 나아가 당시 극
심한 신경쇠약으로 고생하던 황후 알렉산
드라는 라스푸틴을 맹신하여 그 없이는 하
루도 견디지 못하는 지경에 이르렀고, 라스

푸틴은 이참에 신의 대변인으로서 니콜라이 2세를 대신해서 실권을 장악해 폭정을 일삼았습니다. 특히 농민들에게 가혹한 세금을 징수해 사리사욕을 채웠고, 이에 항의하는 농민들에게 총격을 가하기까지 했죠. 라스푸틴은 결국 사람들에게 맞아서 네바강에 던져지는 비참한 최후를 맞이했고, 굶주림에 허덕이는 노동자들이 데모를 일으키자 니콜라이 2세도 스스로 왕위에서 내려왔습니다. 그는 이후 군인들의 감시하에서 근근이 편치 않은 삶을 이어가다가, 결국 1918년에 총살당하고 맙니다. 그리고 몇 달 후 블라디미르 레닌이 주도한 볼셰비키 혁명으로 인해서, 러시아 왕조는 막을 내리게 되었습니다.

2-24-2

"見義不爲, 無勇也。"
견 의 불 위 무 용 야

"먼저 자신이 처한 신분을 명확히 하고 나아가 그 위치에서 마땅히 해야 하는 옳은 일에 목숨을 거는 의로움(義)을 보고도 행동으로 실천하지 못한다면, 그것은 용감함(勇)이 없는 것이다."

어짊(仁) → 의로움(義) → 용감함(勇)

어짊(仁)은 의로움(義)의 기초이므로, 의로움(義)을 위해서는 먼저 어짊(仁)을 행해야 합니다. 그런데 공자는 이제 여기서 의로움(義)은 몸소 실천하는 용감함(勇)의 이론적 성격을 띤다고 말하죠. 이 말은 몸소 행해야 할지 말아야 할지를 판단하는 이론적 기준이 다름 아닌 의로움(義)이라는 뜻입니다. 의로움(義)에 부합되면 목숨을 걸고 행하는 것이 바로 용감함(勇)이고, 반대로 의로움(義)에 부합되지 않으면 행하지 말아야 하죠.

기억하시나요? 2-15와 17-8 그리고 8-2에서, 용감하지만 무례하면 포악해진다고 했었죠? 이처럼 의로움(義)에 위배되는 용감함(勇)은 그저 포악함이 될 뿐입니다. 따라서 의로움(義)과 용감함(勇)은 사실상 땔래야 땔 수 없는 불가분의 관계에 있습니다. 이제 의로움(義)을 몸소 실천한 한 용감한 인물을 소개하겠습니다.

고(故) 이수현 씨는 한국에서 대학 재학 중 1년 반 정도 일본어 공부를 하다가, 휴학을 하고 일본으로 건너가 일본어 학교에 입학했습니다. 그렇게 유학 생활을 하던 2001년 1월 26일 오후 7시 15분경 아르바이트를 마치고
귀가하려고 JR 신오쿠보역(新大久保駅)에서 열차를 기다리던 중, 취객 사카모토 세이코(坂本成晃)씨가 열차 선로로 떨어지는 것을 보자 열차가 접근 중임에도 불구하고 바로 그를 구하기 위해 뛰어내렸습니다. 그의 이러한 행동은 조금도 주저하지 않고, 그저 위기에 처한 약자를 구하려는 일념으로 가득 찬 의로움(義) 그 자체였습니다. 역시 현장에 있던 사진작가 세키네시로(關根史郎) 씨도 취객을 구하고자 함께 선로로 뛰어내려 취객을 구조하고자 했지만, 열차가 너무 빨리 오는 바람에 3명 모두 선로에서 벗어나지 못하고 그 자리에서 목숨을 잃었습니다. 이제 20년이 지났지만, 한일 양국의 많은 사람이 아직도 그들을 용감함을 실천한 의인(義人)으로 기억하고 또 기리고 있습니다. 또 이들의 고귀한 희생은 한일 양국 간 차가워진 관계에 따뜻한 온기를 불어 넣어 주고 있습니다.

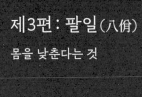

제3편 : 팔일(八佾)

몸을 낮춘다는 것

孔子謂季氏: "八佾舞於庭, 是可忍也, 孰不可忍也?"
공 자 위 계 씨   팔 일 무 어 정   시 가 인 야   숙 불 가 인 야

공자가 계손씨를 평하셨다. "노나라 환공의 자손인 삼환 즉 맹손씨와 숙손씨 그리고 계손씨는 임금을 능가하는 권력을 휘둘렀다. 그중에서도 특히 계손씨는 일개 제후국의 신하일 뿐인데도 감히 천자가 참석하여 지내는 제사 때 추는 춤인 팔일을 자신의 뜰에서 추게 했으니, 이 얼마나 무례한가? 이런 일을 용서할 수 있다면, 도대체 어떤 일을 용서할 수 없단 말인가!"

어짊(仁)은 의로움(義)의 기초이므로, 의로움(義)을 위해서는 먼저 어짊(仁)을 행해야 한다고 공자는 말합니다. 즉 윗사람이 도리를 다하기에 앞서서, 먼저 아랫사람이 도리를 다해야 한다는 거죠. 그런데 노자는 『도덕경』에서 공자와 다르게 말합니다.

대국은 마땅히 사람을 포용하여 사랑해야 할 따름이고, 소국은 마땅히 사람에 들어가 섬겨야 할 따름이다.

무릇 양자는 각기 그 바라는 바를 얻게 될 것이니, 대국은 마땅히 아래에 처해야 한다. 「61장」

2016년 6월, 최재천 당시 국립생태원장은 사진공모전 시상식에서 한 초등학생에게 상을 주면서 무릎을 꿇었고, 이 한 장의 사진은 세간의 화제가 된 바 있습니다. 진짜 어

른의 모습이 담겨 있다는 이유 때문에 말이죠.

키 큰 어른과 키 작은 아이가 함께 길을 가는데, 아이가 어른에게 말을 걸었습니다. 그런데 아이의 말소리가 잘 들리지 않는다면, 어른은 어떻게 해야 할까요? 아이에게 말소리가 잘 안 들리니 좀 더 큰 소리로 말하라고 하거나, 어디 높은 곳에 올라가서 자기 귀에다 정확하게 말하라고 해야 할까요? 아니면 어른인 자기가 먼저 허리와 무릎을 굽혀서 몸을 낮추고 아이의 말에 귀를 기울여야 할까요?

상식적으로 말해서, 먼저 윗사람이 솔선수범을 보여야 아랫사람이 따릅니다. 이는 공자도 앞에서 줄곧 강조해온 내용이죠. 그렇다면 윗사람의 도리인 의로움(義)이 아랫사람의 도리인 어짊(仁)의 바탕이 되어야 하지 않을까요? 그런데 왜 공자는 의로움(義)보다 어짊(仁)을 더 강조한 걸까요?

이는 좁게는 노나라 상황이 신하인 삼환에 의해 좌지우지되는 모습과 관련이 있습니다. 밑에 있는 신하들이 나라의 최고 지도자인 임금을 쥐락펴락하고 있으니, 이를 본 공자의 심경이 어땠을까요? 그리고 넓게는 춘추시대 다른 제후국들의 사정도 역시 크게 다르지 않았다는 겁니다. 신하가 임금을 내쫓거나 심지어 시해하는 일들도 비일비재했으니까요. 따라서 이는 아마도 시대적 환경이 공자의 가치관에 큰 영향을 미쳤기 때문이라고 볼 수 있을 겁니다.

3-2

三家者, 以雍徹。子曰: "相維辟公, 天子穆穆。', 奚取於三家之堂?"
삼 가 자 이 옹 철　자 왈　　상 유 벽 공　천 자 목 목　　해 취 어 삼 가 지 당

맹손씨와 숙손씨 그리고 계손씨 세 집안에서, 천자의 제례 때 연주한 『시경』 「주송(周頌) · 옹(雝)」으로 제사를 치렀다. 공자가 말씀하셨다. "제후들은 제사

『시경』의 해설서 『모시전』에서는 이 작품의 주제를 "선조께 제사를 드리는 것이다."라고 했는데, 이는 바로 주나라 무왕이 아버지 문왕의 제사를 지낼 때 음악과 함께 연주하던 작품입니다. 일개 제후국인 노나라의 경(卿)들이 천자나 행할 수 있는 음악으로 집안 제사를 지냈으니, 이는 3-1과 마찬가지로 어질지 못함을 지적하고 있는 거죠. 이제 이 작품 전체를 감상해 봅시다.

올 때는 기뻐하나, 묘당에 도착하면 엄숙해지네. 제후들은 제사를 돕고, 천자께서는 공경하네.

아, 큰 짐승을 바쳐서, 나를 도와 제사를 드리네. 아름다운 황제시여, 자식인 나를 평안하게 하시네.

밝디 밝으신 님이여, 문무를 겸비하신 임금이네. 편안함이 하늘에 미치시어, 그 후손을 번성케 하시네.

내가 장수하도록 평안하게 하시고, 복이 많도록 도우시네. 이에 부왕을 숭상하고, 또 어머님을 숭상하네.

주나라 문왕은 아들인 무왕과 달리 천자의 자리에 오른 적이 없습니다. 그는 상나라의 속국 중 하나인 주나라의 지도자였죠. 그러다가 무왕이 상나라의 마지막 왕인 주임금을 폐하고 천자가 되자, 자연스레 그의 아버지 자격으로 태왕에 추존된 거죠. 이와 관련하여 다음 구절도 함께 살펴보겠습니다.

三分天下有其二, 以服事殷, 周之德, 其可謂至德也已矣。
삼 분 천 하 유 기 이   이 복 사 은   주 지 덕   기 가 위 지 덕 야 이 의

문왕은 천하를 삼분하여 그중 둘을 가졌지만, 여전히 은(=상)나라를 섬겼으니,
주나라의 덕이야말로 지극한 덕이라고 할 수 있다.

중국은 세상을 구주(九州)로 불렀습니다. 따라서 셋 중 둘을 차지했다는 건 9의 2/3 즉 여섯 제후국인 형(荊), 양(梁), 옹(雍), 예(豫), 서(徐), 양(揚)이 문왕을 따랐고, 나머지 청(青), 곤(袞), 기(冀)의 세 제후국만이 주왕을 옹호한 걸 뜻합니다. 따라서 이는 문왕이 덕을 닦아서 제후 대부분이 폭군인 주임금을 배반하고 그에게 몰려들었지만, 문왕은 여전히 주왕을 천자로 극진히 섬겼다는 의미죠. 다시 말해서, 공자는 여기서 신하로서 임금을 따르는 어짊(仁)의 중요성을 다시 한번 강조하고 있는 겁니다. 이제 문왕과 관련된 기록들을 살펴보죠.

공계가 죽고 아들 창이 즉위하니, 이 사람이 서백이다. 서백은 후대에 추존된 문왕으로, 후직과 공류의 사업을 따르고 고공과 공계의 법도를 본받아 성실하고 인자하며 늙은이를 공경하고 아랫사람에게 사랑을 베풀었다. 어진(仁) 사람에게는 예(禮)로 자신을 낮추었는데, 한낮에는 식사할 겨를도 없이 선비(士)들을 대접했으므로, 선비(士)들이 이 때문에 서백에게 많이 몰려들었다. 백이와 숙제는 고죽에 있었는데 서백이 노인을 잘 봉양한다는 소문을 듣고 함께 가서 서백에게 귀의했다. 『사기』 「주본기」

고공이 죽자 공계가 즉위했고, 공계가 죽자 창이 즉위했으니, 서백(서쪽 제후의 우두머리)이 되었다. 서백이 덕을 닦으니 제후들이 귀속하였다.

『십팔사략』「주왕조」

창이 물러나 덕을 닦으니, 제후들 대부분이 주임금을 배반하고 그에게 귀속되었다.

『십팔사략』「은왕조」

서백이 이미 죽고 주나라 무왕이 동쪽 정벌을 가서 맹진에 이르니, 제후들이 은나라를 배반하고 주나라로 모여든 이들이 800명이었다. 제후들이 모두 말했다. "주는 벌해도 됩니다." 그러자 무왕이 말했다. "그대들은 아직 천명을 모른다." 이에 다시 돌아갔다.

『사기』「은본기」

일개 제후국의 신하에 불과한 삼환이 천자나 사용할 수 있는 제사 음악을 맘대로 사용하고, 그것도 다름 아닌 어짊(仁)을 몸소 실천한 문왕을 찬미하는 작품을 자기 집 뜰에서 연주하게 했으니, 공자가 이 사실을 듣고 얼마나 한탄했을까요?

3-3

子曰:"人而不仁, 如禮何? 人而不仁, 如樂何?"
자 왈 인 이 불 인 여 예 하 인 이 불 인 여 악 하

공자가 말씀하셨다. "사람이 도의 내용이 되는 어짊(仁)을 실천하지 못하면, 도의 형식이 되는 예(禮)를 어디에다 쓰겠는가? 사람이 어짊(仁)을 실천하지 못하면, 도의 또 다른 형식인 음악(樂)을 어디에다 쓰겠는가? 내용이 있은 후에야 형식이 존재할 수 있다. 도의 내용을 실천하지 못하면, 도의 형식이 되는 예(禮)와 악(樂) 즉 예악제도(禮樂制度)는 존재 의의가 없다."

道 (도)		
내용		형식
어짊(仁)	의로움(義)	예(禮)

앞에서 설명했듯이 어짊(仁)과 의로움(義)은 '도'의 내용인 반면, 예(禮)는 '도'의 형식이 됩니다. 그런데 공자는 여기서 왜 갑자기 음악(樂)을 얘기하고 있을까요? 이제 다음의 기록을 살펴보겠습니다.

어짊(仁)은 음악(樂)에 가깝고, 의로움(義)은 예(禮)에 가깝다.

『예기』「악기(樂記)」

예(禮)의 앞으로 나아감과, 음악(樂)의 뒤로 물러남은 그 뜻이 하나이다.

『예기』「악기」

이는 성격상 어짊(仁)과 음악(樂)은 부드러움에 속하고, 의로움(義)과 예(禮)는 강함에 속한다는 뜻입니다. 특히 앞으로 나아가는 것은 강함을, 뒤로 물러나는 것은 부드러움을 상징하죠.

그럼 왜 예(禮)에 음악(樂)이 필요한 걸까요? 예(禮)에는 국가 행사에서 치루는 주례(周禮)와 일개인의 가정 행사로 치루는 의례(儀禮)가 있다고 했었습니다. 이제 이 두 가지를 예로 들어서 설명해보겠습니다.

외빈이 방문하면 보통 의장대 사열을 합니다. 이때 예(禮)를 담당하는 병사와 음악(樂)을 담당하는 병사들이 함께 참석합니다. 그런데 음악(樂)이 없이 예식만 진행된다면, 그 분위기가 어떨까요? 대단히 삭막하고 또 어색해질 겁니다. 이처럼 강함의 예(禮)를 지나치게 엄숙하지 않도록 보완하는 것이 바로 음악(樂)의 존재 이유랍니다. 이 역시 한쪽으로 치우치지 않는 중(中)과 모두를 아우르는 조화로움의 화(和)의 도리이죠.

마찬가지로, 이번에는 결혼식의 한 장면을 상상해봅시다. 사회자가 "신부 입장!"이라고 말하면, 신부 행진곡이 울려 퍼지면서 신부와 신부 아버지가 천천히 걸으면서 결혼식장으로 입장하죠. 그런데 만약 '신부 행진곡'이라는 음악(樂) 없이 결혼 예식(禮)이 진행된다면 어떨까요? 이처럼 음악(樂)은 예(禮)의 강함을 보완하는 부드러움입니다. 조화로움(和)은 강함이나 부드러움 한쪽으로 치우치면 안 되기 때문이죠. 그래서 『예기』에서도 다음처럼 설명하고 있습니다.

> 음악(樂)이라는 것은 같이하여 다스리는 것이고, 예(禮)라는 것은 달리하여 다스리는 것이다. 같이한다는 것은 서로 가까이하는 것이고, 달리한다는 것은 곧 서로 정중한 것이다. 음악이 지나치면 번져서 퍼지게 되고, 예(禮)가 지나치면 곧 흩어진다. 이치에 맞게 하고 표면의 형식을 수식하는 것이, 예악(禮樂)의 기능이다. 예악이 확고히 서면, 곧 귀함과 천함이 구별된다. 형식인 음악(樂)과 내용인 문장(文)이 같이하면, 위와 아래가 조화롭게 된다. 좋아함과 미워함이 드러나면, 곧 현명함과 못나고 어리석음이 나눠진다. 제어하여 난폭함을 누르고, 벼슬을 주어 현명한 이를 추천하면, 곧 나라를 다스리는 것이 고르게 된다. 어짊(仁)으로 윗사람을 따르고, 의로움(義)으로 바로잡는 것이다. 이렇게 하면, 곧 백성들을 다스림이 행해지게 된다.
>
> 『예기』「악기」

음악(樂)이 가까이하여 서로 어울린다는 것은 부드러운 자세이고, 예(禮)가 달리하여 서로 구별한다는 것은 엄격한 태도이죠. 이처럼 예악(禮樂)은 도의 형식으로서 각각 강함과 부드러움을 나타냅니다. 어느 한쪽만 있으면 지나치게 엄격하거나 지나치게 부드러워서 퍼지게 되는 거죠.

강함이나 부드러움 어느 한쪽에 치우치지 않고(中) 문장(文)에 기록된 '도'의 내용인 어짊(仁) 및 의로움(義)과 조화로움(和)을 이뤄야, 비로소 '도'에 가까워지는 겁니다. 그렇게 되면 지도자가 현명함을 좋아하고 못나고 어리석음을 미워하게 되어서 현명한 이를 등용할 것이니, 자연스레 백성들이 바로잡혀서 나라가 안정되는 겁니다.

道 (도)			
내용		형식	
강함: 의(義)	유함: 인(仁)	강함: 예(禮)	유함: 악(樂)

따라서 공자는 '도'의 내용과 형식은 모두 중요하지만, 본질인 내용이 없으면 형식은 아무 쓸모가 없다고 강조하고 있습니다. 하지만 그렇다고 해도, '도'의 형식 역시 중요한 겁니다. 내용을 보완해주는 역할을 해야 하니까요. 이제 이와 더불어 다음 구절 역시 함께 살펴보겠습니다.

17-11

子曰: "禮云禮云, 玉帛云乎哉? 樂云樂云, 鐘鼓云乎哉?"
자 왈 예 운 예 운 옥 백 운 호 재 악 운 악 운 종 고 운 호 재

공자가 말씀하셨다. "예(禮)로다 예(禮)로다라고 하는데, 그것이 과연 옥과 비단을 말하는 것이겠느냐? 음악(樂)이로다 음악(樂)이로다라고 하는데, 그것이 과연 종과 북을 말하는 것이겠느냐?"

'도'는 내용과 형식으로 나뉘는데, 예(禮)와 음악(樂)은 '도'의 형식을 이루는 구성요소이죠. 그런데 사람들은 서로 옥과 비단을 바치면서 예

(禮)를 갖췄다고 말하고, 종과 북을 두들겨 대면서 음악(樂)을 갖췄다고 말합니다. 이게 과연 진정한 의미로서의 예(禮)와 음악(樂)일까요? 진정한 예(禮)와 음악(樂)의 가치는 바로 예악제도(禮樂制度)에 있습니다. 공자가 예(禮)와 음악(樂)을 중시한 이유는 다름 아닌 주공이 완성한 예악제도를 강조했기 때문이죠. 그리고 예악제도의 본질은 진심을 다하는 것입니다.

하지만 춘추시대는 형식만이 난무한 일대 혼란기라서, 공자는 본질이 빠진 허례허식에 치우치는 모습을 보면서 못내 애통해할 따름이었던 겁니다. 이제 다음 구절을 통해서 진정한 음악(樂)의 역할이 뭔지 살펴보죠.

3-23

子語魯大師樂曰:"樂, 其可知也。始作翕如也, 從之純如也, 皦如也,
자 어 노 대 사 악 왈   악 기 가 지 야   시 작 흡 여 야   종 지 순 여 야   교 여 야

繹如也, 以成。"
역 여 야 이 성

공자가 노나라 악관의 수장인 태사에게 음악에 대해서 말씀하셨다. "음악이라는 게 뭔지 아마도 알 수 있을 것 같습니다. 처음 시작할 때는 각 악기에서 나오는 소리가 한꺼번에 일어나 연주되다가 점차 악기들 간의 소리가 조화를 이루는 듯, 그러다가 악기 각각의 소리가 또렷해지는 듯, 또 그러다가 악기들 소리가 서로 연달아 놓은 듯 이어지다가, 끝나는 것입니다."

궁중 음악 역시 서양의 그것과 마찬가지로, 현악기와 타악기로 이뤄져 있습니다. 그리고 음악이 시작되면 이 악기들이 일제히 연주를 시작하므로, 크고 웅장한 소리가 납니다. 하지만 중반으로 갈수록 각각 따로 노는 것 같던 소리가 조화를 이뤄서 하나의 아름다운 화음을 만들어 내죠. 그러다가 또 각각의 악기마다 개별적인 소리를 내거나, 다시 각각의 소리가 서로 연결되어 화음을 이루면서 끝나게 됩니다.

이는 마치 '도'의 구성요소들이 독립적이지만, 음악(樂)을 통해서 서로 연결되어 유기적인 조화로움(和)을 이루는 것과 같은 원리입니다. 이처럼 '도'의 형식으로서의 음악(樂)은 딱딱한 예(禮)를 부드러움으로 보완하면서, 또 한편으로는 '도'의 각 구성요소들이 따로 놀지 않고 서로 연결되어 상호작용을 하도록 하는 매개체 역할을 맡고 있는 겁니다.

3-4

林放問禮之本。子曰: "大哉, 問!。禮, 與其奢也, 寧儉。喪, 與其易也,
임 방 문 예 지 본   자 왈   대 재   문   예 여 기 사 야 녕 검   상   여 기 이 야

寧戚。"
녕 척

임방이 예(禮)의 근본이 무엇인지 물었다. 공자가 말씀하셨다. "참으로 심오한 질문이다. 예(禮)는 조화로움(和)을 위해서 절제하고 통제하는 것이므로, 화려하기보다는 차라리 검소해야 한다. 특히나 의례(儀禮) 중 하나인 상례(喪禮)는 비록 도의 형식이긴 하지만, 진심을 다해서 슬퍼하지 않으면 안 된다."

임방은 노나라의 대부이자 공자의 제자였다는 설이 있지만, 믿을 만한 사료에서는 찾아볼 수 없습니다.

앞에서 언급했듯이, 예(禮)와 음악(樂)은 예악제도를 뜻하기 때문에, 떨어질 수 없는 관계에 있습니다. 그리고 이러한 예악제도의 궁극은, 비록 '도'의 형식이긴 하지만 진심을 다해야 한다는 것이죠. 따라서 이 구절 역

시 3-3과 17-11에서 설명한 것처럼 정성을 다해야 함을 강조한 겁니다. 이제 이 구절에 부합하는 사례를 살펴보겠습니다.

한국에서는 '챈스 일병의 귀환'으로 알려진 2009년 작 〈테이킹 챈스(Taking Chance)〉는 바로 이러한 가치관을 잘 반영했습니다. 이 영화는 2004년 이라크 전쟁에서 전사한 미국 해병대 챈스 펠프스 이병(전사 당시 19세

였지만 사후 1계급 특진되어서, 최종 계급은 일병)의 유해를 운구하는 임무에 자원했던 마이클 스트로블(Michael Strobl) 해병대 중령의 실화를 바탕으로 제작되었는데요. 스트로블 중령은 그간 야전부대에서 근무하던 경력을 뒤로하고, 당시 교관과 참모 업무를 맡고 있었습니다. 하지만 전쟁터에서 고생하는 전우들에 대한 미안한 마음 때문이었는지, 그는 매일 전사자 명단을 들춰보며 혹시나 아는 이름이 없기를 기도했죠. 그러던 어느 날 그는 자신과 같은 고향 출신인 챈스 펠프스 이병의 이름을 보고, 보통은 부사관급이 하는 유해 운구 임무에 자원합니다.

특히 콜로라도로 갈 줄 알았던 예상과 달리 챈스 이병 가족들의 당시 거주지인 와이오밍주로 가게 되면서 여정이 상당히 길어지는데, 그 과정에서 미국인들이 얼마나 전사자를 진심으로 애도하고 나아가 존경심을 보이는지를 잘 묘사했습니다. 예를 들어서, 허허벌판 고속도로에서 운구 차량을 본 운전자들이 자발적으로 대낮에 자동차 라이트를 켜고, 운구 차량 앞뒤로 호송 대열을 만들어 전사자에 대한 예우를 표하는 장면 등은 매우 인상 깊죠. 그리고 이러한 장면들은 왜 미국이 선진국인지를 단적으로 잘 보여주고 있습니다.

祭如在, 祭神如神在。子曰:"吾不與祭, 如不祭。"
제 여 재 제 신 여 신 재 자 왈 오 불 여 제 여 불 제

공자는 제사를 지낼 때 마치 조상의 혼령이 앞에 계신 듯이 정성을 다하셨다. 왜냐면 이것이 바로 진심으로 섬기고 따르는 어짊(仁)이기 때문이다. 공자가 말씀하셨다. "내가 직접 제사에 침여하지 않으면 제사를 지내지 않은 것과 같으니, 제사는 형식적으로 마지못해서 하는 것이 아니라 진심을 다해야 하는 것이다."

이는 다음 구절과 맥락이 서로 통하므로, 같이 살펴보겠습니다.

子曰:"居上不寬, 爲禮不敬, 臨喪不哀, 吾何以觀之哉?"
자 왈 거 상 불 관 위 예 불 경 임 상 불 애 오 하 이 관 지 재

공자가 말씀하셨다. "지도자의 '덕'은 자신에게 엄격하지만 아랫사람에는 관대한 것이다. 그런데 윗자리에 있으면서 아랫사람에게 관대하지 못하고, 조화로움을 위해 절제하고 통제하는 예(禮)를 갖추는 데 정중한 모습을 보이지 못하며, 초상을 치를 때 진심으로 슬퍼하지 않는다면, 내가 어찌 그런 모습을 보아 넘길 수 있겠는가?"

제례는 조상을 섬기는 것이므로 어짊(仁)의 표현이고, 상례는 형식적이 아니라 진심으로 슬퍼하지만 자기 몸이 상하지 않게 하는 중(中)의 표현입니다. 하지만 공자가 『논어』에서 이처럼 가장 기본적인 자세에 대해서 수차례 강조했다는 건, 당시 춘추시대가 얼마나 허례허식에 빠져

있었는지 보여주는 반증이 될 겁니다. 이와 같은 제례에 있어서 어짊(仁)과 상례에 있어서 한쪽으로 치우치지 않는 자세(中)는 다음 기록에도 보입니다.

종묘의 제사는 조상의 뜻을 진심으로 섬기고 따르는 어짊(仁)에 힘써야 하고, 상례는 너무 슬퍼하거나 표면의 형식 어느 한쪽으로 치우치지 않는 중(中)에 힘써야 한다. 『예기』「예기」

3-5

子曰: "夷狄之有君, 不如諸夏之亡也。"
자 왈 이 적 지 유 군 불 여 제 하 지 무 야

공자가 말씀하셨다. "아무리 오랑캐 지역에 임금을 세우더라도 그들에게는 예악제도가 없기 때문에 나라가 바로잡힐 수 없지만, 중국 본토 지역은 예악제도가 있기 때문에 설령 임금이 없더라도 나라가 바로잡힐 수 있다. 따라서 예악제도의 유무가 임금의 유무보다 더 중요하다."

아무리 오랑캐를 무시하더라도, 어찌 오랑캐에 임금이 있어도 임금이 없는 중국만 못하다고 하는 걸까요? 도대체 예악제도가 뭐기에, 이처럼 자신 있어 하는 걸까요? 6-22와 『사기』「공자세가」 기록을 먼저 살펴봅시다.

6-22

子曰: "齊一變, 至於魯, 魯一變, 至於道。"
자 왈   제 일 변 지 어 노 노 일 변 지 어 도

공자가 말씀하셨다. "강태공 즉 태공망이 무왕을 도와 상(=은)나라를 멸하고
분봉을 받은 땅이 제나라이고, 또 주공이 분봉을 받은 땅이 바로 노나라이다.
이제 제나라가 예악제도를 갖추게 되면 지금의 노나라 수준을 회복할 것이고,
지금의 노나라가 더 분발하여 예악제도를 정비하여 다스리면, 주나라의 소강
사회 좀 더 구체적으로는 문왕과 무왕 그리고 주공이 성왕을 보필했던 시대로
복귀할 수 있을 것이다."

정공 10년 즉 공자가 51세일 때, 제나라 대부 여서가 경공에게 "노나라에
서 공자를 등용했으니 이는 제나라에 큰 위협이 됩니다."라고 아뢰었다. 이
에 제나라는 노나라와 우호 관계를 맺었는데, 노나라 정공과 제나라 경공
이 협곡에서 만나 예법에 따라 단상에 올라 헌수(獻酬: 술잔을 주고받는 예절)했
다. 이어서 제나라 담당 관리가 음악을 연주했는데, 창과 칼을 들고 북을
두드리며 떠들썩한 오랑캐의 음악을 연주하자, 공자는 분노하여 담당 관리
를 처벌하게 했고, 이에 경공은 제나라의 예법이 노나라에 못 미침을 알고
크게 부끄러워했다.

제나라와 노나라는 무왕
에게서 똑같이 분봉 받은 형제
의 나라이지만, 이처럼 예악제
도의 유무로 선진과 후진 문화
를 구별했던 겁니다. 따라서 공
자는 오랑캐와 중국을 구분하
는 기준 역시 예악제도로 삼은

거죠. 이처럼 예악제도의 유무가 임금의 유무보다 중요했던 겁니다. 예악제도를 오늘날 표현으로 바꾸면, 아마도 '교양' 혹은 '문화 수준'이라고 할 수 있겠죠. 더욱이 이 예악제도는 무왕에게서 노나라를 분봉 받은 주공이 친히 완성한 것이니, 공자가 예악제도에 얼마나 자부심을 지니고 또 얼마나 중시했는지 상상할 수 있을 겁니다.

또 하나, 이 두 구절을 통해서 공자는 아직 노나라의 정치에 희망을 품고 있음을 엿볼 수 있죠. 따라서 공자가 이 말을 한 시기가, 56세 대부의 자리에서 크게 실망하여 과감히 노나라를 떠나기 이전이었다는 걸 추측할 수 있을 겁니다.

3-6

季氏旅於泰山。子謂冉有曰: "女弗能救與?" 對曰: "不能。" 子曰:
계 씨 려 어 태 산   자 위 염 유 왈   여 불 능 구 여   대 왈   불 능   자 왈

"嗚乎, 曾謂! 泰山不如林放乎?"
오 호   증 위   태 산 불 여 임 방 호

계강자가 태산에서 '려'라는 제후가 지내는 제사를 지냈다. 공자께서 계강자 집안의 가신으로 일하던 염구에게 말씀하셨다. "네가 막지 못했느냐?" 그러자 염구가 말씀하셨다. "막을 수 없었습니다." 이에 공자가 말씀하셨다. "아, 내가 이미 설명했거늘! 경(卿)의 신분을 망각하고 제후가 지내는 제사를 지냈으니, 이는 어짊(仁)에 위배된다. 도의 내용을 어겼는데, 형식이 되는 예악제도가 무슨 소용이 있느냐? 임방도 이러한 개념을 알았기 때문에 예(禮)의 근본이 무엇인지를 물었던 것이고, 나는 진심으로 슬퍼하는 것이라고 일러 준 것이다. 설마하니 태산의 혼령이 임방도 아는 이 사실을 몰라서, 제후가 아닌 계강자의 제사를 받아주겠느냐?"

염구는 이름이 구이고 자(字)가 자유(子有)라서, 염유라고 불리기도 했습니다. 『사기』에 따르면 염구는 공자보다 29세 어렸는데, 공자는 그

가 정치에 재능이 있다고 평가했죠. 자로와는 달리 성격이 온순했다고 전해집니다.

공자는 2-24-1에서 "자기 조상의 귀신이 아닌데도 그에게 제사를 지내면, 그건 간사하고 악한 것이다."라고 한 바 있습니다. 공자가 계강자의 됨됨이를 어떻게 생각했는지 짐작할 수 있겠죠?

3-7

子曰: "君子無所爭, 必也射乎。揖讓而升, 下而飮。其爭也君子。"
자 왈   군 자 무 소 쟁   필 야 사 호   읍 양 이 승   하 이 음   기 쟁 야 군 자

공자가 말씀하셨다. "도를 배우고 부단히 노력하여 실천하는 올바른 지도자인 군자는 타인과 결코 다투지 않는다. 굳이 다툼을 하는 것이 있다면 그건 활쏘기이다. 서로 읍하고는 사양하여 상대방이 먼저 쏘도록 배려한 후 누대에 오르고, 활을 쏜 후에 누대에서 내려와서는 패자가 승자가 올리는 위로의 술을 마신다. 활쏘기에서 과녁 한가운데를 맞추지 못하면 그 잘못을 자기 탓으로 여기듯이, 결코 사사로이 타인과 다투지 않고 모든 원인을 자기 탓으로 돌려서 남들보다 먼저 자신의 허물을 고치는 데 힘쓰는 것이 바로 군자이다."

이와 관련하여 다음 기록을 살펴보겠습니다.

공자가 말씀하셨다. "활 쏘기는 군자와 비슷함이 있다. 과녁의 한가운데를 잃으면, 그 원인을 자기 자신에게 돌려서 찾는다." 『예기』 「중용」

이제 다음 구절도 여기서 함께 살펴보죠.

子曰: "射不主皮, 爲力不同科, 古之道也。"
자왈   사불주피 위력부동과 고지도야

공자가 말씀하셨다. "활쏘기는 가죽으로 만든 과녁 맞히는 것을 위주로 하지, 과녁을 뚫는 것을 위주로 하지 않는다. 활쏘기 목적은 힘을 겨뤄서 승부를 가르는 데 있는 것이 아니라, 과녁을 적중시키는 데 있는 것이다. 군자는 활쏘기를 통해서 무력으로 나라를 이끌지 않고, 오로지 법도에 맞는지를 살핀다. 그렇지 못하면 허물을 고치는 데 부끄러워하지 않는 자세를 익혀야 하니, 이것이 옛날부터 전해오는 도의 본질이다."

왜 예로부터 지도자는 활쏘기에 전념한 걸까요? 전쟁 때 적을 하나라도 더 쓰러뜨리기 위해서 일까요?

이윤이 이에 말했다. "선왕께서는 먼동이 틀 무렵에 크게 밝히고자, 앉아서 아침을 기다리셨고, 뛰어난 인재와 훌륭한 선비들을 두루 찾아 구하여, 후인들을 계도하셨으니, 그 명을 어김으로써 스스로 엎어지지 마십시오. 신중하여 이에 검소한 덕을 행하시고, 장구한 계책을 품으십시오. 능숙한 사냥꾼이 쇠뇌에 활시위를 얹고는 화살 끝이 법도에 맞는지 살핀 후에 활을 쏘는 것처럼, 그 행동거지를 공경하고, 이에 선조가 행하신 바를 따르면, 제가 그럼으로써 기쁘고, 만세에 그 말씀이 길이 남을 것입니다."

『상서』「태갑상」

왼쪽이나 오른쪽 또는 위쪽이나 아래쪽 어느 한쪽으로 치우치면 정중앙을 맞추지 못합니다. 힘이 넘치면 과녁을 넘어가고, 모자라면 도달하지 못하죠. 이처럼 활쏘기를 하는 목적은 바로 한쪽으로 치우치지 않는 중(中)의 자세를 연마하는 데 있답니다.

子曰:"夏禮, 吾能言之, 杞不足徵也。殷禮, 吾能言之, 宋不足徵也。
자 왈   하 례 오 능 언 지 기 부 족 징 야   은 례 오 능 언 지 송 부 족 징 야

文獻不足故也。足, 則吾能徵之矣。"
문 헌 부 족 고 야   족   즉 오 능 징 지 의

공자가 말씀하셨다. "주공이 완성한 주나라의 예악제도는 그 기원을 하나라와
상나라에서 찾을 수 있다. 수나라의 예악제도가 하나라의 예(禮)를 계승했다는
걸 설명할 수 있지만, 하나라 유민들이 세운 기나라에 남아 있는 서적으로만
증명하긴 충분치 않다. 마찬가지로 주나라의 예악제도가 역시 상나라의 예(禮)
를 계승했다는 걸 설명할 수 있지만, 상나라 유민들이 세운 송나라에 남아 있
는 서적으로만 증명하긴 충분치 않다."

이 내용은 『예기』에도 보입니다.

공자가 말씀하셨다. "내가 하나라의 예(禮)를 설명할 때, 기나라 자료로 증
명하기엔 부족하다. 내가 은나라의 예(禮)를 배울 때, 송나라 기록만 존재할
뿐이었다. 내가 주나라의 예(禮)를 배울 때 주나라 예(禮)가 실제로 쓰이고
있으니, 나는 주나라를 따른다."   『예기』「중용」

그럼 공자가 말하고자 한 뜻은 뭘까요? 다음 『논어』 구절과 『예기』
의 기록을 함께 보겠습니다.

子曰:"周監於二代, 郁郁乎, 文哉! 吾從周。"
자 왈   주 감 어 이 대 욱 욱 호 문 재   오 종 주

공자가 말씀하셨다. "주나라의 문왕과 무왕 그리고 주공이 하나라와 상나라

두 왕조의 예(禮)를 계승하여 예악제도를 완성했으니, 주나라 예악제도야말로
문장(文) 즉 도의 구체적인 내용들을 찬란하게 드러낸 가장 이상적인 것이다!
따라서 나는 주나라의 예악제도를 따르리라."

공자는 요임금과 순임금의 말씀을 근본으로 하여 그 뜻을 펴 서술하고, 문
왕과 무왕을 규범으로 삼았으며, 위로는 하늘의 때를 법으로 따르고, 아래
로는 물과 토양을 따랐다.
『예기』「중용」

　　요임금과 순임금은 바로 대동사회를 뜻하고, 주나라 문왕과 무왕은
소강사회를 뜻합니다. 그런데 공자는 요임금과 순임금의 말씀을 근본으
로 하지만 문왕과 무왕을 규범으로 삼는다고 했으니, 이는 바로 공자가
대동사회를 이론적 토대로 삼지만 현실적으로는 소강사회의 예악제도
를 따르겠다는 말이 되는 거죠.
　　대동사회와 소강사회는 모두 지도자가 '도'로 나라를 다스린 시대
였습니다. 하지만 이 두 사회는 분명히 다릅니다. 대동은 백성의 천성
을 따르기만 하면 되므로 지도자가 하늘의 도를 따른 반면, 소강의 지도
자는 세상에 만연한 이기심을 절제하고 통제하는 사람의 도를 따라야만
했죠. 다시 말해서, 하나라의 우와 상나라의 탕 그리고 주나라의 문왕,
무왕, 성왕, 주공 여섯 군자들은 기존의 대동사회를 이끈 지도자들의 통
치이념에 예(禮)를 더욱 강화하여 시비를 가렸습니다.
　　따라서 공자는 대동을 지극한 이상 사회로 삼지만 이는 어디까지나
노스텔지어(nostalgia)의 손수건 즉 영원히 도달할 수 없는 이상향이기
때문에, 현실적으로는 회복이 가능한 문왕과 무왕의 예악제도를 부활시
켜야 한다고 주장한 겁니다. 성인과 군자는 엄연히 다른 존재죠. 공자는
성인이란 하늘이 내는 것이고 그런 성인이 다스렸던 대동사회로의 복귀
는 불가능하다고 여겼기 때문에, 그는 소강사회 특히 주나라 예악제도의

부활을 소리 높여 외쳤던 겁니다.

3-10

子曰:"禘 , 自既灌而往者, 吾不欲觀之矣。"
자 왈　체　자 기 관 이 왕 자　오 불 욕 관 지 의

공자가 말씀하셨다. "천자가 지내는 큰 제사인 '체'를 지낼 때 튤립으로 만든
울창주를 땅에 붓고는 그냥 떠나버리니, 난 앞으로는 '체'라는 제사를 보고 싶
지 않다."

왜 공자는 울창주를 땅에 붓고는 그냥 자리를 떠버리는 장면을 보
고 크게 실망한 걸까요? 다음 기록을 보시죠.

규장이라는 옥 그릇에 튤립으로 만든 울창주를 따라 땅에 붓는 것은, 옥의
기운을 베푸는 것이다. 술을 땅에 부은 후에 제사에 쓰일 소를 맞이하는 것
은, 음의 기운을 부르는 것이다. 『예기』「교특생」

즉 당시 춘추시대에는 심지어 천자가 지내는 제사인 '체'조차도 전
통의 예악을 따르지 않고 대충 지내는, 허례허식에 치우쳤기 때문인 겁
니다. 그래서 공자는 또 다음처럼 말한 바 있죠.

3-17

子貢欲去告朔之餼 羊。子曰:"賜也, 爾愛其羊, 我愛其禮。"
자 공 욕 거 고 삭 지 희 양　자 왈　사 야　이 애 기 양　아 애 기 례

자공이 정월 초하루마다 드리는 제사 때마다 매번 양을 희생시키는 것이 가엾

다고 생각해서, 그 제도를 없애고자 하였다. 공자가 말씀하셨다. "자공아 너는 그 양의 목숨을 가엾게 여기지만, 나는 선왕들이 만들어 지켜온 전통 예악제도를 지키는 것이 더 소중하다."

이 구절을 이해하기 위해서 먼저 다음 기록들을 살펴보겠습니다.

무릇 예(禮)라는 것은 후대에 전할 수 있고, 또 지속될 수 있는 것이다.

『예기』「단궁상」

제나라 임금이 사냥터에 갔다가 손에 쥐고 있던 활을 흔들어서 사냥꾼을 불렀는데도 사냥꾼이 다가가지 않자, 임금은 무례하다며 그를 잡아들였다. 그러자 사냥꾼은 선대의 임금들께서는 깃발로 대부를 부르고, 활로 선비(士)를 부르며, 가죽으로 된 모자로 사냥꾼을 불렀으니, 저는 임금께서 저를 부르시는 것을 보지 못했다고 해명했습니다. 이에 임금은 결국 그를 풀어줄 수밖에 없었다.

『좌전』「소공 20년」

이에 대해서, 공자는 '도'를 지키느니 차라리 자신의 직무을 지키는 것이 낫다며 사냥꾼의 판단이 옳다고 평가했습니다. 즉 공자는 임금이 부르면 달려가는 당장 지켜야 할 도리보다, 전통의 예악제도를 따르는 것이 더 중요하다고 본 거죠.

或問禘 之說。子曰：“不知也。知其說者之於天下也, 其如示諸斯乎。”
혹 문 체 지 설　자 왈　　부 지 야　지 기 설 자 지 어 천 하 야　기 여 시 저 사 호

指其掌。
지 기 장

어떤 사람이 천자가 정월에 하늘에 지내는 제사인 '체'의 의미에 대해서 물었다. 공자가 말씀하셨다. "나는 제후국인 노나라의 일개 대부였을 따름이므로, 천자가 '체' 제사를 지내면서 이해한 하늘의 뜻에 대해서는 알지 못한다. 또 나는 소강사회 군자들이 행한 사람의 도를 믿고 따른다. 대동사회를 이끌었던 삼황오제와 같은 성인만이 마치 이것을 들여다보듯이 하늘의 뜻을 훤히 깨달아서 세상을 다스린 것이다." 그러고는 자신의 손바닥을 가리키셨다.

1-5에서 설명했듯이, 공자는 정치를 이야기할 때 그 범주를 제후의 나라를 다스리는 것에 한정하고 있습니다. 그 이유는 그가 제후국의 대부를 지냈기 때문에, 천자만이 접할 수 있는 하늘에 대해서는 논할 자격이 없다고 판단해서 입니다. 그런데 여기에 더해서 또 한 가지를 언급할 필요가 있습니다. 이와 관련하여 다음 두 구절도 함께 살펴보죠.

子貢曰：“夫子之文章, 可得而聞也。夫子之言性與天道,
자 공 왈　부 자 지 문 장　가 득 이 문 야　부 자 지 언 성 여 천 도

不可得而聞也。”
불 가 득 이 문 야

자공이 말씀하셨다. "스승께서 문장에 대해 말씀하시는 것은 들을 수 있었지만, 스승께서 천성과 하늘의 도에 대해 말씀하시는 것은 들을 수가 없었다."

子曰: "聖人, 吾不得而見之矣。 得見君子者, 斯可矣。" 子曰:
자 왈　 성 인　오 부 득 이 현 지 의　 득 현 군 자 자　사 가 의　　 자 왈

"善人, 吾不得而見之矣。 得見有恒者, 斯可矣。 亡而爲有, 虛而爲盈,
선 인　오 부 득 이 현 지 의　 득 현 유 항 자　사 가 의　 망 이 위 유　 허 이 위 영

約而爲泰, 難乎有恒矣。"
약 이 위 태　 난 호 유 항 의

공자가 말씀하셨다. "대동사회를 이끌었던 성인은, 내가 만나볼 수 없구나. 소강사회를 이끌었던 군자를 만나볼 수 있다면, 그것만으로도 좋겠다." 공자가 말씀하셨다. "태어나서부터 선량한 사람은, 내가 만나볼 수 없구나. 그저 변치 않고 늘(常) 애쓰는 이를 만나볼 수 있다면, 그것만으로도 좋겠다. 없으면서 있는 척하고, 비었으면서 가득 찬 척하며, 인색하면서 너그러운 척하면, 변치 않고 늘 그렇게 행하기가 어렵다."

정치하는 이는 성인(聖人: 대동사회의 지도자) - 군자(君子: 소강사회의 지도자) - 기(器: 전문가)로 나눌 수 있습니다. 그리고 공자의 현실적인 목표는 대동사회로의 복귀가 아닌 소강사

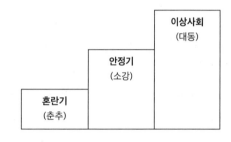

회에 있는데, 이는 대동이 곧바로 돌아갈 수 있는 수준의 사회가 아닐 뿐더러, 우선 춘추시대라는 대혼란기를 벗어나서 소강사회를 회복한 후에나 비로소 고려할 수 있는 최종 이상향이 되기 때문이죠.

따라서 공자가 예악제도로 절제하고 통제하는 소강사회의 통치이념인 사람의 도(人道)만을 언급한 이유는, 바로 당시 춘추시대에는 하늘이 부여한 천성에 따르는 대동사회의 통치이념인 하늘의 도(天道)를 행할 수 없다고 판단했기 때문인 겁니다.

성인이 누구에게서도 '도'를 배우지 않았지만 스스로 깨달아 몸소 실천한 인물인 반면, 군자는 성인의 도를 배우고 익혀서 실천하려고 부단히 애쓴 인물입니다. 그런데 공자가 성인이 아닌 군자를 키우는 데 힘쓴 이유가 어쩌면 대동은 이젠 영영 돌아갈 수 없는, 손을 뻗어 닿으려 해도 닿을 수 없는 노스탤지어(nostalgia)의 손수건과도 같은 존재라고 생각했기 때문인지도 모르겠습니다. "그저 변치 않고 늘(常) 애쓰는 이를 만나볼 수 있다면, 그것만으로도 좋겠다."라고 말했던 거처럼, 성인이 아닌 군자를 원한 건 아닐까요? 하지만 세상이 점점 살기 힘들어지면서 성인이나 군자는 고사하고, 없으면서 있는 척하거나 비었으면서 가득 찬 척하며 인색하면서 너그러운 척하는 사람들만 점점 많아지고 있습니다.

미도카(Mido-car)는 많은 사람들의 관심을 한몸에 받았던 중고차 매매 업체였습니다. 특히 무료로 피해자 대신 허위 매물을 판매한 딜러에게 해명을 요구하고 환불을 받아줬으며, 심지어 문신으로 온 몸을 도배한 조폭 딜러들과 몸싸움을 하는 등 정의로운 모습을 유튜브(U-tube)에 올려, 시청자들의 큰 응원과 지지를 받았죠. 때로는 변호사와 국회의원까지 만나, 중고차 피해 관련 처벌에 대한 법안을 강화해야 한다고 목소리를 높이기도 했습니다. 그저 타인에게 잘 보이기 위한 것이 아니라, 올바른 중고차 매매 문화를 선도하는 청렴한 업체가 되려고 노력하는 모습을 보여왔습니다. 그런데 한 중고차 업체가 미도카의 실체를 폭로했습니다. 미도카 업체는 사실 뒤로는 사기 피해자들로부터 몰래 수수료를 받았고, 직원들은 사원증도 없이 차를 매매하는 불법적인 일을 강행했다고 합니다. 심지어 탈세를 위해서 거래가격을 낮춰 계약서를 작성하고, 시세보다 높은 금액으로 차량을 판매하기까지 했다고 합니다. 결국 미도카는 유튜브 동영상을 모두 삭제하고 사과 영상을 올리며 폐업 절차를 밟는다고 선언했습니다. 악한 본성을 숨기고 그저 높은 인지도를 얻기 위해 정의로운 척했지만, 결국 꼬리가 밟힌 거죠.

王孫賈問曰:"'與其媚於奧, 寧媚於竈。'何謂也?" 子曰:"不然。
왕 손 가 문 왈   여 기 미 어 오   영 미 어 조   하 위 야   자 왈   불 연

獲罪於天, 無所禱也。"
획 죄 어 천 무 소 도 야

왕손가가 물었다. "여름에 제사를 지낼 때, 부뚜막 신에게 먼저 풍성한 음식으로 제사를 지내고 난 후에야 안방 서남쪽 모퉁이의 아랫목 신에게 조촐한 제사를 지내오. 이는 비록 아랫목 신이 높지만 제사의 주인이 아니고, 부뚜막 신이 비록 낮지만 결국 제사의 주인이라는 뜻이 아니겠소? 그래서 사람들은 '아랫목 신을 따르느니, 차라리 부뚜막 신을 따른다.'라고 말하오. 위나라 영공은 아랫목 신과 같고 실제 군대통솔권을 지닌 나는 부뚜막 신과도 같으니, 차라리 진정한 위나라의 권력자인 나를 따르는 것이 어떻소?" 공자가 말씀하셨다. "그렇지 않습니다. 하늘이 정해진 상하서열체계를 깨고 신하가 임금의 권력을 장악하면, 하늘이 용서치 않을 것입니다."

왕손가는 위나라 대부였습니다. 『좌전』「정공 8년」에 따르면, 위나라 영공이 진(晉)나라와 맹약을 맺을 때 치욕을 당하고 이에 앙심을 품자, 왕손가가 꾀를 써서 영공이 진나라를 배신할 것을 독촉하죠. 결국 왕손가는 새로 얻은 젊은 부인 남자(南子)에 빠져 정치에 관심이 없던 영공의 신임을 받게 되면서, 군대를 맡는 권신이 됩니다.

그렇다면 공자는 왜 이처럼 서열의 중요성을 강조한 걸까요? 소강 이래로 계속된 세습제 사회에서 서열은 매우 중요합니다. 그렇지 않으면 형제들끼리 왕 자리를 두고 싸울 게 불 보듯 뻔하기 때문이죠. 그렇게 되면 신하들도 편을 갈라 싸울 것이고, 심지어 신하가 왕을 시해하는 일도 발생할 겁니다. 나라는 혼란에 빠지고 백성들의 삶도 갈수록 피폐해 지겠죠.

子曰: "事君盡禮, 人以爲諂也。"
자 왈   사 군 진 예   인 이 위 첨 야

공자가 말씀하셨다. "예(禮)를 다해서 임금을 섬기니, 사람들은 내가 임금에게
아첨한다고 여긴다."

예(禮)는 조화로움(和)을 위해서 절제하고 통제하는 자세입니다. 그
리고 1-13에서 공자는 예(禮)를 갖춘 사람은 절제하여 지나치게 아부하
거나 무례하지 않는 공손한 모습을 보인다고 했습니다.

즉 예(禮)가 지나치면 아첨 아부가 되고, 모자라면 오만방자한 것이
되므로, 지나치거나 모자라지 않도록 절제하고 통제해야 비로소 예의 바
르고 공손한 모습이 된다는 거죠. 공자는 누구보다도 이러한 도리를 잘
알고 있던 인물입니다. 그런데 왜 그는 사람들에게 아첨한다는 오해를
받게 된 걸까요? 이를 이해하려면 당시 널리 알려진 불문율을 살펴봐야
합니다.

微子去之, 箕子爲之奴, 比干諫而死。孔子曰: "殷有三仁焉!"
미 자 거 지   기 자 위 지 노   비 간 간 이 사   공 자 왈   은 유 삼 인 언

상나라 마지막 임금인 폭군 주왕의 이복형 미자는 주왕에게 누차 간언을 올렸
으나 듣지 않자, 나라를 떠나 황야에 은거했다. 주왕의 숙부 기자는 수차례 간
언을 올렸으나 듣지 않자, 머리를 풀고 미친 척하다가 결국 구금되어 노비로
전락했다. 역시 주왕의 숙부인 비간은 간언을 하다가 이를 참지 못한 주왕이
'내가 듣기로는 성인의 심장에는 일곱 개의 구멍이 있다고 하는데, 이제 비간
이 성인인지 확인하겠노라!'라고 하여 심장을 갈랐으므로, 잔인하게 죽임을 당

했다. 공자가 말씀하셨다. "상(=은)나라에는 세 명의 임금을 진심으로 섬기고 따른 어진(仁) 이들이 있었다. 이 세 사람은 정도의 차이만 있을 뿐 그 마음가짐은 하나였으니, 모두 임금을 배반하려는 역모를 꾀하지 않고 끝까지 자기가 섬기는 임금을 바른 길로 걷도록 노력한 인물이었던 것이다."

이와 관련하여, 먼저 다음 기록을 보시죠.

나라에 도가 있으면 신하의 간언이 흥할 것이고, 나라에 도가 없으면 신하의 침묵은 용납된다. 『예기』「중용」

"나라에 '도'가 있으면 벼슬하여 임금을 보필하지만, 나라에 '도'가 없으면 세상을 등지고 유유자적하라!"

이처럼 충언을 해도 임금이 깨닫는 것은 고사하고 자신의 목숨조차도 부지하지 못했으니, 신하가 세상을 등지고 떠나는 것이 당시에는 어쩌면 너무나도 당연했던 불문율(不文律)이었던 겁니다. 그런데 오히려 임금 곁에 남아서 그를 보필하는 모습을 보였던 공자를 보고, 사람들은 과연 어떻게 생각했을까요? 아마도 권력에 집착하여 임금 곁에 남아 있다고 오해할 수 있겠죠? 그래서 『논어』에는 다음과 같은 인물도 등장합니다.

14-33

微生畝謂孔子曰: "丘何爲是栖栖者與? 無乃爲佞乎?" 孔子曰:
미 생 묘 위 공 자 왈   구 하 위 시 서 서 자 여   무 내 위 녕 호   공 자 왈

"非敢爲佞也, 疾固也。"
비 감 위 녕 야   질 고 야

미생묘가 공자에게 말했다. "공자는 어찌 이리저리 바삐 다니며 유세하는가? 사람들을 홀려서 벼슬을 하려고 아부하는 것이 아닌가?" 공자가 말씀하셨다.

> "감히 사람들을 홀려서 버슬을 하려고 아부하는 것이 아니라, 있는 힘을 다해
> 서 도를 전파함으로써 세상을 다시 안정시키려는 것이다."

미생묘가 누군지는 알 수 없습니다. 다만 '도'가 땅에 떨어졌기에, 이처럼 당시 불문율을 따라서 입을 굳게 다물고 세상을 등진 '은자' 중 하나라고 추측할 수밖에요.

하지만 당시 부정적인 선입견으로 공자를 바라본 인물들만 있었던 건 아닙니다. 이제 소개할, 공자를 당시 암흑 같던 세상에 한줄기 빛을 가져다 줄 인물로 평가했던 사람들도 있었던 거죠.

3-24

儀封人請見曰:"君子之至於斯也, 吾未嘗不得見也。"從者見之, 出曰:
의 봉 인 청 현 왈   군 자 지 지 어 사 야   오 미 상 부 득 현 야   종 자 현 지   출 왈

"二三子, 何患於喪乎? 天下之無道也久矣, 天將以夫子爲木鐸。"
이 삼 자   하 환 어 상 호   천 하 지 무 도 야 구 의   천 장 이 부 자 위 목 탁

'의' 지역을 지키는 수령이 공자를 뵙기를 청하여 말했다. "도를 배우고 부단히 노력하여 실천하는 올바른 지도자인 군자가 이곳에 오면, 내가 만나보지 않은 적이 없소." 이에 따르는 제자가 공자를 뵙게 했더니, 만나고 나와서는 말했다. "그대들은 하나같이 훗날 정치에 참여하고자 공자를 스승으로 모셔왔소. 그런데 이제 노나라를 떠나 정처 없이 떠도는 스승을 따라나섰다가, 꿈도 이루지 못하고 그저 헛되이 시간을 낭비할까 봐 걱정하는 구료. 내가 그대들의 스승 공자를 만났는데, 이 세상에 도가 없어진 지 오래 되었으니 이제 하늘이 장차 그대들의 스승을 목탁으로 삼으실 거요. 그대들의 스승이 세상에 경종을 울릴 것이오!"

그렇다면 공자의 언행을 기록한 『논어』에는 왜 이처럼 그에 대한 긍정과 부정의 시선이 고스란히 담아져 있는 걸까요? 이 역시 공자에 대

한 객관적인 평가를 가감 없이 기록한 편찬자들이, 중(中)의 자세를 견지하려고 애쓴 흔적들을 엿볼 수 있는 대목이겠죠.

定公問: "君使臣, 臣事君, 如之何?" 孔子對曰: "君使臣以禮,
정 공 문　　군 사 신　신 사 군　여 지 하　　공 자 대 왈　　군 사 신 이 례

臣事君以忠。"
신 사 군 이 충

노나라 임금인 정공이 물으셨다. "임금이 신하를 부리고 신하가 임금을 섬기는 건 어떤 방법으로 해야 하오?" 공자가 말씀하셨다. "임금은 윗사람으로서 신하에게 지나치거나 모자라지도 않도록 예(禮)로 절제하여 대해야 합니다. 또한 신하는 아랫사람으로서 임금을 보필할 때 마음을 한쪽으로 치우치지 말고 공정하게 판단해야 합니다."

언제부턴가 '꼰대'라는 단어가 유행하더니, 심각한 사회문제가 돼 버렸습니다. 권위적인 사고를 가지고 아랫사람을 하인 부리듯 하는 윗사람을 비하하는 은어로 사용되고 있죠. 이 단어는 영국의 한 방송사에 의해 해외에까지 알려졌는데요. BBC는 2019년 자사 페이스북(Facebook)에 '오늘의 단어'로 'kkondae(꼰대)'를 소개하면서, '다른 사람은 잘못됐고, 자신은 항상 옳다고 믿는 나이 많은 사람'이라고 풀이했습니다.

또 신하가 마음을 한쪽으로 치우치지 말고 공정하게 판단해야 하는 이유는, 자칫 윗사람의 눈치만 살피는 아첨 아부하는 자세로 변질될 수 있기 때문입니다. 아래 기록을 보면, 진정한 충(忠)의 자세가 뭔지 알 수 있을 겁니다.

성왕이 말했다. "주공의 아들 군진이여, 그대는 부친인 주공의 큰 교훈을 넓히고, 권세에 의지하여 위세를 떨치지 말며, 법에 의거하여 지나치게 모질게 다스리지 마시오. 너그럽고도 법도가 있고, 침착하고 덤비지 않음으로써 화합하시오. 상나라 백성들이 위법했을 때, 내가 벌하라고 말해도 그대는 벌하지 말고, 내가 용서하라고 말해도 그대는 용서하지 말며, 오직 중(中)을 따르시오."

『상서』「군진」

3-20

子曰:"關雎, 樂而不淫, 哀而不傷。"
자 왈　관 저　낙 이 불 음　애 이 불 상

공자가 말씀하셨다. "『관저』는 『시경』 305수의 첫 편으로 전체의 핵심이 고스란히 응축되어 있는데, 바로 예(禮)를 찬미한 작품이다. 이 작품은 도를 배우고 부단히 노력하여 실천하는 올바른 지도자인 군자가, 요조숙녀에게 반하여 즐거워하고 또 그녀를 잊지 못해 뒤척이듯이 현명한 인재에게 반하여 즐거워하고 또 그를 잊지 못해서 뒤척이는 모습을 묘사했다. 하지만 군자는 예(禮)를 가지고 절제하고 통제하기 때문에, 결국 그 마음을 어지럽히거나 지나치게 애태우지는 않는 것이다."

선진시기의 서적들은 예외 없이 연역법으로 써졌기 때문에, 그 핵심 주제가 첫 편 그리고 첫 구절에 응축되어 있다고 했습니다. 그럼 『시경』 역시 마찬가지로 첫 작품에 전체를 관통하는 주제가 담겨져 있겠죠? 이제 「관저」편에 대한 해설을 살펴보겠습니다.

이 때문에 「관저」는 기쁜 마음으로 숙녀를 찾아 군자에게 짝지어 주듯 현명한 인재를 천거하는 걸 애태우지, 여색을 탐하는 건 아니다. 얌전하고도

정숙함을 사랑하듯 현명한 인재를 그리워하지만, 그 선량한 마음을 해치지

않는 것이 바로 「관저」편의 뜻이다. 『시대서』

즉 「관저」는 군자가 요조숙녀를 만나 그녀를 잊지 못하는 설레는 마음을 그린 작품이 아닙니다. 뛰어난 지도자인 군자가 현명한 인재를 구하려고 애쓰는 모습을 요조숙녀에 빗대어서 묘사한 겁니다. 즉 비유의 수사법이 쓰인 거죠. 특히 '군자'가 어떤 의미를 가지는지 기억한다면, 그 뜻은 더욱 확실해 집니다. 이제 「관저」편 전체를 감상해볼까요?

구구 지저귀는 물수리가, 황하의 모래톱에 있네.

얌전하고도 정숙한 아리따운 여인은, 군자가 짝으로 하기를 좋아하네.

들쭉날쭉한 노랑어리연꽃을, 이리저리 헤치네.

얌전하고도 정숙한 아리따운 여인은, 자나 깨나 군자가 구한다네.

군자가 구하여도 얻지 못하니, 자나 깨나 마음속에 간직하네.

아, 아! 잊지 못하여 이리 뒤척이고 저리 뒤척인다네.

들쭉날쭉한 노랑어리연꽃을, 이리저리 뜯네.

얌전하고도 정숙한(禮) 아리따운 여인은, 거문고와 비파(樂)로 가까이하네.

들쭉날쭉한 노랑어리연꽃을, 이리저리 뽑네.

얌전하고도 정숙한(禮) 아리따운 여인은, 쇠북과 북(樂)으로 즐거워하네.

1장은 군자가 요조숙녀(현명한 인재)에게 호감을 갖게 되는 장면입니다. 따라서 2장에서 군자는 요조숙녀(현명한 인재)를 원하게 되는데, 어찌 된 일인지 3장에서는 뜻대로 되지 않자, 군자는 뒤척이며 괴로워하죠. 하지만 4장에서 군자와 요조숙녀(현명한 인재)는 서로의 감정을 확인하고, 5장에서 결국 조화로움을 이루게 됩니다.

특히 4장의 얌전하고도 정숙한 여인과 거문고, 비파 그리고 5장의

얌전하고도 정숙한 여인과 쇠북, 북은 예악(禮樂)을 뜻합니다. 따라서 이는 위에서 언급한 예(禮)와 악(樂)의 조화로움 즉 예악제도의 완성을 상징하고 있는 거죠.

다시 말해서, 3-20에서 공자는 "「관저」가 '도'의 내용인 어짊(仁)과 의로움(義)이 떨어질 수 없듯이, 예(禮)와 음악(樂) 역시 조화로움(和)을 이뤄야 한다는 걸 강조하고 있다."라고 설명한 겁니다.

3-22

子曰: "管仲之器小哉。" 或曰: "管仲儉乎?" 曰:
자 왈 　 관 중 지 기 소 재 　 혹 왈 　 관 중 검 호 　 왈

"管氏有三歸, 官事不攝, 焉得儉?" "然則管仲知禮乎?" 曰: "邦君樹塞門,
관 씨 유 삼 귀 　관 사 불 섭 　언 득 검 　 　연 칙 관 중 지 례 호 　 왈 　 방 군 수 색 문

管氏亦樹塞門。邦君爲兩君之好有反坫 , 管氏亦有反坫 。管氏而知禮,
관 씨 역 수 색 문 　방 군 위 양 군 지 호 유 반 점 　관 씨 역 유 반 점 　 관 씨 이 지 예

孰不知禮?"
숙 불 지 예

공자가 말씀하셨다. "관중의 그릇이 작도다." 어떤 이가 말했다. "관중은 검소합니까?" 그러자 공자가 말씀하셨다. "관중은 세 여자와 혼인했고, 관청에서 일하는 관리 한 사람당 한 가지 일만 하게 해서 쓸데없이 많은 사람을 뽑아 재정을 낭비했으니 어찌 검소하다고 하겠는가?" 어떤 이가 말했다. "그렇다면 관중은 예(禮)를 압니까?" 공자가 말씀하셨다. "나라 임금만이 대문 옆에 나무를 심어 문을 가려서 건물 안이 보이지 않도록 하는데, 관중 역시 나무를 심어 문을 가렸다. 나라 임금만이 두 나라 임금이 양국의 우의를 위해서 만나는 자리에서 술잔을 놓는 도구인 반점을 두는데, 관중 역시 반점을 두었다. 관중이 예(禮)를 안다면, 도대체 누가 예(禮)를 알지 못한단 말인가?"

관중의 이름은 이오(夷吾)이고, 자(字)가 중(仲)입니다. 제나라 환공을 도와 패업을 이룩한 인물인데, 그의 친구 포숙아와의 우정을 표현한 관포지교(管鮑之交)로 더 유명한 인물이죠. 이 구절에서 공자가 말하고자 한 취지를 파악하기 위해서, 당시의 두 가지 예(禮)를 소개하겠습니다.

먼저 나무의 무성한 가지와 나뭇잎들로 궁궐 안이 보이지 않도록 하는 것이 당시의 예(禮)였습니다. 그리고 두 임금이 술잔을 주고받은 후 빈 술잔을 엎어 두었던 도구가 반점입니다.

따라서 공자가 이 구절을 통해서 말하고자 한 건, 지도자가 지켜야 할 도리인 '도'는 검소함(儉)과 예(禮)가 그 구성요소라는 겁니다. 나아가 임금만이 갖출 수 있는 예(禮)를 일개 신하인 관중이 따라했으니, 이는 어짊(仁)에도 위배되죠. 즉 공자는 이 구절을 통해서 관중은 '도'를 배워서 실천하는 참된 지도자인 군자와는 거리가 먼 인물이라고 비판하고 있음을 알 수 있습니다.

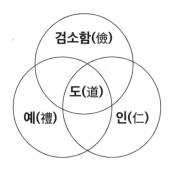

子謂韶:"盡美矣, 又盡善也。" 謂武:"盡美矣, 未盡善也。"
자 위 소   진 미 의 우 진 선 야   위 무   진 미 의 미 진 선 야

공자가 순임금 때의 음악인 '소'를 평하셨다. "순임금 때는 신하가 임금이 바른 길을 걷도록 충언하고, 임금은 신하들에게 하늘의 뜻을 받들어 신중하라고 근엄하게 명령하고 있으며, 나아가 무력으로 진압하지 않고 진심 어린 덕을 펼쳐서 오랑캐들마저 감복시켰다. 이것이 바로 조화로움(和)과 자애로움의 덕치인 것이다. 따라서 그 음악이 지극히 아름답고도 지극히 선하다." 이어서 주나라 무왕 때의 음악인 '무'를 평하셨다. "무왕은 그 업적이 찬란하지만 상나라 주임금을 무력으로 멸하고 주나라를 세웠으니, 이른바 폭력으로 역성혁명(易姓革命)을 일으킨 장본인이다. 따라서 그 음악이 지극히 아름답지만 지극히 선하지는 않다."

순임금이 나라를 다스릴 때 임금과 신하들이 얼마나 화합하고 또 신중했는지, 다음 기록을 보면 어느 정도 가늠할 수 있을 겁니다.

그래서 기가 악기를 연주하자 돌아가신 선조들의 혼령이 당도하고 여러 왕후들이 서로 양보하였으며 조수가 날면서 춤추었는데, '소' 아홉 곡 연주가 끝나자 봉황이 와서 예절을 갖추고 모든 짐승들이 모두 춤추었으며 모든 관리들이 믿고 화합했다. 순임금은 이에 노래를 지어, 불렀다. "하늘의 명을 공경하여 받들어, 때에 맞추기를 살피니." 이에 모두가 노래하여 불렀다. "신하들이 행복하니! 임금이 입신하고! 온갖 장인이 흥성하리니!" 고요가 손을 들어 맞잡고 절하며 머리를 조아려 소리 높여 말했다. "삼가소서! 대략 국가의 대사를 일으킴에 삼가면 이에 흥성합니다. 공경하소서!" 이에 모두가 다시 노래를 불렀다. "임금이 명철하면 신하들이 어질어져 모든 일이 편안하네!" 또 노래를 불렀다. "임금이 통일성이 없으면 신하들이 불경

해져 만사가 무너지네!" 임금이 절하며 말했다. "그렇소, 가서 삼가시오!"

『사기』「하본기」

'소' 연주가 끝나자 사람과 동물들이 모두 조화를 이뤘으니, 이는 다름 아닌 대동을 뜻합니다. 물론 여기서 등장하는 동물들은 탈을 쓰고 춤춘 악단 멤버들이었죠. 또 신하가 임금이 바른 길을 걷도록 충언하고, 임금은 신하들에게 하늘의 뜻을 받들어 신중을 기하라고 근엄하게 명령하고 있으며, 나아가 무력으로 진압하지 않고 진심 어린 덕을 펼쳐서 오랑캐들마저 감복한 거죠. 그렇기 때문에 공자는 또 다음처럼 감탄하기도 했습니다.

7-13

子在齊聞韶, 三月不知肉味, 曰: "不圖爲樂之至於斯也。"
자 재 제 문 소 삼 월 부 지 육 미 왈   불 도 위 락 지 지 어 사 야

공자가 제나라에 있으면서 '소'를 듣고는, 오랜 시간 동안 고기 맛을 느끼지 못하셨는데, 이때 말씀하셨다. "음악의 지극함이 이 정도에 이를 줄 생각하지 못했다."

공자가 35세가 되던 해에 노나라 임금 소공은 군대를 거느리고 계평자를 공격했지만, 오히려 패하여 제나라로 도망을 가 그곳에서 죽었습니다. 그때 공자는 제나라로 가서 고소자의 가신이 되었고, 5년 전 제나라 임금인 경공이 안영과 함께 공자를 찾아왔던 인연을 이용하여 경공과 접촉하려고 했습니다. 위 구절은 바로 이 시기에 공자가 제나라 태사와 음악에 대해서 나눈 대화이죠.

반면에 무왕은 무력으로 상나라 주임금을 멸하고 주나라를 세웠으

니, 이른바 폭력으로 역성혁명을 일으킨 장본인입니다. 이때 상나라의 제후국인 고죽국의 왕자 백이와 숙제는 무왕이 인의(仁義)를 저버렸다고 말하며, 수양산으로 들어가 고사리를 캐어서 연명하다 굶어 죽었던 거죠.

아울러서 상술한 내용들을 종합적으로 고려했을 때 당시 음악(樂)은 단순한 음률 그 자체만을 지칭하는 것이 아니라, 가사 즉 인물의 역사적 업적을 고려한 종합적인 형태로 인식하고 있었음을 알 수 있답니다.

제4편 : 이인(里仁)

어질지 못하면 어디에 쓰겠는가

子曰: "里仁爲美, 擇不處仁, 焉得知?"
자왈　이인위미　택불처인　언득지

공자가 말씀하셨다. "어짊(仁)이 과연 무엇인지 살피는 것이 아름다운 태도이니, 어떤 것이 어짊(仁)인지 분별하지 못하면 어찌 지혜롭다고 할 수 있겠는가?"

공자는 어떤 태도가 어짊(仁)인지 구별하지 못하면 지혜롭지 못하다고 말합니다. 즉 어짊(仁)은 지혜로움(知)과 깊은 연관이 있다는 거죠. 그렇다면 다음 구절을 통해 지혜로움(知)이 무엇인지부터 먼저 살펴볼까요?

樊遲問知。子曰: "務民之義, 敬鬼神而遠之, 可謂知矣。" 問仁。曰:
번지문지　자왈　무민지의　경귀신이원지　가위지의　　문인　왈

"仁者先難而後獲, 可謂仁矣。"
인자선난이후획　가위인의

번지가 지혜로움에 대해서 물으셨다. 공자가 말씀하셨다. "지도자로서 솔선수범하여 백성들이 의로움(義)을 행하도록 권하고, 조상을 공경하되 그들의 초자연적인 힘에 의탁하지 않는 객관적인 판단력이 있으면 지혜롭다고 할 수 있다." 이어서 번지가 어짊(仁)에 대해서 물으셨다. 그러자 공자가 말씀하셨다. "먼저 자기의 군주를 진심으로 섬기고 따름으로써 나라에 발생한 어려운 일을 극복한 후에, 사적인 명예나 공로 등의 이익을 추구하면 어질다고 할 수 있다."

백성들이 의로움(義)을 행하도록 하는 가장 현명한 방법은, 지도자가 먼저 솔선수범하는 모습을 보이는 겁니다. 또 조상을 공경하되 그들

에게 말도 안 되는 소원을 빈다면 지혜로운 게 아니죠. 가령 예를 들어서 조상님께 기도하면서 아들을 낳게 해달라는 소원을 빈다면, 이는 초자연적인 힘에 의탁하는 겁니다. 그렇다면 지혜로움(知)과 어짊(仁)은 어떤 관련이 있는 걸까요?

6-21

> **子曰：“知者樂水, 仁者樂山。知者動, 仁者靜。知者樂, 仁者壽。”**
> 자왈　지자요수　인자요산　지자동　인자정　지자낙　인자수
>
> 공자가 말씀하셨다. "지혜로운 사람은 사리에 밝으므로 물과 같이 계속 앞으로 나아가면서 응용하고, 어진 사람은 진심으로 윗사람을 섬기므로 산과 같이 중후하게 원칙적으로 한 곳을 지킨다. 지혜로운 사람은 변화하고, 어진 사람은 고요하게 머문다. 지혜로운 사람은 물이 나아가는 것처럼 변하는 것을 즐기고, 어진 사람은 산과 같이 한 곳을 지키기에 자신이 받은 천성을 다하게 된다."

2-11 "예로부터 내려오는 '도'를 익혀서 새로이 다가올 것을 깨달으면, 스승이 될 수 있다."라는 구절을 설명하면서, 공자는 예로부터 내려오는 대원칙을 바탕으로 해서 이를 확대 응용할 줄 아는 이른바 연상능력과 응용력을 강조했다고 했습니다. 따라서 어짊(仁)은 산처럼 쉬이 움직이지 않는 대원칙이 되고, 지혜로움(知)은 물처럼 끊임없이 움직이며 원칙을 응용하는 연상능력이 되죠. 그러므로 공자는 또 다음과 같이 설명합니다.

子曰: "不仁者, 不可以久處約, 不可以長處樂。仁者安仁, 知者利仁。"
자 왈 불 인 자 불 가 이 구 처 약 불 가 이 장 처 락   인 자 안 인   지 자 리 인

공자가 말씀하셨다. "어질지 못한 이는 오랫동안 검소한 자세를 지속할 수 없고, 검소한 자세를 지속할 수 없으면 도를 배워서 행하는 즐거움을 지속해서 누리지 못한다. 반면에 어진 사람은 진심으로 임금을 섬기고 따르므로 편안하게 어진 태도를 유지할 수 있고, 지혜로운 자는 어짊을 이롭게 한다."

동서고금을 막론하고 쿠데타를 일으켜 독재정권을 세운 이들은, 하나같이 야심으로 가득 찬 인물들입니다. 그 원인이 권력욕이건 금전욕이건 간에 말입니다. 따라서 그들은 검소함(儉)을 유지하지 못하고, '도'의 중요한 구성요소인 검소함(儉)을 유지할 수 없으니 '도'를 배워서 실천하는 즐거움도 느낄 수 없는 거죠. 반면에 진심으로 윗사람을 섬기는 어진 이들은 사심 없이 진심으로 행하는 것이기에 변치 않는 자세를 유지할 수 있죠.

솔선수범하여 백성들이 의로움(義)을 행하도록 권하고, 조상을 공경하되 그들의 초자연적인 힘에 의탁하지 않으면 지혜로운(知) 것이라고 했습니다. 그리고 이제 이런 지혜로움(知)이 어짊(仁)을 이롭게 한다고 했으므로, 지혜로움(知)은 사람을 어질게(仁) 하는 촉매제 같은 역할을 함을 알 수 있는 겁니다. 특히 어짊(仁)은 산처럼 정적이고 지혜로움(知)은 흐르는 물처럼 동적이라고 했으므로, 이 둘도 역시 어느 한쪽으로 치우치지 않는 조화로움(和)을 위해서 공존할 수밖에 없는 관계에 있는 거죠.

이처럼 지혜로움(知)은 사람으로 하여금 올바로 판단하도록 해서 어짊(仁)을 행하도록 독려하는 역할을 합니다. 그래서 공자는 어질지 못하고 사치에 빠진 장문중을 다음처럼 비판하죠. 장문중은 노나라 장공과

민공 그리고 희공과 문공 때 경(卿)을 지냈던 인물입니다.

5-17

子曰:"臧文仲, 居蔡, 山節藻梲, 何如其知也?"
자 왈   장 문 중   거 채   산 절 조 절   하 여 기 지 야

공자가 말씀하셨다. "장문중은 천자의 황실에서 점치는 데 쓰는 큰 거북의 등 껍질을 자기 집에 두었고, 또 천자나 쓸 수 있는 산 모양의 건물 기둥 장식과 꽃 모양의 동자기둥으로 자기 집 기둥을 장식했으니, 어질지 못한 인물이다. 이런 사람이 어떻게 지혜로운 인물이라고 할 수 있겠는가?"

즉 어질지 못하면 결국 그 끝이 좋지 못하므로, 거시적인 관점에서 보면 자기를 망치는 겁니다. 자기 스스로를 망치는 사람을 지혜롭다고 할 순 없겠죠.

4-3

子曰:"惟仁者, 能好人, 能惡人。"
자 왈   유 인 자   능 호 인   능 오 인

공자가 말씀하셨다. "오직 군주를 진심으로 섬기고 따르는 어진(仁) 이만이 다른 사람을 좋아할 수 있고, 또 다른 사람을 미워할 수도 있다."

이 말은 『예기』에도 그대로 나옵니다.

오직 어진 사람만이 그들을 내쫓아 사방의 오랑캐 지역으로 물리쳐, 나라 안에서 다른 이들과 함께 하지 못하게 할 수 있다. 이를 일컬어 오직 어진

사람만이 사람을 사랑할 수 있고, 또 사람을 미워할 수도 있다고 하는 것이다.

『예기』「대학」

결국 어진(仁) 사람만이 상대방이 좋은 사람인지 아니면 나쁜 사람인지를 판단할 자격이 있다는 겁니다. 바꿔 말해서, 어짊(仁)은 사람을 판단하는 절대적인 기준이 된다는 거죠.

그렇다면 공자가 어짊(仁)이야말로 사람의 옳고 그름을 구별하는 유일한 기준이 된다고 말하는 근거는 뭘까요?

4-4

子曰: "苟志於仁矣, 無惡也。"
자 왈   구 지 어 인 의   무 악 야

공자가 말씀하셨다. "진실로 군주를 진심으로 섬기고 따르는 어짊(仁)을 실천해야 만이 잘못을 저지르지 않는다."

즉 신하된 자가 자기가 섬기는 군주 위에서 군림하려 들거나, 심지어 쿠데타를 일으킨 후 자신이 권력을 장악해서 독재정권을 세우는 인물들은 옳지 못한 인물이라고 말하는 겁니다.

앞서 소개했던 튀니지의 벤 알리, 예멘의 살레, 리비아의 카다피, 이집트의 무바라크. 이 네 명에게는 보다 나은 조국을 만들기 위해서라는 명분으로 군사 쿠데타를 일으켰고, 초반에는 정말 순수한 마음으로 그 명분을 지키려고 애썼다는 공통점이 있었습니다. 하지만 얼마 가지 않아서 그 마음이 변했고 결국 독재정권 건립과 유지에만 집착을 했다는 또 하나의 공통점도 있죠. 물론 그들 모두가 하나같이 초라한 최후를 맞이했다는 공통점도 역시 존재합니다. 그리고 그것이 자신들이 그토록 사랑했던 조국을 끝없이 추락시켰다는 공통점도 있고요. 바로 이것이 공자가 말하는 그릇된 행위가 되는 겁니다.

4-7

子曰: "人之過也, 各於其黨, 觀過, 斯知仁矣。"
자 왈　인 지 과 야　각 어 기 당　관 과　사 지 인 의

공자가 말씀하셨다. "사람이 잘못을 저지르는 건 모두 다 어짊(仁)을 실천하지 못하고 편들고 치우치기 때문이므로, 잘못한 행위를 가만히 살펴보면 그가 어진지 아닌지 알 수 있다."

공자는 어짊(仁)을 실천해야만이 잘못을 저지르지 않을 수 있다고 했는데, 이는 바꿔 말해서 사람이 잘못을 저지르는 이유가 어질지 못하고 한쪽으로 치우쳐 편들기 때문이라는 겁니다. 그렇다면 신하가 임금을 따르지 않고 한쪽으로 치우쳐 편들었다는 건 과연 무슨 뜻일까요? 기억할 겁니다. 노나라 임금인 소공이 계평자를 공격했는데, 맹손씨와 숙손씨는 오히려 계평자와 힘을 합쳐 역으로 소공을 공격하는 바람에, 소공은 제나라로 도망을 갔다가 그곳에서 비명횡사하죠.

이처럼 어떤 것이 올바른 것인지 생각하지 않고 무턱대고 자기편만 두둔해서, 결과적으로 임금이 타지에서 객사했으니 이 얼마나 부끄러운 일이겠습니까. 이제 이와 관련된 사례를 하나 더 살펴볼까요?

넷플릭스(Netflix) 드라마 〈킹덤(kingdom)〉은 한국뿐 아니라 유럽에서도 인기리에 상영된 작품입니다. 조선 왕조의 영의정 조학주는 권력욕이 대단한 인물로서, 곧 임금이 될 세자와 대립하고 있었습니다. 드라마는 수도인 한양 곳곳에 왕이 붕어했다는 소문이 돌면서 시작됩니다. 왕이 천연두에 걸리고 10일이 지났지만, 그 기간에 왕을 만난 건 조학주와

그의 딸이자 임금의 부인인 중전(中殿)밖에 없기 때문이었는데요. 사실 왕은 이미 죽었습니다. 하지만 조학주는 계략을 꾸며서, 의사에게 죽은 사람도 되살리는 효능을 지닌 '생사초'라는 약초로 죽은 왕을 되살리도록 한 겁니다. 조학주가 왕을 다시 살린 이유는, 중전이 아들을 낳을 때까지 왕이 살아있어야만 자신의 가문이 대를 이을 수 있었기 때문이었습니다. 그러나 이 약초는 큰 부작용이 있는데, '생사초'로 되살아난 사람은 인육을 탐하는 좀비로 부활한다는 거죠. 조학주는 이 사실을 감추기 위해, 세자를 포함한 왕실 안의 모든 사람이 왕을 만나지 못하게 했습니다. 이를 의심하던 세자는 약방 일지(日誌)를 통해 의사가 방문했었다는 단서를 얻고, 그 의사를 만나기 위해서 길을 떠

나면서 이야기가 진행됩니다. 이처럼 조학주는 권력 획득을 위해서 수단과 방법을 가리지 않고, 또 왜구가 침입했을 때도 나환자촌 사람들을 '생사초'로 되살려 좀비로 만들어 왜구를 물리치기도 했습니다. 임금과 백성의 목숨을 소중히 여기지 않고 자기 권력 유지 수단으로만 생각한 조학주는 심지어 자기 권력을 위해서 중전까지 무시하다가, 결국 그녀에게 속아 독약을 마시고 죽음을 맞이합니다. 그리고 중전도 얼마 가지 못해서 좀비들에게 목숨을 잃게 되고요. 사리사욕을 위해 어짊(仁)을 행하기는커녕, 오히려 서로 편들고 한쪽으로 치우친 결과입니다.

4-5

子曰：“富與貴, 是人之所欲也。不以其道得之, 不處也。
자 왈　부여귀　시인지소욕야　불이기도득지　불처야

貧與賤, 是人之所惡也。不以其道得之, 不去也。君子去仁, 惡乎成名?
빈여천　시인지소오야　불이기도득지　불거야　군자거인　오호성명

君子無終食之間違仁, 造次必於是, 顚沛必於是。”
군자무종식지간위인　조차필어시　전패필어시

공자가 말씀하셨다. “부유함과 높은 지위는 모든 사람이 바라는 바이다. 하지만 예로부터 내려오는 성인들의 통치이념인 도를 실천하면서 얻은 게 아니라면, 결코 그 재산과 지위를 탐내서는 안 된다. 가난함과 낮은 지위는 모든 사람이 싫어하는 바이다. 하지만 도를 실천하면서 뜻하지 않게 그렇게 되더라도, 결코 가난함과 낮은 지위를 멀리해서는 안 된다. 이처럼 지도자는 오로지 도의 구성요소인 어짊(仁)을 어떻게 실천할지 고민해야 하니, 어질지 못한데 어찌 후세에 그 이름을 남길 수 있겠는가? 따라서 참된 지도자인 군자는 단 한 순간도 어짊(仁)의 자세를 잃지 않는다.”

4-6

子曰：“我未見好仁者, 惡不仁者。好仁者, 無以尙之;
자 왈　아미견호인자　오불인자　호인자　무이상지

惡不仁者, 其爲仁矣, 不使不仁者加乎其身, 有能一日用其力於仁矣乎?
오불인자　기위인의　불사불인자가호기신　유능일일용기력어인의호

我未見力不足者。蓋有之矣, 我未之見也。”
아미견역부족자　개유지의　아미지견야

공자가 말씀하셨다. “나는 어짊(仁)을 행하기를 좋아하는 사람이나 어질지 못한 이를 미워하는 사람을 만나본 적이 없다. 어짊(仁)을 행하기를 좋아하는 사람은 더 이상 요구할 게 없고, 어질지 못한 이를 미워하는 사람은 어질지 못한 이가 안 좋은 영향을 미칠까 봐 자기 곁에 가까이 하지 못하도록 한다. 단 하

루라도 어짊(仁)을 행하려고 힘쓰는 사람이 있는가? 나는 어짊(仁)을 행하고자 애쓰지만 힘이 부족해서 못하는 사람을 만나지 못했다. 아마 그런 사람이 분명 있겠지만, 내가 직접 만나보지는 못했다."

이 두 구절은 연결해서 함께 설명하고자 하는데, 이를 위해서 다음 구절도 함께 살펴보겠습니다.

5-20

子曰: "甯武子, 邦有道, 則知; 邦無道, 則愚。其知可及也,
자 왈   영 무 자   방 유 도   즉 지   방 무 도   즉 우   기 지 가 급 야

其愚不可及也。"
기 우 불 가 급 야

공자가 말씀하셨다. "위나라 대부 영무자는 나라에 도가 있으면 충언을 아끼지 않았고, 나라에 도가 없으면 군주의 무도함에 관계없이 목숨을 걸고 그를 진심으로 섬기고 따랐으니 어리석을 정도로 우직하다. 나라에 도가 있을 때 충언을 아끼지 않는 것은 나도 할 수 있지만, 나라에 도가 없을 때 군주의 무도함에 관계없이 목숨을 걸고 그를 진심으로 섬기고 따르는 우직함은 내가 감히 흉내 낼 수가 없구나."

즉 공자가 여기서 왜 영무자를 이처럼 극찬했는지 이해할 수 있다면, 자연스레 4-5와 4-6이 뭘 의미하는지 알 수 있죠. 이제 다음의 『좌전』 기록을 정리한 내용을 살펴보겠습니다.

위나라 성공은 초나라와 인척 관계를 맺었는데, 당시 북쪽의 강국인 진(晉)나라는 남쪽의 신흥 강국인 초나라의 북진에 민감하고 있었습니다. 송나라는 위협 때문에 어쩔 수 없이 초나라 편에 섰지만, 기회를 틈타 진나라에 도움을 요청했습니다. 배신에 화가 난 초나라가 송나라를 포위하자, 진나라는 초나라의 우군인 조나라를 먼저 공격하기로 했습니

다. 이때 진나라는 위나라가 길을 빌려주고 또 군사를 모아 달라고 요청했는데, 위나라 대부들까지 나서서 간청했음에도 불구하고 성공은 거절했습니다. 친인척 관계에 있는 초나라를 배신할 수 없었기 때문이죠.

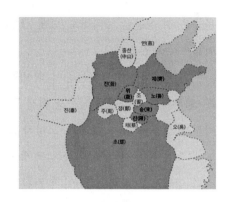

　진나라가 화가 나 위나라를 공격하여 '오록'땅을 빼앗자 후회한 성공은 진나라 편에 서려고 했지만 거절당하고, 이에 다시 초나라를 지지하지만 이번엔 신하들의 반대에 부딪혔습니다. 그리고 이 일을 빌미로 성공은 대부 원훤에 의해서 '양우' 땅으로 쫓겨났다가, 지지하던 초나라가 성복전투에서 진나라에 패하자 다시 진(陳)나라로 달아납니다. 이후 진(晉)나라는 성공을 위나라 임금으로 복위시켰는데, 이때 영무자가 '원복'에서 위나라 사람들을 설득하는 연설을 합니다. "하늘이 우리를 보우하시니, 남는 사람이 없으면 누가 종묘사직을 보호할 것이고, 군주를 따르는 사람이 없으면 누가 우리 재산을 지킬 것인가? 내가 맹세하는데 외부에 있는 사람들은 자기 공로에 의지하지 말고, 남은 사람은 죄를 얻을까 걱정하지 마시오. 이 맹세를 어기면, 반드시 주살할 것이오!" 그러자 사람들이 떠나지 않고, 뭉쳐서 성공을 다시 맞이했습니다.

　성공이 달아났을 때 원훤은 숙무를 위나라 임금으로 모셨지만, 성공이 다시 복위하는 과정에서 숙무가 죽게 됩니다. 원훤은 진(晉)나라로 도망가 숙무가 죽은 것을 가지고 성공과 소송을 벌였는데, 위 성공은 제후였기 때문에 영무자와 침장자 사영을 그의 소송 대리인으로 삼았죠. 하지만 위 성공이 패소하여 그의 대리인들은 모두 죽거나 다리가 잘렸는데, 영무자만은 충성스럽다는 이유로 사면되었습니다. 그리고 진(晉)

문공은 위 성공을 주나라로 보내 가두고, 원훤은 귀국해서 자하(子瑕)를 임금으로 세웠습니다.

2년 뒤 진(晉)나라 문공이 의사를 시켜서 성공을 독살하려고 했는데, 영무자가 의사에게 뇌물을 줘서 독약의 양을 적게 타게 했습니다. 그 덕분에 성공은 죽지 않았고, 노나라 희공이 주나라 천자와 진나라 문공에게 옥을 바쳐서, 성공이 석방되게 했습니다. 그 뒤 성공은 다시 위나라의 임금으로 복귀했고, 이때 원훤은 성공에 의해서 죽임을 당합니다. 4-7의 말뜻처럼 원훤은 임금을 진심으로 섬기지는 못할망정 한쪽으로 치우쳐 편드는 잘못을 저질렀기 때문에, 결국 비참한 최후를 맞이했던 겁니다.

그로부터 다시 1년 뒤 성공이 하나라 '우'임금의 아들 계(啓)의 후손에게 제사를 지내려 하자, 영무자는 주나라 성왕과 주공이 정한 규정을 위반할 수는 없다며 성공을 설득해서 결국 제사를 지내지 못하게 했습니다. 제후가 천자의 후손에게 제사 지낼 수는 없는 노릇이고, 더군다나 주나라 제후국이 주나라도 아닌 이전 왕조인 하나라 천자의 후손들에게 제사 지내는 건 더욱 설득력이 없었기 때문이죠. 2-24-1의 "자기 조상의 귀신이 아닌데도 그에게 제사를 지내면, 그건 간사하고 악한 것이다."라는 구절처럼 말입니다.

한번은 영무자가 노나라를 방문했는데, 노나라 문공은 그를 위해서 『시경』의 「담로」와 「동궁」을 연주하게 했습니다. 하지만 영무자는 이 두 작품은 모두 천자께서나 사용하실 수 있다며 감히 답사를 하지 못하겠다고 사양했습니다.

지금까지 소개한 영무자의 모습은, 앞에서 공자가 설명했던 어짊(仁)의 자세에 모두 부합됩니다. 임금이 위험에 처하면 목숨을 걸고 그의 곁에서 진심으로 섬기고 따랐을 뿐 아니라, 임금이 잘못된 판단을 하면 끝까지 그를 바로잡으려고 애썼던 거죠.

이처럼 영무자는 공자가 말하는 어짊(仁)을 평생 실천한 인물입니다. 그렇다면 공자는 왜 4-6에서 "나는 어짊(仁)을 행하고자 애쓰지만 힘이 부족해서 못하는 사람을 만나지 못했다."라고 토로한 걸까요? 안타깝게도 영무자는 B.C. 632년 진나라와 초나라의 성복전투 때 한창 왕성하게 활동하던 인물이므로, B.C. 551년에 태어난 공자는 서적을 통해서만 그의 행적을 접할 수 있었던 겁니다.

그렇다고 해서 공자 주변에 어짊(仁)에 힘쓰지 않은 사람이 전혀 없었던 건 아닙니다.

6-5

子曰: "回也, 其心三月不違仁。其餘, 則日月至焉而已。"
자 왈　회 야　기 심 삼 월 불 위 인　기 여　즉 일 월 지 언 이 이

공자가 말씀하셨다. "안회는 많은 세월이 흘러도 어진(仁) 마음이 바뀌지 않는다. 하지만 다른 사람들은 잠시만 그럴 뿐이다."

이처럼 공자에게는 안회라는 걸출한 제자가 있었기에, 아마도 그는 제자 양성에 모든 열정을 쏟았나 봅니다. 다만 안타깝게도 공자가 일생을 바친 '군자 양성 프로젝트'의 유일한 희망이었던 안회는, 공자가 71세일 때 41세의 나이로 스승보다 2년 더 일찍 세상을 떠나죠. 참고로 여기 본문에서도 '3'은 많다(多)는 의미로 풀이해야 합니다.

子曰: "朝聞道, 夕死, 可矣。"
자 왈　조 문 도　석 사　가 의

공자가 말씀하셨다. "아침에 잠자리에서 일어나 나라에 도가 있다는 말을 듣는다면, 하루 동안 그 평화로움을 느끼다가 저녁이 되어서 이 세상을 떠나도 여한이 없겠다."

이는 공자에게 있어서 인생의 궁극 목표가 뭔지를 여실히 드러내주고 있습니다. 태평성대를 이끈 성현들의 통치이념이 '도'입니다. 지도자가 '도'를 온전하게 깨달아서 실천하는 세상이 오면, 공자는 자신의 꿈이 실현되는 것이므로 죽어도 여한이 없겠죠. 다만 바로 세상을 떠나기 보다는, 저녁때까지 그토록 꿈꿔온 세상에서 행복을 느끼다가 떠나고 싶다는 소박한 꿈도 꾸고 있습니다. 그렇다면 왜 정치가 이토록 중요한 걸까요? 다음 기록을 보겠습니다.

공자 일행이 태산 기슭을 지나고 있는데, 한 여인이 묘 앞에서 슬피 울고 있었다. 공자가 애도를 표하고 그 연유를 듣고자 자공을 보내 묻게 했다. "당신이 슬피 우는 이유는 분명 여러 걱정거리가 있어서 이겠군요." 그러자 부인이 말했다. "그렇습니다. 전에 제 시아버지가 호랑이 때문에 돌아가셨고, 제 남편도 죽었는데, 오늘 제 아들이 또 죽었습니다!" 공자가 말씀하셨다. "어찌 여기를 떠나지 않습니까?" 부인이 말했다. "여기는 가혹한 정치가 없습니다." 공자가 말씀하셨다. "잘 알아들었느냐? 가혹한 명령과 세금은 호랑이보다도 더 잔혹하다!"

『예기』「단궁하」

‘가정맹어호(苛政猛於虎)’로 잘 알려진 이 이야기는, 정치가 우리 삶에 얼마나 막강한 힘을 주는지 여실히 알려줍니다. 왜냐면 정치인들이 어떤 결정을 내리느냐에 따라서, 인문, 사회, 경제, 교육, 의학, 과학, 공학, 예술, 체육 등 한 나라 전체가 들썩이니까요. 정치는 이 세상의 출발점이자 모든 것입니다.

4-9

子曰: "士志於道而恥惡衣惡食者, 未足與議也。"
자왈   사 지 어 도 이 치 오 의 오 식 자   미 족 여 의 야

공자가 말씀하셨다. "태평성대를 이끈 성현들의 통치이념인 도를 구성하는 요소 가운데 하나가 바로 검소함이다. 그런데 선비(士)가 도에 뜻을 두고도 남루한 옷이나 변변찮은 음식이라고 싫어한다면, 도의 중요한 구성요소인 검소함을 싫어한다는 것이니, 그런 모순적인 사람과는 더 이상 도에 대해서 의논할 가치조차 없다."

검소함(儉)은 '도'의 중요한 구성요소입니다. 그래서 『논어』에서 초반부터 줄곧 강조해온 거죠. 그렇다면 '도'를 실천하려는 사람은 왜 검소함(儉)을 몸에 익혀야 하는 걸까요? 이 말을 하려니, 문득 예전 기억이 하나 떠오릅니다. 어느 가을날 출근하기 위해 양복을 입는데, 바지 주머니 속에서 손에 뭔가 잡혔습니다. 꺼내보니 5만원 지폐 한 장이었죠. 그 돈을 보기 전에는 퇴근 후 곧장 귀가할 생각이었지만, 이내 나도 모르게 딴마음을 하고 있었습니다. "가만 있어보자, 오늘 귀갓길에 누구랑 소주 한 잔 하지?" 그 5만원 지폐는 과연 누구 것이었을까요? 물론 제가 넣어두고 잊어버린 거겠죠. 설마하니 아직 초등학생인 제 아들이 용돈으로 쓰라고 넣어뒀겠습니까? 사람은 자기 자신에게 필요한 만큼보다 더 많

은 재산이 생기면, 반드시 딴마음을 품게 되어있습니다. 그리고 딴마음 이 머릿속 한편에 둥지를 틀게 되면, 결국 '도'에 전념할 수 없죠. 이제 여기서 한 인물을 소개하겠습니다.

법정 스님은 불교 승려이자 수필가로 활 동하신 분입니다. 그는 많은 수필집을 출간 했는데, 그중에서 가장 대표적인 저서로는 『무소유(1976)』가 있습니다. 법정 스님이 말 하는 '무소유'는 아무것도 가지지 말라는 것 이 아니라, 꼭 필요한 것 외에는 더 이상 욕 심을 내지 말라는 뜻입니다. 그렇지 못하면  평생 집착에서 벗어나지 못하기 때문이죠. 법정 스님은 생전 불교계뿐 아니라 다른 종교인과도 지속적으로 교류했 습니다. 특히 군사독재 시절 함께 민주화 운동을 전개한 천주교의 김수 환 추기경이 선종했을 때 이해인 수녀와 함께 애도를 표하고, 그가 입적 했을 때는 이해인 수녀가 애도를 표한 일화는 유명합니다. 함석헌, 장준 하 등과 함께 1971년 '민주수호국민협의회'를 결성하여 민주화 운동에 앞장서고, 1994년에는 시민운동 단체인 '맑고 향기롭게'를 만들기도 했 습니다. 2010년 입적할 때 다음과 같은 유언을 남기기도 했는데요. "나 하나 처리하기 위해 소중한 나무들을 베지 말라. 내가 죽으면 남아 있는 땔감을 가져다 그 위에 얹어 놓고 화장해 달라.", "사리는 찾지 말고, 수 의는 절대 만들지 말며, 그냥 내가 입던 옷을 입혀서 태워 달라. 어떤 거 창한 의식도 하지 말고, 세상에 떠들썩하게 알리지 말라." 이는 법정 스 님이 평소 강조하던 '무소유'를 끝까지 몸소 실천하겠다는 강한 의지를 밝힌 것으로 볼 수 있습니다. 타인에게 미치는 선한 영향력은 사람들을 매료시킬 때 나온다는 말이 있습니다. '무소유'를 솔선수범하여 실천하 고, 나아가 조국의 민주화를 위해서 한 몸 희생하는 것을 두려워하지 않는 모습은 사람들을 매료시켰습니다. 그래서 수많은 사람들이 그를 지지하고 따랐으며, 그가 입적했을 때 진심 어린 눈물을 흘렸던 것이겠죠.

子曰: "君子之於天下也, 無適也, 無莫也, 義之與比。"
자 왈   군 자 지 어 천 하 야   무 적 야   무 막 야   의 지 여 비

공자가 말씀하셨다. "참된 지도자인 군자가 세상에 나서면, 마땅히 해야 한다거나 또는 하지 말아야 할 일 같은 건 없다. 오로지 의로움에 비춰서 행할지 여부를 판단해야 한다."

2008년 당시 서울의 한 고등학교 국어 교사였던 김형태 씨는 학교 재단의 독서실 불법 운영과 급식실 운영 비리 의혹 그리고 체육복 리베이트 의혹 및 동창회비 축적 등의 문제를 제기했고, 교육청은 이에 감사를 진행하여 이를 포함한 그 밖의 여러 의혹들을 밝혀냈습니다. 그런데 해당 고등학교는 내부 비공개 자료 유출과 공무원 복무규정 위반 그리고 직무 태만 및 품위 손상 등을 이유로 그를 징계위원회에 넘겼고, 해당 위원회는 파면을 결정했습니다. 김형태 교사는 1인 시위와 교원소청위원회의 징계 절차를 통해서 자신의 파면에 의문을 제기했고, 그 덕에 파면이 취소되어 복직했습니다. 하지만 5일 만에 다시 직위 해제되고, 재 징계 절차를 밟아 파면 당하고 말았죠. 200일 넘게 행정 시위를 하던 김 교사는 2010년 6월 서울시 교육의원 선거에 당선되고, 공익 제보자 특별채용을 통해 8년 만

에 다시 교단에 서게 됐습니다. 이후 해당 고등학교는 임원 13명이 승인 취소되고, 보조금 9억 원을 환수 당했으며, 이사장은 금품 수수 혐의로 징역 1년 3개월과 추징금 2천만 원을 선고받았습니다. 그리고 김형태 전 교육의원은 현재 '교육을 바꾸는 새 힘'의 대표로서, 교육 때문에 고통스러운 대한민국을 교육 덕분에 행복한 대한민국으로 만들자는 슬로건으로 다양한 활동을 하고 있습니다.

4-11

子曰: "君子懷德, 小人懷土。君子懷刑, 小人懷惠。"
자 왈 군 자 회 덕 소 인 회 차 군 자 회 형 소 인 회 혜

공자가 말씀하셨다. "참된 지도자인 군자는 어떻게 해야 타인에게 덕을 베풀 수 있을까 고민하지만, 피지배계급인 소인은 그저 땅을 갈아서 농사짓는 당장의 생계에만 집착한다. 군자는 어떻게 해야 백성의 모범이 될 수 있을까 생각하지만, 소인은 그저 윗사람이 자기를 총애하여 베풀어주기만 기다린다."

『예기』에도 이와 일맥상통하는 구절이 있습니다.

윗자리에 있어서는 아랫사람을 업신여기지 않고 아랫자리에 있어서는 윗사람에게 매달리지 않으며, 자기 자신을 바르게 하고 남에게 도움을 구하지 않으면 곧 원망이 없을 것이니, 위로는 하늘을 원망치 아니하고 아래로는 남을 탓하지 않는다.

『예기』「중용」

이처럼 누군가를 이끄는 리더는 남에게 의지하기보다는 오로지 자기 자신을 바르게 하고, 무엇보다 타인에게 베푸는 모습을 보이려고 고민합니다. 이제 해외의 한 가문을 소개하겠습니다.

1856년 앙드레 오스카 발렌베리(An-
dré Oscar Wallenberg)가 스웨덴 수도 스톡
홀름에 엔스킬다 은행(SEB)을 창업한 이래,
발렌베리 가문은 160여 년 동안 5대째 가
족 경영을 해왔습니다. 이 그룹은 가전회
사인 일렉트로룩스(Electrolux)와 통신사인
에릭슨(Ericsson) 그리고 방위 산업체인 사
브(SABB)와 중장비 업체 스카니아(Scania)

를 중심으로, 제약회사 아스트라제네카(AstraZeneca)와 SEB 은행 및 엔
지니어링 회사 ABB 등을 소유하고 있죠. 그런데 이 그룹은 수익의 사
업 재투자를 위한 20%를 제외한 80% 모두를 사회에 환원하고 있습니
다. 특히 그룹의 임원들은 계열회사 주식을 보유하지 않고, 각 계열회사
의 수익은 지주회사인 인베스터(Investor)로 그리고 다시 발렌베리 재단
으로 가서 최종적으로 사회에 환원됩니다. 재단의 기금 규모는 2011년
기준 한화 8조 3500억 원으로 자연과학과 기술 및 각 방면에 기부되고,
매년 연구비로 지급되는 비용은 약 2700억 원에 달합니다. 또 어린이를
위한 체험센터와 대학교 유네스코 및 도서관도 지원하고 있죠. 이 그룹
의 규모는 스웨덴 국내 총생산의 30%를 차지할 만큼 거대하지만, 그들
은 100년 이상 부를 쌓기보다 사회에 환원함으로써 스웨덴 국민들의 존
경과 지지를 받고 있답니다.

子曰: "放於利而行, 多怨。"
자 왈   방 어 리 이 행   다 원

공자가 말씀하셨다. "지도자가 이익을 밝혀 사사로운 탐욕에 눈이 멀게 되면,
백성들의 원성이 높아진다."

지도자는 오로지 나라와 백성을 위하는 자세로 임해야 하는데, 사
리사욕을 탐하게 되면 딴생각을 품게 되어 이처럼 한마음으로 전념할
수 없습니다. 그렇게 되면 백성들의 삶은 도탄에 빠져서 지도자를 원망
하게 되죠. 이제 구절에 부합되는 사례를 살펴보겠습니다.

2014년에 출시된 국산 브랜드 스베누(SBENU)는 슈즈(Shoes)의 'S'
와 고대 이집트 전설에 등장하는 불사조 '베누(Benu)'의 합성어인데, '저
렴한 국산 신발'이라는 모토를 들고 등장했습니다. 유명 연예인들을 모
델로 기용하고 e스포츠대회 후원 등 공격적인 홍보 전략으로 청소년층
에게 큰 인기를 끌었고, 이는 연 400억 원 수준의 매출로 연결됐습니
다. 그런데 회사 대표는 인기가 높아질수록 제품 품질에 신경을 쓴 게 아
니라 오직 홍보에만 큰 비용을 지출했고, 결국 소비자들 사이에서 제품
에 대한 많은 불만이 쏟아지게 됐습니다. 신발이 비에 젖으면 양말에 염
색이 되는 이염 현상이 발생하는가 하면, 타 브랜드 디자인 표절 문제들
도 끊이지 않았죠. 소비자들의 제품 하자에 대한 불만이 점점 커지자, 회
사 대표는 보따리 상인들에게 낮은 가격으로 운동화들을 몽땅 팔아버
렸습니다. 이 상인들이 온라인을 통해 낮은 가격에 많은 운동화를 판매
하기 시작하자, 정가대로 판매하던 가맹점들은 당연히 정상적인 매출을
기대할 수 없게 되었죠. 하지만 회사 대표가 가맹점들에 대해 책임을 지
지 않고 뒷짐만 지고 있자, 결국 가맹점들은 시위를 벌였습니다. 그리고

2016년 모든 스베누 매장들은 문을 닫고 폐업했으며, 회사 대표는 수백억 원대 사기 혐의로 피소됐습니다.

子曰: "能以禮讓爲國乎, 何有? 不能以禮讓爲國, 如禮何?"
자 왈   능 이 예 양 위 국 호   하 유   불 능 이 예 양 위 국   여 예 하

공자가 말씀하셨다. "조화로움(和)을 위해 절제하고 통제하는 예(禮)와 스스로 자기 몸을 낮추는 겸손함으로 나라를 다스린다면 백성들이 지도자를 신뢰하고 지지할 터인데, 정치를 하는데 어떤 어려움이 있겠는가? 반면에 예(禮)와 겸손함으로 나라를 다스리지 않으면, 도대체 예(禮)를 어디에다 쓰겠단 말인가?"

앞에서 소개한 발렌베리 가문 소속 기업들의 국내외 매출은 약 1,000억 달러로, 스웨덴 전체 GDP의 1/3과 맞먹는 규모입니다. 하지만 순이익의 상당수는 재단을 통해 사회에 환원되는 선순환 구조를 지닙니다. 그런데 이 가문에는 원칙적으로 경영 세습이 없다고 합니다. 다만 적합한 후계자가 있을 경우에 한해서만 세습이 가능한데, 그 후계자는 혼자 힘으로 명문대를 졸업해야 하며, 반드시 해군사관학교를 졸업해야 합니다. 특히 부모 도움 없이 세계적 금융 중심지에 진출해서 실무 경험과 금융 흐름을 익혀야 하고, 무엇보다 그렇게 까다로운 과정을 거쳐 경영자가 되어도, 재산 상속은 안 되고 오직 급여만 받아야 합니다. 그래서 이 가문 사람들 중에 세계 부자 명단에 드는 인물은 단 한 명도 없다고 하죠.

이처럼 부족하거나 지나치지 않도록 스스로를 절제하는 예(禮)와 몸을 낮추는 겸손함(謙)의 자세는 발렌베리 가문에 대대로 내려오는 "존재

하되, 드러내지 않는다(esse, non videri)"는 원칙을 따르는 모습이라고 할 수 있습니다.

4-14

子曰: "不患無位, 患所以立。不患莫己知, 求爲可知也。"
자 왈   불 환 무 위   환 소 이 립   불 환 막 기 지   구 위 가 지 야

공자가 말씀하셨다. "자신에게 걸맞은 사회적 지위가 없음을 걱정하지 말고, 자기를 세상에 확고하게 드러내줄 뭔가를 찾을 수 있는지 걱정해야 한다. 사람들이 나를 알아주지 않는다고 걱정하지 말고, 자기를 세상에 드러낼 수 있도록 부단히 실천해야 한다."

    일명 MS로 널리 알려진 마이크로소프트(Microsoft Corporation)의 창업자인 빌 게이츠(Bill Gates)와 폴 앨런(Paul Allen)은 개인도 사용할 수 있는 쉬운 컴퓨터 프로그램을 만드는 것을 목표로 1975년에 회사를 창업했습니다. 하지만 그 당시만 해도 컴퓨터는 특별한 사람들만이 사용하는 제품이라는 인식이 강했기 때문에, 빌 게이츠와 폴 앨런이 창업을 한다고 하자 사람들은 그저 비웃었죠. 게다가 이들이 창업할 당시 '소프트(soft)'라고 하면 '부드러운 아이스크림(soft ice-cream)'을 떠올릴 수밖에 없는 시절이었기 때문에, '마이크로소프트'라는 이름으로 회사를 창업하자 사람들은 작고 부드러운 아이스크림을 파는 가게를 창업했다고 생각했다고 합니다. 하지만 빌 게이츠와 폴 앨런은 사람들의 무시와 무관심에도 불구하고 포기하지 않고 꾸준히 노력했

습니다. BASIC 인터프리터 개발을 필두로 IBM과 협업하기도 했죠. 특히 1985년 11월은 이들에게 특별했는데요. 바로 지금은 대중적으로 널리 알려진 윈도우(WINDOW)의 첫 번째 버전을 출시했기 때문입니다. 이후 이들은 승승장구했고, 그 노력의 결과로 마이크로소프트사를 세계 시가총액 2위이자 소프트웨어 및 하드웨어 분야에서는 1위인 세계 최대 기업으로 키워냈습니다. 그는 현재 아마존닷컴(Amazon Inc.)의 창업자 제프 베이조스(Jeffrey Preston Bezos)에 이어 세계 2위의 부자이지만, 여전히 여러 자선 활동에 참여하면서 워렌 버핏(Warren Edward Buffett)과 함께 '더 기빙 플레지(The Giving Plege)'를 설립했고, 이 캠페인을 통해서 재산의 절반을 자선단체에 기부하겠다고 서약하기도 했습니다.

4-15

子曰: "參乎, 吾道一以貫之。" 曾子曰: "唯。" 子出。門人問曰:
자 왈 삼 호 오 도 일 이 관 지   증 자 왈 유   자 출 문 인 문 왈

"何謂也?" 曾子曰: "夫子之道, 忠恕而已矣。"
하 위 야 증 자 왈 부 자 지 도 충 서 이 이 의

공자가 말씀하셨다. "증자야, 내가 따르는 사람의 도(人道)는 오직 하나로만 도달할 수 있다." 증자가 말씀하셨다. "예." 공자께서 나가셨다. 그러자 문하의 한 제자가 물으셨다. "스승께서는 무엇을 말씀하신 겁니까?" 증자가 말씀하셨다. "스승께서 추구하시는 사람의 도(人道)는 마음이 한쪽으로 치우치지 않는 공정함(忠)과 타인의 입장에서 생각함(恕)으로만 도달할 수 있소."

이 구절과 같은 뜻을 지닌 내용이 다음에도 또 보이므로 여기서 함께 짚고 넘어가겠습니다.

子曰: "賜也, 女以予爲多學而識之者與?" 對曰: "然 非與?" 曰: "非也!
자 왈   사 야   여 이 여 여 위 다 학 이 식 지 자 여   대 왈   연 비 여   왈   비 야

予一以貫之。"
여 일 이 관 지

공자가 말씀하셨다. "자공아, 너는 내가 많이 배워서 그것을 안다고 생각하느냐?" 자공이 대답하셨다. "그렇습니다. 아닙니까?" 공자가 말씀하셨다. "아니다. 나는 오직 하나로 일관할 뿐이다."

위의 두 구절을 정확하게 파악하기 위해서는, '하나(一)'의 뜻부터 짚고 넘어가야 합니다.

'덕'은 '도'의 바로 직전 단계이고, '덕'에 변치 않는 자세(常)가 더해졌을 때 비로소 '도'에 도달할 수 있다고 했습니다. 그런데 '덕'은 중(中)과 화(和)를 실천할 때 비로소 도달할 수 있습니다.

그리고 '도'의 내용이 되는 부드러움의 어짊(仁) 및 강함의 의로움(義)은 형식이 되는 부드러움의 음악(樂) 및 강함의 예(禮)와 어느 한쪽으로 치우치지 않고(中) 조화로움(和)을 이뤄야 합니다. 즉 인의(仁義)와 예악(禮樂)을 통해서 중화(中和)에 도달하게 되고, 또 그래야 '덕'에 도달할 수 있는 거죠.

道 (도)	
덕(德)	
중(中), 화(和)	
인(仁), 의(義)	예(禮), 악(樂)

그런데 공자는 왜 '덕'을 '하나(一)'라고 표현한 걸까요? 이제 다음 기록을 살펴보겠습니다.

아! 하늘을 믿기 어려운 것은 천명이 변치 않고 오래가지 못하기 때문이니, 그 덕이 변치 않고 오래가면 그 지위를 보존하고, 그 덕이 변치 않고 오래가지 못하면 온 세상이 망하게 됩니다. 하나라 왕이 그 덕을 변하지 않고 오래가지 못하게 하여서 귀신(선조)을 업신여기고 백성들을 해치자, 하늘은 나라를 보호해주지 않았습니다. 이에 하늘은 사방을 살펴보아서 천명을 받은 이를 찾아 가르쳐 새로운 길을 열었고, 순일(純一)한 덕이 있는 이를 찾아서 돌보셨으니, 그 사람으로 하여금 귀신(선조)을 받드는 나라의 새로운 주인이 되게 하였습니다. 저 이윤은 몸소 탕임금과 함께 순일한 덕을 갖춰서 천심을 누릴 수 있었으니, 하늘의 밝은 명을 받은 것입니다. (생략) 하늘이 우리 상나라에 사사로움이 있었던 것이 아니라 하늘이 순일한 덕을 도운 것이고, 상나라가 백성들에게 청한 것이 아니라 백성들이 순일한 덕으로 귀속한 것입니다. 덕이 한결같으면 움직여서 길하지 않은 것이 없고, 덕이 두셋으로 나뉘어 한결같지 않으면 움직여서 흉하지 않은 것이 없습니다.

『상서』「함유일덕」

결국 공자가 말한 '하나(一)'는 '순수하게 하나만 생각하는(순일: 純一) 덕' 즉 다른 사심 없이 오직 나라와 백성의 안위 한 가지만을 생각하는 '덕'을 뜻합니다. 그렇다면 '하나'는 또 무슨 뜻을 지닐까요? 예를 들어서 여러분이 핸드폰을 사러 매장에 갔는데, 디자인은 마음에 들지만 색상이 마음에 들지 않아서 다른 색상을 원할 때가 있죠. 그때 직원이 말합니다. "죄송합니다만, 저희 매장에는 흰색 한 가지만 있습니다." 이 말은 매장의 핸드폰 전부가 흰색이라는 뜻이죠. 또 사랑을 고백할 때 "내 머릿속엔 너 하나만 있어!"라는 말은, "내 머릿속은 온통 너에 대한 생각으로 가득 차 있어!"라는 뜻이죠. 이처럼 '하나'는 바로 어떤 불순물도 섞이지 않은 순수한 '전부'라는 뜻을 지니는 겁니다. 따라서 '순일한 덕'으로 나라를 다스린다는 말은 지도자의 머릿속이 온통 나라와 백성 생각으로 가득 차서, 감히 사리사욕을 탐하지 못한다는 뜻이 됩니다. 그런데 증자는 왜 '하나' 즉 '순일한 덕'을 공정함(忠)과 타인의 입장에서 생각함(恕) 두 가지로 설명한 걸까요?

충(忠)은 '가운데 중(中)'과 '마음 심(心)'이 합쳐진 문자로서, 마음이 한쪽으로 치우치지 않고 공정함을 나타내는 중(中)과 같은 뜻이라고 했습니다.

서(恕)는 '같을 여(如)'와 '마음 심(心)'이 합쳐진 문자로서, 내 마음을 상대방의 마음과 같게 한다는 뜻입니다. 따라서 용서(容恕)한다는 말은 내 마음을 상대방과 같게 하여 상대방의 입장에서 헤아린다는 뜻이죠. 다시 말해서 이는 어느 한 명도 내치지 않고 모두 함께 하려 하는 조화로움(和)과 같은 뜻이 되는 겁니다. 즉 증자는 '순수한 덕'의 두 구성요소인 객관적이고 공정함(中)과 조화로움(和)을 또 다른 표현인 공정함(忠)과 타인의 입장에서 생각함(恕)으로 바꿔서 설명했던 겁니다. 단어 표현만 다를 뿐, 사실상 그 의미는 똑같은 거죠. 그리고 이러한 사실은 다음 기록에서도 확인할 수 있습니다.

충(忠)과 서(恕)는 도에서 멀리 떨어져 있지 않으니, 자기에게 베푸는 것을 원하지 않으면 역시 남에게 베풀지 말아야 한다.   『예기』「중용」

'도'에서 멀리 떨어져 있지 않다는 말은 결국 '도'의 바로 직전 단계인 '덕'에 도달했다는 뜻이죠. 그리고 '덕'의 양대 구성요소는 공정함(中)과 조화로움(和)인데, 여기서는 공정함(忠)과 타인의 입장에서 생각함(恕)

으로 달리 표현하고 있을 뿐인 겁니다.

특히 1-12에서 『예기』「중용」편을 인용하면서 언급했듯이, 공자는 "중(中)이라는 것은 세상의 큰 근본이고, 조화로움(和)은 세상이 이미 '도'에 닿은 것이다."라고 설명한 바 있습니다. 즉 중(中)에서 시작하여 조화로움(和)으로 완성해야 하는 것이므로, 공자는 아래 구절에서 조화로움(和) = 타인의 입장에서 생각함(恕)이 얼마나 중요한지 거듭 강조하기도 합니다.

15-24

子貢問曰: "有一言而可以終身行之者乎?" 子曰: "其恕乎! 己所不欲,
자공문왈   유일언이가이종신행지자호   자왈   기서호 기소불욕

勿施於人。"
물시어인

자공이 물으셨다. "죽을 때까지 행해야 할 것을, 한마디 말로 표현할 수 있습니까?" 공자가 말씀하셨다. "그것은 타인의 입장에서 생각함(恕)이다! 자기가 하고 싶지 않은 걸 남에게 시키지 말라."

그런데 앞에서도 언급했듯이, 공자는 '도'의 이론에만 능통한 인물이 아니었습니다. 그의 진정 위대한 면모는 '도'의 내용을 배우는 데서 그치는 것이 아니라, 항상 몸소 실천하려고 애썼다는 데 있습니다. 다음 구절을 보죠.

師冕見, 及階。子曰:"階也。" 及席。子曰:"席也。" 皆坐。子告之曰:
사 면 현 급 계   자 왈   계 야   급 석 자 왈   석 야   개 좌 자 고 지 왈

"某在斯, 某在斯。" 師冕出。子張問曰:"與師言之道與?" 子曰:"然。
모 재 사 모 재 사   사 면 출   자 장 문 왈   여 사 언 지 도 여   자 왈   연

固相師之道也。"
고 상 사 지 도 야

소경인 악사 면이 공자를 만나려고 돌층계에 이르렀다. 그러자 공자가 말씀
하셨다. "섬돌입니다." 이윽고 면이 앉을 자리에 이르렀다. 공자가 말씀하셨
다. "자리이니, 여기에 앉으십시오." 이제 모두가 앉았다. 공자가 그에게 알려
서 말씀하셨다. "아무개가 여기에 있고, 아무개가 여기에 있습니다." 일이 끝
난 후 악사 면이 나갔다. 자장이 물으셨다. "방금 하신 행동이 악사와 함께 말
하는 도리입니까?" 공자가 말씀하셨다. "그러하다. 이것이 참으로 악사를 돕
는 도리이다."

이제 조화로움(和)= 타인의 입장에서 생각함(恕) 즉 어느 누구 하나
버리지 않고 모두가 함께 하려고 평생을 노력한 인물에 대해서 알아보
겠습니다.

테레사 수녀(Mother Teresa)는 1929년 인
도로 파견되었고, 1950년 12명의 지원자와
함께 '사랑의 선교회'를 설립했습니다. 그리
고 콜카타(Calcutta) 지역의 빈민가를 돌며 음
식을 나누어 주고, 아픈 사람을 보살펴 주었
죠. 1952년 콜카타 시청 측에서 제공한 건물
을 죽어가는 사람들을 위한 공간으로 사용

했을 때, 힌두교도들은 그녀 일행이 선교활동을 위해 건물을 이용할 것
이라고 의심하여 시위를 벌였습니다. 하지만 수녀들이 종교에 구애 없

이 복지활동을 하는 모습을 보고 그들을 받아들였죠. 또 콜카타 거리에는 부모에게 버림받은 아이들이 많았는데, 그녀는 '때묻지 않은 어린이들의 집'이라는 어린이 보호시설을 설립했고, 1958년에는 이 시설에 약 90명의 어린이가 머물 수 있는 공간도 마련했습니다. 하루는 지역 유지가 찾아와 "나처럼 부유한 사람을 보면 정말로 부러운 마음이 안 듭니까?"라고 물었는데, 그녀는 "나처럼 허리를 숙이고 사는 사람은 위를 쳐다볼 시간이 없습니다."라고 대답했다고 합니다. 1964년 교황이 인도를 방문했을 때 테레사 수녀에게 자신이 타던 의전차량을 선물했는데, 그녀는 그 차를 팔아서 복권을 발행하여 한센병 환자들을 위한 '평화의 마을'을 세웠습니다. 이런 테레사 수녀를 따르는 사람들이 늘었고, 전 세계 300여 곳에 사랑의 선교회가 세워지게 됐습니다. 그녀는 평생을 남의 처지에서 이해하고 위하는 자세로 살았습니다. 불쌍한 이들을 누구보다 가족처럼 정성스럽게 돌봤습니다. 그리고 테레사 수녀는 1979년 노벨평화상을 수상했는데, 수상식 자리에서 "이 돈으로 빵을 몇 개 살 수 있을까요?"라고 물어봤다고 하죠. 그녀는 1997년 그녀의 생이 다할 때까지 가난한 이들을 위해 살았습니다. 언제나 사사로운 이익을 탐하지 않고, 가난한 이들을 가족처럼 생각해서 돌보는 자세로 평생을 살았습니다. 그녀가 이처럼 오직 가난한 이들의 처지에서 세상을 바라보려고 노력한 마음은 '덕'이었습니다. 또 이 세상을 떠날 때까지 변치 않는 자세로 일관했으니, 그녀의 삶은 묵묵히 '도'를 걸어온 인생이었다고 할 수 있을 겁니다.

子曰: "君子喻於義, 小人喻於利。"
자 왈 군 자 유 어 의 소 인 유 어 리

공자가 말씀하셨다. "올바른 지도자인 군자는 어떻게 해야 의로움(義)을 실천
할 수 있을지 고민하지만, 피지배계급인 소인은 조금이라도 더 이익을 얻는
데만 급급하다."

'기업의 사회적 책임(corporate social responsibility)'이라는 말이 있
습니다. 사실 기업의 목적은 이윤 극대화에 있죠. 반면에 '기업의 사회적
책임'은 눈앞의 이익을 쫓는 것이 아닌, 법적 윤리적 경제적 책임을 일컫
습니다. 예를 들어서 사회적 기업이나 친환경적 경영이 그 대표적인 경
우인데요. 과연 기업의 사회적 책임과 이윤 극대화는 정반대의 특징을
지닐까요?

미국의 아웃도어 제품 파타고니아(Patagonia Inc)는 1988년까지 화
학제품과 살충제를 이용해서 재배한 목화로 만든 면을 사용해왔습니다.
하지만 그런 목화의 인체에 대한 심각한 피해를 인지하고, 조사를 진행
했죠. 그 결과 그러한 목화는 비단 토양뿐 아니라, 인간 중추신경계에도
문제를 야기할 수 있다는 사실을 밝혀냈습니다. 그래서 1996년부터 유
기농 면 제품만 판매하기로 결정합니다. 당시 유기농 면은 가격이 1.5배
비싸고 공급 가능 농장도 절대적으로 부족했습니다. 게다가 면직 의류는
파타고니아 매출의 20%를 차지할 정도로 비중이 컸죠. 결국 면화 공급
부족으로 일부 품목은 생산 중단했고, 그 결과 91종의 면직 생산품이 66
종으로 감소했습니다. 기업 철학을 지키기 위해서 안정적 수입원을 포
기한 겁니다. 당연히 파타고니아는 단기적으로 손해를 입었습니다. 하지
만 장기적으로는 제품의 차별적 경쟁력을 강화하는 계기가 되었고, 소비

자들의 신뢰를 얻으면서 브랜드 가치를 높일 수 있었습니다. 2011년 미국의 최대 쇼핑일 블랙 프라이데이(Black Friday)에서, 파타고니아는 자사 제품의 하나를 지정하여 "제발 이 옷을 사지 마세요!"라고 광고했습니다. 이는 필요 없는 소비는 하지 말라는 의도에서 시작된 거죠. 이처럼 파타고니아는 자신의 이익을 고려하지 않고 사람들의 인식 개선을 위해 손해를 감수했습니다. 하지만 이 광고 이후 구매자들은 파타고니아의 진정성을 이해했고, 덕분에 매출액이 40% 급성장했답니다.

4-17

子曰: "見賢思齊焉, 見不賢而內自省也。"
자 왈   견 현 사 제 언   견 불 현 이 내 자 성 야

공자가 말씀하셨다. "주변에서 나보다 더 현명한 인물을 만나게 되면 망설이지 말고 그 훌륭한 점을 배우도록 부단히 노력하고, 나보다 현명하지 못한 인물을 만나게 되면 나 자신은 그렇지 않은지 살피고 반성해야 한다."

이 구절은 나보다 나은 사람을 만나면 배우고 나보다 못한 사람을 만나면 나는 그렇지 않은지 반성해야 한다는 뜻으로, 우리에게 잘 알려진 '타산지석(他山之石)'과 같은 뜻입니다. '타산지석'은 『시경』 「소아(小雅)·학명(鶴鳴)」에 처음 등장하는데, 이제 여기서 이 단어가 나오는 부분을 살펴보겠습니다.

　　작은 동산을 즐기니, 이에 박달나무 있고, 그 밑에는 닥나무 있네. 다른 산의 돌이라도, 그것으로 옥을 갈 수 있다네.

　　『시경』 해설서 『모시전』은 이 작품이 주나라 기보(사마 장군)가 선왕

을 풍자한 것이라고 했습니다. 따라서 여기서 돌은 현명하지 못한 인물을 빗대고 또 옥은 현명한 인물에 비유하여, 현명하지 못한 인물도 현명한 자에게 도움이 될 수 있음을 뜻합니다. 이미 앞에서도 언급했듯이 가르침은 정면교사(正面教師)만 있는 게 아닙니다. 가르치려는 바와 반대되는 반면교사(反面教師)를 통해서도 우리는 배우고 성장하게 됩니다.

이제 이 구절과 연결되는 다음 구절도 먼저 살펴보겠습니다.

7-21

子曰: "三人行, 必有我師焉。擇其善者而從之, 其不善者而改之。"
자 왈   삼 인 행 필 유 아 사 언   택 기 선 자 이 종 지   기 불 선 자 이 개 지

공자가 말씀하셨다. "많은 사람이 함께 있으면, 그 안에는 반드시 나의 스승이 있다. 선한 인물을 선택해서 그를 닮으려고 배우고, 선하지 못한 인물을 거울 삼아 나의 허물을 고친다."

선진시기 서적들에 등장하는 숫자 3이나 9는 일부 숫자 그대로의 의미로 쓰이기는 하지만, 대부분 많다(多), 높다(高), 크다(大)를 나타냅니다. 『도덕경』에 등장하는 구층탑 역시 높은 탑이라는 의미를 지니죠. 따라서 이 구절 역시 주변의 많은 사람들 중에는 나에게 정면교사가 되는 인물이 있고, 또 반면교사가 되는 인물도 있다는 뜻이 됩니다. 즉 내게 도움이 되는 건 받아들여서 내 것으로 만들고, 도움이 되지 않는 건 나에겐 그런 잘못이 없는지 스스로 살펴서 없애도록 노력해야 한다는 말입니다. 이제 이와 관련하여 다음의 사례를 살펴보죠.

넷플릭스(Netflix Inc)는 인터넷을 통해서 음성과 동영상 파일 등을 실시간으로 재생 및 제공하는 기업으로, 한국을 포함한 약 190여 개국에서 1억 4,000만 명 정도의 가입자를 보유하고 있습니다. 설립 초기부

터 영화와 드라마 등 각종 콘텐츠를 볼 수 있는 서비스를 제공해오고 있죠. 넷플릭스 CEO 리드 헤이스팅스(Wilmot Reed Hastings)는 여타 기업들과는 다른 독특한 조직문화를 제공했는데요. 가장 핵심이 되는 것이 바로 '인재 밀도 구축'입니다. 인재 밀도를 높인다는 의미는 직원의 규모를 단순히 늘리는 것보다, 뛰어난 인재를 밀도 있게 채용해서 이들끼리 상승효과를 내도록 분위기를 만들어주는 겁니다. 비범한 동료들이 곧 훌륭한 직장이라는 거죠. 그리고 인재 밀도를 구축하기 위해서, 헤이스팅스는 일부 능률이 오르지 않는 직원들에게 퇴직금을 넉넉히 주고는 해고했습니다. 그는 결과가 좋건 나쁘건 간에 그것이 주변 동료들에게 주는 파급효과가 아주 크다는 것을 깨닫고 난 뒤, 매니저들을 훈련 시켜 불미스러운 일을 하거나 뚜렷한 성과를 내지 못하는 직원들을 해고하도록 했습니다. 실제로 인재 밀도가 높은 환경에서 일한 직원들은, 서로의 훌륭한 점을 배우고 실천하며 큰 성과를 빠르게 이뤄냈죠.

4-18

子曰: "事父母, 幾諫, 見志不從, 又敬不違, 勞而不怨。"
자 왈　사 부 모　기 간　견 지 부 종　우 경 불 위　노 이 불 원

공자가 말씀하셨다. "만약 부모님이 잘못된 결정을 하신다면, 노여움을 사지 않도록 조용하고도 공손하게 간언을 해야 한다. 그런데도 부모님이 그 뜻을 굽히지 않으시면 더욱 공경하여 부모님의 뜻을 따라야 한다. 이런 태도가 비록 수고롭기는 해도, 부모님을 원망하지 않는 태도를 지녀야 한다. 그렇게 해야 사회에 나가서도 나아가 군주를 진심으로 섬기고 따를 수 있기 때문이다."

어짊(仁)은 효도(孝)에서 시작되고 『논어』는 정치서이므로, 『논어』에서 효도(孝)를 언급하는 부분은 사실상 상관, 나아가 임금에 대한 어짊

(仁)을 논하고 있습니다. 그런데 공자가 여기서 언급하는 태도는 순종이라기보다는, 오히려 맹종에 가깝습니다. 이제 여기서 어짊(仁)에 대한 오해와 진실에 대해 자세히 다뤄볼 텐데, 먼저 다음 구절을 보겠습니다.

14-22

子路問事君。子曰:"勿欺也而犯之。"
자 로 문 사 군   자 왈   물 기 야 이 범 지

자로가 임금을 섬기는 것에 대해 물으셨다. 공자가 말씀하셨다. "속이지 말고 거스르는 것이다."

이 말은 임금의 판단이 올바르지 않을 경우에는 임금의 뜻을 거스르는 한이 있더라도 반드시 충언을 하여 알려야 한다는 뜻입니다. 만약 그렇지 못하면 임금을 기만하여 아부하는 것에 불과할 따름이죠. 하지만 아무리 충언을 올려도 임금이 듣지 않으면, 더욱 공경하여 임금의 뜻에 따르는 것이 참된 어짊(仁)이라고 공자는 말합니다. 그렇다면 왜 공자는 잘못된 결정이라도, 결국에는 따라야 한다고 말하는 걸까요? 계속해서 다음 구절을 보죠.

5-18

子張問曰:"令尹子文, 三仕爲令尹, 無喜色, 三已之, 無慍色。
자 장 문 왈   영 윤 자 문   삼 사 위 영 윤   무 희 색   삼 이 지   무 온 색

舊令尹之政, 必以告新令尹, 何如? 子曰:"忠矣。"曰:"仁矣乎?"曰:
구 영 윤 지 정   필 이 고 신 영 윤   하 여   자 왈   충 의   왈   인 의 호   왈

"未知。焉得仁?"崔子弑齊君。陳文子有馬十乘, 棄而違之。至於他邦,
미 지   언 득 인   최 자 시 제 군   진 문 자 유 마 십 승   기 이 위 지   지 어 타 방

則曰: '猶吾大夫崔子也。' 違之。之一邦, 則又曰: '猶吾大夫崔子也。'
즉 왈   유 오 대 부 최 자 야   위 지   지 일 방   즉 우 왈   유 오 대 부 최 자 야

違之, 何如?" 子曰: "淸矣。" 曰: "仁矣乎?" 曰: "未知。焉得仁?"
위 지   하 여   자 왈   청 의   왈   인 의 호   왈   미 지   언 득 인

자장이 물으셨다. "초나라 영윤(재상)을 지냈던 두자문은 백성들에게 베푸느라 항상 끼니가 모자랐는데, 성왕이 그 모습을 보고 안타깝게 여겨서 그에게 봉록을 더 주려고 하자, 자문은 세 차례나 영윤 자리를 물러났다가 임금이 철회하고 나서야 다시 돌아왔습니다. 그는 재상 자리에 오를 때마다 기뻐하는 기색이 없었고, 자리에서 물러나도 화내는 기색이 없었습니다. 또 새로운 재상이 뽑히자 철저하게 업무 인수인계를 해서 넘겼으니, 그는 어떻습니까?" 공자가 말씀하셨다. "마음을 공정(忠)하게 하여 일을 잘 처리했다." 자장이 말씀하셨다. "그는 어질었습니까?" 공자가 말씀하셨다. "알지 못하겠다. 하지만 임금의 뜻을 따르지 않고 매번 거절하여 도망갔으니, 어찌 어질다고 할 수 있겠는가?" 자장이 다시 물으셨다. "제나라 대부 최저가 자기 아내와 사통한 제나라 임금 장공을 시해했습니다. 그러자 진문자는 열 대의 수레를 가지고 있을 정도로 부자였지만, 임금이 죽자 모든 재산을 버리고 제나라를 떠났습니다. 그런데 다른 나라에 이르러서 한 신하의 모습을 보고는 '우리 대부 최저와 같다.'라고 말하고는 또 다른 나라로 달아났습니다. 그리고 그 다른 나라에서 역시 한 신하를 보고는 '우리 대부 최저와 같다.'라고 말하며 그 나라에서 또 달아났으니, 그는 어떻습니까?" 공자가 말씀하셨다. "탐욕이 없이 깨끗하다." 자장이 말씀하셨다. "그는 어질었습니까?" 공자가 말씀하셨다. "알지 못하겠다. 하지만 모시던 임금인 장공이 아무리 무도해도 진심으로 따르지는 않았는데, 어찌 어질다고 할 수 있겠는가?"

두자문의 본명은 투누오토(鬪穀於菟)로, 초나라는 한족(漢族)이 아닌 남쪽의 오랑캐가 세운 나라입니다. 그는 임금이 자신의 명령을 철회하고 나서야 돌아왔습니다. 그때 어떤 사람이 물었죠. "부귀는 모든 사람이 추구하는 바인데 왜 피하십니까?" 그러자 두자문이 대답합니다. "정치는 백성들을 위한 것이오. 백성들은 굶주리는데, 내가 부유하면 살 수 있는 날이 얼마 안 남은 것이오. 나는 부귀를 피하는 것이 아니라, 죽음

을 피하는 것이라오."

물론 두자문의 태도 자체가 문제 있는 건 아닙니다. 하지만 다른 신하들이 두자문의 임금의 결정을 따르지 않는 모습을 보면, 그들은 어떤 생각을 가질까요? 개인적으로는 멋져 보일 수 있지만, 그렇게 되면 무엇보다도 한 나라의 명령 체계가 흔들리게 되고, 또 임금의 위상이 흔들려서 권위가 떨어지게 되는 겁니다. 한 나라의 최고 지도자인 임금의 권위가 떨어지면, 누가 임금을 진심으로 믿고 따를까요? 신하가 임금을 진심으로 섬기지 못하는데, 그 나라의 정치가 안정될 수 있을까요? 그래서 공자는 다음처럼 두자문의 태도가 순수하지 못하다고 비판한 바 있습니다.

공자가 말씀하셨다. "임금을 섬기다가 세 번 원망하고 달아나도, 국경을 나가지 않으면 결국 녹을 탐하는 것이다. 사람이 비록 녹을 원치 않는다고 말해도, 나는 그 말을 믿지 못하겠다."

『예기』「표기」

하지만 재아는 어짊(仁)의 참된 가치에 대해서 의구심을 품으면서 스승에게 질문을 합니다.

6-24

宰我問曰: "仁者, 雖告之曰: '井有仁焉', 其從之也?" 子曰:
재 아 문 왈   인 자 수 고 지 왈   정 유 인 언   기 종 지 야   자 왈

"何爲其然也? 君子, 可逝也, 不可陷也; 可欺也, 不可罔也。"
하 위 기 연 야   군 자 가 서 야 불 가 함 야   가 기 야 불 가 망 야

재아가 물으셨다. "어떤 사람이 어진(仁) 사람에게 '우물 속에 어짊(仁)의 도리가 있소'라고 말하면, 어진 사람은 바로 우물 속으로 들어가야 합니까?" 공자가 말씀하셨다. "어찌 그럴 수 있겠느냐? 어짊(仁)을 따르는 사람은 그 말을 듣고 우물가에 갈 수는 있겠지만, 도의 다른 구성요소들로 행동을 절제하고 통

제해서 결코 우물 안에 빠지지는 않는다. 잠시 속일 수는 있겠지만, 어리석은
행동으로 이어지게 하진 않는다."

17-8에서 설명했듯이, 어짊(仁)만 강조하면 객관적으로 판단하지 못
하고 임금을 맹목적으로 추종하게 됩니다. 따라서 보기에 따라서는 어짊
(仁)이라는 것이 맹종처럼 보일 수 있는 겁니다. 하지만 '도'의 다른 구성
요소들과 유기적으로 조화를 이뤄서 잘못된 판단으로 이어지지는 않죠.
즉 어짊(仁)만 강조하면 맹종으로 이어질 수 있지만, 의로움(義)의 기준에
부합되지 않으면 거기서 멈춰야 하는 겁니다.
　　그런데 재아와 마찬가지로, 자로와 자공 역시 어짊(仁)의 실체를 온
전히 이해하진 못한 듯합니다. 이제 다음의 두 구절을 살펴보겠습니다.

14-16

子路曰: "桓公殺公子糾, 召忽死之, 管仲不死。" 曰: "未仁乎?" 子曰:
자 로 왈　환 공 살 공 자 규　소 홀 사 지　관 중 불 사　　왈　　미 인 호　　자 왈

"桓公九合諸侯, 不以兵車, 管仲之力也。如其仁, 如其仁。"
환 공 구 합 제 후　불 이 병 거　관 중 지 력 야　여 기 인　여 기 인

자로가 말씀하셨다. "제나라 환공이 공자 규를 죽였는데, 공자 규를 따르던 소
홀은 죽었지만 관중은 죽지 않았습니다." 이어서 말씀하셨다. "따라서 관중은
어질지 못한 것이 아니겠습니까?" 공자가 말씀하셨다. "환공이 아홉 번이나
제후들을 불러 모았지만, 무력을 써서 그들을 불러 모으지 않은 것은 관중의
힘이다. 따라서 그는 어질다고 할 수 있다. 어질다고 할 수 있다!"

제나라 양공은 자기 여동생인 노나라 환공의 부인과 사통하다가 발
각되자 환공을 죽이는 등, 제나라를 혼란에 몰아넣은 대단히 무도한 인
물이었습니다. 양공의 두 동생인 공자 규와 공자 소백은 각각 노나라와

거나라로 피신했다가 양공이 시해 당하자 돌아와 왕위를 두고 다투었는데, 이때 관중은 공자 규를 그리고 포숙아는 공자 소백을 각각 섬기고 있었죠. 한번은 대부였던 소홀이 관중에게 소백을 죽이라고 하자 관중은 소백에게 활을 쏘았는데, 그 활이 허리띠에 맞아서 소백은 목숨을 구할 수 있었습니다. 결국 소백이 왕권을 잡게 되었으니 그가 바로 제나라 환공인데, 이에 공자 규와 소홀은 죽임을 당했고 관중 역시 사형을 당할 처지가 되었습니다. 하지만 포숙아가 나서서 "임금께서 제나라에 만족하신다면 저 하나로 충분할 것이나, 천하의 패왕이 되고자 하신다면 관중 외에는 인물이 없을 것입니다."라고 간언했고, 관중은 포숙아 덕분에 제나라 재상이 되어 환공을 제후들 중에서 가장 힘 있는 인물로 만들었습니다.

당시는 남쪽의 오랑캐가 세운 초나라가 강력한 군대를 이끌고 북벌을 하고 있을 때였습니다. 이를 저지하기 위해서 북쪽에 있는 한족(漢族) 제후국들은 힘을 합쳐야 했는데, 제후가 같은 지위에 있는 제후들을 그것도 아홉 번이나 불러 모으는 건 사실 불가능했습니다. 하지만 그들은 초나라를 저지하기 위해서 뭉쳐야 했고, 또 가장 영향력 있는 제나라가 불러 모았기 때문에 다른 제후들이 응한 거죠. 관중이 아니었다면 환공은 패자가 될 수 없었을 것이고, 그럼 다른 제후들을 불러 모아 연합군을 만들어 초나라를 막아내지 못했을 겁니다.

子貢曰: "管仲, 非仁者與。桓公殺公子糾, 不能死, 又相之。"
자 공 왈 관 중 비 인 자 여 환 공 살 공 자 규 불 능 사 우 상 지

子曰: "管仲, 相桓公覇諸侯, 一匡天下, 民到于今受其賜。微管仲,
자 왈 관 중 상 환 공 패 제 후 일 광 천 하 민 도 우 금 수 기 사 미 관 중

吾其被髮左衽矣。豈若匹夫匹婦之爲諒也, 自經於溝瀆而莫之知也?"
오 기 피 발 좌 임 의 기 약 필 부 필 부 지 위 량 야 자 경 어 구 독 이 막 지 지 야

자공이 말씀하셨다. "관중은 어진 사람이 아닙니다. 제나라 환공이 공자 규를 죽였는데 따라서 죽지 못했거니와, 심지어 제나라 환공을 도왔습니다." 공자가 말씀하셨다. "관중이 환공을 도와서 제후들을 장악하여 어지러운 천하를 바로잡았으므로, 백성들이 지금까지도 그 은혜를 받았던 것이다. 관중이 없었다면 우리 중국은 초나라에게 땅을 빼앗겼을 것이고, 그러면 중국의 백성들은 머리카락을 풀어 헤치고 옷섶이 왼쪽으로 향하는 남쪽 오랑캐 문화를 받아들여야만 했을 것이다. 어찌 평범한 남자와 평범한 여자처럼 고집을 부려서, 스스로 목매어 다른 사람이 알지 못하도록 하는 게 옳다고 하겠는가?"

의례(儀禮) 중 하나인 관례(冠禮)는 오늘날의 성인식입니다. 이날 성인이 된 젊은이는 상투를 틀고 갓을 쓰는 의식을 진행합니다. 하지만 오랑캐는 이런 문화가 없죠.

옷섶이 왼쪽으로 향한다는 건 옷섶이 오른쪽에 있어서 왼쪽을 덮는다는 걸 의미합니다. 그런데 공자는 이게 왜 오랑캐 문화라고 말하는 걸까요?

'왼 좌(左)'는 갈고리처럼 생긴 왼손으로 오른편의 '장인 공(工)' 즉 규격 규범을 장악했음을 나타내는 문자입니다. 반면 '오른 우(右)'는 갈고리처럼 생긴 오른손으로 '입 구(口)' 즉 말 명령을 장악했다는 의미를 지닙니다. 말보다 행동이 중요하단

건 계속 강조해왔으니, 왜 예로부터 왼쪽을 더 중시했는지 알 수 있을 겁니다.

반면 옷섶이 오른쪽에서 왼쪽으로 향하면, 팔이 걸리적거리지 않아서 활을 쏘기에 편하죠. 이는 문(文)이 아닌 무(武)를 숭상하는 민족들의 전형적인 문화인 겁니다. 그래서 『도덕경』에서도 이처럼 말하죠.

> 군자는 자리함에 왼쪽을 귀히 여기고, 무기를 쓰는 이는 오른쪽을 귀히 여긴다. 좋은 일은 왼쪽을 존중하고, 불행한 일은 오른쪽을 존중한다.
>
> 「31장」

다시 본론으로 돌아와서 이처럼 관중은 환공을 제후들 중의 패자로 만들었고, 덕분에 환공은 제후들을 불러 모아 연합군을 만들 수 있었습니다. 그리고 마침내 초나라를 저지해서 예악제도를 지킬 수 있었던 거죠. 특히 공자는 여기서 자기가 섬기는 상관이 죽었다고 따라 죽는 것은 하찮은 어짊(仁)일 뿐이고, 오히려 살아남아 대의를 지키는 것이 참된 어짊(仁)이라고 말합니다. 즉 참된 어짊(仁)이란 단순히 임금을 섬기는데 그 목표를 두지 않고, 임금을 진심으로 따르고 섬김으로써 궁극적으로는 나라와 백성들을 평안하게 하는 겁니다.

결국 공자는 관중을 참된 어짊(仁)을 행한 인물이라고 칭송하고 있는데, 앞에서 관중이 예(禮)와 검소함(儉)을 모르는 인물이라고 비판한 것과는 사뭇 대조적이죠. 다시 말해서 공자는 이처럼 감정에 치우치지 않고 한 사람의 장점과 단점을 공정하게 판단하는 중(中)의 자세 역시 실천했을 알 수 있습니다. 단순히 '도'의 이론을 이해했을 뿐 아니라, 이처럼 몸소 실천하는 모습을 보여준 것이 진정한 공자의 위대함이 아닐까요?

子曰: "父母在, 不遠遊, 遊必有方。"
자왈 부모재 불원유 유필유방

공자가 말씀하셨다. "부모님께서 살아 계시면, 멀리 나가지 말고, 부득이하게 멀리 나가게 되면 부모님께서 반드시 자기가 있는 장소를 알고 있도록 말씀드려야 한다."

공자가 말하는 효도(孝)는 사실상 어짊(仁)을 염두에 두고 한 것이므로, 이 역시 신하로서 갖춰야 할 어짊(仁)의 자세에 대한 설명이라고 할 수 있습니다. 즉 신하는 늘 임금을 곁에서 보필해야 하지만, 업무 때문에 부득이하게 떠나는 경우에는 반드시 자신의 행선지를 밝혀서 걱정을 덜어드려야 한다는 겁니다. 이러한 취지는 다음 구절에도 보입니다.

4-21

子曰: "父母之年, 不可不知也。一, 則以喜; 一, 則以懼。"
자왈 부모지연 불가부지야 일 즉이희 일 즉이구

공자가 말씀하셨다. "부모님의 나이는 알고 있지 않을 수 없다. 그 이유는 첫째 오래 사시니 기쁘기 때문이고, 둘째 늙으셨으니 언제 돌아가실지 몰라 두렵기 때문이다."

| 마음(心) | → | 행동(行) | → | 어짊(仁) |

연로하신 부모와 임금은 언제 어떻게 될지 모르기 때문에, 가급적 곁에 있으면서 항상 조심해야 하죠. 이러한 마음가짐이야말로 부모 나

아가 임금을 섬기고 따르는 어진(仁) 자세의 출발점이 되는 겁니다. 모든
행동은 진심 어린 마음에서 출발하는 거니까요.

4-23

子曰: "以約失之者, 鮮矣。"
자 왈 이 약 실 지 자 선 의

공자가 말씀하셨다. "검소하고 절제하는데도 백성들의 신망을 잃는 지도자는
드물다."

앙겔라 메르켈(Angela Dorothea Merkel) 총리는 독일 역사상 최초의
여성 총리이자 동독 출신의 첫 통일 독일 총리로서, 2005년 이후 4연임
총리직을 수행하고 있습니다. 또 미
국의 유력 잡지인 《포브스(Forbes)》

가 선정한 세계에서 가장 영향력 있
는 여성으로 9년 연속 1위를 차지하
기도 했는데, 그 이유는 그녀의 검
소한 모습 때문입니다. 2005년 총
리 당선 후 메르켈은 고위직 관료가
살도록 마련한 화려한 관저를 사용할 수 있음에도 불구하고, 단 하루도
총리 관저에서 생활한 적이 없습니다. 대신 지금까지 살았던 베를린의
작은 아파트에서 남편과 살고 있죠. 또한 아파트 부근의 동네 슈퍼마켓
을 애용하는 메르켈 총리는, 일반 시민들과 다름 없이 카트를 꺼내 장을
보고 줄을 서서 계산을 합니다. 선거기간에만 전통시장을 방문하고 버스
요금이 70원이라는 망언을 하는 한국 정치인들의 서민 코스프레(Cos-
tume play)와는 사뭇 다르죠. 그리고 그녀는 같은 옷을 여러 번 입고 다

니는 모습을 종종 보여 왔습니다. 그녀의 평범하면서도 소박한 모습 때문에, 유럽 언론들은 그녀를 유럽에서 가장 검소한 지도자로 부르기도 합니다.

4-26

子游曰: "事君數, 斯辱矣; 朋友數, 斯疏矣。"
자유왈   사군삭 사욕의   붕우삭 사소의

자유가 말씀하셨다. "임금을 섬김에 옳지 못하거나 잘못된 일을 고치도록 말하는 것은 중요하지만, 너무 자주 간언하여 임금의 심기를 건드리면 오히려 화를 당하게 된다. 친구 역시 마찬가지로, 아무리 좋은 충고라도 자주 하면 오히려 사이만 멀어진다."

제아무리 훌륭한 충언이나 충고일지라도, 지나치게 많이 하면 오히려 안 하느니만 못한 결과를 가져올 수 있습니다. 말이란 꼭 필요할 때 즉 적재적소에 해야 하죠. 그래서 공자는 『예기』에서 다음과 같이 말합니다.

공자가 말씀하셨다. "임금을 섬기면 간언을 하지, 떠벌리고자 하지는 않는다."

『예기』「표기」

그렇다면 적재적소란 과연 어떤 경우를 말하는 걸까요? 이제 춘추시대를 호령했던 다섯 위인인 '춘추 오패' 중 하나인 초나라 장왕의 이야기를 소개하겠습니다.

초나라 장왕은 즉위한 지 3년이 지났지만 어떤 명령도 내리지 않고 밤낮으로 쾌락을 일삼았는데, 나라 안에 명령을 내려 말했다. "감히 간언을 하는 자가 있다면 용서 없이 죽이겠다!" 오거가 간언을 하려고 입궐했는데, 장왕은 왼팔로는 정나라 미녀를 안고 오른팔로는 월나라 미녀를 껴안고는 앉아서 종과 북으로 연주하는 음악을 듣고 있었다. 오거가 말했다. "원컨대 수수께끼를 올리고 싶습니다. 그러고는 계속 말했다. "새 한 마리가 언덕에서 3년 동안 날지도 울지도 않습니다. 이 새는 어떤 새일까요?" 장왕이 말했다. "3년 동안 날지 않았지만 일단 한 번 날아오르면 장차 하늘을 찌를 것이고, 3년 동안 울지 않았지만 일단 한 번 울기 시작하면 사람들을 놀라게 할 것이다. 오거는 물러가거라. 내 그대의 뜻을 알겠다." 수개월이 지나고 장왕의 음란함이 더욱 심해지자, 대부 소종이 입궐하여 간언했다. 장왕이 말했다. "그대는 나의 명령을 듣지 못했는가?" 소종이 대답했다. "이 몸을 죽여서 임금을 밝힐 수 있다면, 그것이 신의 바람입니다." 그러자 장왕은 즉시 음란한 음악을 멈추고 곧바로 정무를 보기 시작했다. 벌한 자가 수백 명이고 발탁된 자 역시 수백 명인데, 오거와 소종을 임명하여 정사를 돌보게 하자, 나라 사람들이 크게 기뻐했으니, 이 해에 용나라를 멸했다.

『사기』「초세가」

오늘날 '불비불명(不飛不鳴)'으로 잘 알려진 성어의 출처가 바로 『사기』입니다. 사실 장왕은 혼란스러운 정국에서 누가 충신이고 누가 간신인지 구별하기가 어려웠습니다. 그래서 자기가 믿을 수 있고 또 목숨을 걸고 나라를 생각하는 충신을 찾아내기 위해서, 고육지책으로 이렇게 3년을 기다렸던 거죠. 하지만 오거와 소종 역시 3년을 지켜보다가 간언하는 인내심과 목숨을 거는 희생정신이 없었다면, 초나라의 운명은 한 치 앞도 내다볼 수 없는 칠흑같은 어둠 속으로 빠져들었을지도 모를 일입니다.

제5편 : 공야장(公冶長)

새치 혀의 무게

子謂公冶長: "可妻也。雖在縲絏之中, 非其罪也。" 以其子妻之。
자 위 공 야 장   가 처 야   수 재 누 설 지 중   비 기 죄 야   이 기 자 처 지

공자가 공야장을 평하셨다. "딸을 그에게 시집보낼 만하다. 비록 오해를 받아 옥살이를 했지만, 그의 죄가 아니었다." 그래서 딸을 그에게 시집보냈다.

『사기』 「중니제자열전」에 따르면, 공야장은 자(字)가 자장(子長)입니다. 일설에 의하면, 그는 새소리를 알아들을 수 있다고 합니다. 하루는 공야장이 우연히 새들이 대화하는 소리를 듣고는, 시냇가에 사람 시신이 있다는 사실을 알게 되었습니다. 얼마 후 한 노파를 만났는데, 그녀는 자기 아이가 보이지 않는다면서 혹시 못 봤냐고 물었죠. 그러자 공야장은 혹시나 하는 마음에 그 장소를 알려주었다가, 오히려 죄인으로 오인받아 감옥살이를 했다고 합니다. 하지만 공야장은 결국 자기가 새소리를 알아들을 수 있다는 사실을 증명함으로써 풀려났다고 하죠. 물론 이는 어디까지나 후대 사람들의 억측일 뿐, 현재로서는 공야장이 어떤 일을 겪은 것인지 알 수 없습니다. 다만 분명한 건 공자가 그를 사위로 맞이할 정도였으니, 분명 공야장에게는 '도'를 배우는 데 뛰어난 재능을 보였을 거라고 추측할 수 있습니다.

子謂南容: "邦有道, 不廢; 邦無道, 免於刑戮。" 以其兄之子妻之。
자 위 남 용   방 유 도   불 폐   방 무 도   면 어 형 륙   이 기 형 지 자 처 지

공자가 남궁괄을 평하셨다. "나라에 도가 있으면 내쳐지지 않고 중용 받을 것

이고, 나라에 도가 없어도 죽음을 면할 것이다." 그래서 형의 딸을 그에게 시집보냈다.

『사기』「중니제자열전」에 따르면, 남궁괄은 자(字)가 자용(子容)이라서 남용이라고도 부릅니다. 이 구절이 무슨 뜻인지 파악하기 위해서는 먼저 11-5를 살펴봐야 합니다.

11-5

南容三復白圭。孔子以其兄之子妻之。
남 용 삼 복 백 규　 공 자 이 기 형 지 자 처 지

남궁괄이 『시경』「대아(大雅)·억(抑)」의 "흰 구슬의 흠은 갈아서 없앨 수 있지만, 입 밖에 낸 말의 흠은 갈아서 없앨 수 없네."라는 구절을 여러 차례 반복해서 읊자, 공자는 남궁괄이 말을 신중하게 하는 인물임을 깨닫고 형의 딸을 그에게 시집보냈다.

『모시전』은 이 작품의 주제가 "제후인 위나라 무공이 주나라 천자인 여왕을 비판하고, 또 그럼으로써 스스로 경계한 것이다."라고 밝힌 바 있습니다. 이제 위에서 언급한 구절이 포함된 제2장을 살펴보죠.

그대 백성들이 소박하게 하고, 그대 제후들이 법도를 삼가게 하며, 조심하고 주의하여 편안해 하지 말지니.
그대 말을 입 밖에 내는 걸 삼가고, 그대 몸가짐을 삼가면, 온화한 미덕이 없을 수 없네.
흰 구슬의 흠은 갈아서 없앨 수 있지만, 입 밖에 낸 말의 흠은 갈아서 없앨 수 없네.

결국 공자가 봤을 때 남궁괄은 말을 신중하게 하므로 나라에 '도'가 있으면 충언을 다함으로써 중용 받을 것이고, 나라에 '도'가 없으면 신중하여 말을 아끼므로 임금의 심기를 건드리지 않아서 죽임을 면할 수 있다고 본 거죠. 오늘날도 마찬가집니다. 신문이나 뉴스를 보면 정치인들이 말 한마디 때문에 곤욕을 당하고, 심지어 자리에서 물러나는 경우를 많이 보셨죠? 그러니 그를 믿고 형의 딸을 맡길 수 있었던 겁니다. 하지만 사실 이보나 더 큰 이유가 있죠. 다음 구절을 보겠습니다.

14-5

南宮适問於孔子曰: "羿 善射, 奡盪 舟, 俱不得其死然。
남 궁 괄 문 어 공 자 왈   예 선 사   오 탕 주   구 부 득 기 사 연

禹稷躬稼而有天下。" 夫子不答。南宮适出, 子曰: "君子哉, 若人!
우 직 궁 가 이 유 천 하   부 자 불 답   남 궁 괄 출   자 왈   군 자 재   약 인

尙德哉, 若人!"
상 덕 재   약 인

남궁괄이 공자에게 물으셨다. "후예는 활을 잘 쏘았고 오는 맨땅에서 배를 움직일 정도로 장사였지만, 모두 편안히 죽지 못했습니다. 반면 우와 후직은 몸을 낮추고 몸소 곡물을 심었지만 천하를 얻었습니다." 공자는 남궁괄이 질문한 게 아니란 걸 알기에 아무 대답하지 않으셨다. 그러다 남궁괄이 나가자 공자가 말씀하셨다. "군자로다, 이와 같은 사람은! 덕을 숭상한다, 이와 같은 사람은!"

후예는 하나라 때 '유궁' 지역을 다스리고 있었습니다. 『좌전』에 따르면, 하나라 임금 태강이 사냥에 빠져 나랏일을 돌보지 않자 그를 몰아내고 중강을 왕위에 앉혔다가, 결국엔 스스로 왕위에 앉았죠. 하지만 후예 역시 자신의 측근인 한착이라는 인물에게 정사를 맡기고 사냥에 빠졌는데, 오히려 한착의 배신으로 죽임을 당했습니다.

오는 한착의 장남인데, 『좌전』에는 요(澆)라는 이름으로 기록되어 있습니다. 일설에 의하면 오는 육지에서 배를 끌 수 있을 정도로 괴력의 소유자였다고 하는데, 중강의 아들 상을 죽였다가 후에 상의 아들 소강에게 오히려 죽임을 당하고 맙니다.

우와 후직은 순임금 때 각각 치수와 농업을 책임진 인물인데, 우는 그 공로를 인정받아서 결국 순임금을 이어 왕의 자리에 오르게 되고, 후직은 훗날 주나라의 시조가 됩니다.

이제 이와 관련하여 다음 기록을 살펴보죠.

우와 후직 그리고 안회는 그 처지를 서로 바꿔도, 모두가 똑같이 그렇게 했을 것이다.

『맹자』「이루」

우가 치수를 담당하고 있을 때 홍수에 떠내려가는 백성을 보고 통곡하며 내 탓이라고 한탄했고, 후직이 농업을 관장하고 있을 때 굶어 죽는 백성을 보고 내 탓이라고 한탄했으며, 안회는 누추한 골목에 살면서 끼니조차 제때 해결하지 못했지만 도를 배우느라 즐거워했다고 합니다. 즉 이 세 명은 서로의 입장을 바꿔도 마찬가지로 최선을 다했을 것이니, 바로 역지사지(易地思之)라는 성어가 여기서 나왔죠.

남궁괄의 말은 하나라의 예와 오처럼 지도자로서 나라와 백성들의 안위를 걱정하지 않고 사치스러우며 무력을 일삼는 이들은 불행한 최후를 맞이했지만, 순임금 때의 우와 후직처럼 백성들의 안위를 자기 안위처럼 여겨서 최선을 다한 이들은 결국 백성들의 지지를 받아서 지도자의 자리에 올랐다는 의미가 됩니다. 따라서 공자 역시 그 말뜻을 알아듣고, 남궁괄이 덕치의 참뜻을 이해하는 군자라고 칭찬한 겁니다. 왜 공자가 형의 딸을 시집보냈는지 알겠죠?

子謂子賤: "君子哉, 若人! 魯無君子者, 斯焉取斯?"
자 위 자 천   군 자 재   약 인   노 무 군 자 자   사 언 취 사

공자가 자천을 평하시기를: "군자로다, 이와 같은 사람은! 노나라에 군자가 없다면, 이곳에서 어찌 이를 채용했겠는가?"

자천은 이름이 복부제(宓不齊)이고 자(字)가 자천입니다. 『사기』 「중니제자열전」에 따르면, 그는 공자보다 30세 어렸다고 하죠. 『공자가어』를 보면 다음과 같은 기록이 있습니다. 공자 형의 아들 공멸과 자천이 나란히 벼슬을 하자, 공자가 그들을 찾아가 벼슬을 하면서 얻은 것과 잃은 것이 무엇이냐고 물었습니다. 공멸이 "얻은 것은 없고, 잃은 것이 세 가지 있습니다."라고 대답하자, 공자는 매우 실망했습니다. 반면 자천은 "잃은 것은 없고, 오히려 얻은 것이 세 가지 있습니다. 이전에 배운 것을 이제 실행에 옮기니 배운 것이 더욱 명확해지고, 봉록이 많지는 않지만 친척들에게 베푸니 사이가 더욱 가까워졌으며, 업무가 많아도 문상과 문병을 빠뜨리지 않으니 친구 사이가 더욱 돈독해졌습니다."라고 대답했고, 공자는 자천이 군자라고 칭찬했다고 합니다.

또 다음과 같은 기록도 있습니다. 공자가 자천에게 '선보' 지역을 어찌 다스렸기에 백성들이 그리 기뻐하느냐고 묻자, 자천이 대답했습니다. "저는 아버지를 대하듯 '선보'의 노인들을 대하고, 자식들을 대하듯 '선보'의 아이들을 대했으며, 고아와 과부들을 위로했을 따름입니다. 지금 아버지처럼 대하는 사람이 세 분 있고, 형제처럼 대하는 이가 다섯이 있으며, 친구처럼 대하는 이가 열하나 있고, 저보다 현명한 인물이 다섯이 있는데, 저는 그들을 스승으로 높이고 있습니다." 그러자 공자는 "요임금과 순임금이 나라를 다스릴 때 현명한 이들을 찾아서 자기를 보좌

하도록 했다. 네가 다스리는 곳이 작은 지역인 것이 아쉽구나!"라고 한 탄했다고 합니다.

그렇다면 공자는 도대체 이 구절을 통해서 뭘 말하고 싶었을까요? 다음 구절을 보겠습니다.

13-2

仲弓爲季氏宰, 問政。子曰: "先有司, 赦小過, 擧賢才。" 曰:
중 궁 위 계 씨 재 문 정 자 왈 선 유 사 사 소 과 거 현 재   왈

"焉知賢才而擧之?" 曰: "擧爾所知, 爾所不知, 人其舍諸?"
언 지 현 재 이 거 지   왈   거 이 소 지 이 소 부 지 인 기 사 제

중궁이 노나라 경(卿)인 계손씨의 가신이 되어, 정치를 어떻게 해야 하는지 물으셨다. 공자가 말씀하셨다. "사무를 맡아보는 직원들을 이끌 때 작은 실수는 너그러이 용서하고, 부지런히 현명한 인재를 찾아서 등용해야 한다." 중궁이 말씀하셨다. "수많은 사람들 중에 누가 현명한 인재인지를 알아보고 등용합니까?" 공자가 말씀하셨다. "네가 주변에 있는 현명한 인재들을 발탁하면, 그들이 자기 주변의 인재들을 그냥 버리겠느냐? 그들 역시 너의 뜻을 깨닫고 또한 자기 주변의 훌륭한 인재들을 추천하여 발탁하도록 할 것이다."

『사기』「오제본기」에는 순임금이 자신을 도와줄 인재를 찾자, 사악은 백우, 수, 익, 백이를 추천했습니다. 그래서 순임금이 이들을 임명하자, 백우는 직, 설, 고요에게, 수는 설, 장, 백여에게, 익은 주, 호, 웅, 비에게, 백이는 기와 용에게 각각 자기 자리를 양보했습니다. 그러자 순임금은 이들 모두에게 알맞은 자리를 주어 능력을 십분 발휘할 수 있도록 해서, 그 결과 나라가 안정되고 백성들이 모두 순임금을 따르게 된 겁니다. 다시 한번 강조하지만, 정치는 최고 지도자 한 명으로부터 시작됩니다.

노나라에 자천과 같은 인물을 알아본 군자가 없다면, 어떻게 자천이 발탁될 수 있었을까요? 즉 공자는 자천을 통해서 은근히 노나라에 대

한 자부심을 드러내고 있는 겁니다. 그도 그럴 것이, 노나라는 종법제도와 예악제도를 최종 완성한 주공이 시조이고, 또 그의 아들 백금이 예악제도를 바로잡은 문화 선진국이니까요.

5-4

或曰: "雍也, 仁而不佞 。" 子曰: "焉用佞? 禦人以口給, 屢憎於人,
혹 왈   옹 야   인 이 불 영   자 왈   언 용 영   어 인 이 구 급   누 증 어 인

不知其仁, 焉用佞?"
부 지 기 인   언 용 영

어떤 사람이 말했다. "중궁은 어질어서 군주를 진심으로 섬기고 따르지만, 말재주는 없습니다." 공자가 말씀하셨다. "어떻게 말재주로 사람을 판단할 수 있겠는가? 사람을 대함에 말재주로 하면, 다른 사람에게 자주 미움을 사는 법이다. 중궁이 어진 지는 잘 모르겠지만, 어떻게 말재주로 사람을 판단한다는 건가?"

앞에서 등장했던 중궁은 자(字)이고, 이름이 염옹(冉雍)이라서 옹이라고 불리기도 했습니다. 『사기』「중니제자열전」에 따르면, 그는 공자보다 30세 어렸다고 합니다.

여기서 공자는 말재주가 정치인의 재능이 될 수 없음을 분명히 하고 있습니다. 특히 행동이 말을 따라가지 못하면 신뢰를 얻을 수 없다는 건 앞에서 누누이 강조한 내용입니다. 이제 이와 관련된 영화 하나를 소개하겠습니다.

미국 할리우드 마블 히어로(Hollywood Marvel Hero) 영화 〈캡틴 아메리카(Captain America)〉의 주인공 캡틴 아메리카는 슈퍼 솔져(Super soldier) 프로그램을 통해서 강인한 신체를 얻게 된 군인입니다. 하지만 군 당국은 그저 그를 참전 홍보 모델로만 기용했습니다. 그가 하는 일은

그저 군중 앞에서 말로만 전쟁에 대해서 떠드는 것뿐이었죠. 전쟁의 영향이 미치지 않았던 미국 본토에서 그의 인기는 좋았습니다. 하지만 그가 실제로 전쟁터에 있는 병사들 앞에 섰을 때, 그들은 그를 그저 별 볼 일 없는 존재로 여기고 심지어 조롱하기까지 했습니다. 목숨을 걸고 싸우는 군인들이 순회공연이나 다니는 광대를 따를 리가 없으니까요. 하지만 그가 몸소 나서서 적의 포로가 된 아

군들을 적진에서 구출해오자, 병사들은 그에게 박수갈채를 보내며 환호했습니다. 그의 행동을 보고 비로소 신뢰를 주기 시작한 것입니다.

5-5

子使漆雕開仕。對曰：“吾斯之未能信。”子說。
자 사 칠 조 개 사　대 왈　오 사 지 미 능 신　자 열

공자가 칠조개로 하여금 벼슬을 하게 하였다. 칠조개가 대답하여 말씀하셨다. "제가 아직 능력이 부족하여 벼슬을 맡을 수 없습니다." 그러자 공자가 기뻐하셨다.

칠조개는 자(字)가 자개(子開)입니다. 『사기』 「중니제자열전」에 따르면, 그는 공자보다 11세 어렸다고 하죠.

여기서 공자는 제자 칠조개의 능력이 충분하다고 생각하여 적합한 벼슬자리에 그를 추천한 겁니다. 그런데 칠조개는 왜 자신이 아직 부족하다고 생각하여 사절했고, 또 공자는 왜 그런 칠조개의 모습을 보면서

크게 기뻐한 걸까요? 이제 다음 구절을 함께 살펴보겠습니다.

8-13

子曰: "三年學, 不至於穀, 不易得也。"
자 왈   삼 년 학   부 지 어 곡   불 이 득 야

공자가 말씀하셨다. "오랜 기간 동안 도를 배우고도, 조정에 들어가 벼슬하여
녹봉을 받으려고 애쓰지 않는 사람은 쉬이 찾을 수 없다."

여기서 원문에 나와 있는 삼 년 역시 구체적인 기간이 아닌 많다(多) 즉 오랜 세월을 의미합니다.

『좌전』「애공 10년」과 『사기』「공자세가」의 기록을 종합해보면, 공자가 56세에 노나라를 떠나 전국을 주유하다 67세에는 위나라에 머무르고 있었는데, 그의 제자들 상당수가 위나라에서 벼슬을 하고 있었습니다. 이는 공자 제자들 대다수가 '도' 자체를 수련하기보다, '도'를 배워서 직접 정치에 종사하고자 했음을 방증하는 겁니다. 그리고 당시 전국적으로 공자의 명성이 자자해서, 그들은 먼 곳을 마다하지 않고 찾아와 제자가 되고자 한 거죠. 예나 지금이나 유명 정치인 밑에서 정치를 배우면, 아무래도 좀 더 빨리 꿈을 이룰 수 있으니까요.

상황이 이런데도 칠조개는 자기가 아직 부족하다며 사양하고 있으니, 이는 겸손한 척만 하는 게 아닌 진심으로 자신이 아직 부족하다고 인정하는 겸손함(謙)을 실천하고 있는 거죠. 물론 겸손함(謙)은 '도'의 중요한 구성요소이기 때문에, '도'에 도달하기 위해서 반드시 갖춰야 하는 자세입니다.

한국 최초의 영국 프리미어리그 선수로서, 2005년에서 2012년까지 맨체스터 유나이티드 FC에서 활약했던 축구선수 박지성. '멀티 플레

이어'나 '두 개의 심장' 등 그의 실력을 수식하는 표현은 다양하지만, 무엇보다 감독과 동료 선수들이 이구동성으로 인정하는 그의 능력은 다름 아닌 자신을 버리고 오로지 동료와 팀을 위해 뛰는 헌신의 자세와 시종일관 변치 않는 성실함 그리고 자신을 드러내지 않는 겸손한 모습이었죠. 자신을 드러  내려 애쓰기보다 조용히 내조하는 스타일로 인해서, 그는 실제보다 상대적으로 저평가된 선수 중 한 명으로 언급되기도 했습니다. 알렉스 퍼거슨(Alex Ferguson) 감독은 "박지성은 세계 최고 선수 중 하나다. 문제는 그가 그런 사실을 모른다는 거다."라고 회고하기도 했습니다. 하지만 실력과 더불어서 이러한 겸손함 때문에, 한국 국민들은 그를 '영원한 캡틴'이라고 부르면서 기억하고 있답니다.

5-6

子曰: "道不行, 乘桴浮于海, 從我者, 其由與。" 子路聞之, 喜。 子曰:
자 왈   도 불 행 승 부 부 우 해 종 아 자 기 유 여   자 로 문 지 희   자 왈

"由也, 好勇過我, 無所取材。"
유 야 호 용 과 아 무 소 취 재

공자가 말씀하셨다. "나라에 도가 행해지지 않아서 불문율에 따라 뗏목을 타고 바다로 유유히 떠다닌다면, 나를 따를 사람은 바로 자로일 것이다." 자로가 그 말을 듣고 기뻐했다. 그러자 공자가 말씀하셨다. "자로는 의로움을 몸소 실천하는 용감함은 나를 뛰어넘지만, 그 밖의 재능을 취할 건 없다."

공자는 분명 나라에 '도'가 땅에 떨어지면 과감히 떠나 세상을 유유자적해야 한다는 불문율을 알고 있었습니다. 실제로 56세에 대부가 되어 나라를 열심히 바로잡고 있을 때, 노나라에 더 이상 희망이 없다고 판단한 그는 가차 없이 모든 걸 뒤로 남겨둔 채 떠나죠.

그렇다면 많고 많은 제자들 중에서, 공자는 왜 다른 사람도 아닌 자로만큼은 분명히 자기를 따라나설 것이라고 단정한 걸까요? 이제 다음 구절을 살펴보겠습니다.

9-26

子曰: "衣敝 縕袍, 與衣狐貉 者立, 而不恥者, 其由也與.'不忮不求,
자 왈   의 폐 온 포   여 의 호 학 자 립   이 불 치 자   기 유 야 여   불 기 불 구

何用不臧?" 子路終身誦之. 子曰: "是道也. 何足以臧?"
하 용 불 장   자 로 종 신 송 지   자 왈   시 도 야   하 족 이 장

공자가 말씀하셨다. "해진 헌솜으로 만든 도포를 입고서 여우와 담비의 털로 만든 고급 갖옷을 입은 이와 나란히 서 있어도, 부끄러워하지 않는 사람은 자로일 것이다. 『시경』「패풍(邶 風)·웅치(雄雉)」에서 '남의 부귀를 질투하지 않고 남의 부귀를 탐하지 않으면, 어찌 착하지 않겠는가?'라고 했다." 그러자 자로는 이 말을 죽을 때까지 외우고 다녔다. 이에 공자가 말씀하셨다. "검소함(儉)은 도의 기본이다. 기본을 갖췄다고 좋아하여 안일하면, 어떻게 계속 나아가 도를 배우고 실천하겠는가?"

공자의 제자들 대다수는 정치에 종사하기 위해서 공자를 찾아와 '도'를 배웠습니다. 당연히 공자가 세상을 등지고 떠나면, 그들의 계획에 큰 차질이 생기겠죠. 반면에 자로는 초라한 행색을 하고 멋진 옷을 입은 사람들과 서 있어도 아무 거리낌이 없었습니다. 즉 속세의 권력이나 명예 또는 화려한 재물에 욕심이 없는, 검소함(儉)이 몸에 밴 인물이었던 겁니다. 이처럼 다른 의도가 전혀 없이 순수하게 '도'를 배우고자 한 자

로는, 공자가 나라를 떠나도 아무런 거리낌 없이 스승을 따라나서겠죠. 공자는 이처럼 제자들의 심리까지도 꿰뚫어 본겁니다.

그런데 공자는 왜 위의 두 경우처럼 자로를 칭찬하다가도 갑자기 돌변하여 꾸중한 걸까요? 또 다음 구절을 보겠습니다.

11-21

子路問：“聞, 斯行諸?” 子曰：“有父兄在, 如之何其聞, 斯行之?” 冉有問：
자 로 문　　문 사 행 제　　자 왈　　유 부 형 재 여 지 하 기 문 사 행 지　　염 유 문

“聞, 斯行諸?” 子曰：“聞, 斯行之。” 公西華曰：“由也, 問：‘聞, 斯行諸?’
문 사 행 제　　자 왈　　문 사 행 지　　공 서 화 왈　　유 야 문 문 사 행 제

子曰：‘有父兄在。’ 求也, 問, ‘聞, 斯行諸?’ 子曰：‘聞, 斯行之。’ 赤也,
자 왈 유 부 형 재　　구 야 문 문 사 행 제　　자 왈 문 사 행 지　　적 야

惑, 敢問。” 子曰：“求也, 退, 故退之。由也, 兼人, 故退之。”
혹 감 문　　자 왈　　구 야 퇴 고 퇴 지 유 야 겸 인 고 퇴 지

자로가 물으셨다. “도를 듣게 되면 바로 행해야 합니까?” 공자가 말씀하셨다. “아버지와 형님이 계시는데, 어떻게 도를 들었다고 바로 행할 수 있겠는가?” 염구가 물으셨다. “도를 듣게 되면 바로 행해야 합니까?” 공자가 말씀하셨다. “도를 듣게 되면 바로 행해야 한다.” 후에 공서화가 물으셨다. “자로가 물었을 땐 스승께서는 ‘아버지와 형님이 계시다.’라고 하셨는데, 염구가 물었을 땐 ‘바로 행해야 한다.’라고 하셨습니다. 저 공서화는 의아하여 감히 그 이유를 여쭙습니다.” 그러자 공자가 말씀하셨다. “염구는 온순하고 소극적이라서 적극적으로 나아가 힘쓰게 했다. 하지만 자로는 과격하고 적극적이라서 움츠리고 사양하게 한 것이다.”

공자는 ‘높은 것은 낮추고, 낮은 것은 높여주는’, 이른바 사람의 특성에 맞춰 변형시키는 맞춤형 교육을 실천한 겁니다. 요샛말로 표현하자면 ‘들었다 놨다’ 교육법이 되겠죠?

9-26에서 인용한 『시경』 「패풍·웅치」에 대해서 살펴보죠. 『모시

전』에서는 이 작품이 위나라 선공을 비판한 작품이라고 설명합니다. 선공이 음란하고 나랏일을 돌보지 않았거니와 전쟁을 수차례 일으키자, 백성들이 임금을 원망하여 이 시를 지었다는 겁니다. 특히 다음 일화를 통해서 선공의 사람됨을 잘 알 수 있습니다. 선공은 자신이 총애하던 이강과의 사이에서 태자 급을 낳았습니다. 훗날 태자 급이 성장하여 제나라 여자와 혼인하기로 했는데, 선공이 그만 그녀의 미모에 홀딱 반합니다. 그래서 선공은 며느리로 맞이해야 할 여인을 자기 여자로 만들어버리고 말죠.

이제 여기서 인용한 시구가 포함된 작품의 맨 마지막 장인 4장을 살펴보기로 하죠.

> 많은 너희 군자들이여, 덕을 행함을 모르네.
> 질투하지 않고 탐하지 않으면, 어찌 착하지 않겠는가.

물론 공자가 칭찬한 자로의 인품과 이 구절엔 어느 정도 연관성이 있지만, 이 작품의 주제와 자로의 상황은 사실 아무런 관련이 없습니다. 이 역시 공자가 제자들을 교육시킬 때 얼마나 연상능력과 응용력을 강조했는지 알 수 있는 대목입니다.

5-7

孟武伯問："子路仁乎?" 子曰："不知也。" 又問。子曰："由也, 千乘之國,
맹 무 백 문　　자 로 인 호　　자 왈　　부 지 야　　우 문　　자 왈　　유 야, 천 승 지 국

可使治其賦也。不知其仁也。""求也何如?" 子曰："求也, 千室之邑,
가 사 치 기 부 야　　부 지 기 인 야　　　　구 야 하 여　　자 왈　　구 야, 천 실 지 읍

百乘之家, 可使爲之宰也。不知其仁也。""赤也何如?"子曰:"赤也,
백 승 지 가 가 사 위 지 재 야   부 지 기 인 야   적 야 하 여   자 왈   적 야

束帶立於朝, 可使與賓客言也, 不知其仁也。"
속 대 입 어 조   가 사 여 빈 객 언 야   부 지 기 인 야

아버지 맹의자의 자리를 이어 노나라 경(卿)이 된 맹무백이 물었다. "자로는 자
기 상관을 진심으로 섬기고 따를 만큼 어집니까?" 공자가 말씀하셨다. "모르
겠습니다." 맹무백이 다시 물었다. 그러자 공자가 말씀하셨다. "자로는 큰 제
후국에서 군대를 통솔할 수 있습니다. 하지만 그가 어진지는 모르겠습니다."
맹무백이 물었다. "염구는 어떻습니까?" 공자가 말씀하셨다. "염구는 대부가
소유하는 영토의 가신(家臣)을 맡을 수 있습니다. 하지만 그가 어진지는 모르
겠습니다." 맹무백이 물었다. "공서화는 어떻습니까?" 공자가 말씀하셨다. "공
서화는 예복을 입고 조정에서 귀빈들을 접대할 수 있습니다. 하지만 그가 어
진지는 모르겠습니다."

앞에서도 잠시 등장했던 공서화는 자(字)가 자화(子華)이고, 이름은
적(赤)입니다. 그래서 적 또는 공서화로 불렸습니다. 『사기』「중니제자열
전」에 따르면, 그는 공자보다 42세 어렸다고 합니다.

맹무백은 공자의 제자를 자기 가신으로 삼고자 했습니다. 그래서
제자들 중 누가 자기를 진심으로 따르겠는지 물은 겁니다. 그런데 앞에
서 소개했듯이, 그는 임금인 애공에게 빈정대는 등 무례한 신하의 모습
을 보이고 또 퇴폐적인 생활로 건강이 좋지 않았죠. 따라서 공자가 맹무
백에게 하고 싶었던 건 사실 "당신 스스로가 임금을 섬기고 따르지 않는
데, 저의 제자들이 당신을 진심으로 섬기고 따르겠습니까?"라는 말이었
던 겁니다. 다만 어쨌든 그는 자기 윗사람이었기 때문에, 예(禮)를 갖춰서
완곡하게 표현했을 뿐입니다. 그리고 이와 비슷한 구절이 뒤에도 보이는
데, 이참에 여기서 함께 짚고 넘어가겠습니다.

季康子問: "仲由, 可使從政也與?" 子曰: "由也, 果。於從政乎, 何有?"
계 강 자 문　중 유　가 사 종 정 야 여　　자 왈　유 야　과　어 종 정 호　하 유

曰: "賜也, 可使從政也與?" 曰: "賜也, 達。於從政乎, 何有? 曰: "求也,
왈　사 야　가 사 종 정 야 여　　왈　사 야　달　어 종 정 호　하 유　왈　구 야

可使從政也與?" 曰: "求也, 藝。於從政乎, 何有?"
가 사 종 정 야 여　　왈　구 야　예　어 종 정 호　하 유

계강자가 물었다. "자로에게 정치를 맡겨도 되겠소?" 공자가 말씀하셨다. "자로는 과단성이 있습니다. 정치하는데 무슨 어려움이 있겠습니까?" 계강자가 다시 말했다. "자공에게 정치를 맡겨도 되겠소?" 공자가 말씀하셨다. "자공은 통달했습니다. 정치하는데 무슨 어려움이 있겠습니까?" 계강자가 또 말했다. "염구에게 정치를 맡겨도 되겠소?" 공자가 말씀하셨다. "염구는 여섯 가지 재주, 즉 관료들에게 필히 요구되는 예(禮: 예절), 악(樂: 음악), 사(射: 활쏘기), 어(御: 말타기), 서(書: 서예), 수(數: 수학)에 능합니다. 정치하는데 무슨 어려움이 있겠습니까?"

　공자는 정치하는 이를 대동을 이끈 성인-소강을 이끈 군자-전문가인 그릇으로 나누고 있습니다. 따라서 공자는 여기서 제자들이 각자 정치에 필요한 전문가적 자질을 갖췄다고 말하고 있음을 알 수 있죠. 물론 정치적 자질이란 '도'의 구성요소들입니다. 다만 성인과 군자는 그 구성요소들을 유기적으로 연결시켜서 조화롭게 실천하는 반면, 전문가인 그릇은 한둘 혹은 몇몇 가지만 실천할 수 있을 뿐입니다.

　이제 바로 앞의 맹무백의 질문과 비교해보면 알 수 있듯이, 사실 계강자도 공자의 제자들이 과연 자기를 진심으로 섬기고 따르겠는지 넌지시 묻고 있는 겁니다. 물론 공자 역시 이미 그 의도를 간파했습니다. 하지만 마치 계강자의 의도를 못 알아들은 척, 질문에 대한 필요한 대답만 간략하게 하고 있다는 걸 짐작할 수 있죠. 왜냐면 계장자도 맹무백처럼 분

명 공자의 상관이었기 때문에, 그의 질문에 답하는 예(禮)를 다한 겁니다.

그런데 공자는 자공을 평가할 때 '통달'이라는 표현을 썼습니다. 그렇다면 통달했다는 표현은 과연 어느 수준의 경지에 이르렀음을 나타내는 걸까요? 다음 구절을 살펴보겠습니다.

12-20

子張問:"士, 何如斯, 可謂之達矣?"子曰:"何哉? 爾所謂達者!"
자 장 문 사 하 여 사 가 위 지 달 의 자 왈 하 재 이 소 위 달 자

子張對曰:"在邦必聞, 在家必聞。"子曰:"是聞也, 非達也。夫達也者,
자 장 대 왈 재 방 필 문 재 가 필 문 자 왈 시 문 야 비 달 야 부 달 야 자

質直而好義, 察言而觀色, 慮以下人。在邦必達, 在家必達。夫聞也者,
질 직 이 호 의 찰 언 이 관 색 려 이 하 인 재 방 필 달 재 가 필 달 부 문 야 자

色取仁而行違, 居之不疑, 在邦必聞, 在家必聞。"
색 취 인 이 행 위 거 지 불 의 재 방 필 문 재 가 필 문

자장이 물으셨다. "선비(士)는 어떤 것을 다해야 통달했다고 할 수 있습니까?" 공자가 말씀하셨다. "어떤 것인가, 네가 말하는 '통달'이라는 것이?" 자장이 대답하셨다. "나라에서 반드시 명성이 있고, 집에서 반드시 명성이 있는 것입니다." 공자가 말씀하셨다. "그것은 이름을 날리는 것이지, 통달하는 것이 아니다. 통달이란 올곧고(直) 의로움(義)을 좋아하며, 말을 조심하고 얼굴빛을 살피며(愼), 남에게 몸을 낮추려고 애쓰는(謙) 것이다. 그러면 나라에서 반드시 통달하고, 집에서도 반드시 통달하게 된다. 반면에 이름을 날린다는 것은 얼굴빛은 어짊(仁)을 받아들이지만, 실제 행동은 그와 반대되는 것이다. 그런 사람은 어떤 상황에 처해도 주저하지 않고 배신하므로, 나라에서 반드시 명성이 있고 집에서 반드시 명성이 있게 된다."

이처럼 '통달'은 사사로운 정에 얽매이지 않고 공정하게 판단하는 올곧음(直)과 계급상의 서열을 명확하게 하고 그 서열에서 마땅히 지켜야 할 바를 목숨을 걸고 지키는 의로움(義) 그리고 말과 행동 그리고 표

정을 삼가는 신중함(愼)과 자기를 타인의 아래에 두는 겸손함(謙)을 실천하는 경지임을 알 수 있습니다. 이는 이름을 날리는 것에 집착하는 것과는 분명 다른 것이죠. 그런데 예나 지금이나 '통달'이 아닌 '명성'에만 집착하는 이들이 있습니다. 이와 관련하여 다음 구절도 여기서 살펴보겠습니다.

9-2

達巷黨人曰:"大哉, 孔子! 博學而無所成名。"子聞之謂門弟子曰:
달 항 당 인 왈   대 재   공 자   박 학 이 무 소 성 명   자 문 지 위 문 제 자 왈

"吾何執? 執御乎? 執射乎? 吾執御矣。"
오 하 집   집 야 호   집 야 호   오 집 사 어 의

달항 마을 사람이 말했다. "너무하다, 공자여! 널리 도를 배웠지만, 어느 한 분야에서도 명성을 날리지 못했구나." 공자가 그 말을 들으시고 제자들에게 말씀하셨다. "내가 명성을 날리려면, 어떤 것을 맡아야 할 것인가? 마부를 맡을 것인가 아니면 야(射)라는 벼슬을 맡을 것인가? '야'는 조정에 나아가 정치에 참여하는 신분인데, 정치에 종사하는 이는 도를 실천하는 군자가 되어 백성과 나라를 안정시키는데 그 최종 목표를 둬야지, 명성을 날리는데 힘써서는 안 된다. 또한 내 목표는 군자가 되어 백성들과 나라를 안정시키는 것이지, 한 분야 전문가로서의 명성을 날리는 데 있지 않다. 군자는 한 분야에 치우치는 전문기능인이 돼서는 안 된다. 따라서 만약 굳이 한 분야에서 전문기능인으로서 명성을 날려야 한다면 '야'라는 벼슬은 적합하지 않으므로, 나는 마부가 되어서 한 분야 전문가로서의 명성을 날리겠다."

올곧음(直)과 의로움(義) 그리고 신중함(愼)과 겸손함(謙)을 실천하면서 '통달'하는 경지에 이르면, 때론 본의 아니게 명성을 함께 얻을 수 있는 경우가 있습니다. 하지만 명성을 좇기만 하면 '통달'은커녕, 오히려 객관적인 판단력을 잃어서, 자기 자신을 망치는 경우가 종종 발생합니다.

배리 본즈(Barry Lamar Bonds)는 자타공인 미국 프로야구인 메이저

리그 역대 최고의 기록을 가졌습
니다. 하지만 그는 이런 엄청난
성적을 내고도 명예의 전당에 들
어갈 수 없습니다. 도핑(doping: 성
적을 올리기 위한 약물 복용) 사실이 적
발되었기 때문입니다. 명예의 전
당은 투표에서 75% 이상의 득표

율을 얻어야 하는데, 많은 이들의 부정적인 시선 때문에 2013년부터 현
재까지 아직도 명예의 전당에 입성하지 못하고 있죠. 사실 1998년까지
의 기록들은 약물을 복용하기 이전에 낸 성과이고, 그 이후의 결과는 약
물 복용 이후의 기록입니다. 이처럼 그는 약물 복용을 하지 않고도 엄청
난 성적을 냈지만, 더 큰 명성을 날리고자 하는 자신의 욕심 때문에 최고
의 타자라는 명예 대신에 '약쟁이 본즈'라는 별명만 생겼습니다.

5-8

子謂子貢曰: "女與回也, 孰愈?" 對曰: "賜也, 何敢望回? 回也,
자 위 자 공 왈   여 여 회 야 숙 유   대 왈   사 야   하 감 망 회   회 야

聞一以知十; 賜也, 聞一以知二。" 子曰: "弗如也。吾與女, 弗如也。"
문 일 이 지 십   사 야   문 일 이 지 이   자 왈   불 여 야   오 여 여   불 여 야

공자가 자공을 가리키며 말씀하셨다. "너와 안회 중에서, 누가 더 뛰어난가?"
자공이 대답하셨다. "제가 어떻게 감히 안회보다 뛰어나기를 바라겠습니까?
안회는 하나를 들으면 열을 알고, 저는 하나를 들으면 겨우 둘을 압니다." 공
자가 말씀하셨다. "못하다. 나와 너 둘 다 안회보다 못하다."

공자가 채나라에 머문 지 3년이 되는 63세일 때 오나라가 진(陳)나
라를 공격했고, 초나라는 그런 진(陳)나라를 돕기 위해서 군대를 파견하

면서 공자를 초빙했습니다. 공자가 초나라로 가려고 하자, 진(陳)나라와 채(蔡)나라 대부들은 자기들의 비리가 세상에 알려질까 두려워하여 공자를 포위했습니다. 결국 공자 일행은 중간에서 식량까지 떨어지는 상황에 봉착했죠. 제자들의 불만이 점점 커지자, 공자는 자로를 불러서 물었습니다. "나의 도에 어떤 잘못이 있기에 이 지경에 이르게 되었을까?" 그러자 자로는 "저희가 어질지 못하고 또 지혜롭지 못해서 입니다."라고 대답합니다. 실망한 공자가 이번에는 자공에게 같은 질문을 합니다. 그러자 자공은 "스승의 도가 너무 커서 받아들여지지 않으니, 조금 낮추시는 것이 좋지 않겠습니까?"라고 대답하죠. 뒤이어서 안회에게도 같은 질문을 했는데, 안회는 "스승의 도가 너무 커서 받아들여지지 않으나, 도가 받아들여지지 않는 것은 우리의 치욕이고 또 인재를 기용하지 못하는 것은 지도자의 치욕입니다. 받아들여지지 못할 때 비로소 군자의 참모습이 드러나니, 무슨 걱정이 있겠습니까?"라고 대답했다. 이에 공자는 "안씨 집안에 이런 인재가 있었던가! 네가 높은 자리에 있게 되면, 나는 네 밑에서 일하겠다!"라고 말하며 크게 기뻐했다고 합니다. 따라서 공자는 안회가 만약 대동사회에 태어났다면, 요임금이나 순임금과도 같은 성인이 되었을 것이라고 생각했을 겁니다. 이와 관련하여 다음 두 구절을 보면, 공자가 왜 안회를 그토록 극찬했는지 이해할 수 있을 겁니다.

9-19

子曰: "語之而不惰者, 其回也與。"
자 왈   어 지 이 불 타 자   기 회 야 여

공자가 말씀하셨다. "도에 대해서 설명해주면 한 마디도 소홀히 여기지 않는 이는 안회이다!"

이처럼 아무리 사소한 한 마디조차 소홀히 여기지 않고 마음속에 두고두고 담아두었다가, 이를 실천으로 옮긴 인물이 바로 안회입니다. 이런 제자를 아끼지 않을 스승이 어디에 있을까요?

9-20

子謂顏淵曰: "惜乎! 吾見其進也, 未見其止也!"
자 위 안 연 왈   석 호   오 견 기 진 야   미 견 기 지 야

공자가 안회를 일컬어 말씀하셨다. "애석하다! 나는 그가 앞으로 나아가는 건 보았지만 멈추는 건 보지 못했다."

여기서 공자는 안회의 부단히 노력하는 자세(常)를 높이 사고 있음을 알 수 있습니다. 하지만 공자는 왜 그런 모습이 애석하다고 표현한 걸까요? 그는 제자가 건강을 해쳐가면서까지 이처럼 노력하는 태도를 견지하는 모습에 안타까운 마음을 숨기지 않고 드러내고 있는 겁니다. 실제로 안회는 공자가 71세였을 때, 41세의 젊은 나이로 생애를 마감하게 됩니다. 그렇다면 또 스승 공자는 왜 제자 안회가 자기보다 한 수 위에 있다고 말한 걸까요?

5-27

子曰: "十室之邑, 必有忠信如丘者焉, 不如丘之好學也。"
자 왈   십 실 지 읍   필 유 충 신 여 구 자 언   불 여 구 지 호 학 야

공자가 말씀하셨다. "집 열 채만 모여있는 작은 읍에도, 반드시 나처럼 객관적으로 판단하고 또 말을 함에 믿음을 주는 이가 있다. 하지만 그런 사람일지라도 나만큼 도를 배우길 좋아하지는 못할 것이다."

객관적이고도 공정한 마음가짐(忠)과 내뱉은 말은 반드시 지키는 신뢰(信)는 '도'의 중요한 구성요소이지만, '도'는 그 외에도 다양한 구성요소들이 있죠. 따라서 공자는 본인의 부단히 '도'를 배우고 실천하려고 노력하는 태도에 대해서 대단한 자부심을 갖고 있었음을 알 수 있습니다. 하지만 공자는 자신의 이처럼 '도'를 좋아해서 배우려고 부단히 노력하는 자세가 '도' 자체를 즐기는 경지보다는 한 수 아래라고 인정합니다.

6-18

子曰: "知之者, 不如好之者。好之者, 不如樂之者。"
자왈　　지지자　불여호지자　　호지자　불여낙지자

공자가 말씀하셨다. "'도'를 아는 사람은 좋아하는 사람보다 못하다. '도'를 좋아하는 사람은 즐기는 사람보다 못하다."

앞에서도 말했듯, 공자는 안회가 '도'를 배우느라 누추함과 굶주림조차도 즐긴다고 극찬한 바 있습니다. 또 공자는 비록 스승이지만, 자기보다 뛰어난 제자를 인정하고 오히려 배우려고 했습니다. 배운 바를 몸소 실천하는 것, 이것이 바로 공자가 위대한 인물인 이유입니다.

5-10

子曰: "吾未見剛者。" 或對曰: "申棖。" 子曰: "棖 也慾, 焉得剛?"
자왈　　오미현강자　　　혹대왈　　신장　　　자왈　장야욕　언득강

공자가 말씀하셨다. "나는 강직한 이를 만나보지 못했다." 어떤 이가 대답했다. "신장이 강직합니다." 공자가 말씀하셨다. "신장은 사사로운 탐욕을 부리는데, 어떻게 강직하다고 할 수 있겠는가?"

신장이 공자의 제자였다는 설이 있는데, 정확하진 않습니다. 다만 이 구절을 통해서 공자는 신장이 어떤 사람인지 잘 파악하고 있었던 것 같습니다. 그리고 이제 위의 내용을 정리해보면 강직함(剛)의 의미가 명확하게 드러나는데, 바로 '마음이 굳세어 사사로운 탐욕을 부리지 않음'을 뜻합니다.

프로야구 승부조작에 대해서 들어본 적이 있나요? 간단히 말해서 브로커가 선수들 특히 투수에게 접근하여 돈을 건네고, 요구사항을 지시한 뒤 돈을 거는 건데요. 예를 들어서 투수에게 1회에 고의로 볼넷을 내주도록 지시한 뒤, 불법 스포츠 베팅 사이트에 볼넷이 있을 것이라 베팅하고 돈을 버는 겁니다. 이는 스포츠의 공정성을 심각하게 훼손하는 행위이고, 적발된 선수는 영구적인 선수자격 정지 및 형사처벌을 받게 됩니다. 그럼에도 불구하고 이러한 악순환이 계속되는 건, 바로 야구계를 비롯한 스포츠 분야에 만연한 위계질서 때문입니다. 적발되는 선수들이 20대의 젊은 선수들이고, 그들은 선배를 통해서 소개받은 브로커들의 제안을 쉬이 뿌리치지 못한다는 겁니다.

현재 두산 베어스(Dusan Bears)에서 투수로 활약하고 있는 이영하 역시 2016년에 입단한 20대의 젊은 선수입니다. 그리고 그도 마찬가지로 브로커의 제안을 받았죠. 하지만 이영하 선수는 달랐습니다. 제안을 거절했는데도 또 다시 제안해오자, 즉시 이를 구단에 신고하여 승부조작 브로커를 적발했던 겁니다. 이뿐만 아닙니다. 그는 신고에 대한 포상금으로 5천만 원을 수령했고, 이 금액은 이영하 선수의 당시 연봉을 웃돌았습니다. 하지만 그는 전액을 모교 야구부와 소아난치질환을 앓고 있는 환아들에게 기부했던 겁니다. 소식을 접한 많은 야구팬들은 그에게 뜨거운 박수를

보냈고, 이영하 선수는 당연히 해야 할 일을 한 것일 뿐이라며 겸손해 했습니다.

子貢曰:"我不欲人之加諸我也。吾亦欲無加諸人。"子曰:"賜也,
자 공 왈   아 불 욕 인 지 가 저 아 야   오 역 욕 무 가 저 인   자 왈   사 야

非爾所及也。"
비 이 소 급 야

자공이 말씀하셨다. "저는 다른 사람이 자기가 원치 않는 바를 저에게 하라고 하지 않기를 바랍니다. 저 역시 제가 원치 않는 바를 다른 이에게 하라고 하지 않길 바랍니다." 공자가 말씀하셨다. "자공아, 나는 도의 직전 단계인 덕의 양대 요소가 마음을 객관적이고도 공정하게 하는 충(忠=中)과 남의 처지에 서서 이해하고 동정하는 마음인 서(恕=和)라고 가르쳤다. 리더는 대동사회의 지도자인 성인 - 소강사회의 지도자인 군자 - 전문가인 그릇(器)으로 나뉘는데, 너는 그릇 즉 전문가 수준이다. 그런데 너는 지금 군자가 행하는 덕에 대해서 이야기하고 있으니, 아직 네가 논할 단계가 아니다."

모든 일에는 순서와 절차가 있습니다. 정해진 순서와 절차를 따르지 않고는, 최종 목표에 결코 도달할 수 없죠. 이제 지금까지 배워온 '도'에 도달하기 위한 순서와 절차에 대해서 개략적이나마 정리해 봅시다.

道 (도)								상(常)
덕(德)								
중(中), 화(和)								
인(仁), 의(義)				예(禮), 악(樂)				
검소 (儉)	믿음 (信)	신중 (愼)	용감 (勇)	겸손 (謙)	강직 (剛)	지혜 (知)	곧음 (直)	자애 (慈)

子路有聞, 未之能行, 唯恐有聞。
자 로 유 문　미 지 능 행　유 공 유 문

자로는 도의 구성요소 하나에 대해서 가르침을 받게 되면, 그 내용을 아직 몸소 실천하지 못했는데 또 새로운 가르침을 받아서 이전의 것을 실천하지 못할까 봐 두려워했다.

이와 관련하여 다음 기록을 살펴보겠습니다.

상나라 재상 부열이 고종에게 절하고 머리를 조아리며 말했다. "아는 것이 어려운 것이 아니라, 행하는 것이 어려운 것입니다. 하지만 임금께서 행하는 게 어렵지 않다고 믿어서 실제로 행하면 선왕을 따라서 덕을 이룰 수 있을 것이니, 저 부열이 이 말씀을 드리지 않는다면 그건 저에게 잘못이 있는 것입니다." 『상서』「열명」

배워서 몰랐던 걸 아는 건 물론 중요합니다. 하지만 배워서 이제 알았다면 행동으로 옮겨야 합니다. 아는 걸 실천하지 못한다면, 그건 모르는 것과 다를 게 없습니다.

군자는 왼쪽을 귀히 여기고 좋은 일은 왼쪽을 존중한다는 『도덕경』 31장의 구절을 기억하나요? 바로 말이 아닌 규격 즉 행동을 중시했기 때문인데, 포권(包拳)을 할 때 왼손이 위로 가서 오른손을 감싸는 이유 역시 여기서 유래합니다. 물론 상대방에게 애도를 표할 때는 이와 반대로 오른손으로 왼손을 감싸는데, 그 이유도 마찬가지로 여기서 유래하죠.

子貢問曰:"孔文子, 何以謂之文也?" 子曰:"敏而好學, 不恥下問。
자 공 문 왈   공 문 자 하 이 위 지 문 야   자 왈   민 이 호 학 불 치 하 문

是以謂之文也。"
시 이 위 지 문 야

자공이 물으셨다. "위나라 대부 공문자는 제멋대로 대숙질의 부인을 쫓아내고
대숙질에게 자기의 딸을 시집보냈다가 다시 불러들였고, 심지어 임금을 공격
하여 어질지 못한 모습을 보였는데, 어떻게 죽은 후에 문(文)이라는 시호를 받
게 된 겁니까?" 공자가 말씀하셨다. "분명 그런 일이 있었다. 하지만 그는 평
상시 몸을 부지런히 하여 도를 배우기를 좋아해서, 아랫사람에게 묻는 것도
부끄러워하지 않았다. 이 때문에 그를 문(文)이라고 부른다."

공문자는 이름이 어(圉)라서 중숙어(仲叔圉)라고 불리기도 했습니다.
공자는 공문자가 '도'를 배우기 좋아해서 아랫사람에게 묻기를 부끄러
워하지 않는 호문(好問)의 태도를 지켰으므로, 그가 죽은 후에 문(文)이라
는 시호를 받았다고 설명합니다. 따라서 문(文)이란 『시경』이나 『상서』
등 옛 전적들에 기록된 내용 즉 '도'의 이론이 됨을 다시 한번 확인할 수
있죠. 특히 묻기를 좋아하는 호문(好問)의 자세는 앞에서도 설명한 바 있
듯이, 바로 신중함(愼)과 변치 않고 초지일관하는 태도(常) 그리고 한쪽으
로 치우치지 않는 객관적인 태도(中)와 겸손함(謙)이라는 도의 네 가지 구
성요소를 포함합니다.

그렇다면 자공은 왜 공문자가 어떻게 문(文)이라는 시호를 받게 되
었냐고 물은 걸까요? 사실 자공의 의도는 단순한 질문이 아니라, 공문
자의 업적에 대해서 회의적인 태도를 갖고 있었던 겁니다. 이제 『좌전』
「애공 11년」에 기록된 한 사건을 개략적으로 정리해보겠습니다.

위나라의 대숙질이 송나라로 도망가 자조의 딸과 결혼했는데, 당시
관습에 따라 그녀의 여동생 역시 언니를 따라서 대숙질에게 시집을 갔

습니다. 당시 자조는 잘생긴 외모로 명성이 자자했는데, 그의 둘째 딸 역시 매우 예뻤다고 하죠. 후에 자조가 위나라로 망명을 가자, 위나라의 대부 공문자는 대숙질의 부인을 쫓아내고 자기의 딸을 대숙질에게 시집보냈는데, 대숙질은 오히려 자조의 둘째 딸 즉 옛 부인의 여동생을 몰래 불러내어 집까지 제공하자, 공문자는 이에 분노하여 대숙질을 공격하려고 공자에게 계책을 묻습니다. 하지만 결국 공자의 만류로 관두게 되고, 그의 딸을 다시 집으로 불러들이죠. 이때가 공자 나이 68세 때의 일인데, 이 일이 발생한 직후 공자는 노나라로 돌아가게 됩니다.

또 공문자는 신하로서 자기가 섬기는 임금 영공을 공격할 만큼 어질지(仁) 못했던 존재이므로, 자공은 의아했겠죠. 그럼에도 불구하고 공자는 여기서도 장점과 단점을 분명히 구분하여 객관적으로 평가하는 중(中)의 태도를 지켰던 겁니다.

『도덕경』에 다음과 같은 기록이 있습니다.

성인은 결점이 없는데, 그 결점을 결점으로 여기기에, 이 때문에 결점이 없다. 「71장」

세상에 완벽한 사람이란 존재하지 않습니다. 그저 매번 자기 잘못을 찾아서 크게 뉘우치고, 고치려고 부단히 노력할 뿐입니다. 그러다 보면 위의 『도덕경』 구절처럼 언젠가는 결점이 없는, 정말 완벽한 사람이 될 수 있겠죠.

子謂子産：“有君子之道四焉。其行己也恭，其事上也敬，其養民也惠，
자 위 자 산　유 군 자 지 도 사 언　기 행 기 야 공　기 사 상 야 경　기 양 민 야 혜

其使民也義。”
기 사 민 야 의

공자가 정나라 경(卿)이었던 자산을 평하셨다. "그는 도의 네 가지 구성요소를 갖췄었다. 첫째 공손하게(禮) 행동했고, 둘째 임금을 정중히 섬겼으며(仁), 셋째 백성에게 은혜를 베풀고(慈), 넷째 의로움(義)에 비춰서 꼭 필요한 경우에만 동원하여 백성들의 원망을 사지 않았다."

여기서 공자는 자산의 경우를 예로 들어서 '도'의 네 가지 구성요소를 다시 한번 확인시켜주고 있습니다. 1. 상대방에게 공손한 건 바로 예(禮)를 갖췄다는 뜻이고, 2. 임금을 정중히 섬겼다는 건 어짊(仁)을 실천했다는 것이며, 3. 백성들에게 은혜를 베푼 건 자애로움(慈)이요, 4. 꼭 필요한 경우에만 백성을 동원했다는 건 의로움(義)을 뜻하죠.

道 (도)			
인(仁)	의(義)	자(慈)	예(禮)

자산은 정나라 경(卿)으로, 이름이 교(僑)였습니다. 그는 북쪽의 강대국인 진(晉)나라와 남쪽의 강국인 초나라 사이에 있는 조그만 정나라를 부흥시킨 인물인데, 공자가 대단히 존경했습니다. 오늘날 대한민국이 주변의 강대국 사이에서 어떻게 처신해야 할지, 향후 그의 업적 분석을 통해서 적잖은 외교술을 배울 수 있을 겁니다. 이제 다음의 세 사례를 함께 살펴봅시다.

『좌전』 「양공 31년」에 기록된 내용입니다. 연명이란 인물이 자산에게 당시 지방교육기관인 향교를 없애자고 제안했습니다. 그러자 자산은

"향교에서 나오는 정치에 대한 좋고 나쁜 논평은 나의 스승이 되는데, 어찌 없앤단 말입니까? 충(忠)과 선(善)으로 원망을 줄일 수는 있지만, 위세로 원망을 막을 수는 없다고 들었습니다. 사람의 입을 막는 건 개울물을 막는 것과도 같으니, 막다가 한꺼번에 터지면 많은 사람들이 다칩니다."라고 말했죠. 그러자 연명은 "그대는 진정 믿고 섬길 수 있는 분입니다."라고 말하며 자산의 말에 따랐다고 합니다. 훗날 공자는 "누가 자산이 어질지 않다고 말한다면, 나는 믿지 않을 것이다!"라고 평했습니다. 어짊(仁)의 최종 목표가 나라와 백성을 안정시키는 데 있음을 다시 확인할 수 있죠.

『좌전』「양공 31년」에 따르면 진(陳)나라가 초나라를 믿고 정나라를 공격하자, 정나라는 진(晉)나라로 가서 진(陳)나라를 공격하겠다고 보고했지만 허락을 받지 못했습니다. 하지만 정나라 백성들이 노하여 공격하자 진(陳)나라가 항복하

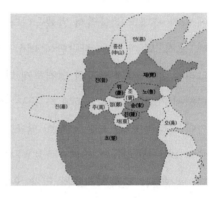

여 전리품을 내줬고, 정나라가 전리품들을 진(晉)나라에 바치자, 진(晉)나라 대부 사장백은 오히려 왜 작은 나라를 침략했냐면서 트집을 잡았습니다. 그러자 자산이 대답했죠. "자고로 천자의 나라는 사방이 천 리이고, 제후의 나라는 사방 백 리, 그 아래는 더 작습니다. 지금 큰 나라는 그 면적이 사방 몇천 리나 되는데, 만약 큰 나라가 작은 나라를 침략하지 않았다면 어떻게 큰 나라가 됐겠습니까?" 그러자 사장백은 자산이 왜 아직도 군복을 입고 있느냐고 물었습니다. 여차하면 진(晉)나라에게도 무력을 행사하려는 의도가 아니냐고 또 트집을 잡은 거죠. 이에 자산은 "과거 진(晉)나라 문공께서는 우리 정나라 문공에게 명하시어 군복을 입

고 천자를 돕도록 했고 또 초나라의 전리품을 천자께 드리게 했으니, 저는 그 명을 받들고 있는 것입니다."라고 대답했습니다. 사장백은 더 할 말이 없어서 그대로 조문자에게 보고했고, 조문자는 자산의 말이 이치에 부합된다며 수긍했습니다. 훗날 공자는 "말로 뜻을 충족시키고, 글로 말을 충족한다고 했다. 말을 하지 않으면 누가 그 뜻을 알고, 글이 없다면 누가 그 말을 오랫동안 전하겠는가? 만약 자산이 아니었다면, 정나라는 진(晉)나라를 막아내지 못했을 것이다. 말은 신중해야 한다."라고 평가했습니다.

『좌전』「소공 20년」에는 다음과 같은 기록이 있습니다. 자산이 병에 들자 자대숙을 불러서 말했습니다. "내가 죽으면 그대가 다스릴 터인데, 오직 '덕'이 있는 사람만이 백성들을 관대하게 복종시킬 수 있으니, 그러지 못할 바엔 차라리 엄격하게 다스리는 것이 좋소. 불은 열기가 맹렬해서 가까이 다가가 불에 타 죽는 사람이 적지만, 물은 관대하기에 가까이 하다가 빠져 죽는 이들이 많소. 그러므로 관대함으로 다스리는 것은 어려운 것이오." 자산이 죽고 나서 자대숙이 그를 이어 통치를 했는데, 백성들을 관대하게 다스리자 오히려 도둑이 많아졌습니다. 그제서야 자대숙이 자산의 말을 듣지 않은 것을 후회하고 그들을 잡아다 죽이자, 비로소 도둑이 줄어들게 되었죠. 이 일에 대해서 공자는 "통치를 관대하게 하면 백성들이 게을러지고, 게을러지면 엄격하게 바로잡아야 하지만, 엄격하게 통제하면 백성들이 상처를 받으니 다시 관대함을 베풀어야 한다. 따라서 관대함과 엄격함이 조화를 이루는 정치가 가장 좋은 것이다."라고 평한 바 있습니다. 『사기』「공자세가」에 따르면 공자가 30세일 때 자산이 죽었는데, 공자는 눈물을 흘리며 그는 예로부터 전해오는 사랑을 따른 사람이었다고 슬퍼했다고 합니다.

'덕'을 설명하면서 『상서』「주서」의 구절을 소개했죠. 세 가지 덕은 정직함과 강직함 그리고 유함으로 다스림을 말하는데, 이를 간략히 줄여서 말하면 '당근과 채찍'입니다. 관대함으로 다스리는 것이 가장 이상적이지만, 이는 아무나 할 수 있는 게 아닙니다. 백성들이 그 지도자를 믿고 따를 때나 가능하죠. 만약 사회가 혼란스럽다면, 차라리 엄격하게 통제해야 합니다. 물론 통제라는 것도 지도자가 먼저 솔선수범해야 가능한 것이고, 이를 통해서 사회가 안정되면 다시 관대하게 다스려야 하죠. 그렇다면 대한민국의 현주소에서 필요한 건 당근일까요, 아니면 채찍일까요? '인권'이라는 단어는 사람이 사람 다울 때나 적용할 수 있습니다. 어리숙하게 '인권'이라는 미명 아래 강력 범죄자들을 보다 엄격하게 통제하지 않으면, 희생양이 되는 건 대다수의 선량한 국민입니다.

5-16

子曰: "晏平仲, 善與人交。久而敬之。"
자 왈   안 평 중   선 여 인 교   구 이 경 지

공자가 말씀하셨다. "제나라의 경(卿) 안영은 사람들과 교제를 잘한다. 그 사권 기간이 오래되었어도 변치 않고 초지일관하여 사람들에게 정중하다."

안평중은 제나라의 경(卿)으로, 이름은 안영(晏嬰)이고 자(字)가 중(仲), 시호는 평(平)입니다. 『안자춘추』의 저자로도 유명하죠. 노나라를 방문했을 때 모시고 갔던 경공이 공자의 재능을 높아 사서 벼슬을 주려하자, 경쟁국의 인물을 등용하면 제나라에 해가 된다면서 반대했던 것으로 알려져 있습니다.

공자는 여기서 '도'의 구성요소인 변치 않음(常)과 정중함(禮)을 강조하고 있습니다. 또 비록 안영이 공자를 기용하고자 한 경공의 의지에 반대하긴 했지만, 공자는 한쪽으로 치우치지 않는 중(中)의 태도로 안영을 객관적으로 평가했음을 알 수 있습니다.

이제 이 구절과 관련된 사례를 들어보겠습니다. 세계적인 IT 기업 인텔(Intel Corporation)은 직원들의 의견을 적극적으로 수렴하기 위해 개방형 회의 형식을 도입했습니다. 원칙을 중시하고 누구나 동등한 자격의 발언권을 보장받는 이 회의는 특별한 지정석이 없어서 누구나 앉고 싶은 자리에 앉을 수 있고, 어떤 주제로도 자유롭게 발언할 수 있습니다. 또 발표된 의견에 대해서 누구도 바로 비판하지 않는데, 그 이유는 모든 의견의 가치를 존중하고 자유로운 의사소통의 저해를 방지하기 위해섭니다. 이러한 인텔의 경영방식은 '경쟁력은 기술력에서 나오고, 그 기술력은 결국 인적 자원에 대한 존중에서 시작된다.'는 인식을 바탕으로 해서 나온 것이라고 합니다.

5-21

子在陳曰: "歸與, 歸與! 吾黨之小子, 狂簡, 斐然成章, 不知所以裁之。"
자 재 진 왈   귀 여 귀 여 오 당 지 소 자 광 간 비 연 성 장 부 지 소 이 재 지

공자가 진(陳)나라에 있을 때 말씀하셨다. "돌아가자, 돌아가자! 내 마을의 젊은이들은 기세는 세지만 예(禮)를 배우는 걸 소홀히 한다. 비록 그들은 아름다운 광채가 나는 대성할 재목이지만, 왜 거친 부분을 다듬고 절제해야 하는지를 알지는 못한다."

『사기』「공자세가」에 따르면, 공자는 대략 60세 정도에 진(陳)나라에서 3년 동안 머물렀습니다. 그런데 대국인 진(晉)나라와 초나라가 공자가 머무르고 있는 작은 진(陳)나라를 번갈아 공격했고, 심지어 오나라마저 진나라를 넘봤죠. 그러자 공자가 이제 세상에는 더 이상 자신 뜻을 펼칠 곳이 없다고 한탄하면서 이 말을 했다고 합니다.

그리고 같은 해 노나라의 계강자가 염구를 가신으로 쓰기 위해서

불러들이자, 공자는 염구를 불
러들이는 이유가 높은 자리에
기용하기 위해서라면서 다시
한번 이 말을 하기도 했다고 합
니다.

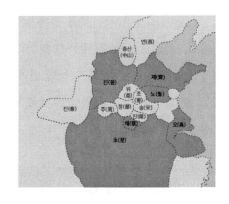

공자는 당시 여러 곳을 전
전하면서 자신의 '도'를 받아줄
나라를 찾는데 다소 지친 듯합
니다. 그래서 이제 정치에 대한 꿈을 내려놓고 고향으로 돌아가, 후학들
에게 다듬고 절제하는 예(禮)를 가르쳐야겠다고 말한 거겠죠.

5-23

子曰: "孰謂微生高直? 或乞醯焉, 乞諸其鄰而與之。"
자 왈　숙 위 미 생 고 직　혹 걸 혜 언　걸 저 기 린 이 여 지

공자가 말씀하셨다. "누가 미생고를 올곧다고 평하는가? 어떤 사람이 식초를
빌려달라고 했더니, 식초를 자기 이웃에서 빌려다 주었다. 이건 남의 것을 마
치 자기 것처럼 속여서 아첨하는 행위이므로, 남들 시선을 의식한 생색내기
에 불과하다. 없으면 없다고 있는 그대로 말하는 것이야말로 진정한 올곧음이
다."

미생고는 노나라 사람으로, 신뢰를 대단히 중시한 인물이라고 전하
고 있습니다. 『장자』 「도척」편에 "미생이 한 여인과 다리 밑에서 만나기
로 기약했는데, 여자는 오지 않고 또 물이 다리 밑으로 들어차도 떠나지
않아서 결국 다리 기둥을 붙잡고 죽었다."는 기록이 있는데, 그가 이 미
생고인지는 명확하지 않습니다.

올곧음(直)은 사사로운 정에 얽매이지 않고 공정하게 판단하는 자세이고, 또 의로움(義)을 행하기 위한 전제조건이라고 했습니다. 따라서 진정한 올곧음(直)이란 자기 능력 안에서 해결 가능할 땐 가능하다고 말하고, 또 없으면 없다고 있는 그대로 말해야 하는 겁니다. 이제 다음 두 구절을 함께 읽어보죠.

17-24

子貢曰: "君子亦有惡乎?" 子曰: "有惡。惡稱人之惡者,
자 공 왈   군 자 역 유 오 호   자 왈   유 오   오 칭 인 지 악 자

惡居下流而訕上者, 惡勇而無禮者, 惡果敢而窒者。"
오 거 하 류 이 산 상 자   오 용 이 무 례 자   오 과 감 이 질 자

曰: "賜也亦有惡乎?" "惡徼以爲知者, 惡不孫以爲勇者,
왈   사 야 역 유 오 호   오 요 이 위 지 자   오 불 손 이 위 용 자

惡訐以爲直者。"
오 알 이 위 직 자

자공이 말씀하셨다. "군자 역시 미워하는 게 있습니까?" 공자가 말씀하셨다. "미워하는 게 있다. 남의 단점을 함부로 드러내는 이를 미워하고, 아래에 있으면서 윗사람을 비방하는 이를 미워하며, 용감하지만 무례한 이를 미워하고, 결단성 있지만 여러 사람과 상의하지 않고 독단적으로 결정하는 이를 미워한다." 공자가 말씀하셨다. "자공 역시 미워하는 게 있는가?" 자공이 말씀하셨다. "남의 성과를 훔쳐서 마치 자기가 한 것처럼 꾸미는 이를 미워하고, 불손한 것을 용감함으로 여기는 이를 미워하며, 말을 꾸며서 아첨하는 것을 올곧음(直)이라고 여기는 이를 미워합니다."

子曰:"古者, 民有三疾; 今也, 或是之亡也。古之狂也, 肆;
자 왈   고 자 민 유 삼 질   금 야   혹 시 지 망 야   고 지 광 야   사

今之狂也, 蕩。古之矜也, 廉; 今之矜也, 忿戾。古之愚也, 直; 今之愚也,
금 지 광 야   탕   고 지 긍 야   염   금 지 긍 야   분 려   고 지 우 야   직   금 지 우 야

詐而已矣。"
사 이 이 의

공자가 말씀하셨다. "옛날에는 백성들에게 세 가지 결점이 있었는데, 지금은
어쩌면 이것마저도 변해서 사라졌을 것이다. 옛날엔 사납다는 게 조심스럽지
않고 무례함을 뜻했는데, 지금은 제멋대로 행동하여 거리낌이 없음을 뜻한다.
옛날엔 자랑한다는 게 모가 나서 원만치 못함을 뜻했는데, 지금은 서로 자기
가 잘났다고 화를 내며 다투는 것을 뜻한다. 옛날엔 우매함이란 있는 그대로
솔직하게 말함을 뜻했는데, 지금은 그저 말을 꾸며서 아첨하는 걸 뜻한다."

이처럼 자공과 공자가 말하고자 한 것은, 있는 그대로 솔직하게 말
해야 하는 올곧음(直)의 개념이 이제는 그저 상대방의 기분을 맞춰주기
위해서 아첨하고 아부하는 것으로 변질되었다는 뜻임을 알 수 있을 겁
니다.

子曰:"巧言, 令色, 足恭, 左丘明恥之, 丘亦恥之。匿怨而友其人,
자 왈   교 언   영 색   주 공   좌 구 명 치 지   구 역 치 지   익 원 이 우 기 인

左丘明恥之, 丘亦恥之。"
좌 구 명 치 지   구 역 치 지

공자가 말씀하셨다. "말을 교묘하게 하고, 아첨하는 표정을 지니며, 절제하지
않고 지나치게 공손한 걸 좌구명은 부끄럽게 여겼는데, 나 역시 그것을 부끄
럽게 여긴다. 분명히 원망하는 감정을 품고 있으면서도 아닌 척 숨기고 그 사

좌구명은 노나라의 맹인 사관(史官)이었습니다. 그는 『춘추』의 해설
서라고 할 수 있는 『좌전』과 『국어』를 저술했다고 하는데, 『사기』 「공자
세가」에는 공자가 노나라에 돌아온 후인 71세에 『춘추』를 집필했다는
기록이 있습니다. 그리고 공자가 좌구명의 인격을 대단히 높이 산 걸로
미뤄보아, 이 둘은 동시대 인물인 것으로 추측할 수 있죠.

당시 삼환은 노나라 임금보다 더 큰 권력을 장악하며 나라를 좌지
우지했습니다. 당연히 그들 밑에 있는 신하들은 당장의 이익을 추구하느
라고 삼환의 눈치를 보고 또 그들에게 잘 보이고자 온갖 아양과 아부를
다 떨었겠죠.

하지만 공자는 달랐습니다. 물론 경(卿)이기 때문에 상관에게 지켜
야 할 최소한의 도리는 다했지만, 눈치를 보거나 마음에 안 내키면서도
잘 보이려고 그들을 옹호하는 발언은 단 한 번도 하지 않았습니다. 공자
는 오히려 그들의 잘못을 비판하고 또 멀리했습니다.

5-25

顔淵季路侍。子曰:"盍各言爾志?"子路曰:"願車馬衣輕裘, 與朋友共,
안 연 계 로 시   자 왈   합 각 언 이 지   자 로 왈   원 거 마 의 경 구   여 붕 우 공

敝之而無憾。"顔淵曰:"願無伐善, 無施勞。"子路曰:"願聞子之志。"
폐 지 이 무 감   안 연 왈   원 무 벌 선   무 시 로   자 로 왈   원 문 자 지 지

子曰:"老者安之, 朋友信之, 少者懷之。"
자 왈   노 자 안 지   붕 우 신 지   소 자 회 지

안회와 노나라 경(卿)인 계강자의 가신으로 일하는 자로가 스승을 모시고 있었
다. 공자가 말씀하셨다. "어찌 각자 너희의 생각을 말하지 않는가?" 자로가 말

씀하셨다. "수레와 말 그리고 윗도리와 비싼 가죽옷을 친구와 공유하다가 망가져도 섭섭함이 없는, 즉 모두가 내 것 네 것을 구별하지 않고 함께 공유하는 세상이 되기를 바랍니다." 안회가 말씀하셨다. "자기의 장점을 자랑하지 않고 또 공로를 뽐내지 않는, 즉 지도자가 항상 스스로 부족하다고 여기고 자기가 세운 공로를 자기의 것으로 여기지 않는 겸손해하는 세상을 바랍니다." 자로가 말씀하셨다. "스승의 생각을 듣기를 원합니다." 공자가 말씀하셨다. "노인 대접하기를 마치 자기의 부모 대하듯이 하여 노인들이 편안해하고, 친구들끼리 서로 믿음으로 대하며, 또 젊은이 대하기를 마치 자기 자식 대하듯 하여 젊은이들이 연장자를 진심으로 따르는 세상을 바란다."

이 세 명의 표현은 각각 다르지만, 사실 모두가 똑같은 대동사회의 꿈을 꾸고 있었던 겁니다. 공자의 현실 목표는 군자가 사람의 '도'로 다스린 소강사회로의 복귀에 있었습니다. 하지만 사람의 '도'는 대동사회를 이끈 성인의 하늘의 '도'를 바탕으로 하고 있죠. 즉 공자는 대동사회라는 것이 우선 소강사회를 회복한 이후에나 고려할 수 있는 이상향이라고 생각했음을 다시 한번 확인할 수 있습니다.

춘추시대라는 이기적인 혼란기에 아름다운 꿈조차도 꿀 수 없다면 이 얼마나 비극적인 일일까요? 이들은 짤막한 대화를 통해서나마 이처럼 이상을 꿈꾸면서, 극복할 수 없는 시대의 아픔을 노래하고 있는 걸 겁니다.

5-26

子曰: "已矣乎! 吾未見能見其過而內自訟者也。"
자 왈   이 의 호   오 미 견 능 견 기 과 이 내 자 송 자 야

공자가 말씀하셨다. "끝났다! 지도자는 자기의 잘못을 크게 부끄러워해서, 마

음속으로 스스로를 꾸짖고 자책해야 한다. 그런데 나는 그러한 인물을 보지 못했으니, 이제 모든 꿈을 접을 수밖에 없다. 더 이상은 희망이 없구나!"

하지만 제자들과 잠시나마 그런 달콤한 대동의 꿈을 이야기하는 것도 찰나의 순간일 뿐이었습니다. 공자가 다시 현실로 돌아와서 바라본 세상은, 단 한 줄기 희망을 빛조차 찾아볼 수 없는 절대적인 어둠이었으니까요. 그렇다면 공자는 어떤 지도자가 세상을 이끌어야 희망이 있다고 생각한 걸까요?

스티븐 잡스(Steven Paul Jobs)를 이어서 애플(Apple Inc)의 CEO를 맡은 팀 쿡(Timothy Donald "Tim" Cook)이 스티븐 잡스와 다른 그리고 가장 놀라웠던 점은, 바로 사과할 줄 아는 모습을 보여줬다는 겁니다. 대표적으로 지도 서비스인 애플맵(map)의 실패를 들 수 있는데, 구글맵에 대적하기 위한 야심작으로 기대되는 서비스였지만 오류가 너무 많아서 고객들의 항의가 이어졌고, 급기야 책임 담당자의 공개 사과를 요구했죠. 지도가 상세하지 못하고, 지명도 부정확하게 표시되는 등 사용하기가 너무 불편했던 겁니다. 하지만 애플은 오히려 "이용자가 많아질수록 개선될 것"이라고만 말해 이용자들의 반발을 샀습니다. 그러자 팀 쿡이 대신 사과를 하면서 진화에 나섰습니다. "애플은 가능한 한 최고의 경험을 제공하는 세계 정상급 제품을 만들기 위해 노력하고 있습니다. 하지만 지난주 출시한 우리의 맵 서비스는 그 수준에 미치지 못했고, 이에 실망한 모든 고객들에게 깊이 사과드립니다." 사람들은 만약 스티븐 잡스가 현 CEO였다면 결코 일어날 수 없는 일이라고 말합니다. 그도 그럴 것이 잡스는 단 한 번도 애플의 실수에 대해 사과한 적이 없기 때문이죠. 팀 쿡은 심지어 "지도 서비스를 개선하는 동안 애플 스토어를 통해 마이크로소프트(MS)의 빙(BING)을 내려받기하거나, 구글(Google), 노키아(Nokia) 웹사이트를 통해 이들의 지도 서비스를 대신 이용할 수 있다."고 덧붙였습니다.

제6편 : 옹야(雍也)

세상으로 나가는 출입구

子曰：“雍也，可使南面。”仲弓問子桑伯子。子曰：“可也，簡。”仲弓曰：
자 왈　옹 야　가 사 남 면　　중 궁 문 자 상 백 자　자 왈　　가 야 간　　중 궁 왈

“居敬而行簡，以臨其民，不亦可乎？居簡而行簡，無乃大簡乎？”子曰：
거 경 이 행 간　이 임 기 민　불 역 가 호　거 간 이 행 간　무 내 대 간 호　　자 왈

“雍之言然。”
옹 지 언 연

공자가 말씀하셨다. "북극성이 남쪽에 있는 별들을 이끌 듯, 중궁은 임금이 되
어서 백성들을 이끌 능력이 있다." 중궁이 자상백자의 사람됨이 어떤지 물으
셨다. 공자가 말씀하셨다. "괜찮다. 그는 대범하다." 그러자 중궁이 말씀하셨
다. "덕은 자기에게 엄격하고 타인에게는 관대한 건데, 자상백자처럼 타인에
게 관대하고 자기에게도 관대하면 그건 너무 지나친 것 아닙니까?" 공자가 말
씀하셨다. "중궁의 말이 맞다!"

이와 관련하여, 먼저 다음 기록을 살펴보겠습니다.

지도자가 좋은 일은 남이 했다고 하고 잘못된 일은 자기가 했다고 하면, 백
성들이 서로 다투지 않는다. 좋은 일은 남이 했다고 하고 잘못된 일은 자기
가 했다고 하면, 백성들이 지도자를 원망하는 일이 더욱 없어진다.

『예기』「방기」

'덕'은 강함이나 부드러움 한쪽에 치우치지 않고 이 둘을 조화롭게
하는 겁니다. 특히 타인에게는 부드러움으로 다가서지만, 자기에게는 엄
격한 잣대를 내세워야 하죠. 결국 중궁은 자상백자가 자기 잘못에도 너
무 관대한, 즉 '덕'을 갖춘 인물이 아닌 것 같다고 말한 겁니다. 그리고
공자의 마지막 대답을 통해서, 그는 자기의 잘못을 즉시 인정하고 고치
려고 노력한 모습을 보였음을 알 수 있습니다.

이제 이 구절과 관련된, 정확하게는 정반대의 사례 하나를 들어보죠. 2016년부터 시행된 부정 청탁 및 금품 등 수수의 금지에 관한 법률(일명 김영란법)은 시작부터 많은 논란을 일으켰습니다. 그중 가장 시끄러웠던 문제는 바로 국회의원을 포함하는 선출직 공직자가 공익적인 목적으로 청탁을 하는 행위는 예외로 해서 통과시킨 겁니다. 특히 국회 본회의에서 재석 의원 247명 중 찬성 228명(찬성률 92.3%), 반대 4명, 기권 15명으로 통과되자, 전형적인 '내로남불'의 결과라는 국민들의 혹독한 비판에 부딪혀야 했습니다.

지도자는 타인의 잘못에는 관대하지만, 자기에게는 누구보다 엄격해야 한다는 말이 무슨 뜻인지 다시 되새겨야 합니다. 뒷짐만 지고 뒤에 서서 "돌격, 앞으로!"라고 연신 외치는 소대장을 믿고 전진하는 부하는 없습니다.

그런데 공자는 왜 중궁이 단순히 지도자가 아닌, 최고 지도자인 임금이 될 자격이 있다고 말한 걸까요? 이 점을 이해하기 위해선, 다음 구절을 함께 살펴봐야 합니다.

14-11

子曰: "孟公綽爲趙魏老, 則優. 不可以爲滕薛大夫."
자 왈   맹 공 작 위 조 위 노   즉 우   불 가 이 위 등 설 대 부

공자가 말씀하셨다. "정치하는 지도자는 대동사회를 이끈 성인 - 소강사회를 이끈 군자 - 전문가인 그릇으로 나눌 수 있는데, 위에서 나라를 이끄는 최고

지도자는 실무를 담당하는 행정기관의 전문가와 다르다. 노나라 삼환 중 하나인 맹손씨 집안의 맹공작은 노나라의 경(卿)으로서 부끄럽지 않은 통찰력과 자제력을 지녔으므로, 대국인 진(晉)나라의 '조', '위'처럼 큰 행정단위의 우두머리가 되기에도 부족함이 없다. 하지만 그런 인물이 작은 노나라의 '등', '설'처럼 작은 지역으로 내려가 행정을 맡는 대부가 될 순 없는 노릇이다."

『사기』「중니제자열전」에 따르면, 공자는 주나라 노자와 위나라 거백옥, 제나라 안평중과 초나라 노래자, 정나라 자산 및 노나라 맹공작을 존경했다고 합니다.

『좌전』「양공 25년」에 다음 기록이 남아 있습니다. 제나라 대부 최저가 한 해 전 맹효백이 제나라를 공격한 것에 대해 복수를 하려고 노나라를 침략했습니다. 노나라 임금 양공은 걱정되어서 진(晉)나라에 이 일을 보고했는데, 맹공작은 "최저는 큰 뜻을 품고 있으니, 우리 노나라를 괴롭히지 않고 금방 철수할 겁니다."라고 안심시켰죠. 그리고 정말로 제나라 군사는 별일 없이 다시 돌아갔다고 합니다. 이처럼 그는 지도자로서의 통찰력을 견지한 인물임을 알 수 있습니다

앞에서 공자는 제나라 경공의 질문에, 죄인 백리해를 중용한 진(秦)나라 목공 같은 위인이 작은 나라의 패주가 되는 건 별일도 아니라고 했습니다. 또 제자 자천이 '선보'처럼 작은 지역을 다스리는 게 아쉽다고 한 적도 있습니다.

보다시피 '등'과 '설'은 작은 나라인 노나라에 속한 행정구역입니다. 반면에 '조'와 '위'는 대국인 진(晉)나라에 속한 행정구역이죠. 작은 동네 이장과 도지사에게 요구되는 자질

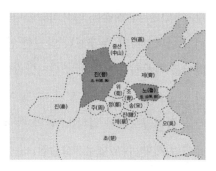

이 같을 순 없습니다. 따라서 공자는 맹공작처럼 통찰력 있는 지도자가 작은 지역의 우두머리를 맡는 건, 마치 도지사가 되야 할 인재가 이장 일을 하는 것처럼 부적절하다고 말한 것임을 알 수 있습니다.

이제 위의 질문에 답변을 하면, 중궁은 '덕'의 개념을 명확하게 파악하고 있으므로, 당연히 누구보다도 '덕'을 잘 베풀 수 있겠죠? 그리고 '덕'을 베푸는 것은 최고 지도자의 몫이니, 역시 당연히 임금이 될 자격이 있는 겁니다.

애플(Apple Inc) 초창기 스티븐 잡스(Steven Paul Jobs)와 스티브 워즈니악(Steve Gary Woz Wozniak)은 수익을 공평하게 5:5로 분배했습니다. 그런데 하루는 록히드 마틴(Lockheed Martin Corporation)의 기술자로 일하던 워즈니악의 부친이 잡스를 찾아와서는 불만을 쏟아냈습니다. 제품 개발과 설계 심지어 디자인에서조차 아무런 기여도가 없는 잡스가, 수익의 절반이나 가져가는 게 말이 안 된다는 것이었죠. 하지만 부친의 만류에도 불구하고 워즈니악은 두려움에 휩싸여서, 화를 내며 그 자리를 떠나려는 잡스를 붙잡았습니다. 잡스는 자기에게 없는 사업적 두뇌가 있었음을 알고 있기 때문이었습니다. 워즈니악은 부친을 통해서 전자공학의 기초와 원리 및 최신 기술을 접했고, 잡스를 만나기 전부터 취미로 컴퓨터를 설계하는 등 뛰어난 재능을 보여왔습니다. 그러나 그는 그저 컴퓨터를 좋아하는 순수한 인물이었죠. 그가 안정적인 HP를 그만두고 잡스와 창업을 한 이유도, 잡스와 손을 잡으면 자기가 좋아하는 일을 계속할 수 있을 거란 믿음 때문이었습니다. 반면 잡스는 엔지니어나 디자이너가 아니었지만, 누구보다 탁월한 안목을 가지고 끊임없이 새로운 아이디어를 제시하는 능력의 소유자였습니다. 나아가 다른 재능 있는 인물들과 기술 자금 등을 한데 모아서, 그 아이디어가 현실이 되도록 세상의 관심을 불러일으켰던 겁니다. 만약 이 둘이 손을 잡지 않았다면 지금의 애플이 존재할 수 있었을까요? 잡스는 "워즈니악은 역사상 최고의 천재개

발자이다."라고 한 바 있고, 워즈니악 역시 "내가 일개 악기 연주자라면, 잡스는 위대한 지휘자이다."라고 서로를 치켜세웠습니다. 이처럼 모든 사람에게 똑같은 걸 요구할 순 없습니다. 지위가 올라갈수록 요구되는 건 전체를 파악해서 운영하고, 사람들을 포용하여 이끌 수 있는 능력입니다.

6-2

哀公問:"弟子, 孰爲好學?"孔子對曰:"有顔回者好學。不遷怒, 不貳過,
애공문　　제자　숙위호학　　공자대왈　　유안회자호학　　불천노　불이과

不幸短命死矣。今也, 則亡, 未聞好學者也。"
불행단명사의　금야　즉망　미문호학자야

애공이 물었다. "제자들 중에서 누가 도를 배우기 좋아하는가?" 공자가 대답하셨다. "안회가 도를 배우기를 진정으로 좋아했습니다. 엉뚱하게 다른 이에게 화풀이하거나 한 번 저지른 잘못은 반복하지 않았는데, 불행히도 단명해서 죽었습니다. 지금은 안회처럼 도를 배우기 좋아하는 이가 없으니, 더 이상은 안회처럼 도를 배우기 좋아하는 이가 있다는 말을 들어보지 못했습니다."

이 내용은 뒤에도 다시 나옵니다. 따라서 여기서 같이 짚고 넘어가죠.

11-6

季康子問:"弟子, 孰爲好學?"孔子對曰:"有顔回者好學。不幸,
계강자문　　제자　숙위호학　　공자대왈　　유안회자호학　　불행

短命死矣。今也, 則亡。"
단명사의　금야　즉망

계강자가 물었다. "제자들 중에서, 누가 도를 배우기 좋아하는가?" 공자가 대

> 답하셨다. "안회가 도를 배우기를 좋아했습니다. 하지만 불행히도 단명해서 죽었습니다. 지금은 없습니다."

애공과 달리 계강자의 질문에 공자가 짧게 대답한 이유는, 그가 임금에게 어질지 못했기 때문일 겁니다. 그럼에도 불구하고 그 역시 공자의 상관이었기 때문에, 이처럼 예(禮)를 갖춰서 대답한 거죠.

안회는 '도'를 배우는 즐거움에 빠져서, 굶주림과 가난함의 고통조차도 잊어버렸습니다. 그래서 공자는 자기조차도 그 정도 경지에 오르지 못한다고 시인했습니다. 그런데 공자는 여기서 엉뚱하게 다른 이에게 화풀이하거나 한 번 저지른 잘못은 다시 반복하지 않았다는 두 가지로 안회를 높이 사고 있습니다. 이제 다음 사례를 살펴보죠.

만유인력의 법칙으로 유명한 아이작 뉴턴(Isaac Newton)은 지금까지도 인류 역사상 가장 영향력 있는 사람 중 하나로 꼽힙니다. 하지만 그의 어린 시절은 매우 불행했죠. 그는 농부의 아들로 태어났는데, 그의 아버지는 이미 죽은 뒤였습니다. 그가 3세 때 어머니가 재혼했지만, 양아버지로부터 갖은 핍박을 받으면서 자랐습니다. 불행한 유년의 기억으로 그는 여자를 멀리 했고, 84세에 영면

할 때까지 어떤 여성과도 교류를 하지 않았다고 합니다. 그럼에도 불구하고 그는 한평생 연구에 매진하면서, 늘 겸손함과 신중한 자세를 잃지 않았습니다. 그의 "내가 다른 사람보다 더 멀리 앞을 내다볼 수 있다면, 그건 거인들의 어깨를 딛고 서 있기 때문이다." 그리고 "나는 진리의 바닷가에서 놀면서 가끔 보통 것보다 더 예쁜 조약돌이나 조개를 찾는 어린아이에 불과하다."라는 발언은 아직까지도 명언으로 사람들 입에 회

자되고 있죠. 하지만 그런 그도 큰 실수를 한 적이 있었습니다. 이른바 '남해 회사 주식 사건'이 그것인데, 남해 회사(The South Sea Company)는 1711년 아프리카의 노예를 스페인령 서인도 제도에 수송해주고 수수료를 받는 영국 특권 회사였습니다. 이후 금융 회사로 변신해서 부채 인수를 주업으로 삼으면서, 수개월 만에 주가가 10배 이상 상승했습니다. 당시 영국 중산층들은 투자처를 찾느라 눈에 불을 켜고 있던 상태여서 시장에 자금이 넘쳐났습니다. 이들은 벌떼처럼 남해 회사로 달려들었고, 뉴턴 역시 남해 회사 주식을 사서 단기간에 7,000파운드를 벌었지만 이후 주가 폭락으로 20,000파운드의 손해를 봤습니다. 전 재산의 90%를 일순간에 잃은 거죠. 이때 뉴턴은 크게 후회하면서 "천체의 움직임은 계산할 수 있어도, 사람의 광기는 도저히 측정할 수가 없다."는 말을 남겼고, 다시는 주식에 관심을 두지 않았다고 합니다.

누구든지 길을 걷다가 튀어나온 돌부리에 넘어질 수 있습니다. 다만 돌부리나 남 탓을 하여 성내거나, 같은 장소 같은 상황에서 똑같은 돌부리에 거듭 넘어지지 않도록 노력하는 것이 중요하겠죠.

6-3

子華使於齊, 冉 子爲其母請粟。子曰："與之釜。"請益。曰："與之庾。"
자 화 시 어 제 염 자 위 기 모 청 속 자 왈 여 지 부 청 익 왈 여 지 유

冉 子與之粟五秉。子曰："赤之適齊也, 乘肥馬, 衣輕裘。吾聞之也,
염 자 여 지 속 오 병 자 왈 적 지 적 제 야 승 비 마 의 경 구 오 문 지 야

君子周急, 不繼富。"原思爲之宰, 與之粟九百, 辭。子曰："毋。
군 자 주 급 불 계 부 원 사 위 지 재 여 지 속 구 백 사 자 왈 사

以與爾鄰 里鄕黨乎。"
이 여 이 인 리 향 당 호

공서화가 사신으로 제나라에 가게 되자, 염구가 공서화의 어머니를 봉양하기 위해서 스승에게 식량을 청했다. 공자가 말씀하셨다. "여섯 말 넉 되를 줘라."

그러자 염구가 더 달라고 청했다. 공자가 말씀하셨다. "열여섯 말을 줘라." 하지만 염구는 공자의 말을 따르지 않고, 식량 여든 섬을 줬다. 공자가 말씀하셨다. "공서화가 제나라에 갈 때, 살찐 말을 타고 가벼운 가죽옷을 입고 있었다. 내가 듣기로 참된 지도자인 군자는 궁핍한 이를 돕지, 부유한 이에게 보태 주지는 않는다고 했다." 공자의 손자인 자사가 한 고을의 원님이 되었다. 공자가 많은 식량을 주자, 자사가 사양했다. 공자가 말씀하셨다. "사양하지 말라. 네 이웃 마을과 네가 사는 마을의 궁핍한 여러 사람들에게 나눠 주거라."

자사는 이름이 급(伋)이고, 자(字)가 자사(子思)입니다. 원헌(原憲)이라고도 불렸는데, 그는 공자의 손자이자 『예기』「중용」편의 저자로 더 잘 알려져 있습니다. 『사기』의 「중니제자열전」에 따르면 그는 공자보다 36세 어렸는데, 공자가 세상을 떠나자 초야에 묻혀 살았다고 합니다. 하루는 자공이 자사를 찾아와 그의 초췌한 모습을 보고는 병이 들었냐고 묻자, 자사는 "재물이 없는 것을 가난하다고 하고, '도'를 배우고도 실천하지 못하는 것을 병들었다고 하오. 나는 가난하기는 하지만 병들지는 않았소."라고 대답했고, 자공은 자신이 한 말을 평생 부끄러워했다고 합니다. 그렇다면 이 구절이 말하고자 하는 뜻은 뭘까요? 이제 다음 기록들을 살펴보겠습니다.

순임금이 우에게 말했다. "그대 또한 덕이 있는 말을 해보시오." 우가 절하여 답했다. "아! 제가 뭘 말할 수 있습니까! 저는 그저 하루 종일 부지런히 일할 생각만 했습니다." 고요가 삼가 우에게 말했다. "무엇을 부지런하다고 하는 겁니까?" 우가 말했다. "(생략) 후직과 함께 백성들에게 구하기 어려운 음식을 주고, 음식이 모자라면 남는 곳에서 옮겨와 부족한 곳을 보충해주었으며, 또 넉넉한 곳으로 옮겨 살게 했습니다. 백성들이 이에 안정되고, 온 나라가 다스려졌습니다." 고요가 말했다. "그렇군요. 훌륭합니다."

『사기』「하본기」

공자는 대동사회로부터 소강사회까지 이어온 '도'를 몸소 실천하고자 한 겁니다. 그런데 현대사회에도 이러한 도리를 몸소 실천하는 사람들이 있습니다.

세계적인 투자자 워렌 버핏(Warren Buffett)과 마이크로소프트 창립자 빌 게이츠(Bill Gates)는 2010년 자선단체 '더 기빙 플레지(The Giving Pledge)'를 설립하여 재산의 절반 이상을 사회에 환원하는 운동을 전개해왔습니다. 특히 그들은 이른바 많이 가진 자들이 더 많이 내야 한다는 '부자 증세'를 요구해왔는데요. 부자는 자선단체 기부만이 아니라, 법에 따라 더 많은 세금을 내야 한다는 겁니다. 버핏은 심지어 한 잡지에 기고문을 내서, "정부는 우리가 멸종위기종이라도 되는 양 보호하려 안간힘을 쓴다!"고 정부를 비꼬기도 했습니다. 이들뿐만이 아닙니다. 세계 3대 투자자 중 하나인 조지 소로스(George Soros)를 포함한 미국의 억만장자 19명도, 세금 징수가 더 필요하다면 저소득층이나 중산층이 아닌 가장 부유한 이들로부터 걷어야 한다면서 상위 0.1%를 대상으로 하는 부자 증세를 요구했습니다. 아무리 이기주의가 만연한 사회라고 하지만, 그래도 이처럼 말이 아닌 행동으로 '노블레스 오블리주(noblesse oblige)'를 실천하는 사람들이 있어서 여전히 이 세상은 살 만한 것 같습니다.

반면에 제자 염구는 이와 정반대의 행보를 보였기 때문에, 결국 공자의 분노를 사고 말았습니다.

11-16

季氏富於周公, 而求也爲之聚斂而附益之。子曰: "非吾徒也。
계 씨 부 어 주 공   이 구 야 위 지 취 렴 이 부 익 지   자 왈   비 오 도 야

小子鳴鼓而攻之可也!"
소 자 명 고 이 공 지 가 야

노나라의 경(卿) 계강자는 주나라 주공보다 더 부유한 데도, 염구는 백성들을

수탈하여 계강자의 재산을 불려줬다. 공자가 말씀하셨다. "염구는 이제 나의 제자가 아니다. 너희들은 그를 조리돌려 책망해도 좋다."

조리돌림은 북에 그의 이름을 써 붙인 다음에, 북을 치고 돌아다니면서 사람들에게 널리 알리는 걸 뜻합니다. 간단하게 말해서, 공개적으로 망신 주는 거죠. 그런데 『좌전』「애공 11년」에는 염구가 계강자의 군대를 이끌고 제나라와 싸워 이기자, 당시 68세였던 공자가 염구를 의로운 인물이라고 평가했다는 기록이 있습니다. 노나라 신하로서 조국을 지켰으므로, 공자는 당연히 염구가 자랑스러웠을 겁니다. 하지만 이제 공자는 염구가 자기 제자가 아니라며 신랄하게 비판하고 있으므로, 이는 한쪽으로 치우치지 않고 잘한 건 칭찬하고 잘못한 건 비판하는 중(中)의 태도를 보인 것임을 알 수 있습니다. 또한 공자가 염구를 내친 건 68세 때이므로, 이 사건은 공자가 노나라로 귀국한 후에 발생한 사건이라고 추측할 수 있습니다.

6-4

子謂仲弓曰: "犁牛之子, 騂 且角, 雖欲勿用, 山川其舍諸?"
자 위 중 궁 왈   이 우 지 자   성 차 각   수 욕 물 용   산 천 기 사 제

공자가 중궁을 평하여 말씀하셨다. "잡종인 얼룩소의 새끼라고 할지라도 순종보다 털색이 더 붉고 게다가 뿔까지 났다면, 비록 제사에는 순종의 소만 제물로 바치게 되어 있어도 어찌 산천의 신령이 그 얼룩소의 새끼를 기꺼이 받아들이지 않겠는가?"

백인우월주의가 당연시되던 1940년
대 미국 야구는 흑인들만 뛰는 니그로 리
그(Nigro League)와 백인들의 메이저 리그
(Major League)로 갈라져 있었습니다. 그
때 브루클린 다저스(Brooklyn Dodgers) 단
장 브랜치 리키(Branch Rickey)는 최초로
흑인 선수 재키 로빈슨(Jackie Robinson)
을 메이저 리그로 데뷔시켰습니다. 하지
만 그는 경기 외에도, 상대팀 선수들과 관

객 언론 심지어 같은 팀 동료들의 무시까지 감당해야 했죠. 하지만 재키
는 흑인 인권을 위해 계속 싸우면서도 신인상(1947) 시즌 MVP(1949)를
수상했고, 팀의 내셔널리그 우승 및 월드시리즈 우승(1955)에도 기여했습
니다. 그리고 메이저 리그에서 활약한 10년간 통산 출루율은 4할이 넘
었습니다. 은퇴 이후에도 사업을 하면서 흑인 직원 고용과 직업훈련교육
지원 및 흑인 저소득층에게 집을 지어주기 위한 사업을 하는 등 흑인 인
권 운동을 위해 헌신했고, 메이저 리그는 그의 업적을 기리기 위해서 역
사상 유일한 전 구단 영구결번 선수로 지정했습니다. 그래서 지금까지도
등번호 42번을 쓰는 선수가 없습니다. 재키가 흑인으로서 당시 심각했
던 인종차별의 벽을 극복하고 지금까지도 사람들에게 잊혀지지 않는 단
하나의 이유는, 바로 메이저 리그에서 뛰어난 성적을 거둔 실력 때문이
었습니다. 그는 당시 미국에서는 털색이 더 붉고 뿔까지 난 얼룩소의 새
끼였죠.

季氏使閔子騫爲費宰。閔子騫曰:"善爲我辭焉。如有復我者,
계 씨 사 민 자 건 위 비 재   민 자 건 왈   선 위 아 사 언   여 유 복 아 자

則吾必在汶上矣。"
즉 오 필 재 문 상 의

계손씨 집안에서 민자건을 '비' 지역의 원님으로 앉히려고 했다. 전갈을 가져
온 사람에게 민자건이 말씀하셨다. "나를 위해서 계손씨 사람들을 잘 타일러
주시오. 만일 나를 다시 찾아온다면, 나는 분명히 문강 위쪽에 있을 것이오."

민자건은 이름이 손(孫)이고, 자(字)가 자건(子騫)입니다. 『사기』의
「중니제자열전」에 따르면 그는 공자보다 15세 어렸다고 하죠. 민자건은
공자의 제자로서 당연히 계손씨 집안의 만행을 익히 알고 있었고, 그래
서 그들의 제안이 탐탁지 않았을 겁니다. 그런데 왜 다시 찾아오면 문강
위쪽으로 올라가겠다고 한 걸까요?

문강은 노나라와 제나라
의 경계선인데, 노나라 위쪽은
바로 제나라였던 겁니다. 그러
니 문강 위쪽에 있겠다는 말은
노나라를 떠나 제나라로 가버
리겠다는 뜻이 되죠. 즉 민자건
은 노나라의 '도'가 땅에 떨어
졌기 때문에, 지금 정치에 몸담

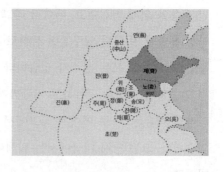

아 봤자 오히려 자기에게 피해가 올 걸 알고 있었던 겁니다. 나라의 '도'
가 땅에 떨어지면 세상을 등지고 떠나야 한다는 불문율을 아직 기억하
실 겁니다.

伯牛有疾, 子問之。自牖 執其手, 曰:"亡之, 命矣夫!
백 우 유 질 자 문 지 자 유 집 기 수 왈　　 망 지 명 의 부

斯人也而有斯疾也。斯人也而有斯疾也!"
사 인 야 이 유 사 질 야　　사 인 야 이 유 사 질 야

염백우가 병에 걸리자, 공자가 그를 찾았다. 들창을 통해서 그의 손을 잡고는 말씀하셨다. "그를 잃는 것이 정녕 하늘의 뜻인가! 이렇게 덕망이 있는 염백우가 이런 병에 걸리다니. 이 사람이 이런 병에 걸리다니!"

공자의 제자 염경(冉耕)은 자(字)가 백우(伯牛)라서 염백우라고도 불렀습니다. 공자는 그의 덕행이 매우 뛰어나다고 평가한 바 있습니다. 들창은 문을 들어 올리는 방식으로 여는 창문입니다. 염백우가 치명적이고도 전염성이 강한 역병에 걸려서, 공자가 문병 갔을 때 부득이하게 창문을 통해 손을 잡고 위로의 말을 건넬 수밖에 없었던 거죠. 이와 관련하여 다음 구절도 함께 보겠습니다.

子曰:"苗而不秀者, 有矣夫。秀而不實者, 有矣夫。"
자 왈　　묘 이 불 수 자 유 의 부　　수 이 부 실 자 유 의 부

공자가 말씀하셨다. "모종을 해도, 꽃을 피우지 못할 수 있다. 꽃은 피워도, 열매가 익지 못할 수 있다."

이 두 구절은 설령 과정이 옳더라도 그 결과 역시 모두 반드시 옳을 순 없다는 의미를 지니고 있습니다. 그래서 공자는 다음과 같이 말하기도 했습니다.

子曰: "回也, 其庶乎, 屢空。賜, 不受命而貨殖焉, 億, 則屢中。"
자 왈 회 야 기 서 호 누 공 사 불 수 명 이 화 식 언 억 즉 누 중

공자가 말씀하셨다. "안회의 자세는 도에 가까웠지만, 식량은 자주 떨어졌다.
반면에 자공은 천명을 받아들이지 않고 재물을 늘렸는데, 예측하면 자주 그대
로 맞아떨어져서 늘릴 수 있었다."

안회는 누추한 곳에 살면서 자주 굶주림에 허덕였지만 '도'를 배우
는 즐거움에 빠져 자기의 처지에 불만을 갖지 않았는데, 공자는 안회의
자세가 자기조차도 따라 하기 힘든 경지라고 극찬했습니다. 하지만 안회
는 건강을 해치면서까지 '도'에 몰두하다가, 결국 41세라는 젊은 나이로
세상을 떠나게 되죠. 반면 자공은 뛰어난 언변과 예측으로 재물을 늘리
고 위나라 대부가 되어 출세했으니, 공자는 결국 여기서 다시 한번 하늘
의 뜻은 알기 어렵다는 '새옹지마'의 도리를 논하고 있는 겁니다.

특히 자공이 예측하면 자주 맞아떨어졌다고 했는데, 이와 관련하여
서는 『좌전』「정공 15년」의 기록을 살펴볼 필요가 있습니다. 주(邾)나라
제후 은공이 노나라를 방문해서 정공에게 옥을 선물로 줬는데, 은공은
옥을 너무 높이 들어서 몸이 올라갔고, 정공은 반대로 받는 자세가 너무
낮아 몸이 구부러졌습니다. 자공은 그 모습을 보고 "몸이 올라간 것은
교만한 것이고 몸이 구부러지는 것은 기운이 없기 때문인데, 교만하면
난을 일으키고 기운이 없으면 병들기 쉽다. 정공이 주인이니, 먼저 돌아
가실 것이다."라고 말했습니다. 실제로 정공이 그 해에 죽자, 공자는 "자
공이 한 말이 불행하게도 맞아떨어졌다. 이 일로 자공은 말이 많은 인물
이 될 것이다."라고 말했다고 하니, 자공의 예측력이 남달랐음을 알 수
있습니다.

여기서 우리에게 잘 알려진 성어 '새옹지마(塞翁之馬)'를 짚고 넘어가죠. 이 말은 『회남자』「인간훈」편에 처음 등장합니다.

중국 변방에 한 노인이 살고 있었는데, 어느 날 그가 기르던 말이 달아나 버렸습니다. 마을 사람들이 건너와서 그를 위로하자, 노인은 오히려 덤덤하게 이번 일이 복이 될지 누가 알겠느냐고 말했죠. 몇 달이 지나 그 말이 다른 한 필의 준마와 함께 돌아왔고, 마을 사람들이 이에 축하의 인사말을 건넸습니다. 하지만 노인은 뜻밖에도 오히려 재앙이 될 수도 있다면서 불안해했습니다. 어느 날 노인의 아들이 그 준마를 타다가 떨어져 다리가 부러지자, 마을 사람들이 노인을 위로했는데, 노인은 이번 일이 복이 될지 누가 알겠느냐면서 태연하게 말하는 것이 아니겠습니까? 후에 전쟁이 발생하고 마을 젊은이들이 징집되어 대부분 전쟁터에서 죽었으나, 노인의 아들은 낙마로 절름발이가 되었기 때문에 전쟁에 나가지 않게 되어 죽음을 면할 수 있었습니다. 따라서 '새옹지마'는 길흉화복(吉凶禍福)은 어느 것이 화가 되고 어느 것이 복이 될지 알 수 없어서 사람이 함부로 판단할 수 없다는 뜻으로 통용됩니다.

덕행에 매우 뛰어났던 염백우와 안회는 모두 제 삶을 다하지 못하고 일찍 세상을 떠났습니다. 그 누구보다 바르게 살아왔지만, 불행하게도 꽃봉오리가 제대로 한번 활짝 펴보지도 못하고 지고 만 거죠. 그런데 이와 반대로 옳지 못한 일만 하면서 사는데도, 운이 좋아서 모면하는 이들 역시 있습니다. 그렇다면 과연 우리는 어떠한 삶을 살아야 할까요? 요행을 바라면서 올바른 삶을 거절해야 할까요, 아니면 설령 내일 지구가 멸망하더라도 사과나무를 심는 심정으로 끝까지 최선을 다하는 삶을 살아야 할까요? 예로부터 내려오는 그에 대한 해답은 오직 한 가지입니다. "하늘의 뜻은 아무도 알 수 없으므로, 더욱 더 신중하여 부단히 노력하는 태도를 견지해야 한다."

冉求 曰: "非不說子之道, 力不足也。" 子曰: "力不足者, 中道而廢,
염 구 왈   비 불 열 자 지 지 도   역 부 족 야   자 왈   역 부 족 자   중 도 이 폐

今女畫 。"
금 여 화

염구가 말씀하셨다. "스승의 도를 따르지 않는 것은 아니지만, 저의 힘이 부족
합니다." 공자가 말씀하셨다. "힘이 부족한 사람은 하다 하다 도지히 안 돼서
중도에서 포기하는데, 지금 너는 해보지도 않고 미리부터 안 된다고 선을 긋
고 있구나."

2004년 시즌 시작 전, 미국 프로농구(NBA)의 휴스턴 로키츠(Houston Rockets)는 단지 한 명의 선수를 영입하기 위해 무려 3명의 걸출한 선수들을 내보내는 트레이드를 단행했습니다. 그 선수는 바로 매 경기 최소 30득점을 올리며 두 시즌 연속 득점왕에 오른 트레이시 맥그래디(Tracy Mcgrady)였던 겁니다. 그런데 12월 9일 열렸던 샌안토니오 스퍼스(San Antonio Spurs)와의 경기에서, 맥그래디는 부진한 모습을 면하지 못했습니다. 급기야 경기 종료 40초를 남기고 점수가 8점 차로 벌어지자, 일부 관중들은 이를 참지 못하고 퇴장하기 시작했죠. 그런데 이때부터 반격이 시작됐습니다. 휴스턴은 파울(Foul)로 상대방에게 자유투를 던지게 하면서 흐름을 끊었

고, 자기를 방어하던 선수가 바뀐 것을 스크린으로 간파한 맥그래디가 3연속 3점 슛을 성공시키며 80 대 78로 쫓아갔습니다. 여기에 더하여 상대방의 실수로 공을 가로챈 맥그래디가 다시 3점 슛을 성공시키면서,

80 대 81이라는 NBA 사상 최고의 대역전극이 펼쳐진 겁니다. 홈구장 관중들까지 이 경기를 외면했지만 맥그래디는 끝까지 포기하지 않고 33초간 13득점을 쏟아부었고, 경기장을 미리 떠난 일부 관중들은 이 역사적인 순간을 함께하지 못했습니다. 인생의 매 순간 역시 이와 마찬가지가 아닐까요? 끝이 나야 비로소 끝난 겁니다.

6-11

子謂子夏曰: "女爲君子儒, 無爲小人儒。"
자 위 자 하 왈   여 위 군 자 유   무 위 소 인 유

공자가 자하를 가리켜 말씀하셨다. "너는 군자를 닮은 선비가 되지, 피지배 계급 하층민인 소인을 닮은 선비가 되지 말라."

『논어』 전체를 통틀어서 선비를 '선비 유(儒)'로 쓴 건 이 구절 하나뿐입니다. '도'를 설명할 때는 모두 '선비 사(士)'로 쓰고 있죠. 그런데 『예기』 「유행(儒行)」편에서 노나라 임금 애공이 선비(儒)의 몸가짐에 대해서 묻자, 공자는 다음과 같이 설명합니다. 여기서는 내용을 비교적 간략하게 정리해보겠습니다.

1. 선비는 보석같은 존재가 되어 초빙을 기다리고, 아침저녁으로 '도'를 배워서 타인의 질문을 기다리며, 객관적인 태도(忠)와 신뢰(信)를 마음에 품고 타인의 추천을 기다리고, '도'를 닦는 데 힘쓰며 관리로 선발되길 기다립니다.
2. 선비는 금과 옥을 보배로 여기지 않고 객관적인 태도(忠)과 신뢰(信)를 보배로 여기며, 땅을 얻기를 바라지 않고 의로움(義)을 확고히 하는 걸 바

탕으로 삼으며, 많은 재물을 쌓기를 바라지 않고 '도'의 이론이 되는 문장(文)을 많이 접하는 걸 재산으로 삼습니다.

3. 선비는 객관적인 태도(忠)와 신뢰(信)로서 갑옷과 투구를 삼고 예(禮)와 의로움(義)으로 방패를 삼으며, 어질고도(仁) 의로운(義) 행동을 합니다.

4. 선비는 가난해도 의지를 잃지 않고 부유해도 교만하거나 절의를 버리지 않으며, 임금을 괴롭게 하거나 윗사람에게 누가 되지 않도록 하며, 사무를 맡아보는 직원들을 괴롭히지 않으므로, 선비라고 부릅니다.

이 내용들은 우리가 앞에서 배워온 공자의 가르침과 일치합니다. 이제 아시겠죠? 유학(儒學)은 향후 조정에서 벼슬하여 정치에 종사하게 될 선비들이 갖춰야 할 자세에 대해서 가르치는 학문인 겁니다. 이는 앞에서 이야기한 '도'의 이론과 같은 개념이기 때문에, 예로부터 선비들은 문(文)을 배우는 데 열중한 거죠. 다시 말해서 유학은 정치인이 되기 위한 철저한 정치 이론이고, 그 최종 목표는 바로 소강사회를 이끈 군자들의 리더십 즉 사람의 도(人道)를 실천하는 데 있는 겁니다. 따라서 공자는 당연히 유학의 창시자가 아닙니다. 그는 오롯이 예로부터 내려오는 사람의 도를 계승하여 후대에 전하기 위해 애쓴 전승자이자 교육자였던 겁니다. 그럼 공자는 왜 자하에게 소인을 닮은 선비가 되지 말라고 주의를 준 걸까요? 다음의 두 구절을 살펴보겠습니다.

13-17

子夏爲莒父宰, 問政。子曰:"無欲速, 無見小利。欲速, 則不達; 見小利,
자 하 위 거 보 재 문 정 자 왈   무 욕 속 무 견 소 리 욕 속 즉 부 달 견 소 리

則大事不成。"
즉 대 사 불 성

자하가 '거보' 지역의 원님이 되어서 정치에 대해 물으셨다. 공자가 말씀하셨

빨리 업적을 이루려고 하는 건 명성에 눈이 멀어서 이므로, 백성들을 다그치게 되어 결국 그들의 원성을 사게 됩니다. 또한 사사로운 이익을 탐하게 되면 백성들을 착취하게 되므로, 결국 그들이 등을 돌리게 되죠. 이제 이와 관련된 두 사례를 소개하겠습니다.

1960년대 서울의 인구수와 그에 따른 무허가 건물들이 급증하자, 당시 박정희 대통령은 무허가 건물을 정리하라고 지시했습니다. 그리고 그 공간에 시민아파트를 건설하여 주민들을 이주시키려는 계획을 세웠죠. 하지만 이 공사는 총체적인 부실공사였습니다. 책임자였던 당시 서울 시장은 서둘러서 업적을 세워 대통령에게 잘 보이려고 시공 기간을 겨우 6개월만 썼고, 더욱이 산 중턱에 아파트를 세웠습니다. 심지어 건설 허가권을 따내기 위해서 너무 많은 뇌물을 쓰는 바람에, 공사 자재들을 정상적으로 구입할 수도 없었죠. 결국 완공 4개월 만에 아파트 한 동이 완전히 붕괴되었고, 34명 사망 40명 부상이라는 참사를 가져왔습니다.

삼풍백화점은 1989년 삼풍건설산업이 서울 서초구 서초동에 건설한 건물입니다. 이 백화점은 1989년 12월부터 1995년 6월 29일까지 영업을 했는데, 당시 매출액 기준 대한민국 업계 1위를 차지했습니다. 그런데 1995년 6월 이 백화점이 갑자기 붕괴됐습니다. 사실 이 건물은 원래 대규모 아파트 단지 안에 있는 4층 종합 상가로 설계되었는데, 이준 회장의 지시를 받은 회사 측에서 서초구청장과 담당 공무원들에게 뇌물을 주고 용도 변경을 승인 받았죠. 또 무리한 설계 변경으로 건물을 증축했고, 심지어 더 많은 매장 확보를 위해서 내부 확장을 하려고 건물 내 기둥의 ¼을 없애는 등 유지 관리에 부실했습니다. 그리고 계속되는 붕괴 조짐이 있었지만 운영진은 애써 무시했고, 결국 한국전쟁 이후 가장 큰 인적 피해를 입었던 겁니다. 좀 더 많은 영업이익을 얻으려고 하다가, 사망자 500여 명 부상자 900여 명의 인명피해 및 2,700억 원의 재산 피해를 입고 만 겁니다.

결국 공자는 자하가 그저 일을 빨리 처리하려고만 들고, 또 작은 이익을 탐하느라 원대한 계획을 망칠 수 있기 때문에 이처럼 미리 당부했던 겁니다. 그뿐만이 아닙니다. 다음 구절도 함께 살펴보죠.

19-11

子夏曰:"大德不踰閑, 小德出入可也。"
자하왈   대덕불유한   소덕출입가야

자하가 말씀하셨다. "큰 덕은 정해진 울타리를 넘어선 안 되지만. 작은 덕은 필요에 따라서 정해진 울타리를 넘나들어도 괜찮다."

'덕'에는 아홉 가지가 있는데 이 중 세 가지를 행하면 집안을 다스릴 수 있고, 여섯 가지를 행하면 나라를 다스릴 수 있으며, 아홉 가지 모두를 행하면 온 세상을 평정할 수 있다고 했습니다. 즉 '덕'은 작은 것에서부터 시작하여 점차 큰 것으로 확대해 나가야 한다는 걸 의미합니다. 다시 말해서 작은 것을 작다고 무시하면, 결코 큰 것을 이룰 수 없는 거죠. 따라서 공자는 이처럼 소인의 기질을 보이는 자하에게, 지도자는 편협한 사고방식을 버리고 군자의 기품을 지녀서 신중해야 한다고 가르쳤던 겁니다.

6-12

子游爲武城宰。子曰: "女得人焉爾乎?" 曰: "有澹臺滅明者, 行不由徑,
자 유 위 무 성 재　 자 왈　 여 득 인 언 이 호　 왈　 유 담 대 멸 명 자　 행 불 유 경

非公事, 未嘗至於偃之室也。"
비 공 사　 미 상 지 어 언 지 실 야

자유가 '무성' 지역의 원님이 되었다. 공자가 말씀하셨다. "너는 주변에서 너를 보필해줄 훌륭한 인재를 얻었느냐?" 자유가 말씀하셨다. "담대멸명이라는 사람이 있는데 좁은 지름길로 다니지 않고, 또 공적인 일이 아니면 제가 머무는 거처에 사사로이 찾아온 적이 없습니다."

담대멸명은 '무성' 사람으로 자(字)가 자우(子羽)였고, 공자보다 39세 어렸다고 합니다. 『사기』 「중니제자열전」에 따르면, 담대멸명이 공자에게 가르침을 받으러 왔을 때 공자는 그가 너무 못생겨서 모자란 사람으로 여겼다고 하죠. 그런데 단순히 두 인물의 초상 상상도를 비교해보면, 공자가 과연 담대멸명을 못생겼다고 평가할 수 있는지 다소 의문스럽습니다. 아마도 당시 못생겼다는 기준은 오늘날과 달리, 모자라게 생겼다는 의미였던 것 같습니다. 하지만 후에 담대멸명을 따르는 제자가 300명에 이르렀고 제후들에게도 그 명성이 알려지자, 공자는 "재아가

말을 잘하는 것만 믿었다가 잘못 판단했고, 담대멸명이 못생겼다고 해서 잘못 판단했다."고 술회했다고 하죠.

앞에서도 설명했듯이, 모든 정치는 최고 지도자 한 명이 어떤 선택을 하느냐에 따라서 달라집니다. 하지만 아무리 성군이라고 할지라도, 혼자서는 나라를 바로잡을 수 없습니다. 반드시 주변에 그를 도와줄 충신들이 필요하죠. 그런데 자유가 말한 "좁은 길로 다니지 않는다."는 말은 무슨 뜻을 지니고 있을까요? 흥미롭게도 『도덕경』과 『논어』에는 이와 같은 맥락에서 이야기하는 구절이 똑같이 보입니다. 하긴 이게 그리 크게 놀랄 일도 아니죠. 두 서적이 말하고자 하는 '도'가 '하늘의 도'와 '사람의 도'라는 차이가 있긴 하지만, 결국에는 둘 다 모두 지도자가 걸어야 할 '길' 즉 리더십에 대한 이야기이니까요.

큰 길은 대단히 평탄한데, 사람들은 좁은 지름길로 다니길 좋아한다.

『도덕경』 「53장」

7-36

子曰: "君子坦蕩蕩, 小人長戚戚。"
자 왈   군 자 탄 탕 탕   소 인 장 척 척

공자가 말씀하셨다. "군자는 꾸밈없이 평탄하지만, 소인은 항상 근심스럽다."

큰 길(大道)은 넓고 탁 트여서 안전합니다. 어디에 위험이 도사리고 있는지 다 보이기 때문이죠. 반면에 좁은 지름길은 한 치 앞도 보이지 않으므로 위험합니다. 그런데 이상하리만큼 사람들은 좁은 지름길로 다니길 좋아하죠. 왜 그럴까요? 좁은 지름길은 위험이 안 보이는 대신에, 그만큼 자기의 본모습 역시 남에게서 숨길 수 있기 때문입니다. 하지만 큰 길로 다니면 자기의 본모습을 고스란히 다 드러내야 하죠. 숨길래야 숨길 수가 없는 겁니다.

결국 자유는 담대멸명이 항상 겉과 속이 일치하는 인물이라고 평가한 겁니다. 누가 보면 그런 척하다가 혼자 있으면 본색이 드러나는 게 아니라, 늘 변함이 없는(常) 모습을 보이는 거죠. 그리고 이런 취지의 말은 『예기』에도 어김없이 등장합니다.

따라서 군자는 마음의 평온함을 유지하면서 하늘의 뜻에 맡기지만, 소인은 위험을 행하면서도 요행을 바란다. 『예기』「중용」

그렇다면 또 "공적인 일이 아니면, 제가 머무는 거처에 사사로이 찾아온 적이 없습니다."는 말뜻은 뭘까요?

남성 중심 사회에서 노골적인 여성 차별을 극복한 지도자이자 사회운동가 지우마 호세프(Dilma Vana Rousseff)는 룰라 다 시우바(Lula da Silva) 대통령 정부에서 정치 경험을 쌓았고, 여성 행정가로서의 좋은 이미지를 착실히 만들었습니다. 그리고 2010년 드디어 대선에서 승리해서, 2011년 브라질 최초 여성 대통령이 되었죠. 집권 초기 지지율이 무려 79%에 달했는데, 국민이 그녀에게 거는 기대가 얼마나 높았는지 알 수 있었습니다. 하지만 2016년 5월 직무가 정지되었고, 같은 해 8월 브라질 연방상원 의원의 투표를 통해 탄핵이 통과되면서 대통령직에서 물러났습니다.

탄핵의 핵심 이유는 두 가지 사건으로 압축할 수 있습니다. 국가가 소유권 50%를 가지는 에너지 기업 페트로브라스(Petrobras)의 비자금 규모가 100억 R$(약 3조 3,700억 원)에 이른다는 기사가 발표된 후, 룰라 전 대통령은 비리 의혹으로 처벌될 위기에 직면했습니다. 그러자 호세프 대통령이 이미 은퇴한 룰라를 면책특권이 보장된 수석장관에 임명하려 했는데, 두 사람 간의 비밀 통화 내용이 공개되고 말았습니다. 여기에 대형 건설회사 오데브레히트(Odebrecht)는 페트로브라스의 공사 수주를 따내기 위해서 정치인과 사업가들에게 뇌물을 제공했는데, 이 중 한 명이 호세프였던 겁니다. 두 번째로 2014년 그녀는 재선에 욕심을 냈는데, 당시 브라질 경제의 적자가 걸림돌이었습니다. 그래서 적자를 숨기기 위해 회계장부를 조작했는데, 이는 상처를 치료하지 않고 방치하다가 생명이 위독해지는 꼴이 됐습니다. 결국 브라질은 큰 경제 위기를 맞이했고, 그녀의 지지율은 8%로 급락했습니다. 그녀가 담대멸명처럼 큰 길로만 걷고 대통령 공관에 사사로이 찾아온 손님을 들이지 않았다면, 이런 불명예를 피할 수 있지 않았을까요?

6-13

子曰: "孟之反不伐。奔而殿, 將入門, 策其馬, 曰: '非敢後也,
자 왈   맹 지 반 불 벌   분 이 전   장 입 문   책 기 마   왈   비 감 후 야

馬不進也。'"
마 부 진 야

공자가 말씀하셨다. "맹지반은 자기 공로를 결코 자랑하지 않는다. 패전하여 도망갈 때 일부러 아군 후미로 처져서 쫓아오는 적군들을 상대하다가, 마지막으로 성문을 들어가면서 자기가 탄 말을 채찍질하며 말했다. '내가 일부러 뒤로 처진 게 아니라, 내가 탄 말이 앞으로 나아가지 않은 탓에 마지막으로 들어온 것이다.'"

맹지반은 노나라 대부 맹측(孟側)인데, 자(字)가 지반이기 때문에 맹지반이라고도 불렸습니다. 여기서 공자는 맹지반이 자기의 공로를 스스

로 떠벌리지 않은 모습을 들어서 '도'의 구성요소 중 하나인 겸손함(謙)을 논하고 있는데, 이제 『좌전』「애공 11년」 기록을 간략하게 정리해서 무슨 일이 있었는지 좀 더 구체적으로 살펴보죠.

노나라와 제나라가 교외에서 전쟁을 했습니다. 이때 노나라 군대가 강을 건너지 못하자, 번지는 좌군을 이끌던 염구에게 군사들이 그대를 믿지 못하니 상벌에 대해서 세 번 말하면 건너게 될 것이라고 했죠. 염구가 번지의 말대로 하자, 노나라 군사들이 정말로 강을 건너 제나라 군사들과 용감하게 싸웠습니다. 하지만 노나라 우군은 겁내서 도망을 갔고, 제나라 군사들이 노나라 군사들을 추격했습니다. 이때 우군에 있던 장수 맹지반은 일부로 뒤처져서 제나라 군대의 추격을 뿌리침으로써, 자기 부하들을 보호했던 겁니다.

『사기』「공자세가」에 따르면, 이 전쟁은 애공 11년 즉 공자 나이 68세 때 발생했습니다. 그리고 공자는 염구가 의로운(義) 사람이라면서 승리를 치하했죠. 하지만 염구가 계강자를 위해서 백성들을 착취하자, 이제 자기 제자가 아니라면서 분노했습니다. 따라서 여기서도 의로움(義)이 '도'의 구성요소이기는 하지만, 다른 구성요소들과 유기적인 조화를 이루지 못하면 군자가 될 수 없음을 다시 한번 확인할 수 있습니다.

이제 이 구절과 관련된 한 인물을 소개하겠습니다. 선행을 알리는 것보다 남몰래 한 선행이 나중에 뜻하지 않게 드러났을 때, 보통은 더 많은 지지를 받습니다. 영화배우 겸 가수 장나라는 16년 동안 130억 이상 기부해왔는데, 우연히 이 사실이 대중들에게 알려졌습니다. 그러자 그녀는 즉시 비공개 기부로 전환했고, 사람들이 붙여준 '선행 천사'라는 별명을 부담스러워 했죠. 한 기자가 그동안 왜 밝히지 않았냐고 묻자, 그 돈은 제 돈이 아니라

팬 여러분 덕분에 번 팬들의 돈이기 때문이라고 대답했습니다. 특히 그녀는 CF 광고 수입 전액을 기부하는 것으로 알려졌는데, 출연료가 자기 계좌로 오면 괜히 마음이 바뀔까 봐 계약서를 작성할 때 아예 기부처의 계좌를 써넣는다고 합니다. 또 다른 인터뷰에서 그녀는 "사람들에게 장미를 나눠줬더니, 내 손에 장미향이 남았네요."라는 말을 해서, 많은 사람들에게 감동을 주기도 했습니다.

6-14

> 子曰: "不有祝鮀 之佞 而有宋朝之美, 難乎免於今之世矣。"
> 자 왈 불 유 축 타 지 녕 이 유 송 조 지 미 난 호 면 어 금 지 세 의
>
> 공자가 말씀하셨다. "위나라 대부 축타의 말재주와 송나라 공자 자조의 잘생긴 외모가 있지 않고서는, 지금 같은 세상에서 화를 피하기가 어렵다."

축타는 이름이 추(鮨)이고 자(字)가 자어(子魚)인데, 땅의 신에 제사 지내는 벼슬인 대축(大祝)을 맡았기 때문에 축타라고도 불렸습니다. 사추(史鰌) 또는 사어(史魚)라고 표기하기도 했습니다. 그렇다면 공자는 왜 축타의 말재주를 부정적으로 바라본 걸까요?

『좌전』「정공 4년」에 따르면, 주나라 유문공이 소릉에서 제후들을 소집해서 초나라를 공격할지 여부를 상의했습니다. 위나라 영공은 축타를 장홍에게 보내서 채나라가 위나라보다 먼저 삽혈(동물의 피를 마시거나 입에 발라서 맹세하는 것)하게 되는지를 묻자, 장홍은 채나라의 시조 채숙이 위나라의 시조인 강숙의 형이므로 먼저 하는 것이 맞다고 대답했습니다.

여기서 잠깐 보충설명을 하겠습니다. 주나라 무왕이 죽은 후 무왕의 동생 주공이 어린 성왕을 도와 섭정하자, 무왕의 또 다른 동생인 관숙과 채숙 그리고 곽숙은 주공이 왕위를 찬탈하려 한다는 소문을 퍼뜨렸

습니다. 그리고 이를 바로잡는다는 명분으로 상나라 유민들을 이끌던 무경과 함께 반란을 일으켰는데, 주공은 소공의 도움으로 이를 진압했죠. 이 사건은 역사적으로 '삼감(三監)의 난'이라고 부릅니다.

결국 관숙과 무경은 사형당하고 채숙은 유배되는데, 여기서 말하는 강숙은 이 반란에 참여하지 않은 채숙의 동생을 가리킵니다. 즉 장홍은 종법 제도상의 서열을 논하고 있었던 겁니다. 그러자 축타는 "채숙이 강숙의 형이긴 하지만 반란을 주도한 인물인데, 주나라가 문왕과 무왕의 법도를 회복하려면 나이보다는 덕행을 봐야하지 않겠습니까?"라는 감언이설로 장홍을 기쁘게 했죠. 장홍은 유문공에게 축타의 말을 전했고, 결국 위나라가 채나라보다 먼저 삽혈을 하게 된 겁니다. 누구보다 종법 제도를 중시한 공자로서는 축타의 논리가 궤변으로 들렸을 겁니다.

송나라 공자인 자조는 후에 위나라로 건너가 대부가 되었는데, 잘생긴 외모로 명성이 자자했다고 합니다. 『좌전』「애공 11년」에 따르면, 위나라 대숙질이 송나라로 도망가 자조의 딸과 결혼했는데, 당시 관습에 따라 그녀의 여동생 역시 언니를 따라서 대숙질에게 시집을 갔죠. 그후 자조는 위나라로 건너가 영공의 총애를 받게 되는데, 그는 오히려 나이 많은 영공이 새로 얻은 젊은 부인 남자(南子)와 사통하게 됩니다. 하지만 얼마 못 가서 이 일이 발각되자 자조는 이웃나라로 도망쳤는데, 남자는 자조의 잘생긴 외모를 잊지 못해서 영공에게 그를 용서해 달라고 부탁합니다. 결국 영공은 그녀 말대로 자조를 위나라로 불러들입니다.

여기서 공자는 감언이설과 외형의 형식만 중시하는 풍조로 인해서 혼란스러워진 세상을 개탄하고 있습니다. 또 비단 오늘날뿐만 아니라, 당시에도 이미 말재주와 외모만으로도 세상을 살아갈 수 있었음을 알수 있죠. 하지만 사실 이런 말재주와 외모에 기대어 살아가는 인물들보다, 그들의 진상을 제대로 파악하지 못하고 그대로 따르는 리더의 책임이 더 큽니다. 그래서 공자는 또 다음처럼 말하기도 했습니다.

子曰: "論篤, 是與, 君子者乎? 色莊者乎?"
자왈　논독　시여　군자자호　색장자호

공자가 말씀하셨다. "논리적으로 말만 잘한다고 해서 이에 따른다면, 그 지도 자는 군자인가 아니면 얼굴빛만 그럴듯하게 장엄하게 꾸미는 사람인가?"

리더가 '도'를 따르고 실천하려고 노력하는 군자라면, 이처럼 말재 주와 외모에 기대어 세상을 혼탁하게 만드는 사람들은 설 자리가 없습 니다. 결국 리더의 책임이 누구보다 크다는 뜻이죠. 위나라 영공이 새로 얻은 젊은 부인 남자에 눈이 멀지 않았다면, 축타와 자조 같은 인물들이 득세하지 못했을 겁니다. 이제 이와 관련된 사례를 하나 들겠습니다.

휴거(携擧, rapture)는 기독교에서 예수가 재림하여 세상을 벌하고, 선택된 사람들만이 구원을 받게 되어 하늘로 올라가게 된다는 뜻을 지 닌 한자어입니다. 누구보다 휴거를 강력히 주장했던 다미선교회 이장림 목사는 휴거 개념을 처음 국내에 가져왔는데, 이는 1978년 어네스트 앵 그리(Ernest W Angley)의 동명 소설에 기인합니다. 그는 사람들을 선동하 기 시작했고, 이로 인해 몸을 가벼이 한다면서 낙태를 하거나 교회를 못 가게 한다는 이유로 음독자살한 여고생 심지어 휴거 때까지 사용할 돈 이외에는 모두 이장림 목사에게 기부를 하는 사람들까지 생겨나기도 했 습니다. 하지만 휴거 예정일인 1992년 10월 28일 아무 일도 일어나지 않았습니다. 그간 이장림 목사를 예의주시하던 정부는 조사에 착수했는 데, 그가 환매부 조건 채권을 구입하고 또 수십억 원의 후원금을 사적으 로 유용한 사실을 밝혀냈습니다. 이에 그는 자신이 휴거 대상자가 아니 고 지상에 남아 순교해야 하는 운명이라서 활동비를 준비한 것일 뿐이 고, 또 신앙생활을 충실히 한다는 이유만으로 법정에 서야 하는 것을 이해하기 어렵다고 했습니다. 헌금을 강요한 사실도 없고, 한 신도가 아파트를 팔아 헌금을 낸 것은 자기가 그 대신 보관해준 것이라고도 했습니다. 문제는 이 말을 들은 신도들이 이 목사의 행위가 예수가 겪었던 고난과 같다며 더욱 열광했다는 거죠. 이 목사가 그럴싸한 말로 신자들을 기만한 것도 문제지만, 그 진위를 객관적으로 판단하지 못한 신자들 역시 여론의 비난을 피하진 못했습니다.

6-15

子曰: "誰能出不由戶, 何莫由斯道也?"
자 왈   수 능 출 불 유 호   하 막 유 사 도 야

공자가 말씀하셨다. "누가 출입구를 통하지 않고 집 밖으로 나갈 수 있겠는가? 마찬가지의 도리로 밖으로 나와 넓은 세상을 다스리려 하면서, 지도자들은 왜 이러한 도를 통해서 다스리려고 하지 않는가?"

어두운 건물 안을 벗어나 밝은 밖으로 향하려면, 누구도 예외 없이 출입구를 통해야 합니다. 여기서 공자는 비유의 수사법을 써서, '도'는 마치 건물 출입구와도 같은 존재라서, '도'를 통하지 않고는 어둠을 뚫고 밝은 세상으로 나갈 수 없다고 설명합니다. 다시 말해서 지도자가 '도'로 다스리지 않으면, 절대로 세상을 바로잡을 수 없습니다.

6-16

子曰: "質勝文, 則野; 文勝質, 則史。文質彬彬, 然後君子。"
자 왈   질 승 문 즉 야 문 승 질 즉 사 문 질 빈 빈 연 후 군 자

공자가 말씀하셨다. "도의 내용이 도의 형식보다 지나치면 거칠어지고, 도의

형식이 도의 내용보다 지나치면 화려해진다. 도의 내용과 형식이 겸비되어야 하니, 그러한 후에야 군자가 될 수 있다."

이 구절은 '도'의 내용인 어짊(仁)과 의로움(義)만 강조하면 아직 다듬어지지 않은 다이아몬드 원석처럼 겉이 투박하고, '도'의 형식인 예(禮)와 음악(樂)만 강조하면 실질적인 내용은 없이 겉만 화려해진다는 겁니다. 따라서 한쪽으로 치우치지 않고(中) '도'의 내용과 형식이 조화를 이룰(和) 때, 비로소 가공한 다이아몬드처럼 '도'의 모든 구성요소들을 온전히 실천하는 군자가 될 수 있다는 거죠. 이처럼 '도'의 내용과 형식은 어느 하나도 빠질 수 없는데, 다음 구절 역시 표현 방법만 달리하여 이 개념을 똑같이 강조하고 있습니다.

12-8

棘子成曰: "君子質而已矣, 何以文爲?" 子貢曰:
극 자 성 왈   군 자 질 이 이 의   하 이 문 위   자 공 왈

"惜乎, 夫子之說君子也! 駟不及舌! 文猶質也, 質猶文也。虎豹之鞹
석 호 부 자 지 설 군 자 야 사 불 급 설   문 유 질 야   질 유 문 야 호 표 지 곽

猶犬羊之鞹。"
유 견 양 지 곽

위나라 대부 극자성이 말했다. "군자는 도의 내용만 중시하면 됐지, 어찌 형식까지 신경 쓰는가?" 자공이 말씀하셨다. "애석하게도, 어른께서는 그렇게 군자를 말하시는군요! 네 마리 말이 세 치 혀 하나를 따르지 못하듯, 내용이 때로는 형식을 따르지 못합니다. 도의 형식은 도의 내용과 떨어질 수 없고, 도의 내용 역시 도의 형식과 떨어질 수 없습니다. 이는 호랑이와 표범의 가죽에 화려한 무늬의 털이 없다면, 개나 양의 털을 뽑아놓은 가죽과 구별할 수 없는 것과도 같은 이치입니다."

　　2013년 현지 공안당국은 지린성(吉林省)에서 화학약품으로 가공·염색 처리한 가짜 호랑이 가죽을 판매한 상인을 적발했다고 밝혔습니다. 당국의 조사 결과 이 상인은 40元(위안)에 개가죽을 구입한 후 과산화수소수 등의 화학약품으로 가공해서 호랑이 털 무늬를 조작한 것으로 드러났습니다. 이렇게 만들어진 가짜 호랑이 가죽은 장당 1,200元(위안)에 팔렸습니다.

　　호랑이 가죽과 개 가죽은 가격 차이가 큰데, 그 이유는 희소가치 때문입니다. 호랑이 가죽이 개 가죽보다 더 따뜻한 건 아니죠. 그렇다면 호랑이 가죽과 개 가죽을 구분 짓는 건, 결국 털의 무늬 즉 형식입니다. 자공은 이와 같이 비유를 들어서, '도'의 내용뿐 아니라 형식 역시 대단히 중요하다고 설명하고 있는 겁니다.

6-17

子曰：“人之生也直, 罔之生也幸而免。”
자 왈　인 지 생 야 직　망 지 생 야 행 이 면

공자가 말씀하셨다. "사람은 사사로운 정에 얽매이지 않고 공정하게 판단하면서(直) 살아가야 한다. 만약 올곧지(直) 않은 데도 살아갈 수 있다면, 그건 그저 운이 좋아서 어쩌다 재앙을 모면하는 것일 뿐이다."

엠넷(Mnet)의 아이돌 서바이벌 프로그램 프로듀스(produce) 101 시리즈는 기존의 오디션 프로그램과는 달리, '국민 프로듀서'라고 불리는 시청자들이 직접 자신이 좋아하는 참가자를 뽑는 방식으로 진행되었습니다. 이 프로그램을 통해 데뷔한 가수 지망생들은 '국민 프로듀서'들의 응원과 지지를 받으면서 스타가 될 수 있었던 겁니다. 특히 이 프로그램은 1편부터 4편까지 큰 흥행을 거두면서, 대한민국을 대표하는 오디션 프로그램이 되었죠. 그런데 2019년 방영된 시즌4 생방송 시청자 투표 결과에서, 많은 인기를 받아온 유력 후보가 탈락하고 의외의 인물들이 선발되면서 투표 조작 의혹이 일었습니다. 특히 1위에서 12위까지 5번이나 득표수 차이가 같자 의혹은 더 불거졌죠. 1위와 2위의 표차가 29,978표였는데, 3위와 4위, 6위와 7위, 7위와 8위, 10위와 11위의 표차 역시 동일하게 29,978표였던 겁니다. 결국 엠넷은 경찰에 수사를 의뢰했고, 수사 결과 담당 PD가 특정 연예기획사 연습생들을 데뷔시키기 위해서, 대가를 받고 투표 순위를 조작한 것으로 드러났습니다. 연예 기획사들로부터 40차례 이상 유흥주점 접대를 받았는데, 접대비만 1억 원이 넘었죠. 심지어 시즌1부터 시즌4까지 거의 모든 과정에서 조작이 이뤄졌다는 조사 결과는 시청자들을 큰 충격에 빠뜨렸습니다. 처음엔 운이 좋아서 발각되지 않았지만, 꼬리가 길면 밟힌다는 속담처럼 결국 습관으로 인해 생긴 안일함이 그들의 발목을 잡았던 겁니다. 올곧지(直) 못한 몇 명으로 인해서, 정상적으로 참여한 가수 지망생들과 시청자들 모두가 큰 피해를 입었습니다.

子曰: "中人以上, 可以語上也。 中人以下, 不可以語上也。"
자 왈   중 인 이 상   가 이 어 상 야   중 인 이 하   불 가 이 어 상 야

공자가 말씀하셨다. "중등 이상의 사람에겐 높은 수준의 것을 설명해줄 수 있다. 하지만 중등 이하의 사람에겐 높은 수준의 것을 가르쳐도 이해하지 못하기 때문에 설명해줄 수가 없다."

성선설은 인간의 본성은 선하다는 것으로, 맹자가 주장했습니다. 반면에 성악설은 인간의 본성은 악하다는 것으로, 순자가 주장했죠. 그렇다면 공자는 어떨까요? 공자는 7-21에서 선한 인물을 보면 닮으려고 노력하고, 선하지 못한 인물을 보면 닮지 않으려고 노력해야 한다고 했습니다. 즉 사람에게는 세 부류가 있는데, 지극히 선한 이들과 지극히 악한 이들은 우리가 바꿀 수 없다는 겁니다. 따라서 그 중간에 있는 우리 대부분은 선택해야 하죠. 선한 이들을 보고 배울 것인지, 아니면 선한 길을 걷기를 포기하고 악한 사람이 될지 말입니다. 참고로 노자 역시 공자와 같은 말을 남겼습니다.

수준이 높은 선비가 도를 들으면, 부지런히 그것을 행한다.

수준이 중간인 선비가 도를 들으면, 있는 듯 없는 듯하다.

수준이 낮은 선비가 도를 들으면, 크게 비웃는다.   『도덕경』「41장」

子曰: "觚, 不觚, 觚 哉? 觚 哉?"
자 왈　고　불고　고 재　고 재

공자가 말씀하셨다. "'고'는 모가 난 것이 특징인
술잔인데, '고'에 모가 나지 않으면 그게 '고'이겠
는가? 모가 나지 않은 술잔이 과연 '고'이겠는가?"

　　술잔의 용도는 술을 담는 것이므로 이는 본질 즉 내용이 되고, 그
술잔의 모양은 형식이 됩니다. 그렇다면 술잔 '고'에 모가 난 건 외형상
의 특징 즉 형식을 말하는 거죠. 따라서 공자는 '고'를 비유로 들어서 예
악(禮樂)은 비록 '도'의 형식이지만, 형식도 내용만큼이나 가치가 있다고
강조하고 있습니다. 물론 춘추시대는 오히려 형식만 강조하느라 허례허
식으로 빠졌죠. 그만큼 내용과 형식은 균형을 갖춰야 합니다. 따라서 공
자는 이처럼 끊임없이 내용과 형식의 조화로움(和)을 강조합니다.

子曰: "君子博學於文, 約之以禮, 亦可以弗畔矣夫。"
자 왈　군 자 박 학 어 문　약 지 이 례　역 가 이 불 반 의 부

공자가 말씀하셨다. "참된 지도자인 군자가 도의 구체적인 내용들이 담겨져
있는 문장(文)들을 두루 배우고, 나아가 도의 형식인 예(禮)로 절제하고 통제하
면, 도에서 벗어나지 않을 것이다."

　　이제 이 내용과 상반된 모습을 보인 지도자의 사례를 살펴볼까요?
마하 와치랄롱꼰(Maha Vajiralongkorn)은 2016년에 즉위한 제10대 태국

국왕입니다. 국왕을 알현할 때는 총리를 비롯한 고관들도 무릎을 꿇고 땅바닥에 몸을 밀착해서 경의를 표해야 할 정도로, 국민의 국왕에 대한 존경심은 매우 높습니다. 그런데 마하가 국왕이 되면서 국민의 존경이 흔들리고 있습니다. 그는 전 국민의 존경을 받아온 아버지와 달리 세 번이나 결혼과 이혼을 반복하고, 배꼽티를 입은 채 의문의 여성과 쇼핑하는 모습이 포착되거나 죽은 애완견에게 태국 군대의 공군 대장 직위를 부여하는 등 납득하기 힘든 모습을 보여주고 있었습니다. 부친인 전 국왕의 추모 기간이 끝나자마자 3일간 365억 원을 들여 초호화 대관식을 열었고, 항공기와 헬리콥터를 38대 구매해서 1년 유지비로 6,400만 달러를 쓰고 있습니다. 그런데 문제는 이 비용들이 국왕 개인이 아닌 왕실 재산에서 지출된다는 점입니다. 원래 국왕이 이 재산을 사용할 때는 태국 왕실 자산국 이사회의 결의를 거쳐야 합니다. 하지만 마하 국왕이 이 조항을 무시한 거죠. 이 때문에 나라의 안위를 위해 쓰여야 하는 왕실 자산 400억 달러가 국왕 일개인에 의해서 방탕하게 사용하고 있습니다. 심지어 코로나19가 태국에 퍼지자, 그는 코로나19를 피한다는 명분으로 20명의 여성을 데리고 독일의 유명 휴양지에서 호텔을 통째로 빌려 몇 달째 '격리'에 들어가는 모습을 보였습니다. 결국 국민들의 지도자에 대한 불만들이 쌓이면서, 이는 자연스레 2020년 태국 민주화 운동을 촉발시켰습니다. '도'의 내용은 무시하고 형식에만 신경 쓰는 모습이 초래하는 결과는 오직 하나뿐입니다.

子見南子, 子路不說。夫子矢之曰: "予所否者, 天厭之! 天厭之!"
자 현 남 자   자 로 불 열   부 자 시 지 왈   여 소 비 자   천 염 지   천 염 지

공자가 위나라 영공의 젊은 부인 남자를 만나자, 자로가 기뻐하지 않았다. 그
녀는 많은 남성들과 사통해서 평판이 좋지 않았는데, 스승이 왜 그녀를 만났
는지 이해할 수 없기 때문이었다. 스승께서 자로에게 맹세하며 말씀하셨다.
"내가 옳지 못한 일을 했다면, 하늘이 나를 싫어한다! 하늘이 나를 싫어한다!"

『사기』「공자세가」에 다음과 같은 기록이 있습니다. 공자는 양화와
닮았다는 이유로 '광' 지역 사람들에게 닷새 동안이나 포위되었습니다.
양화는 과거 '광'지역 사람들을 착취했는데, 사람들이 그에게 한을 품고
있었던 거죠. 오해를 풀고 겨우 빠져나온 공자 일행은 대략 57세에 '포'
지역에서 한 달 정도 머무르다가, 다시 위나라로 돌아와 거백옥의 집에
머물렀습니다. 이 기간에 위나라 영공의 부인인 남자가 공자에게 한번
보기를 청했는데, 그녀는 수많은 남자와의 사통으로 평판이 아주 좋지
않았죠. 공자는 극구 사양했으나 결국에는 예의상 어쩔 수 없이 그녀를
만나게 되었는데, 이 소식을 들은 자로가 불쾌해 했던 겁니다. 그러자 공
자가 자로에게 주의를 주면서 한 말이 이 구절인데, 즉 공자가 먼저 자로
에게 가서 변명하는 상황은 아닙니다.

동서고금을 막론하고 여색에 빠진 지도자가 칭송 받는 경우는 없습
니다. 이유는 간단하죠. 바로 지도자가 사리사욕을 버리고 오로지 나라와
백성의 안위만을 생각해야 하는 '하나(一)'의 원칙을 어겼기 때문입니다.

子貢曰: "如有博施於民而能濟衆, 何如? 可謂仁乎?" 子曰: "何事於仁?
자 공 왈   여 유 박 시 어 민 이 능 제 중   하 여   가 위 인 호   자 왈   하 사 어 인

必也聖乎! 堯舜其猶病諸。夫仁者, 己欲立而立人, 己欲達而達人。
필 야 성 호   요 순 기 유 병 제 부 인 자 기 욕 립 이 립 인 기 욕 달 이 달 인

能近取譬, 可謂仁之方也已。"
능 근 취 비 가 위 인 지 방 야 이

자공이 말씀하셨다. "만약 지도자가 두루 은혜를 베풀어서 모든 사람을 구제할 수 있다면 어떻습니까? 그는 어질다고(仁) 할 수 있습니까?" 공자가 말씀하셨다. "어찌 어짊에만 힘쓰는 것이겠는가? 그건 분명히 소강을 뛰어넘어서 대동의 성스러운 경지에 도달한 것이! 그런 경지는 요임금이나 순임금조차도 도달하지 못할까 봐 근심하셨다. 어진 사람은 자기가 흔들리지 않고 확고히 서고자 하면, 자기가 섬기는 사람이 먼저 흔들리지 않고 확고히 서게 해야 한다. 또한 자기가 목표한 곳에 도달하고자 하면, 자기가 섬기는 사람이 먼저 도달하게 해야 한다. 굳이 멀리서 찾지 않고 가까이서 이런 깨우침을 받아들일 수 있으면, 그것이 어짊을 행하는 방법이라고 할 수 있다."

지도자는 대동을 이끈 성인 - 소강을 이끈 군자 - '도'의 일부 요소들만 실천할 수 있는 전문가(그릇)로 나눌 수 있습니다. 자공은 여기서 대동의 통치법을 예시로 들어서 소강사회 지도자에게 요구되는 어짊(仁)이 어떤 건지 묻고 있죠. 대동은 너와 나 그리고 윗사람과 아랫사람을 구분하지 않고, 모두가 골고루 혜택을 입으면서 조화롭게 사는 이상적인 사회입니다. 하지만 공자가 추구하는 건 윗사람과 아랫사람이 해야 할 바가 명확하게 나뉘는 소강사회이기 때문에, 그는 자공의 예시가 적절하지 않다고 말합니다. 그러고는 어짊(仁)이란 내가 진정 원하는 바가 있으면, 자기가 섬기는 사람이 먼저 그것을 하게 만드는 것이라고 설명하죠. 이제 이와 관련하여 다음 기록을 살펴보겠습니다.

주공이 말했다. "아! 제가 듣건대, 옛날 상나라 임금 중종은 엄숙히 언행을 삼가고 공경하며 두려워하여 천명을 스스로 헤아렸고, 백성들을 다스림에 공경하고 두려워하여 감히 편안함에 빠지지 않았습니다. 이에 드디어 중종은 나라를 칠십오 년 동안 잘 다스렸습니다. 고종은 오랫동안 밖에서 수고로우셨고, 이에 소인 즉 신분이 천한 이들과도 함께 했습니다. 임금에 즉위하여 부친상을 입자, 빈소에 들어가 삼 년 동안 말하지 않으셨습니다. 정치를 도와줄 인재를 찾지 못해서 삼 년 동안 총재에게 일임하고 자신은 말하지 않았지만, 일단 말을 하면 온화하고도 감히 편안함에 빠지지 않았으니, 상나라가 아름답고도 평안해졌습니다. 낮은 사람이건 높은 사람이건, 원망하는 이가 없게 되었습니다. 드디어 고종은 나라를 오십구 년 동안 잘 다스렸습니다. 고종의 아들 조갑은 자신이 의로운 왕이 아니라 하고는 오랫동안 소인이 되었습니다. 임금에 즉위해서는 소인들이 자신을 의지함을 깨달아서 백성들을 보호하고 사랑하였으며, 감히 홀아비나 과부를 업신여기지 않았습니다. 드디어 조갑은 나라를 삼십삼 년 동안 잘 다스렸습니다."

『상서』「무일」

이처럼 어진(仁) 인물은 '도'를 향한 자신의 마음이 흔들리지 않도록 하고자 하면, 자기가 섬기는 상관, 나아가 임금이 먼저 흔들리지 않고 확고히 서도록 끊임없이 바른 말로 그를 인도했습니다. 또 자기가 목표한 '도'에 도달하고자 하면, 자기가 섬기는 상관, 나아가 임금이 먼저 '도'에 도달하도록 옆에서 진심으로 보필하고 바른 길을 걷도록 안내해야 하는 거죠. 간단하게 말해서 충신이 되어 임금을 올바로 보좌해야 한다는 말입니다. 그렇게 되면 나라가 바로잡히고 백성들의 삶이 안정되어서, 궁극적으론 어진 인물이 원하는 바도 역시 이룰 수 있는 거죠.

제7편: 술이(述而)

있는 그대로

子曰:"述而不作, 信而好古, 竊比於我老彭。"
자 왈   술 이 불 작 신 이 호 고 절 비 어 아 노 팽

공자가 말씀하셨다. "나는 객관적인 사실만을 있는 그대로 기록하고 확실하지 않은 것은 임의로 지어내지 않으며, 또 옛 성현들의 도를 믿고 따르는데, 이런 내 모습을 슬그머니 노팽과 견줘본다."

노팽이 누군지 정확히 알 수 없습니다. 다만 공자는 『예기』 「증자문」에서 노자를 항상 노담(老聃)이라고 칭했습니다. '담'은 그의 자(字)이고 또 중국인들은 연장자의 호칭 앞에 '늙을 로(老)'를 붙여서 높여 불러왔으므로, '노팽' 역시 공자보다 연장자였음을 알 수 있죠. 특히 본문 내용으로 봤을 때, 공자는 그의 객관적으로 기록하는 자세를 존경했음을 알 수 있죠. 공자는 이처럼 추측에 기대지 않고 오로지 사실만을 기록하는 것이 대단히 중요하다는 걸 강조했는데, 그의 이러한 가치관은 다음 구절에서도 드러납니다.

7-27

子曰:"蓋有不知而作之者, 我無是也。多聞擇其善者而從之,
자 왈   개 유 부 지 이 작 지 자 아 무 시 야   다 문 택 기 선 자 이 종 지

多見而識之。知之次也。"
다 견 이 식 지   지 지 차 야

공자가 말씀하셨다. "정확하게 알지 못하는 데도 마치 그것이 사실인 것처럼 저술하는 사람이 있다. 하지만 나는 단 한 번도 그런 적이 없다. 많은 사람에게 들어서 옳은 것만을 선택하여 따르고, 또 여러 차례 살펴봐서 있는 그대로 기록하는 것. 이것이 진실을 알아가는 순서이다."

언론의 사명은 오로지 사실 여부를 확인해서 맞는 것만 보도함으로써 국민들에게 정확한 정보를 전달하는 데 있습니다. 하지만 언제부터인지 '카더라 통신'이라는 단어가 우리 일상생활을 잠식하기 시작했습니다. 출처가 불분명하고 신빙성이 떨어지는 정보를 마치 사실인 양 보도하는 가짜 소식인 거죠. 이 단어는 남의 말을 인용할 때 쓰는 '~라고 하더라.'의 사투리 발음을 그대로 가져온 건데요. 보통은 후에 생길 수 있는 법적 책임을 회피하기 위해서, 마치 타인의 입을 통해서 들은 것처럼 꾸며내는 겁니다. 비단 정치뿐만 아니라 경제, 사회, 문화 전반에 걸쳐서 사건이나 인물들에 대한 거짓 정보를 제공하는데요. 개인이나 몇몇이 사적으로 정보를 교환하던 과거와 달리, 오늘날에는 언론사가 특정 목적을 가지고 직접 이런 가짜 뉴스를 만들거나 기사화하여 국민들을 혼란스럽게 하는 경우도 많습니다. 다시 한번 공자의 이런 집필 자세를 되새겨야 할 때입니다.

7-2

子曰: "黙 而識之, 學而不厭, 誨人不倦, 何有於我哉?"
자 왈   묵 이 식 지   학 이 불 염   회 인 불 권   하 유 어 아 재

공자가 말씀하셨다. "묵묵히 도를 알아내서 배우는 걸 싫증 내지 않고 나아가 사람들에게 도를 가르치는 걸 게을리 하지 않는데, 나에게 무슨 일이 있겠는가?"

올바른 지도자인 군자는 먼저 '도'를 배워야 합니다. '도'를 배워야 그동안 자기가 얼마나 무지하고 부족했는지 깨닫게 되니까요. 그리고 '도'를 닦으려면 스승이 되어서 백성들을 가르쳐야 합니다. 그래야 '도'를 실천하기가 얼마나 어려운지 깨달아서 비로소 더욱 정진하게 되죠.

그런 다음에야 비로소 리더가 될 수 있으니, 이것이 바로 '교학상장(敎學相長)'의 도리입니다. 즉 공자는 참된 지도자가 되면 백성들이 진심으로 따르고, 설령 곤란한 지경에 빠져도 극복할 수 있다고 말하는 겁니다. 그래서 또 이처럼 말하기도 했죠.

7-22

子曰: "天生德於予, 桓魋 其如予何?"
자 왈　천 생 덕 어 여　환 퇴 기 여 여 하

공자가 말씀하셨다. "하늘이 나에게 덕이 있도록 하셨는데, 환퇴 같은 인물이 나를 어찌 할 수 있겠는가?"

환퇴는 송나라 경공의 총애를 등에 업고 전권을 휘둘렀던 인물입니다. 성(姓)이 상(向)이라서, 『좌전』에는 상퇴(向魋)로 표기되어 있는 경우도 있습니다.

『사기』「공자세가」에 따르면, 공자는 대략 57세에 위나라에 머물렀습니다. 하루는 영공이 부인 남자와 마차를 타고 궁궐을 나왔는데 공자를 뒤의 수레를 타고 쫓아오게 하는 수치심을 주자, 조나라로 갔다가 다시 송나라로 향했습니다. 도중에 큰 나무 아래에서 제자들에게 예(禮)에 대해서 강의를 하는데, 송나라 사마(司馬) 즉 병조판서인 환퇴가 공자를 죽이려고 그 나무를 뽑아버린 겁니다. 이에 제자들이 두려워하여 어서 떠나자고 권하자, 공자는 초연하게 이 말을 했다고 합니다.

환퇴가 공자를 왜 죽이려 했는지는 정확하게 알 수 없습니다. 공자가 이전에 그의 부패함을 적나라하게 질책하여 모욕을 주었기 때문이라는 설과, 또 하나는 송나라 경공이 공자를 등용하고 자기를 내쫓을까 봐 두려워해서라는 설이 있는데, 어떤 역사서에도 명확하게 기록된 바는 없

습니다. 그렇다면 공자는 어떤 의미로 이런 말을 한 걸까요? 『도덕경』에
도 이와 통하는 구절이 있습니다.

> 덕을 쌓는 것을 중시한다는 것은 곧 이기지 못할 것이 없다는 것이니, 이기
> 지 못할 것이 없다는 것은 곧 그 끝을 알 수 없다는 것이다.　　　「59장」

즉 공자와 노자는 똑같이 '덕'을 지닌 인물은 쉬이 환난에 빠지지
않는다고 말합니다. 이제 이와 관련하여 다음 기록을 살펴보면, 그 의미
를 보다 명확하게 이해할 수 있을 겁니다.

> 우임금이 배를 타고 양자강을 건너는데, 황룡이 그 배를 등에 짊어지자 배
> 안의 사람들이 두려워했다. 그때 우임금이 하늘을 우러러 탄식해 말했다.
> "나는 하늘에서 명을 받아 있는 힘을 다해서 만백성을 위해 애썼는데, 사는
> 것은 임시로 얹혀사는 것이고 죽는 것은 돌아가는 것이다." 그러면서 용 보
> 기를 마치 도마뱀처럼 하여 안색이 변치 않으니, 용이 머리를 숙이고 꼬리
> 를 밑으로 내리고 떠났다.　　　「십팔사략」「하왕조」

'덕'은 강함과 부드러움을 조화롭게 하여, 나에게는 엄격하게 대하
는 반면 타인에게는 자애로움을 베푸는 통치법이라고 했습니다. 그렇게
평상시에 '덕'을 쌓으면 마치 북극성 주변에 별들이 몰려들 듯이 외롭지
않거니와, 설령 위험에 빠지더라도 잘 극복하여 해결할 수 있다는 겁니
다. 따라서 공자는 환퇴와 같은 인물이 자기를 어쩌지는 못할 것이라면
서, 제자들을 안심시키는 한편 자기에 대한 강한 자신감도 보여주고 있
음을 알 수 있습니다.

그렇다면 또 왜 공자는 하늘이 자기에게 '덕'이 있도록 하셨다고 말
한 걸까요? 이와 관련하여 다음 구절을 보겠습니다.

子, 溫而厲, 戚而不猛, 恭而安。
자 온 이 려 위 이 불 맹 공 이 안

공자는 타인에게 온화하면서도 자기에게는 호되게 하시고, 자기 잘못에는 근심하면서도 타인의 잘못은 세차게 몰아붙이지 않으셨으며, 자기를 엄격하게 절제하여 상대방에게 공손하면서도 타인은 편안하게 느끼도록 배려하셨다.

그건 바로 공자가 평상시에 늘 강함과 부드러움을 조화롭게 하려는 절조인 '덕'을 실천했기 때문임을 알 수 있습니다.

子曰: "德之不修, 學之不講, 聞義不能徙, 不善不能改, 是吾憂也。"
자 왈 덕 지 불 수 학 지 불 강 문 의 불 능 사 불 선 불 능 개 시 오 우 야

공자가 말씀하셨다. "덕을 쌓으려고 노력하지 않고 배운 것들을 어떻게 응용할지 연구하지 않으며, 의로움(義)이 뭔지 배우고도 행하지 못하고 또 선하지 못한 걸 고치지 않는 것. 나는 나 자신이 이에 해당되지 않는 지를 걱정한다."

공자는 한평생 자기 성찰하는 습관을 늦춘 적이 없었습니다. 그리고 현명한 사람은 타인에 대해서 이러쿵저러쿵 떠들지 않습니다. 오히려 그 시간에 자기 자신에게 부족한 점이 없는지 살피면서 끊임없이 고치려고 노력하죠. 그래서 남 비교하길 좋아한 자공을 꾸짖기도 했습니다.

子貢方人。子曰:"賜也, 賢乎哉?"夫我, 則不暇。"
자 공 방 인   자 왈   사 야   현 호 재   부 아   즉 불 가

자공이 사람들을 비교하여 평가했다. 공자가 말씀하셨다. "자공은 누가 더 낫고 못한지 남을 비교할 수 있을 정도로 그리 현명한가? 나는 나 자신의 부족한 점을 돌아보느라 그럴 겨를이 없다."

이제 자기 성찰을 늦추지 않고 끊임없이 분발하는 기업과, 그와 반대로 그저 남들을 비교하는 데 열을 올리고 심지어 헐뜯는 것도 주저하지 않는 기업의 사례를 함께 살펴보겠습니다.

매일유업과 남양유업은 오랜 기간 분유와 우유 시장에서 경쟁해왔는데, 수십 년간 남양이 우위를 지켜왔습니다. 그러나 이제는 입장이 바뀌어서 매일유업의 1분기 영업이익이 200억 원을 넘었지만, 남양유업은 반대로 영업 손실만 200억 원을 넘겼습니다. 왜 일까요? 물론 2013년 터진 남양유업의 영업대리점 갑질 사건으로 인해 불매운동이 시작된 건 맞습니다. 하지만 최근 있었던 두 사건이 불난 집에 부채질을 한 격이 되었는데요. 하나는 홍보대행사를 통해 매일유업의 제품을 비방하는 글을 온라인상에 지속적으로 게재했는데, 특히 "우유에서 쇠 맛이 난다."거나 "우유가 생산된 목장 근처에 원전이 있다."는 근거 없는 소문을 퍼뜨리기도 했습니다. 또 하나는 남양유업 제품 불가리스가 신종 코로나바이러스 감염증에 77.8% 억제 효과가 있다고 발표하면서 사회에 큰 파장을 불러일으켰습니다. 반면 매일유업은 선천성 대사질환자 400명을 위해서 매년 적자를 무릅쓰고도 특수 분유를 생산하고 있고, 또 유당을 제거한 '소화가 잘되는 우유' 프로젝트를 벌여서 독거노인에게 무료로 우유를 후원하는 등 묵묵히 소수 약자들을 위한 선행을 이어가고 있죠.

子之燕居, 申申如也, 天天如也。
자 지 연 거 신 신 여 야 요 요 여 야

공자가 집에 한가히 계실 때면, 마음이 편안하여 얼굴빛이 온화해 지셨다.

이 말은 공자는 일단 집 문을 나서면 언행에 신중하고 또 정중한 얼굴빛을 취했다는 뜻이 됩니다. 이제 이 구절과 관련된 인물을 소개하겠습니다.

로마 교황의 최고 고문인 추기경. 추기(樞機)는 중추가 되는 기관 즉 몹시 중요하다는 걸 의미합니다. 그런데 이 '추기'라는 단어는 『주역』 「계사」편에 처음 등장합니다. "언행은 군자의 추기이다." 마거릿 대처(Margaret Thatcher)는 1979년부터 1990년까지 영국 총리를 지

냈습니다. 재임 기간 동안 영국 경제를 안정시켰다는 평가를 받았는데, 특히 혈통이나 재산 등에 의지하지 않고도 총리에까지 올랐고, 보수적이면서도 온화하고 또 강경한 모습을 보여서 철의 여인(Iron Lady)이라는 별명을 얻기도 했습니다. 다음은 그녀의 명언으로 지금까지 사람들 입에 오르내립니다.

"생각을 조심해라 말이 된다. 말을 조심해라 행동이 된다.
행동을 조심해라 습관이 된다. 습관을 조심해라 성격이 된다.
성격을 조심해라 운명이 된다. 우리는 생각하는 대로 된다."

동서고금을 막론하고 리더에게 요구되는 기본 중 하나가 바로 언행과 표정에 신중해야 한다는 겁니다.

7-5

子曰: "甚矣, 吾衰也! 久矣, 吾不復夢見周公!"
자 왈   심 의   오 쇠 야   구 의   오 불 복 몽 견 주 공

공자가 말씀하셨다. "내 몸이 심히 약해졌구나. 게다가 오랫동안 꿈에서 주공을 뵙지 못했다."

공자는 15세에 '도'를 배우는 데 뜻을 둔 이래, 줄곧 '도'를 세상에 펼치기 위해서 안간힘을 썼습니다. 특히 노나라에 크게 실망한 공자는 56세에 대부 자리를 과감히 버리고, '도'가 받아들여질 나라를 찾아서 이곳저곳 정처 없이 돌아다녔습니다. 하지만 68세에 결국 노나라로 돌아왔고, 73세를 일기로 세상과 작별 인사를 나눴죠. 따라서 공자는 몸이 예전 같지 않다고 토로함을 알 수 있습니다.

더 큰 문제는 그 다음에 있습니다. 공자는 조국 노나라의 시조이자 주나라 예악제도와 종법 제도를 완성한 주공을 가장 존경했고, 예악제도로 나라를 바로잡는 소강사회로의 복귀를 외쳐왔습니다. 그런데 이제 더 이상 꿈에서 주공을 볼 수 없다고 말하는 건, 공자의 정신적 의지가 한계에 달했음을 보여주는 거죠. 몸도 성하지 않은 데다 의지까지 약해져서, 공자는 자신이 한평생 꿈꿨던 소강사회 복귀라는 포부가 이뤄질 수 없음을 직감한 겁니다. 이 얼마나 슬프고도 마음 아픈 일인가요.

子曰: "志於道, 據於德, 依於仁, 游於藝。"
자왈 지어도 거어덕 의어인 유어예

공자가 말씀하셨다. "도에 뜻을 두고, 덕에 의지하며, 어짊(仁)을 따르고, 여섯 가지 재주(藝)에서 헤엄쳐야 한다."

이 구절은 지도자가 어떻게 정치에 처음 입문하고 나아가 궁극적으로 어떤 길을 걸어야 할지를 보여주는 청사진이라고 할 수 있습니다. 6-6에서 공자는 염구가 여섯 가지 재주 즉 관료들에게 필히 요구되는 예(禮: 예절), 악(樂: 음악), 사(射: 활쏘기), 어(御: 말타기), 서(書: 서예), 수(數: 수학)에 능하므로 정치에 종사하는 데 아무런 문제가 없다고 평가했습니다. 따라서 여섯 가지 재주는 정치인이 되기 위한 필수 기초 단계를 뜻합니다. 정치인이 된 후엔 어짊(仁)을 중심으로 한 '도'의 내용과 형식을 배워서 실천해야 하죠. 그러면 강함과 부드러움 어느 한쪽에 치우치지 않고(中) 모두를 조화롭게(和) 할 수 있으므로 '덕'을 베풀게 되고, 거기에 변치 않는 자세(常)를 갖

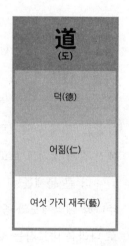

道 (도)
덕(德)
어짊(仁)
여섯 가지 재주(藝)

춤으로써 '도'에 도달하게 되는 겁니다. 즉 이 구절은 '도'에 이르는 단계를, 거꾸로 위에서부터 아래로 풀어서 설명한 겁니다.

子曰: "自行束脩以上, 吾未嘗無誨焉。"
자 왈   자 행 속 수 이 상   오 미 상 무 회 언

공자가 말씀하셨다. "학생이 몸소 마른 고기 한 묶음 이상을 들고 찾아오면,
내가 일찍이 가르쳐주지 않은 적이 없다."

이는 다음 구절과 뜻이 통하므로, 여기서 함께 짚고 넘어가겠습니다.

15-39

子曰: "有敎, 無類。"
자 왈   유 교   무 류

공자가 말씀하셨다. "가르침을 주는 데 있어서, 부류나 등급으로 사람을 차별
하지 않는다."

여기서 공자의 교육철학을 단편적으로 볼 수 있는데, 바로 신분으로
사람을 차별하지 않고 배우고자 하는 의지가 있는 사람 모두에게 공정한
교육기회를 제공한 거죠. 이제 이와 관련된 인물을 소개하겠습니다.

커스 다마토(Cus D'Amato)는 뉴욕 빈민가
출신으로, 7형제 중 3명이 세상을 떠나는 등
불우한 환경에서도 바르게 성장했습니다. 그
의 꿈은 복싱 선수였습니다. 하지만 12살에 한
쪽 눈 시력을 잃은 탓에, 선수 생활을 제대로
하지 못하고 트레이너로 방향을 바꿨죠. 22세
에는 자신처럼 어려운 불우 아동을 위해 체육

관을 열어서, 세계 헤비급 챔피언 플로이드 패터슨(Floyd Patterson)과 세계 라이트헤비급 챔피언 호세 토레스(Jose Torres)를 길러냈습니다. 특히 2년 동안 38번의 체포 경력으로 소년원에 있던 마이크 타이슨(Mike Tyson)의 어머니가 돌아가시자, 그를 자신의 양자로 데려와 복싱뿐만 아니라 글과 인성을 가르치며 자신의 마지막 생을 타이슨을 위해 바쳤습니다. 다마토는 많은 챔피언을 만들어냈지만, 그가 사망했을 때 그의 명의로 된 재산은 거의 없을 만큼 청렴하게 살았습니다. 그가 남긴 말을 보면 그가 사람을 차별적으로 대하지 않았을 뿐 아니라, 어려운 처지에 있는 사람들을 얼마나 진심으로 위했는지 알 수 있습니다. "불행한 환경에서 자라난 사람들은 필연적으로 아주 무섭거나 치욕적인 일들을 겪는다. 그 상처들은 그들의 재능과 인성 위에 막을 한 겹씩 한 겹씩 형성해서, 그들이 위대한 인간으로 성장하는 걸 막는다. 선생으로서 해야 할 일은 그 막들을 걷어내 주는 것이다." 그는 공자와 마찬가지로 제자들에게 사심 없이 정성을 다했던 겁니다.

7-9

子食於有喪者之側, 未嘗飽也。子於是日哭, 則不歌。
자 식 어 유 상 자 지 측　미 상 포 야　자 어 시 일 곡　즉 불 가

공자는 상주 곁에서 음식을 먹게 되면, 상주의 마음을 이해했기 때문에 일찍이 배불리 먹은 적이 없으셨다. 또 공자는 그날 상갓집에서 곡을 하면, 역시 상주처럼 진심으로 애도했기 때문에 다른 노래를 부르지 않으셨다.

4-15에서 증자는 공자의 하나만 생각하는 덕(一德)을, 마음이 한쪽으로 치우치지 않는 공정함(忠)과 타인의 입장에서 생각함(恕)으로 풀이했습니다. 그런데 서(恕)는 '같을 여(如)'와 '마음 심(心)'이 합쳐진 문자로,

내 마음을 상대방의 마음과 같게 한다는 뜻이죠. 따라서 이 구절은 공자가 자기의 마음을 상주의 마음과 같게 하여 진심으로 슬퍼한 자세를 보여줍니다. 즉 공자는 '덕'의 양대 요소인 조화로움(和)을 말로만 떠든 게 아니라 몸소 실천했던 겁니다.

장기려 박사는 1911년 태어나 1950년 한국전쟁 때 월남했습니다. 이때 차남을 제외한 다른 가족들과 생이별을 해야 했죠. 부산으로 내려온 후, 그는 복음진료소를 세워 피난민들을 위해 무료진료를 시작했습니다. 이때부터 6년 동안 매일 100명이 넘는 환자들을 치료했습니다. 그리고 청십자사회복지회 장애인재활협회 등 복지단체들을 만드는 데도 발벗고 나섰습니다. 또 치료비를 내기 어려운 환자에게 처방전으로 밥값을 주거나, 자기 월급으로 환자의 치료비를 대납해주기도 했습니다. 환자들이 치료비 때문에 퇴원하지 못하자, 밤에 나가도록 뒷문을 열어 뒀다는 일화도 유명하죠. 이산가족 상봉을 추진했을 때, 정부에서 장 박사의 공을 인정해 특별히 상봉을 해주려고 했습니다. 하지만 그는 다른 사람의 기회를 뺏을 수는 없다면서 정부의 제의를 거절하기도 했습니다. 1995년 세상을 떠났을 때, 그가 평생을 머물던 병원 옥탑방에는 유품이 거의 없었다고 합니다. 자신의 모든 재산을 가난한 사람들에게 나눠주고, 그들과 진정으로 함께 하는 삶을 살았던 겁니다.

子謂顏淵曰: "用之, 則行; 舍之, 則藏。惟我與爾有是夫。"
자 위 안 연 왈   용 지 즉 행   사 지 즉 장   유 아 여 이 유 시 부

공자가 안회에게 말씀하셨다. "등용되면 최선을 다하고, 내쳐지면 자리에 연
연해하지 말고 물러나야 한다. 오직 나와 너만이 그렇게 할 수 있다."

공자의 대다수 제자들은 벼슬하여 정치에 참여하는 것을 목표로 삼
았습니다. 따라서 자기 자리에 집착하지 않을 수 없었죠. 하지만 그건 이
미 욕심이 자리 잡았다는 방증입니다. 그래서 『예기』에도 같은 내용이
나옵니다.

> 군자는 자기가 처한 자리에서 정성을 다해 행동하고, 처한 자리 이외의 것
> 을 바라지 않는다.   『예기』「중용」

그리고 다음의 두 구절에서도 역시 같은 내용이 반복됩니다.

子曰: "不在其位, 不謀其政。"
자 왈   부 재 기 위   불 모 기 정

공자가 말씀하셨다. "그 자리에 있지 않으면, 그 직무에 대해서 논하지 않는다."

子曰:"不在其位, 不謀其政。"
자 왈　부 재 기 위　불 모 기 정

공자가 말씀하셨다. "그 자리에 있지 않으면, 그 직무에 대해서 논하지 않는다."

그리고 이 구절과 같은 의미를 지닌 구절이 바로 이어서 나옵니다.

曾子曰:"君子思, 不出其位。"
증 자 왈　군 자 사　불 출 기 위

증자가 말씀하셨다. "군자는 생각함에 있어, 그가 처한 위치를 벗어나지 않는다."

　　그렇다면 공자와 증자가 이 말을 통해서 이야기하고자 한 건 뭘까요? 이국종 교수는 외상외과 의사입니다. 2011년 소말리아 해적에게 피랍된 선박을 구출한 아덴만 여명 작전(Operation Dawn of Gulf of Aden)의 영웅인 석해균 선장을 치료해서 유명세를 탔습니다. 이후 한 대학병원 중증 외상 센터를 책임지는 자리에 올라, 외상 센터를 선진국 수준으로 끌어올리려고 노력했습니다. 특히 외상 외과가 처한 열악한 상황에 대해서 지속적으로 호소하며 공론화하여, 국민들의 의식이 점차 바뀌도록 했죠. 대표적으로 응급환자를 이송하는 구급 차량이 지나갈 때, 길을 열어주는 문화가 그것입니다. 또 관련 법률 개정도 이끌어냈는데, 예

를 들어서 2018년부터 고의로 구급 차량을 막는 경우 운전자를 강제로 끌어내려도 법적 책임을 묻지 않도록 했습니다. 이처럼 그는 자신이 맡은 직책에서 최선을 다하다가, 2020년 1월 외상 센터 원장 자리에서 물러났습니다. 그때 여러 잡음이 있었지만, 그는 일체 어떤 발언도 없이 조용히 떠났죠. 그리고 지금까지도 자신이 가진 영향력을 이용해서 정치에 입문하려는 생각을 갖지 않고, 묵묵히 교수이자 의사로서의 역할을 해내고 있습니다.

7-11

子曰: "富, 而可求也, 雖執鞭之士, 吾亦爲之。如不可求, 從吾所好。"
자왈   부 이 가 구 야   수 집 편 지 사   오 역 위 지   여 불 가 구   종 오 소 호

공자가 말씀하셨다. "부유함이 만일 추구할 만한 가치가 있는 것이라면, 비록 말채찍을 잡는 보잘것없는 선비(士) 일을 할지라도 나 역시 그런 일을 할 것이다. 하지만 만일 추구할 만한 게 아니라면, 그저 내가 진심으로 원하는 바를 따를 것이다."

플렉스(FLEX)는 젊은이들 사이에서 돈 자랑을 하거나 일시에 많은 돈을 쓴다는 뜻으로 쓰이는 신조어입니다. 한때 한국에서 최고급 외제 승용차와 명품 가방은 사치품으로 여겨져, 일부 극소수 부유층만이 누릴 수 있는 전유물이었죠. 하지만 요즘 세상은 온통 사치에 빠져 있다고 해도 과언이 아닙니다. 반지하에 살아도 외제차를 몰아야 하고, 컵라면으로 끼니를 때우면서 몇 달을 아르바이트해서 번 돈으로 명품 백을 사는 걸 당연시합니다. 이러한 세태는 어쩌면 고가 사치품을 통해서만이 자신의 가치를 알릴 수 있다고 생각하는, 스스로 움츠리는 모습에서 나오는 건 아닐까요?

조선왕조 영조는 항상 "신하와 백성이 검소한 생활을 하도록 하려면, 임금이 먼저 모범을 보여야 한다."고 강조했습니다. 궁궐의 방문 종이가 찢어지면, 손수 종이조각을 잘라 바를 정도로 검소함을 몸소 실천했죠. 하루는 호조 판서가 영조를 위해 방석을 만들어 올렸는데, 사치스러우면 받기를 꺼려할까 봐 무명천에 푸른 물을 들이고 솜을 채워 넣었습니다. 하지만 영조가 방석을 며칠 사용해본 후, 다시 호조 판서를 불러 이런 말을 하면서 돌려줬다고 합니다.

"방석을 깔고 앉으니, 몸은 참 편하구려. 하지만 몸이 편하면 정신이 게을러지니, 더 이상 방석을 쓰지 않기로 했소. 그대 덕분에 검소하면 몸과 마음이 부지런해진다는 걸 깨달았으니, 고마울 따름이오." 삶이 넉넉해지면 딴마음을 품게 되고, 그렇게 되면 '도'에 전념할 수 없음을 확인할 수 있는 대목입니다.

7-12

子之所愼: 齊, 戰, 疾。
자 지 소 신   제   전   질

공자가 신중을 기하신 것은 제사를 지내기 위해서 몸과 마음을 깨끗이 하는 재계와 전쟁 그리고 질병이었다.

3-12에서 공자는 제사를 지낼 때 마치 조상의 혼령이 앞에 계신 듯이 정성을 다하셨다고 했습니다. 왜냐면 이것이 바로 진심으로 섬기고 따르는 어짊(仁)이기 때문이죠. 그래서 본인이 직접 제사에 참여하지 않

으면 제사를 지내지 않은 것과 같다고 생각하며 진심을 다했던 겁니다.

또 14-16에서 공자는 환공이 아홉 번이나 제후들을 불러 모을 때 무력으로 하지 않은 것은 관중 덕분이라면서 그는 어진 사람이라고 할 수 있다고 했습니다. 어짊(仁)은 상관, 나아가 임금을 진심으로 섬기고 따르는 것이지만, 궁극적으로는 그렇게 함으로써 나라와 백성의 삶을 안정시키는데 그 최종 목표가 있다고 했습니다. 아무리 합리적인 명분이 있더라도 전쟁을 하려면 백성을 동원해야 하고, 아무리 이기는 전쟁을 하더라도 결국에는 희생자들이 생기게 마련입니다. 그리고 그 희생자는 다름 아닌 내 나라 백성이죠. 신중에 신중을 기할 수밖에 없는 겁니다.

6-8에서는 덕망이 있는 염백우조차 몹쓸 병에 걸리자, 공자는 하늘의 뜻은 아무도 알 수 없다면서 안타까운 마음을 드러냈습니다. 질병은 어느 누구를 가리지 않고 예고 없이 찾아오므로, 신중하지 않을 수 없겠죠. 즉 공자는 전쟁과 질병에 대해서 경각심을 가지면서 백성들의 안위를 크게 걱정했음을 알 수 있습니다.

따라서 이제 이 구절을 종합해보면, 공자는 위로는 조상과 임금을 진심으로 따르고 아래로는 백성들을 누구보다 아낀 참된 지도자였다는 의미임을 알 수 있을 겁니다.

7-14

冉有曰：“夫子爲衛君乎？” 子貢曰：“諾。吾將問之。” 入曰：“伯夷叔齊,
염유왈　　부자위위군호　　자공왈　낙　오장문지　　　입왈　백이숙제

何人也？” 曰：“古之賢人也。” 曰：“怨乎？” 曰：“求仁而得仁, 又何怨？”
하인야　왈　고지현인야　　왈　원호　왈　구인이득인　우하원

出曰：“夫子不爲也。”
출왈　부자불위야

염구가 말씀하셨다. “스승께서 위나라 임금 출공을 도우실까요?” 자공이 말씀

하셨다. "알았습니다. 내가 그대를 대신해서 여쭈어 보겠습니다." 자공이 방으로 들어가 말씀하셨다. "백이와 숙제는 어떤 인물들이었습니까?" 공자가 말씀하셨다. "옛날의 현명한 사람들이다." 자공이 말씀하셨다. "백이는 아버지의 뜻을 따르느라 임금 자리를 버렸고, 숙제는 종법 제도를 따르느라 임금 자리를 버렸습니다. 게다가 둘 다 주나라 무왕을 피해 수양산으로 들어가 고사리를 캐 먹다 굶어 죽었는데, 그들은 자신의 선택을 원망했습니까?" 공자가 말씀하셨다. "어짊(仁)을 추구하여 어짊(仁)을 행했는데 어찌 원망했겠는가?" 자공이 나와서 염구에게 말씀하셨다. "스승께서는 위나라 임금을 돕지 않을 것입니다."

이 구절을 온전하게 이해하기 위해서는, 몇몇 부분으로 나눠서 구체적으로 설명해야 합니다. 먼저 염구는 왜 공자가 위나라 임금을 도울지 궁금해 했을까요? 『좌전』「애공 11년」과 『사기』「공자세가」에 따르면, 공자 나이 68세가 되던 해에 염구가 군대를 이끌고 제나라와 싸워 이겼습니다. 이때 계강자는 염구에게 군대에 대해서 배운 적이 있느냐고 물었고, 염구가 공자에게 배웠다고 대답합니다. 그러자 계강자는 공자의 능력을 깨닫고 염구를 통해서 다시 공자를 노나라로 불러들이려고 했던 겁니다. 사실 아버지 계환자가 죽으면서 "노나라는 흥성할 수 있었지만 내가 공자에게 죄를 지어 그렇지 못했으니, 네가 나를 이어 경이 되면 반드시 공자를 불러라!"라고 유언을 했기 때문인 이유도 컸죠.

바로 이때 염구는 아마도 스승 공자가 계강자를 싫어했기 때문에, 계강자의 뜻을 직접 전하기가 어려워 자공에게 대신 물어달라고 부탁한 것으로 보입니다. 더구나 염구가 계강자의 가신이 되어 노나라로 갈 때, 자공은 염구에게 노나라에서 기회를 봐서 꼭 스승을 모셔가 달라고 부탁했습니다. 따라서 자공은 이번 기회에 스승이 노나라로 돌아가시기를 간절히 바라서, 적극적으로 염구를 도운 것으로 볼 수 있습니다.

마침 위나라 공문자가 대숙질을 공격하기 위해서 공자에게 계책을 묻자, 공자는 "새(사람)는 나무(국가)를 선택할 수 있지만, 나무는 새를 선택할 수 없다."며 거절했습니다. 또 계강자가 예물을 갖춰서 자기를 영접하자, 공자는 노나라로 돌아가게 된 겁니다.

그렇다면, 자공은 왜 백이와 숙제에 대해서 물어본 걸까요? 상나라의 제후국 고죽국 임금의 첫째 아들인 백이는 아버지가 셋째 아들인 숙제에게 왕위를 물려주라고 유언하자 그 뜻을 따랐는데, 숙제 역시 종법 제도상 그럴 순 없다며 다시 백이에게 양보합니다. 그러자 백이

는 아버지의 뜻이라며 도망가고 숙제 역시 도망을 가버리는 바람에, 결국 둘째 아들이 왕위를 물려받았습니다. 후에 주나라 무왕이 무력으로 폭군인 상나라 주임금을 몰아내자, 둘은 무왕이 어짊(仁)과 의로움(義)을 저버렸다고 말하며 수양산으로 들어가 고사리를 캐 먹다가 굶어 죽었다고 합니다.

백이는 아버지의 뜻을 따랐고 숙제는 종법 제도를 따랐으며 둘 다 모두 자기가 섬긴 주임금을 위해 굶어 죽었으므로, 공자는 그들이 어진(仁) 인물이었다고 칭송한 겁니다. 즉 자공은 공자의 대답을 통해서, 공자께서 위나라 임금 출공을 돕지 않을 것이라고 확신하게 된 겁니다. 그렇다면 당시 위나라의 상황은 또 어땠을까요?

아버지인 위나라 영공이 새로 얻은 젊은 부인 남자(南子)의 사통을 부끄러워 하던 세자 괴외는 그녀를 죽이려다 실패하자, 송나라로 달아났다가 다시 진(晉)나라로 도망쳤습니다. 그리고 노나라 애공 2년 공자 나이 59세에 영공이 죽자, 남자는 괴외의 아들이자 영공의 손자 첩(輒)을 왕위에 앉히는데, 그가 바로 출공입니다. 하지만 아버지 괴외는 밖에

서 호시탐탐 아들을 몰아내서 왕이 되려 했고, 그의 아들인 출공은 자기의 왕위를 뺏기게 될까 봐 항상 두려워했죠. 결국 자공이 스승인 공자가 위나라 임금을 돕지 않을 것이라고 확신한 이유는, 출공이 아버지의 뜻을 거스르고 심지어 임금 자리에만 욕심을 부리는 어질지 못한(不仁) 모습을 보였기 때문입니다. 이는 백이와 숙제의 뜻에 위배되죠. 바꿔 말해서 공자는 백이와 숙제를 어진(仁) 인물이었다고 칭송했으므로, 아버지의 뜻을 거스르고 임금 자리에만 급급했던 출공을 결코 도우려고 하지 않았을 겁니다. 훗날 괴외와 출공의 왕위 다툼으로 인해서, 공자가 아끼던 제자 자로가 안타깝게 죽고 맙니다.

7-15

子曰: "飯疏食飲水, 曲肱而枕之, 樂亦在其中矣。不義而富且貴,
자 왈   반 소 식 음 수   곡 굉 이 침 지   낙 역 재 기 중 의   불 의 이 부 차 귀

於我如浮雲。"
어 아 여 부 운

공자가 말씀하셨다. "거친 밥을 먹고 물을 마시며 팔을 베고 자니, 즐거움이 그 안에 있다. 의롭지 않은데도 부유함을 누리는 것은 나에게는 마치 뜬구름과 같다."

"편법이나 불법을 해야 1등을 할 수 있다면, 차라리 1등을 안 하겠다. 사람들에게 욕을 먹어가면서까지 1등할 생각은 없다. 좋은 품질과 서비스를 갖추면, 무리한 방법을 쓰지 않아도 고객들이 인정해준다."

LG그룹 구본무 회장은 1995년

취임 직후 LG 윤리 규범을 제정하고, 기업 내 투명 경영의 체계를 잡았습니다. 또 다른 그룹에 비해서 전문 경영인들에게 많은 경영권을 돌렸는데, 이는 가족 중심의 독단적 경영을 고집하지 않았음을 보여줍니다. 그리고 LG 복지재단을 설립하여 LG 의인상을 제정하고는, 국가를 위해 헌신한 공직자와 타인을 위해 의로운 일을 한 일반인들을 찾아내 포상하고 널리 알리려고 애썼습니다. 생전에 50억을 기부하기도 했는데, 구회장이 타계한 후에야 세상에 알려지기도 했습니다. 그는 이런 말도 남겼습니다. "경영진들이 앞장서서 인재가 있는 곳이라면 어디라도 먼저 찾아가야 합니다." 2018년 그가 세상을 떠났을 때 검소하게 비공개 가족장으로 하고, 또 가족 외에 조문과 조화를 받지 않겠다고 했습니다. 하지만 시민들과 많은 조문객들이 찾아와 그의 마지막 가는 길을 배웅한 것으로 알려졌죠.

7-16

子曰: "加我數年, 五十以學易, 可以無大過矣。"
자 왈   가 아 수 년   오 십 이 학 역   가 이 무 대 과 의

공자가 말씀하셨다. "나에게 몇 년을 더 줘서 내가 죽기 전에 『주역』을 온전하게 이해할 수 있다면, 인생에 있어서 큰 잘못을 저지르지 않고 살 수 있을 것이다."

『사기』「공자세가」에 따르면, 공자는 노나라로 돌아온 68세 이후에 이 말을 했다고 합니다. 따라서 본문의 오십(五十)은 잘못 쓴 것으로 봐야죠. 아울러 『사기』「공자세가」에도 다음과 같은 기록이 있습니다.

만약 나에게 몇 년이 더해진다면, 나는 『주역』에 대해서 충실해져 조화로움에 이를 수 있을 것이다.

『주역』은 『역경(易經)』이라고도 불리는데, '바꿀 역(易)'은 변역(變易) 즉 '변하다, 바뀌다'라는 뜻을 지닙니다. 다시 말해서, 『주역』은 주(周)나라 지도자가 '도'를 따랐을 때 어떤 변화가 생기는지에 대해서 구체적으로 설명한 서적이 됩니다. 이제 단적으로 한 예를 살펴보죠. 『주역』「건괘」편 구삼(九三)에는 다음과 같은 구절이 있습니다.

군자는 종일 의지하지 않아서 저녁에도 두려워하니, 위태로워도 재앙이 없다.

그런데 『주역』을 포함한 진나라 이전 즉 선진시기 서적들은, 길게 풀어 쓰는 산문과 달리 시처럼 짧은 운문으로 쓰여 있어서 이해하기가 여간 어려운 게 아닙니다. 그래서 해설서가 필요한 거죠. 바로 『주역』의 해설서 성격을 지닌 「문언」에서는 이 구절을 다음처럼 풀이하고 있습니다.

"군자는 하루 종일 자신이 나라를 잘 다스리고 있다는 생각에 빠지지 않고, 늦은 저녁 시간에 이르러도 자신이 나라를 잘 다스리지 못한다고 두려워하여 변치 않고 항상 삼가여 행하니, 설령 위태로운 지경에 이르러도 결코 재앙이 닥치지 않는다."고 하였으니, 이는 무엇을 뜻하는가? 공자가 말씀하셨다. "군자는 '덕'을 닦는데 정진하고 나라와 백성을 위해서 공로를 세움에 한쪽으로 치우치지 않고 믿음을 보이기 때문에 '덕'을 닦는데 정진하게 되고, 또 할 말을 잘 정리해서 말하고 나아가 한 말을 실천하는 모습을 보이므로 나라와 백성을 위한 공적을 세울 수 있는 것이다. 군자는 나라의 지도자로서 모든 힘을 다해야 함을 알기에 전력을 다하므로, 작은 징조도 놓치지 않고 자세히 살펴보아 사전에 인지할 수 있다. 또 나라의 지도자로서 임무를 끝내야 함을 알아서 반드시 완성하므로, 마땅히 해야 할 의로움을 온전히 지킬 수 있다. 그런 까닭에 설령 지위가 높은 자리에 있어도 교만하지 않고, 설혹 지위가 낮은 자리에 있어도 애태우거나 근심하지 않는다. 따라서 자신이 나라를 잘 다스리고 있다는 생각에 빠지지 않고, 자신이 나라를 잘 다스리지 못한다고 두려워하여 변치 않고 삼가 행하니, 설령 위태로운 지경에 빠지더라도 재앙에 이르지는 않는다."

즉 공자는 이 구절을 통해서, 『주역』 역시 『시경』 등과 마찬가지로 지도자의 리더십을 위한 필독서라고 강조하고 있음을 알 수 있습니다.

7-17

子所雅言; 詩書執禮, 皆雅言也。
자 소 아 언   시 서 집 례   개 아 언 야

공자가 천자의 나라인 주나라 표준말을 사용한 것은 『시경』과 『서경=상서』을 설명하실 때 그리고 제사 예식을 집행할 때였는데, 이때는 모두 표준말로 하셨다.

『시경』은 주나라 초기~춘추시대 중기(B.C. 11~B.C. 6세기)까지의 정치와 역사를 묘사한 작품집입니다. 천자의 나라인 주나라를 중심으로 여러 제후국들의 이야기들이 담겨 있죠. 특히 천자와 제후들의 정치에 임하는 자세와 그를 바라보는 신하 및 백성들의 시선들이 때론 적나라하게 때론 문학적으로 완곡하게 묘사되어 있습니다.

『서경』은 『상서(尙書)』라고도 하는데, 그 이유는 '숭상할 만한 옛 말씀을 기록한 책'이라는 뜻을 가졌기 때문입니다. 대동사회 요순임금과 소강사회 하나라 우, 상나라 탕, 주나라 문왕과 무왕의 말씀과 행적에 대해서 상세히 기록되어 있습니다.

지금도 한 나라에는 표준어와 지역 방언이 존재하는데, 특히 정치나 교육 등 공식 석상에서는 하나 같이 표준어를 사용하는 것을 원칙으로 하고 있죠? 더구나 『시경』과 『서경=상서』은 대동과 소강사회 정치 리더십의 교과서라고 할 수 있습니다. 따라서 공자가 제자들에게 예로부터 내려오는 바른 정치를 가르치고 나아가 제사를 주관할 때 주나라 표준 발음을 사용한 것은, 바로 그가 공식 석상에서 얼마나 진지하고도 경건한 마음으로 임했는지 알 수 있는 방증이 되는 겁니다.

7-18

葉公問孔子於子路, 子路不對。子曰: "女奚不曰: '其爲人也, 發憤忘食,
섭 공 문 공 자 어 자 로   자 로 불 대   자 왈   여 해 불 왈   기 위 인 야   발 분 망 식

樂以忘憂, 不知老之將至云爾。"
발 분 망 식   부 지 노 지 장 지 운 이

초나라 재상 섭공이 자로에게 공자는 어떠한 사람이냐고 물었는데, 자로는 아무런 대답도 하지 않으셨다. 공자가 말씀하셨다. "너는 어찌 이렇게 말하지 않았느냐. 그 사람은 밥을 먹는 것도 잊을 정도로 분발하여 애쓰고, '도'를 배우고 실천하느라 즐거워서 근심 걱정을 잊을 정도이며, 늙음이 찾아오는 것조차도 깨닫지 못했을 정도라고 말이다."

여기서 공자가 말하고자 한 건 뭘까요? 다음 구절과 함께 살펴보면 이해가 쉬울 겁니다.

子曰: "我非生而知之者, 好古敏以求之者也。"
자 왈   아 비 생 이 지 지 자   호 고 민 이 구 지 자 야

공자가 말씀하셨다. "나는 나면서부터 도를 아는 사람이 아니라, 예로부터 내려오는 도를 좋아해서 민첩하게 구하여 배우는 사람이다."

앞에서 설명했듯이, 성인(聖人)은 그 누구한테서도 '도'를 배우지 않았지만 스스로 깨달아 몸소 실천한 대동사회의 지도자를 뜻합니다. 반면 군자(君子)는 후천적으로 성인의 도를 배우고 익혀서 실천하려 애쓴 소강사회의 지도자를 뜻하지요. 이를 공자는 다음 구절처럼 설명하기도 했습니다.

孔子曰: "生而知之者, 上也; 學而知之者, 次也; 困而學之, 又其次也。
공 자 왈   생 이 지 지 자   상 야   학 이 지 지 자   차 야   곤 이 학 지   우 기 차 야

困而不學, 民斯爲下矣!"
곤 이 불 학   민 사 위 하 의

공자가 말씀하셨다. "태어나서부터 도를 아는 이는 상등이고, 나중에 배워서 도를 아는 이는 그 다음이며, 곤란함이 닥쳐야 도를 배우는 이는 또 그 다음이다. 곤란함을 겪는데도 도를 배우지 않으면, 백성들이 그를 하등으로 여긴다."

즉 공자는 자기가 나면서부터 스스로 '도'를 깨달아 실천한 성인은 아니라고 분명히 밝히고 있습니다. 그저 성인의 '도'를

성인(聖人)	대동 사회 지도자
군자(君子)	소강 사회 지도자
그릇(器)	한 방면의 전문가

배워서 실천하는 군자가 되려고 노력할 뿐이라고 말하고 있죠. 하지만 그 모습을 바라보는 제자들의 공자에 대한 생각은 사뭇 다른 듯합니다.

7-33

子曰:"若聖與仁, 則吾豈敢? 抑爲之不厭, 誨人不倦,
자 왈   약 성 여 인   즉 오 개 감   억 위 지 불 염   회 인 불 권

則可謂云爾已矣。"公西華曰:"正唯弟子不能學也。"
즉 가 위 운 이 이 의   공 서 화 왈   정 유 제 자 불 능 학 야

공자가 말씀하셨다. "대동사회를 이끈 성인들의 성스러움과 어짊을 내가 어찌 감당할 수 있겠는가! 그저 싫증 내지 않고 신중하게 도를 실천하려 노력하고 또 게을리하지 않고 도를 가르치고 있으니, 내가 할 수 있는 건 이와 같을 따름이라고 할 수 있다." 그러자 공서화가 말씀하셨다. "바로 그것이 저희 제자들이 배울 수 없는 것입니다."

항상 '군자'를 염두에 두고 앞만 바라보며 달려온 공자에게는, '성인'의 수준이 너무나 멀리 있는 듯했나 봅니다. 하지만 그런 공자를 스승으로 모신 제자들의 눈에, 어쩌면 공자는 그들이 넘을 수 없는 또 하나의 산처럼 느껴졌을 수도 있을 것 같습니다.

이제 또 다음 구절을 보면, 공자가 왜 그토록 '도'를 배워서 군자의 수준에 도달하고자 애를 썼는지도 알 수 있습니다.

9-13

子欲居九夷。或曰:"陋如之何?"子曰:"君子居之, 何陋之有?"
자 욕 거 구 이   혹 왈   누 여 지 하   자 왈   군 자 거 지   하 루 지 유

공자가 오랑캐의 나라인 구이로 옮겨가 살고자 하였다. 그러자 누군가 말했

여기서도 다시 한번 확인할 수 있듯이 '도'는 지도자가 걸어야 할 길 즉 정치적 리더십을 뜻하고, 공자는 후천적으로나마 '도'를 배워서 실천한 군자였으며, 나아가 자기의 정치적 역량으로 세상을 바꿀 수 있다는 강한 자신감을 가졌던 인물임을 알 수 있습니다. 『사기』「공자세가」에 따르면 공자가 56세의 나이로 노나라 대부가 되고 나서 석 달이 지나자 상인들이 값을 속이지 않았고, 남녀가 멀리 떨어져서 예(禮)를 지키면서 걸었으며 또 길에 물건이 떨어져 있어도 자기 물건이 아니면 줍는 사람이 없었다고 합니다. 심지어 외부의 손님들이 방문해도 담당 관리를 굳이 찾아가 억울함을 호소하거나 중재를 요청할 필요가 없었을 정도였다고 하니, 노나라에 얼마나 큰 변화의 바람이 불기 시작했는지 짐작할 수 있습니다. 지도자는 바람이고 백성은 풀입니다. 풀은 바람이 부는 방향으로 꺾이기 마련입니다.

7-23

子曰: "二三子以我爲隱乎? 吾無隱乎爾。吾無行而不與二三子者,
자 왈   이 삼 자 이 아 위 은 호   오 무 은 호 이   오 무 행 이 불 여 이 삼 자 자

是丘也。"
시 구 야

공자가 말씀하셨다. "너희들은 내가 뭔가를 숨긴다고 여기느냐? 나는 너희에게 숨기는 것이 아무것도 없다. 나는 너희와 함께 공유하지 않은 것이 없으니, 이렇게 하는 사람이 바로 나 공구이다."

공자의 이름은 '언덕 구(丘)'입니다. 태어났을 때 머리 꼭대기 중앙이 움푹 파이고 주변이 솟아올라 마치 구릉처럼 보여서 그렇게 이름을 붙여준 거죠. 이 말뜻을 파악하기 위해서는 먼저 다음 구절을 살펴봐야 합니다.

16-13

陳亢問於伯魚曰: "子亦有異聞乎?" 對曰: "未也。嘗獨立, 鯉趨而過庭。
진 항 문 어 백 어 왈   자 역 유 이 문 호   대 왈   미 야   상 독 립 리 추 이 과 정

曰: '學詩乎?' 對曰: '未也。' '不學詩, 無以言。' 鯉退而學詩。
왈   학 시 호   대 왈   미 야   불 학 시 무 이 언   리 퇴 이 학 시

他日又獨立, 鯉趨而過庭。曰: '學禮乎?' 對曰: '未也。' '不學禮,
타 일 우 독 립   리 추 이 과 정   왈   학 예 호   대 왈   미 야   불 학 예

無以立。' 鯉退而學禮。聞斯二者。" 陳亢退而喜曰: "問一得三; 聞詩,
무 이 립   리 퇴 이 학 예   문 사 이 자   진 항 퇴 이 희 왈   문 일 득 삼 문 시

聞禮, 又聞君子之遠其子也。"
문 예   우 문 군 자 지 원 기 자 야

자금이 공자의 아들 백어에게 물으셨다. "그대는 또 다른 들은 바가 있습니까?" 백어가 대답하셨다. "없습니다. 일찍이 아버지께서 홀로 서 계실 때에, 제가 종종걸음으로 뜰을 지나갔습니다. 그때 말씀하셨습니다. 『시경』을 배웠느냐?' 그래서 제가 대답했습니다. '배우지 못했습니다.' 그러자 말씀하셨습니다. 『시경』을 배우지 않으면 상황에 따른 적절한 구절을 인용하여 응용할 수 없어서 말을 할 수가 없다.' 저는 물러나 『시경』을 배웠습니다. 다른 날 또 아버지께서 홀로 서 계실 때에, 제가 종종걸음으로 뜰을 지나갔습니다. 그때 말씀하셨습니다. 『예경』을 배웠느냐?' 그래서 제가 대답했습니다. '배우지 못했습니다.' 그러자 말씀하셨습니다. 『예경』을 배우지 않으면 지나치거나 모자라지 않도록 절제하는 법을 몰라서 흔들리지 않고 확고히 설 수 없다.' 저는 물러나 『예경』을 배웠습니다. 저는 이 두 가지만 들었습니다." 자금이 물러나 기뻐하여 말하셨다. "나는 하나를 물어 셋을 얻었다. 도의 내용인 『시경』의 중요성에 대해서 듣고, 도의 형식인 『예경』의 중용성에 대해서 들었으며, 또 군자

는 자기 자식을 편애하지 않고 멀리하여 다른 이들과 동등하게 대한다는 걸 들었다."

또 다음 구절도 함께 보시죠.

11-10

顔淵死。門人欲厚葬之。子曰:"不可。"門人厚葬之。子曰:"回也,
안 연 사　 문 인 욕 후 장 지　 자 왈　 불 가　　 문 인 후 장 지　 자 왈 : 회 야

視予猶父也, 予不得視猶子也。非我也, 夫二三子也。"
시 여 유 부 야　 여 부 득 시 유 자 야　　 비 아 야　 부 이 삼 자 야

안회가 죽자, 문하의 제자들이 그의 장례를 후하게 치러주고자 했다. 공자가 말씀하셨다. "허락할 수 없다." 하지만 문하의 제자들이 그에게 후하게 장례를 치러주었다. 이에 공자가 말씀하셨다. "안회는 나를 아비처럼 여겨서 내 친아들 백어와 똑같은 수준으로 그의 장례를 치러주고자 했는데, 이제 나는 안회를 아들처럼 대하지 못하겠구나. 하지만 이는 내 탓이 아니라, 저 몇몇 제자들 때문이다."

공자는 이처럼 친아들과 제자들을 차별하지 않고 똑같이 대했으니, 7-23은 공자가 항상 어느 한쪽으로 치우치지 않고 공정한 중(中)의 태도를 늘 실천해왔음을 나타내는 표현임을 알 수 있습니다. 하지만 요즘엔 타인이 피해를 입는 것은 전혀 아랑곳하지 않고, 그저 자기 자식만 챙기려고 편법 심지어 불법까지 저지르는 걸 마다하지 않는 경우가 종종 있습니다.

논문에는 석박사의 학위논문, 그리고 학술지에 게재하는 논문 두 종류가 있습니다. 그런데 학술지 논문은 분량이 상대적으로 적게 요구되므로, 소논문이라고 부르기도 하죠. 교육부 조사 결과, 교수 부모의 소논문에 일개 고등학생이 공동 저자로 이름을 올린 경우가 2007년부터

10년간 82건에 달하는 것으로 알려졌습니다. 석사생이 소논문을 투고할 때 보통은 지도교수를 제1 저자로 올리는데, 이는 아직 혼자 논문을 쓰기에 완숙하지 않다는 판단 때문입니다. 또 박사생은 말할 것도 없고, 심지어 현역 교수들조차도 심사에서 탈락하는 경우가 비일비재하죠. 물론 미성년 자녀가 논문을 공저한 것 자체가 불법은 아닙니다. 하지만 논문 집필에 직접 관여하지도 않고 이름을 올렸다면, 그건 분명한 연구 부정행위에 해당합니다. 그렇다면 공자는 어떠한 이유로 『시경』을 배우지 않으면 말을 할 수가 없다고 한 걸까요? 다음 구절을 보시면 쉬이 이해할 수 있을 겁니다.

8-4

曾子有疾。召門弟子曰: "啓予足, 啓予手。詩云: '戰戰兢兢, 如臨深淵,
증 자 유 질   소 문 제 자 왈   계 여 족 계 여 수   시 운   전 전 긍 긍 여 임 심 연

如履薄氷。' 而今而後, 吾知免夫。小子。"
여 리 박 빙   이 금 이 후, 오 지 면 부   소 자

증자의 병세가 위중했다. 이에 문하생들을 불러 말씀하셨다. "내 발을 펴보고, 내 손을 펴보아라. 『시경』의 「소아(小雅)·소민(小旻)」에 '겁을 먹어서 벌벌 떨고 몸을 삼가 조심하니, 깊은 연못에 이른 듯 엷은 얼음을 밟는 듯하다.'라고 하였다. 지금 이후로 나는 곧 죽게 되므로, 부모에게서 받은 몸을 보존하느라 벌벌 떨고 삼가 조심하지 않아도 됨을 알겠다. 제자들아."

『시경』의 최초 해설서 『모시전』에서는 이 작품의 주제가 "대부들이 주나라 유왕을 비난한 것이다."라고 했습니다. 최고 통치자인 임금이 간신들을 등용하고 음흉한 책략에 미혹되어서, 잘못된 정책을 펴 국가를 위험에 빠뜨렸음을 비난한 작품이라는 거죠. 주나라 유왕은 선왕의 아들로 성격이 난폭하고 주색을 좋아했는데, 특히 '포사'라는 여인을 만나면

서 더욱 정사를 돌보지 않았습니다.

『국어』「진어일」과 『좌전』「소공 26년」의 기록을 살펴보면, 유왕은 웃지 않는 포사를 웃기기 위하여 온갖 횡포를 저질렀습니다. 한번은 비단 찢는 소리를 듣고는 웃자 매일 비단 백 필을 찢기도 하였지만, 포사가 더 이상 웃지 않자 심지어는 거짓으로 봉화를 올리게 하여 제후들을 모이도록 하였죠. 전쟁이 일어난 줄 알고 허겁지겁 모여든 제후들을 보고 포사가 미소를 짓자, 유왕은 수시로 거짓 봉화를 올려 포사를 즐겁게 하였다고 합니다. 이제 본문에 인용된 시구가 포함된 이 작품의 마지막 6장을 감상해보겠습니다.

> 감히 맨손으로 호랑이를 잡지 못하고, 감히 걸어서 황하를 건너지는 못하네.
> 사람들은 그 하나는 알지만, 그 밖의 것들은 알지 못하네.
> 두려워서 벌벌 떨고 삼갈 지니, 깊은 못에 다가선 듯, 살얼음을 밟는 듯.

이 구절은 본래 지도자란 백성을 두려워하여 신중에 신중을 기해서 정치에 임해야 함을 강조한 겁니다. 국민들이 정치에 불만을 품고 촛불시위라도 시작하면, 그 힘은 어느 무엇으로도 막을 수가 없죠. 따라서 증자가 이 구절을 인용한 의도와는 상당한 차이가 있습니다. 그럼에도 불구하고 증자는 단순히 신중해야 한다는 면에서 착안하여 이 시구를 인용했는데, 이는 바로 『시경』 같은 유력한 문장을 인용하여 추가함으로써, 자신의 발언에 신빙성과 설득력을 높이기 위해서입니다. 이것이 바로 공자가 '『시경』을 배우지 않으면 상황에 따른 적절한 구절을 인용하여 응용할 수 없어서 말을 할 수가 없다.'라고 말한 취지가 됩니다. 또한 7-8에서 설명했던 '하나를 가르치면 세 가지를 유추하는' 연상능력 및 응용력과 직결되죠. 증자 역시 스승의 가르침을 오롯이 계승한 겁니다. 물론 증자가 효도(孝)에 대해 이처럼 강조한 이유가 바로 효도가 어짊(仁)

의 출발점이기 때문이라는 점은 이제 더 이상 설명하지 않아도 되겠죠? 작은 것도 행하지 못하는데 더 큰 것으로 나아갈 순 없는 노릇입니다. 그런데 증자는 왜 이제 죽음에 이르렀으므로 더 이상 조심하지 않아도 된다고 말한 걸까요?

8-8

曾子曰: "士不可以不弘毅, 任重而道遠。仁以爲己任, 不亦重乎,
증자왈 사불가이불홍의 임중이도원 인이위기임 불역중호

死而後已, 不亦遠乎。"
사이후이 불역원호

증자가 말씀하셨다. "정치에 참여해야 할 선비(士)는 마음이 넓고 의지가 굳세지 않으면 안 되는데, 책임감은 무겁고 또 걸어야 할 길은 멀기 때문이다. 어짊을 자기의 책임으로 삼아야 하니, 책임감이 어찌 무겁지 않겠는가? 그리고 그 책임감은 죽은 뒤에야 비로소 끝나니, 어찌 멀지 않겠는가?"

증자는 여기서 세 가지 가르침을 요약해서 설명하고 있습니다. 첫째, 선비(士)는 장차 벼슬을 하여 정치에 참여할 수 있는 최소의 신분이 됩니다. 그러므로 나라와 백성을 위해 일한다는 사명감을 갖는 마음가짐이 필요하죠.

둘째, '도'의 구성요소인 어짊(仁)을 주된 책임감으로 삼아야 합니다. 자기가 모시는 임금을 진심으로 섬기고 따름으로써, 임금이 올바른 정치를 하도록 항상 곁에서 도와야 합니다.

그리고 마지막으로, 이 길(道)은 잠시도 벗어날 수 없습니다. 잠시라도 벗어나면 그건 '도'가 아니기 때문입니다. 이 '길'을 벗어나는 건 바로 삶이 끝나는 그 시점에서나 가능하죠. 왜냐면 '도'는 변치 않음(常)을 포함하기 때문입니다. 결국 증자는 사실상 평생토록 어짊(仁)을 실천하기 위해서 애썼고, 이제 죽음으로써 그 책임감을 훌훌 벗어버리고 편안하게 영면할 수 있다고 말한 것임을 알 수 있습니다.

子以四敎, 文行忠信。
자 이 사 교　문 행 충 신

공자는 네 부분에 중점을 두고 '도'를 가르치셨는데, 그건 '도'의 이론이 기록된 문장(文)과 배운 이론을 실천하는 행동(行) 그리고 마음이 한쪽으로 치우치지 않는 공정함(忠)과 말한 것은 반드시 실천하는 신뢰(信)였다.

선왕들의 치적이 기록된 서적을 통해서 '도'의 이론을 배우지 않으면, '도'가 무언인지조차 알지 못합니다. 모르면 실천할 수가 없죠. 따라서 먼저 문장으로 이뤄진 이론을 배우는 게 중요합니다. 그리고 이론을 배웠으면 이제 '도'의 구성요소들을 하나씩 몸소 실천해야 합니다. 이론을 배우고도 실천하지 못하면, 배우지 않은 것이랑 별 차이가 없으니까요. 그래서 다음 기록 역시 이 점을 강조합니다.

상나라 재상 부열이 고종에게 절하고 머리를 조아리며 말했다. "아는 것이 어려운 게 아니라, 행하는 것이 어려운 겁니다. 하지만 임금께서 행하는 게 어렵지 않다고 믿어서 실제로 행하면 선왕을 따라서 덕을 이룰 수 있을 것이니, 저 부열이 이 말씀을 드리지 않는다면 그건 저에게 잘못이 있는 것입니다."

『상서』「열명」

하지만 역시나 몸소 실천하는 건 쉬운 일이 아닙니다. 공자 역시 그 어려움을 토로할 수밖에 없었죠.

子曰: "文, 莫吾猶人也。躬行君子, 則吾未之有得。"
자왈 문 막오유인야 궁행군자 즉오미지유득

공자가 말씀하셨다. "시, 서, 예, 악, 역(詩, 書, 禮, 樂, 易) 오경(五經)에 담겨진 문장(文)의 뜻 즉 도의 이론을 이해하는 건 내가 다른 사람과 수준이 비슷할 것이다. 하지만 군자의 도를 몸소 행하는 경지에는 내가 아직 도달하지 못했다."

그리고 이 실천과정에서 공자가 특히 강조한 '도'의 구성요소가 바로 공정함(忠)과 내뱉은 말은 반드시 행동으로 옮기는 믿음(信)을 주는 모습입니다. 다른 구성요소들도 모두 중요하지만, 공자는 특히 이 두 가지가 정치의 생명이라고 말하죠. 따라서 공자는 다음 구절에서도 이 두 가지가 기본이라고 강조합니다.

9-24

子曰: "主忠信, 毋友不如己者, 過, 則勿憚改。"
자왈 주충신 무우불여기자 과 즉물탄개

공자가 말씀하셨다. "공정함(忠)과 내뱉은 말은 반드시 행동으로 옮기는 믿음(信)을 근본으로 하고, 자기보다 못한 사람을 벗으로 삼지 말며, 잘못을 저지르면 고치기를 거리끼지 말라."

실제로 많은 나라의 정치인들이 국민의 지지를 받지 못하는 이유가, 바로 이 두 가지를 지키지 못하기 때문입니다. 다른 당원이 잘못하면 신랄하게 비판하다가도, 같은 당원들이 똑같은 잘못을 저지르면 침묵으로 일관하거나 감싸고 두둔하기 바쁩니다. 또 선거철만 되면 비현실적인 공약만 남발하다가, 당선되면 언제 그런 말을 했느냐는 식으로 시간만 끌다가 넘어가 버리는 게 일상이 되었습니다.

　세상에 완벽한 사람은 없습니다. 다만 잘못을 부끄러워하여 반성하고 잘못을 고쳐 나가다 보면, 우리가 죽기 전에는 어쩌면 잘못이 없는 완벽한 사람으로 남을 수 있겠죠.

7-26

子釣而不網, 弋 不射宿。
자 조 이 불 망　익 불 사 숙

공자는 낚시질을 하지만 그물질로 포획하지는 않으셨고, 화살로 사냥을 하지만 잠든 새는 도망갈 여지가 없으므로 쏘지 않으셨다.

이 구절의 뜻을 이해하기 위해서, 먼저 다음 기록을 살펴보도록 하죠.

상나라 탕이 밖에 나갔다가, 들에 사면으로 그물을 펼쳐놓고 "세상 사방 모두가 내 그물로 들어오게 하소서!"라며 비는 사람을 보았다. 그러자 탕이 말했다. "아, 다 잡으려 하는구나!" 이에 삼면의 그물을 거두고, "왼쪽으로 가려면 왼쪽으로, 오른쪽으로 가려면 오른쪽으로 가게 하소서. 이 명령을 따르지 않으면, 비로소 그물로 들어오게 하소서!"라고 빌었다. 제후들이 그 얘기를 듣고는 말했다. "탕의 덕이 지극하니, 이제 그 덕이 금수에게까지 미쳤구나."

『사기』「은본기」

즉 동물을 잡기 위해서 그물을 치는 행위는 '강함'이지만, 빠져나갈 여지를 주지 않으면 안 된다는 뜻입니다. 잡기는 잡되 빠져나갈 수 있는 기회 즉 '부드러움'도 겸비해야 한다는 거죠.

道				
(도)				

내용		형식	
강함: 의(義)	유함: 인(仁)	강함: 예(禮)	유함: 악(樂)

앞에서 설명했던 것처럼, 강함과 부드러움 어느 한쪽에 치우치지 않고(中) 조화로움(和)을 이뤄야 '덕'을 행하게 되고, 그렇게 함으로써 '도'에 도달할 수 있습니다.

공자는 낚시질을 하고 화살로 새를 사냥하는데, 이는 '강함'이 됩니다. 반면 그물로 한꺼번에 포획하지 않거나 잠든 새는 쏘지 않는 건 최소한의 배려 즉 '부드러움'이 됩니다. 따라서 이 구절을 통해서, 공자는 일상생활 속에서도 '덕'을 쌓는 것을 몸소 실천하고 있었음을 알 수 있죠.

7-28

互鄉難與言。童子見, 門人惑。子曰:"與其進也, 不與其退也, 唯何甚?
호 향 난 여 언   동 자 현   문 인 혹   자 왈   여 기 진 야   불 여 기 퇴 야   유 하 심

人潔己以進, 與其潔也, 不保其往也。"
인 결 기 이 진   여 기 결 야   불 보 기 왕 야

'호향' 지역은 풍속이 선하지 못해서 사람들이 드세므로, 그 지역 사람과는 함께 어울리기가 어려웠다. 그런데 공자가 그 마을의 소년을 만나자 제자들이 의아해했다. 공자가 말씀하셨다. "앞으로 나아가는 걸 인정하고 뒤로 퇴보하는 걸 인정하지 않는 건데, 뭐가 지나치다는 건가? 사람이 자신의 잘못을 인정하고 고쳐서 앞으로 나아가려 하면, 그 품행을 바로잡으려고 노력하는 걸 인정해야 하지 이미 지나간 일에 얽매여선 안 된다."

『마태오복음(The Gospel According to Matthew)』의 저자로 잘 알려진 마태오는 당시 천대받았던 세리(세무관리)이자, 예수의 12제자 중 1인입니

다. 세리라는 직업은 세금징수원과는 달리, 한 지역의 통행세를 받는 권리를 지닌 세관장 소속의 사적인 직원이었습니다. 세관장은 세금 징수권을 독점하는 과정에서, 수많은 유대인들의 원성을 샀죠. 그런 세관장 밑에서 일을 하는 세리들은 자연스레 온갖 부패와 부조리를 자행했고, 이때문에 그들 역시 사람들의 경멸과 미움을 받았거니와 심지어 법의 보호로부터도 제외됐습니다. 그런데 예수가 세리인 마태오를 불러 그의 집에서 함께 식사를 했고, 심지어 그 자리에 다른 죄인들까지 함께 불렀던 겁니다. 사람들이 예수의 제자들에게 "당신 스승은 왜 세리 같은 죄인들과 함께 식사를 하는 겁니까?"라고 비난했습니다. 이 사람들은 율법을 중시하는 소수의 기득권 세력이었는데, 그들의 말뜻은 '예수는 이미 많은 사람들이 따르므로, 굳이 그들과 식사할 필요 없습니다!'였죠. 하지만 그 말을 들은 예수는 "성한 사람에게는 의사가 필요하지 않지만, 병자에겐 필요하다."라고 말하면서 오히려 마태오 무리를 감쌌습니다. 이처럼 동서고금을 막론하고 참된 리더는, 스스로 사회적 지위가 낮은 사람들 편에서 그들을 포용하고 지켜줬음을 알 수 있습니다.

7-29

子曰: "仁遠乎哉? 我欲仁, 斯仁至矣。"
자 왈   인 원 호 재   아 욕 인   사 인 지 의

공자가 말씀하셨다. "어짊이 나에게서 멀리 떨어져 있는가? 내가 어질고자 노력하면, 어짊이 나에게로 다가온다."

이 말뜻은 결국 모든 일의 결과가 자기 자신으로 인해 말미암는 다는 겁니다. 잘되면 내가 끝까지 노력한 덕분이고, 잘못되면 내가 중도에 포기한 탓이라는 거죠. 결국 자기의 의지가 모든 것을 좌우한다는 말입

니다. 이러한 취지의 구절은 『논어』 곳곳에 보입니다.

9-18

子曰:"譬如爲山, 未成一簣 , 止, 吾止也。譬如平地, 雖覆一簣 , 進,
자 왈   비 여 위 산 미 성 일 궤   지 오 지 야   비 여 평 지 수 부 일 궤   진

吾往也。"
오 왕 야

공자가 말씀하셨다. "예를 들어서 흙을 쌓아 산을 만드는데 삼태기 하나 분량
의 흙만 부으면 완성되는데도 힘들다고 거기서 멈추고 포기하면, 그건 다름
아닌 나 스스로 그만두는 것이다. 예를 들어서 구덩이를 메워 땅을 고르게 하
는데 비록 삼태기 하나 분량의 흙을 처음 부은 것에 불과하지만 끝까지 포기
하지 않고 멈추지 않으면, 그건 다름 아닌 나 스스로 앞으로 나가는 것이다."

이와 비슷한 취지의 구절은 『서경=상서』에도 나옵니다.

"아! 아침저녁으로 부지런히 힘써야 하니, 공경하여 세심하게 행하지 않으
면 결국 큰 덕이 더럽혀 지오. 아홉 길의 높은 산을 만드는데 그 공로가 한
삼태기의 흙이 부족함으로 인해 무너지게 되오." 『상서』「여오」

이는 주나라 소공이 무왕이 주나라를 건국한 후 혹시 자만하여 정
치를 등한시할까 염려하여 한 말입니다. 이 구절을 통해서도 공자의 발
언들은 그만의 독창적인 가치관에서 나온 것이 아니라, 기본적으로 문장
(文) 즉 옛 기록들에 근거한 것임을 다시 한번 확인할 수 있습니다. 이제
자기 자신의 굳은 의지가 무엇보다 중요하다고 강조한 『논어』의 다른
구절들도 함께 살펴보시죠.

子曰: "三軍, 可奪帥也; 匹夫, 不可奪志也。"
자 왈   삼 군 가 탈 수 야 필 부 불 가 탈 지 야

공자가 말씀하셨다. "규모가 큰 군대의 우두머리 장수를 빼앗는 게 차라리 쉽지, 일개 평범한 사내라고 할지라도 그가 일단 마음먹은 굳은 의지를 빼앗을 수는 없다."

한 나라의 삼군 사령관을 빼앗는 게 어떻게 쉬운 일이겠습니까? 여기선 아무리 평범한 사람일지라도 일단 굳게 마음을 먹으면, 그 의지를 꺾는 것이 쉽지 않다는 걸 비유적으로 설명하고 있음을 알 수 있습니다.

"唐棣之華, 偏其反而。豈不爾思, 室是遠而。"子曰: "未之思也,
당 체 지 화 편 기 반 이   기 불 이 사 실 시 원 이   자 왈   미 지 사 야

夫何遠之有?"
부 하 원 지 유

"산앵두나무의 꽃이여, 나부껴서 뒤집어지네. 어찌 너를 생각하지 않겠는가, 다만 집이 여기서 멀기만 하네."라는 말이 있다. 공자가 말씀하셨다. "그건 생각하지 않은 것이니, 만약 생각한다면 어찌 멀리 있겠는가?"

공자가 인용한 구절은 정확한 출처를 알 수 없습니다. 다만 공자는 이 구절을 통해서도 하고자 하는 마음이 있고 그걸 실천할 굳은 의지만 있다면, 세상이 이루지 못할 건 없다는 취지로 말한 것임을 알 수 있죠. 이제 상술한 내용에 부합되는 한 인물을 소개하겠습니다.

2013년 레베카 그레고리(Rebekah Gregory)는 보스턴 마라톤 대회 결승점에서 아들과 함께 경기를 관람을 하고 있었습니다. 잠시 후 테러로 인한 커다란 폭발음과 함께 그녀는 정신을 잃었고, 이후 18차례에 걸친 대수술을 받았지만 결국 왼쪽 다리를 잃고 말았습니다. 커다란 상실감으로 인해 세상을 등지고 홀로 마음의 짐을 짊어질 수도 있었지만, 그녀는 다른 선택을 했습니다. 자신을 보스턴 마라톤 테러의 피해자가 아닌 생존자로 불러 달라면서, 2년 후인 2015년 같은 마라톤 대회에서는 의족을 한 선수로 출전한 겁니다. 비록 완주를 하고 싶었지만 의사가 허락한 거리는 단 5.6km. 하지만 그녀가 결승선을 통과한 것은 또 다른 인생의 출발점이었습니다.

7-30

陳司敗問: "昭公知禮乎?" 孔子曰: "知禮。" 孔子退, 揖巫馬期而進之,
진 사 패 문   소 공 지 예 호   공 자 왈   지 예   공 자 퇴   읍 무 마 기 이 진 지

曰: "吾聞君子不黨, 君子亦黨乎? 君取於吳, 爲同姓, 謂之吳孟子。
왈   오 문 군 자 불 당   군 자 역 당 호   군 취 어 오   위 동 성   위 지 오 맹 자

君而知禮, 孰不知禮?" 巫馬期以告。子曰: "丘也, 幸。苟有過,
군 이 지 례 숙 부 지 예   무 마 기 이 고   자 왈   구 야   행   구 유 과

人必知之。"
인 필 지 지

진(陳)나라 법관이 공자에게 물었다. "노나라 임금 소공이 예(禮)를 압니까?"
공자가 말씀하셨다. "예(禮)를 아십니다." 공자가 물러난 후에, 진나라 법관이
공자의 제자 무마기에게 읍하고 나아가 말했다. "내가 듣기로는 군자는 편들
지 않는다고 했는데, 군자 역시 다른 이를 두둔합니까? 노나라 임금이 오나라
의 여자를 부인으로 맞이했는데, 동성(同姓)이라 남의 눈을 의식하여 오맹자라
고 바꿔서 부릅니다. 노나라 임금이 예(禮)를 안다면, 누가 예(禮)를 모른단 말
입니까?" 무마기가 공자에게 진나라 법관이 자기에게 한 말을 그대로 전했다.
그러자 공자가 말씀하셨다. "나 공구는 정말로 운이 좋구나. 만약 내게 잘못이
있으면, 남들이 반드시 이를 발견하여 지적해준다."

  본문의 진나라 법관이 구체적으로 누군지는 알 수 없습니다. 무마
기는 무마시(巫馬施)인데, 자(字)가 자기(子期)라서 무마기라고도 불렸습니
다. 『사기』 「중니제자열전」에 따르면, 그는 공자보다 30세 어렸다고 합
니다.

  이제 이 구절이 시사하는 바가 무엇인지 좀 더 자세히 살펴보겠습니
다. 『좌전』 「애공 12년」에 다음과 같은 기록이 있습니다. 그 해는 공자가
69세일 때인데, 노나라 소공의 부인 맹자가 죽었습니다. 맹자는 소공과
동성(同姓)의 오나라 여자였는데, 이제 맹자가 죽으니 그 소식을 다른 제
후국에 알리지 않았으며, 반곡례(장사를 지내고 돌아와 다시 곡하는 예절)도 하지
않았습니다. 이 세 가지는 분명히 당시의 예(禮)에 어긋나는 것이었는데,
공자는 왜 그럼에도 불구하고 소공이 예(禮)를 안다고 대답한 걸까요?

  『사기』 「중니제자열전」에는 공자가 본문의 대화 뒤에 연결하여 "그
러나 신하는 자기가 섬기는 임금의 잘못을 다른 이에게 말해서는 안 된
다. 그것을 숨기는 것이 예(禮)이다."라고 추가적으로 말했다는 기록이

있습니다. 따라서 공자는 신하로서 자기가 섬기는 군주를 비판하지 않는 어짊(仁)을 실천하고자 한 것임을 알 수 있습니다.

진나라 법관이 제자 무마기를 통해서 공자의 잘못을 지적하자, 공자는 "남들이 내 잘못을 반드시 지적해주니, 나는 운이 좋은 사람이다."라고 말했습니다. 따라서 공자는 비록 어짊(仁)을 따르기 위해서 말은 그렇게 했지만, 사실 소공의 잘못을 분명히 인지하고 있었던 겁니다. 물론 자기의 잘못을 인정하고 나아가 고치려고 하는 자세도 역시 갖췄음을 확인할 수 있죠.

7-31

子與人歌而善, 必使反之, 而後和之。
자 여 인 가 이 선　필 사 반 지　이 후 화 지

공자가 다른 사람과 함께 노래를 부르는데, 그가 잘하면 반드시 다시 부르게 하고 그 노래에 맞춰 함께 따라 부르셨다.

자는 항상 상대방의 장점을 인정하고 배우려고 애썼으며, 또 배운 후에도 완전히 자기 것으로 만들려고 노력했습니다. 이제 이와 관련하여, 한 인물을 소개하겠습니다.

NBA 챔피언 5회와 정규시즌 MVP(2008) 및 파이널 MVP 2회(2009, 2010) 그리고 2008 베이징 올림픽과 2012 런던 올림픽 2연속 금메달로 대표되는 화려한 수상경력. 미국 프로농구(NBA) LA 레이커스(LA Lakers)의 코비 브라이언트(Kobe Bean Bryant)는 2016년 은퇴 후

제2의 인생을 살다가, 2020년 헬기 사고로 안타깝게 숨진 전직 NBA 농구선수입니다. 그는 뛰어난 선수임에도 불구하고, 엄청난 훈련을 거듭해왔습니다. 대중에게 잘 알려진 666 프로젝트는 경기가 없는 오프시즌 훈련인데, 보통 선수들은 팀 훈련만 참여하거나 개인 휴식에 대부분의 시간을 쓰지만, 그는 하루 6시간 이상 일주일에 6번 그리고 1년의 6개월 이상 훈련을 유지했습니다. 특히 2012년 런던올림픽을 대비한 연습경기 당일, 새벽 4시 15분에 일어나 연습을 시작해서 오전 11시 미국대표팀 선수들이 다 모이는 집합 시간 때까지 슛 800개를 던진 일화는 유명하죠. 당시에도 그는 위대한 선수 중 하나였지만, 자기가 대단하다고 여기지 않고 항상 최선을 다했기에 그 위대함을 이룰 수 있었던 겁니다.

7-35

子曰: "奢, 則不孫; 儉, 則固。與其不孫也, 寧固。"
자왈 사 즉불손 검 즉고 여기불손야 녕고

공자가 말씀하셨다. "삶이 넉넉하여 사치하면 다른 생각이 마음속에 둥지를 틀기 마련이고, 그렇게 되면 겸손함을 잃게 되어서 오만방자해진다. 하지만 검소함을 지키면 다른 생각이 마음속에 들어오지 않으므로 집착이 없어져 마음이 평온해진다. 나는 사치하여 겸손함을 잃기보다는, 차라리 검소함을 지켜서 마음의 평온함을 찾겠다."

오라욧 유위티야(Vorayuth Yoovidhya)는 세계적인 스포츠음료 레드불(Red Bull) 공동 창업주의 손자입니다. 그는 2012년 9월 태국 방콕 시내에서 페라리(Ferrari)를 타고 180km로 과속운전을 하다가 오토바이를 타고 근무 중이던 경찰관을 치었는데, 차에 매달려 수 미터를 끌려간 경찰은 결국 사망했습니다. 사고 후 경찰조사에서 그는 뺑소니 음주운전을

한 사실이 적발되고, 심지어 체내에서 마약인 코카인 성분이 검출된 것으로 알려졌습니다. 하지만 그는 사고 후 두려움과 스트레스 때문에 음주를 했고, 코카인 성분은 치과치료를 위해서 맞은 것이라는 궁색한 변명만 늘어놨습니다. 이후 경찰은 부실 수사로 시간만 끌었고, 오라윳은 해외로 도피하여 아무런 죄책감 없이 사치스런 생활을 이어갔으며, 검찰마저 8년 후 이 사건에 대해 불기소 결정을 내렸습니다. 결국 태국 국민들은 분노를 터뜨렸고, 이에 레드불 불매운동과 검찰 측 결정 반대운동을 벌이기 시작했습니다.

앞서 소개했던 검소하게 살다 떠난 장기려 박사와 오라윳의 삶 중에서, 과연 어떤 선택을 하는 것이 진정한 마음의 평온함을 찾는 방법일까요?

제8편 : 태백(泰伯)

전전긍긍하소서

子曰: "泰伯, 其可謂至德也已矣。三以天下讓, 民無得而稱焉。"
자 왈　태 백　기 가 위 지 덕 야 이 의　삼 이 천 하 양　민 무 득 이 칭 언

공자가 말씀하셨다. "오태백은 그 덕이 지극하다고 할 수 있다. 세 번이나 천하를 사양하다가 결국에는 몰래 도망가서 왕위를 양보했는데, 백성들이 그 사실을 몰라서 칭송할 수조차 없었다."

오태백은 주나라 태왕 고공단보의 장남이었습니다. 『사기』「오태백세가」에 따르면, 태왕의 셋째 아들 계력에게 아들이 하나 있었는데, 그는 지도자로서의 덕이 뛰어났다고 합니다. 따라서 태왕은 훗날 계력의 아들이 왕위를 잇도록 장남 오태백이 아닌 계력에게 왕위를 잇게 했는데, 오태백은 그러한 아버지의 뜻을 알고 '형월' 지역으로 도망가 은둔했다고 하죠. 바로 이 계력의 아들이 훗날 문왕이 됩니다.

오태백은 아버지의 뜻을 따르기 위해서 몰래 도망갔기 때문에, 백성들은 그가 도망친 사실조차도 몰랐습니다. 이는 자기 역량이 부족하다고 판단한 엄격함과, 동생 계력이 자기보다 낮다고 여기는 관대함이 공존한 결과죠. 동시에 아버지의 뜻을 따르는 효(孝)와 임금의 뜻을 따르는 어짊(仁) 역시 실천했기 때문에, 공자는 그의 '덕'이 지극하다고 극찬한 겁니다.

1926년에 유일한 박사는 유한양행이라는 제약회사를 세웠습니다. 그는 항상 기업은 국가와 사회의 것이라고 강조해왔고, 이윤이 생기면 먼저 직원들에게 나눠줬죠. 1969년 노환으로 은퇴할 때는 혈연관계가 전혀 없는 전문경영인에게 회사를 맡겼고,

가족과 친척들을 모두 퇴사시키고 심지어 주식까지 처분하도록 해서 기업경영에 간섭하지 못하도록 조치하기도 했습니다. 그는 1971년 세상을 떠나면서 유언장을 남겼는데, 손녀에게 학자금 1만 달러를 주고, 딸에게 유한공업고등학교 안의 묘소와 주변 땅 5,000평을 물려줄 테니 교육사업에 힘쓰며, 소유한 주식은 전부 교육사업과 사회사업에 환원토록 하고, 아들은 대학까지 졸업시켰으니 앞으로는 자립해서 살라는 내용이었습니다. 그리고 유일한 박사의 가족들은 유언을 잘 따르고 실천했습니다. 딸 유재라 씨는 교육사업에 힘쓰라는 아버지의 유언을 따랐고, 또 아버지와 같이 전 재산을 재단에 기증하며 세상을 떠났습니다. 아들 유일선 씨는 "아버지께서 자립해서 살아가라고 하셨는데 손녀의 학자금 명목으로 1만 달러를 받는다면 세상이 저를 욕하지 않겠습니까?"라고 하며 받지 않으려 했습니다. 후에 받은 학자금의 절반을 사회에 환원하기도 했죠. 특히 유일한 박사의 아들 유일선과 동생 유특한 씨는 본인들의 퇴직금이 너무 많다면서 퇴직금 반환 소송을 하기도 했습니다.

8-3

君子篤於親, 則民興於仁. 故舊不遺, 則民不偷.
군 자 독 어 친 즉 민 흥 어 인   고 구 불 유 즉 민 불 투

군자가 친척들에 대한 인정이 깊으면 백성들이 어짊(仁)을 행하기 시작한다. 또 오래된 친구를 저버리지 않으면 백성의 타인에 대한 인정이 야박하지 않게 된다.

친척은 양가 부모의 가족이기 때문에, 그들과 사이 좋게 지내는 것은 부모의 뜻에 따르는 게 됩니다. 어짊(仁)은 효도(孝)에서 출발하죠? 그래서 『예기』에도 다음과 같이 말하고 있습니다.

어짊(仁)이라는 것은 사람됨이다. 친척을 가까이하는 것이 중요하다. 의로움(義)이라는 것은 마땅히 해야 하는 바이다. 현명한 이를 존경하는 것이 중요하다.

『예기』「중용」

또 친구와 같이 오랜 인연을 함께 한 사람은 쉬이 내쳐서는 안 됩니다. 오랜 친구조차 내치는 사람을 백성들이 지도자로 믿고 따르지는 않기 때문이죠. 이제 다음 구절을 여기서 먼저 살펴보겠습니다.

14-44

原壤夷俟。子曰:"幼而不孫弟, 長而無述焉, 老而不死, 是爲賊。"
원 양 이 사   자 왈   유 이 불 손 제   장 이 무 술 언   노 이 불 사   시 위 적

以杖叩其脛。
이 장 고 기 경

원양이 다리를 쭉 뻗은 자세로 무례하게 공자를 기다렸다. 공자가 다가와서는 말씀하셨다. "어려서는 공손하지 못하고 다 자라서는 예(禮)를 따르지 않으며 이제 늙어서는 죽지 않으니 이는 도둑에 속한다." 그러고는 지팡이로 그의 정강이를 두드리셨다.

이 구절만 보면 공자는 친구 원양을 탐탁히 여기지 않은 듯 합니다. 하지만 다음 기록을 보면 이야기가 달라지죠.

공자의 오랜 친구는 '원양'이라고 불렸다. 그의 어머니가 죽자 공자가 그를 도와서 외관 즉 관을 담는 곽을 손질했다. 이때 원양이 어머니의 시신을 안치할 외관 위에 올라 말했다. "내가 오랫동안 노래를 부르지 못했구나." 그러고는 노래를 불렀다. "외관 나무의 무늬는 삵의 머리처럼 알록달록하고, 외관 나무의 결은 여인의 손을 잡은 듯 부드럽구나." 하지만 공자는 못 들

은 척하고 지나갔다. 공자를 모시던 이가 말했다. "스승께서는 왜 그와 절교하지 않으십니까?" 공자가 말씀하셨다. "나 공구가 듣기론 '친척이 되는 사람은 친척이 됨을 잃을 수 없고, 오랜 친구는 오랜 친구가 됨을 잃을 수 없다.'고 했다."

『예기』「단궁하」

여기서도 공자는 예로부터 내려오는 도리를 배우는 데서 그치지 않고 몸소 실천한 인물임을 확인할 수 있습니다. 그리고 다음 구절 역시 내용이 중복되므로 여기서 같이 짚고 넘어가겠습니다.

18-10

周公謂魯公曰: "君子不施其親, 不使大臣怨乎不以, 故舊無大故,
주 공 위 노 공 왈   군 자 불 이 기 친   불 사 대 신 원 호 불 이   고 구 무 대 고

則不棄也。無求備於一人。"
즉 불 기 야   무 구 비 어 일 인

주공이 아들 노공에게 말씀하셨다. "군자는 친척들을 함부로 버리지 않고, 또 대신들이 자기를 중용하지 않는다고 원망치 않게 하며, 오래된 친구는 큰 이유가 없으면 버리지 않는다. 그리고 한 사람에게 모든 것을 완벽하게 갖출 것을 요구하지 않는다."

특히 "구성원들이 자기를 중용하지 않는다고 원망치 않게 하고, 한 사람에게 완벽함을 요구하지 않는다."는 말과 관련하여, 이제 다음 인물을 소개하겠습니다. 필 잭슨(Philip Douglas Jackson)은 농구 황제로 불리는 마이클 조던(Michael Jeffrey Jordan)이 소속된 시카고 불스(Chicago

Bulls)의 감독이었습니다. 조던은 마음만 먹으면 한 경기를 지배할 수 있었고, 보통의 감독이라면 그런 조던에게 의지하는 것이 당연했습니다. 하지만 필 감독은 그렇게 하지 않았습니다. "자네가 꼭 알아야 할 것이 있네. 자네의 동료들은 자네가 생각하는 것만큼 그리 뛰어나지 않을 수도 있지만, 그들은 이미 최선을 다하고 있네. 내 생각대로 하면 모든 구성원들이 능력을 발휘할 기회를 갖게 돼. 그들이 자네만큼 뛰어난 개인기를 보일 순 없어도, 어느 정도 수준까지는 해낼 수 있지. 팀은 점수를 독점하는 한 선수 때문에 이길 수는 없어. 우리는 팀으로서의 점수가 필요하고, 그 점수가 계속 팀플레이를 통해서 이어질 때 이길 수 있어. 조던, 나는 팀 리더로서의 자네 희생이 필요하네!"

그렇게 필 감독이 이끄는 시카고 불스는 1999년 3년 연속 우승 트로피를 들어 올릴 수 있었습니다. 이후 그는 농구 명예의 전당에 입성했고, 미국 프로농구(NBA) 역사상 가장 위대한 10명의 감독 중 하나로 뽑히기도 했습니다. 전체가 부분의 동작을 결정한다고 믿는 전체론(holism)은 그의 리더십을 대표하는 것으로도 잘 알려져 있습니다.

8-5

曾子有疾, 孟敬子問之。曾子言曰: "鳥之將死, 其鳴也哀;
증 자 유 질   맹 경 자 문 지   증 자 언 왈   조 지 장 사   기 명 야 애

人之將死, 其言也善。君子所貴乎道者三: 動容貌, 斯遠暴慢矣;
인 지 장 사   기 언 야 선   군 자 소 귀 호 도 자 삼   동 용 모   사 원 폭 만 의

正顔色, 斯近信矣; 出辭氣, 斯遠鄙倍矣。籩豆之事, 則有司存。"
정 안 색   사 근 신 의   출 사 기   사 원 비 배 의   변 두 지 사   즉 유 사 존

증자가 병이 위중해지자, 맹무백의 아들 맹경자가 문병했다. 증자가 말씀하셨다. "새가 죽을 때가 되면 그 울음이 슬프고, 사람이 죽을 때가 되면 그 말이 선해집니다. 군자가 귀히 여겨야 할 도에는 세 가지가 있으니, 바로 행동거지

에 있어서 난폭함을 멀리하는 자애로움(慈)과 거만함을 멀리하는 겸손함(謙), 얼굴빛을 바르게 하여 신뢰(信)를 가까이하며, 특히 말을 내뱉음에 있어 속되거나 행동이 말에 위배되는 것을 멀리하는 것입니다. 제사 때 쓰는 목기를 관장하는 업무는 그 일을 다루는 전문가가 따로 있으니, 크게 신경 쓰지 않아도 됩니다."

맹경자는 앞서 소개한 맹무백의 아들입니다. 맹무백은 퇴폐적인 생활로 건강도 별로 좋지 않았는데, 공자에게 효도(孝)가 무엇인지 물었었죠. 『예기』 「단궁하」에서는 맹경자에 대해서 한 차례 언급하고 있습니다. 노나라 도공이 죽자 계소자는 임금의 상을 당했을 때는 무엇을 먹어야 하는지 물었는데, 이에 맹경자는 "본래 죽을 먹어야 한다. 하지만 우리 맹손씨, 숙손씨, 계손씨는 신하의 예(禮)로 임금을 섬기지 못했고, 또 세상 사람들 모두가 역시 그러함을 안다. 이제 와서 죽을 먹어 야윈 몸을 하고 있으면, 사람들이 거짓으로 슬퍼한다고 의심하지 않겠는가? 나는 차라리 밥을 먹겠다."라고 대답했다고 합니다. 도공은 애공의 아들이자, 아버지 뒤를 이어 임금이 되었습니다. 따라서 둘의 대화는 애공 16년 즉 공자가 73세를 일기로 세상을 떠난 후에 있었던 것으로 짐작할 수 있습니다.

여기서 증자는 군자 즉 참된 지도자가 갖춰야 할 '도'의 세 가지 구성요소를 언급하고 있는데, 이는 다름 아닌 자애로움(慈)과 겸손함(謙) 그리고 신뢰(信)입니다.

道 (도)		
자(慈)	겸(謙)	신(信)

공자는 '도'의 구성요소를 이야기할 때 제자들에게 자신의 단점을 깨닫고 보완하라는 차원에서, 그에게 우선 필요한 부분들이 뭔지 가르쳤습니다. 그리고 앞서 소개한 맹경자의 일화를 연결했을 때, 증자 역시 맹경자에게 필요한 구성요소들을 언급한 것으로 추측할 수 있습니다. 다시

말해서 맹경자는 오만불손하고 자기 부하들을 감싸주지 못했으며, 자기가 한 말에 책임질 줄 모르는 인물이었던 것 같습니다. 특히 담당하는 전문 관리가 있었음에도 제사 때 쓰는 목기에 신경 쓴 걸로 보아, 긴 안목에서 세상을 내다보지 못하고 코앞의 작은 것에 연연했던 소인배의 기질을 지닌 것으로 보입니다.

曾子曰: "以能問於不能, 以多問於寡, 有若無, 實若虛, 犯而不校。昔者,
증 자 왈   이 능 문 어 불 능   이 다 문 어 과   유 약 무   실 약 허   범 이 불 교   석 자

吾友嘗從事於斯矣。"
오 우 상 종 사 어 사 의

증자가 말씀하셨다. "재능이 있으면서도 자기보다 재능이 없는 이에게 배우려고 묻고, 아는 것이 더 많으면서도 적은 이에게 배우려고 물었으며, 가득 차 있으면서도 마치 빈 것처럼 행동하고, 상대방이 공격해도 따지지 않고 받아들였다. 예전에 내 벗이 일찍이 이처럼 하였다."

증자가 말하는 벗은 바로 안회를 말하는 겁니다. 이 정도 경지에 이른 인물은 스승 공자와 안회 정도뿐일 텐데, 벗이라고 했으니 결국 한 명으로 압축되죠. 여기서 증자는 안회를 회상하는 형식을 빌어, '도'의 세 가지 구성요소를 언급하고 있습니다.

바로 알아도 자기가 정확하게 아는 것인지 물어서 확인하는(好問) 신중함(愼)과 자기가 더 낫다고 생각하지 않는 겸손함(謙) 그리고 상대방의 입장에서 생각하여(恕) 모두가 함께 하려는 조화로움(和)입니다.

道		
(도)		
화(和)	겸(謙)	신(信)

曾子曰: "可以託六尺之孤, 可以寄百里之命, 臨大節而不可奪也,
증 자 왈　가 이 탁 육 척 지 고　가 이 기 백 리 지 명　임 대 절 이 불 가 탈 야

君子人與? 君子人也。"
군 자 인 여　군 자 인 야

증자가 말씀하셨다. "권력을 탐하지 않으므로 14~15세의 어린 나이로 아버지를 이어 임금이 될 후계자를 정성껏 보필해달라고 부탁할 수 있고, 또 면적이 백 리인 제후 나라의 운명을 맡길 수 있으며, 죽음을 각오하고 절개를 지켜서 다른 이가 그 큰 절개를 빼앗을 수 없다면, 그 사람은 군자인가? 군자이다!"

공자는 소강사회를 설명할 때 여섯 명의 군자에 대해서 언급한 바 있습니다. 그렇다면 증자가 소개하는 인물은 이 여섯 명 중 하나겠죠. 주나라 무왕이 병으로 죽자, 주공은 어린 조카를 보살피며 섭정을 했습니다. 그리고 조카가 17세가 되어 임금이 되었는데, 그가 바로 성왕입니다.

또 무왕은 죽기 전에 노나라 땅을 주공에게 분봉해서 제후가 되도록 했죠. 하지만 주공은 주나라에서 할 일이 많다면서, 아들 백금을 보내 노나라의 예악제도를 바로잡도록 했습니다. 특히 주공이 어린 성왕을 도와 섭정하자, 무왕의 또 다른 동생인 관숙과 채숙 그리고 곽숙은 상나라 유민들을 이끌던 무경과 함께 '삼감(三監)의 난'을 일으켰는데, 이때 주공은 소공과 함께 목숨을 걸고 성왕을 지켰기에, 그들을 진압할 수 있었습니다. 따라서 여기서 증자는 스승 공자의 가르침을 오롯이 계승했음을 확인할 수 있고, 나아가 주공이 군자였다며 칭송하고 있음을 알 수 있습니다.

子曰:"興於詩, 立於禮, 成於樂。"
자 왈   흥 어 시 입 어 례 성 어 악

공자가 말씀하셨다. "『시경』으로 도의 내용을 배우기 시작하고, 도의 형식인 예(禮)로 지나치거나 모자라지 않도록 절제하여 흔들리지 않고 확고히 서도록 하며, 또 다른 도의 형식인 음악의 부드러움으로 예(禮)의 강함을 보완하여 비로소 도를 완성 시키는 것이다."

16-13에서 공자는 『시경』을 배우지 않으면 상황에 따른 적절한 구절을 인용할 수 없어서 말을 할 수가 없다고 했습니다. 즉 『시경』에는 '도'의 이론이 되는 내용들이 고스란히 담겨져 있죠. 또한 예(禮)를 배우지 않으면 지나치거나 모자라지 않도록 절제하는 법을 몰라서 흔들리지 않고 확고히 설 수 없다고도 했습니다. 이는 '도'의 형식이 됩니다. 그리고 마지막으로 '도'의 또 다른 형식인 부드러움의 음악으로 딱딱한 예(禮)를 보완함으로써, 온전한 '도'를 실현시킬 수 있다고 설명하고 있는 겁니다. 결국 공자는 이 구절을 통해서 '도'의 시작부터 완성이 되는 과정을 한마디로 정리하고 있는 겁니다.

子曰:"民可使由之, 不可使知之。"
자 왈   민 가 사 유 지 불 가 사 지 지

공자가 말씀하셨다. "백성은 지도자의 결정에 따르게 할 수 있지만, 왜 따라야 하는지 그 이유까지도 알게 할 수는 없다."

이 구절을 "백성들은 그저 지도자의 결정에 따르는 존재이므로, 굳이 왜 그렇게 해야 하는지를 설명하지 않아도 된다."라고 해석하는 경우가 있는데, 그렇게 해석하는 것은 오역이므로 특히 주의해야 합니다. 지금까지 공자가 해온 말들에 정면으로 위배되기 때문입니다. 또한 오늘날과 달리 과거에는 지도자의 정치적 결정에 대해서 왜 그렇게 해야 하는지 해명해달라고 요구하는 백성들이 없었고, 마찬가지로 백성들이 요구하지도 않았는데 굳이 설명하려고 한 지도자 역시 없었기 때문이죠. 그렇다면 이 구절은 과연 어떤 의미를 지니는 걸까요? 고복격양가(鼓腹擊壤歌)를 다시 한번 살펴보겠습니다.

> 요임금이 세상을 다스린 지 50년째 되던 해. 세상이 잘 다스려지는지 다스려지지 않는지, 백성들이 자기를 원하는지 원하지 않는지 도무지 알 수가 없었다. 그래서 조정의 좌우 인물들에게 물었으나 알지 못하고, 조정 바깥으로 물었으나 알지 못했으며, 재야에 물었으나 역시 알지 못했다. 그래서 요임금이 변장을 하고는 큰 거리로 나가니, 마침 동요가 들렸다. "우리 많은 백성을 일으킴에, 그대의 지극함이 아닌 것이 없네. 우리가 알지 못하는 사이에, 임금의 법을 따르네." 자리를 다른 곳으로 옮기니 이번에는 저쪽에서 한 노인이 걸어오는데, 그는 입에 음식을 잔뜩 물고 배를 두드리며(고복) 땅을 치며(격양) 노래하기(가) 시작했다. "해가 뜨면 일하고, 해가 지면 집에 돌아가 쉬며, 목이 마르면 우물을 파서 마시고, 배가 고프면 밭을 갈아서 먹으니, 임금이 나에게 해준 게 뭔가?"
>
> 『십팔사략』「오제」

요임금은 오로지 백성들과 나라를 위해서 온 힘을 기울였지만, 정작 백성들은 정치에 대해서 크게 관심을 가지지 않았습니다. 다시 말해서 뛰어난 지도자는 밤낮 할 것 없이 오로지 백성들과 나라를 위해서 삼가 노력하지만, 그로 인해서 태평성대를 살아가는 백성들은 오히려 자기의 지도자가 누구인지조차 알 필요가 없게 되는 거죠. 결국 공자는 지도자가 부단히 '도'를 실천하려고 노력하면, 자연스레 백성들이 정치에 큰 관심을 가지지 않게 된다고 반어적으로 설명하고 있는 겁니다. 백성들이 자기의 지도자가 누구인지조차 모르는 정치는, 의심할 여지없이 오늘날에도 최고의 가치로 인정받습니다. 그렇다면 백성들은 이처럼 지도자의 노고를 언제까지고 몰라주는 정말로 무지한 존재일까요?

> 요는 임금 자리를 벗어난 지 무릇 28년 만에 죽었다. 백성들이 슬퍼했으니, 마치 부모를 잃은 듯하였다. 3년 동안, 사방에서 음악을 행하지 않음으로써, 요를 그리워했다.　　　　　　　　　　　　　　『사기』 「오제본기」

그렇지 않습니다. 잠시 몰라줄 수는 있어도, 세월이 흐르고 난 후 언젠가는 결국 그런 지도자를 잊지 못하고 그리워하는 것이 백성입니다.

8-11

子曰:"好勇疾貧, 亂也。人而不仁, 疾之已甚, 亂也。"
자 왈　　호 용 질 빈　란 야　　인 이 불 인　질 지 이 심　란 야

공자가 말씀하셨다. "용감함을 좋아하면서 가난함을 싫어하면, 세상을 어지럽힌다. 사람됨이 어질지 못한데 가난함을 미워함이 지나치게 심하면, 역시 세상을 어지럽힌다."

자기가 처한 서열에서 마땅히 지켜야 할 바를 목숨을 걸고 지키는 것이 의로움(義)입니다. 그리고 의로움(義)을 몸소 실천하는 것이 용감함(勇)이죠. 하지만 각각의 '도'의 구성요소들은 상호작용을 해야 합니다. 하나의 구성요소가 단독으로 존재하면 폐단이 생기죠. 17-8에서도 용감

함(勇)만 강조하려 들다 간 자칫 무도해져 포악해진다고 했습니다. 따라서 '도'를 배우고 실천하려는 이가 용감함(勇)을 행하려고 하지만 가난함을 싫어하면, 금전욕 때문에 '도'를 버리고 무력을 일삼게 되어 세상을 어지럽히게 되는 겁니다. 또한 '도'를 배우고 실천하려는 이가 어짊(仁)을 행하려고 하지만 가난함을 싫어하면, 권력욕 때문에 '도'를 버리고 자기 군주를 배신하는 역모를 꾀하므로 역시 세상을 어지럽히게 되는 겁니다. 이처럼 '도'를 행한다는 것은 각 구성요소들을 따로 행하는 것이 아니라, 반드시 다른 구성요소들과 유기적으로 조화(和)를 이뤄서 상호작용이 이뤄지도록 해야 합니다.

이제 가난함을 지독히도 싫어해서 금전욕과 권력욕에 눈이 멀어 조국을 팔아버린 한 총명한 젊은이에 대해서 이야기하겠습니다. 이완용은 일본에 조국을 넘긴 최악의 매국노로 잘 알려져 있습니다. 그는 어려서부터 극심한 가난에 시달렸기 때문에, 제대로 된 교육을 받지 못했습니다. 10살 때 아저씨뻘인 중추부 판사 이호준의 양자로 들어가서야 비로소 삶이 좀 나아졌죠. 그는 머리가 비상해서 금세 4서 3경을 익혔고, 25세에 과거에 급제했습니다. 또 당시 뛰어난 인재들의 필수 코스인 규장각 대교와 홍문관 수찬 등 굵직한 자리를 거쳤습니다. 1880년대 서양 문화를 접하고 미국 외교관 생활을 하다가 1890년에 귀국한 그는, 대한제국의 대미협상을 거의 도맡다시피 했습니다. 하지만 이후 미국이 일본과 밀약을 체결하면서 한반도에서 발을 빼자, 그는 일본의 요구에 응하는 것이 국익을 위한 것이라고 판단하여 철저한 친일파로 변신했습니다. 이토 히로부미의 지시를 받는 꼭두각시가 되어서 고종을 협박하여 을사늑약 체결과 서명을 주도했고, 네덜란드에서 열린 만국평화회의에 이준 등의 밀사를 파견하여 일본 침략의 부당성을 호소하게 한 헤이그 특사 사건 후에는 고종에게 그 책임을 물어서 물러날 것을 요구했으며, 총리대신에 올라서는 일본과 한일병합조약을 체결했습니다. 그렇게 임금을 버리고 조국마저 팔아가면서 축적한 재산은, 그가 죽을 무렵 소유한 땅만 해도 1억 3천만 평에 달했다고 합니다. 용감했지만 어질지 못하고(不仁) 또 가난을 싫어한 한 총명한 젊은이로 인해서, 대한제국은 일제시대라는 긴 암흑기로 접어들어야만 했습니다.

8-12

子曰: "如有周公之才之美, 使驕且吝, 其餘不足觀也已。"
자 왈　여 유 주 공 지 재 지 미　사 교 차 린　기 여 부 족 관 야 이

공자가 말씀하셨다. "만약 주공의 재능과 아름다움을 지녔지만 교만하고 또 인색함을 부린다면, 그 나머지는 볼 것도 없다."

지도자의 리더십을 의미하는 '도'와 실무를 담당하는 행정적인 재능은 별개의 것입니다. 지도자는 성인(聖人: 대동사회의 지도자) – 군자(君子: 소강사회의 지도자) – 기(器: 전문가)의 세 부류로 나뉘죠. 하지만 실무를 담당하는 행정가로서의 재능이 있더라도 '도'를 배우고 실천하려는 노력이 뒷받침되지 못한다면, 결국 훌륭한 지도자가 될 수 없습니다. 공자의 궁극적인 교육목표는 실무자 양성이 아닌, 참된 지도자 즉 군자 양성에 있는 겁니다. 물론 여기서 공자가 강조하는 '도'의 구성요소는 다름 아닌 겸손함(謙)입니다.

1975년 스티븐 잡스(Steven Paul Jobs)는 HP에 근무하던 친구 스티브 워즈니악(Steve Gary Woz Wozniak)이 개발한 인쇄회로기판에 감명을 받아 pc의 개념을 구상했습니다. 스티븐 잡스의 권유로 애플(Apple Inc)은 애플컴퓨터를 출범시켰죠. 그리고 세계 최초의 pc 애플2가 1977년 최고의 반응을 보였고, 회사는 10년 만에 매출이 20억 달러에 이르는 대기업으로 성장했습니다. 덕분에 회사는 급성장했지만 이는 어디까지나 워즈니악이 개발한 애플2에 전적으로 의지한 것이기에, 스티븐 잡스는 자존심이 상했습니다. 그래서 그는 자기 주도로 새로운 컴퓨터를 개발하겠다고 마음을 먹고 애플 리사(Apple Lisa)를 개발했습니다. 이 컴퓨터는 애플이 사용하는 소프트웨어만 사용하는 훌륭한 하드웨어 성능을 갖췄습니다. 하지만 고가의 장비가 그만큼 기능을 다하지 못한다는 고객들의 지적 때문에 결국 실패했죠. 첫 번째 프로젝트 실패 후 두 번째 프로젝트 매킨토시(Macintosh)를 만들기 위해서, 스티븐 잡스는 직원들에게 주 90시간 근무를 요구했습니다. 즉각적인 성과가 나오지 않으면 직원들에게 화를 내는 등 독선적인 모습을 보이기까지 했습니다. 드디어 매킨토시를 완성했는데, 당시 최초로 아이콘이 사용되었고 화면에 여러 개의 창을 띄울 수 있는 윈도우 기능도 사용됐습니다. 하지만 하드웨어 기술력에만 치중한 나머지, 고객들이 진정 원하는 게 뭔지 파악하는 것을 간과해서 또 실패하고 말았습니다. 결국 모든 책임을 지고 스티븐 잡스는 회사에서 해임되고 말았습니다.

子曰: "篤信好學, 守死善道。危邦不入, 亂邦不居。天下有道, 則見;
자 왈 독 신 호 학 수 사 선 도 위 방 불 입 난 방 불 거 천 하 유 도 즉 견

無道, 則隱。邦有道, 貧且賤焉, 恥也; 邦無道, 富且貴焉, 恥也。"
무 도 즉 은 방 유 도 빈 차 천 언 치 야 방 무 도 부 차 귀 언 치 야

공자가 말씀하셨다. "상대방에게 믿음을 주고 도를 배우기를 좋아하며, 또 목
숨을 걸고 선한 도를 지켜야 한다. 위태로운 나라에는 가지 않고, 또 나라에
도가 없는데도 간언을 해 봤자 소용이 없으므로 미련 없이 떠나야 한다. 세상
에 도가 있으면 벼슬을 하여 충언을 하고, 도가 없으면 물러나 몸을 숨긴다.
나라에 도가 있는데도 가난하면 부끄러운 일이고, 나라에 도가 없는데도 부귀
하면 역시 부끄러운 일이다."

"위태로운 나라에는 가지 않고, 또 나라에 도가 없는데도 간언을 해
봤자 소용이 없으므로 미련 없이 떠나야 한다."는 말은 과연 어떠한 의
미를 함축하고 있을까요? 『사기』「공자세가」의 몇몇 기록들을 살펴보
면, 어렵지 않게 이해할 수 있을 겁니다. 공자는 대략 60세에 위나라 영
공에게 실망하여 진(晉)나라의 경조간자를 찾아가려 하지만, 그가 두명
독과 순화를 죽였다는 소식을 듣고는, 황하를 바라보며 내가 이 강을 못
건너는 것도 운명이라고 슬퍼했습니다. 곁에 있던 자공이 무슨 뜻이냐고
묻자, 공자는 "조간자는 두명독과 순화의 도움으로 정치에 참여할 수 있
었는데, 이제 이 둘을 죽였다. 내가 듣기로, 배를 갈라서 태아를 꺼내 죽
이면 기린이 이르지 않고, 연못을 마르게 하여 물고기를 잡으면 교룡이
조화를 이루지 못하며, 둥지를 뒤엎어 알을 망가뜨리면 봉황이 오지 않
는다고 한다. 이는 군자는 같은 부류가 피해를 입는 것을 꺼리기 때문이
다. 날짐승과 들짐승도 의롭지 못하면 피하는데, 하물며 나는 말할 필요
가 있겠는가?"라고 대답했습니다. 즉 공자는 위태로운 나라에 들어가거
나 어지러운 나라에서 살면 군자가 피해를 입기 때문에, 들어가거나 살

아서는 안 된다고 말하고 있는 거죠. 따라서 이제 다음 구절이 뭘 뜻하는지도 이해할 수 있을 겁니다.

子曰: "鳳鳥不至, 河不出圖, 吾已矣夫!"
자 왈   봉 조 부 지   하 불 출 도   오 이 의 부

공자가 말씀하셨다. "봉황이 오지 않고 복희씨 시대에 황하에서 용마가 등에 짊어지고 나왔다는 팔괘도(八卦圖: 성군이 천명을 받는 징조)도 나타나지 않으니, 내 일생이 곧 끝나가는구나!"

『좌전』「애공 14년」과 『사기』「공자세가」에 따르면, 공자가 대략 71세일 때 삼환 중 하나인 숙손씨의 마부 서상이 기이한 짐승을 잡았다고 합니다. 공자가 보고는 기린이라고 했는데도 풀어주지 않고 잡아가자, 이에 공자가 한탄하면서 한 말이 바로 이 말이라고 하죠. 더군다나 성군이 나타나 세상을 바로잡을 징조도 보이지 않으니, 무슨 희망이 보였을까요? 공자는 4-8에서 "아침에 일어나 나라에 도가 있다는 말을 듣는다면, 저녁이 되어서 이 세상을 떠나도 여한이 없겠다."고 했을 정도로, 그의 인생 목표를 '도'의 회복에 뒀습니다. 하지만 그로부터 2년 후인 73세에 공자는 세상을 떠났으니, 어쩌면 그는 정말로 더 이상 살아갈 의미가 없다고 좌절하여 삶의 끈을 놓아버린 것인지도 모르겠습니다.

다시 본론으로 돌아와서 "세상에 도가 있으면 벼슬을 하여 충언을 하고, 도가 없으면 물러나 몸을 숨긴다."는 말뜻은 뭘까요? 노나라 정공 14년에 공자는 56세의 나이로 대부가 되었습니다. 그가 정치를 한 지 석 달이 지나자 상인들이 값을 속이지 않았고, 남녀가 예(禮)를 지켜서 서로 멀리 떨어져서 걸었으며, 또 길에 물건이 떨어져 있어도 줍는 이가 없

었죠. 심지어 외부 손님들이 방문해도 억울한 일을 당해 담당 관리를 찾아갈 필요가 없었을 정도로 나랏일이 잘 돌아갔습니다. 하지만 제나라가 이 소식을 듣고 두려워하여 말 120필과 미인 80명을 노나라 국경에 보내 강락무를 추게 하자, 노나라의 경 계환자는 지역 순시를 핑계로 매일 그곳으로 가서 강락무를 관람하여 정사를 돌보지 않고, 심지어 제사에 쓴 음식을 대부들에게 나누어주지 않았습니다. 공자는 결국 "여인은 신하를 떠나게 할 수 있고, 또 신하를 죽음에 이르게도 할 수 있다."라는 말을 남기고는, 대부의 자리를 버리고 노나라를 떠나게 된 겁니다. 즉 공자는 나라에 '도'가 없는데도 간언을 해 봤자 소용이 없으므로, 아무런 미련 없이 노나라를 떠난 거죠. 실제로 『논어』에는 이에 대한 기록이 다음과 같이 남아 있습니다.

18-4

齊人歸女樂, 季桓子受之, 三日不朝。孔子行。
제 인 귀 여 악 계 환 자 수 지 삼 일 불 조 공 자 행

제나라 사람이 여자와 음악을 선물하자, 계환자가 받고는 그 선물에 빠져서 며칠 동안 신하들을 만나보지 않았다. 그러자 공자는 노나라를 떠났다.

또 그렇다면 "나라에 도가 있는데도 가난하면 부끄러운 일이고, 나라에 도가 없는데도 부귀하면 역시 부끄러운 일이다."라는 말뜻은 뭘까요? 이와 관련하여 실존 인물 한 명을 소개하겠습니다.

1993년 작 〈쉰들러 리스트(Schindler's List)〉는 제2차 세계대전 당시 유태인의 아픈 과거를 담아낸 실화를 바탕으로 제작된 영화입니다. 배경은 1940년대. 독일은 아돌프 히틀러(Adolf Hitler)가 집권하며 유대인들을 탄압하여, 독일인들로 하여금 유대인들은 독일인보다 못한 존재라는

생각을 갖게 했습니다. 이 영화의 주인공 오스카 쉰들러(Oskar Schindler) 역시 다른 독일인들과 다르지 않았죠. 그는 1939년 나치당에 입당했고, 1939년 폴란드로 건너가 유대인 소유의 공장을 얻어서 거대 군수공장을 운영했습니다. 그리고 나치 친위대로부터 유대인 노동자를 공급받았죠. 공짜나 다름없는 유대인들을 직원으로 고용하는 것이 당연시되던 상황에서 쉰들러 역시 자신의 부를 늘리기 위해서 값싼 노동력이었던 유대인들을 동원하여 군수공장을 운영했습니다. 그러다가 독일군에 의해서 학살당하는 유대인들의 모습을 목격하고는 자신의 생각이 뭔가 잘못되었다는 사실을 깨닫게 됩니다. 그렇게 유대인들에 대한 생각이 조금씩 바뀌기 시작한 그는, 수용소로 끌려가기 직전의 유대인들을 자기 공장 직원으로 고용하여 그들이 먹고살도록 하고, 직원들이 수용소로 끌려가게 될 처지에 놓이자 군 간부들과의 연줄을 이용하여 구출해내기도 했습니다. 심지어 자신의 자금을 다 써서 1,200여 명을 구해내느라 파산 직전까지 가게 되었지만, 오히려 차를 팔았다면 10명은 더 그리고 나치 배지를 주었다면 한두 명은 더 구할 수 있었다고 후회하기도 했습니다. 특히 유대인 출신의 회계사 이자크슈텐(Itzhak Stern)과 함께 1,100여 명의 직원들을 살리기 위해서 공장 필수 노동자로 분류하여 리스트를 작성하고, 자신의 고향에 군수공장을 세워서 이들을 이곳으로 빼돌려 구해내기도 했습니다. 그리고 이 과정에서 행정 착오로 공장의 여자직원들이 아우슈비츠로 끌려가자, 그는 직접 그곳으로 가 다시 그녀들을 빼내고, 추가적으로 더 많은 사람들을 구하는 모습까지 보여줬습니다.

子曰:"師摯之始, 關雎之亂, 洋洋乎盈耳哉。"
자 왈   사 지 지 시 관 저 지 란 양 양 호 영 이 재

공자가 말씀하셨다. "노나라 악사 '지'가 처음 악사 관직을 맡아 연주한 『시경』
첫 작품 「관저」의 마지막 장이, 한없이 아름답고도 귀에 가득차는구나."

들쭉날쭉한 노랑어리연꽃을, 이리저리 뽑네.
얌전하고도 정숙한(禮) 아리따운 여인은, 쇠북과 북(樂)으로 즐거워하네.

3-20에서 설명했던 「관저」의 마지막 5장을 다시 한번 살펴보면, 이
는 정숙한 여인으로 상징되는 엄격함의 예(禮)와 쇠북 그리고 북으로 상
징되는 부드러움의 음악(樂)이 조화를 이룬 예악(禮樂)제도의 완성을 뜻
합니다. 다시 말해서 공자는 이 구절을 통해서 온전하게 완성된 예악제
도를 극찬하고 있음을 알 수 있습니다.
　특히 공자가 말하는 음악은 단순한 음률만을 지칭하는 것이 아니
라, 가사 즉 『시경』 작품의 내용을 음미하면서 음악을 감상하는 종합적
인 형태라는 점도 다시 한번 유의할 필요가 있습니다.

子曰:"狂而不直, 侗而不愿, 悾悾而不信, 吾不知之矣。"
자 왈   광 이 불 직 통 이 불 원 공 공 이 불 신 오 부 지 지 의

공자가 말씀하셨다. "기세가 세면 한쪽으로 치우칠 수 있으므로 사사로운 정
에 얽매이지 않고 공정하게 판단하는 올곧은(直) 자세가 필요한데 그러지 못하
고, 무지하면 쉬이 실수를 저지를 수 있으므로 말과 행동에 더욱 신중해야(慎)

하는데 그러지 못하며, 겉과 속이 다른 사람은 신뢰를 얻을 수 없으므로 항상 언행일치(信)가 되도록 해야 하는데 그러지 못한 사람들을 보면, 나는 왜 그들이 허물을 고치지 않으려고 하는지 이해할 수가 없다."

이는 다음 구절과 뜻이 통하므로 함께 짚고 넘어가죠. 그런 후 이 두 구절과 관련된 인물을 소개하겠습니다.

15-30

子曰: "過而不改, 是謂過矣!"
자 왈 　 과 이 불 개 　 시 위 과 의

공자가 말씀하셨다. "허물이 있으면서도 고치지 않으면, 이를 허물이라고 한다!"

코로나19로 인해 사망자가 만 명을 넘자, 브라질 의회와 법원은 애도 기간을 선포했습니다. 그런데 정작 자이르 보우소나루(Jair Bolsonaro) 대통령은 이 기간에 호수에서 제트스키를 즐겼습니다. 또한 토요일에 집으로 장관을 초대해 바비큐 파티를 열겠다고 말했다가 비난 여론이 거세지자, 그는 발언을 취소하는 대신 엉뚱하게 요트 위에서 파티를 즐기기도 했습니다. 자신의 극성 지지자들과 마스크도 착

용하지 않고 대규모 집회에 참여하는가 하면, 코로나19 위기를 어떻게 극복할 것인지에 대해서 묻는 질문에 "나는 신이 아니라, 할 수 있는 게 없다."는 말만 되풀이했습니다. 코로나19를 감기 정도로 우습게 여기던 그 역시 결국 코로나19 확진 판정을 받았는데요. 트럼프 미국 전 대통령의 닮은꼴로도 잘 알려져 있는 이 대통령은, 잘못된 대응책으로 브라질을 세계에서 두 번째로 코로나19 감염자 많은 나라로 만들었다는 비판을 받게 되었습니다.

8-18

子曰: "學如不及, 猶恐失之。"
자왈 학여불급 유공실지

공자가 말씀하셨다. "도를 배우는 것은 끝이 없으므로 항상 자신이 부족해서 도달하지 못하는 것처럼 겸손한 마음을 지니고, 또 당장이라도 그간 배운 것을 잃을 것처럼 항상 삼가 두려워하는 자세를 갖춰야 한다."

'도'를 배워서 실천한다는 것은 끝이 없습니다. 늘 변치 않는 자세(常)로 임해야 하죠. 특히 공자는 이 구절을 통해서 '도'의 두 가지 구성 요소인 겸손함(謙)과 신중함(愼)을 강조하고 있습니다. 이제 이 구절과 관련된 인물을 소개하겠습니다.

2013년 프란치스코교황(Papa Francesco)은 266대 교황으로 즉위했습니다. 그는 즉위하자마자 화려한 침실이 아닌 일반 성직자 숙소를 택하는 검소함(儉)과, 출퇴근 시 직접 차를 운전하는 겸손한(謙) 모습을 보였는데요. 왜 그가 역사상 가장 인기가 많은 교황이라고 불리는지 엿볼 수 있는 대목입니다. 동서고금을 막론하고 백성들이 원하는 지도자의 모습은 똑같은데,

이상하리만큼 지도자의 자리에 서는 사람들은 그걸 몰랐습니다. 하지만 프란치스코 교황은 대중들이 원하는 모습을 자연스레 보여줬던 겁니다. 마치 참된 리더의 부재에 갈증이 나던 차에, 시원한 사이다를 건네준 것처럼 말입니다. 물론 그가 평상시 이런 생활에 익숙해져 있기 때문에 가능한 일이죠. 그뿐만이 아닙니다. 교황은 자주 전 세계 교인들의 편지를 받는데, 어느 날 다음과 같은 내용이 들어 있는 한 통의 편지가 도착했습니다. "오늘 아침에 입원한 남편을 간호하러 병원에 가는 도중, 버스에서 넘어져 50유로가 들어 있는 지갑을 도둑맞았습니다. 의지할 곳 하나 없는 저희 부부를 위해 기도해주세요." 그러자 교황은 가난한 할머니에게 200유로를 송금하고, 대리인을 보내 할머니의 근황을 살폈다고 합니다. 이런 소소한 일화를 통해서도, 작은 목소리 하나라도 놓치지 않으려는 교황의 신중함(愼)을 엿볼 수 있습니다. 교황은 한 매체와의 인터뷰에서 다음과 같이 언급한 바 있습니다. "저에게 중요한 것은 공동체입니다. 사람들 없이 저는 살 수 없습니다." 이 말은 그가 사람들 목소리에 귀 기울여야 공동체가 존재할 수 있고, 또 공동체가 있기에 자신도 역시 존재할 수 있다는 겁니다. 그뿐만이 아닙니다. 교황은 교황청 내의 모든 경영인들에게 자신만의 독립된 사무실을 없애고 다른 직원들과 나란히 일을 하며, 성대한 점심을 먹느라 쓰는 비용을 줄이라고도 지시했습니다. 이처럼 프란치스코 교황은 검소함(儉)과 겸손함(謙) 그리고 신중함(愼)이야말로 가장 강력한 리더십의 자질이라고 믿었죠. 물론 수십 년 동안 누가 보거나 보지 않거나 한결같이 똑같은 모습(常)을 보였을 진데, 사람들의 그에 대한 존경심이 변할 가능성은 많지 않아 보입니다.

子曰: "巍巍乎, 舜禹之有天下也而不與焉。"
자 왈   외 외 호   순 우 지 유 천 하 야 이 불 여 언

공자가 말씀하셨다. "숭고하도다. 순임금과 우임금은 세상을 가졌지만, 백성들의 삶에 간섭하지 않으셨다."

이는 다음 구절과 함께 엮어서 설명하겠습니다.

子曰: "無爲而治者, 其舜也與? 夫何爲哉? 恭己正南面而已矣。"
자 왈   무 위 이 치 자   기 순 야 여   부 하 위 재   공 기 정 남 면 이 이 의

공자가 말씀하셨다. "무위로 다스리는 이는, 순임금일 뿐일 것이니? 무엇을 하였는가? 자기 몸을 공손히 하고 임금 자리가 있는 북쪽에서 그저 남쪽을 향해 앉아있었을 뿐이다."

공자가 위의 두 구절을 통해서 말하고자 한 바는 바로 대동사회를 이끈 성인들이 행한 이른바 '무위자연'의 통치법으로, 유종원의 「종수곽탁타전」을 통해서도 설명했듯이 '심을 때는 자식같이 하지만, 내버려 둘때는 버린 듯이 하라!'라는 도리입니다. 통제하려 들면 안 된다는 거죠.

이는 자녀 교육에도 오롯이 적용됩니다. 여러분의 자녀가 방에 있으면, 부모님은 자녀가 공부를 하는지 아니면 딴짓을 하는지 궁금해하죠. 그래서 간식을 가지고 방문을 두드립니다. "배고프지? 이 빵 좀 먹어가면서 하렴." 그리고 얼마 후 "아 참, 내 정신 봐라. 주스를 깜빡하고 안갖다 줬네."라고 말하며 다시 방문을 엽니다. 도대체 부모님은 자식을

키우는 걸까요, 아니면 돼지를 키우는 걸까요? '무위자연'은 부모님이 공부방과 책상, 의자, 교재 등 환경을 마련해준 다음에는, 철저히 자녀가 알아서 하도록 마치 버린 듯이 해야 한다는 겁니다. 그럼 자녀들은 자기 천성에 맞게 알아서 살아간다는 겁니다. 이제 우임금과 관련하여 다음 기록도 함께 살펴보죠.

> 아들 계가 어질어서 우임금의 도를 계승할 수 있었다. 우임금은 일찍이 익이라는 인물을 하늘에 천거했는데, 노래를 하는 사람과 조정에 알현하러 오는 이들이 익에게 가지 않고 계에게로 가서 말했다. "우리 임금의 아들이다." 결국 계가 마침내 임금이 되었다.　　　　　『십팔사략』「하왕조편」

학자들은 하나라 우임금부터 소강사회의 시작이라고 보지만, 사실 우임금은 요임금과 순임금의 통치법과 선양제를 계승했습니다. 따라서 공자는 요임금과 순임금의 대동사회 무위자연의 통치법을 이야기할 때, 우임금까지도 함께 대동사회의 지도자로 거론하고 있음을 알 수 있죠.

또 다음 기록을 보겠습니다.

> 우임금이 밖으로 나가다가 죄인을 보고, 수레에서 내려 묻고는 울며 말했다. "요순시절의 사람들은 요순임금의 마음을 마음으로 삼았는데, 과인이 임금이 되고는 백성들 각자 그들의 마음을 마음으로 삼으니, 과인이 그것을 애석히 여긴다."　　　　　『십팔사략』「하왕조편」

요순임금 때와 달리, 우임금이 통치할 때부터 백성들의 마음속에는 서서히 자기 것만을 돌보려는 이기심이 싹트기 시작했습니다. 이것이 바로 대동사회의 '무위자연' 통치법으로는 더 이상 백성들을 다스릴 수 없는 계기가 되죠. 따라서 학계에서는 우임금을 소강사회의 시작으로 보고 있답니다.

8-20

子曰: "大哉, 堯之爲君也! 巍巍乎! 唯天爲大, 唯堯則之。蕩蕩乎,
자 왈   대 재 요 지 위 군 야   외 외 호   유 천 위 대   유 요 즉 지   탕 탕 호

民無能名焉。巍巍乎, 其有成功也! 煥乎, 其有文章!"
민 무 능 명 언   외 외 호   기 유 성 공 야   환 호   기 유 문 장

공자가 말씀하셨다. "위대하도다, 요의 임금 됨이여! 숭고하도다! 오직 하늘의 뜻을 본받아서 요임금만이 천성에 따라 다스리는 무위자연을 실천하셨다. 요임금이 행한 하늘의 도는 너무나도 커서, 백성들이 어떤 말로도 이름을 짓지 못하는구나. 숭고하다, 요임금이 세운 공로여! 빛나는구나, 하늘의 도를 따라서 행한 요임금의 업적을 기록한 문장들이여!"

먼저 공자가 왜 이토록 요임금을 극찬했는지, 다음 기록을 통해서 살펴보겠습니다.

제요 도당씨는 성이 이기이고 혹자가 말하기를 이름은 방훈이라 하니, 제곡의 아들이다. 요임금은 이름이 방훈이다. 그 인자함은 하늘과 같았고, 그 지혜로움은 귀신과도 같았다. 그를 좇으면 태양과 같았고, 그를 바라보면 구름과 같았다. 불의 덕으로 임금이 되고서 평양을 도읍으로 했는데, 궁궐의 지붕을 이는 짚을 자르지 않고 그대로 놔두고, 흙 계단은 세 단만 만드는 검소함을 보이셨다. 『십팔사략』「오제편」

요임금이 화 지역을 살피자, 화의 봉인(수령)이 말했다. "아, 성인을 축복하나니, 성인께서 장수하고 부유하며 아들이 많기를 바랍니다." 그러자 요임금이 말했다. "사양하겠소. 아들이 많으면 곧 두려워할 일이 많고, 부유하면 곧 일이 많으며, 장수하면 곧 욕된 일이 많소." 『십팔사략』「오제편」

이처럼 그는 그 누구에게도 배우지 않았지만 '도'의 구성요소인 어짊(仁), 지혜로움(知), 자애로움(慈), 겸손함(謙) 그리고 검소함(儉)을 깨달아서 몸소 실천한 인물입니다. 따라서 비록 사람의 '도'를 따른 공자였지만, 그 바탕이 되는 하늘의 '도'를 실천한 요임금을 찬미할 수밖에 없었겠죠. 특히 공자는 "하늘의 도는 너무나도 커서, 백성들이 어떤 말로도 이름을 짓지 못하는구나."라고 말했는데, 이와 관련하여 다음의 『도덕경』 구절들도 함께 살펴보죠.

이름이라는 것은 말로 이름 지을 수 있으면, 변치 않고 영원한 이름이 아니다. 「1장」

나는 그 이름을 알지 못하는데 그것을 일컬어 도라고 하고, 그것에 억지로 이름을 붙이니 크다고 하는데, 크다는 것은 지나감을 일컫고, 지나감은 멀어짐을 일컬으며, 멀어짐은 반대로 됨을 일컫는다. 「25장」

도는 영원히 이름 지을 수 없으니, 아직 사람의 손을 타지 않은 통나무와도 같은 상태라서 비록 미약하지만, 세상이 굴복시킬 수는 없다. 「32장」

따라서 하늘의 '도'에 대한 노자와 공자의 표현은 똑같음을 알 수 있습니다.

舜有臣五人, 而天下治。武王曰: "予有亂臣十人。" 孔子曰: "才難,
순 유 신 오 인 　이 천 하 치　　무 왕 왈　　여 유 란 신 십 인　　공 자 왈　　재 난

不其然乎? 唐虞之際, 於斯爲盛, 有婦人焉, 九人而已。"
불 기 연 호　당 우 지 제　어 사 위 성　유 부 인 언　구 인 이 이

순임금 때는 백우, 수, 익, 백이, 고요 다섯 신하가 그를 도와서 세상을 다스렸다. 주나라 무왕이 말씀하셨다. "나는 주공, 소공, 태공망, 필공, 영공, 태전, 굉요, 산의생, 남궁괄, 문모 열 명의 신하가 나를 도와서 나라를 다스렸다." 공자가 말씀하셨다. "인재는 얻기가 어렵다. 그렇지 않은가? 요임금과 순임금이 다스릴 무렵엔 인재들이 많았지만, 무왕을 도운 열 명 중 문모는 문왕의 부인 태사이므로, 사실상 신하는 아홉 명뿐이었다."

이는 성인인 순임금과 군자인 주나라의 무왕조차도 자기를 도와서 나라를 태평성대로 이끌 수 있는 인재를 선발하는데 무척 신중했고, 또 그만큼 지도자의 참뜻을 이해하여 최선을 다하는 인재를 구하는 것 역시 매우 어려운 일임을 밝히고 있습니다. 특히 문모는 무왕의 부친인 문왕의 부인을 일컫는데, 그녀는 다름 아닌 무왕의 모친이죠. 당시에는 여성이 정치에 참여할 수 없었으니, 신하라고 할 수 없는 겁니다. 따라서 공자는 이 구절을 통해서 주나라의 천자인 무왕조차도 겨우 아홉 명만을 찾아냈을 뿐일 정도로 인재 선발이 얼마나 어려운지 토로하고 있습니다.

물론 정치는 최고 지도자 한 명에서 비롯됩니다. 최고 지도자가 어떤 마음가짐을 먹느냐에 따라서 주변에 있는 신하들의 색깔이 바뀌는 거죠. 그에도 불구하고 정치는 혼자서 할 수 없습니다. 반드시 최고 지도자의 의중을 이해하고 따르며 지지하는 충신들이 있어야 비로소 가능합니다. 동서고금을 막론하고, 성군으로 불리는 인물 중에서 그를 보좌한 충신이 없는 경우는 단 하나도 없습니다. 올바른 최고 지도자 한 명과 그

를 보좌하는 충신들이 함께 존재해야 비로소 훌륭한 정치를 할 수 있습니다.

8-23

子曰:"禹, 吾無間然矣。菲飮食而致孝乎鬼神, 惡衣服而致美乎黻冕,
자 왈 우 오 무 간 연 이   비 음 식 이 치 효 호 귀 신   악 의 복 이 지 미 호 불 변

卑宮室而盡力乎溝洫。禹, 吾無間然矣。"
비 궁 실 이 진 력 호 구 혁   우 오 무 간 연 의

공자가 말씀하셨다. "우임금은 내가 흠을 잡을 수가 없다. 자기가 먹는 음식은 간소하게 해서 검소함을 실천했지만 귀신 즉 조상에게 지내는 제사는 정성스럽게 치러서 효성을 다했고, 자신의 의복은 누추하게 했지만 제례의 의관은 지극히 아름답게 하였으며, 궁실은 검소하게 꾸몄지만 홍수를 막는 수로를 만드는 데는 온 힘을 다하셨다. 우임금은 내가 흠을 잡을 수가 없다!"

자기에게는 엄격한 잣대로 대한 반면 조상과 백성을 위한 일에는 모든 걸 아끼지 않고 베푸는 모습을 보였다는 것은 '덕'을 베푸는 데 온 힘을 다했다는 뜻이 됩니다. 특히 조상에게 지내는 제사와 제례의 의관을 아름답게 했다는 것은 다름 아닌 예악제도를 상징하죠. 따라서 공자는 앞서 대동사회를 이끈 요임금과 순임금을 찬미하긴 했지만, 사실상 이 두 임금의 뜻을 따르면서도 예악제도를 중심으로 하는 소강사회를 이끈 우임금이 가장 완벽하다고 극찬하고 있음을 알 수 있습니다. 왜냐면 공자가 추구한 건 손을 뻗어도 닿을 수 없는 대동이 아닌, 현실적으로 회복 가능한 소강사회이기 때문이죠.

제9편 : 자한(子罕)

양 끝을 잡아서 말할 뿐

子罕言利與命與仁。
자 한 언 이 여 명 여 인

공자께서는 이익과 천명과 어짊에 대해서는 드물게 말씀하셨다.

이와 관련하여, 먼저 다음 기록을 살펴보겠습니다.

이익을 보고도 사양하는 것이 의로움이다.　　　　　『예기』「악기」

『예기』의 이 말은 이익 자체가 부정적인 건 아니지만, 그렇다고 해서 그 자리에서 넙죽 받아들여서도 안 된다는 뜻입니다. 공자는 6-20에서도 "먼저 자기의 군주를 진심으로 섬기고 따름으로써 나라에 발생한 어려운 일을 극복한 후에, 사적인 명예나 공로 등의 이익을 추구하면 어질다고 할 수 있다."라고 하여, 이익을 추구하는 것 자체가 나쁜진 않다고 말합니다. 하지만 이는 어디까지나 어짊(仁)과 의로움(義)을 행한 결과 부수적으로 얻어지는 것에 한한다는 전제가 있죠. 14-12와 16-10 그리고 19-1에서 지속적으로 "이익을 보게 되면 그것이 의로움에 부합되는지 생각하라."라고 강조했고, 4-12에서도 "지도자가 이익을 밝혀 사사로운 탐욕에 눈이 멀게 되면, 백성들의 원성이 높아진다."라고 하여 단순히 이익을 취하는 것이 주된 목표가 될 순 없다고 분명히 선을 긋고 있습니다. 따라서 공자는 이익을 우선순위에 두는 발언은 지극히 위험하다고 판단하여 말을 아꼈던 겁니다.

그렇다면 천명에 대해선 왜 말을 아낀 걸까요? 3-11과 5-12를 설명하면서 이야기했듯이, 공자는 제후국의 대부로서 천자만이 접할 수 있는 하늘에 대해서는 논할 자격이 없다고 판단했기 때문입니다. 또한 공자의 현실적인 목표는 대동사회로의 복귀가 아닌 소강사회에 있었으므로, '하늘의 도(天道)'가 아닌 '사람의 도(人道)'만을 언급한 거죠. 또 그렇다면 공자는 왜 어짊(仁)에 대해서 말을 아낀 걸까요? 이와 관련하여, 다음 구절을 살펴보겠습니다.

14-6

子曰: "君子而不仁者有矣夫, 未有小人而仁者也。"
자 왈   군 자 이 불 인 자 유 의 부   미 유 소 인 이 인 자 야

공자가 말씀하셨다. "군자임에도 어질지 않은 사람은 있지만, 피지배계급인 소인 중에서 어진 사람은 없다."

3-25에서 공자는 순임금 때의 음악인 '소'가 지극히 아름답고도 지극히 선하다고 했지만, 주나라 무왕 때의 음악인 '무'에 대해선 음악이 지극히 아름답지만 지극히 선하지는 않다고 평한 바 있습니다. 그 이유는 여섯 군자 중 하나로서 주나라의 태평성대를 이끈 무왕조차도 역성혁명을 일으킴으로써 어짊(仁)을 온전하게 실천하지는 못했기 때문이죠. 이처럼 상술한 세 가지는 모두 행하기가 대단히 어려우므로, 공자 역시 제자들에게 언급하는 걸 조심스럽게 여기고 또 피했던 것임을 알 수 있습니다. 이제 이와 관련하여 다음 구절도 함께 살펴보겠습니다.

子路曰: "君子, 尚勇乎?" 子曰: "君子, 義以爲上。君子, 有勇而無義,
자 로 왈　군 자　상 용 호　자 왈　군 자　의 이 위 상　군 자　유 용 이 무 의

爲亂; 小人, 有勇而無義, 爲盜。"
위 란　소 인　유 용 이 무 의　위 도

자로가 물으셨다. "군자는 용감함을 숭상합니까?" 공자가 말씀하셨다. "군자
는 의로움을 으뜸으로 삼는다. 군자가 용감하지만 의롭지 못하면 반란을 일으
키고, 피지배계급인 소인이 용감하지만 의롭지 못하면 도둑질을 하게 된다."

어짊(仁)	→	의로움(義)	→	용감함(勇)

어짊(仁)은 의로움(義)의 기초이고, 의로움(義)을 몸소 실천하는 것이
용감함(勇)이라고 했습니다. 따라서 14-6과 이 구절은 같은 의미를 지니
고 있죠. 다시 말해서 '군자가 용감하지만 의롭지 못하면 반란을 일으킨
다.'는 말 역시 사실상 주나라 무왕을 겨냥해서 한 말이라고 해도 과언이
아니라는 겁니다. 의로움(義)은 자기가 처한 신분에서 해야 할 도리를 목
숨을 걸고 지키는 것으로, 아무리 폭군일지라도 신하가 임금인 상나라
주임금을 친 것은 의로움(義)에 어긋나니까요. 결국 어짊(仁)과 의로움(義)
없이 용감함(勇)만 강조하면, 두려움 없이 포악해져서 반란을 일으키는
데 일말의 주저함도 없게 되는 겁니다. 하물며 피지배계급인 소인이 어
짊(仁)과 의로움(義) 없이 용감(勇)하면, 아무런 두려움 없이 도둑질을 일
삼게 되는 건 어찌 보면 당연한 일일 겁니다. 이제 이 구절과 관련된 인
물을 소개하겠습니다.

1973년 아우구스토 피노체트(Augusto Pinochet) 칠레 국방부 장관은
쿠데타를 일으켜, 살바도르 아옌데(Salvador Allende) 대통령을 몰아내고
대통령직에 올랐습니다. 아옌데 대통령은 이때 쿠데타에 저항하다가 자

살했고, 이후 피노체트는 17년간 칠레를 통치했습니다. 그는 집권 초기 시장경제개혁을 통해서 경제를 부흥시켰고, 이에 국민의 지지를 얻었습니다. 하지만 정국 안정 후 물러나겠다던 공약과는 달리, 의회를 해산하면서 독재체제를 구축했습니다. 특히 '죽음의 특공대'를 결성하여 독재정권에 저항했던 75명의 정치범을 제거하고, 반대파를

숙청한다는 명분으로 3,197명을 살해했습니다. 그리고 이때 실종된 사람들만 2,000여 명이 넘었죠. 당시 축구 경기장은 수많은 사람을 학살한 후 화장시키는 장소로 활용되었습니다. 그뿐 아닙니다. 1980년대 중반 칠레의 실업률은 30%에 달했고, 인구의 60%가 영양실조에 걸리는 심각한 상황에 봉착했죠. 결국 민중들은 거리로 쏟아져 나와 비폭력 저항운동을 전개했고, 1991년 피노체트는 권좌에서 물러나 영국으로 망명해야 했습니다.

9-3

子曰:"麻冕, 禮也。今也純, 儉, 吾從衆。拜下, 禮也。今拜乎上, 泰也,
자 왈　마 면 예 야　금 야 순 검 오 종 중　배 하 례 야　금 배 호 상 태 야

雖違衆, 吾從下。"
수 위 중　오 종 하

공자가 말씀하셨다. "삼으로 짠 면류관을 쓰는 것이 전통의 예절이다. 하지만 검은 명주로 짠 것을 쓰는 것이 검소함에 부합되므로, 나도 사람들처럼 검은 명주로 짠 면류관을 쓰는 걸 따르겠다. 신하가 임금을 알현할 때는 정무를 보는 곳인 정방 아래에서 절하는 것이 전통의 예의이다. 그런데 오늘날에는 정

방 위에서 절을 하니 거만하다. 비록 사람들의 뜻에 맞지 않더라도, 나는 정방 아래에서 절을 하는 전통을 따르겠다."

공자가 이 구절에서 강조하고 있는 건 바로 검소함(儉)과 겸손함(謙)입니다. 이들은 '도'의 중요한 구성요소이죠. 따라서 공자는 삼으로 짠 면류관을 쓰는 것이 본래의 예의이나, 검은 명주로 짠 것을 쓰는 것이 검소한 것이므로 '도'의 구성요소인 검소함(儉)을 따르겠다고 한 겁니다. 마찬가지로 정방 아래에서 절하는 것이 본래의 예의이나, 정방 위에서 절하는 것은 거만하여 '도'의 구성요소인 겸손함(謙)에 위배되기 때문에 따르지 않겠다고 한 거죠.

흉배(胸褙)는 예복을 멋있게 꾸미려고 만든 단순한 화려한 장식이 아니라, 하늘의 뜻과 성인들의 말씀을 옷에 새겨 드러내어 조정에서 일하는 임금과 신하가 항상 잊지 않도록 하는 일종의 훈계 역할을 합니다. 우리나라 역시 조선왕조 세종대왕 이후에는 조정에서 입는 예복에 흉배가 수놓아져 있는데, 그렇다면 왜 그전에는 흉배를 수놓지 않은 걸까요? 당시 황희 정승은 흉배의 형형색색 화려함이 도의 구성요소 중 하나인 검소함(儉)에 어긋난다면서 반대했고, 세종대왕 역시 그 말이 일리가 있다고 여겨서 수긍했기 때문입니다.

子絶四; 毋意, 毋必, 毋固, 毋我。
자 절 사　무 의　무 필　무 고　무 아

공자는 네 가지를 끊으셨으니 사욕을 부리지 않고, 기필하지 않으며, 독점하
지 않고, 아집을 부리지 않으셨다.

먼저 이익을 탐하여 눈이 멀게 되면 검소함(儉), 의로움(義), 객관적
이고 공정함(中), 조화로움(和) 등 '도'의 구성요소에 어긋나서 '도'에 전
념할 수 없게 되므로, 공자는 사리사욕을 부리지 않았던 겁니다.

다음으로, 인생은 '새옹지마'라고 했던가요? 하늘의 뜻은 아무도 알
수 없어서 반드시 그렇게 된다고 장담할 수 있는 건 없으므로, 공자는 꼭
이루어지기를 기약하지 않았던 겁니다.

또 7-23에서 공자는 "너희들은 내가 뭔가를 숨긴다고 여기느냐? 나
는 너희에게 숨기는 것이 아무것도 없다. 나는 너희와 함께 공유하지 않
은 것이 없으니, 이렇게 하는 사람이 바로 나 공구이다."라고 말한 바 있
듯이, 그는 모든 걸 제자들과 함께 나누고자 했습니다.

그리고 마지막으로 3-15에서 누군가가 공자는 종묘에 들어가면 매사
에 묻는다며 불평하자, 공자는 아는 것이라도 다시 한번 물음으로써 이상
이 없는지 확인하는 신중함(愼)을 갖춰야 한다고 강조한 바 있습니다.

子畏於匡, 曰:"文王旣沒, 文不在兹乎? 天之將喪斯文也,
자 외 어 광   왈   문 왕 기 몰   문 불 재 자 호   천 지 장 상 사 문 야

後死者不得與於斯文也。天之未喪斯文也, 匡人其如予何?"
후 사 자 불 득 여 어 사 문 야   천 지 미 상 사 문 야   광 인 기 여 여 하

공자가 '광' 지역 사람들에게 위협을 당하자 말씀하셨다. "주나라 문왕은 이미
돌아가셨지만, 문왕의 업적이 기록된 문장(文) 즉 도의 이론이 사라지지 않고
나에게까지 이어지지 않았는가? 그 이유는 하늘이 아직 세상을 버리지 않았
기 때문이다. 그리고 나는 도의 이론인 문장(文)을 세상에 알리려고 고군분투
하고 있는 것이니, 하늘이 역사적인 사명감을 가진 나를 결코 버리지 않을 것
이다. 그러니 '광' 지역 사람들이 나를 어떻게 해칠 수 있겠는가?"

『사기』「공자세가」에 따르면, 56세의 공자는 노나라를 떠난 후 먼
저 위나라에서 열 달간 머물렀습니다. 그리고 다시 진(陳)나라로 가려고
'광' 지역을 지나는데, 이때 말을 몰던 안각이란 인물이 예전에 이곳에
와 본 적이 있다고 했습니다. 그러자 '광' 지역 사람들은 안각을 양호의
일행이라고 오해했는데, 양호는 이전에 '광' 지역을 통치하면서 백성들
을 괴롭혔던 인물이었습니다. 더군다나 공자의 생김새가 양호와 닮았기
때문에, '광' 지역 사람들은 닷새 동안이나 공자의 일행을 포위했던 거
죠. 이에 제자들이 두려워하자, 공자가 그들을 안심시키기 위해서 이 말
을 했던 겁니다. 이 사건은 11-22의 내용과도 연결되고 있으니, 여기서
함께 살펴보죠.

子畏於匡, 顔淵後。子曰:"吾以女爲死矣。"曰:"子在, 回何敢死?"
자 외 어 광 안 연 후   자 왈   오 이 여 위 사 의   왈   자 재 회 하 감 사

공자가 '광' 지역에서 위협을 당했는데, 그 혼란 속에서 안회는 공자 일행에서 뒤쳐졌다가 후에 따라왔다. 공자가 말씀하셨다. "나는 네가 죽었다고 생각했다." 그러자 안회가 말씀하셨다. "스승께서 살아 계신데, 제가 어찌 감히 먼저 죽을 수 있겠습니까?"

『논어』 11장을 보면, 공자와 안회는 사제지간을 뛰어넘어서, 부자지간에 버금가는 관계를 맺고 있었음을 알 수 있습니다. 따라서 자식이 아버지보다 먼저 죽는 것은 도리가 아니기에, 안회는 이처럼 말한 겁니다.

자식이 부모보다 먼저 죽으면 부모의 마음이 괴로울 것이고, 그렇게 되면 효도(孝)에 어긋납니다. 물론 여기서도 효도(孝)는 어짊(仁)의 출발점이고 또 어짊(仁)은 공자에게 있어서 '도'에 도달하기 위한 중요한 과정이기 때문에, 안회가 스승의 가르침을 받들어서 이처럼 강조한 것임도 알 수 있죠.

大宰問於子貢曰:"夫子聖者與? 何其多能也?"子貢曰:"固天縱之將聖,
대 재 문 어 자 공 왈 부 자 성 자 여 하 기 다 능 야   자 공 왈   고 천 종 지 장 성

又多能也。"子聞之曰:"大宰知我乎! 吾少也賤, 故多能鄙事。
우 다 능 야   자 문 지 왈   대 재 지 아 호 오 소 야 천 고 다 능 비 사

君子多乎哉? 不多也!"牢曰:"子云: '吾不試, 故藝。'"
군 자 다 호 재 불 다 야   뇌 왈   자 운   오 불 시 고 예

오나라 태재(총리) 비가 자공에게 물었다. "그대의 스승은 성스러운 사람입니

까? 참된 지도자는 한 분야에 치우치는 전문기능인이 아니라던데, 그대의 스승 공자는 어떻게 그리 다양한 분야에서 전문적인 재능을 발휘할 수 있습니까?" 자공이 대답하셨다. "본디 하늘이 스승에게 성스러운 사람이 되도록 하셨으므로 재능이 많습니다." 공자가 듣고는 말씀하셨다. "오나라 태재 비가 나를 아는구나! 나는 젊었을 때 비천해서, 많은 속되고 자잘한 일에 능했다. 군자가 재능이 많겠는가? 많지 않다!" 자장이 말씀하셨다. "스승께서 말씀하셨다. '내가 젊었을 땐 세상에 쓰이지 못해서, 이것저것 여러 재주를 배웠다.'라고."

태재는 육조(六曹)의 으뜸으로, 오늘날의 총리와도 같습니다. 『좌전』 「애공 7년」에는 오나라 태재 비가 노나라의 계강자를 불러들였는데, 계강자는 공자의 제자 자공을 시켜 사절했다는 기록이 있습니다. 『좌전』 「애공 12년」에는 오나라 왕이 태재 비를 보내서 오나라와 노나라의 맹약을 되새기게 하자 애공은 자공을 보내 완곡하게 거절했고, 또 같은 해 가을에 태재 비가 위나라 왕을 구금하자 자공이 태재 비를 설득하여 석방시켰다는 기록이 있습니다. 그만큼 오나라 태재 비는 자공을 대단히 신뢰해서, 자주 대화를 나눴음을 짐작할 수 있죠.

공자는 9-2에서 군자는 한 분야에 치우치는 전문기능인이 돼서는 안 된다고 설명한 바 있습니다. 따라서 태재 비는 여기서 그대의 스승은 군자란 한 분야에 치우치는 전문기능인이 아니라고 해놓고, 왜 자기 스스로는 그렇게 다양한 분야에서 전문적인 재능을 발휘할 수 있냐고 완곡하게 공자를 비꼬아 폄하하고 있는 것임을 알 수 있습니다.

『국어』 「월어상」에 따르면 태재 비는 월나라에서 준 뇌물을 받고, 그가 섬기는 임금 부차에게 월나라 임금 구천의 죄를 사면해달라고 요청한 바 있습니다. 또한 충신 오자서를 모함하여 죽임으로써, 결국 오나라를 멸망에 이르게 한 인물이기도 하죠. 따라서 공자는 올바르지 못한 태재 비가 완곡하게 자기를 비꼬는 모습을 보고 불쾌했을 수도 있습니다. 다만 그가 노나라의 경 계강자를 불러들일 정도의 권력자였기 때문에, 공자는 노나라 안위를 위해 불쾌한 감정을 드러내지 않은 것으로 볼 수도 있죠. 하지만 다음 구절을 보면, 사실 공자는 오히려 태재 비의 말에 진심으로 동감했음을 알 수 있습니다.

13-4

樊遲請學稼。子曰:"吾不如老農。"請學爲圃。曰:
번 지 청 학 가　자 왈　오 불 여 노 농　　청 학 위 포　왈

"吾不如老圃。"樊遲出, 子曰:"小人哉, 樊須也! 上好禮, 則民莫敢不敬;
오 불 여 노 포　번 지 출　자 왈　소 인 재　번 수 야　상 호 례　즉 민 막 감 불 경

上好義, 則民莫敢不服; 上好信, 則民莫敢不用情。夫如是,
상 호 의　즉 민 막 감 불 복　상 호 신　즉 민 막 감 불 용 정　부 여 시

則四方之民襁負其子而至矣, 焉用稼?"
즉 사 방 지 민 강 부 기 자 이 지 의　언 용 가

번지가 농사일에 대해 가르침을 청했다. 공자가 말씀하셨다. "나는 노련한 농사꾼보다 못하다." 이에 번지가 채소를 심는 일에 대해 가르침을 청했다. 공자가 말씀하셨다. "나는 노련한 원예사보다 못하다." 잠시 후 번지가 밖으로 나가자, 공자가 말씀하셨다. "피지배계급인 소인이다, 번지는! 지도자인 윗사람이 예를 좋아하면 백성들이 감히 공경하지 않을 수 없고, 윗사람이 의로움을 좋아하면 백성들이 감히 불복하지 않을 수 없으며, 윗사람이 신뢰를 좋아하면 백성들이 감히 진심으로 대하지 않을 수가 없다. 이와 같이 행하면 주변 사람들이 자기 자식을 업고 이 나라로 몰려올 텐데, 지도자인 윗사람이 굳이 스스로 농사를 지을 필요가 있겠는가?"

다른 제자들과 마찬가지로, 번지 역시 '도'를 배워서 장차 정치에 참여하고자 했습니다. 그런데 그는 수업을 받다 말고, 왜 뜬금없이 농사일과 채소를 심는 일에 대해서 질문을 했을까요? 그렇다면 지도자적 자질과 농사 사이에는 모종의 관련이 있다는 뜻이 아닐까요? 이러한 의문

점을 풀기 위해서, 다음 기록들을 살펴볼 필요가 있습니다.

> 염제가 제후들을 침해하여 욕보이려 하자, 제후들은 다 황제(黃帝)에게 귀
> 의했다. 황제는 이에 덕을 닦고 군대를 정돈했으며, 오행의 기를 바로잡고
> <u>오곡을 심어서</u> 만백성을 위로하고, 사방을 헤아려서 (생략).
>
> 『사기』「오제본기」

> 천지의 규율과 음양의 점 그리고 죽음과 삶의 말씀과 국가 존망의 어려움
> 을 따랐다. 때마다 <u>온갖 곡식과 초목을 뿌리고</u>, 금수와 곤충을 순화시켰으
> 며, 일월성신 물결 토석 금옥을 두루 망라하고, 마음과 힘 귀와 눈에 힘쓰
> 며, 물불 목재와 재물을 아껴 썼다. 흙의 덕의 상서로움이 있어서, 따라서
> 황제라고 불렀다.
>
> 『사기』「오제본기」

대동사회는 삼황오제가 통치하던 시기를 일컫습니다. 이 삼황오제
중 하나인 신농씨가 농업을 보급한 이래로 사람들이 농사를 짓기 시작
했는데, 알다시피 농업의 보급은 바로 집단정착생활과 직결됩니다. 다시
말해서 농업은 집단생활 즉 한 나라를 이끄는 지도자의 통치와 불가분
의 관계를 맺게 되는 겁니다. 따라서 지도자는 농업을 통치의 가장 중요
한 내용 중 하나로 인지했고, 또 그렇기 때문에 솔선수범하여 농사에 참
여했던 것이죠. 앞에서도 언급했듯이, 소강사회의 통치이념인 '인도'의
구성요소들은 원칙적으로 대동사회의 '천도'를 그대로 계승합니다. 따
라서 하나라와 상나라 그리고 주나라의 천자들 역시 농업을 중시한다는
가치관을 보여주기 위해서 매년 형식적으로나마 농사를 짓는 모습을 보
였는데, 『사기』「주본기」에는 주나라 선왕(宣王)이 매년 적전(籍田: 천자 소
유의 밭)에서 농사를 짓는 시늉을 함으로써, 농사를 중히 여긴다는 것을
보여주는 주례(周禮)의 전통을 소홀히 했다는 기록이 남아 있습니다. 또

한 『한서』 「예문지」에 농사는 임금과 신하가 함께 경작해야 한다는 기록이 남아 있기도 합니다. 따라서 제자백가 사상 중 하나인 농가 사상은 단순히 농업기술을 언급한 것이 아니라, 왕을 포함한 모든 사람이 자신의 노동으로 생활을 함으로써 대동사회 지도자의 치세 방법을 회복해야 한다고 주장한 것임을 추측할 수 있습니다. 결국 번지는 농사에 대해서 물은 것이 아니라, 대동사회의 정치에 대해서 가르침을 구한 겁니다. 그렇다면 공자는 왜 번지의 질문을 이처럼 탐탁지 않게 여긴 걸까요? 다음 구절을 보도록 하겠습니다.

18-7

子路從而後, 遇丈人, 以杖荷蓧 。子路問曰：“子見夫子乎?”
자로종이후 우장인 이장하조 자로문왈 자견부자호

丈人曰：“四體不勤, 五穀不分, 孰爲夫子!”植其杖而芸。子路拱而立。
장인왈 사체불근 오곡불분 숙위부자 식기장이운 자로공이립

止子路宿, 殺鷄爲黍而食之, 見其二子焉。明日, 子路行以告。子曰：
지자로숙 살계위서이식지 견기이자언 명일 자로행이고 자왈

“隱者也。”使子路反見之。至, 則行矣。子路曰：“不仕無義。長幼之節,
은자야 사자로반견지 지 즉행의 자로왈 불사무의 장유지절

不可廢也; 君臣之義, 如之何其廢之? 欲潔其身而亂大倫。君子之仕也,
불가폐야 군신지의 여지하기폐지 욕결기신이란대륜 군자지사야

行其義也。道之不行, 已知之矣!”
행기의야 도지불행 이지지의

자로가 공자 일행을 따르다가 홀로 뒤쳐졌다가 한 노인을 만났는데, 그는 지팡이를 짚고 삼태기를 메고 있었다. 자로가 물으셨다. "노인장께서는 제 스승을 보셨습니까?" 노인이 말했다. "참된 지도자는 농업을 통치의 가장 중요한 내용 중 하나로 인지하고, 또 그렇기 때문에 솔선수범하여 농사에 참여해야 마땅하다. 그런데 공자는 몸을 부지런히 하여 직접 농사를 짓지 않고 또 오곡도 구분하지 못하는데, 어찌 스승이라고 할 수 있다는 말인가!" 그러고는 지팡이를 꽂고 김을 매었다. 자로는 두 손을 가지런히 마주잡고 그의 곁에 서 있

었다. 결국 노인은 자로를 자기 집에 묵게 하고, 닭을 잡아 기장밥을 지어 먹였으며, 자기의 두 아들을 만나게 했다. 다음 날, 자로가 가서 공자에게 이 일을 보고하셨다. 공자가 말씀하셨다. "은자로다." 자로에게 돌아가 그를 만나보게 하였다. 하지만 그곳에 갔더니, 노인은 이미 떠나고 없었다. 자로가 말씀하셨다. "나라가 이처럼 혼란스러운데도, 벼슬을 하여 임금을 보필하지 않는 건 의로운 일이 아니다. 장유유서의 예절은 없앨 수 없으니, 임금과 신하가 마땅히 지켜야 할 의로움을 어찌 없앨 수 있단 말인가? 도가 땅에 떨어지면 세상을 등지고 떠난다는 불문율은 자기 몸만 돌보려는 이기주의이니, 이는 큰 윤리를 어지럽힐 뿐이다. 군자가 벼슬을 하여 임금을 보필하는 것은 다름 아닌 의로움을 실천하는 것이다. 물론 이렇게 한다고 해서 세상에 갑자기 도가 다시 행해지지 않는다는 건 이미 잘 알고 있다."

즉 번지는 농사를 언급함으로써, 공자에게 대동사회의 치세에 대해서 가르침을 구하고 있는 것이죠.

그러자 공자는 "지도자가 예(禮)와 의로움(義) 그리고 신뢰(信)로 대표되는 소강사회 '사람의 도(人道)'를 행하면, 백성들이 그를 공경하고 복종하며 진심으로 대할 것이다. 또 그렇게 되면 나라 밖 사람들이 그 지도자를 섬기기 위해서 먼 곳을 마다하지 않고 몰려올 것이니, 어찌 지금과 같은 세상에 현실적으로 실행될 가능성이 없는 이상적인 대동사회의 치세에 대해서 묻고 있단 말인가?"라고 말했습니다. 즉 몸을 쓰는 힘든 일은 피지배계급인 소인들이 해줄 것이므로, 지도자는 리더십인 '도'를 닦아서 나라를 이끄는 데 전념해야 한다고 강조한 겁니다. 이를 통해서 공자의 궁극적인 지향점은 바로 소강사회로의 복귀임이 다시 한번 확연하게 드러나고 있습니다. 즉 공자는 대동사회가 실현 가능한 목표가 아닌, 어디까지나 손을 뻗어도 닿을 수 없는 이상향으로만 생각했던 겁니다. 4-11에서 "참된 지도자인 군자는 어떻게 해야 타인에게 덕을 베풀 수 있을까 고민하지만, 피지배계급인 소인은 그저 땅을 갈아서 농사짓는 당장의 생계에만 집착한다."라고 했는데, 이제 다음 구절과 연결해서 생각해

보면, 공자가 말하고자 한 취지가 뭔지 보다 명확하게 이해할 수 있을 겁니다.

14-34

子曰: "驥不稱其力, 稱其德也。"
자 왈   기 불 칭 기 력   칭 기 덕 야

공자가 말씀하셨다. "천리마는 그 힘을 칭송하는 것이 아니라, 그 덕을 칭송하는 것이다."

천리마는 참된 지도자인 군자를 비유의 수사법으로 빗대어 표현한 겁니다. 따라서 여기서도 공자는 군자가 '도'를 행하면, 나라 안 백성들이 기뻐하고 나라 밖 사람들조차 몰려와 지도자를 섬기게 될 것이므로, 힘을 쓰는 건 소인들에게 맡기고 오로지 나랏일에 매진해야 한다고 강조하고 있습니다. 그래서 또 공자는 군자란 온갖 일에 능하지 않고 정치에만 전념하면 된다면서, 오히려 태재 비의 말에 깊이 공감하는 모습을 보였던 겁니다. 이제 다음 두 구절을 보면, 공자의 취지를 보다 명확하게 이해할 수 있겠죠?

15-32

子曰: "君子, 謀道不謀食。耕也, 餒在其中矣; 學也, 祿在其中矣。君子,
자 왈   군 자 모 도 불 모 식   경 야 뇌 재 기 중 의   학 야 녹 재 기 중 의   군 자

憂道不憂貧。"
우 도 불 우 빈

"군자는 '도'를 추구하지, 먹을 것을 추구하지는 않는다. 농사를 지으면 굶주림을 해결할 뿐이지만, '도'를 배워서 정치에 참여하면 나라에서 주는 녹봉을 받

아 가난함을 고민할 필요가 없다. 따라서 군자는 '도'를 배울 수 없을까 걱정하지, 가난하게 될까 걱정하지는 않는다."

15-34

子曰: "君子, 不可小知而可大受也; 小人, 不可大受而可小知也。"
자왈 군자 불가소지이가대수야 소인 불가대수이가소지야

공자가 말씀하셨다. "군자는 자잘한 것은 알 수 없어도 큰 것을 이어받을 수는 있지만, 피지배계급인 소인은 큰 것을 이어받을 순 없으나 자잘한 것은 알 수 있다."

특히 다음 기록을 살펴보면, 공자가 말하는 '큰 것'이 다름 아닌 '도'임을 여실히 알 수 있습니다.

공자가 말씀하셨다. "순임금은 크게 지혜로우셨으니, 순임금은 묻기를 좋아하시고 깊이가 없는 얕은 말도 무시하지 않고 살피기를 좋아하셨으며, 악함은 숨기시고 선함을 드러내셨다. 양 극단을 잡아 백성들에게 그 중간을 쓰셨으니, 이 때문에 순임금이 되셨다." 『예기』「중용」

이런 측면에서 본다면, 공자는 당시까지 내려오던 전통을 깨고 정치하는 이는 오직 정치에만 몰두해야 한다는 파격적인 가치관의 소유자였음을 새삼 깨달을 수 있습니다.

子見齊衰者, 冕衣裳者, 與瞽者, 見之, 雖少必作, 過之必趨。
자 현 자 최 자　면 의 상 자　여 고 자　현 지　수 소 필 작　과 지 필 추

공자는 상복을 입은 이와 예모를 쓰고 관복을 입은 대부 이상의 고위 신하 그
리고 소경을 부축하는 이를 만나게 되면, 비록 그들이 젊더라도 반드시 일어
나 예를 표했고, 또 그들 앞으로 지나치게 되면 반드시 예법에 맞게 허리를 굽
히고 빨리 걸어가셨다.

이 내용은 다음의 구절에도 나오므로, 여기서 함께 살펴보겠습니다.

寢不尸, 居不容。見齊衰者, 雖狎, 必變; 見冕者與瞽者, 雖褻, 必以貌。
침 불 시　거 불 용　현 자 최 자　수 압　필 변　현 면 자 여 고 자　수 설　필 이 모

凶服者, 式之, 式負版者。有盛饌, 必變色而作。迅雷風烈, 必變。
흉 복 자　식 지　식 부 판 자　유 성 찬　필 변 색 이 작　신 뇌 풍 열　필 변

자리에 누우면 죽은 이처럼 몸을 펴서 눕지 않고, 집에 머무르면 치장을 하지
않으셨다. 상을 당한 이를 만나면 비록 친하더라도 반드시 표정과 몸가짐을
고쳤고, 벼슬하는 이와 장님을 만나면 비록 친하더라도 반드시 예절에 맞는
몸가짐으로 대하셨다. 상복을 입은 이는 머리를 숙여 그에게 애도의 뜻을 표
하고, 나랏일을 하는 이에게 머리를 숙여 경의를 표하셨다. 성대한 접대를 받
게 되면, 반드시 얼굴빛을 고쳐서 정중하게 감사의 뜻을 표하셨다. 맹렬한 우
레가 치고 사나운 바람이 불면, 하늘의 뜻으로 여겨서 반드시 표정과 몸가짐
을 다시 고치는 경건한 자세를 취하셨다.

이는 상복을 입은 이를 만나면 마치 자기가 상을 당한 것처럼 진심으로 애도하고, 예모(禮帽)를 쓰고 관복을 입은 대부 이상의 상관을 보면 진심으로 공경하는 태도를 보였으며, 장님을 부축하는 이를 만나면 진심으로 동정하는 모습을 보였다는 뜻입니다. 즉 이 구절을 통해서 공자는 예(禮)가 비록 '도'의 형식이긴 하지만 표면이 아닌 진심에서 우러나와야 한다는 말을 몸소 실천했음을 보여줍니다.

그렇다면 공자는 왜 우레가 치고 사나운 바람이 불면, 표정과 몸가짐을 다시 바로잡은 걸까요? 여기서 다시 한번 새옹지마의 도리를 상기할 필요가 있습니다. 길흉화복은 변화무상하여 사람이 함부로 판단할 수 없거니와 특히나 하늘의 뜻은 아무도 알 수 없으므로, 더욱 삼가 부단히 노력하는 태도를 지녀야 합니다. 따라서 공자는 우레와 바람을 하늘의 뜻으로 여겨서, 다시 한번 몸가짐을 바로잡는 경건한 자세를 취한 겁니다.

9-10

顏淵喟 然歎曰: "仰之彌高, 鑽之彌堅, 瞻之在前, 忽焉在後!
안 연 위 연 탄 왈   앙 지 미 고   찬 지 미 견   첨 지 재 전   홀 언 재 후

夫子循循然善誘人, 博我以文, 約我以禮, 欲罷不能, 既竭吾才。
부 자 순 순 연 선 유 인   박 아 이 문   약 아 이 례   욕 파 불 능   기 갈 오 재

如有所立卓爾, 雖欲從之, 末由也已!"
여 유 소 립 탁 이   수 욕 종 지   말 유 야 이

안회가 탄식하며 말씀하셨다. "우러를수록 더욱 높고, 파고들수록 더욱 단단하며, 바라볼 때에 앞에 계시더니 홀연히 뒤에 계신다! 스승께서는 순리적으로 사람을 이끄시고, 문장(文)으로 나를 넓히시며, 예(禮)로 나를 제약하시니, 멈추고자 해도 멈추지 못해서 나의 재능을 다하게 하신다. 스승께서는 탁월하게 뛰어나고 또 의젓하게 서 있는 듯하니, 비록 그를 따르고 싶어도 좇아가지 못한다."

"우러를수록 더욱 높고, 파고들수록 더욱 단단하다."라는 말은 그 자리에 안주하지 않고 부단히 앞으로 나아가려 노력함(常)의 실천입니다. "바라볼 때에 앞에 계시더니 홀연히 뒤에 계신다."라는 말은 감히 앞에 나서지 않는 겸손함(謙)의 실천이죠. "순리적으로 사람을 이끄신다."라는 말은 억지로 작위하지 않고, 천성에 따라서 스스로 그러하게 하는 무위자연(無爲自然)의 실천입니다.

그리고 "문장(文)으로 나를 넓히신다."라는 말은 '도'의 이론을 가르치는 데 게을리 하지 않음의 실천인데, 2-11에서 '교학상장'을 설명했었죠. 군자가 '도'를 실천하기 위해서는 먼저 '도'를 배워야 하고, '도'를 닦으려면 스승이 되어서 백성들을 가르쳐야 하며, 그런 노력을 거친 후에야 우두머리가 되어서 '도'를 행정 실무에 적용할 수 있고, 또 그런 후에야 비로소 진정한 나라의 지도자가 될 수 있다고 말입니다. 따라서 이 구절을 통해서도, 공자는 '도'를 직접 실천했음을 확인할 수 있습니다.

그런데 "문장(文)으로 나를 넓히시며, 예(禮)로 나를 제약하신다."는 표현은 다음 구절에도 보입니다.

12-15

子曰: "博學於文, 約之以禮, 亦可以弗畔矣夫."
자 왈   박 학 어 문   약 지 이 례   역 가 이 불 반 의 부

공자가 말씀하셨다. "도의 이론이 되는 문장(文) 즉 옛 전적에 기록된 도의 내용을 널리 배우고, 나아가 도의 형식이 되는 예로 그것을 규제하면, 역시 도에 위배되지 않을 것이다."

즉 이는 '도'의 내용과 형식 어느 한쪽에 치우치지 않고 균형 있게 병행했을 때, 비로소 온전한 '도'에 도달할 수 있음을 표현한 겁니다. 그래서 안회는 "멈추고자 해도 멈추지 못해서 나의 재능을 다하게 하신다."라고 말한 거죠. '도'의 내용은 형식에 우선하지만 내용만으로는 '도'에 도달할 수 없고, 형식 역시 내용을 보조하는 역할이지만 내용만큼이나 중요한 역할을 하니까요. 이렇게 해야 비로소 재능을 다 발휘하여 '도'에 도달할 수 있습니다.

9-11

子疾病, 子路使門人爲臣。病間, 曰: "久矣哉,
자 질 병   자 로 사 문 인 위 신   병 간 왈   구 의 재

由之行詐也! 無臣而爲有臣。吾誰欺? 欺天乎? 且予與其死於臣之手也,
유 지 행 사 야   무 신 이 위 유 신   오 수 기   기 천 호   차 여 여 기 사 어 신 지 수 야

無寧死於二三子之手乎! 且予縱不得大葬, 予死於道路乎?"
무 녕 사 어 이 삼 자 지 수 호   차 여 종 부 득 대 장   여 사 어 도 로 호

공자의 병환이 위중하자, 자로가 자기 제자를 보내 공자의 가신이 되게 했다. 병이 조금 나아지자, 공자가 말씀하셨다. "자로가 나를 속인 지 오래되었구나. 나는 대부를 그만둔 후로는 단 한 차례도 벼슬을 한 적이 없다. 벼슬을 하지 않으면 일을 돕는 가신을 둘 수 없는데도 자로는 자기의 제자를 보내 내 가신이 되게 했으니, 이는 예(禮)를 어긴 것이고 나아가 하늘을 기만한 것이 된다. 누구인지도 모르는 가신보다는, 차라리 제자들인 너희 품에서 죽는 것이 낫

다. 또 설령 조정에서 후하게 장례를 치러주진 않더라도, 설마하니 너희가 장
례도 치르지 않고 나를 길에 버리겠느냐?"

공자는 자로로 인해서 본의 아니게 예(禮)를 어겼고, 결과적으로 하늘
을 기만한 것이 되었으므로 자로를 꾸짖은 겁니다. 하지만 또 한편으론 공
자가 제자들을 얼마나 믿고 있는지 그 애틋한 감정도 엿볼 수 있습니다.

9-12

子貢曰:"有美玉於斯, 韞匵 而藏諸? 求善賈而沽諸?"子曰:"沽之哉,
자공왈   유미옥어사 온독 이장제 구선가이고제   자왈   고지재

沽之哉! 我待賈者也!"
고지재   아대가자야

자공이 말씀하셨다. "아름다운 옥이 여기에 있는데, 이걸 궤 속에 감춰야겠습
니까? 아니면 좋은 가격에 팔아야겠습니까?" 공자가 말씀하셨다 "팔아야겠지,
팔아야겠지! 하지만 난 일단 제값을 받을 때까지 기다리겠다."

이 구절이 말하고자 한 취지는 뭘까요? 이를 알기 위해선, 먼저 다
음 내용을 이해할 필요가 있습니다.

자공이 공자에게 물으셨다. "감히 묻습니다. 군자가 옥을 중시하고 옥돌을
경시하는 이유는 무엇입니까? 옥은 적지만 옥돌은 많아서입니까?" 공자가
말씀하셨다. "옥돌이 많아서 경시하거나, 옥의 적어서 중시하는 것이 아니
다. 옛날에 군자는 덕을 옥에 비유했다. 옥이 온화하여 윤이 나는 것은 어
짊(仁)이다. 옥이 촘촘하여 성기지 않고 단단한 것은 지혜로움(知)이다. 옥이
모나고 날카롭지만 상처를 입히진 않는 건 의로움(義)이다. 옥이 군대의 대
오처럼 흐트러지지 않고 일렬로 드리운 것이 예(禮)이다. 일렬로 드리운 옥

을 두드려서, 그 소리가 맑게 흐트러져 나아가다가 짧게 뚝 그치는 것은 음악(樂)이다. 옥의 티가 아름다움을 가리지 못하고, 아름다움이 티를 가리지 않는 것은, 객관적이고도 공정함(忠)이다. 옥의 믿음성이 널리 드러나는 것이 신뢰(信)이다. 옥의 기운이 하얀 무지개와 같은 것은 하늘(天)이다. 옥의 성령이 산천에 드러나는 것은 땅(地)이다. 옥으로 만든 그릇인 규장이 귀중하게 쓰이는 것은 덕(德)이다. 옥이 세상에서 귀히 여겨지지 않음이 없는 것은 도(道)이다. 『시경』「진풍(秦風)·소융(小戎)」에 이르기를: '요컨대 군자를 생각하면, 온화함이 그 옥과 같다.'고 했다. 따라서 군자는 옥을 중시한다."

『예기』「빙의」

결국 자공은 옥으로 완곡하게 비유하여, 스승이 벼슬을 하여 나라를 다스릴 생각이 있는지를 물은 겁니다. 이에 공자는 팔기는 하겠지만 때를 기다리겠다고 했으니, 분명히 나라를 다스리고자 하는 의지는 있지만 '사람의 도'가 받아들여질 기회를 살펴서 하겠다고 밝힌 겁니다.

『사기』「공자세가」에 따르면 정공 14년에 공자는 56세의 나이로 형조판서에 해당하는 대사구에서 대부로 승진하게 되는데, 이때 공자가 기뻐하자 제자들이 그 모습을 보고 물었습니다. "군자는 화가 미쳐도 두려워하지 않고, 복이 이르러도 기뻐하지 않는다고 들었습니다." 그러자 공자가 말씀하셨습니다. "그러한 말이 있다. 하지만 '아랫사람을 소중히 하기 때문에, 그들을 기쁘게 한다.'고 하지 않더냐?" 공자는 대부가 되어 자신의 정치철학을 펼칠 수 있게 되었다며 기뻐했는데, 그건 다름 아닌 위정자로서 솔선수범하고 백성들을 소중히 여김으로써 그들을 행복하게 하는 것이었습니다. 즉 공자는 자신의 벼슬이 높아질수록 영향력이 커져서, 세상에 '도'를 펼칠 수 있는 기회가 더 많아진다고 생각했던 거죠. 그런데 본문에 보이는 공자의 태도는 이러한 정치 참여에 대한 열정이 드러나지 않습니다. 바꿔 말해서, 공자가 본문에서 한 말은 이처럼 열정이 넘칠 때가 아니라, 노나라로 돌아와 인재양성교육에 전념할 때였음을 간접적으로 나타내는 겁니다. 따라서 이 대화는 공자가 노나라로 돌아온 68세 이후에 있었던 것으로 추측할 수 있죠.

9-14

子曰: "吾自衛反魯, 然後樂正, 雅頌各得其所。"
자 왈   오 자 위 반 노   연 후 악 정   아 송 각 득 기 소

공자가 말씀하셨다. "예전에는 노나라의 삼환이 감히 천자나 제후만이 행할 수 있는 음악으로 집안 제사를 지내서 어짊(仁)을 저버렸다. 하지만 내가 위나라에서 노나라로 돌아와 음악을 바로잡으니 비로소 「아」와 「송」이 제자리를 찾게 되어서, 왕과 신하들이 각자의 신분과 상황에 맞춰 음악을 연주하게 되었다."

『시경』은 총 311수(首)로 이뤄져 있지만, 제목만 있는 6수를 제외하면 305수가 남아 있습니다. 그리고 305수는 「풍」과 「아」 그리고 「송」의 체제로 나뉘는데, 「풍」은 15개 제후국의 가요로 이뤄졌기 때문에 「15국풍」이라고도 하며, 모두 160수로 되어있습니다. 당시 사회 모습을 사실적이고도 소박하게 반영한 현실주의적 작품들이 많죠. 15국풍에 있는 작품 수는 다음과 같습니다.

주남(11), 소남(14), 패풍(19), 용풍(10), 위(衛)풍(10), 왕풍(10), 정풍(21), 제풍(11), 위(魏)풍(7), 당풍(12), 진(秦)풍(10), 진(陳)풍(10), 회풍(4), 조풍(4), 빈풍(7)

「아」는 주나라 도읍 부근의 악가(樂歌)로서 105수가 있습니다. 중원 일대에서 유행하여 조정에서 숭상되던 정통 음악(正樂)인데, 「풍」에 비

해 조정, 공, 경 대부들의 제사 및 연회에 관한 내용이 많아서 '조정의 악
가'라고도 불립니다. 이 「아」는 다시 「소아(小雅)」와 「대아(大雅)」로 나뉘
는데, 「소아」는 주로 잔치하고 즐길 때의 음악으로 총 74편(제목만 있는 6
편을 포함하면 80편)이 있습니다. 하지만 사회적 현실을 비판하거나 전쟁과
전염병 등으로 백성들이 많이 희생된 아픔을 반영한 작품도 적잖습니다.
「대아」는 조회에 사용되던 음악으로, 주나라 민족의 역사를 통한 축복과
훈계를 노래한 가사 위주입니다. 모두 31편이 있습니다.

　「송」은 왕이 제사를 지낼 때 사용한 악장인데, 노래에 춤을 겸하고
있습니다. 「송」의 주된 내용은 제사 지낼 때 신을 찬양하거나 조상들의
은덕을 찬송한 것인데, 이는 다시 「주송」과 「노송」 그리고 「상송」으로
나뉘므로 '삼송'이라고도 합니다. 「주송」 31수는 주나라 초기 왕조의 종
묘 제사에 사용된 곡이고, 「노송」 4수는 주나라가 동쪽 낙양으로 천도한
춘추시대 초기 노나라에서 조상과 하늘에 제사를 지낼 때 사용한 음악
이며, 「상송」 5수는 춘추시대 초기 상(=은)나라의 후손인 송나라에서 조
상과 하늘에 제사를 지낼 때 사용된 음악입니다.

　「아」와 「송」은 모두 조정의 음악을 뜻합니다. 따라서 이 구절에서
「아」와 「송」이 제자리를 찾게 되었다는 건 바로 공자가 노나라에 돌아
와 음악을 바로잡음으로써 왕과 신하들이 각자의 신분과 상황에 맞춰
음악을 연주하게 되었음을 뜻합니다.

　3-2에서 공자는 "'제후들은 제사를 돕고, 천자께서는 공경하네.'라
는 내용의 천자의 제례에 쓰이는 「옹」을, 어찌 세 집안에서 연주할 수 있
다는 말인가?"라고 말하면서, 일개 제후국인 노나라의 경(卿)들이 천자
나 행할 수 있는 음악으로 집안 제사를 지낸 걸 비판한 바 있습니다. 즉
공자가 56세에 노나라를 떠나기 전에는, 일개 신하가 천자의 음악을 연
주하는 등 어짊(仁)과 의로움(義)이 땅에 떨어진 상황이었죠. 그러다가
68세에 노나라로 돌아온 후에 왕과 신하들이 신분에 맞는 음악을 사용

하게끔 다시 음악 체계를 정비했다고 했으니, 이는 공자가 노나라의 예악제도를 다시 주공의 아들 백금이 그랬던 것처럼 바로잡았음을 뜻합니다. 그렇다면 공자는 다음 구절에서는 무엇을 말하고자 한 걸까요?

17-10

子謂伯魚曰: "女爲周南召南矣乎? 人而不爲周南召南,
자 위 백 어 왈   여 위 주 남 소 남 의 호   인 이 불 위 주 남 소 남

其猶正牆面而立也與。"
기 유 정 장 면 이 립 야 여

공자가 백어에게 말씀하셨다. "너는 『시경』의 「주남」과 「소남」을 배웠느냐? 「주남」과 「소남」에는 지도자가 지켜야 할 도리가 고스란히 담겨져 있는데, 사람이 이를 배우지 않으면 마치 커다란 담장을 마주하고 있는 것과 같이 세상을 제대로 바라볼 수가 없다."

「주남」과 「소남」은 『시경』 15국풍 중의 하나인데, 이와 관련하여 먼저 다음의 기록을 살펴봅니다.

그러므로 「주남」의 첫 작품인 「관저」와 마지막 작품인 「인지」의 교화는 왕의 감화이니, 노나라 시조인 주공에 관계된다. '남'은 임금이 북쪽에 앉아서 남쪽을 향해 앉으므로, 교화가 '북'에서 '남'으로 이뤄지는 걸 뜻한다. 「소남」의 첫 작품인 「작소」와 마지막 작품인 「추우」의 '덕'은 제후의 가르침인데, 선왕들께서 교화하셨으므로 연나라 시조인 소공에 관계된다.

「시대서」

즉 공자가 "마치 커다란 담장을 마주하고 있는 것과 같이 세상을 제대로 바라볼 수가 없다."라고 말한 것은 주나라 지도자가 마땅히 따라야

할 도리인 법도(法道) 즉 통치이념인 '도'를 제대로 이해하지 못하여, 세상을 올바로 다스릴 수 없다."라는 뜻이 되는 겁니다. 이제 「주남」과 「소남」에 수록된 25수 작품의 주제를 살펴보겠습니다.

周南(주남: 11수)

1. 「관저(关雎)」: "천자의 부인 즉 후비의 덕이다."

2. 「갈담(葛覃)」: "후비가 지켜야 할 본분이다."

3. 「권이(卷耳)」: "후비가 뜻을 둬야 할 바이다."

4. 「규목(樛木)」: "후비는 아래로 낮추는 바이다."

5. 「종사(螽斯)」: "후비의 자손이 번성한다."

6. 「도요(桃夭)」: "후비가 이룬 바이다."

7. 「토저(兔罝)」: "후비가 감화시킨 것이다."

8. 「부이(芣苢)」: "후비의 경사스러움이다."

9. 「한광(漢廣)」: "덕이 널리 퍼짐이다."

10. 「여분(汝墳)」: "도로 감화시키는 것이 행해지는 것이다."

11. 「인지지(麟之趾)」: "「관저」에 화답하는 것이다."

召南(소남: 14수)

1. 「작소(鵲巢)」: "제후의 부인 즉 부인의 덕이다."

2. 「채번(采蘩)」: "부인은 직분을 잃지 않는다."

3. 「초충(草蟲)」: "대부의 부인은 예로 스스로를 지킬 수 있다."

4. 「채빈(采蘋)」: "대부의 부인은 법도를 좇을 수 있다."

5. 「감당(甘棠)」: "소공을 찬미한 것이다."

6. 「행로(行露)」: "소공이 송사를 맡아 공정하게 처리한 것이다."

7. 「고양(羔羊)」: "「작소」의 공로를 이룬 것이다."

8. 「은기뢰(殷其靁)」: "의로움을 권장한 것이다."

9. 「표유매(標有梅)」: "남녀가 때를 맞춰 함께 만나는 것이다."

10. 「소성(小星)」: "은혜가 아래로 미치는 것이다."

11. 「강유사(江有汜)」: "시집갈 때 함께 데리고 온 시첩을 찬미한 것이다."

12. 「야유사균(野有死麕)」: "예가 없음을 미워한 것이다."

13. 「하피농의(何彼襛 矣)」: "주나라 천자의 딸 왕희를 찬미한 것이다."

14. 「추우(騶虞)」: "「작소」에 화답하는 것이다."

「주남」과 「소남」의 작품 주제들을 종합해보면, 15-11에서 말한 「정풍」에 속한 작품들의 주제인 임금이 부덕하고 충신이 없어서 나라가 혼란스러워진 것을 개탄하고 있는 것과는 사뭇 다르다는 점을 발견할 수 있을 겁니다. 따라서 공자의 말은 결국 「주남」과 「소남」에는 주공과 소공이 남긴 지도자의 도리가 고스란히 담겨져 있다는 뜻이므로, 다시 한 번 공자가 추구한 것은 소강사회를 이끈 '사람의 도(人道)'임을 확인할 수 있죠.

나아가 『시경』을 순수문학작품으로 보려는 시도 역시 잘못되었다는 사실도 확인할 수 있습니다. 왜냐면 제목을 통해서 「주남」은 무왕의 동생으로서 주나라를 안정시켜서 훗날 노나라를 분봉 받은 주공의 정치 이념을, 그리고 「소남」은 친척으로서 주공과 함께 성왕을 보필하여 훗날 연나라를 분봉 받은 소공의 정치이념을 담은 작품들이라는 걸 알 수 있으니까요.

기억하고 있나요? 4-25에서 임금은 마치 북극성처럼 북쪽에 등을 기대고 남쪽을 향해서 앉았다는 전통을 말입니다.

子曰: "出, 則事公卿; 入, 則事父兄。喪事不敢不勉, 不爲酒困,
자왈　출　즉사공경　입　즉사부형　상사불감불면　불위주곤

何有於我哉?"
하 유 어 아 재

공자가 말씀하셨다. "집을 나서면 공(임금)과 경을 섬기는 어짊(仁)을 행하고,
집에서는 아버지와 형님을 섬기는 효도(孝)를 행하며, 상을 당하면 감히 정성
을 다하지 않음이 없고, 술로 인해서 곤경에 처하지 않으니, 어떤 것이 나를
곤혹스럽게 하겠는가?"

우선 공자는 작은 데서 점차 큰 것으로 확장하는 효도(孝)-공경(悌)-
어짊(仁)의 차례를 잘 지켰음을 알 수 있습니다. 이는 '도'의 내용을 충
실히 이행했음을 의미하는데, 특히 공자는 대부를 지냈기 때문에 어짊
(仁)의 대상을 대부의 상관인 공(제후국의 임금)과 경으로 구체화하여 언급
했죠.

예(禮)는 '도'의 형식
이지만, 정성을 다하지 않
으면 안 된다고 앞에서도
누차 강조한 바 있습니다.

따라서 공자는 '도'의 내용에 이어서 형식인 예(禮)를 행함에 있어서도
정성을 다하는 태도를 보였다고 설명하죠.

그렇다면 술로 인해서 곤경에 처하지 않는다는 말뜻은 뭘까요? 이
와 관련하여 다음 구절도 함께 살펴보겠습니다.

食不厭精, 膾不厭細。食饐 而餲 , 魚餒 而肉敗, 不食; 色惡, 不食;
사 불 염 정　회 불 염 세　사 의 이 애　어 뇌 이 육 패　불 식　색 악　불 식;

臭惡, 不食; 失飪 , 不食; 不時, 不食; 割不正, 不食; 不得其醬, 不食。
취 악　불 식;　실 임　불 식;　불 시　불 식;　할 부 정　불 식;　부 득 기 장　불 식。

肉雖多, 不使勝食氣。唯酒無量, 不及亂。沽酒市脯, 不食。不撤薑。食,
육 수 다　불 사 승 사 기　유 주 무 량　불 급 란。고 주 시 포　불 식。불 철 강　사,

不多食。祭於公, 不宿肉; 祭肉, 不出三日。出三日, 不食之矣。食不語,
불 다 식。제 어 공　불 숙 육;　제 육　불 출 삼 일。출 삼 일　불 식 지 의　식 불 어,

寢不言。雖疏食菜羹, 瓜祭, 必齊如也。
침 불 언。수 소 사 채 갱　과 제　필 재 여 야。

밥은 잘 도정된 쌀을 싫어하지 않고, 회는 잘게 썬 것을 싫어하지 않으셨다. 밥이 상하여 맛이 변하고 생선이 썩거나 고기가 썩으면 먹지 않고, 빛깔이 나쁘면 먹지 않으며, 냄새가 나쁘면 먹지 않고, 익히지 않으면 먹지 않으며, 때를 아직 설익은 것은 먹지 않고, 정갈하게 자르지 않으면 먹지 않으며, 간이 맞지 않으면 역시 먹지 않으셨다. 고기가 비록 많더라도, 밥보다 많이 드시지는 않았다. 오직 술은 마음껏 드셨으나, 자신을 제어할 수 없을 지경까지 드시지는 않으셨다. 파는 술과 저자의 육포는 사먹지 않고, 집에서 직접 담은 술과 육포만 드셨다. 그리고 생강 먹는 것을 그만두지 않으셨다. 밥은 배부를 정도로 많이 먹지 않으셨다. 나라의 종묘에서 제사를 지내면 하사 받은 고기는 묵히지 않고 바로 드셨는데, 제사 지낸 고기는 삼 일을 넘기지 않았다. 만약 삼 일이 지나면 먹지 않으셨다. 먹을 때는 말하지 않고, 자리에 누우면 말하지 않으셨다. 비록 변변치 못한 음식과 나물국이라도 반드시 처음 음식을 창안한 이에게 고마움의 제사를 올렸는데, 반드시 공손하고 엄숙하게 제사를 지내셨다.

특히 "오직 술은 마음껏 드셨으나, 자신을 제어할 수 없을 지경까지 드시지는 않으셨다."는 표현이 있는데, 이로 미뤄보아 공자는 애주가였으나 결코 술이 사람을 이기는 경우는 없도록 스스로 절제하는 신중함(愼)을 지켰음을 알 수 있습니다. 따라서 이 구절을 종합해보면 공자는

'도'의 내용과 형식을 충실히 이행하고 나아가 자신이 잘하고 있다고 생각하지 않는 신중한 모습을 보였으므로, 설령 어떤 위기에 처하더라도 자기 자신을 보존할 수 있었다고 말하고 있음을 알 수 있습니다. 특히나 10-8을 살펴보면 공자는 식사 예절을 대단히 중시했음을 알 수 있는데, 이와 관련하여 다음 기록도 함께 살펴보죠.

무릇 예의 처음은, 음식에서 시작한 것이다. 「예기」「예운」

예(禮)는 왼쪽 조상의 혼령이 하늘로 올라가는 것을 의미하는 '보일 시(示)'와, 오른쪽 제사 때 제기(豆) 위에 음식을 풍성하게 쌓은 모습을 그린 '풍년 풍(豊)'이 합쳐진 겁니다. 즉 예절(禮)은 음식을 풍성하게 준비하여 조상에게 제사를 지내는 것에서 시작된 거죠. 따라서 예(禮)를 강조한 공자는, 그 기원이 되는 식사 예절에 대단히 삼가는 모습을 보였던 겁니다.

9-16

子在川上曰: "逝者如斯夫, 不舍晝夜。"
자 재 천 상 왈   서 자 여 사 부   불 사 주 야

공자가 다리 위에서 시냇물을 내려다보며 말씀하셨다. "흐르는 것이 이와 같으니, 낮과 밤을 쉬지 않는구나."

이는 다음 구절과 뜻이 같으므로, 함께 짚고 넘어가겠습니다.

子曰: "性相近也, 習相遠也。"
자 왈   성 상 근 야   습 상 원 야

공자가 말씀하셨다. "타고난 천성은 서로 비슷하지만, 부단히 실천하려고 노력함의 차이로 인해 서로 달라진다."

'도'와 '덕'의 차이는 항상 변치 않고 부단히 노력하는 태도(常)의 유무에 있다고 했습니다. '덕'으로 다스리면 나라가 안정되지만, 안일함에 빠져 항상성(常)을 잃으면 다시 혼란에 빠집니다. 반면에 잠시라도 떠날 수 있다면 그건 '도'가 아니므로, '도'는 그 자체로 변치 않는 자세(常)를 포함하죠. 따라서 공자는 여기서 다시 한번 '도'의 중요한 구성요소인 상(常) 즉 초지일관하는 자세를 부각시키고 있음을 알 수 있습니다. 이제 이와 관련된 두 인물을 소개해 볼까요?

후지나미 신타로(藤浪 晋太郎)는 키 197cm에서 뿜어져 나오는 시속 160km의 강속구를 자랑하며, 일본 프로 야구 한신 타이거즈(Hanshin Tigers)에 1순위로 지명을 받은 유망주 투수입니다. 입단 후 3년 연속 두 자릿수 승수를 올리면서, 그 진가를 마음껏 뽐내기도 했습니다. 그는 특히 고교시절부터 프로 초창기까지 오타니 쇼헤이(大谷翔平)와 라이벌 구도를 형성해왔습니다. 오타니 선

수는 키가 195cm의 장신에 최고 구속 165㎞를 상회하며, 현재 미국 메이저 리그 LA 에인절스(Angels)에서 투수와 타자로 활동하고 있습니다. 거기다가 2021년 현재 홈런 부문 1위를 달리고 있습니다. 얼마 전에는 홈런 1위를 달리고 있는 그가 경기 선발투수로 등판해서 승리까지 따내, 100년 만에 뉴욕 양키스(New York Yankees) 출신의 베이브 루스(George Herman "Babe" Ruth)가 재림했다는 기사가 언론을 도배하기까지 했죠. 이 두 선수는 비록 라이벌 관계이지만, 2012년 서울에서 열린 청소년야구선수권대회를 시작으로 일본 프로야구를 이끌 쌍두마차로 한껏 기대를 받아왔습니다. 하지만 라이벌 오타니와 달리 후지나미는 이후 심각한 제구 난조로 성적이 급락했고, 2020년 3월에는 일본프로야구 선수로는 최초로 코로나19 확진 판정을 받기도 했습니다. 당시 코로나19가 일본에서 급속도로 확산되고 있었는데, 그 와중에 20대 여성들이 다수 참석한 파티에 참석한 사실이 알려져 비난을 받았죠. 거기다가 완치 판정 후 처음 참가한 단체 훈련에까지 지각을 하는 바람에, 결국 구단은 그를 무기한 2군으로 강등시켜 내려보냈습니다.

9-17

子曰:"吾未見好德如好色者也。"
자 왈　오 미 현 호 덕 여 호 색 자 야

공자가 말씀하셨다. "나는 덕을 좋아하기를 여색을 좋아하는 것과 같이 하는 사람을 만나보지 못했다."

『사기』「공자세가」에 따르면 대략 57세에 '광' 지역에서 벗어난 공자는 '포' 지역에서 한 달 정도 머무르다가, 다시 위나라로 돌아와 거백옥의 집에 머물렀습니다. 이 기간에 위나라 영공이 하루는 새로 얻은 젊은 부인 남자와 함께 궁문을 나섰는데, 환관 옹거는 그의 곁에 있게 하면서 정작 공자는 뒤의 수레를 타고 따라오게 했습니다. 그때 공자가 이를 수치스럽게 여겨서 한 말이 본문의 내용이라고 하죠. 이 구절은 15-13에도 다시 한번 나오고 있습니다.

15-13

子曰: "已矣乎! 吾未見好德如好色者也."
자 왈   이 의 호   오 미 현 호 덕 여 호 색 자 야

공자가 말씀하셨다. "끝났구나! 나는 덕을 좋아하기를 여색을 좋아하는 것과 같이하는 이를 만나보지 못했다."

그런데 이 구절에는 9-17과 달리 더 이상 희망을 찾기가 어렵다는 절망적인 어조가 포함되어 있으므로, 아마도 15-13은 공자가 삶의 끈을 놓아버린 73세 직전에 말했던 것으로 보입니다. 그렇다면 공자는 어떤 의도로 이처럼 말한 걸까요? 다음 기록을 살펴보죠.

덕을 좋아하는 걸 여색을 좋아하는 것처럼 하므로, 제후는 여색을 탐하지 않는다. 그러므로 군자는 여색을 멀리하고, 그럼으로써 백성들의 기강으로 삼는다.   『예기』「방기」

즉 이를 통해서 공자가 처한 춘추시대에는, 군자와 달리 많은 지도자들이 '덕'을 멀리 하고 여색만 탐하는 풍조가 팽배했음을 알 수 있습니다. 물론 오늘날이라고 예외는 아니죠.

제프리 에드워드 엡스타인(Jeffrey Edward Epstein)은 미국의 자수성
가한 억만장자 금융인입니다. 사립학교에서 수학과 물리를 가르치다가
미국의 투자자산운용은행인 베
어 스턴스(Bear Stearns Compa-
nies, Inc) 회장 아들의 과외 선생
을 한 인연으로 베어 스턴스에
입사하게 되죠. 이후 뉴욕의 금
융 중심지인 월 스트리트(Wall
Street)로 무대를 옮겨서 VIP 고
객만을 대상으로 하는 자산투자
사를 설립하였고, 수십억 달러에 달하는 자산과 막대한 인맥을 쌓았습니
다. 도널드 트럼프 당시 미국 대통령조차 그와 친분이 있다고 공공연히
말할 정도였으니까요. 하지만 그의 생활은 정상적이지 않았습니다.
2008년 미성년자 36명과 성매매를 한 혐의로 조사를 받았지만 단지 두
건의 성매매만 인정되어 13개월의 징역형을 살았고, 이마저도 그의 인맥
을 통해서 호텔에서 지내는 것 같은 호사스러운 감옥 생활을 했습니다.
하지만 꼬리가 길면 밟힌다고 했던가요? 동일 범죄 혐의로 2019년 7월
다시 체포되었고, 한 달 후 감옥에서 자살로 생을 마감했습니다.

9-22

子曰: "後生可畏。焉知來者之不如今也? 四十五十而無聞焉,
자 왈 후 생 가 외 언 지 래 자 지 불 여 금 야 사 십 오 십 이 무 문 언

斯亦不足畏也已。"
사 역 부 족 외 야 이

공자가 말씀하셨다. "나중에 태어난 이들은 그들이 지닌 무한한 가능성으로
인해 두려워할 만하다. 어찌 나중에 태어난 이들이 지금 사람들만 못할 것이

라고 말할 수 있겠는가? 하지만 그들이 나이 사십이나 오십이 되어도 깨우침
이 없다면, 역시 별로 두려워할 게 없다."

인류사에 있어서 후세들은 항상 선대들의 업적을 발판으로 보다 새
롭고 더 뛰어난 성취를 거둬왔습니다. 그렇기 때문에 공자는 이처럼 젊
은이들의 촉망받는 미래와 그 가능성을 높이 평가한 겁니다. 하지만 인
류는 승승가도만을 달렸던 건 아닙니다. 뼈아픈 실수와 잘못 그리고 그
과정에서 생기는 상처를 몇 번이고 견디고 극복하며 발전한 거죠. 다만
공자는 이러한 반복된 실수와 잘못은 언제까지고 용인될 수 있는 게 아
니라고 말합니다. 다음 구절을 보죠.

17-26

子曰: "年四十而見惡焉, 其終也已。"
자 왈   연 사 십 이 현 악 언   기 종 야 이

공자가 말씀하셨다. "나이가 40세가 되었는데도 추악함을 보이면, 더 이상 고
칠 수 있는 가능성이 없으므로 그걸로 끝이다."

공자는 2-4에서 "마흔 살에는 현혹되지 않아서 노여움으로 인해 자
신의 통제력을 잃어서 어버이를 아프게 하지 않는 평정심을 갖게 되었
다."라고 한 바 있고, 또 12-21에서는 "순간적인 충동으로 이성을 잃어서
자기 자신을 해치고 그로 인해서 부모가 괴로워한다면, 그것이 현혹됨이
아니겠느냐?"라고 말했습니다. 따라서 40세 즉 '불혹'은 노여움으로 인
해서 자신의 통제력을 잃고 나아가 어버이에게 미치게 하지 않는 평정
심을 뜻하죠. 이제 이를 바탕으로 다시 한번 이 구절을 살펴보면, 공자의
말뜻은 "나이가 40세가 되었는데도 자기 잘못을 부끄러워하여 고치지

않는다면, 그 사람은 더 이상 고칠 수 있는 가능성이 없다."는 뜻이 됨을 알 수 있습니다.

9-23

子曰: "法語之言, 能無從乎? 改之爲貴。巽與之言, 能無說乎?
자 왈   법 어 지 언 능 무 종 호   개 지 위 귀   손 여 지 언 능 무 열 호

繹之爲貴。說而不繹, 從而不改, 吾末如之何也已矣!"
역 지 위 귀   열 이 불 역   종 이 불 개   오 말 여 지 하 야 이 의

공자가 말씀하셨다. "지켜야 할 정당한 말은 따르지 않을 수 있겠는가? 하지만 그보다 먼저, 자기 허물을 고치는 게 중요하다. 심기를 거스르지 않고 완곡하게 하는 말은 듣고 기쁘지 않을 수 있겠는가? 하지만 상대방의 심기를 건드리지 않되, 말하고자 하는 요지를 분명히 드러내는 것이 중요하다. 상대방이 기뻐하지만 말의 요지를 드러내지 못하고, 지켜야 할 정당한 말을 따르되 자기 허물을 고치지 않으면, 내가 뭘 어찌할 수 있겠는가!"

여기서 '지켜야 할 정당한 말'이란 무엇일까요? 다음 기록을 살펴보죠.

순임금이 말씀하셨다. "(생략) 여러 사람과 상의하지 않은 말은 듣지 말고, 상의하지 않은 계책은 쓰지 마시오. 백성을 사랑할 이는 임금이 아니겠소? 임금을 두려워할 이는 백성이 아니겠소? 백성은 임금이 아니면 누구를 받들겠소? 또 임금은 백성이 아니면 함께 나라를 지킬 사람이 없소. 공경하시오! 삼가면 이에 자리가 있게 되고, 공경하여 베풀면 바라는 바가 있게 되지만, 온 나라가 곤궁해지면 하늘이 준 영화도 영영 끝나게 되오. 입에서 나는 말은 곧잘 전쟁을 일으키니, 나는 다시 말하지 않겠소."

『상서』「대우모」

바로 이처럼 누구나 공감할 수 있는 원칙을 뜻합니다. 그렇다면 "하지만 그보다 먼저, 자기 허물을 고치는 게 중요하다."는 말은 과연 어떤 걸 의미할까요?

이스라엘의 베냐민 네타냐후(Benjamin Netanyahu)는 역대 최장 임기 총리였습니다. 2009년부터 2021년 중반까지 총리를 맡고 있었죠. 그는 코로나19 퇴치에 집단 면역이 중요하다면서 최근 30차례 심지어 새벽 3시에 알버트 불라(Albert Bourla) 화이자(Pfizer) CEO에게 전화를 거는 집요함을 보였고, 그의 열정에 감동한 불라 때문에 다른 나라보다 백신을 빨리 구해와 이스라엘 성인 접종율이 90%를 넘어섰습니다. 경제도 빠르게 회복되고 있다는 평을 들었습니다. 여기까진 총리가 '지켜야 할 정당한 말'을 따랐다고 할 수 있습니다. 하지

만 그는 권력욕과 물욕으로 부정부패를 일삼아서, 현재 형사재판에 넘겨진 상태입니다. 이스라엘 출신의 미국 할리우드 영화 제작자 아논 밀천(Arnon Milchan) 등으로부터 수년간 고급 샴페인과 쿠바산 시가 등 수십만 달러 상당의 뇌물을 수수했습니다. 또 이스라엘 최대 일간지 발행인에게 본인에 대한 우호적인 기사를 써달라고 요구하고, 그 대가로 경쟁지의 발행부수를 줄이려 한 혐의도 받고 있습니다. 이에 대해 베냐민은 국민의 의지에 반하는 정치적 쿠데타 시도이고, 검찰과 경찰이 우파 지도자인 자신을 물러나게 하려는 음모를 꾸미고 있다면서 모든 혐의를 부정하고 있습니다. 자기의 허물을 인정하고 고치려는 모습을 보이지 않은 겁니다. 결국 시민들은 총리 관저에 모여 퇴진 촉구 시위를 벌였고, 최근에는 초당적인 연립 정부 구성에도 실패하여 총리에서 물러나게 되

었습니다.

또 그렇다면 "심기를 거스르지 않고 완곡하게 하는 말은 듣고 기쁘지 않을 수 있겠는가? 하지만 상대방의 심기를 건드리지 않되, 말하고자 하는 요지를 분명히 드러내는 것이 중요하다."라는 말뜻은 무엇일까요?

한나라 사마상여는 「자허부」를 지어 무제에게 바쳤는데, 사실 그 작품을 쓴 이유는 사치와 향락에 젖은 생활을 조심하라는 의도였습니다. 하지만 사마상여는 무제의 심기를 건드리지 않기 위해서 작품 끝부분에 겨우 한두 줄의 완곡한 어조로 그 취지를 언급했을 뿐이었고, 정작 무제가 「자허부」를 읽었을 때는 그 미려한 언어와 화려한 궁중 생활 묘사에 감탄한 나머지 사마상여를 불러 벼슬까지 줬습니다. 이를 일컬어 권백풍일(勸百諷一: 풍자하는 글은 겨우 하나에 불과하고, 나머지 백 가지는 은근하게 권고함으로써 그 본래의 취지를 상실하는 것)이라고 하는데, 공자는 바로 이와 비슷했던 춘추시대의 풍조를 비판함과 더불어, 그 핵심을 잡아내지 못하는 지도자 역시 완곡하게나마 비판하고 있는 겁니다. 상대방의 심기를 건드리지 않고 말하는 건 중요합니다. 하지만 상대방이 정작 자기가 말하고자 하는 요지를 파악하지 못한다면, 그건 철저히 실패한 겁니다.

9-27

子曰: "歲寒, 然後知松栢之後彫也。"
자 왈   세 한   연 후 지 송 백 지 후 조 야

공자가 말씀하셨다. "평상시에는 인지하지 못하다가 한겨울의 추위가 닥친 후에야, 소나무와 잣나무가 다른 나무들보다 더 오래 푸르름을 유지하다가 뒤늦게 시들게 됨을 비로소 깨닫게 된다."

여기서 한겨울의 추위는 어려운 시절을 비유적으로 표현한 것이고,

소나무와 잣나무는 참된 지도자를 역시 비유적으로 표현한 겁니다. 즉 참된 지도자가 다스릴 때는 백성들이 잘 몰랐지만, 세월이 지난 후에 환경이 달라지면 그때가 얼마나 아름다운 시절이었는지 비로소 절실하게 깨닫게 된다는 뜻이죠.

일본 이와테현(岩手県) 북쪽에 있는 후다이(普代) 마을은 1896년과 1933년 발생한 쓰나미로 총 1,600여 명이 숨진 바 있습니다. 이때 살아남은 소년 와무라 고토쿠(和村幸得)는 커서 이 마을 촌장이 되었고, 이후 15m 이상 높이의 방조제와 수문 건설을 추진합니다. 이에 주민들은 그가 쓸데없는 데 엄청난 돈을 낭비하려 든다며 반대했죠. 하지만 그는 2번이나 겪은 일을 또 다시 겪을 수는 없다면서 20년 동안 정부와 지자체를 설득했고, 1984년 결국 500억 원을 지원받아 15.5m의 방조제와 수문을 완공했습니다. 1997년 와무라 촌장이 세상을 떠났을 때도, 주민들은 그를 고집쟁이라며 비난했습니다. 그러다가 2011년 3월 다시 이 지역에서 규모 9.0의 대지진이 발생했습니다. 지진으로 인해 곧 14m 높이의 쓰나미가 몰려왔고, 이로 인해 사망한 인구만 3,500여 명에 달했습니다. 하지만 인구 3,000명의 후다이 마을은 방조제 밖으로 배를 찾으러 간 1명의 실종자를 빼고는, 마을 주민 전원이 살아남았습니다. 이제 마을 사람들은 와무라 촌장에 대한 비난을 멈추고, 진심 어린 고마움을 표하고 있습니다.

9-28

子曰: "知者不惑, 仁者不憂, 勇者不懼。"
자왈　　지자불혹　인자불우　용자불구

공자가 말씀하셨다. "지혜로운 이는 현혹되지 않고, 어진 이는 근심하지 않으며, 용감한 이는 두려워하지 않는다."

6-20에서 지혜로움(知)은 지도자로서 솔선수범하여 백성들이 의로움(義)을 행하도록 권하고, 초자연적인 힘에 의탁하지 않는 객관적인 판단력을 지닌 것이라고 했습니다. 따라서 지혜로운 이는 이러한 판단력으로 자기를 다스려서, 옳지 못한 것에 현혹되지 않습니다.

그리고 1-2에서 설명한 바 있듯이, 어짊(仁)은 사회에 나아가 군주를 진심으로 섬기고 따르는 것이죠. 따라서 어진 이는 딴생각을 품지 않고 오로지 군주에게 정성을 다하는 생각만 하기 때문에, 마음을 편안히 할 수 있다는 겁니다.

또한 2-24-2에서 용감함(勇)이란 의로움(義)을 몸소 실천하는 것이라고 했습니다. 따라서 용감한 이는 옳은 일에 목숨을 걸 수 있으므로, 더 이상 두려울 것이 없죠. 즉 이 세 가지는 '도'의 내용을 이루는 구성요소가 되는 겁니다. 그래서 공자는 다음과 같이 말하기도 했습니다.

12-4

司馬牛問君子。子曰: "君子不憂不懼。" 曰: "不憂不懼,
사 마 우 문 군 자   자 왈   군 자 불 우 불 구   왈   불 우 불 구

斯謂之君子矣乎?" 子曰: "內省不疚 , 夫何憂何懼?"
사 위 지 군 자 의 호   자 왈   내 성 불 구   부 하 우 하 구

사마우가 군자에 대해 물으셨다. 공자가 말씀하셨다. "군자는 근심하거나 두려워하지 않는다." 사마우가 말씀하셨다. "근심하거나 두려워하지 않으면, 이를 군자라고 할 수 있습니까?" 공자가 말씀하셨다. "안으로 성찰하여 부끄러움이 없는데 어찌 근심하고 두려워하겠는가?"

결국 공자는 이 구절에서 군자란 어짊(仁)과 의로움(義)을 몸소 실천하는 용감함(勇) 즉 '도'의 내용을 배워서 실천해야 한다고 가르치고 있는 겁니다. 이렇듯 성인의 '도'를 배우고 실천하며 부단히 노력하여 허물

을 고쳐 가는데, 군자에게 무슨 근심하거나 두려워할 일이 있을까요? 이제 이 구절에 부합되는 사례를 소개하겠습니다.

　위나라 조조가 형주를 차지하기 위해서 기회를 엿보고 있을 때, 유비는 형주, 자사, 유표에게 신세를 지고 있었습니다. 그러다가 유표가 병으로 쓰러지자, 조조는 기다렸다는 듯이 바로 형주를 차지했습니다. 조조를 피해 형주를 벗어나야 했던 유비였지만, 그는 자기를 따르는 백성들을 포기하지 않고 오히려 만사를 제쳐두고 그들의 피난을 도왔습니다. 이는 몸소 의로움(義)을 행하고 또 자기를 따르는 백성들을 도와야 한다는 정확한 판단을 한 지혜로운 자세(知)라고 할 수 있습니다. 장비는 유비가 형주 백성들을 이끌고 도망을 가는 동안 장판교라는 다리에서 홀로 용감하게 적들을 막아내어, 형주 백성들이 안전하게 피난을 갈 수 있도록 했습니다. 이는 두려움 없이 의로움(義)을 몸소 실천한 용감한(勇) 행동이죠. 유비는 제갈량을 자신의 책사로 모시기 위해서 그의 집을 세 번이나 찾아가는 정성을 보였습니다. 여기서 '삼고초려(三顧草廬)'라는 성어가 탄생했죠. 제갈량은 그런 모습에 감동을 받아서, 유비를 진심으로 자신의 리더로 모시게 됩니다. 또 그는 유비가 죽은 후에도 그의 아들 유선을 끝까지 따르는 어짊(仁)을 행함으로써, 다른 마음을 품지 않고 근심 없이 자신의 책임을 다했습니다. 덕분에 유선은 17세의 나이로 왕위에 즉위할 수 있었고, 이후 제갈량은 유선을 보좌하며 12년 동안 촉나라 재상으로 끝까지 그를 보필했습니다.

　하지만 공자는 또 다음과 같이 말하기도 했습니다.

14-29

子曰: "君子道者三, 我無能焉。仁者不憂, 知者不惑, 勇者不懼。"
자 왈   군 자 도 자 삼   아 무 능 언   인 자 불 우   지 자 불 혹   용 자 불 구

子貢曰: "夫子自道也。"
자 공 왈   부 자 자 도 야

공자가 말씀하셨다. "군자의 도에는 세 가지가 있는데, 나는 행할 수 있는 것
이 없다. 어진 이는 근심하지 않고, 지혜로운 이는 현혹되지 않으며, 용감한 이
는 두려워하지 않는다." 자공이 말씀하셨다. "스승께서 진심으로 말씀하신 것
이다."

공자는 한평생을 바쳐서 '도'에 도달하고자 했지만, 여전히 도달하
지 못했다고 말하고 있습니다. 그만큼 '도'의 구성요소들을 유기적으로
조화롭게 모두 실천한다는 건 아무나 할 수 있는 일이 아니겠죠. 특히 자
신이 항상 부족하다고 생각하는 겸손함(謙)과, 그래서 변치 않고 더욱 노
력하는(常) 자세까지 겸비해야 하니까요.

9-29

子曰: "可與共學, 未可與適道。可與適道, 未可與立。可與立,
자 왈   가 여 공 학   미 가 여 적 도   가 여 적 도   미 가 여 립   가 여 립

未可與權。"
미 가 여 권

공자가 말씀하셨다. "도를 좇아서 다른 사람들과 함께 배울 수는 있더라도, 오
로지 도에 전념하여 도가 뭔지 온전히 이해하긴 쉽지 않다. 도에 전념하여 도
가 뭔지 온전히 이해할 수는 있더라도, 오랫동안 흔들리지 않고 도를 믿긴 쉽
지 않다. 오랫동안 흔들리지 않고 도를 믿을 수는 있더라도, 도를 몸소 행하여
실천하는 건 쉽지 않다."

1단계	전념하여 '도'를 온전히 이해하는 단계
2단계	오랫동안 흔들리지 않고 '도'를 믿는 단계
3단계	'도'를 몸소 실천하는 단계

공자는 여기서 '도'에 이르는 단계를 설명하고 있습니다. 예나 지금이나 '도'를 배우려는 사람은 매우 드뭅니다. 따라서 이처럼 '도'를 배우려는 시도 자체도 쉬운 건 아닙니다. 하지만 '도'에 전념하지 않으면, '도'를 온전히 이해하기 어렵습니다. 그리고 '도'가 뭔지 온전히 이해했다고 하더라도 흔들림 없이 묵묵히 '도'를 믿기는 더더욱 어렵죠. 그렇지만 '도'의 궁극은 몸소 행하는 데 있습니다. 아는 게 중요한 게 아니라 실천하는 게 중요한 거죠. 따라서 공자는 이 구절을 통해서 '도'의 이론과 실천, 그리고 중도 포기와 초지일관의 차이점에 대해서 이야기하고 있습니다. 아는 것과 실천하는 것은 별개의 문제이고, 중도에 포기하는 것과 끝까지 견지하는 것은 하늘과 땅의 차이니까요.

제10편 : 향당(鄕黨)

예(禮)의 구체적 내용

「향당」의 내용은 주로 공자가 몸소 행한 예(禮)를 구체적으로 풀어서 설명한 부분입니다. 따라서 특별히 이해하기 어려운 구절이 없으므로, 필요한 부분만 간략하게 보충 설명하고 나머지는 읽고 넘어가겠습니다.

10-1

孔子於鄉黨, 恂恂如也, 似不能言者。其在宗廟朝廷, 便便言, 唯謹爾。
공자어향당 순순여야 사불능언자 기재종묘조정 편편언 유근이

공자는 마을에서 윗사람을 어려워하고 두려워해서, 마치 말을 못하는 사람처럼 말을 아끼셨다. 하지만 종묘와 조정에서 일을 하면 말을 조리 있게 잘했는데, 다만 몸가짐은 조심하셨다.

평상시에는 윗사람을 따르는 어짊(仁)을 행하기 위해서 말을 아끼지만, 업무를 볼 때는 필요한 말을 조리 있게 잘 하는 게 필요합니다. 물론 아무리 조리 있게 말한다고 해도, 그것이 무례한 행동으로 이어지는 것처럼 비춰져서는 안 되겠죠.

10-2

朝, 與下大夫言, 侃侃如也; 與上大夫言, 誾誾如也。君在, 踧踖如也,
조 여하대부언 간간여야 여상대부언 은은여야 군재 축적여야

與與如也。
여여여야

조정에서 자기보다 낮은 하대부와 함께 말씀하실 때는 바르고 강직한 모습을 보이셨지만, 자기보다 높은 상대부와 함께 말씀하실 때는 어짊(仁)을 실천하느라 온화한 모습을 보이셨다. 또한 임금이 함께 계시면 신중하면서도 공손한

모습을 보이셨고, 몸은 항상 임금 쪽으로 향하여 진심으로 따르는 모습을 보이셨다.

아랫사람에게는 솔선수범하는 모습을 보이기 위해서 흐트러짐 없는 바른 자세를 유지하고, 윗사람에게는 공손하고 또 진심으로 따르는 모습을 보인다는 말뜻은 강함과 부드러움을 조화롭게 하는 '덕'을 몸소 실천했다는 뜻입니다.

10-3

君召使擯, 色勃如也, 足躍 如也。揖所與立, 左右手, 衣前後, 襜 如也。
군 소 사 빈   색 발 여 야   족 곽 여 야   읍 소 여 립   좌 우 수   의 전 후   첨 여 야

趨進, 翼如也。賓退, 必復命曰：“賓不顧矣。”
추 진   익 여 야   빈 퇴   필 복 명 왈   빈 불 고 의

임금이 공자를 불러 손님 접대를 시키시면, 급히 긴장된 표정을 짓고는 발걸음을 바삐 하셨다. 읍하는 위치에서 손님들과 함께 서게 되면 좌우의 읍하는 손님들에게 번갈아 가며 손짓하여 안내하고, 그런 후엔 옷을 앞뒤로 펴서 흩어진 옷맵시를 다시 단정하게 모으셨다. 예의 있는 모습을 보이고자 종종걸음으로 나아가면, 마치 새가 날듯이 몸을 민첩하게 하셨다. 손님이 물러가면 반드시 결과를 보고하여, "손님이 아쉬움 없이 잘 갔습니다."라고 말씀하셨다.

入公門, 鞠躬如也, 如不容。立不中門, 行不履閾 。過位, 色勃如也,
입공문 국궁여야 여불용 입부중문 행불리역 과위 색발여야

足躩如也, 其言 似不足者。攝齊升堂, 鞠躬如也, 屛氣 似不息者。
족곽여야 기언 사부족자 섭자승당 국궁여야 병기 사불식자

出降一等, 逞顏色, 怡怡如也。沒階趨進, 翼如也。復其位, 踧踖如也。
출강일등 출강일등 이이여야 몰계추진 익여야 복기위 축적여야

대궐 문에 들 때는 임금을 존경하는 마음을 표현하기 위해서 몸을 굽히셨는데, 몸을 문 안에 담을 수 없는 듯 잔뜩 굽히셨다. 서 있을 때는 문 가운데 있지 않고, 다닐 때는 문지방을 밟지 않으셨다. 임금이 계신 자리를 지날 때는 급히 긴장된 표정으로 발걸음을 바삐 하셨고, 말할 때는 마치 말을 못하는 사람처럼 삼가셨다. 옷자락을 잡고 대청에 오르시면 임금을 존경하는 마음을 표현하기 위해서 몸을 굽히셨는데, 특히 숨을 죽이는 것이 마치 숨을 쉬지 않는 것과도 같이 조심하셨다. 일을 마치고 조정을 나와 섬돌 한 층계를 내려서면, 그때서야 긴장된 얼굴빛을 풀고는 온화하게 기뻐하셨다. 층계를 다 내려와서는 종종걸음으로 나아가, 마치 새가 날듯이 빠르게 걸으셨다. 하지만 자기 자리로 돌아가서는, 다시 삼가고 공손한 자세를 보이셨다.

執圭, 鞠躬如也, 如不勝。上如揖, 下如授, 勃如戰色, 足蹜蹜 如有循。
집규 국궁여야 여불승 상여읍 하여수 발여전색 족축축 여유순

享禮, 有容色, 私覿 , 愉愉如也。
향례 유용색 사적 유유여야

임금이 신을 모셔 제사를 지내려고 대부에게 홀(천자가 제후를 봉할 때 증표로 쓰는 옥)을 전달하면 존경하여 몸을 굽히셨는데, 마치 그 무게를 견디지 못하듯이 하셨다. 홀을 받으려고 손을 올릴 때는 읍을 하듯 하고, 받아서 손을 내릴 때는 물건을 주듯이 하셨으며, 얼굴빛은 급격히 긴장된 표정으로 두려워서 떠는

듯했고, 발은 종종걸음을 하여 머뭇거리는 듯 하셨다. 신을 공경하여 제사를 지낼 때는 조용하고도 순한 안색을 지녔지만, 제사가 끝나고 임금을 개인적으로 알현할 때는 마음이 평화로워져서 기뻐하셨다.

10-6

君子, 不以紺緅 飾; 紅紫, 不以爲褻服。當暑, 袗絺綌 , 必表而出之。
군 자 불 이 감 추 식 홍 자 불 이 위 설 복 당 서 진 치 격 필 표 이 출 지

緇衣, 羔裘; 素衣, 麑裘; 黃衣, 狐裘 。褻裘長, 短右袂。必有寢衣,
치 의 고 구 소 의 예 구 황 의 호 구 설 구 장 단 우 몌 필 유 침 의

長一身有半。狐貉之厚以居。去喪, 無所不佩。非帷裳, 必殺之。羔裘
장 일 신 유 반 호 학 지 후 이 거 거 상 무 소 불 패 비 유 상 필 쇄 지 고 구

玄冠, 不以吊。吉月, 必朝服而朝。
현 관 불 이 조 길 월 필 조 복 이 조

군자(=공자)는 연보라나 검붉은 비단으로 꾸미지 않으셨는데, 연보라는 목욕재계한 뒤에 입는 옷의 색이고 검붉은색은 상복의 가장자리 선으로 쓰는 색이기 때문이다. 또한 붉은빛과 자주빛으로 평상복을 만들지 않으셨는데, 여성 의상에 즐겨 쓰는 색이기 때문이다. 더울 때는 발을 곱게 짠 갈포를 입지만 너무 얇으므로, 외출할 때는 굵게 짠 갈포의 홑옷을 반드시 덧입고 나가셨다. 검은 옷은 염소 갖옷이고, 흰옷은 사슴 갖옷이요, 누런 옷은 여우 갖옷이다. 보온효과를 위해서 평상시 갖옷 길이는 길게 하되, 일할 때 편리하도록 오른 소매를 짧게 하셨다. 반드시 잠옷을 가지고 있는데, 역시 보온효과를 위해서 길이는 한 길 반으로 하셨다. 여우와 담비의 두터운 가죽은 깔고 앉으셨다. 상을 당했을 때가 아니면, 몸에 패물을 차지 않는 경우가 없었다. 예복은 천을 잘라내지 않고 그대로 입지만, 다른 옷들은 반드시 잘라내 줄여서 입으셨다. 염소 갖옷과 검은 관을 쓰고는 조문 가지 않으셨다. 매월 초하루에는 반드시 조복을 입고 임금을 알현하셨다.

10-7

齊, 必有明衣, 布。齊, 必變食; 居, 必遷坐。
재 필유명의 포 재 필변식 거 필천좌

제사를 지내기 위해서 목욕재계하면 반드시 맨 먼저 입는 깨끗한 옷을 준비하
셨는데, 베로 만든 것이었다. 제사를 지내기 위해서 재계하게 되면 경건함을
보이기 위해서 반드시 음식을 새것으로 바꾸셨고, 앉는 곳도 역시 반드시 자
리를 옮겨서 앉으셨다.

10-9

席, 不正, 不坐。
석 불정 불좌

앉는 자리가 바르게 정리되지 않으면, 앉지 않으셨다.

10-10

鄉人飲酒, 杖者出, 斯出矣。鄉人儺, 朝服而立於阼階。
향인음주 장자출 사출의 향인나 조복이립어조계

같은 고향 사람들과 어울려서 술을 마실 때 지팡이를 짚은 어르신이 나가면,
공손함을 보이기 위해서 그의 뒤를 따라나가셨다. 같은 고향사람들이 푸닥거
리를 하면, 경건함을 보이기 위해서 조복을 입고 동쪽 섬돌에 서 계셨다.

問人於他邦, 再拜而送之。
문 인 어 타 방   재 배 이 송 지

공자는 사람을 보내서 다른 나라에 있는 사람의 안부를 묻게 되면, 경건한 자세로 두 번 절하고 심부름하는 이를 보내셨다.

康子饋藥, 拜而受之, 曰:"丘未達, 不敢嘗。"
강 자 궤 약   배 이 수 지   왈   구 미 달   불 감 상

한번은 노나라 경 계강자가 약을 보냈는데, 공자는 절을 하고 그것을 받고는 말씀하셨다. "저 공구는 아직 이 약이 어떠한지 잘 모르므로, 감히 맛보지 못하겠습니다."

廐焚。子退朝, 曰:"傷人乎?"不問馬。
구 분   자 퇴 조   왈   상 인 호   불 문 마

마구간이 불에 탔다. 공자가 조정에서 나와서 집에 돌아온 후 말씀하셨다. "사람이 다쳤느냐?" 그러고는 말에 대해서는 묻지 않으셨다.

사람의 목숨은 재산이나 그 무엇보다도 중요합니다. 공자는 여기서 바로 사람 중심의 가치관을 강조했죠.

君賜食, 必正席, 先嘗之。君賜腥, 必熟而薦之; 君賜生, 必畜之。
군 사 식 필 정 석 선 상 지   군 사 성 필 숙 이 천 지   군 사 생 필 축 지

侍食於君, 君祭先飯。疾, 君視之, 東首, 加朝服, 拖紳。君命召,
시 식 어 군 군 제 선 반   질 군 시 지 동 수 가 조 복 타 신   군 명 소

不俟駕行矣。
불 사 가 행 의

임금이 음식을 하사하시면 반드시 앉음새를 바로잡고, 누구보다 먼저 하사한 음식을 맛보셨다. 임금이 날 것을 하사하시면 반드시 익혀서 그것을 조상께 올리고, 임금이 산 것을 하사하시면 반드시 그것을 기르셨다. 임금을 모시고 식사를 할 때 임금이 제사 음식의 일부를 덜어서 만든 이에게 먹게 하는 고수레를 하시면, 독이 있을까 봐 먼저 드셨다. 병을 앓고 있는데 임금이 공자를 문병하시면 동쪽으로 머리를 향하고, 조정에 나갈 때 입는 예복을 입을 수 없으니 몸에 덮어서라도 경의를 표하셨다. 임금이 명하여 부르시면 기다리실까 봐, 수레가 준비되기도 전에 바로 출발하셨다.

朋友死, 無所歸, 曰:"於我殯。"朋友之饋, 雖車馬, 非祭肉, 不拜。
붕 우 사 무 소 귀 왈   어 아 빈   붕 우 지 궤 수 거 마 비 제 육 불 배

벗이 죽었는데 그를 장사 지내 줄 가족이나 친척이 없자, 공자가 말씀하셨다. "우리 집에 빈소를 차려서 안치하라." 벗이 고가의 수레와 말을 선물하면 예우를 갖출 필요가 없다고 생각하고 절하지 않으셨다. 하지만 벗이 제사를 지내고 보낸 고기는, 마치 자기가 제사를 지낸 것처럼 절을 하여 극진히 예우를 표하셨다.

공자는 8-3과 18-10에서 오래된 친구는 버리지 않는다고 했습니다. 또 7-9에서는 상주 곁에서 음식을 먹으면 배불리 먹지 않고, 상갓집에서 곡을 하면 그날은 노래를 부르지 않았다고 했습니다. 이처럼 공자는 친구에 대한 예(禮)를 극진히 하고, 또 친구의 처지에서 그를 이해하고 동정하는 태도(恕)를 견지했던 겁니다.

10-18

升車, 必正立執綏。車中, 不內顧, 不疾言, 不親指。
승 거 필 정 립 집 수 　 거 중 불 내 고 　 부 질 언 　 불 친 지

수레에 오르면 반드시 바로 서서 수레의 고삐를 잡으셨다. 수레 안에서는 고개를 돌려서 돌아보지 않고, 말을 빨리 하지 않았으며, 친히 손가락으로 가리키지 않으셨다.

이는 수레에 올랐을 때의 예(禮)를 설명한 구절인데, 그 이유는 경거 망동하지 않고 진중한 모습을 보이기 위해서 입니다.

10-19

色斯擧矣, 翔而後集。曰: "山梁雌雉, 時哉! 時哉!" 子路共之,
색 사 거 의 　 상 이 후 집 　 왈 　 산 량 자 치 　 시 재 　 시 재 　 자 로 공 지

三嗅而作。
삼 후 이 작

얼굴빛을 잠시 바꿔 드러내니, 암꿩들이 낌새를 알아차리고 날아올랐다가 빙빙 하늘을 난 후에 다시 모여 앉았다. 공자가 말씀하셨다. "산등성마루의 암꿩도 때를 맞출 줄 아는구나! 때를 맞출 줄 아는구나!" 자로가 공손히 몸을 그들 쪽으로 향하니, 암꿩들이 수차례 날갯짓을 했다.

주변에 있던 사람들 얼굴빛이 잠깐이라도 바뀌면, 암꿩들은 위기를 감지하고 금세 날아오릅니다. 그러다가 위험하지 않다고 판단하면 비로소 다시 돌아옵니다. 공자는 이를 보고 암꿩들조차 나라에 '도'가 땅에 떨어지면 떠나는 것이 불문율이란 걸 안다면서 감탄한 거죠. 이 말을 들은 자로가 그들에게 경의를 표하자, 암꿩들이 마치 그 뜻을 알겠다는 듯 크게 날갯짓을 하여 답례한 겁니다.

제11편 : 선진(先進)

회상

子曰: "先進於禮樂, 野人也。後進於禮樂, 君子也。如用之,
자왈   선진어예악 야인야   후진어예악 군자야   여용지

則吾從先進。"
즉오종선진

공자가 말씀하셨다. "선조들은 마치 벼슬하지 않는 평민처럼 꾸미지 않고 질박하게 정성을 다해서 예악제도를 따르려고 애썼다. 후대 사람들은 마치 벼슬이 높은 사람처럼 화려하게 치장하는 형식적인 면에만 힘쓰고 있다. 만약 내가 예악제도를 시행한다면, 나는 허례허식에 치우치기보다는 선조들처럼 질박하게 정성을 다하는 태도를 따르겠다."

3-4에서 이미 설명했듯이 예(禮)는 조화로움(和)을 위해서 절제하고 통제하는 것이므로, 화려하기보다는 차라리 검소해야 하죠. 따라서 공자는 여기서 다시 한번 예악제도는 비록 '도'의 형식이지만 정성을 다 해야지, 겉만 번지르르한 화려함에 빠져선 안 된다고 강조하고 있습니다.

子曰: "從我於陳蔡者, 皆不及門也。德行: 顔淵, 閔子騫, 冉伯牛, 仲弓;
자왈   종아어진채자 개불급문야   덕행 안연 민자건 염백우 중궁

言語: 宰我, 子貢; 政事: 冉有, 季路; 文學: 子游, 子夏。"
언어 재아 자공 정사 염유 계로 문학 자유 자하

공자가 말씀하셨다. "진(陳)나라와 채나라에 머물 때 나를 따르던 이들은, 이제 모두 내 곁을 떠났다. 돌이켜 보건대 '덕'을 몸소 실천한 이로는 안회, 민자건, 염백우, 중궁이 있었고, 말재간으로는 재아와 자공이 탁월했으며, 정치에는 염구와 자로가 출중한 능력이 있었고, '도'의 이론이 되는 문장(文)을 배우는 데는 자유와 자하가 뛰어났다."

덕(德)			
안회	민자건	염백우	중궁

말재간(言語)		정치(政)		문장(文)	
재아	자공	염구	자로	자유	자하

　　『사기』「공자세가」에 따르면, 공자는 노나라의 '도'가 땅에 떨어졌다고 판단하여 56세에 대부 자리를 버리고 노나라를 떠납니다. 그러다가 채나라에 머문 지 3년이 되는 63세일 때, 오나라가 진(陳)나라를 공격했죠. 초나라는 진(陳)나라를 돕기 위해서 군대를 파견했는데, 마침 공자가 진(陳)나라와 가까운 채나라에 있다는 소식을 듣고는 그를 초빙했습니다. 이에 공자가 초나라로 가려고 하자 진(陳)나라와 채나라 대부들은 "그가 초나라로 가면, 그동안 봐 온 우리 비리들이 세상에 다 드러날 것이다!"라고 두려워하며 군사들을 보내 공자를 포위했고, 공자 일행은 중간에서 식량까지 떨어지는 상황에 봉착했습니다. 다행히 자공이 초나라로 가서 이 사실을 알리자 초

나라가 군대 파견하여 풀려날 수 있었고, 공자 일행은 무사히 초나라에 도착한 겁니다. 그리고 노나라로 돌아온 68세 이후, 공자는 과거 절체절명의 순간에 생사고락을 함께 했던 제자들을 그리워한 거죠. 바로 이 위기의 순간에서, 자로는 스승에게 다음처럼 질문하기도 했습니다.

15-2

在陳絶糧, 從者病, 莫能興。子路慍 見曰:"君子亦有窮乎?" 子曰:
재 진 절 량　종 자 병　막 능 흥　자 로 온　현 왈　군 자 역 유 궁 호　　자 왈

"君子, 固窮; 小人, 窮斯濫矣。"
군 자　고 궁　소 인　궁 사 람 의

진나라에서 양식이 떨어지자, 따르는 이들이 지쳐서 일어나지 못했다. 자로가 원망하여 공자를 뵙고 말씀하셨다. "군자도 곤궁함에 처할 수 있습니까?" 공자가 말씀하셨다. "군자는 곤궁함에 처하면 버티지만, 피지배계급인 소인은 곤궁함에 처하면 이를 원망하고 나아가 함부로 행동한다."

군사들에 둘러싸여 생명의 위협을 받는데다 식량까지 떨어진 극한의 상황에 놓이게 되자, 자로와 제자들은 몹시 초조해 집니다. 그래서 스승에 대한 원망감을 표시하죠. 그러자 공자는 이처럼 참된 리더와 그릇된 리더의 기준을 제시함으로써, 제자들이 이성을 회복하도록 한 겁니다. 이제 이 군자와 소인 두 리더형에 해당하는 실례를 살펴보도록 하죠.

어니스트 섀클턴(Ernest Henry Shackleton)은 영국 출신의 남극 탐험가인데, 그는 인류가 도달할 수 있는 최남단인 남위 88도 23분에 도달했다는 업적을 가지고 있습니다. 특히 세 번째 남극 탐험에는 실패했지만, 지금까지도 '위대

한 실패'였다는 평가를 받습니다. 왜 그럴까요? 섀클턴은 남극 횡단을 시도하는 중 배가 난파되어 빙벽에 갇히게 되자, 바로 배를 버리고 무사 귀환을 목표로 구조를 기다렸습니다. 구조를 기다리는 과정에서도 선원들에게 음식과 슬리핑 백을 양보하고, 구조가 되지 않자 심지어 자신이 직접 나서서 구조요청을 하러 갔죠. 이처럼 위기상황에서도 리더가 자기 희생정신을 발휘하자 선원들 역시 서로 의지하면서 도왔고, 마침내 참가자 28명 전원이 무사히 돌아올 수 있었습니다. 자기보다 선원들을 먼저 생각하고 극적인 상황에서도 이성적으로 판단하는 리더십이 모두를 살렸던 겁니다.

반면 캐나다 출신의 북극 탐험가 빌흐잘무르 스테펜슨(Vilhjalmur Stefansson)은 북극 대륙 횡단에 성공했지만, 사람들에게 '최악의 리더'라는 평가를 받았습니다. 왜 그럴까요? 스테펜슨은 북극 횡단을 시도하는 중 배가 난파되어 빙벽에 둘러싸였는데도, 자기 개인의 명예를 위해서 무리하게 북극 횡단을 시도했습니다. 특히 리더로서 자기 희생정신

을 보이기는커녕, 거짓말을 해서 선원들의 사기를 저하시키거나 사냥감을 구한다는 핑계로 대원 몇몇만 데리고 탐험대를 벗어나기도 했죠. 결국 극한 상황 속에서 선원들은 자기만 살려고 발버둥 치면서 서로를 속이며 분열하다, 11명이 죽는 참사를 맞이했던 겁니다.

子曰: "回也, 非助我者也。於吾言, 無所不說。"
자 왈   회 야 비 조 아 자 야   어 오 언 무 소 불 열

공자가 말씀하셨다. "안회는 나를 돕는 이가 아니다. 내가 말한 것에 기뻐하지
않는 바가 없다."

6-1에서 중궁이 자상백자의 사람됨이 어떤지 물었는데, 공자는 그
가 대범해서 괜찮은 사람이라고 평합니다. 그러자 중궁은 자상백자처럼
타인에게 관대하고 자기에게도 관대하면 그건 너무 지나친 것 아니냐고
반문하고, 공자는 중궁의 말이 맞다면서 자신이 잘못 말했다고 인정하
죠. 제자라고 해도 스승의 잘못된 가르침을 지적해야, 스승 역시 발전할
수 있습니다. 그런데 안회는 매번 스승의 가르침에 기뻐하기만 할 뿐, 공
자의 논리나 가르침에 반박하는 경우가 없었던 겁니다. 이에 공자는 비
록 제자이기는 하지만 자기보다 더 뛰어난 안회를 통해서 자기 수준 역
시 한 단계 더 올라가기를 바랐는데, 그런 기회를 얻지 못해 안타까워 한
겁니다. 공자가 얼마나 자기를 낮추고, 자아 성찰을 통해서 한 걸음 더
나아지고자 노력했는지 알 수 있는 대목이죠.

子曰: "孝哉, 閔子騫! 人不間於其父母昆弟之言。"
자 왈   효 재 민 자 건   인 불 간 어 기 부 모 곤 제 지 언

공자가 말씀하셨다. "효성스럽구나, 민자건이여! 사람들이 그의 부모 형제가
민자건이 효성스럽다며 칭찬한 말을 헐뜯지 않는다."

이 구절은 가족들만 민자건을 효성스럽다고 칭찬한 것이 아니라, 다른 사람들 모두가 그 가족들의 말에 동의하고 있다는 뜻입니다. 따라서 공자는 여기서 '명실상부'의 중요성을 강조하고 있는데, 이는 어느 한쪽으로 치우친 일부가 아닌 모두가 공감해야만(中) 비로소 올바른 것이라는 뜻입니다. 특히 민자건은 모두의 공감을 이끌어 내는 모습을 보이면서 그의 부모와 형제가 욕되지 않도록 했으므로, 이러한 효성스러움(孝)은 윗사람을 공경하고(悌) 나아가 자기가 모시는 임금이 욕되지 않도록 진심으로 섬기는 어짊(仁)의 출발점이 된다는 사실을 다시 한번 확인할 수 있습니다. 즉 공자는 이 구절을 통해서 민자건이 임금을 욕되지 않게 할 인물이라고 평하면서, 그의 어짊(仁)을 칭찬한 겁니다. 이처럼 모두가 공감하지 못하는 상황에서 한쪽으로 치우치고 오히려 편드는 모습을 보이면, 다른 이들의 분노와 반발만 살 뿐입니다. 그리고 이런 객관적이고도 공정한 자세가 얼마나 중요하면, 공자는 또 다음처럼 표현하기도 했습니다.

15-6

子張問行。子曰:"言忠信, 行篤敬, 雖蠻貊之邦, 行矣。
자 장 문 행   자 왈   언 충 신 행 독 경 수 만 맥 지 방 행 의

言不忠信, 行不篤敬, 雖州里, 行乎哉? 立, 則見其參於前也; 在輿,
언 불 충 신 행 불 독 경 수 주 리 행 호 재 입 즉 견 기 참 어 전 야 재 여

則見其倚於衡也, 夫然後行!"子張書諸紳。
즉 견 기 의 어 형 야 부 연 후 행   자 장 서 제 신

자장이 도를 행하는 것에 대해서 물으셨다. 공자가 말씀하셨다. "말할 때는 한쪽으로 치우치지 않고 공정하면서도(忠) 믿음(信)을 줘야 하고, 행동할 때는 진심에서 우러나와서(篤) 정중하고도 신중하게(敬) 하면, 아무리 오랑캐 지역이라고 할지라도 도가 행해질 수 있다. 지도자가 말할 때 한쪽으로 치우쳐서 믿

음을 주지 못하고, 행동할 때 마지못해서 억지로 하고 또 경솔하면 아무리 작은 지역이라도 도가 행해질 수 있겠는가? 서 있으면 눈앞에 이 네 가지 강령이 가지런히 보이듯 하고, 수레에 타면 수레를 가로로 건너지른 나무 막대기에 이 네 가지 강령이 펼쳐져 보이듯 항상 염두에 두고 잊지 말아야, 비로소 도를 행할 수 있다." 그러자 자장이 허리띠에 이 말을 적으셨다.

결국 공자는 지도자가 발언할 때 한쪽으로 치우치지 않고 공정하고도 객관적인 모습을 보이는 것이야말로, '도'를 행하는 가장 기본적이고도 중요한 전제가 된다고 강조하고 있습니다. 이제 지도자가 한쪽으로 치우쳐서 두둔하다가 많은 이들의 반발을 산 사례를 살펴보겠습니다.

2020년 미국 도널드 트럼프(Donald John Trump) 전 대통령의 재임 시절, 그의 장녀 이방카(Ivanka)는 자신의 사회관계망서비스(SNS)에서 검은콩 통조림을 대놓고 광고했습니다. 이에 대해서 CNN과 워싱턴포스트(WP) 등 주요 언론은 이러한 행위가 공무원의 윤리 규정을 위반했을 가능성이 있다고 지적했죠. 미국 정부윤리청(OGE) 지침에 따르면, 공무원은 특정 기업과 그 제품을 지지 또는 보증하기 위해 정부 직위를 사용할 수 없습니다. 하지만 이방카 백악관 선임고문(Senior Counselor)은 자신의 트위터(Twitter) 계정에 고야 푸드(Goya food)의 검정

콩 통조림을 손에 든 사진과 함께, "고야라면 좋아야 한다."는 회사 슬로
건을 영어와 스페인어로 올렸던 겁니다. 이어서 트럼프 대통령도 "사람
들이 고야 식품의 제품들을 미친 듯이 사고 있다."면서, 고야 푸드 제품
들을 앞에 늘어놓고 엄지를 치켜든 사진을 올리기도 했습니다. 이처럼
트럼프 부녀가 특정 업체를 노골적으로 지지하는 이유는, 트럼프 지원
의사를 밝혔다가 불매운동 역풍을 맞은 고야 푸드를 지원하기 위한 것
인데요. 고야 푸드는 스페인어를 쓰는 중남미계의 미국 이주민인 히스패
닉(Hispanic)계 최대 기업으로, 로버트 우나우(Robert Unanue) 최고경영
자(CEO)가 트럼프 대통령을 극찬하는 말을 했다가 불매운동이 벌어졌습
니다. 당시 그는 "우리는 트럼프 대통령 같은 지도자를 갖게 돼 진정 축
복받았다."라며 칭찬했고, 이에 미국 내 반발 움직임이 확산됐습니다.

11-7

顔淵死。顔路請子之車以爲之槨。子曰: "才不才, 亦各言其子也。
안 연 사   안 로 청 자 지 차 이 위 지 곽   자 왈   재 불 재   역 각 언 기 자 야

鯉也死, 有棺而無槨。吾不徒行以爲之槨。以吾從大夫之後,
이 야 사   유 관 이 무 곽   오 불 도 행 이 위 지 곽   이 오 종 대 부 지 후

不可徒行也。"
불 가 도 행 야

안회가 죽자, 그의 아버지 안로가 공자의 수레를 팔아서 안회의 외관 즉 관을
담는 곽을 장만해주기를 청했다. 공자가 말씀하셨다. "재능이 있건 없건 모두
누군가의 자식이니, 나는 친자식과 남의 자식을 구별하지 않는다. 친아들 백
어가 죽었을 때 내관은 있었지만 외관은 따로 없었으므로, 내가 수레를 팔아
걸으면서까지 안회의 외관을 해주지는 않을 것이다. 또한 나는 일찍이 대부를
지냈고, 예악제도에 따르면 대부는 함부로 걸어 다닐 수 없으므로, 수레를 팔
아 걸으면서까지 그 규율을 어길 수는 없다."

안로의 본명(名)은 안무요(顔無繇)이고, 자(字)가 로(路)입니다. 『사기』 「공자세가」에 의하면 그는 안회의 부친이고, 역시 공자의 제자였다고 합니다.

백어는 자(字)이고 본명은 리(鯉)인데, 그는 50세에 죽었다고 합니다. 결국 부친인 공자가 70세일 때 세상을 떠난 것인데, 따라서 공자가 71세일 때 41세를 일기로 죽은 안회보다 1년 먼저 세상을 떠났음을 알 수 있습니다.

그렇다면 이 구절이 우리에게 말하고자 한 바는 뭘까요? 크게 두 가지로 나눌 수 있습니다.

첫째, 공자는 7-23에서 "너희들은 내가 뭔가를 숨긴다고 여기느냐? 나는 너희에게 숨기는 것이 아무것도 없다. 나는 너희와 함께 공유하지 않은 것이 없다."라고 말했고, 또 16-13에는 "군자는 자기 자식을 편애하지 않고 멀리하여 다른 이들과 동등하게 대한다."는 표현이 있으므로, 공자가 한쪽으로 치우치지 않고 공정한(中) 자세를 끝까지 견지했음을 보여줍니다.

둘째, "나는 대부를 지냈기 때문에, 걸어 다닐 수 없다."고 했습니다. 따라서 공자는 예악제도를 대단히 중시해서, 대부의 직위에 해당되는 규율을 어길 순 없다고 강조했음을 알 수 있습니다. 하지만 10-14에선 "임금이 명하여 부르시면 기다리실까 봐, 수레가 준비되기도 전에 바로 출발하셨다."라고 했으므로, 여기서는 '도'의 형식인 예악보다 내용이 되는 어짊(仁)을 더 우선순위에 뒀음을 확인할 수 있습니다.

顏淵死。子曰: "噫! 天喪予, 天喪予!"
안 연 사　자 왈　희　천 상 여　천 상 여

안회가 죽었다. 공자가 말씀하셨다. "아아! 하늘이 나를 잊었구나, 하늘이 나
를 잊었구나!"

　　5-8에서 설명했듯이 공자 일행이 위기에 처했을 때, 안회는 "스승
의 도가 너무 커서 받아들여지지 않으나, 도가 받아들여지지 않는 것은
우리의 치욕이고 또 인재를 기용하지 못하는 것은 지도자의 치욕입니다.
받아들여지지 못할 때 비로소 군자의 참모습이 드러나니, 무슨 걱정이
있겠습니까?"라고 말했고, 이에 공자는 "안씨 집안에 이런 인재가 있었
던가! 네가 높은 자리에 있게 되면, 나는 네 밑에서 일하겠다!"라고 말하
며 크게 기뻐했습니다. 즉 공자는 안회가 만약 대동사회에 태어났다면,
요임금이나 순임금과도 같은 성인이 되었을 것이라고 생각했던 겁니다.
아니 어쩌면 자신의 꿈을 대신해서 소강사회의 복귀를 실현시켜줄 가능
성이 있는 유일한 인물로 여겼는지도 모릅니다.

　　또 7-22에서 공자는 환퇴의 위협에도 '덕'을 지닌 인물은 쉬이 환난
에 빠지지 않는다고 굳게 믿고 있었는데, 이제 자기가 가장 아끼는 제자
마저 데려갔으니 하늘이 더 이상 공자에게 존재의 이유를 부여하지 않았
다고 생각한 겁니다. 즉 공자는 하늘이 애초에 자기에게 세상에 '도'를 알
리도록 하는 임무를 맡겼다고 믿었는데, 이제 공자의 가장 큰 버팀목인
안회가 죽었으므로 더 이상은 그 임무를 부여하지 않았다는 뜻이 되는 겁
니다. 공자에게 있어서, 과연 이것보다 더 큰 실망의 이유가 있을까요?

顔淵死。子哭之慟。從者曰:"子慟矣。"曰:"有慟乎?
안 연 사　자 곡 지 통　종 자 왈　자 통 의　왈　유 통 호

非夫人之爲慟而誰爲?"
비 부 인 지 위 통 이 수 위

안회가 죽자, 공자가 너무나도 슬퍼하여 대성통곡을 하셨다. 그를 모시던 이가 말했다. "스승께서 지나치게 슬퍼하시니, 몸을 해칠까 걱정됩니다." 공자가 말씀하셨다. "내가 그리도 슬퍼하더냐? 하지만 내 모든 꿈을 쏟아부은 안회를 위해서 슬퍼하지 않으면, 내가 도대체 누구를 위해서 슬퍼하겠는가?"

1-12와 11-15를 설명하면서 희로애락의 감정이 드러나지 않은 것을 한쪽으로 치우치지 않는 중(中)이라고 하고, 그 감정들이 다 드러나지만 지나치거나 모자라지 않고 모두 절도에 맞은 것을 조화로움(和)이라고 한다고 했습니다. 그리고 예(禮)로서 감정이 모자라거나 지나치지 않도록 절제하고 통제하여 조화로움(和)에 도달하는 것이 바로 '과유불급'이라고 했죠. 따라서 제자는 공자가 지나치게 슬퍼하자, 감정을 드러내지 않는 중(中)과 드러나도 절도에 맞는 화(和)에 어긋나서 스승이 자칫 건강을 해칠까 봐 걱정하며 말한 겁니다.

2-11에서 '교학상장'이라고 했듯이, 배운 후에야 부족함을 알고 가르친 후에야 어려움을 안다고 했던가요? 이를 보면, 이성과 감성의 조절은 참으로 쉬운 일이 아닌 듯합니다. 또한 공자의 이러한 모습을 보면, 그 역시 우리와 같은 감정을 지닌 사람이었다는 사실을 새삼 깨달을 수 있습니다.

季路問事鬼神。子曰:"未能事人, 焉能事鬼?""敢問死。"曰:"未知生,
계로문사귀신 자왈   미능사인 언능사귀   감문사   왈   미지생

焉知死?"
언 지 사

자로가 귀신 즉 돌아가신 조상을 섬기는 것에 대해 물었다. 공자가 말씀하셨다. "아직 살아있는 사람도 제대로 섬길 수 없는데, 어찌 이 세상 존재가 아닌 귀신을 섬긴단 말인가?" 자로가 말씀하셨다. "감히 죽음에 대해서 여쭙니다." 공자가 말씀하셨다. "아직 이 세상의 삶도 그 의미가 무엇인지 제대로 알지 못하는데, 어찌 죽음에 대해서 알 수 있겠는가?"

공자는 6-20에서 "조상을 공경하되 그들의 초자연적인 힘에 의탁하지 않는 객관적인 판단력이 있으면 지혜롭다고 할 수 있다."고 했고, 7-20에서는 "초자연적인 괴이한 힘에 대해서는 언급하지 않으셨다."고 했습니다. 따라서 공자는 현실에서의 삶을 중시하는 태도를 강조하고 있으므로, 다름 아닌 철저한 현실주의자였던 겁니다. 즉 여기서 공자는 잡으려 해도 잡을 수 없는 이상향

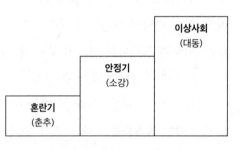

인 대동사회를 막연히 꿈꾸기보단, 현실적으로 회복 가능한 소강사회로의 복귀를 외쳤음을 다시 한번 확인할 수 있습니다.

閔子侍側, 誾誾如也; 子路, 行行如也; 冉有子貢, 侃侃如也。子樂。
민 자 시 측 은 은 여 야 자 로 행 행 여 야 염 유 자 공 간 간 여 야 자 락

"若由也, 不得其死然。"
약 유 야 부 득 기 사 연

민자건은 곁에서 공자를 모실 때 온화하였고, 자로는 의지가 굳세었으며, 염
구와 자공은 당당하고도 차분하여, 공자는 그들의 이러한 태도 때문에 즐거워
하셨다. 하지만 "자로는 그 성품이 지나치게 굳건하여 타협을 모르니, 분명히
제 명에 죽지 못할 것이다."라고 하셨다.

道 (도)			
내용		형식	
강함: 의(義)	유함: 인(仁)	강함: 예(禮)	유함: 악(樂)

『좌전』「애공 15년」과 『사기』「중니제자열전」에 따르면, 공자가 위
나라에서 노나라로 다시 돌아온 후 72세가 되었을 때, 자로는 위나라 대
부 공회가 다스리는 지역의 읍재(고을 원님)를 맡고 있었습니다. 이때 위
나라 제후 영공이 새로 맞이한 젊은 부인 남자는 여러 남성들과 사통했
고, 이를 부끄러워한 세자 괴외는 공회와 결탁하여, 영공을 이어 새로 임
금이 된 자기 아들 출공을 쫓아내고 임금이 되죠. 그가 바로 위나라 장공
입니다. 자고가 말렸지만, 자로는 공회가 어질지 못하다며 죽이려 하다
가 오히려 목숨을 잃게 됩니다. 공자는 노나라에서 위나라가 혼란스럽다
는 말을 듣고 "자고는 돌아오겠지만, 자로는 죽을 것이다."라고 예언했
으니, 공자는 이처럼 자로의 강함에 치우친 성격을 간파하고 말한 겁니
다. 온전한 '도'는 강함과 부드러움이 조화를 이뤄야 하는데, 자로는 강

함에 치우쳤기 때문에 불행한 최후를 맞게 된 거죠.

이는 태풍이 불면 부드러운 갈대는 바람이 부는 방향으로 휘어져서 위기를 넘기지만, 딱딱한 나무는 견디다가 결국 부러지는 것과 같은 원리입니다. 물론 시도 때도 없이 갈대처럼 행동만 한다면, 줏대가 없거나 아첨 아부에만 급급한 인물로도 여겨질 수 있습니다. 따라서 '도'의 구성요소들과 같이 강함과 부드러움을 겸비하는 것이 무엇보다 중요합니다.

11-13

魯人爲長府。閔子騫曰:"仍舊貫, 如之何? 何必改作?"子曰:
노 인 위 장 부　　민 자 건 왈　　잉 구 관　여 지 하　　하 필 개 작　　자 왈

"夫人不言, 言必有中。"
부 인 불 언　 언 필 유 중

노나라 사람이 '장부'라는 창고를 만들었다. 민자건이 말씀하셨다. "옛것을 그대로 쓰면 어떤가? 굳이 새로 지어야 하는가?" 공자가 말씀하셨다. "이 사람은 평소에 말을 많이 하지 않지만, 일단 말을 하면 반드시 정곡을 찌른다."

이 구절에서 공자는 '도'의 구성요소 중 하나인 검소함(儉)을 강조하고 있습니다. 매년 어김없이 우리나라 곳곳에서 볼 수 있던 풍경이 바로 멀쩡한 보도블록과 가로수를 교체하는 모습입니다. 이는 각 지방자치 단체들의 예산이 남으면, 다음 해에 그만큼 예산이 삭감되기 때문입니다. 다음 해에 정상적인 예산 확보를 위해서, 시민들의 혈세를 쓸데없이 낭비하고 있는 거죠. 다행히 시민들의 지속적인 요청으로 요새는 제도가 개선되어서, 10년 넘은 보도블록만 교체할 수 있도록 법으로 정하고 있다고 합니다.

子曰: "由之瑟, 奚爲於丘之門?" 門人不敬子路。子曰: "由也, 升堂矣。
자 왈   유 지 슬   해 위 어 구 지 문   문 인 불 경 자 로   자 왈   유 야   승 당 의

未入於室也。"
미 입 어 실 야

공자가 말씀하셨다. "자로가 왜 나 공구의 집 안에서 거문고를 연주하는가?"
이 말을 들은 문하생들이 자로를 무시하여 정중하게 대하지 않았다. 그러자
공자가 말씀하셨다. "자로는 대청에 올랐으나, 아직 방에 들어가지 못한 것이
다."

　　'도'의 형식인 음악(樂)은 엄격한 예(禮)를 보완하여 조화로움(和)에
이르게 합니다. 자로는 지나치게 굳건해 타협을 모르는 성격이라서 '도'
의 구성요소인 의로움(義)과 예(禮)에는 뛰어났지만, 강함을 보완하는 부
드러움의 요소들을 갖추지 못했습니다. 그런데 그런 자로가 이제 공자
의 집에서 거문고를 연주하고 있으니, 이제부터라도 부드러움을 연마하
여 조화로움(和)에 이르고자 한 거죠. 하지만 공자는 자로가 거문고를 연
주한다고 바로 부드러움을 갖춰서 조화로움(和)에 이를 수는 없다고 훈
계합니다. 이 말을 들은 다른 제자들은, 자로의 수준이 떨어진다고 생각
하여 무시했습니다. 그러자 공자는 오해를 막기 위해서 좀 더 구체적으
로 설명합니다. "자로의 수준이 떨어지는 것이 아니다. '도'는 강함과 부
드러움의 조화(和)가 필요한데, 자로는 이미 의로움(義)과 예(禮)의 강함
을 갖췄으니, 아무것도 갖추지 못한 1단계를 지나서 이미 2단계 수준에
올랐다. 이를 굳이 집으로 비유하자면, 대청에 오른 수준이라고 할 수 있
다. 하지만 최종 3단계인 성인의 '도'를 온전히 깨우치지는 못했으니, 이
제 어짊(仁)과 음악(樂)의 부드러움을 갖춰야 비로소 온전한 '도'를 깨우
치게 된다. 그리고 이를 집으로 비유하자면, 최종 목적지인 안방으로 들

어간 것이라고 할 수 있다."

이처럼 공자는 인생의 최종 종착역인 '도'에 도달하는 것을, 종종 집으로 비유하여 최종 목적지인 '안방'으로 들어가는 것과 같다고 설명했습니다. 그리고 공자는 여기서 하나 더 중요한 사실을 언급하고 있습니다. 대문을 열고 마당으로 걸어 들어와 신발을 벗고 대청에 오른 후에 비로소 방문을 열고 안방으로 들어갈 수 있듯이, '도'에 도달할 수 있는 지름길은 결코 있을 수 없다는 거죠. 성인들이 행한 과정을 오롯이 따라야 만이 비로소 '도'에 도달할 수 있는 겁니다. 바로 위의 과정처럼 말입니다.

11-17

柴也, 愚; 參也, 魯; 師也, 辟; 由也, 喭。
시 야 우 삼 야 노 사 야 벽 유 야 언

자고는 둔하고, 증자는 조잡했으며, 자장은 한쪽으로 치우쳐 객관적이지 못하고. 자로는 굳세기만 하여 다듬어지지 않았다.

자고는 자(字)이고 이름(名)은 고시(高柴)로, 『사기』「중니제자열전」에 따르면 공자보다 30세 어렸다고 합니다. 공자는 72세 때 위나라가 혼란스럽다는 소식을 듣고 "자고는 돌아오겠지만, 자로는 죽을 것이다."라고 예언했습니다. 결국 자로는 누구보다 의로운(義) 인물이었기에, 자신이 섬기던 임금을 저버린 공회를 어질지 못하다며 죽이려고 하다가 오히려 죽임을 당했습니다. 하지만 자고는 둔하여 옳고 그름을 명확하게 분간하지 못했으므로, 살아서 돌아올 수 있었던 겁니다. 그렇다면 이 구절이 우리에게 말하고자 하는 바는 뭘까요?

『예기』「곡례상」에 "사랑하더라도 그 나쁜 점을 알고, 미워하더라

도 그 좋은 점을 아는 것이다."라는 말이 있다고 소개했었죠. 이는 치우치지 않고 항상 객관적이고도 공정한 태도(中)를 유지해야 한다는 뜻입니다. 이처럼 공자는 제자들의 장점과 단점을 모두 파악하여 장점은 더욱 발전시키고, 또 단점을 지적해서 더 분발하도록 장려한 겁니다.

11-23

季子然問: "仲由冉求, 可謂大臣與?" 子曰: "吾以子爲異之問,
계자연문   중유염구 가위대신여   자왈   오이자위이지문

曾由與求之問。所謂大臣者, 以道事君, 不可, 則止。今由與求也,
증유여구지문   소위대신자 이도사군 불가 즉지   금유여구야

可謂具臣矣。" 曰: "然則從之者與?" 子曰: "殺父與君, 亦不從也。"
가위구신의   왈   연즉종지자여   자왈   시부여군 역부종야

계손씨 집안의 계자연이 물었다. "자로와 염구는 큰 신하라고 말할 수 있습니까?" 공자가 말씀하셨다. "나는 그대가 다른 걸 물을 거라고 여겼는데, 자로와 염구에 대해서 묻고 있군요. 소위 큰 신하란, 도로서 임금을 섬기다가 안 되면 그만두는 것입니다. 지금 자로와 염구는 평범한 신하라고 할 수 있지요." 계자연이 말했다. "그렇다면 우리 계씨 집안을 따를 인물입니까?" 공자가 말씀하셨다. "자로와 염구는 아직 큰 신하라고 할 수 없지만, 그렇다고 해서 아비와 임금을 죽이는 것도 서슴지 않는 어질지 못한 계손씨를 따르지는 않을 겁니다."

계자연이 누구인지는 확실치 않습니다. 그저 계손씨 일가 사람인 것으로 판단할 수 있을 뿐이죠. 여기서 계자연은 공자 제자들 중에 자로와 염구가 계손씨 집안을 위해 일할 인물인지 물어본 겁니다. 당연히 계손씨를 진심으로 섬기고 따를 인물인지 확인하고 싶었겠죠. 문제는 '삼환' 즉 맹손씨, 숙손씨, 계손씨는 대대로 임금을 진심으로 섬기지 않고 심지어 임금보다 더 큰 권력을 행사하고 있었다는 겁니다. 본인은 어질

지 못하면서 남에게는 어짊(仁)을 요구하는 모습은 '내로남불'의 전형으로, '덕'과는 아주 거리가 먼 모습이죠. 당연히 공자는 그런 모습에 불만을 가졌을 것이고, 그래서 이번에는 말을 돌리지 않고 이처럼 직설적으로 말했음을 알 수 있습니다.

11-24

子路使子羔爲費宰。子曰: "賊夫人之子。" 子路曰: "有民人焉,
자 로 사 자 고 위 비 재   자 왈   적 부 인 지 자   자 로 왈   유 민 인 언

有社稷焉。何必讀書, 然後爲學?" 子曰: "是故, 惡夫佞 者。"
유 사 직 언   하 필 독 서   연 후 위 학   자 왈   시 고   오 부 녕 자

자로가 자고를 '비' 지역 원님으로 앉혔다. 공자가 말씀하셨다. "자고는 아직 부족해서 정치를 하기엔 이른 데도 벼슬자리를 주었으니, 남의 자식(자고)을 망치려 드는구나." 자로가 말씀하셨다. "이끌어야 할 백성들이 있고 지켜야 할 나라의 사직이 있습니다. 어찌 반드시 독서를 하고, 그런 후에 비로소 도를 배울 수 있다고 하겠습니까?" 공자가 말씀하셨다. "정치는 오직 백성과 나라를 위해서 온 힘을 바치고 또 실수가 없어야 하니, 더욱이 연습이라는 것은 있을 수도 없다. 옛 성현들의 통치이념인 도를 충분히 이해한 후에 정치를 해야 한다. 그런데 너는 오히려 나랏일을 하면서도 도를 배울 수 있다고 말하니, 이 얼마나 황당한 노릇인가? 이런 이유로, 나는 그럴싸하게 말만 잘하는 사람을 미워하는 것이다."

이제 이 구절과 관련된 사례를 소개하겠습니다. 말레이시아의 유명 인터넷 포럼 카스쿠스(Kaskus)에 올라온 사연에 따르면, 한 남성이 자신의 집 마당에 있는 연못을 청소하기 위해서 청소업체를 통해 직원 한 명을 고용했습니다. 그런데 청소가 끝난 뒤 집으로 돌아온 남성의 눈앞에 펼쳐진 것은, 연못의 잉어 수십 마리가 폐사한 채 연못 밖에 줄지어 널어져 있는 장면이었죠. 보통 어항이나 연못의 물을 갈 때는, 원래 있던 물

을 반쯤 남겨서 새로운 물과 섞어 줘야 합니다. 하지만 이 직원은 연못의 물 전체를 한꺼번에 갈아 줬고, 그 결과 물 온도나 ph 농도 등 갑작스러운 환경의 변화에 적 응하지 못한 물고기들이 떼죽음 을 당한 겁니다. 업체 직원의 무 지로 인해 죽은 잉어는 50마리나

됐는데, 이 직원은 그에 대한 책임을 지고 자기 월급의 몇 배에 달하는 금액을 배상하게 됐습니다. 이 기사를 접한 한 사람은 "물고기 생명이 달린 일인데, 너무 쉽게 생각한 것 아닌가요?"라는 댓글을 달았다고 합 니다. 만약 이 직원이 한 나라의 정치인이고 연못이 국가이며 잉어가 국 민이라면, 과연 어떤 일이 발생할까요? 또 그 일에 책임질 정치인은 과 연 누가 있을까요? 생각만 해도 끔찍한 일이 아닐 수 없습니다.

11-25

子路, 曾晳, 冉有, 公西華, 侍坐。子曰:"以吾一日長乎,
자로 증석 염유 공서화 시좌 자왈 이오일일장호

爾毋吾以也。居, 則曰:'不吾知也。' 如或知爾, 則何以哉?"
이무오이야 거 즉왈 불오지야 여혹지이 즉하이재

子路率爾而對曰:"千乘之國, 攝乎大國之間, 加之以師旅, 因之,
자로솔이이대왈 천승지국 섭호대국지간 가지이사려 인지

以饑饉, 由也, 爲之, 比及三年, 可使有勇, 知方也。夫子哂之。"
이기근 유야 위지 비급삼년 가사유용 지방야 부자신지

求, 爾何如?"對曰:"方六七十, 如五六十, 求也, 爲之, 比及三年,
구 이하여 대왈 방육칠십 여오육십 구야 위지 비급삼년

可使足民。如其禮樂, 以俟君子。""赤, 爾何如?"對曰:"非曰能之,
가사족민 여기예악 이사군자 적 이하여 대왈 비왈능지

願學焉。宗廟之事, 如會同, 端, 章甫, 願爲小相焉。""點, 爾何如?"
원 학 언　　종 묘 지 사　여 회 동　단　장 보　원 위 소 상 언　　　점　이 하 여

鼓瑟希, 鏗 爾, 舍瑟而作。對曰:"異乎三子者之撰。"子曰:"何傷乎?
고 슬 희　갱 이　사 슬 이 작　대 왈　이 호 삼 자 자 지 찬　　자 왈　　하 상 호

亦各言其志也。"曰:"莫春者, 春服旣成, 冠者五六人, 童子六七人,
역 각 언 기 지 야　　왈　막 춘 자　춘 복 기 성　관 자 오 육 인　동 자 육 칠 인

浴乎沂, 風乎舞雩, 詠而歸。"夫子喟 然嘆曰:"吾與點也。"三子者出,
욕 호 기　풍 호 무 우　영 이 귀　　부 자 위 연 탄 왈　오 여 점 야　　삼 자 자 출

曾晳後。曾晳曰:"夫三子者之言, 何如?"子曰:"亦各言其志也已矣。"
증 석 후　증 석 왈　부 삼 자 자 지 언　하 여　　자 왈　역 각 언 기 지 야 이 의

曰:"夫子何哂 由也?"曰:"爲國以禮, 其言不讓, 是故哂 之。""唯。
왈　부 자 하 신 유 야　왈　위 국 이 례　기 언 불 양　시 고 신 지　　유

求, 則非邦也與?""安見方六七十, 如五六十 而非邦也者?"唯。赤,
구　즉 비 방 야 여　　안 견 방 육 칠 십　여 오 육 십 이 비 방 야 자　유　적

則非邦也與?""宗廟, 會同, 非諸侯而何? 赤也, 爲之小, 孰能爲之大?"
즉 비 방 야 여　　종 묘　회 동　비 제 후 이 하　적 야　위 지 소　숙 능 위 지 대

자로, 증자의 아버지 증점, 염구, 공서화가 공자를 모시고 앉았다. 공자가 말씀하셨다. "내가 너희들보다 나이가 좀 더 많다고 해서, 너희들은 나를 어려워하지 말고 말해보거라. 너희들은 평상시에 '나를 알아주지 않는다.'라고 말해왔는데, 만일 혹시나 너희를 알아준다면, 너희들은 어찌 하겠느냐?" 자로가 급작스럽게 대답하셨다. "제후국이 큰 나라 사이에 끼어있고 거기에 전쟁까지 더하여, 그로 인해서 식량이 모자라 백성들이 굶주리는 상태가 생겼는데, 제가 다스려서 삼년이 되면 백성들이 용맹스럽고 또 도리를 깨닫도록 하겠습니다." 공자가 그 말을 듣고는 미소를 지으셨다. "염구야, 너는 어떠하냐?" 염구가 대답하셨다. "나라가 육칠십 리 혹은 오육십 리에 필적한데, 제가 다스려서 삼년이 되면 백성들의 생활이 넉넉하도록 하겠습니다. 하지만 예악제도와 같은 것은 제가 할 수 있는 바가 아니니, 군자가 나타나기를 기다리겠습니다." "공서화야, 너는 어떠하냐?" 공서화가 대답하셨다. "할 수 있다고 말할 수 없으니, 그저 배우기를 원합니다. 종묘의 일 예를 들어 회동에서 예복과 예관을 갖춘 작은 보좌관이 되기를 원합니다." 공자가 말씀하셨다. "증점아, 너는 어떠하냐?" 그러자 증점이 거문고를 연주하다가 소리를 점차 줄이더니, 순간 거문고 줄을 짧고도 강하게 한 번 튕기고는 거문고를 내려놓고 일어났다. 그러고는 증점이 대답하셨다. "제 생각은 세 사람이 말한 내용들과 다릅니다." 공자가

말씀하셨다. "어찌 근심하는가? 단지 각자 그 뜻을 말한 것일 뿐이다." 증점이 말씀하셨다. "늦은 봄에 봄철에 입는 옷이 다 만들어지면 관을 쓴 어른 대여섯 명 사내아이 예닐곱 명과 기하에서 목욕하고, 기우제를 지내는 곳인 무우대에서 바람을 쐬다가 노래를 부르며 돌아오겠습니다." 공자가 한숨을 쉬고는 탄식하며 말씀하셨다. "나는 증점의 뜻을 따르겠다." 세 사람이 나가고, 증점이 뒤에 남았다. 증점이 말씀하셨다. "저 세 사람의 말이 어땠습니까?" 공자가 말씀하셨다. "단지 각자 그 뜻을 말했을 따름이다." 증점이 말씀하셨다. "스승께서는 왜 자로의 말에 미소를 지으셨습니까?" 공자가 말씀하셨다. "나라를 다스리는 것은 예(禮)로서 하는 것인데 그의 말이 겸손하지 못했으니, 이 때문에 웃었다." 증점이 말씀하셨다. "예. 염구의 뜻은 나라를 말한 것이 아닙니까?" 공자가 말씀하셨다. "어찌 육칠십 리 혹은 오육십 리에 달하는 땅을 보고도, 나라가 아니라고 볼 수 있겠는가?" 증점이 말씀하셨다. "예. 공서화의 뜻은 나라를 말한 것이 아닙니까?" 공자가 말씀하셨다. "종묘와 회동은 제후가 아니고 무엇이겠는가? 공서화가 그 정도를 작다고 생각하면, 도대체 어떤 것이 큰 것이겠는가?"

『사기』「중니제자열전」에 따르면, 증점은 자(字)가 석(晳)이라서 증석이라고도 불렸습니다. 증자의 아버지로 알려져 있죠.

이 구절이 말하고자 하는 바는 크게 두 가지로 압축할 수 있는데, 하나는 공자의 제자들은 안회 등 극소수를 제외하고는 기본적으로 모두 정치에 참여하여 나라를 다스리고자 한 포부를 갖고 있었다는 점입니다. 두 번째로 공자는 증점의 뜻에 따르겠다고 했으니 두 사람의 가치관이 일치하는데, 여기서 증점의 말에 주목할 필요가 있습니다. 늦은 봄 관을 쓴 성인 대여섯 명이 사내아이 예닐곱 명을 데리고 나들이에 나섰다가 노래를 부르며 돌아오겠다는 것은 결국 정치에 관심을 가질 필요가 없는 태평성대를 일컫는 것이므로, 바로 공자의 도달할 수 없는 이상향인 대동의 사회를 그리고 있는 겁니다. 그리워해도 닿을 수 없는 춘추시대라는 현실에서, 공자는 역설적이게도 시대의 아픔을 노래하며 웃고 있는 거죠.

이 구절을 통해서 공자는 궁극적으로 정치에 관심이 없었다고 주장하는 경우가 있는데, 공자의 생애를 살펴보면 쉬이 알 수 있듯이 이는 궤변에 불과합니다. 공자는 '도'를 가르치고 전파하는데 한평생을 바쳤는데, 어찌 정치에 관심이 없었다고 말할 수 있겠습니까? 그리고 또 공자는 벼슬에 관심이 없었다고 주장하는 경우도 있는데, 이 역시 근거 없는 주장입니다. 『사기』 「공자세가」에 의하면, 공자는 정공 14년 즉 56세에 대사구 즉 형조판서에서 대부가 되었습니다. 이에 공자는 기뻐하며 "아랫사람을 소중히 하기 때문에, 그들을 기쁘게 한다고 하지 않더냐?"라고 말했는데, 이는 "내가 대부가 되었으니 백성들 위에서 군림하거나 함부로 명령하지 않고, 오히려 그들을 공경하고 아끼며 소중히 여길 것이다. 그렇기 때문에 백성들이 이에 기뻐하게 될 것이다."라는 의미를 함축하고 있습니다. 즉 공자는 높은 벼슬에 오를수록, '도'로 세상을 다스리기가 더 쉬워진다고 생각했던 겁니다.

제12편 : 안연(顔淵)

군자의 길

顔淵問仁。子曰:"克己復禮爲仁。一日克己復禮, 天下歸仁焉。
안 연 문 인   자 왈   극 기 복 례 위 인   일 일 극 기 복 례   천 하 귀 인 언

爲仁由己, 而由人乎哉?"顔淵曰:"請問其目。"子曰:"非禮勿視,
위 인 유 기   이 유 인 호 재   안 연 왈   청 문 기 목   자 왈   비 례 물 시

非禮勿聽, 非禮勿言, 非禮勿動。"顔淵曰:"回, 雖不敏, 請事斯語矣。"
비 례 물 청 비 례 물 언 비 례 물 동   안 연 왈   회 수 불 민 청 사 사 어 의

안회가 어짊에 대해서 물으셨다. 공자가 말씀하셨다. "자기를 절제하고 통제하여 스스로 이겨내서, 모자라거나 지나치지 않는 조화로움에 이르게 하는 예를 회복하는 것이 바로 어짊을 행하는 것이다. 하루라도 자기를 이겨내고 예를 회복할 수 있다면, 온 세상 사람들이 어짊을 회복하여 임금을 진심으로 섬기고 따르게 될 것이다. 어짊을 행하는 것은 자기 마음으로부터 비롯되어 우러나오는 것이지, 남이 시킨다고 할 수 있는 것이겠는가?" 안회가 말씀하셨다. "그렇게 할 수 있는 방침을 듣고 싶습니다." 공자가 말씀하셨다. "예(禮)에 어긋나는 것은 보지 말고 듣지도 말며, 말하지 말고 행하지 말라." 안회가 말씀하셨다. "제가 비록 총명하지는 못하지만, 이 말을 힘써 노력하여 실천할 수 있기를 바랍니다."

예(禮)는 조화로움(和)을 위해 존재하는 하위개념이지만, 절도에 맞는 조화로움(和)이란 예(禮)로 모자라거나 지나치지 않도록 절제하고 통제해야 합니다. 그리고 '도'의 형식은 '도'의 내용을 위해 존재하는 하위개념이지만, 형식과 내용은 조화로움(和)을 이뤄야 하죠.

道
(도)
덕(德)
중(中), 화(和)
인(仁), 의(義)　　　　예(禮), 악(樂)

道 (도)			
내용		형식	
강함: 의(義)	유함: 인(仁)	강함: 예(禮)	유함: 악(樂)

따라서 공자는 '도'에 있어서 강함의 형식인 예(禮)로 '도'에 있어서 부드러움의 내용이 되는 어짊(仁)을 모자라거나 지나치지 않도록 통제해야, 비로소 맹목적으로 추종하는 것이 아닌 진심으로 섬기고 따르는 어짊(仁)을 실천할 수 있다고 설명하는 겁니다. 결국 '강함'과 '부드러움' 그리고 '내용'과 '형식'이 조화(和)를 이뤄야 한다는 거죠.

즉 공자는 1-12에서 설명했던 이 과정에 부연 설명을 하고 있는데요. 예(禮)로 모자라거나 지나치지 않도록 절제하고 통제해야 조화로움(和)에 도달하는데, 사실 이 과정에서 예(禮)와 조화로움(和) 사이에 어짊(仁)이 생략되어 있다고 말하는 겁니다.

다시 말해서, 먼저 강함의 형식인 예(禮)로 부드러움의 내용인 어짊(仁)을 통제해야 비로소 참된 조화로움(和)에 도달할 수 있다는 겁니다. 이제 이와 관련된 기록을 함께 살펴보겠습니다.

『좌전』「소공 12년」에 따르면, 초나라 임금 영왕이 자혁과 상의하여 "천자께서 나에게 구정(九鼎)을 하사하겠소? 또 정나라가 '허' 지역을 나에게 주겠소?"라고 물었습니다. 구정은 하나라 우임금 때 구주 즉 전국에서 금을 모아 만든 다리 아홉 개가 달린 솥으로 하, 상, 주 삼대 이래로 천자에게 물려지는 보물이었습니다. 이에 자혁은 그럴 것이라며, 임금의 기분을 맞춰줬습니다. 임금이 잠시 자리를 비운 사이 기보가 자혁의 그러한 태도는 어짊(仁)이 아니라 맹목적으로 따르는 아부라고 비판하자, 자혁은 임금이 잘못된 말을 하면 그 자리에서 칼로 왕을 베어버리겠다고 맹세합니다. 임금이 나와서 다시 자혁과 대화를 나누는데 마침

임금의 행동을 기록하는 좌사(左史) 의상이 그들을 지나가자, 임금은 저 사관이 뛰어나 옛 책을 잘 읽는다고 칭찬했습니다. 그러자 자혁은 "일찍이 저 좌사에게 물어본 적이 있습니다. 옛 천자이신 목왕께서 천하를 두루 다녀 모든 땅에 자신의 수레바퀴 자취를 남기고자 하니, 제공 모보가 「기초(祈招)」라는 시를 지어 목왕의 뜻을 막았습니다. 그래서 저는 그 시에 대해서 물었는데, 뜻밖에도 좌사는 알지 못했습니다."라고 말했죠. 임금이 자혁에게 "그대는 아는가?"라고 묻자, 자혁은 "그 시의 내용은 임금의 덕이 울려 퍼지기를 기원하노니, 우리 임금께서 왕도를 생각하시어, 안일함에 빠지지 말고 백성들을 잘 보살피기를 바란다는 뜻입니다."라고 설명했습니다. 여러분들도 이해하다시피, 천자가 전국 방방곡곡에 자기 수레 바퀴자국을 내어 제후국들을 방문하면, 제후국들은 만사를 제쳐놓고 천자를 맞이할 차비를 합니다. 그럼 백성들을 동원해야 하고, 그렇게 되면 한 해 농사를 다 망치게 되겠죠. 따라서 참된 리더는 함부로 몸을 움직이지 않는 겁니다. 이에 초나라 임금은 훌륭한 말을 해준 자혁에게 읍하고 들어가 고민했으나, 스스로 욕망을 자제하지 못해서 결국 화를 당하고 말았습니다. 이에 공자는 '옛 기록에 자기를 이겨내고 예(禮)를 회복하는 것이 어짊(仁)을 행하는 것이다.'라는 말이 있다며, 본문의 말을 인용하여 자혁의 변화된 태도를 평가한 바 있습니다. 즉 자혁은 초반에 예(禮)를 잃어서 아첨과 맹종하는 태도를 보였지만, 기보의 충고를 듣고는 바로 예(禮)를 회복하여 충언을 아끼지 않는 진심 어린 어짊(仁)의 모습을 보였던 겁니다.

이를 통해서 두 가지 사실을 확인할 수 있는데, 하나는 자기를 이겨내고 예(禮)를 회복한다는 '극기복례(克己復禮)'라는 말은 공자에게서 처음 나온 표현이 아니라는 점입니다. 그리고 또 하나는 이미 앞에서 설명한대로 '도'의 내용이 되는 어짊(仁)은 형식인 예(禮)와 병행하여 조화(和)를 이루지 못하면 맹목적이고도 무조건적인 복종 즉 맹종이나 아부 아첨이 된다는 점입니다. 따라서 여기서 다시 한번 공자의 내용과 형식을 모두 중시하는 태도를 확인할 수도 있는데, 이와 관련하여 다음의 기록들도 함께 살펴보죠.

> 공자가 말씀하셨다. "무릇 선왕께서는 예로 하늘의 도를 받드시고, 또 예로 사람의 본성을 다스리셨다. 따라서 예를 잃는 이는 죽고, 예를 얻는 이는 산다."　　　　　　　　　　　　　　　　　　　　『예기』「예운」

> 이러한 까닭에 예라는 것은 임금의 큰 근본이다. 따라서 예로 혼동하기 쉬운 것을 구분하고 어렴풋한 것을 밝히며, 귀신을 접대하고 제도를 살핀다. 또 예로 어짊과 의로움을 구분하기에, 따라서 정치가 다스려지고 임금을 편안하게 한다.　　　　　　　　　　　　　　　　『예기』「예운」

이처럼 예(禮)는 어짊(仁)과 불가분의 관계를 맺고 있으면서 나라를 다스리는 중요한 외형적 기준이 되는 데, 특히 혼동하기 쉽거나 어렴풋한 '도'의 내용이 되는 부드러움의 어짊(仁)과 강함의 의로움(義)을 명확하게 구분하는 형식적 기준이 된다고 설명하고 있습니다. 한없이 부드럽기만 하면 어짊(仁)이 의로움(義)을 이기고, 한없이 강하기만 하면 의로움(義)이 어짊(仁)을 이겨서 결국 조화로움(和)에 이르지 못하게 되죠. 따라서 예(禮)로 이 둘의 절제하고 통제하여 강함과 부드러움이 균형을 잡도록 해야 한다는 겁니다.

仲弓問仁。子曰:"出門如見大賓, 使民如承大祭。己所不欲,
중궁문인 　자왈 　출문여현대빈 　사민여승대제 　기소불욕

勿施於人。在邦無怨, 在家無怨。"仲弓曰:"雍, 雖不敏, 請事斯語矣。"
물시어인 　재방무원 　재가무원 　　중궁왈 　옹 　수불민 　청사사어의

중궁이 어짊에 대해서 물으셨다. 공자가 말씀하셨다. "문밖에 나서거든 만나는 사람마다 귀빈을 뵙는 듯이 대하고, 중대한 제사는 조상의 혼령이 앞에 계신 듯이 정성을 다해 받들어야 하는데 백성을 부릴 때는 바로 그런 마음 자세로 해야 한다. 또한 자기가 하고 싶지 않은 바는 남에게 시키지 말아야 한다. 그러면 백성들이 임금을 원망하지 않게 되어서, 나라에 원망이 없고 집에도 원망이 없게 될 것이다." 중궁이 말씀하셨다. "제가 비록 총명하지는 못하지만, 스승의 말씀을 실천하려고 힘쓰기를 원합니다."

이와 관련하여, 다음 기록 역시 함께 살펴보겠습니다.

공자가 말씀하셨다. "효도로서 임금을 섬기고, 공경함으로서 웃어른을 섬기는 것이다. 이렇게 하는 것은 백성들에게 자신이 윗사람의 뜻을 어기지 않음을 보이는 것이다."

『예기』「방기」

결국 어짊(仁)을 행하는 것은 백성들에게 자기가 윗사람과 임금의 뜻을 어기지 않음을 보이기 위한 것이므로, 어짊(仁)은 그 자체적으로 정치적 색채가 대단히 농후한 '도'의 구성요소입니다. 그렇다면 공자는 또 어떤 의도에서 백성들을 동원하여 부릴 때는 마치 제사를 지내는 것처럼 하는 것이 어짊(仁)이라고 한 걸까요?

종묘의 제사는 어짊의 지극함이다.

『예기』「예기」

종묘의 제사 즉 선왕께 제사를 지내는 것은 진심으로 섬기고 따르는 모습을 보이는 것이므로, 어짊(仁)의 지극함이 되는 것이죠. 그리고 이런 마음가짐으로 백성을 동원하여 부리면, 어느 누가 불만을 가질까요?

나아가 자기가 하고 싶지 않은 바는 남에게도 시키지 않으면, 자연스레 백성들은 나라에 원망하는 마음이 없게 되고, 또 그렇게 되면 원망하는 감정을 가지고 집으로 돌아가지 않으므로, 집안에도 원망하는 마음이 없게 되는 겁니다.

지도자가 주변 사람들과 백성들을 섬김의 자세로 대하면, 백성들은 자연스레 임금을 원망하지 않게 됩니다. 이 자체가 바로 자기가 섬기는 임금의 욕되게 하지 않는 진정한 어짊(仁)의 자세가 아닐까요?

12-3

司馬牛問仁。子曰:"仁者, 其言也訒 。"曰:"其言也訒,
사 마 우 문 인   자 왈   인 자   기 언 야 인   왈   기 언 야 인

斯謂之仁矣乎?" 子曰:"爲之難, 言之得無訒乎?"
사 위 지 인 의 호   자 왈   위 지 난   언 지 득 무 인 호

사마우가 어짊에 대해서 물으셨다. 공자가 말씀하셨다. "어짊이라는 것은 말을 함부로 하지 않는 것이다." 사마우가 말씀하셨다. "말을 함부로 하지 않으면, 이를 어짊이라고 할 수 있습니까?" 공자가 말씀하셨다. "실행하기가 어려운데, 말을 함부로 할 수 있겠는가?"

사마우의 본명(名)은 사마경(司馬耕)인데, 자(字)가 자우(子牛)라서 사마우라고 불리기도 했습니다. 『사기』「중니제자열전」에 따르면, 그는 말이 많고 성격이 급했다고 합니다.

공자는 4-22에서 "옛 지도자들은 함부로 말을 내뱉지 않았는데, 그 이유는 몸이 말을 쫓아가지 못하는 걸 부끄러워했기 때문이다."라고 말

한 바 있습니다. 사람(人)이 말(言)하는 것이 믿음(信)이고, 말(言)을 이루는 것(成)이 성실함(誠)이니, 어찌 말을 함부로 뱉을 수 있을까요? 그렇게 되면 자기가 섬기는 임금에게 누를 끼치지 않게 될 것이고, 또 그럼으로써 자기의 임금을 진심으로 섬기게 되는 것(仁)이죠. 그리고 공자는 여기서도 제자들에 대해 맞춤형 교육을 하고 있는 걸 알 수 있는데, 바로 사마우의 말이 많은 단점을 지적함으로써 신중해야 한다고 가르치고 있습니다.

12-5

司馬牛憂曰: "人皆有兄弟, 我獨亡。" 子夏曰: "商, 聞之矣: 死生有命,
사마우우왈　인개유형제　아독망　자하왈　상　문지의　사생유명

富貴在天。君子敬而無失, 與人恭而有禮, 四海之內, 皆兄弟也。
부귀재천　군자경이무실　여인공이유례　사해지내　개형제야

君子何患乎無兄弟也?"
군자하환호무형제야

사마우가 근심하여 말씀하셨다. "사람들은 모두 형제와 함께 있는데, 나만 홀로 형제들이 뿔뿔이 흩어져서 곁에 없구나" 자하가 말씀하셨다. "내가 듣기로 삶과 죽음은 자연의 이치가 있고, 재산이 넉넉함과 지위가 높음은 모두 하늘의 뜻에 달려있소. 군자는 도를 공경해서 부단히 노력하므로 허물이 없게 되고, 다른 사람들에게 공손하고 예를 갖추면 온 세상 사람들이 모두 형제가 되오. 그러니 군자가 어찌 형제 없음을 근심하겠는가?"

2-1에서 참된 지도자가 되면 북극성 주변에 별들이 몰려오듯 외롭지 않게 된다고 했습니다. 따라서 자하는 사마우를 위로하고 또 격려하고 있는 거죠. 아울러 이를 통해서 공자의 제자들이 '도'를 배우려는 궁극의 목표가 바로 정치에 참여하여 지도자가 되는데 있었음을 다시 한번 엿볼 수 있습니다.

7-22에 등장하는 송나라 대부 환퇴가 바로 사마우의 친형이라는 설

이 있는데, 『좌전』「애공 14년」을 보면 사실임을 알 수 있습니다. 환퇴
는 임금인 경공의 총애를 등에 업고 전권을 휘둘렀는데, 경공이 그를 경
계하여 제거하려고 하자 반란을 일으켰습니다. 하지만 반란이 결국 실패
하자 위나라로 도망갔다가 다시 제나라로 가서, 훗날 재아와 함께 반란
을 일으키는 제나라 대부 진성자의 도움을 받게 됩니다. 이때 제나라에
있던 동생 사마우는 환퇴가 제나라로 오자, 오나라로 피했다가 다시 송
나라로 돌아오게 됩니다. 그 후 진(晉)나라 경 조간자와 제나라 진성자가
불러들이자, 사마우는 그들의 부름에 응하여 길을 나섰다가 노나라의 수
도 외곽에서 죽게 되는데, 이때 공자 나이 71세였습니다. 결국 안회와 같
은 해에 세상을 달리한 거죠. 상술한 내용을 살펴보면, 사마우와 그의 형
환퇴는 사이가 그리 좋지 않았던 것으로 보입니다.

12-6

子張問明。子曰: "浸潤之譖, 膚受之愬, 不行焉, 可謂明也已矣。
자 장 문 명   자 왈   침 윤 지 참   부 수 지 소   불 행 언   가 위 명 야 이 의

浸潤之譖, 膚受之愬, 不行焉, 可謂遠也已矣。"
침 윤 지 참   부 수 지 소   불 행 언   가 위 원 야 이 의

자장이 덕을 밝힌다는 게 어떤 것인지 물으셨다. 공자가 말씀하셨다. "상대방
의 없는 죄를 있는 것처럼 꾸며서 헐뜯고 비방하며 무고해도, 객관적으로 판
단하여 진위를 가려내는 것이 덕을 밝히는 것이다. 없는 죄를 있는 것처럼 꾸
며서 고발하는 헐뜯고 비방하며 무고하는 행위가 통하지 않으면, 지도자가 멀
리 내다보는 식견이 있다고 할 수 있다."

먼저 다음 기록을 보겠습니다.

『서경=상서』「강고」편에서 "능히 덕을 밝힌다."라고 하였다. 「태갑」편에서

는 "이 하늘의 밝은 명을 돌아본다."라고 하였다. 「제전」편에서는 "능히 큰 덕을 밝힌다."라고 하였다. 이 모두가 스스로 밝히는 것이다.   『예기』「대학」

　　위의 글을 살펴보면, 결국 밝힌다(明)는 것은 다름 아닌 '덕'을 밝히는 것임을 알 수 있습니다. 2-1에서 설명한 바 있듯이, '덕'은 성인들이 행한 강함과 부드러움의 통치법을 조화롭게 실천하려는 절조(절개와 지조)입니다. '덕 덕(德)'은 '조금 걸을 척(彳)'과 '곧을 직(直)' 그리고 '마음 심(心)'이 합쳐진 문자인데, 특히 '열 십(十)'과 '눈 목(目)' 그리고 '숨을 은(ㄴ)'은 열 개의 눈으로 숨은 것을 바라보면 바르고 곧아진다는 뜻을 가진다고 했습니다. 따라서 공자는 지도자가 '덕'을 밝히게 되면, 상대방의 없는 죄를 있는 것처럼 꾸며서 헐뜯고 비방하며 무고하는 행위가 통하지 않게 된다

고 설명하고 있는 거죠. 이는 바꿔 말해서 당시 노나라를 포함한 춘추시대에 이러한 행위가 비일비재했음을 간접적으로 보여주고 있는데, 이제 이와 관련된 대표적인 두 사례를 살펴보기로 합시다.

　　『사기』「오자서열전」에 따르면, 오나라 임금 부차가 월나라와의 전투에서 승리하자 월나라 임금 구천은 오나라에 강화를 요청했습니다. 오나라 장수 오자서는 구천을 반드시 제거해야 한다고 했으나, 9-6에서 소개한 바 있는 태재 비의 감언이설에 넘어간 부차는 오히려 오자서를 점차 멀리했죠. 오자서는 그런 오나라가 불안해서 자기 아들을 제나라에 맡겼는데, 태재 비가 이 일을 핑계로 임금에게 오자서를 모함했습니다. 그러자 부차는 오자서에게 명검을 내려 자결하도록 했고, 오자서는 자기가 죽으면 오나라가 월나라에 멸망당하는 것을 지켜볼 수 있도록 눈알을 도려내 동문 위에 걸어 달라고 하고는 자결하고 맙니다. 그로부터 9년 후, 월나라는 오나라를 공격하여 멸망했고, 부차는 오자서의 말을

듣지 않은 것을 후회하며 자결했습니다.

또 『좌전』「희공」과 「장공 28년」에는 다음의 기록이 있습니다. 진 (晉)나라 헌공이 여희를 총애했는데, 여희는 자기가 낳은 아들인 해제를 태자로 세우고자 했습니다. 이에 헌공의 전처가 낳은 아들들을 모함하여 결국 태자이던 신생은 죽고, 중이와 이오는 진나라를 떠나 도망치게 되었죠.

만약 오나라 임금 부차와 진나라 임금 헌공이 '덕'을 밝혀서 현명하게 나라를 다스렸다면, 이처럼 상대방을 헐뜯고 비방하며 무고하는 행위가 통하지 않았을 겁니다. 또 그렇게 되었다면 나라가 망하거나 무고한 이들이 죽는 일이 없었을 것이니, 이것이야말로 멀리 보는 식견이 아닐까요?

12-7

子貢問政。子曰：“足食, 足兵, 民信之矣。”子貢曰：“必不得已而去,
자공문정 자왈 족식 족병 민신지의   자공왈 필부득이이거

於斯三者何先？”曰：“去兵。”子貢曰：“必不得已而去, 於斯二者何先？”
어사삼자하선   왈 거병 자공왈 필부득이이거 어사이자하선

曰：“去食。自古皆有死, 民無信不立。”
왈 거식 자고개유사 민무신불립

자공이 정치에 대해서 물으셨다. 공자가 말씀하셨다. "식량이 충분하고, 군비가 충족하며, 백성들이 통치자를 믿도록 해야 한다." 자공이 말씀하셨다. "반드시 부득이하게 버려야 한다면, 이 세 가지 중 어느 것을 먼저 버려야 합니까?" 공자가 말씀하셨다. "무력을 통한 전쟁은 가장 하등의 것이므로, 군비를 버려야 한다." 자공이 말씀하셨다. "반드시 부득이하게 버려야 한다면 이 두 가지 중 어느 것을 먼저 버려야 합니까?" 공자가 말씀하셨다. "먹을 것을 버려야 한다. 자고로 모든 사람은 언젠가 죽는 법이지만, 신뢰라는 것을 얻기는 참으로 어렵다. 백성들이 지도자를 믿지 않으면, 나라가 존립할 수 없다."

스티븐 잡스(Steven Paul Jobs)를 이어서 팀 쿡(Timothy Donald "Tim" Cook)이 '애플(Apple)'의 CEO를 맡게 되자, 언론사들은 '애플'의 앞날에 많은 시련이 예상된다는 부정적인 예측을 쏟아냈습니다. 하지만 스티브 잡스가 췌장암 치료로 휴직하는 동안, 팀 쿡은 임시 CEO로 애플 업무의 대부분을 책임져왔죠. 특히 그 기간의 매출 추이를 보면 가파른 매출 성장을 볼 수 있고, 시가총액 1조 달러(한화 약 1130조 원)를 돌파한 모습도 확인할 수 있습니다. 이처럼 '애플' 성장에 기여한 그는, 재고 관리와 외부 업체 위탁처리(Out Sourcing) 및 노동환경 개선 등 다양한 분야에 있어서 한 획을 그었습니다. 그는 한 인터뷰에서 "내가 가진 모든 것을 회사에 쏟아붓기 위해 노력하겠지만, 결코 스티븐 잡스와 똑같아지는 것을 목표로 삼지는 않습니다. 내가 될 수 있는 유일한 사람은 바로 나 자신뿐입니다."라고 말하기도 했습니다. 이와 관련하여, '애플' 전문 분석가 호러스 데듀(Horace H. Dediu)는 "팀 쿡은 대중 앞에 나서지 않고 12년 동안 조용히 경력을 쌓아왔습니다. 사실 그는 오랫동안 '애플' 경영에 참여했는데, 초기부터 스티븐 잡스는 회사 경영의 상당 부분을 팀 쿡에게 맡기고 자신은 신제품 출시에 몰두했습니다. 결국 팀 쿡은 기존에 하던 일을 계속했을 뿐입니다."라고도 언급한 바 있습니다. 1997년 애플 파산 직전 스티븐 잡스가 돌아와 위기에 빠진 애플을 구한 사실은 널리 알려진 사실입니다. 하지만 사실 애플을 구한 것은 잡스의 획기적인 제품 디자인 혁신만은 아니죠. 당시 애플은 재고에 허덕여서 큰 손실을 보고 있었는데, 이때 팀 쿡은 공급망과 재고를 효율적으로 관리해서 회사의 재정을 좀먹고 있던 몇 개월 치의 재고를 단 이틀치로 줄였습니다. 그에도 불구하고 어디에서도 자기를 내세우지 않고 애플의 모든 공을 잡스가 받도록 했죠. 사람들은 아직도 '애플'하면 스티븐 잡스를 떠올리지만, 뒤에서 묵묵히 최선을 다한 팀 쿡이 있었기에 지금의 애플이 존재할 수 있었습니다. 그리고 오랜 시간이 지난 지금, 그는 이제 가장 영향력 있고 신뢰받는 리더로 사람들 입에 오르내리고 있습니다.

12-9

哀公問於有若曰: "年饑, 用不足, 如之何?" 有若對曰: "盍徹乎!" 曰:
애 공 문 어 유 약 왈   년 기 용 불 족 여 지 하   유 약 대 왈   합 철 호   왈

"二, 吾猶不足, 如之何其徹也?" 對曰: "百姓足, 君孰與不足? 百姓不足,
이   오 유 불 족 여 지 하 기 철 야   대 왈   백 성 족 군 숙 여 불 족 백 성 불 족

君孰與足?"
군 숙 여 족

노나라 임금 애공이 유자에게 물었다. "가뭄이 들어서 내 씀씀이가 부족하니,
어찌해야 하는가?" 유자가 대답하셨다. "어찌 10%를 세금으로 받는 조세법인
'철'을 시행하지 않으십니까?" 애공이 말했다. "20%를 받아도 나는 오히려 부
족한데, 어찌 '철'을 시행한단 말인가?" 유자가 대답하셨다. "백성이 넉넉하면
모두가 풍요로울 진데, 그렇게 되면 임금이 가난해지고 싶어도 홀로 가난할
수 있겠습니까? 백성이 넉넉하지 못하면 모두가 빈곤해질 진데, 그렇게 되면
임금이 풍요로워지고자 해도 홀로 풍요로울 수 있겠습니까?"

이와 관련하여 다음 기록을 보죠.

공자가 말씀하셨다. "백성은 임금을 그 마음으로 삼고, 임금은 백성을 몸으
로 삼는다. (생략) 임금은 백성 때문에 살고, 또한 백성 때문에 죽는다."

『예기』「치의」

지도자가 정치를 하는 대상은 바로 백성입니다. 이미 풍요로운 지
도자가 가뜩이나 없는 백성들을 세금으로 더욱 수탈하면, 백성들은 버틸
수가 없습니다. 백성들이 없어지면, 지도자는 다스릴 대상이 없어지죠.
지도자 홀로 존재할 순 없는 노릇입니다.

子張問崇德辨惑。子曰:"主忠信, 徙義, 崇德也。愛之欲其生,
자 장 문 숭 덕 변 혹   자 왈   주 충 신 사 의 숭 덕 야   애 지 욕 기 생

惡之欲其死。旣欲其生又欲其死, 是惑也! 誠不以富, 亦祇以異。"
오 지 욕 기 사   기 욕 기 생 우 욕 기 사   시 혹 야   성 불 이 부   역 지 이 이

성인들이 행한 강함과 부드러움의 통치법을 조화롭게 실천하려는 절조인 덕을 숭상하고, 또 현혹됨을 분별할 수 있는지 물으셨다. 공자가 말씀하셨다. "마음을 공정하고도 객관적으로(忠) 하고, 뱉은 말은 반드시 책임지고 지키며(信) 계급상의 서열을 명확하게 하고 그 서열에서 마땅히 지켜야 할 바를 목숨을 걸고 지켜야(義) 하는 것이 덕을 숭상하는 것이다. 사람들은 사랑하면 그가 살기를 바라고, 미워하면 그가 죽기를 바란다. 그런데 처음에는 살기를 바랐다가 후에 다시 죽기를 바라는 것, 이것이 자기를 다스리지 못해서 현혹됨에 빠지는 것이다. 그래서 『시경』「소아(小雅)·아행기야(我行其野)」에서는, '넉넉함 때문이 아니라, 다만 진귀함 때문에 기대할 따름이네.'라고 했다."

'덕'은 최종 목표인 '도'의 바로 전 단계로서, 이처럼 많은 요소들을 실천해야 도달할 수 있는 경지입니다. 따라서 공자가 여기서 거론한 마음을 공정하고도 객관적으로(忠=中) 하고, 뱉은 말은 반드시 책임지고 지키며(信) 계급상의 서열을 명확하게 하고 그 서열에서 마땅히 지켜야 할 바를 목숨을 걸고 지키는 의로움(義)은 '덕'에 이르는 많은 과정을 간략

하게 이 세 가지로 정리하여 표현한 것임을 알 수 있습니다. 정확하게 말하자면, '덕'은 이 세 가지만 실천해서 이를 수 있는 게 아니죠.

2-4와 12-21에서 불혹(不惑)은 자기를 통제하여 다스림으로써 현혹됨에 빠지지 않는 경지를 뜻한다고 했습니다. 공자는 이제 여기서 자신의 말뜻을 좀 더 쉬이 설명하기 위해서, 『시경』「소아(小雅)·아행기야(我行其野)」의 한 구절을 인용합니다. 해설서 『모시전』에서는 이 작품의 주제가 "주나라 선왕을 비판한 것이다."라고 했는데, 선왕은 천자의 나라인 주나라를 다시 흥성케 하여 역사적으로 '선왕중흥(宣王中興)'이라는 말까지 생겨났지만, 말년에는 노나라 제후를 세우는 일에 간섭하여 혼란을 야기하는 등 불미스런 일들을 적잖이 저질렀습니다. 『모시정의』의 저자 공영달은 선왕이 말년에 부인 강후(姜后)가 잘못한 적이 없는데도 버리고, 또 수차 결혼함으로써 천자로서의 예(禮)를 다하지 못하여 정치를 혼란스럽게 하였다고 언급한 바 있습니다. 그리고 한나라 때 유향이 쓴 『열녀전』에는 강후가 남편 선왕이 '덕'에 힘쓰지 않자 자신의 부덕함 때문이라고 자책하고, 이에 깨달음을 얻은 선왕이 정신을 차린다는 내용이 있습니다. 이제 전체 3장 중 본문에서 인용된 시구가 있는 마지막 장을 살펴보기로 하죠.

> 나는 들판을 거닐다가, (정력에 좋은) 메꽃 뿌리를 뜯는다네.
>
> 옛날의 혼인을 그리워하지 않고, 그대는 새로운 배필을 구하네.
>
> (하지만 새로운 배필을 구하는 것은 그녀의) 넉넉함 때문이 아니라, 다만 진귀함 때문에 기대할 따름이네.

결국 공자는 객관적이고 공정함(忠=中)과 신뢰(信) 그리고 의로움(義)에, 나아가 변치 않음(常)의 태도까지 강조하고 있음을 알 수 있습니다. 사랑하면 살기를 바라고 미워하면 죽기를 바라는데, 처음에는 살기를 바랐다가 다시 죽기를 바라는 건 변심입니다. 즉 불혹(不惑)은 항상 변하지 않는(常) 마음가짐과 깊은 관련이 있습니다. 정리하면 공자는 이 구절 하나로 '도'에 이르는 전체의 과정을 개략적으로 정리하여 설명한 겁니다.

12-11

齊景公問政於孔子。孔子對曰:"君君, 臣臣, 父父, 子子。" 公曰:
제 경 공 문 정 어 공 자　공 자 대 왈　군 군　신 신　부 부　자 자　　공 왈

"善哉。信如君不君, 臣不臣, 父不父, 子不子, 雖有粟, 吾得而食諸?"
선 재　신 여 군 불 군　신 불 신　부 불 부　자 불 자　수 유 속　오 득 이 식 제

제나라 경공이 공자에게 정치에 대해서 물었다. 공자가 대답하셨다. "임금은 임금다워야 하고, 신하는 신하다워야 하며, 아비는 아비다워야 하고, 자식은 자식다워야 합니다." 경공이 말했다. "훌륭하도다. 정말로 만약 임금이 임금답지 못하고, 신하가 신하답지 못하며, 아비가 아비답지 못하고, 자식이 자식답지 못하면, 비록 양식이 있어도 내가 그것을 얻어서 먹겠는가?"

1-13에서 소개했던 다음 기록을 다시 살펴보면, 공자가 이 구절에서 말하고자 한 바는 바로 의로움(義)임을 알 수 있습니다.

무엇을 의로움(義)이라고 하는가? 아버지는 자애롭고(慈), 아들은 효도하며 (孝), 형은 자애롭고(良), 아우는 공경하며(悌), 남편은 합당한 행동을 하고 (義), 아내는 순응하며(聽), 어른은 은혜를 베풀고(惠), 어린이는 따르며(順), 임금은 어질고(仁), 신하는 객관적이고 공정(忠)해야 하니, 이 열 가지를 사람의 의로움(義)이라고 일컫는다.　　　　　　　　　　　　　　『예기』「예운」

즉 정치는 윗사람과 아랫사람이 각자 처한 자리에서 마땅히 행해야 할 도리를 옳다고 여기고 나아가 목숨을 걸고라도 지키는 의로움(義)의

자세로 임해야 한다는 겁니다.

2-5에서 이미 언급했듯이, 노나라 소공은 군대를 거느리고 계평자를 공격했지만, 계평자는 맹손씨, 숙손씨와 힘을 합쳐 역으로 소공을 공격했고, 소공은 오히려 패하여 제나라로 도망갔습니다. 그렇게 노나라에 난이 일어나자 35세의 공자는 제나라로 가서 고소자의 가신이 되었고, 5년 전 제나라 경공이 안영(안자)과 함께 공자를 찾아와 진(秦)나라 목공이 천하의 우두머리가 된 이유에 대해서 물었던 인연을 이용하여 경공과 접촉하려고 했습니다. 이때 경공과 공자가 나눈 대화 내용이 바로 이 구절이죠. 그렇다면 공자는 어떤 의도로 경공에게 이처럼 말한 걸까요? 이제 여기서 다음 두 구절을 함께 살펴보겠습니다.

16-12

"齊景公有馬千駟, 死之日, 民無德而稱焉。伯夷叔齊餓于首陽之下,
제 경 공 유 마 천 사 사 지 일 민 무 덕 이 칭 언 백 이 숙 제 아 우 수 양 지 하

民到于今稱之。其斯之謂與。"
민 도 우 금 칭 지 기 사 지 위 여

"제나라 경공은 말 사천 마리를 소유했지만, 죽는 날에 백성들이 칭송할 만한 덕이 없었다. 백이와 숙제는 수양산 아래에서 굶어 죽었지만, 백성들이 지금까지도 칭송하고 있다. 백성들이 덕을 칭송한다는 것은 바로 이를 일컫는 것이다."

제후국인 주나라의 무왕이 무력으로 천자의 나라인 상나라 주임금을 멸하고 주나라를 세우자, 상나라의 또 다른 제후국인 고죽국 왕자 백이와 숙제는 무왕이 인의(仁義)를 저버렸다고 말하며 수양산으로 들어가 고사리를 캐어서 연명하다 굶어 죽었습니다. 바로 이들은 끝까지 목숨을 걸고 '신하는 신하다워야 한다.'라는 의로움(義)을 지켰기 때문에, 백성들

이 그들을 칭송했습니다. 반면에 제나라 경공은 부유하기는 했지만, 그 부유함을 백성들과 함께 해야 한다는 '임금다운 면모'를 보이지 못했던 겁니다. 이어서 다음의 두 번째 구절을 보죠.

18-3

齊景公待孔子曰："若季氏, 則吾不能。以季孟之間待之。"曰："吾老矣,
제 경 공 대 공 자 왈　약 계 씨　즉 오 불 능　이 계 맹 지 간 대 지　왈　오 노 의

不能用也。"孔子行。
불 능 용 야　공 자 행

제나라 경공이 공자를 접대하며 말했다. "계손씨와 같은 등급으로 대우해 달라고 하면, 나는 그렇게 할 수 없다. 따라서 계손씨와 맹손씨의 사이로 그를 대우하겠다." 후에 제나라 경공이 다시 말했다. "나는 늙었으니, 공자를 등용할 수가 없다." 결국 공자는 노나라로 돌아갔다.

구덕	육덕	삼덕
평천하(平天下)	치국(治國)	제가(齊家)
1. 관이율(寬而栗): 관대하면서도 엄격함	○	
2. 유이립(柔而立): 유하면서도 확고히 섬		○
3. 원이공(願而共): 정중하면서도 함께 함	○	
4. 치이경(治而敬): 다스리면서도 공경함	○	
5. 요이의(擾而毅): 길들이면서도 강인함	○	
6. 직이온(直而溫): 정직하면서도 부드러움		○
7. 간이염(簡而廉): 질박하면서도 청렴함	○	
8. 강이실(剛而實): 강직하면서도 정성스러움		○
9. 강이의(強而義): 굳세면서도 의로움	○	

이 두 구절만 봐도, 경공은 7. 간이염(질박하면서도 청렴함)과 2. 유이립(온유하면서도 확고히 섬)의 '덕'이 부족했던 인물임을 알 수 있습니다. 특히 자기가 한 말을 번복하는 모습은, 리더로서의 권위를 땅에 떨어뜨립니다. 의로움(義)을 행하지 못하는 인물이 그 다음 단계인 '덕'에 도달할 수는 없습니다. 결론적으로 말해서, 경공은 올바른 리더로서의 모습을 보이지 못한 인물이었던 겁니다. 그렇다면 임금은 임금다워야 한다는 말뜻은 과연 뭘까요?

2020년 여름 포르투갈 남부 한 해변에서 카약을 타고 있던 여성 2명이 물에 빠지는 사고가 발생했습니다. 이들은 이웃 해변에서 카약을 타다가 해류에 떠밀려 왔고, 힘이 빠진 상태에서 카약이 뒤집히는 바람에 물에 빠진 것으로 알려졌는데요. 그 광경을 목격한 한 노인이 바다를 헤엄쳐서 카약이 있는 곳으로 향했고, 제트스키를 타고 도착한 다른 사람들과 함께 여성들을 구조했습니다. 그런데 이 노인은 다름 아닌 72살의 마르셀루 헤벨루 데 수자(Marcelo Rebelo de Sousa) 포르투갈 대통령이었던 것으로 알려져, 많은 사람들을 놀라게 했습니다. 그는 휴가를 보내던 중 아침 수영을 하다가 사건을 목격하고, 생각할 겨를도 없이 바로 여성들을 도우려고 헤엄친 것이었습니다. 또 구조를 마친 후 한 인터뷰에서, 그는 다른 사람들과 힘을 합쳐 도왔기 때문에 구조할 수 있었다고 말을 아꼈습니다. '말보다 행동'이라고 했던가요? 오늘날 현대사회에서 이보다 더 '리더 다운 리더'에 어울리는 사례를 찾기도 쉽지는 않아 보입니다.

子曰: "片言可以折獄者, 其由也與。子路, 無宿諾。"
자 왈   편 언 가 이 절 옥 자   기 유 야 여   자 로   무 숙 낙

공자가 말씀하셨다. "몇 마디 말만 듣고도 시시비비를 가려서 송사를 판결할 수 있는 사람은 자로이다. 자로는 내뱉은 말은 반드시 지키는 성실함(誠)을 갖췄기 때문이다."

공자는 자로가 한 말은 반드시 지키는 성실한(誠) 인물이기 때문에, 소송 당사자들의 몇 마디만 듣고도 누가 옳고 누가 잘못했는지를 판단할 수 있는 인물이라고 평가했습니다. 그렇다면 성실함(誠)과 몇 마디 말만 듣고도 시시비비를 가릴 수 있는 능력에는 어떤 상관관계가 있는 걸까요?

공자가 말씀하셨다. "송사를 들음에 있어서는 나도 다른 사람과 별반 다를 것 없이 같으니, 반드시 송사가 없도록 해야 할 것이다!" 성실한 마음(誠心)이 없는 사람은 그 말을 다하지 못한다. 백성의 뜻을 크게 두려워하는 것, 이를 일컬어서 근본을 안다고 하는 것이다. 『예기』「대학」

즉 내뱉은 말은 반드시 지키려는 성실한 마음(誠心)이 없는 사람은 하려는 말을 진실되고도 온전하게 다하지 못하기 때문에, 성실한 마음이 있는 사람은 그런 사람을 바로 알아볼 수 있는 겁니다. 하지만 공자는 가장 이상적인 것은 바로 송사 자체가 없도록 하는 것이라고 『논어』에서도 다시 한번 강조합니다.

子曰: "聽訟, 吾猶人也, 必也使無訟乎。"
자 왈   청 송   오 유 인 야   필 야 사 무 송 호

공자가 말씀하셨다. "송사를 들음에 있어서는 나도 다른 사람과 별반 다를 것
없이 같으니, 반드시 송사가 없도록 해야 할 것이다."

공자는 자신이 재판을 맡게 되면 객관적이고도 공정한(中) 태도로
판결하겠지만, 그보다 더 중요한 것은 소송 자체가 없게 하는 것이라고
말하고 있습니다. 또 그렇게 하기 위해서는 지도자가 백성들을 두려워해
야 한다고 말하고 있으니, 이는 지도자가 '도' 즉 옛 성인들의 통치이념
으로 나라를 다스려야 한다는 거죠.

성왕이 죽고 아들 강왕 쇠가 즉위하였는데, 성왕과 강왕 시대에는 세상이
안녕하여, 형벌을 시행했지만 40여 년간 쓰이지 않았다.   『십팔사략』「주왕조편」

이처럼 지도자가 솔선수범하여 '도'를 따르게 되면, 백성 역시 그
선량한 마음을 본받아서 '도'에 힘쓰게 됩니다. 그렇게 되면 법이 있어도
형벌을 내릴 일이 없게 될 것이니, 그것이 바로 공자가 꿈꾸던 세상이었
던 겁니다.

子張問政。子曰:"居之無倦, 行之以忠。"
자 장 문 정   자 왈   거 지 무 권   행 지 이 충

자장이 정치에 대해 물으셨다. 공자가 말씀하셨다. "평상시에 나태하지 않고,
객관적이고도 공정한 자세로 일을 해야 한다."

미국 도널드 트럼프(Donald John Trump)
대통령 집권 초기, 장녀 이방카(Ivanka)가 선
임고문(Senior Counselor) 자격으로 백악관에
입성해 논란이 일었습니다. 언론에서 트럼프
정권의 실세는 이방카라는 논란이 불거졌을
때, 그녀는 "아버지의 행정부에서 공식 직책
을 맡지 않겠다."라며 선언했지만 결국 자신

이 한 약속을 어기고 백악관 참모가 된 셈이었습니다. 그러면서 논란을
의식한 듯, 이방카 측은 정치 전문 일간지인 《폴리티코(Politico)》를 통해
서 "백악관이 이방카의 역할을 승인했고 윤리 당국의 심사도 통과했다."
라고 설명했습니다. 하지만 《폴리티코》는 이방카의 백악관 입성은 전
례가 없는 일이라고 평가했고, 시민 단체들 역시 이방카에게 적용된 윤
리 규정의 기준이 약하다고 비판하고 나섰죠. 이와 더불어서 NBC방송
은 의류회사 MAC(Modern Appealing Clothing)가 이방카 소유의 회사 이
방카 트럼프 마크스 유한회사(Ivanka Trump Marks LLC)를 부당 이익 수
수 혐의로 고소했다고 보도했습니다. 이방카는 백악관 선임고문이 되면
서 회사 경영진에서 물러났지만, 지금까지도 회사의 실제 소유주로 이름
이 올라가 있습니다. 이런 상황에서 과연 그녀는 사심 없이 나태하지 않

고 나랏일에만 전념할 수 있을까요? MAC는 "이방카와 회사 임직원들이 백악관의 권력과 명성을 개인 이익 취득에 이용했을 뿐 아니라, 이방카 회사 제품을 정부 관련 행사에 노출시켜 판촉행위를 했다."고 비판했습니다.

12-16

子曰: "君子, 成人之美, 不成人之惡; 小人, 反是。"
자왈 군자 성인지미 불성인지악 소인 반시

공자가 말씀하셨다. "군자는 사람들의 아름다운 본성이 드러나도록 장려하고, 악한 본성이 드러나지 못하도록 한다. 하지만 피지배계급인 소인은 군자와 정반대로 한다."

1852년 2월 26일 새벽, 남아프리카로 병력을 실어 나르는 영국 수송선 버큰 헤드(Birken Head)호가 암초에 부딪혀 침몰했습니다. 배에는 472명의 군인들과 그 가족들인 일반승객 162명이 탑승하고 있었는데, 침몰 후 생존자는 184명인 반면 사망자는 454명이나 되었습니다. 하지만 이 사건은 지금까지도 리더십의 전형을 보여주는 아름다운 사례로 회자되고 있습니다. 그 이유는 침몰 당시 병력을 지휘하던 74보병 연대 소속 알렉산더 세튼(Alexander Seton) 대령의 희생정신 때문인데요. 당시 함선 안에 준비된 구명보트는 세 척뿐이었고, 각 구명보트의 정원은 60명밖에 되지 않았습니다. 게다가 배에 탑승했던 군인들은 상당수가 단결력이 뭔지 모르는 미숙한 신병들이어서, 자칫 서로 자기만 살겠다고 더 큰 혼란을 일으킬 수도 있는 상황이었습니다. 이때 세튼 대령은 모든 군인을 갑판에 집합시키고 외쳤습니다. "지금까지 가족들은 우리를 위해 희생해왔다. 이제 우리가 그들을 위해 희생할 때다. 어린이와 여성부터 보트에 태워라. 대영제국의 남자답게 행동해라. 우리는 조국과 국민을 위해 목숨을 바치기로 한 군인이다." 그러고 나서 세튼 대령은 어린이와 여성들이 먼저 구명보트에 타는 모습을 지켜보았다고 합니다. 만약 군인들이 서로 살고자 동시에 뛰어들었다면, 어떤 일이 발생 했을지 모릅니다. 하지만 탈출한 병사가 세 명도 채 되지 않았을 정도로, 그들은 최후까지 명예를 지켰습니다. 잠시 후 배가 침몰하기 시작하자 세튼 대령은 구명보트에 탄 일반승객에게 거수경례를 했고, 400명이 넘는 병사들이 그를 따라 경례를 하는 동안 함선은 물속으로 가라앉았습니다. 이후 버큰 헤드호는 선박사고의 모범이 되었고, 세튼 대령과 병사들의 희생정신을 기리는 말인 '버큰 헤드 정신'은 지금까지도 영국인들이 어려움에 처했을 때 외치는 말이 되었다고 합니다.

12-23

子貢問友。子曰："忠告而善道之, 不可, 則止。無自辱焉。"
자 공 문 우   자 왈   충 고 이 선 도 지   불 가   즉 지   무 자 욕 언

자공이 벗에 대해서 물으셨다. 공자가 말씀하셨다. "객관적이고도 공정한 마음으로 충고해주고 자기와 함께 도를 배우고 실천하도록 이끌어야 하지만, 아무리 해도 그렇게 할 수 없다면 더 이상 이끌려고 애쓰지 말고 거기서 멈춰야 한다. 그렇지 않으면 자기조차 도를 향한 배움의 자세를 잃을 수 있으니, 스스로를 욕되게 하지 말아야 한다."

　관중들의 환호를 받으며 미국 프로농구(NBA)에서 활약하던 한 선수가, 노숙자로 전락해 길거리에서 표지판을 들고 도움을 요청하는 모습이 포착되었습니다. 그는 댈러스 매버릭스(Dallas Mavericks) 등에서 총 여섯 시즌 활약했던 델론트 웨스트(Delonte West)라는 인물인데요. 선수시절 시즌 평균 9.7득점과 2.9리바운드 그리고 3.6어시스트라는 준수한 성적을 기록했습니다. 하지만 2008년 조울증 진단을 받은 후로 중국 리그에서 활동하다가 2015년 은퇴한 이후, 줄곧 정신질환과 약물중독으로 고통 받고 있었다고 합니다. 약물에 빠져 선수 시절에 벌어들인 수입을 모두 탕진한 뒤 노숙자가 된 거죠. 그런 웨스트에게 도움의 손길을 건넨 건 바로 마크 큐반(Mark Cuban)이란 인물이었습니다. 그는 웨스트가 마지막으로 선수 생활을 하던 댈러스팀의 구단주였는데, 웨스트의 안타까운 소식을 접하고는 바로 웨스트를 찾아갔습니다. 댈러스에 있는 한 주유소에서 웨스트를 만나서 자신의 차에 태운 뒤 그의 가족에게 데려갔고, 웨스트의 약물치료 시설 입소에 필요한 모든 비용을 자기가 다 대겠다고 했습니다. 마크 큐반이 할 수 있는 건 여기까지이고, 이제 남은 건 웨스트 본인의 굳은 의지와 지속가능한 실천입니다. 만약 웨스트가 다시 약물에 손을 댄다면, 큐반으로서는 더 이상 스스로를 욕되게 하면서까지 다시 손을 내밀 순 없을 테니까요.

曾子曰: "君子, 以文會友; 以友輔仁。"
증 자 왈　군 자　이 문 회 우　이 우 보 인

증자가 말씀하셨다. "군자는 도의 이론이 되는 문장(文) 즉 옛 전적에 기록된 도의 내용을 배움으로써 뜻을 같이 하려는 벗을 모으고, 그 벗들로 하여금 자신이 임금을 진심으로 섬기고 따르는 어짊을 행하도록 곁에서 부단히 충고하고 격려하게 한다."

정몽주와 최영을 살펴보겠습니다. 고려 말 최영 이성계로 대표되는 신흥 무인 세력은 홍건적과 왜구의 침입을 막아내 큰 공을 세우면서, 점차 조정의 중심 세력이 되었습니다. 이후 최영 장군이 요동 정벌을 주장하여 이성계가 5만의 군사를 끌고 요동 정벌을 떠났는데, 뜻밖에도 압록강 위화도에서 군사들을 돌려 개경으로 돌아와 우왕 대신 창왕을 왕위에 앉히고, 다시 1년 만에 공양왕이 왕위를 잇게 했죠. 이때 신진 사대부들도 두 파로 나뉘어 대립하게 되는데, 이성계와 뜻을 함께하여 고려를 무너뜨리고 새 왕조를 세울 것을 주장한 급진 개혁파와, 정몽주로 대표되는 고려 왕조를 유지하면서 개혁할 것을 주장하는 온건 개혁파가 그것입니다. 마침 이성계가 사냥 중 낙마했다는 소식을 듣고 병문을 갔는데, 이성계의 아들 이방원은 '하여가(何如歌)'를 읊으며 정몽주의 마음을 떠봤습니다. 이방원의 의도를 간파한 정몽주는 자신의 목숨이 위태롭다는 걸 알았음에도 불구하고 두 왕조를 섬기진 않겠다는 뜻으로 '단심가(丹心歌)'로 화답했고, 결국 이방원이 보낸 부하에 의해 선죽교에서 생을 마

감하고 맙니다.

최영은 고려 말기의 장군으로, 문관에
정몽주가 있다면 무관으로는 최영이 있다는
말이 있을 정도였습니다. 그는 공적인 일에
사심을 부리지 않았는데, 수많은 친인척들의
청탁과 당시 최고의 세력가였던 문하시중 이
인임의 청탁을 면전에서 거절한 일화는 잘 알
려져 있습니다. 특히 물가가 폭등했을 때 다
른 관리들과 상인들은 폭리를 취해 재산을 늘
리기에 급급했지만, 그는 자신이 가지고 있던 모든 물품을 정가로 푸는
모습을 보이는 등 경제를 안정시키고자 노력했습니다. 그는 임금의 사위
이자 고려 최고의 권력가였지만 검소한 모습을 지켰고, 또 한평생 홍건
적과 왜구를 막아내면서 혁혁한 공을 세웠습니다. 무엇보다 '위화도 회
군'하여 개경으로 군사를 밀고 들어온 이성계가 자기편으로 회유하려고
시도했지만, 그는 거절하고 유배되었다가 결국 참형을 당함으로써 끝까
지 고려의 충실한 신하로 남았습니다. 이처럼 이 두 인물은 '도'를 따르
려는 한 마음으로 모였고, 끝까지 어짊(仁)을 지키기 위해서 서로 무언(無
言)의 격려를 했던 겁니다. 그래서 우리는 오늘날까지도 그들을 충신으
로 기억하고 있죠.

제13편 : 자로(子路)

정치의 모양

子路問政。子曰:"先之, 勞之。"請益。曰:"無倦。"
자 로 문 정   자 왈   선 지 로 지   청 익   왈   무 권

자로가 정치에 대해서 물으셨다. 공자가 말씀하셨다. "어려운 일엔 남보다 먼저 앞장서서 행동하며, 게으르지 않고 근면한 모습을 보여야 한다." 자로가 보충해 달라고 청하셨다. 그러자 공자가 말씀하셨다. "변치 않는 모습을 보여야 한다."

2013년부터 그 이듬해까지 방영되었던 한국 드라마 '기황후(Em-press Ki)' 중반부를 보면, 대승상 연철이 백안 장군을 쏘아보며 묻는 장면이 나옵니다. "날 배신한 연유가 무엇이냐?" 그러자 백안은 "대승상은 제 영웅이었습니다. 하지만 이제 세상을 지배하는 대신 권력의 단맛에 지배당하는 졸장부가 되셨습니다."라고 대답하죠. 그러고는 거침없는 표정으로 당당하게 쏘아붙입니다. "통치는 황제가 해야 마땅하고 충성은 신하의 몫입니다. 전 그 순리를 따르고자 할 뿐입니다." 그렇게 연철의 권력욕에 실망한 백안은 잠시 후 곁에 있던 조카 탈탈에게 말합니다. "내가 대승상처럼 변하면, 그땐 네가 날 죽여라. 권력에 눈이 멀어 저렇게 추악하게 늙을 바엔, 차라리 강직한 무장의 모습으로 죽는 것이 낫다!" 그런데 드라마 후반부에서는, 탈탈이 직접 칼을 빼 들어 백안을 찌르는 장면이 나옵니다. "탈탈, 네가 왜 나를 배신하느냐?" 그러자 탈탈은 눈물을 흘리면서 대답했습니다. "기억하십니까. 권력욕에 사로잡혀 추해지면, 제 손으로 숙부님을 죽이라고 하셨습니다. 숙부님의 신념 속엔 백성이 없었습니다. 민심을 돌보지 않는 신념, 그것이 바로 권력에 사로잡힌 사욕입니다." 백안은 그렇게 숨을 거두고 말았습니다.

이처럼 사람은 나이를 먹으면서 자기도 모르게 조금씩 바뀌어 나갑

니다. 그래서 공자는 또 다음처럼 말하여, 참된 지도자는 그 부지불식간
의 변화에도 민감하게 반응하여 스스로를 추슬러야 한다고 강조하죠.

16-7

孔子曰: "君子有三戒: 少之時, 血氣未定, 戒之在色; 及其壯也,
공 자 왈　군 자 유 삼 계　소 지 시　혈 기 미 정　계 지 재 색　급 기 장 야

血氣方剛, 戒之在鬪; 及其老也, 血氣旣衰, 戒之在得。"
혈 기 방 강　계 지 재 투　급 기 노 야　혈 기 기 쇠　계 지 재 득

공자가 말씀하셨다. "군자는 세 가지 경계할 것이 있다. 어릴 때는 혈기가 아
직 정해지지 않아서 감정에 따라 쉬이 얼굴빛이 달라질 수 있으니 경계해야
하고, 젊을 때는 혈기가 억세 서로 지지 않으려고 경쟁하다 대립할 수 있으니
경계해야 하며, 늙어서는 혈기가 이미 쇠해져서 사적인 이득을 탐하려고 하니
경계해야 한다."

백안 장군은 젊었을 때는 누구보다 불타는 충정심을 바탕으로, 심
지어 황제의 옥쇄마저 장악하여 나라를 좌우하던 대승상 연철과도 대립
하며 강직한 무장의 면모를 보였습니다. 하지만 백안 장군 역시 나이를
먹게 되면서 서서히 마음 한편에 탐욕이 서서히 자리 잡게 되고, 결국 그
탐욕은 자기를 삼키게 되죠. 이처럼 우리는 이미 알고 있는 진리임에도
불구하고, 언젠가부터 자꾸만 기억에서 희미해지는 경험을 되풀이하고
있습니다. 그래서 예로부터 현명한 이들은 『도덕경』이나 『논어』를 손에
서 놓지 않고 끊임없이 반복해서 읽음으로써, 초심을 잃지 않으려고 애
썼던 겁니다.

子路曰: "衛君待子而爲政, 子將奚先?" 子曰: "必也正名乎!" 子路曰:
자 로 왈   위 군 대 자 이 위 정   자 장 해 선   자 왈   필 야 정 명 호   자 로 왈

"有是哉, 子之迂也! 奚其正?" 子曰: "野哉, 由也! 君子於其所不知,
유 시 재 자 지 우 야   해 기 정   자 왈   야 재 유 야   군 자 어 기 소 부 지

蓋闕如也。名不正, 則言不順; 言不順, 則事不成; 事不成, 則禮樂不興;
개 궐 여 야   명 부 정   즉 언 불 순   언 불 순   즉 사 불 성   사 불 성   즉 예 악 불 흥

禮樂不興, 則刑罰不中; 刑罰不中, 則民無所措手足。故君子,
예 악 불 흥   즉 형 벌 불 중   형 벌 불 중   즉 민 무 소 조 수 족   고 군 자

名之必可言也, 言之必可行也。君子於其言, 無所苟而已矣!"
명 지 필 가 언 야   언 지 필 가 행 야   군 자 어 기 언   무 소 구 이 이 의

자로가 말씀하셨다. "위나라 임금이 스승님께 정치를 맡기려고 하는데, 스승님께서는 무엇을 먼저 하시려고 합니까?" 공자가 말씀하셨다. "반드시 명분을 바로잡아야 한다." 자로가 말씀하셨다. "그렇군요. 하지만 스승께서는 옳지 않으십니다! 어찌 명분을 바로잡을 수 있겠습니까?" 공자가 말씀하셨다. "투박하구나, 자로야! 군자는 잘 모르는 일에는 마치 모자란 듯이 행동한다. 명분이 바로잡히지 않으면 말이 순리적이지 못하고, 말이 순리적이지 못하면 일이 성사될 수 없으며, 일이 성사되지 못하면 곧 예악이 무너져서 흥성하지 못하고, 예악이 무너져서 흥성하지 못하면 형벌이 타당하지 못하게 되어 권위가 무너지며, 형벌이 타당하지 못하여 권위가 무너지면 백성들이 어찌할 바를 몰라서 맘대로 날뛰게 된다. 그러므로 군자는 명분을 바로잡고, 그 명분을 근거로 말과 명령을 하여 일을 성사시킨다. 참된 지도자인 군자는 자기가 한 말을 이리저리 꾸며 대지 않는다."

여기서 공자가 말하는 '명분(名)'이란 과연 무엇을 뜻할까요? 먼저 이와 관련하여 『도덕경』의 다음 구절을 살펴보겠습니다.

32-4: "통제하기 시작하면 명분이 있게 된다."

통제를 위해서는 그에 걸맞는 명분이 있어야 합니다. 즉 명분은 '도'의 내용이 되죠. 따라서 공자는 정치를 하기 위해서는 누구나 공감하고 따를 수 있는 명분인 '도'의 내용이 바로 서야 한다고 전제하는 겁니다. 명분이 바로잡히지 않으면, 말과 명령에 그 근거가 없어지므로 설득력을 잃게 됩니다. 예를 들어서 수업시간에 지속적으로 떠드는 학우를 퇴장시키는 건, 양질의 수업내용을 제공하기 위해서이기 때문에 명분이 섭니다. 하지만 한 학우가 너무 잘생겨서 수업에 방해가 된다고 그를 퇴장시키면 어떨까요? 이는 어떤 상황에서도 명분이 서지 않으므로, 다른 학우들을 설득시킬 수 있는 공감대를 잃게 되죠. 그렇게 되면 학우들은 웅성거릴 것이고, 결국 수업 분위기만 오히려 더 엉망이 될 겁니다.

설득력을 잃게 되면, 일을 성사시킬 수 없습니다. 아무리 교수자가 애를 써 봐도, 이미 웅성거리는 교실 분위기를 어쩔 수는 없듯이 말입니다. 이처럼 '도'의 내용이 무너져서 일을 성사시킬 수 없으면, 당연히 '도'의 외형적 형식인 예악(禮樂) 역시 바로 서지 못합니다. 학급 대표가 인사를 시켜도 학생들은 교수자를 신뢰하지 않으므로 하는 둥 마는 둥 하고, 교수자가 으름장을 놓아도 당장 그 자리에서만 따르는 시늉을 할 뿐입니다. 형벌의 권위가 무너지고 마는 거죠. 그렇게 되면 이제 학생들은 맘대로 날뛰게 되는 겁니다.

그렇다면 뒤늦게나마 이 일을 어떻게 해야 수습할 수 있을까요? 교수자가 진심으로 자신의 잘못을 인정하고, 이 일을 해결하기 위해 어떤 책임도 지겠다는 모습을 보여야겠죠. 이리저리 말만 꾸며 대면서 애써 책임을 회피하려고 하는 모습은, 그저 상황을 더 악화시킬 뿐입니다. '명분'과 관련하여, 다음 구절도 함께 보시죠.

子曰: "晉文公, 譎而不正; 齊桓公, 正而不譎。"
자 왈   진 문 공   휼 이 불 정   제 환 공   정 이 불 휼

공자 말씀하셨다. "진나라 문공은 초나라를 속이고 기만했으므로 바르지 않지
만, 제나라 환공은 올바르므로 초나라를 속이고 기만하지 않았다."

제나라 환공에 이어서 진나라 문공 역시 초나라의 영토 확장을 막
아냄으로써, 주나라 천자의 권위를 높인 공로를 인정받았습니다. 따라서
역사적으로는 제환진문(齊桓晉文: 제나라의 환공과 진나라의 문공)이라고까지
칭송하고 있는데, 공자는 여기서 올바름(正)으로 이 두 사람을 구분 짓고
있습니다. 과연 이 둘의 차이는 무엇일까요?

제나라 환공은 천자의 나
라인 주나라에 조공을 바치지
않은 죄를 물어서 초나라를 쳤
습니다. 반면 진나라 문공은 송
나라가 초나라를 배신하도록
하고, 이에 초나라가 송나라를
치려고 하자 진나라는 조나라
와 위나라를 공격했죠. 그런데
초나라는 조나라 및 위나라와

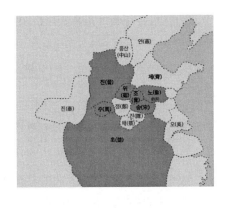

혼인을 통한 동맹관계였기 때문에, 송나라를 포기하고 이 두 나라를 도
와줄 수밖에 없었습니다. 이렇게 진나라와 초나라는 전쟁을 하게 되었
고, 초나라는 마침내 성복(城濮)전투에서 패하고 말았습니다.

결국 공자는 '명분'의 유무로 이 두 사람에 대해서 대조적인 평가
를 한 겁니다. 제나라 환공은 주나라 천자를 위한다는 누구나 공감할 수

있는 명분으로 초나라를 격파했지만, 진나라 문공은 아무런 명분도 없이 계략을 써서 초나라와 전쟁을 한 거니까요. 다시 말해서 '바로잡는다(正)'는 것은 '명분(名)에 의거하여 바로잡는 것'을 뜻합니다. 명분 없이 바로잡을 순 없는 노릇이니까요.

13-6

子曰: "其身正, 不令而行; 其身不正, 雖令不從。"
자 왈   기 신 정 불 령 이 행   기 신 부 정   수 령 불 종

공자가 말씀하셨다. "지도자가 먼저 솔선수범하여 바르게 행동하면, 백성들은 그리하라고 명령하지 않아도 감화되어서 스스로 올바르게 행동한다. 반면에 지도자가 바르게 행동하지 않으면, 아무리 명령을 내려도 따르지 않는다."

이는 다음 구절과 같은 의미를 지니므로, 함께 엮어서 살펴보겠습니다.

13-13

子曰: "苟正其身矣, 於從政乎何有? 不能正其身, 如正人何?"
자 왈   구 정 기 신 의   어 종 정 호 하 유   불 능 정 기 신   여 정 인 하

공자가 말씀하셨다. "진실로 지도자가 자기 자신을 바르게 하면, 정치를 하는 데 어떤 문제가 있겠는가? 지도자가 자기 자신을 바르게 하지 못하면, 어찌 남을 바르게 할 수 있겠는가?"

이 두 구절은 모두 지도자가 솔선수범을 보이면, 백성들은 알아서 지도자의 모습을 따르게 된다고 설명하고 있습니다. 이제 이와 관련하여 다음 인물을 소개하겠습니다.

벨기에의 초콜릿 브랜드 '고디바(Godiva)'를 아시나요? 사실 '고디바'는 영국 코번트리(Coventry) 지방에 전해지는 '고다이버 부인(Lady Godiva)' 전설에서 따온 겁니다. 11세기 영국 코번트리 지방의 영주이던 백작 리어프릭(Leofric)은 환갑을 넘긴 나이에 10대 소녀였던 고다이버를 아내로 맞이했습니다. 당시 영주는 백성들에게 과도한 세금징수와 폭정을 일삼았는데, 이에 고다이버 부인은 남편에게 선처를 베풀어서 그들의 세금을 감면해 달라고 거듭 간청했다고 합니다. 그러자 영주는 못이기는 척 부인에게 제안합니다. "당신이 나체로 말을 타고 내 영지를 한 바퀴 돈다면 세금을 내리겠소!" 사실 영주는 한창 부끄럼을 탈 나이인 10대 소녀 아내가 절대 그렇게 하지 못할 것이라고 생각했던 거죠. 하지만 고다이버 부인은 백성들을 위해 자신의 명예를 내려놓고 나체로 말을 타고 마을을 돌아다니기로 결정합니다. 그러자 부인의 마음에 감동한 마을 사람들은 그녀가 방문하기로 한 당일, 집에 있는 모든 문을 잠그고 커튼으로 창문을 가린 채 밖을 내다보지 않았다고 합니다. 결국 영주는 크게 깨달은 바가 있어서 세금을 내림과 동시에 그 후로 선정을 베풀었고, 백성들은 고다이버 부인을 칭송하게 되었습니다. 세월이 흘러서 17세기가 되었고, 코번트리 시는 그녀의 희생정신을 기념하기 위해서 부인의 동상이 세웠습니다. 그리고 1000년이 지난 21세기 지금에도 여전히 기억되고 있습니다.

13-7

子曰："魯衛之政, 兄弟也。"
자 왈   노 위 지 정   형 제 야

공자가 말씀하셨다. "노나라와 위나라의 정치는 형제로다."

주나라 문왕의 넷째 아들 주공은 노나라를 분봉 받고, 문왕의 아홉째 아들 강숙은 위나라이므로, 두 나라는 본디 형제의 나라입니다. 그렇다면 공자는 어떤 이유에서 이렇게 말한 걸까요? 바로 두 나라가 처한 정치적 혼란스러움조차도 마치 형제와 같다고 말한 겁니다. 『좌전』「애공 10년」과 『사기』「공자세가」
에 따르면, 67세의 공자는 초
나라에서 위나라로 돌아왔습
니다. 그리고 그 이듬해 오나라
는 노나라에게 백뢰(百牢: 제사에
쓸 가축 백인 분)를 요구했는데,
이는 주나라의 예악제도에 부
합되지 않는 분량이었습니다.
여기에다 오나라의 태재(총리)

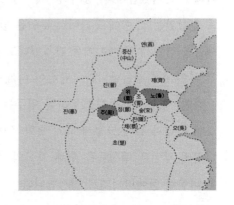

비가 계강자를 불러들였는데, 계강자는 자공을 보내 교섭을 하고 나서야 불려가는 수모를 면할 수 있었습니다. 따라 위나라에 머물던 공자는 노나라의 이러한 상황을 전해 듣고 이처럼 말한 건데요. 이미 앞에서 소개했듯이 위나라는 이 무렵 괴외의 아들 첩이 임금으로 있었고, 괴외는 호시탐탐 위나라로 돌아가서 왕위를 되찾을 궁리를 하느라 나라 전체가 뒤숭숭한 분위기였습니다. 그러니 당시 위나라에 머물면서 노나라의 상황을 전해들은 공자가 어떠한 심경이었는지 충분히 짐작할 수 있을 겁니다.

子謂衛公子荊。"善居室。始有, 曰苟合矣。少有, 曰苟完矣。富有,
자 위 위 공 자 형   선 거 실   시 유   왈 구 합 의   소 유   왈 구 완 의   부 유

曰苟美矣。"
왈 구 미 의

공자가 위나라 공자인 형에 대해 언급하셨다. "그는 집에 재물을 잘 모은다. 처음 재물이 생기자, 참으로 많이 모았다고 말했다. 조금 더 생기자, 참으로 온 전하다고 말했다. 그리고 이제 부유해지자, 참으로 좋다고 말했다."

공자 형이라는 인물은 군자가 갖춰야 할 '도'의 구성요소 중 하나인 검소함(儉)을 몸소 실천함으로써, 물질적인 부에 크게 집착하지 않았던 인물임을 알 수 있습니다. 오해하지 말아야 할 것은, 검소한 지도자라고 해서 무조건 재물을 피해야 한다는 건 아니라는 겁니다. 정당한 방법으로 얻은 것 외에 악착같이 더 모으려 집착하지 않는 모습이 중요한 거죠. 이제 이와 관련한 실례를 하나 들겠습니다.

1992년 위스콘신주에서 처음으로 '파워 볼(Power-ball)' 복권이 발매됐을 때, 톰 쿡(Tom Cook)과 조 피니(Joe Feeney)라는 인물은 1등에 당첨되면 서로 나누기로 약속했다고 합니다. 그리고 그들은 그날부터 매주

복권을 샀죠. 그런데 28년 뒤 톰 쿡이 파워 볼 복권이 1등에 당첨되어서 당첨금 2천 200만달러(약 265억원)를 받게 된 겁니다. 톰 쿡은 곧바로 조 피니에게 전화를 해서 당첨금을 나누자고 했고, 이 말을 들은 조 피니는 "나를 놀리는 거냐?"라며 놀라워했다고 합니다. 파워 볼을 발행한 위스콘신 복권(Wisconsin Lottery) 측은 두 사람이 복권 당첨금을 일시불로 받기로 했고, 세금을 제한 후 각각 570만 달러(68억 6천 280만원)를 수령하게 된다고 밝혔습니다. USA투데이(Today) 보도에 따르면, 두 사람은 모두 가족 여행을 계획하고 있다고 합니다.

13-9

子適衛, 冉有僕。子曰: "庶矣哉。" 冉有曰: "既庶矣, 又何加焉?" 曰:
자 적 위 염 유 복   자 왈   서 의 재   염 유 왈   기 서 의 우 하 가 언   왈

"富之。" 曰: "既富矣, 又何加焉?" 曰: "教之。"
부 지   왈   기 부 의 우 하 가 언   왈   교 지

공자가 위나라에 갔는데, 염구가 마차를 몰고 공자를 모셨다. 공자가 말씀하셨다. "이곳에는 백성들이 많구나." 염구가 말씀하셨다. "백성들이 많으면 또 무엇이 필요합니까?" 공자가 말씀하셨다. "백성들이 물질적으로 부유하도록 해야 한다." 염구가 말씀하셨다. "백성들이 부유하면 또 무엇이 필요합니까?" 공자가 말씀하셨다. "그들에게 도를 가르쳐서 문화 수준을 높여야 한다."

공자가 머릿속에 그린 이상적인 나라는 먼저 넓은 영토에 백성들이 많아야 하고, 다음으로는 그 백성들이 물질적으로 풍요로운 삶을 누릴 수 있도록 하며, 마지막으로 그들에게 '도'를 가르쳐서 문화 수준을 높이는 것이었습니다. 이는 현대사회의 물질생활을 먼저 풍요롭게 한 후에 정신적인 생활을 충족시켜야 한다는 목표와 매우 흡사한 면모를 보이고 있는데, 특히 노자가 이상향으로 주장하는 소국과민(小國寡民: 나라가

작고 백성들이 적어야 이상적으로 다스릴 수 있음)과는 정반대의 입장을 취하고 있습니다. 부강한 국가의 필수조건으로 넓은 영토에 많은 백성들을 강조한 공자의 가치관은 『사기』「중니제자열전」에도 찾아볼 수 있는데, 5-2에서도 소개했듯이 제자 자천이 '선보' 지역 원님으로 있을 때 이곳에는 자기보다 훌륭한 인물이 다섯 사람이나 있다고 하자, 공자는 자천이 다스리는 땅이 너무 좁다면서 애석해했다고 합니다.

13-10

子曰: "苟有用我者, 朞月而已可也, 三年有成。"
자 왈 　 구 유 용 아 자 　 기 월 이 이 가 야 　 삼 년 유 성

공자가 말씀하셨다. "만약 나를 등용하는 이가 있다면, 일 년 안에 그 나라는 변할 것이고, 삼 년이면 성과가 있을 것이다."

『사기』「공자세가」에 따르면, 위나라 영공의 푸대접에 실망한 공자는 대략 57세에 위나라를 떠나 진(陳)나라에서 삼 년 동안 머물렀습니다. 하지만 진(晉)나라와 초나라 심지어 오나라까지 진(陳)나라를 공격하자 혼란을 피해 다시 위나라로 돌아갔는데, 이때는 공자 나이는 대략 60세였습니다. 위나라 영공은 기뻐하여 교외까지 마중 나가서 공자를 반겼지만, 시간이 지나면서 영공이 정사에 게을리 했고 자연스레 공자를 등용하지 않게 되었습니다. 이에 공자가 크게 한탄하면서 이 말을 했다고 하는 데요. 물론 공자는 크게 실망하여 다시 위나라를 떠납니다.

앞에서도 소개한 바 있듯이, 공자가 56세에 대부가 되어 노나라를 다스리자 석 달 만에 상인들이 값을 속이지 않았고, 남녀가 멀리 떨어져서 걷는 예(禮)를 갖췄으며 또 길에 물건이 떨어져 있어도 줍는 이가 없었다고 합니다. 심지어 외부의 손님들이 방문해도 억울한 일을 당해 담

당 관리를 굳이 찾아갈 필요가 없었을 정도였다고 하죠. 즉 공자는 실제 노나라에서의 경험을 토대로 우러나오는 자신감에서 이 말을 한 것임을 알 수 있습니다.

13-11

子曰: "善人爲邦百年, 亦可以勝殘去殺矣。誠哉, 是言也!"
자왈   선인위방백년   역가이승잔거살의   성재 시언야

공자가 말씀하셨다. "선한 인물이 백 년 동안 나라를 다스리면, 잔혹함을 없애고 사형제도를 없앨 수 있다고 하였다. 참되구나, 이 말이!"

이 구절의 의미를 파악하기 위해서는, 먼저 다음 기록을 살펴봐야 합니다.

성왕이 죽고 아들 강왕 쇠가 즉위했는데 성왕과 강왕의 시대에는 세상이 안녕하여, 형벌을 시행했지만 40여 년간 쓰이지 않았다. 『십팔사략』「주왕조편」

AP통신에 따르면 네덜란드 정부는 범죄 발생 감소로 인해 교도소가 남아돌자, 벨기에와 노르웨이에 교도소 시설을 임대해줘 두 나라의 범법자들을 수감하도록 했습니다. 하지만 텅 빈 교도소 문제가 여전히 해소되지 못하자, 이를 고민하던 네덜란드 정부는 난민 임시거처로 용도 변경하여 사용하기로 했다고 합니다. 그렇다면 어떻게 해야 이처럼 형벌이 있어도 쓸 일이 없어질까요?

고려 말 충렬왕 때 전라도 순천 부사였던 '최석'은 임기를 다 마치고 수도인 개경으로 돌아갈 때, 말 8마리를 끌고 가게 되었습니다. 임기를 마치고 퇴임할 때 지역 백성들이 돈을 모아 말 8마리를 선물하던 관

행 때문이었죠. 부사의 임기가 3년이므로, 순천 백성들은 3년마다 매번 8마리씩의 말을 준비해왔던 겁니다. 이는 백성들에게 엄청난 부담이었지만, 이른바 당연시되던 '관행'이어서, 함부로 불만을 표출하기도 쉽지 않은 상황이었습니다. 그런데 개경에 도착한 최석은 데리고 온 말 모두 그대로 순천에 돌려보냈습니다. 더군다나 돌려보내진 말은 8마리가 아닌 9마리였습니다. 어찌 된 일일까요? 최석이 순천에 부임을 할 당시에 타고 갔던 암말이 그곳에서 망아지를 낳았는데, 최석은 이 망아지가 순천의 녹을 먹고 자랐으므로 이것 역시 순천의 것이라고 생각했던 겁니다. 그래서 순천에서 선물로 받은 8마리에 자신의 말 한 마리를 더 보태 총 9마리를 돌려보낸 겁니다. 순천 백성들은 너무나도 감사한 마음에 그들 스스로 돈을 모아 '팔마비(八馬碑)'라는 최석의 공덕비를 세웠습니다. 그리고 '관행'이라는 이름으로 너무나 당연하게 받아들여졌던 이 악습은, 최석 한 사람으로 인해 사라질 수 있었습니다. 지금도 새로 부임하는 순천 시장은 제일 먼저 팔마비 앞에서 청렴을 선언하고 업무를 시작한다고 합니다. 이렇듯 지도자가 솔선수범하여 선을 행하고 나아가 백성들을 자식처럼 귀히 여길 진데, 법을 함부로 어기고 사회를 어지럽힐 백성들이 있을까요? 그러니 형벌제도가 있어도 자연스레 쓸 일이 없게 되는 겁니다.

하지만 훌륭한 지도자가 있다고 해서, 사람들이 바로 그를 진심으로 섬기고 따르는 어짊(仁)을 행할 순 없습니다. 그렇다면 또 어떤 과정이 필요할까요?

子曰: "如有王者, 必世而後仁。"
자 왈　여 유 왕 자　필 세 이 후 인

공자가 말씀하셨다. "설령 훌륭한 임금이 있다 하더라도, 반드시 한 세대(30년)
가 지나고 나서야 사람들이 어질게 될 것이다."

　　왼쪽의 주나라 왕조에서 사용했던 금문(金文) '대 세(世)'는 오른쪽에
보이는 '열 십(十)'의 금문 세 개가 합쳐진 문자로, 한 세대가 30년이라는
뜻을 지닙니다. 이제 이 구절의 뜻을 이해하기 위해서, 1-13에서 소개했
던 다음 두 구절을 다시 살펴봅시다.

　　'도'와 '덕' 그리고 어짊(仁)과 의로움(義)은 예(禮)가 아니면 완성시킬 수 없다.

『예기』「곡례상」

　　따라서 어짊(仁)과 의로움(義)의 도를 살피는 데는, 예(禮)가 그 근본이 된다.

『예기』「예기(禮器)」

　　임금을 진심으로 섬기고 따르는 어짊(仁)이란, 모자라거나 지나치지
않는 조화로움(和)을 위해서 절제하고 통제하는 예(禮)와 공존할 때 비로
소 온전하게 완성시킬 수 있습니다. 그런데 예악제도는 바로 성왕을 보

필하던 주공에 의해서 완성되었죠. 따라서 이 구절은 "비록 주나라 문왕과 무왕이 선정을 베풀었지만 아직 예악제도가 완성되지 않았기 때문에, 신하들이 임금을 진심으로 섬기고 따르는 어짊(仁)을 보이진 않았다. 다음 세대인 성왕에 이르러 그를 보필하던 주공에 의해서 예악제도가 완성됨에 따라, '도'의 형식인 예악제도가 내용인 어짊(仁)을 수식함으로써, 비로소 신하들이 온전히 임금을 진심으로 섬기고 따르게 되었다."라는 의미를 지니게 되는 겁니다. 즉 공자는 여기서 업적을 이루기 위해서 기초가 얼마나 중요한지 강조하고 있죠. 이처럼 문왕과 무왕이 한 세대에 걸쳐 선정을 베풀고, 예악제도를 통해서 '도'의 내용과 형식이 조화를 이루게 되자, 비로소 신하들과 백성들이 온전한 의미의 어짊(仁)을 행하게 되었고, 이에 형벌제도가 있어도 쓸 일이 없는 성왕과 강왕의 태평성대가 도래한 겁니다. 기억하시나요? 온전한 의미의 어짊(仁)이 아닌 건, 자칫 윗사람이 하라는 대로 무조건 따르는 '맹종'이 됩니다. '맹종'은 자기가 섬기는 윗사람뿐만 아니라, 자기 자신도 망칩니다.

13-14

冉子退朝。子曰: "何晏也?" 對曰: "有政。" 子曰: "其事也。如有政,
염 자 퇴 조   자 왈   하 안 야   대 왈   유 정   자 왈   기 사 야   여 유 정

雖不吾以, 吾其與聞之。"
수 불 오 이, 오 기 여 문 지。

염구가 조회에서 물러나셨다. 공자가 말씀하셨다. "왜 이리 늦었느냐?" 그러자 염구가 대답하셨다. "나랏일이 있었습니다." 공자가 말씀하셨다. "그것은 계씨 집안의 일이다. 만일 나랏일이 있었다면 비록 내가 지금은 직접 나랏일에 참여하지는 않지만, 나 역시 그 일에 대해서 들었을 것이다."

계씨를 포함한 '삼환'은 대대로 노나라 임금을 진심으로 섬기지 않고 전횡을 일삼았으므로, 공자는 항상 이에 대해서 불만을 가져왔습니다. 따라서 계씨 집안의 계강자를 돕는 염구의 일은 한 나라의 정사가 아니라 일개 집안일에 불과하다고 말한 겁니다. 만약 정말로 나랏일을 논한 것이었다면, 대부를 지냈던 공자 역시 어떤 경로를 통해서라도 그 소식을 접했을 겁니다. 그만큼 정치는 몇몇 사람들이 독단적으로 판단하는 것이 아닌, 여러 사람들의 의견을 고루 들어가면서 신중히 결정해야 하니까요. 아울러서 염구는 계강자의 가신으로 일하고 있을 때 공자를 찾아 뵌 것이므로, 이는 공자가 노나라로 돌아온 68세 이후의 대화임을 짐작할 수 있습니다.

13-15

定公問:"一言而可以興邦,
정공문   일언이가이흥방

有諸?"孔子對曰:"言不可以若是, 其幾也! 人之言曰:'爲君難,
유제   공자대왈   언불가이약시 기기야 인지언왈 위군난

爲臣不易。'如知爲君之難也, 不幾乎一言而興邦乎?"曰:"一言而喪邦,
위신불역   여지위군지난야 불기호일언이흥방호   왈   일언이상방

有諸?"孔子對曰:"言不可以若是, 其幾也! 人之言曰:'予無樂乎爲君,
유제   공자대왈   언불가이약시 기기야 인지언왈 여무락호위군

唯其言而莫予違也。'如其善而莫之違也, 不亦善乎?
유기언이막여위야   여기선이막지위야 불역선호

如不善而莫之違也, 不幾乎一言而喪邦乎?"
여불선이막지위야 불기호일언이상방호

노나라 임금 정공이 물었다. "한마디 말로 나라를 흥하게 할 수 있다고 하는데, 실제 그런 말이 있소?" 공자가 대답하셨다. "말로 그처럼 할 수는 없으나, 그와 비슷한 맥락을 지니는 기록이 있습니다. '임금이 능히 그 임금 자리를 어려워하고, 신하가 능히 그 신하 자리를 어려워하면, 정치가 이에 다스려지고,

수많은 백성이 덕에 힘쓰게 될 것입니다.'라는 말이 있으니, 만일 임금 노릇 하기가 어렵다는 것을 알면, 이야말로 한마디 말로 나라를 흥하게 하는 것과 비슷하다고 할 수 있지 않겠습니까?" 정공이 말했다. "한마디 말로 나라를 망하게 할 수 있다고 하는데, 실제 그런 말이 있소?" 공자가 대답하셨다. "말로 그처럼 할 수는 없지만, 그와 비슷한 맥락을 지니는 기록이 있습니다. '나는 능히 나에 대한 비방을 그치게 할 수 있다.'라는 말이 있으니, 만일 임금이 선하여 신하들이 임금의 명령을 거역하지 않는다면, 이 또한 좋은 일이 아닙니까? 만일 임금이 선하지 않은데도 신하들이 임금의 명령을 거역하지 않는다면, 이야말로 한마디 말로 나라를 망하게 할 수 있다는 것과 비슷하다고 할 수 있지 않겠습니까?"

우선 공자가 인용한 구절의 원문을 살펴보겠습니다.

우가 말했다. "임금이 능히 그 임금 자리를 어려워하고, 신하가 능히 그 신하 자리를 어려워하면, 정치가 이에 다스려지고, 수많은 백성이 덕에 힘쓰게 될 것입니다." 순임금이 말했다. "그렇소! 진실로 이와 같다면, 좋은 말이 숨겨지는 바가 없고, 현명한 이들이 모두 등용되어 민간에 인물이 없게 되어, 만방이 모두 평안할 것이오. 여러 사람에게 상의하고, 자기를 버리고 남을 따르며, 의지할 곳이 없는 이들을 깔보지 않고, 곤궁한 이들을 버리지 않는 것은, 오직 요임금만이 늘 해내셨소." 『상서』「대우모」

아들인 려왕 호가 즉위하였는데, 무도하고 잔악하며 사치스럽고도 거만해서, 위나라 무당을 불러 백성 중에 자기를 비방하는 자를 감시하게 하고, 보고하면 곧 죽였으니, 백성들이 길에서 눈짓으로만 전달했다. 려왕이 기뻐하여 말했다. "나는 능히 나에 대한 비방을 그치게 할 수 있다." 어떤 사람이 말했다. "이는 막는 것으로, 백성의 입을 막는 것은 냇물을 막는 것보다 심하니, 물이 막히면 무너져 많은 이들이 반드시 다치게 됩니다." 왕이 말을 듣지 않자 나라 사람들이 서로 그를 배반하니, 려왕은 '체' 땅으로 달 아났다.

『십팔사략』「주왕조편」

7-32에서 공자는 "시, 서, 예, 악, 역(詩, 書, 禮, 樂, 易) 오경(五經)에 담 겨진 문장(文)의 뜻 즉 도의 이론을 이해하는 건 내가 다른 사람과 수준 이 비슷할 것이다. 하지만 군자의 도를 몸소 행하는 경지에는 내가 아직 도달하지 못했다."라고 말한 바 있습니다. 따라서 정공의 물음에 상술한 기록들을 생각해낸 공자는, 문장(文) 이해력이 대단히 뛰어난 인물이었 음을 다시 한번 확인할 수 있습니다.

임금이 임금 자리를 어려워하고 신하가 신하 자리를 어려워하면, 어느 누가 감히 나랏일을 쉬이 생각할 수 있겠습니까? 그렇게 신중한 사 람들이 모여서 나라를 이끄는데, 어떻게 나라 정치가 잘 돌아가지 않을 수 있을까요? 이와 반대로 백성들의 불만이 쌓여서 비판하는데도 그 말 을 새겨듣고 고치려 노력하기는커녕, 오히려 무력으로 백성들의 입을 막 으려 들고 나아가 그걸 자랑스럽게 떠벌리는 지도자는 과연 얼마나 오 래 버틸 수 있을까요?

로버트 무가베(Robert Mug- abe)는 짐바브웨가 영국으로 부터 독립하는데 기여한 운동 가였습니다. 그리고 1980년에 는 국민들에게 존경받는 총리, 총리제가 폐지된 1987년부터 2017년까지는 대통령직을 수행  해왔습니다. 하지만 대통령이 된 무가베는 점차 독재자의 길을 걷기 시 작했습니다. 뿐만 아니라 잘못된 경제 정책으로 심각한 재정위기에 봉착 하자 화폐를 대량으로 발행하여 시장에 풀었고, 그 결과 엄청난 인플레이션으로 인해 짐바브웨의 화폐 300조가 미국의 1달러 가치와 같은 지경에 이르기도 했습니다. 또한 단순히 자신을 반대하는 당파 지도자를 지지했다는 이유만으로, 한 부족 주민 약 2만 명을 무차별하게 학살하기도 했습니다. 2017년 무가베 대통령은 자신보다 무려 40세나 젊은 영부인 그레이스 무가베(Grace Mugabe)에게 정권을 물려주려 하다가 군부에 의한 쿠데타로 구금되었고, 결국 대통령 자리에서 물러나 싱가포르로 피신했다가 2019년 사망했습니다. 조국을 독립시킨 영웅이었지만, 끝내 국민들에게 외면 받은 채 쓸쓸히 타지에서 생을 마감한 거죠.

13-18

葉公語孔子曰:"吾黨有直躬者, 其父攘羊而子證之。" 孔子曰:
섭 공 어 공 자 왈   오 당 유 직 궁 자   기 부 양 양 이 자 증 지   공 자 왈

"吾黨之直者, 異於是。父爲子隱, 子爲父隱。直在其中矣。"
오 당 지 직 자 이 어 시   부 위 자 은   자 위 부 은   직 재 기 중 의

초나라 재상 섭공이 공자에게 은근히 자랑스럽게 말했다. "내 고을에 직궁이라는 인물이 있는데, 그의 아비가 양을 훔치자 아비를 고발했소." 그러자 공자가 말씀하셨다. "제 마을의 곧은 사람은 그와 다릅니다. 아비는 자식을 위하여 숨기고, 자식은 아비를 위하여 숨깁니다. 곧음은 그 가운데 있는 것입니다."

『장자』「도척」과 『회남자』「범론훈」 그리고 『여씨춘추』「당무」편에도 직궁이 아비를 고발했다는 기록이 보이는데, 그는 초나라 사람이었다고 합니다.

2-19에서 곧음(直)은 바로 '사사로운 정에 얽매이지 않고 공정하게 판단하는 것'이고, 의로움(義)을 행하기 위한 전제조건이라고 했죠. 따라서 섭공의 말은 원칙적으로 곧음(直)의 기준에 위배되지 않습니다. 하지만 공자는 뜻밖에도 왜 여기서 아버지와 자식이 서로 잘못하면 그 죄를

숨겨주는 것이 곧음(直)이라고 말하고 있을까요?

『맹자』「진심장상」에서 도응의 질문에 맹자는 "만약 순이 임금일 때 장님인 아버지 고수가 살인을 저질렀다면, 그는 천하를 헌 짚신 버리듯이 하여 아버지를 업고 바닷가로 달아나 살면서도, 죽을 때까지 즐거워하며 천하를 잊었을 것이다."라고 대답했습니다. 즉 맹자와 공자의 가치관은 일치하고 있으니, 바로 여기서 공자는 효도(孝)가 곧음(直)보다 더 상위에 있는 개념이라고 설명하는 거죠.

실제로 곧음(直)과 어짊(仁)의 출발점인 효도(孝)는 모두 '도'의 중요한 구성요소입니다. 하지만 효도(孝)가 곧음(直)보다 상위에 있습니다. 즉 두 가치관이 충돌하여 모순을 일으킬 때는, 상위에 있는 것을 우선적으로 고려해야 한다는 뜻입니다. 다시 말해서 '사사로운 정에 얽매이지 않고 공정하게 판단함'으로써 누구를 막론하고 그 잘못을 신고하는 것은 옳은 행위이지만, 그 대상이 부모라면 마땅히 자식 된 도리로서 먼저 그들을 보호해야 한다는 겁니다. 물론 아무리 부모일지라도, 그들의 잘못을 숨기고 나아가 맹목적으로 비호하는 건 잘못된 행위입니다. 순임금이 한 치의 망설임도 없이 임금 자리를 버리고 아비를 업고 바닷가로 달아난 것처럼, 자식은 그에 상응하는 대가를 치러야만 하겠죠.

13-19

樊遲問仁。子曰: "居處恭, 執事敬, 與人忠。雖之夷狄, 不可棄也。"
번지문인 자왈 거처공 집사경 여인충 수지이적 불가기야

번지가 어짊에 대해 물었다. 공자가 말씀하셨다. "혼자 있을 때는 몸가짐을 공손히 하고, 업무를 처리할 때는 언행을 조심해서 신중히 처리하며, 다른 사람의 일에 간여하게 되면 공정하고도 객관적인 자세를 갖춤으로써 나라에 누를

> 끼치지 말아야 한다. 설령 예약제도가 갖춰지지 않은 오랑캐 나라에 가더라
> 도, 이 세 가지는 버리면 안 된다."

2008년 6월 당시 25세의 한지수 씨는 스킨스쿠버 다이빙 자격증을 따기 위해서 온두라스로 떠났습니다. 같은 해 8월 한 씨는 세 들어 살고 있던 집주인 댄 로스(Daniel Ian Ross)의 침대에서 마리스카 마스트(Mariska Mast)라는 여성의 시체를 목격했고, 한 씨는 참고인 자격으로 현지 경찰의 조사를 받았습니다. 그리고 9월 한국으로 귀국했다가, 12월에 다시 이집트로 떠났죠. 그러다가 2009년 8월, 한 씨는 카이로 공항에서 여권 심사를 받던 중 살인 혐의로 인터폴에 체포당하고 맙니다. 온두라스 경찰이 한 씨와 댄 로스가 살인 공범인 것으로 추정하고 수배를 요청한 건데요. 한 씨는 카이로 감옥에 즉시 구금되었고, 9월 온두라스로 강제 송환되었습니다. 하지만 주이집트 한국 대사관은 한 씨가 이집트 경찰에 체포되어 수감된 사실조차 파악하지 못했습니다. 가족들 또한 한 씨의 부탁을 받은 한 수감자의 연락을 받고 난 후에야 알게 되었죠. 그녀의 가족은 우선 한 씨가 온두라스에서 불구속 상태에서 재판을 받을 수 있도록 외교부에 개인 보증 요청을 했습니다. 그러나 외교부는 해외에서 범죄에 연루되어 수감된 개인을 보증해준 전례가 없고, 안 좋은 선례를 남길 수 있다는 이유로 보증을 거부했습니다. 이 와중에 한 씨는 징역 30년을 구형 받았고, 한 씨 언니가 억울함을 참지 못해 인터넷에 글을 게시하자, 당국의 조치가 화가 난 네티즌들이 구명 운동을 펼치게 됩니다. 여론을 의식한 외교부는 그때서야 부랴부랴 전문가들을 온두라스로 파견했고, 한 씨는 수감된 지 109일 만에 가석방될 수 있었습니다. 그리고 2010년 10월, 체포된 지 1년 2개월 만에 온두라스 법원 측에서 무죄를 선고받았습니다. 해외에 있는 국민 보호는 정부의 가장 기본적인 의무 중 하나입니다. 그런데 관련 부처는 체포 사실조차 인지하지 못하고,

납득할 수 없는 이유로 개인 보증까지 거부했죠. 대사관과 외교부의 이처럼 공정하지 못한 태도는 결국 국민의 공분을 샀고, 급기야 나라 이미지에도 큰 누를 끼치게 된 겁니다. 공자가 어짊(仁)을 이야기할 때 왜 세 가지를 강조했는지 이해할 수 있겠죠?

13-20

子貢問曰:"何如斯, 可謂之士矣?" 子曰:"行己有恥,
자 공 문 왈   하 여 사 가 위 지 사 의   자 왈   행 기 유 치

使於四方, 不辱君命, 可謂士矣。" 曰:"敢問其次。" 曰:"宗族稱孝焉,
사 어 사 방 불 욕 군 명 가 위 사 의   왈   감 문 기 차   왈   종 족 칭 효 언

鄕黨稱弟焉。" 曰:"敢問其次。" 曰:"言必信, 行必果, 硜硜然, 小人哉,
향 당 칭 제 언   왈   감 문 기 차   왈   언 필 신 행 필 과 갱 갱 연 소 인 재

抑亦可以爲次矣。" 曰:"今之從政者, 何如?" 子曰:"噫! 斗筲 之人,
억 역 가 이 위 차 의   왈   금 지 종 정 자 하 여   자 왈   희 두 소 지 인

何足算也?"
하 족 산 야

자공이 물으셨다. "어떻게 해야 벼슬을 할 수 있는 최소한의 신분인 선비의 요건을 충족할 수 있습니까?" 공자가 말씀하셨다. "자기의 행동을 돌아봄에 자기가 항상 부족하다고 여기는 겸손함(謙)을 갖추고, 허물을 고치는 데 인색하지 않으며, 주변 나라에 사신으로 보내졌을 때 임금의 명령을 욕되게 하지 않는 어짊(仁)을 행하면 선비라고 할 수 있다." 자공이 말씀하셨다. "선비보다 한 단계 낮은 수준으로는 어떤 것인지 감히 여쭙니다." 공자가 말씀하셨다. "일가족이 효성스럽다(孝)고 말하고, 마을 사람들이 윗사람을 공경한다(悌)고 평하면 선비보다 한 단계 낮은 수준이라고 할 수 있다. 자공이 말씀하셨다. "그보다 한 단계 더 낮은 수준으로는 또 어떤 것이 있는지 감히 여쭙니다." 공자가 말씀하셨다. "내뱉은 말은 반드시 믿을 수 있고 행동으로 옮기면 반드시 결과가 있다면, 아무리 고집스럽고 천박한 피지배계급인 소인이라도 그 정도 수준에 도달했다고 할 수 있다." 자공이 말씀하셨다. "지금 정치에 종사하는 이들은 어떠합니까?" 공자가 말씀하셨다. "쌀 한 섬의 1/10 정도밖에 안 되는 한

　이 구절은 공자와 제자 자공의 대화형식을 빌려서, 정치에 종사하는 이들의 수준을 네 가지로 나눈 것임을 알 수 있습니다. 공자는 자공의 질문에 우선 가장 이상적인 정치인이 갖춰야 할 수준에 대해서 논하고 있습니다. 하지만 자공은 가장 높은 경지의 수준이 다소 벅찼다고 느낀 걸까요? 계속해서 그보다 하나 낮은, 또 그보다 하나 더 낮은 수준은 어떤 것인지 묻습니다.

　그리고 자공은 급기야 현재 정치에 종사하는 이들의 수준이 어떤지 묻는데, 놀랍게도 공자는 마치 우리가 이 장면을 봤을 때 가지는 결코 낯설지 않은 감회와 일치하는 견해를 내놓고 있는 거죠. 부디 이 기회를 통해서 한꺼번에 바뀔 순 없더라도, 점차 긍정적인 변화의 바람이 불기를 바랍니다. 그런데 공자는 선비(士)의 요건에 대해서 또 다음처럼 말하기도 했습니다.

4단계	· 자신이 부족하다고 여기고 부단히 허물을 고치는 겸손함(謙) · 사신으로 보내졌을 때 임금을 욕되게 하지 않음(仁)
3단계	· 일가족이 효성스럽다고 칭찬함(孝) · 마을 사람들이 공손하다고 평가함(悌)
2단계	· 한 말은 믿을 수 있음(信) · 몸으로 행하면 중도에 멈추지 않고 반드시 결과가 있음(果)
1단계	· 당시의 정치인

子路問曰: "何如斯, 可謂之士矣?" 子曰: "切切偲偲, 怡怡如也,
자 로 문 왈   하 여 사 가 위 지 사 의   자 왈   절 절 시 시   이 이 여 야

可謂士矣。朋友, 切切偲偲; 兄弟, 怡怡。"
가 위 사 의   붕 우 절 절 시 시 형 제 이 이

자로가 물으셨다. "어떤 것을 다해야 정치에 참여할 수 있는 최소한의 자격인 선비라고 부를 수 있습니까?" 공자가 말씀하셨다. "정성스럽게 선한 일을 하도록 격려하고, 온화하게 대하면 선비라고 할 수 있다. 벗에게는 정성스럽게 선한 일을 하도록 격려하고, 형제끼리 온화하게 대해야 한다."

하지만 공자는 12-23에서 "객관적이고도 공정한 마음으로 벗에게 충고해주고 자기와 함께 도를 배우고 실천하도록 이끌어야 하지만, 아무리 해도 그렇게 할 수 없다면 더 이상 이끌려고 애쓰지 말고 거기서 멈춰야 한다. 그렇지 않으면 자기조차 도를 향한 배움의 자세를 잃을 수 있으니, 스스로를 욕되게 하지 말아야 한다."라며 주의시킨 바 있습니다. 특히 형제끼리 온화하게 지내야 한다는 말은 바로 열 가지 의로움 중 하나인 '형은 자애롭고(良), 아우는 공경(悌)해야 한다.'라는 뜻이죠. 다시 말해서 공자는 이 두 구절을 통해서 정치에 참여할 수 있는 최소한의 자격으로 겸손함(謙)과 허물을 보면 고치는 개과물린(改過勿吝) 그리고 어짊(仁)을 갖춰야 할 뿐 아니라, 벗에게 한쪽으로 치우치지 않고 공정한 마음(忠)을 다하고 나아가 형제끼리 의로움(義)을 지켜야 한다고 강조하고 있는 겁니다.

士 (선비)		
개과물린(改過勿吝)	겸손함(謙), 어짊(仁)	공정한 마음(忠), 의로움(義)

선비(士)는 향후 정계에 나아갈 수 있는 최소한의 신분으로서, 조정에 나아가기 전에 갖춰야 할 것들이 많습니다. 이렇듯 한 나라의 운명을 책임져야 할 사람이 과연 나태할 틈이 있을 수 있을까요?

11-24에서 자로가 "이끌어야 할 백성들이 있고 지켜야 할 나라의 사직이 있습니다. 어찌 반드시 독서를 하고, 그런 후에 비로소 도를 배울 수 있다고 하겠습니까?"라고 말하자, 공자는 "정치는 오직 백성과 나라를 위해서 온 힘을 바치고 또 실수가 없어야 하니, 더욱이 연습이라는 것은 있을 수도 없다. 옛 성현들의 통치이념인 도를 충분히 이해한 후에 정치를 해야 한다. 그런데 너는 오히려 나랏일을 하면서도 도를 배울 수 있다고 말하니, 이 얼마나 황당한 노릇인가? 이런 이유로, 나는 그럴싸하게 말만 잘하는 사람을 미워하는 것이다."라고 꾸중하죠. 따라서 공자는 또 다음처럼 말했던 겁니다.

14-2

子曰: "士而懷居, 不足以爲士矣!"
자 왈   사 이 회 거   부 족 이 위 사 의

공자가 말씀하셨다. "선비(士)로서 편안히 기거하려는 생각을 품는다면, 그 사람은 선비가 될 자질이 부족하다."

13-21

子曰: "不得中行而與之, 必也狂狷乎。狂者進取, 狷者有所不爲也。"
자 왈   부 득 중 행 이 여 지   필 야 광 견 호   광 자 진 취   견 자 유 소 불 위 야

공자가 말씀하셨다. "한쪽으로 치우치지 않는 자세를 견지하지 못하면, 반드시 기세가 지나치게 세거나 의심하여 주저하게 된다. 기세가 지나치게 세면

무조건 나서서 취하려 들고, 의심하여 주저하면 행해야 함에도 불구하고 행하지 못하는 바가 있게 된다."

　　지나치거나 모자라지 않도록 함으로써 조화로움(和)에 이르게 하는 것이 중(中)의 역할입니다. 그런데 이러한 중(中)의 자세를 견지하지 못하면 나서지 말아야 함에도 불구하고 나서서 결국 화를 당하고, 또 나서야 하는 상황임에도 불구하고 주저하고 망설이다가 결국 때를 놓쳐서 일을 그르칠 수 있는 거죠.

　　영화 〈루키(The Rookie)〉는 실존인물 짐 모리스(James Samuel Morris Jr)의 실화를 바탕으로 하고 있습니다. 그는 한 고등학교에서 화학을 가르치면서 고교 야구팀 감독직을 겸하는, 그리고 아내와 함께 세 아이를 키우는 평범한 가장이었습니다. 사실 짐은 미국 프로야구 메이저 리그(Major League)에서 뛰는 꿈을 꾸는 마이너리그(Minor league baseball)의 투수였지만, 어깨에 치명적인 부상을

입고 은퇴했습니다. 짐의 제자들은 해질 무렵마다 투구 연습을 하는 감독을 지켜봤습니다. 그러면서 그에게 한 가지 제안을 합니다. 자신들에게 늘 하던 "언제나 꿈을 가져라!"라는 말을 스스로 증명해달라는 것이었습니다. 자신들이 지역예선에서 우승하고 주 챔피언 전에서도 우승을 하면, 짐 감독도 메이저 리그에 대한 꿈에 다시 도전해보라는 의미였던 거죠. 그리고 제자들은 정말로 그동안의 부진을 떨쳐내고, 약속대로 주 챔피언 전에서 우승하고 맙니다. 이미 30대 중반인 짐은 망설였지만, 약속을 저버릴 수는 없어서, 결국 메이저 리그 선수 선발 테스트에 나가게

됩니다. 그가 마운드에 오르자, 다른 참가자들은 그를 비웃고 조롱했습니다. 하지만 그는 시속 157km의 강속구를 던졌고, 결국 1999년 35세의 나이로 템파 베이 데블 레이스(Tampa Bay Devil Rays)에 입단해 두 시즌을 중간계투로 뛴 뒤 은퇴했습니다. 21경기 15이닝 평균자책점 4.80. 후세에 길이 남을 빼어난 성적은 아니라고 하더라도, 무엇보다 중요한 건 짐은 꿈을 이뤘다는 점입니다. 만약 그가 그저 뒤에서 주저하고 망설이기만 했다면, 우리는 짐 모리스라는 이름을 알 수 없었을 겁니다.

13-22

子曰: "南人有言曰: '人而無恒, 不可以作巫醫。' 善夫! 不恒其德,
자왈　남인유언왈　인이무항　불가이작무의　　선부　불항기덕

或承之羞。" 子曰: "不占而已矣。"
혹승지수　　자왈　부점이이의

공자가 말씀하셨다. "남쪽 나라 사람이 말하길 '사람이 항상심이 없으면 점을 쳐도 하늘의 뜻을 알 수가 없다.'라고 하였는데, 그 말이 옳구나. 덕을 항상 유지하지 않으면 수치스러운 일이 생긴다." 공자가 말씀하셨다. "점을 쳐도 하늘의 뜻을 알 수 없을 따름이다."

이 말뜻을 정확하게 이해하기 위해서는, 다음 기록을 같이 살펴봐야 합니다.

남쪽 나라 사람이 말했다. "'사람이 항상심이 없으면, 점을 칠 수 없다.' 이 말은 옛날부터 내려오는 유언이려니! 거북의 등껍질로 점을 쳐도 오히려 알 수 없는데, 하물며 사람에 있어서야!" 『예기』「치의」

옛날 사람들은 거북의 딱딱한 등딱지가 아닌 부드러운 배딱지에, 예를 들어 "비가 오겠습니까?"라고 하늘에게 묻고 싶은 내용을 글로 새긴 후 불로 그을렸습니다. 시간이 흐르면서 열을 견디지 못한 배딱지는 소리를 내며 금이 가는데, 그때 무당은 가로로 균열이 생기면 '그렇다', 세로로 생기면 '아니다'라고 해석하여, 하늘의 뜻을 점쳤다고 합니다.

그렇다면 공자는 어떤 의도로 이 말을 한 걸까요? 알다시피 길흉화복은 변화가 많고 하늘의 뜻은 아무도 알 수 없으므로, 무당(주술사)이 거북의 배딱지로 점을 쳐도 정확하게 미래를 예측할 수가 없습니다. 하물며 사람에게 부단히 노력하고 항상 변치 않는 자세(常)가 없다면, 어떻게 그 사람에게서 밝은 미래를 볼 수 있을까요? 따라서 공자는 그런 사람은 반드시 수치스러운 일을 당한다고 경고하고 있습니다. 특히 "덕을 항상 유지하지 않으면 수치스러운 일이 생긴다."라는 표현을 통해서도, '도'와 '덕'의 차이점은 다름 아닌 변치 않는 자세(常)의 유무에 있음을 다시 한번 확인할 수 있죠. 즉 '덕'에 항상심(常)이 더해졌을 때, 비로소 '도'에 도달할 수 있는 겁니다.

인도네시아 사디만(Sadiman)이 살고 있는 한 시골 마을은 1960년 산불로 인해 잿더미가 되었습니다. 엎친 데 덮친 격으로 홍수와 가뭄으로 인해 농사가 짓지 못하게 되자, 마을 사람들은 하나둘 마을을 떠났습니다. 이때 사디만은 나무를 심기 시

작합니다. 자신의 생업인 열매 농사를 그만두고, 가지고 있던 정향(clove) 씨앗과 염소들을 판 돈으로 반얀나무(Banyan Tree) 씨앗을 사서 마을에 심기 시작했습니다. 그런데 반얀나무는 뿌리 쪽 지하에 물을 저장하여 공급하지만, 쓸 데가 없어서 돈이 안 되었죠. 사람들은 그런 사디만을 바라보며 미친 사람이라고 욕하거나, 묘목 근처에 가축을 풀어서 방해하기도 했습니다. 하지만 사디만은 매일 나무를 심었고, 그렇게 10년이 흐른 후 마을에는 믿을 수 없는 변화가 생겨났습니다. 땅에서 샘물이 솟고 마을에 냇물이 흐르게 된 거죠. 물이 부족해서 1년에 한 번 농사를 지을 수밖에 없던 이곳은, 이제 두세 번씩 농사짓습니다. 24년간 100만 평의 땅에 2만 그루가 넘는 나무를 심은 사디만은, 앞으로도 정신이 온전하게 남아 있는 한 나무 심기를 계속할 것이라고 밝혔습니다.

13-23

子曰: "君子和而不同, 小人同而不和。"
자 왈   군 자 화 이 불 동   소 인 동 이 불 화

공자가 말씀하셨다. "군자는 서로 수준이 다른 이들과 함께 어우러져 조화롭게 지내지만, 그들과 같은 수준으로 합쳐져서 구별이 없이 똑같아지지는 않는다. 하지만 피지배계급인 소인은 다른 이들과 같은 수준으로 합쳐져서 없이 똑같아질 뿐, 서로의 수준이 다름을 인식하면서도 함께 어우러져 조화롭게 지내지 못한다."

MBC에서 1986년 11월부터 1994년 11월까지 방영된 '한 지붕 세 가족'은, 서로 다른 배경을 지닌 세 가족이 한 집에 살면서 갈등하고 화해하며 평범하게 살아가는 이야기를 담은 드라마였습니다. 22년을 방영한 장수 드라마였는데, 큰 인기를 끌었던 주된 이유는 젊은 부부부터 노

년층까지 각 세대의 심리를 사실적으로 반영했기 때문도 있지만, 무엇보다도 은행 일본 지점장부터 카센터 사장, 건축회사 영국 지점장, 만화가, 만물수리점 사장, 파출부, 유명 패션 디자이너, 세탁소 사장 등 다양한 구성원들이 서로 수준이 다름을 인식하면서도 무시하지 않고 조화롭게 지내는 모습을 담았기 때문이었습니다. 그런데 어떤 이들은 서로 다름을 인정하려 들지 않습니다. 서로 다름은 불평등을 뜻하므로, 차라리 다 같은 수준으로 합쳐져서 똑같아져야 한다고 주장합니다. 왜 그들은 이처럼 사회에 분노하는 걸까요? 약자층의 삶이 사회에서 차별과 냉대를 받아서, 부정적인 문제점들로 드러났기 때문이죠. 만약 기득권층이 약자층의 삶을 존중하면서 서로 각자의 길을 간다면, 약자층의 삶이 사회의 부정적인 문제점으로 대두되지 않게 되고, 그렇게 되면 '한 지붕 세 가족'에서 보았던 과거처럼 우리 사회는 다시 조용히 흘러가게 될 겁니다.

13-24

子貢問曰: "鄉人皆好之, 何如?" 子曰: "未可也。" "鄉人皆惡之, 何如?"
자 공 문 왈   향 인 개 호 지   하 여   자 왈   미 가 야   향 인 개 오 지   하 여

子曰: "未可也。不如鄉人之善者好之, 其不善者惡之。"
자 왈   미 가 야   불 여 향 인 지 선 자 호 지   기 불 선 자 오 지

자공이 물으셨다. "고을 사람들이 모두 좋아하면, 그는 훌륭한 인물입니까?" 공자가 말씀하셨다. "그렇지 않다." 자공이 물으셨다. "그렇다면 고을 사람들이 모두 미워하면 그는 나쁜 인물입니까?" 공자가 말씀하셨다. "그렇지 않다. 고을 사람 중에서 선한 이가 좋아하고, 선하지 못한 이가 미워하는 사람이 진정 훌륭한 인물이다."

비양심적인 업체를 전문적으로 고발하는 유튜버(Youtuber) '사망 여우'는 영상에서 자신의 신변을 보호하기 위해 여우 가면을 쓰고 등장합

니다. 그(녀)는 소비자들의 피해를 막기 위해서 대기업 중소기업을 가리지 않고 허위 광고를 하는 업체들을 고발하고 있는데, 그로 인해 기업으로부터 협박과 공격을 당하거나 심지어 고소를 당하기도 합니다. 이렇듯 사망 여우는 법적 분쟁의 기로에서 고군분투하고 있지만, 사익이 아닌 공익을 목적으로 하고 있기에, 많은 사람들이 그의 활동에 긍정적으로 평가하고 있습니다. 사망 여우는 지금도 기업의 허위 광고를 계속해서 공론화하고, 나아가 좋은 기업을 도와줄 수 있는 영상 제작을 계획하고 있다고 합니다. 그럼으로써 정직한 기업이 잘 되는 사회를 만드는데 일조하고 싶다고 하죠. 개인의 유튜브 채널을 운영하며 사익을 위해서가 아닌 소비자의 알 권리를 보장해 주며 정직한 사회로 이끄는 사망 여우를 미워하는 시청자는 없을 겁니다. 이른바 허위 광고로 돈 버는 데 혈안이 된 기업주와 관계자들은 정반대의 입장에 있겠지만 말입니다.

13-25

子曰："君子易事而難說也。說之不以道, 不說也; 及其使人也, 器之。
자 왈 군 자 이 사 이 난 열 야   열 지 불 이 도 불 열 야   급 기 사 인 야 기 지

小人難事而易說也。說之雖不以道, 說也; 及其使人也, 求備焉。"
소 인 난 사 이 이 열 야   열 지 수 불 이 도 열 야   급 기 사 인 야 구 비 언

공자가 말씀하셨다. "군자는 알아서 잘하기 때문에 일을 시키기는 쉽지만, 그를 기쁘게 하기는 어렵다. 군자는 기쁘게 하려 해도 도에 부합되지 않으면 기뻐하지 않고, 사람을 부릴 때는 그 그릇(수준)에 맞게 일을 시킨다. 반면에 피지배계급인 소인은 시킨 것도 알아서 하지 못하기 때문에 일을 시키기 어렵지만, 기쁘게 하기는 쉽다. 기쁘게 하려 하면 비록 도에 부합되지 않아도 기뻐하고, 사람을 부릴 때는 완벽함을 요구한다."

子曰: "君子泰而不驕, 小人驕而不泰。"
자 왈   군 자 태 이 불 교   소 인 교 이 불 태

공자가 말씀하셨다. "군자는 타인에게 너그럽고 마음을 편안히 하면서도 교만
하지 않는데, 피지배계급인 소인은 교만하지만 타인에게 너그럽고 마음을 편
안히 하지 못한다."

　　이 두 구절은 내용상 서로 통하므로 함께 다루고자 합니다. 이제 이
두 구절에 등장하는 소인에 부합하는 인물을 소개해볼까요? 여포는 역
사서 『삼국지』와 소설 『삼국지연의』에 등장하는 무장들 가운데, 무용이
가장 뛰어났던 인물로 묘사됩니다. 하지만 양아버지를 두 명이나 죽이
고, 많은 주인을 섬기다가 배신하기를 반복했습니다. 또한 걸핏하면 자
기 능력을 과시하고, 부하들의 여인을 탐하길 좋아했죠. 198년 조조 군
에 둘러싸인 여포는 하비성에 머물렀는데, 전쟁이 몇 달간 지속되자 그
는 싸움에 집중하기 위해서 병사들에게 금주령을 내렸습니다. 이후 여포
는 여러 크고 작은 싸움에서 승리를 거뒀지만, 정작 부하들의 노고와 공
로는 아랑곳하지 않았습니다. 한번은 후성이라는 장수가 전투에서 큰 공
을 세웠고, 주변에 있던 몇몇 동료 장수들의 축하주 권유를 못 이겨 막사
에서 간단하게 술을 마시게 됩니다. 그런데 이 말을 전해들은 여포는 축
하해주기는커녕, 오히려 하찮은 공로 하나로 금주령을 어겼다는 이유를
들어 부하들 앞에서 그에게 망신을 줬습니다. 앙심을 품은 후성은 결국
여포의 무기와 말을 훔쳐 조조에게 투항했는데, 여포는 그때 열어놓은
성문을 통해서 들어온 조조군 병사들에 의해 잡히고 말았습니다. 그런데
놀랍게도 그 당시 여포 본인은 자신이 내린 금주령을 어긴 채 술에 취해
잠들어 있었죠. 이후 여포는 구차하게 목숨을 구걸했지만, 끝내 참형을

당하고는 형장의 이슬로 사라지고 맙니다.

13-27

子曰: "剛毅木訥, 近仁。"
자 왈　강 의 목 눌　근 인

공자가 말씀하셨다. "마음이 굳세어 사사로운 탐욕을 부리지 않는 강직함, 의로움을 몸소 실천하는 용감함, 꾸밈없이 질박한 검소함, 말을 함부로 하지 않는 신중함은 어짊에 가까워지게 한다."

'도'는 작은 것에서 시작하여 한 걸음 한 걸음 점차 큰 것으로 확대해 나가는 겁니다. 따라서 공자는 여기서도 스텝 바이 스텝(step-by-step)의 도리를 천명하고 있죠. 즉 상위에 있는 어짊(仁)에 이르기 위해서는 먼저 그 하위의 구성요소인 강직함(剛)과 용감함(勇=毅), 검소함(儉=木) 그리고 신중함(愼=訥)을 실천해야 한다고 다시금 설명하고 있습니다.

子曰: "善人教民七年, 亦可以卽戎矣。"
자 왈   선 인 교 민 칠 년   역 가 이 즉 융 의

공자가 말씀하셨다. "선한 이가 백성을 칠 년 동안 가르치면, 그 백성 역시 전
쟁에 나가게 할 수 있다."

공자는 왜 가르치는 데 굳이 '칠 년'이라는 기간이 필요하다고 말한
걸까요? 다음 기록들을 보겠습니다.

80세와 90세를 모(늙어 빠지다)라고 하고, 7세를 도(가엾게 여기다)라고 한다.
도와 모는, 비록 죄가 있어도, 형벌을 주지 않는다.   『예기』「곡례상」

무왕이 붕어하셨다. 하지만 성왕이 어리고 약했으므로, 주공이 천자의 직
위를 이행함으로써 세상을 다스렸다. 6년 차에, 명당(임금이 조회를 하던 곳)에
서 제후들과 회동했고, 예악을 제정하였으며, 도량형을 반포하여 천하가
크게 복종했다. 7년 차에는, 정사를 성왕에게 내주었다.   『예기』「명당」

7년 차에는, 배움을 논하고 벗을 골라 뽑는 것을 보니; 이를 일컬어서 소성
(기본기 완성)이라고 한다. 9년 차에는, 대부분을 깨달아 통달하고, 굳건히 세
워서 어긋나지 않으니 이를 일컬어서 대성(크게 이룸)이라고 한다.

『예기』「학기」

즉 7년은 예로부터 일정 수준에 오르는데 필요한 최소한의 기간으
로 간주되어 왔던 겁니다. 그래서 공자는 또 다음과 같이 말하기도 했습
니다.

子曰: "以不教民戰, 是謂棄之。"
자 왈 이 불 교 민 전 시 위 기 지

공자가 말씀하셨다. "가르치지 않은 백성들을 전쟁에 내보내는 것, 이를 일컬어 그들을 버리는 것이라고 한다."

이를 앞 구절과 연결해서 살펴보면, 지도자가 7년 동안 충분히 가르치지 않은 백성들을 전쟁터로 내모는 건 결국 그들을 내버리는 것과 같다는 겁니다. 여기서 다시 한번 지도자가 갖춰야 할 마음가짐에 대해서 살펴볼까요?

백성을 사랑할 이는 임금이 아니겠소? 임금을 두려워할 이는 백성이 아니겠소? 백성은 임금이 아니면 누구를 받들겠소? 또 임금은 백성이 아니면 함께 나라를 지킬 사람이 없소. 공경하시오! 삼가면 이에 자리가 있게 되고, 공경하여 베풀면 바라는 바가 있게 되지만, 온 나라가 곤궁해지면 하늘이 준 영화도 영영 끝나게 되오. 『상서』「대우모」

이제 이 구절과 관련하여, 다음 사례를 소개하겠습니다. 블러드 다이아몬드(Blood Diamond)는 주로 아프리카의 전쟁 지역에서 생산되는

다이아몬드를 뜻하는데, 독재자나 군벌들이 다이아몬드 수입금으로 전쟁 비용을 충당해 왔기 때문에 '피의 다이아몬드'라고도 불립니다. 특히 서아프리카에 있는 시에라리온(Sierra Leone)에서는 세계에서 가장 질 좋은 다이아몬드가 생산되는데, 처음 다이아몬드가 발견되었을 때 사람들은 이것이 빈곤 문제를 해결할 선물이라고 기대했습니다. 하지만 다이아몬드에 눈이 먼 세력들에 의해서 나라는 내전에 빠졌고, 20만 명의 국민이 목숨을 잃었는데요. 심지어 반정부군들은 사람들이 다이아몬드를 줍지 못하게 하려고 그들의 팔다리를 무자비하게 절단했는데, 이를 위해서 동원한 군인들은 놀랍게도 초등학생이나 중학생 정도의 어린 소년병들이었습니다. 소년병들은 대부분 납치되어서 강제로 군인이 된 경우지만, 반군은 이들을 총알받이나 자살폭탄 테러에 투입했고, 그 결과 살아남았다고 하더라도 전쟁 가해자라는 오명을 짊어지고 지금껏 살아가고 있습니다.

제14편 : 헌문(憲問)

안될 줄 알고도 하려 한 사람

憲問恥。子曰:"邦有道, 穀; 邦無道, 穀, 恥也。""克伐怨欲, 不行焉,
헌 문 치 　 자 왈 　 방 유 도 곡 　 방 무 도 곡 치 야 　 　 극 벌 원 욕 　 불 행 언

可以爲仁矣?"子曰:"可以爲難矣。仁, 則吾不知也。"
가 이 위 인 의 　 자 왈 　 가 이 위 난 의 　 인 　 즉 오 부 지 야

자사가 수치에 대해서 물으셨다. 공자가 말씀하셨다. "지도자가 도를 배우고 부단히 실천하여 나라에 도가 있으면 나아가 벼슬을 하지만, 지도자가 무도하여 나라에 도가 없는데도 나아가 벼슬을 하는 것은 수치스러운 일이다." 자사가 또 물으셨다. "지기 싫어하는 기질, 자랑함, 남을 원망함, 탐욕을 부리지 않음 이 네 가지를 행하지 않으면, 어질다고 할 수 있습니까?" 공자가 말씀하셨다. "분명 행하기 어렵다고 할 수 있다. 하지만 어짊은 자기 지도자를 진심으로 섬기고 따르는 것이니, 그러한 것들이 어짊에 속하는 것인지는 내가 알지 못하겠다."

18-1에서 소개한 것처럼 상나라의 폭군 주임금에게 간언을 하다가 미자는 결국 나라를 떠났고, 기자는 노비가 되었으며, 비간은 간언을 하다가 심장이 도려내어져 처참하게 죽었습니다. 따라서 공자는 여기서 다시 한번 지도자가 무도하면 나라를 떠나는 도리인 불문율에 대해서 설명하고 있음을 알 수 있죠. 실제로 공자의 손자이자 제자인 자사는 공자가 죽은 뒤, 벼슬을 하지 않고 초야에 묻혀 살았습니다.

또한 어짊(仁)이란 자기 상관, 나아가 임금을 진심으로 섬기고 따르는 것입니다. 따라서 공자는 지기 싫어하는 기질과 자랑함 그리고 남을 원망함과 탐욕을 부리지 않음 이 네 가지 자세가 행하기 어렵기는 하지만, 어짊(仁)은 그보다 위에 있는 고차원적인 개념이라고 설명하고 있는 겁니다.

子曰: "邦有道, 危言危行; 邦無道, 危行言孫。"
자왈　방유도　위언위행　방무도　위행언손

공자가 말씀하셨다. "나라에 도가 있으면 말과 행실을 엄격하고 바르게 하지만, 나라에 도가 없으면 행실은 엄격하고 바르게 하되 말은 공손하게 해야 한다."

공자는 14-1에서 도가 없으면 떠나는 불문율을 따라야 한다고 가르쳤지만, 여기서는 나라에 도가 없으면 나아가 벼슬을 하되 말은 공손하게 해야 한다고 가르치고 있습니다. 도대체 어떻게 된 일일까요? 먼저 다음 구절을 보겠습니다.

子曰: "賢者辟 世, 其次辟 地, 其次辟 色, 其次辟 言。" 子曰:
자왈　현자벽세　기차벽지　기차벽색　기차벽언　자왈

"作者七人矣。"
작자칠인의

공자가 말씀하셨다. "현명한 이는 세상을 피하고, 그 다음가는 자는 지역을 피하며, 그 다음가는 자는 얼굴빛을 조심하고, 그 다음가는 자는 말을 조심한다." 공자가 말씀하셨다. "이러한 일을 행한 이에는 일곱 사람이 있다."

즉 공자는 나라에 '도'가 없는 경우 선택할 수 있는 네 가지 처세술에 대해서 가르치고 있는 겁니다. 그중 제일 낮은 경지가 말을 공손하게 하는 건데요. 그 이유는 벼슬하면서 충언을 한답시고 임금의 심기를 건드렸다가, 자칫 자기에게 그 화가 미칠 수 있기 때문이죠. 그렇다면 공자가 말한 일곱 사람은 구체적으로 누굴 가리키는 걸까요?

逸民: 伯夷、叔齊、虞仲、夷逸、朱張、柳下惠、少連。子曰:"不降其志,
일민 백이 숙제 우중 이일 주장 류하혜 소련 자왈 불강기지

不辱其身, 伯夷、叔齊與?"謂柳下惠、少連,"降志辱身矣, 言中倫,
불욕기신 백이 숙제여 위류하혜 소련 강지욕신의 언중륜

行中慮, 其斯而已矣!"謂虞仲、夷逸,"隱居放言, 身中淸, 廢中權。我,
행중려 기사이이의 위우중 이일 은거방언 신중청 폐중권 아

則異於是, 無可無不可。"
즉이어시 무가무불가

세상에 나서지 않은 사람은 백이, 숙제, 우중, 이일, 주장, 유하혜, 소련이다.
공자가 말씀하셨다. "그 뜻을 낮추지 않고 그 몸을 욕되이 하지 않은 이는 백
이와 숙제일 것이니?" 유하혜와 소련에 대해 말씀하셨다. "그 뜻을 굽히고 몸
을 욕되이 하였으나, 말이 윤리에 맞고 행동이 생각에 맞았으니, 이러할 따름
이다." 우중과 이일에 대해서 말씀하셨다. "은거하면서 말을 거침없이 했지만,
몸을 깨끗이 하고 나감과 그침이 적절했다. 나는 곧 이들과 달라서, 가함도 없
고 불가함도 없다."

백이와 숙제는 세상을 떠나 수양산으로 들어가 고사리를 캐어 먹고
지내다 굶어 죽었으므로, 이들은 세상을 피한 인물들임을 알 수 있습니
다. 우중은 8-1에 등장하는 오태백의 동생으로, 아버지 고공단보가 셋째
인 계력에게 왕위를 잇게 하자, 장남 태백과 차남 우중은 아버지의 뜻을
알고 '형월' 지역으로 도망가 은둔했습니다. 15-14에도 등장하는 유하혜
는 노나라 대부입니다. 수차례 내침을 당했지만 끝까지 노나라를 떠나지
않고, 신중했지만 거침없이 올바른 말을 했던 인물이죠. 따라서 공자는
말을 공손히 하는 제일 낮은 경지를 제외한 세 가지 처세술과 그에 해당
하는 일곱 인물들을 단계적으로 소개하고 있는데, 나머지 세 인물에 대

해선 관련 자료가 부족해서 파악이 어렵습니다. 그런데 공자는 왜 마지막에 "가함도 없고, 불가함도 없다."라고 한 걸까요?

　　그 이유로는 예로부터 내려온 전통의 불문율을 따라야 한다는 생각 와중에도, '도'를 다시 살려야 한다는 사명감을 뿌리칠 수 없었던 것으로 볼 수 있습니다. 그 대표적인 증거로 공자는 '도'가 땅에 떨어지자 과감히 대부 자리를 버리고 노나라를 떠났지만, 또 한편으로 다른 곳에서나마 '도'를 펼치기 위해서 여러 나라를 전전했기 때문이죠. 그래서 다음 구절을 통해서 확인할 수 있듯이, 공자는 두 가지 태도에 모두 긍정적인 반응을 보였습니다.

15-7

子曰: "直哉, 史魚! 邦有道如矢, 邦無道如矢。君子哉, 蘧伯玉! 邦有道,
자왈　직재 사어 방유도여시 방무도여시 군자재 거백옥 방유도

則仕; 邦無道, 則可卷而懷之。"
즉사　방무도　즉가권이회지

공자가 말씀하셨다. "위나라 대부 축타는 사사로운 정에 얽매이지 않고 공정하게 판단하는 인물이다! 나라에 도가 있을 때는 화살처럼 올곧았고, 나라에 도가 없을 때도 일관되게 화살처럼 올곧은 자세로 임했다. 역시 위나라 대부인 거백옥은 참된 지도자인 군자이다! 나라에 도가 있으면 나아가 벼슬을 하지만, 나라에 도가 없으면 물러나 몸을 추슬렀다."

　　그렇다면 공자는 정말로 둘 다 괜찮다는 중립적인 입장을 취한 걸까요? 사실 앞에서 이미 살펴봤던 다음 자로의 발언은, 스승 공자의 최종 선택이 무엇이었는지 대변했다고 할 수 있습니다.

　　18-7: 자로가 말씀하셨다. "나라가 이처럼 혼란스러운데도, 벼슬을 하여 임

금을 보필하지 않는 건 의로운 일이 아니다. 장유유서의 예절은 없앨 수 없으니, 임금과 신하가 마땅히 지켜야 할 의로움을 어찌 없앨 수 있단 말인가? 도가 땅에 떨어지면 세상을 등지고 떠난다는 불문율은 자기 몸만 돌보려는 이기주의이니, 이는 큰 윤리를 어지럽힐 뿐이다. 군자가 벼슬을 하여 임금을 보필하는 것은 다름 아닌 의로움을 실천하는 것이다. 물론 이렇게 한다고 해서 세상에 갑자기 도가 다시 행해지지 않는다는 건 이미 잘 알고 있다."

공자 역시 같은 취지에서 이처럼 말한 바 있죠.

18-6

長沮桀溺耦而耕。孔子過之, 使子路問津焉。長沮曰: "夫執輿者爲誰?
장 저 걸 익 우 이 경　공 자 과 지　사 자 로 문 진 언　장 저 왈　부 집 여 자 위 수

子路曰: "爲孔丘。" 曰: "是魯孔丘與?" 曰: "是也。" 曰: "是知津矣!"
자 로 왈　위 공 구　왈　시 노 공 구 여　왈　시 야　왈　시 지 진 의

問於桀溺。桀溺曰: "子爲誰?" 曰: "爲仲由。" 曰: "是魯孔丘之徒與?"
문 어 걸 익　걸 익 왈　자 위 수　왈　위 중 유　왈　시 노 공 구 지 도 여

對曰: "然。" 曰: "滔滔者, 天下皆是也, 而誰以易之? 且而與其從辟
대 왈　연　왈　도 도 자　천 하 개 시 야　이 수 이 역 지　차 이 여 기 종 벽

人之士也, 其若從辟 世之士哉?" 耰而不輟。子路行以告, 夫子憮然, 曰:
인 지 사 야　기 약 종 벽 세 지 사 재　우 이 불 철　자 로 행 이 고　부 자 무 연　왈

"鳥獸不可與同群! 吾非斯人之徒與而誰與? 天下有道, 丘不與易也!"
조 수 불 가 여 동 군　오 비 사 인 지 도 여 이 수 여　천 하 유 도　구 불 여 역 야

장저와 걸익이 밭을 갈고 있었다. 공자가 그들 곁을 지나가다가, 자로에게 나루터가 어디에 있는지 묻도록 했다. 장저가 말했다. "수레 고삐를 잡고 있는 사람은 누구인가?" 자로가 대답하셨다. "공자이십니다." 장저가 말했다. "노나라의 공자인가?" 자로가 말씀하셨다. "그렇습니다." 장저가 말했다. "공자는 도가 땅에 떨어지면 세상을 등지고 떠난다는 불문율을 따르지 않고 자기가 이 세상을 바꿀 수 있다고 하고 있으니, 그런 능력자라면 묻지 않아도 나루터가

어디 있는지 알 것이다!" 자로가 이번에는 걸익에게 나루터 위치를 물으셨다. 걸익이 말했다. "그대는 누구인가?" 자로가 말씀하셨다. "자로입니다." 걸익이 말했다. "노나라 공자의 제자인가?" 자로가 대답하셨다. "그렇습니다." 걸익이 말했다. "세월이 도도히 흘러가니 세상이 모두 이러한데, 누가 이 혼란스러운 세상을 바꿀 수 있겠는가? 이렇듯 혼란스러운 세상에서 굳이 자기를 알아주는 사람을 찾기 위해서 힘들게 돌아다니느니, 차라리 도가 땅에 떨어지면 세상을 등지고 떠난다는 불문율을 따르는 것이 낫지 않겠는가?" 그러고는 씨앗 덮는 일을 멈추지 않았다. 자로가 가서 그들의 말을 전하자, 공자가 크게 낙심하여 멍하니 있다가 말씀하셨다. "지금은 대동사회 때처럼 사람이 날짐승 들짐승과 함께 조화로이 살 수는 없으니, 내가 이 사람들과 함께하지 않으면 또 누구와 함께 지낸다는 것인가? 세상에 도가 있었으면, 내가 굳이 너희 제자들과 함께 이 세상을 바꾸려고 하진 않았을 것이다!"

그래서 공자는 또 다음처럼 말한 바 있습니다.

15-40

子曰: "道不同, 不相爲謀。"
자 왈   도 불 동   불 상 위 모

공자가 말씀하셨다. "추구하는 '도'가 같지 않으면, 함께 일을 도모할 수 없다."

여기서 공자가 하고자 한 말뜻을 좀 더 명확하게 이해하기 위해서, 다음 구절도 함께 살펴보겠습니다.

楚狂接輿歌而過孔子, 曰:"鳳兮, 鳳兮! 何德之衰? 往者不可諫,
초 광 접 여 가 이 과 공 자 왈   봉 혜 봉 혜   하 덕 지 쇠   왕 자 불 가 간

來者猶可追。已而, 已而!"今之從政者殆而! 孔子下, 欲與之言,
래 자 유 가 추   이 이 이 이   금 지 종 정 자 태 이   공 자 하   욕 여 지 언

趨而辟之, 不得與之言。
추 이 벽 지 부 득 여 지 언

몸에 옻칠을 하여 문둥병자인 것처럼 꾸미고 또 머리를 풀어헤쳐 미치광이의 행색을 하여 떠돌아다니던 초나라의 접여가 공자를 지나며 노래했다. "봉황이여, 봉황이여! 어찌 덕이 쇠락했는가? 지나간 것은 간언할 수 없지만, 올 것은 오히려 좇을 수 있으니. 그만둘 따름이다, 그만둘 따름이다! 오늘날 정치에 종사하는 자들은 위험할지니!" 공자가 수레에서 내려 "도가 땅에 떨어지면 세상을 등지고 떠난다는 불문율은 옳지 않소. 끝까지 세상을 포기하지 말아야 하오!"라고 말하여 설득하려 했으나, 그가 공자를 피해서 달아나는 바람에 말을 할 수 없었다.

이처럼 불문율을 따른 이들과 끝까지 포기하지 말아야 한다는 공자는 결코 융화될 수 없는, 마치 물과 기름의 관계와 같았던 거죠. 그리고 공자는 '도'가 땅에 떨어지면 세상을 등지고 떠나야 한다는 '무위자연'의 '천도(天道)'가 아닌, 끝까지 애써 바로잡으려고 노력해야 한다는 '인도(人道)'를 고집한 겁니다. 그래서 또 다음처럼 말하기도 했습니다.

孔子曰:"'見善如不及, 見不善如探湯。' 吾見其人矣, 吾聞其語矣!
공 자 왈   견 선 여 불 급   견 불 선 여 탐 탕   오 견 기 인 의   오 문 기 어 의

'隱居以求其志, 行義以達其道。' 吾聞其語矣, 未見其人也!"
은 거 이 구 기 지   행 의 이 달 기 도   오 문 기 어 의   미 견 기 인 야

공자가 말씀하셨다. "선한 것을 보면 마치 아직 부족하여 따라가지 못하는 듯 더욱 부지런히 노력하고, 선하지 못한 것을 보면 끓는 물에 손을 넣는 듯 재빨리 손을 빼서 그 자리를 피한다.' 나는 그런 사람을 봤고, 또 그런 말을 들었다! 하지만 '세상에 도가 없으면 은거함으로써 자신을 온건하게 보존하고, 세상에 도가 있으면 의로움을 행함으로써 도에 이른다.' 나는 그런 말을 들었지만, 실제로 그렇게 한 사람을 보진 못했다."

공자의 입장에서 봤을 때, 자신의 위치에서 지켜야 할 바를 목숨을 걸고 지키는 의로운(義) 사람이 어찌 세상을 버리고 은거할 수 있을까요? 이것이야말로 백성과 나라를 버리고 자기 한 몸만 지키려는 이기주의가 아닐까요? 즉 공자는 여기서 세상을 등지고 떠도는 인물들을 완곡하게 나마 비판하고 있으니, 그는 도가 땅에 떨어져도 끝까지 세상을 포기해서는 안 된다고 외치고 있는 겁니다. 그래서 공자를 올바로 이해했던 사람들은, 다음과 같이 공자를 평가하기도 했습니다.

子路宿於石門。晨門曰:"奚自?" 子路曰:"自孔氏。" 曰:
자 로 숙 어 석 문   신 문 왈   해 자   자 로 왈   자 공 씨   왈

"是知其不可而爲之者與?"
시 지 기 불 가 이 위 지 자 여

자로가 초나라 석문에서 하룻밤을 묵게 되었다. 문지기가 말했다. "어디에서 왔소?" 자로가 말하셨다. "공씨 집안에서 왔습니다." 그러자 문지기가 말했다.

> "세상을 바꾸는 게 안되는 줄 알면서도, 굳이 떠나지 않고 남아 바꾸려 애쓰는 그 사람 말인가?"

공자가 채나라에 머문 지 3년이 되는 63세일 때 오나라가 진(陳)나라를 공격했고, 초나라는 진(陳)나라를 돕기 위해서 군대를 파견했습니다. 그러다가 마침 공자가 진(陳)나라와 가

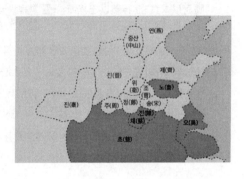

까운 채나라에 있다는 소식을 듣고는 그를 초빙했습니다. 공자가 초나라로 가려고 하자 진(陳)나라와 채나라 대부들은 자신들의 비리가 세상에 드러날 것을 염려하여 공자를 포위했는데, 다행히 자공이 초나라로 가서 이 사실을 알리자 초나라가 군대 파견하여 풀려날 수 있었고, 공자 일행은 무사히 초나라에 도착한 겁니다. 바로 이 과정에서 자로는 뒤쳐져서 일행을 쫓아가는 상황이었죠. 여기서 이 문지기는 분명 '도'가 없어서 세상에 드러내지 않은 은자였고, '도'가 없으면 세상을 떠나는 것이 당시의 불문율이 사실임을 확인할 수 있죠. 그리고 무엇보다도, 안될 줄 알고도 끝까지 포기하지 않는 것. 공자가 위대한 이유는 바로 이 때문이 아닐까요? 이제 이 구절과 관련된 인물 한 명을 소개하겠습니다.

에밀리 데이비슨(Emily Wilding Davison)은 1872년 영국 런던의 한 상인 집안에서 태어났습니다. 고등학교를 졸업한 그녀는 학비를 마련하여 옥스퍼드 대학 세인트 휴스 칼리지(St Hugh's College, Oxford)에 입학했으나, 여성에게 학위를 주지 않는 관행 때문에 학위를 받지 못했습니다. 1906년 여성사회정치연합(WSPU)에 가입하여 여성 참정권을 얻기 위해 싸웠고, 그 과정에서 체포되어 수차례 감옥에 수감되었으며, 감옥 안에서 고문을 당하기도 했습니다. 이후로도 여러 방면에서 여성참정권 운동을 진행했고, 1913년까지 50개 이상

의 신문사에 약 200통의 편지를 보내기도 했습니다. 하지만 아무리 노력하고 저항해도 바뀌지 않는 사회를 보고, 에밀리 데이비슨은 자신의 죽음만이 사회를 바꾸는 열쇠가 될 수 있다고 생각하게 되었습니다. 1913년 6월 런던의 한 경마장에서 그녀는 여성의 참정권을 외치며 달려오는 말 앞으로 뛰어들었고, 말발굽에 밟혀 머리에 큰 부상을 입고는 나

홀 만에 숨을 거두고 말았습니다. 그녀의 죽음으로 인해 여성 참정권 운동은 더욱 거세게 타올랐고, 마침내 5년 뒤인 1918년에는 30세 이상 여성들에게, 그리고 10년 뒤인 1928년에는 21세 이상 모든 여성들에게 투표권이 부여되었습니다.

子曰: "有德者必有言, 有言者不必有德。仁者必有勇, 勇者不必有仁。"
자 왈   유 덕 자 필 유 언   유 언 자 불 필 유 덕   인 자 필 유 용   용 자 불 필 유 인

공자가 말씀하셨다. "덕을 지닌 사람은 반드시 합리적으로 말하지만, 합리적으로 말하는 사람이 반드시 덕을 지닌 것은 아니다. 어진 사람은 반드시 의로움을 몸소 실천하는 용기가 있지만, 용기가 있는 사람이 반드시 어진 것은 아니다."

파울 요제프 괴벨스(Paul Joseph Goebbels)는 2차 세계대전 당시 나치 독일의 정치가였습니다. 그는 히틀러의 연설문을 담당했는데, '선동의 제왕'이라고 불렸을 정도로 빼어난 언어구사능력을 이용하여 대중을 전쟁터로 뛰어들게 했습니다. 그는 평소 "인민 대중은 작은 거짓말보다는 더 큰 거짓말에 속는다."라고 말하면서, 철저히 대중들을 기만하고 현혹했는데요. 하지만 그의 논리에 진심으로 대중을 위하는 따뜻한 마음은 없었고, 그저 그들을 한낱 도구로만 생각하는 냉철함만이 있었죠. 또한 최고 통치자였던 히틀러가 잘못된 길을 걸어가려고 할 때, 진심으로 그를 섬기고 따른 것이 아니라 자신의 목적을 달성하기 위해 오히려 이를 부추겼습니다. 결국 나치 독일이 패망하자, 괴벨스는 아내와 자식들을 죽인 후 자살을 선택했습니다.

子曰: "爲命; 裨諶草創之, 世叔討論之, 行人子羽修飾之,
자 왈   위 명 비 심 초 창 지 세 숙 토 론 지 행 인 자 우 수 식 지

東里子産潤色之。"
동 리 자 산 윤 색 지

공자가 말씀하셨다. "정나라가 규정을 만들 때, 대책을 수립하는 데 능했던 대부 비심이 처음 만들고, 외교와 언변에 능했던 대부 세숙이 연구하고 문제점을 지적했으며, 각 제후국의 법령 및 대부들의 성씨 그리고 관직체계 등을 잘 이해한 외교관 자우가 다듬어서 정리했고, 동리에 사는 경(卿) 자산이 매만져서 부드럽게 마무리했다."

앞에서 누차 강조했듯이, 아무리 훌륭한 지도자라도 혼자서는 뛰어난 정치를 할 수 없습니다. 지도자의 뜻을 이해하고 부단히 실천할 수 있는 인재가 무엇보다 절실한 거죠. 따라서 최고 지도자에게 요구되는 가장 중요한 것은 무엇보다 바로 올바른 인재들을 선발하여 적재적소에 기용하는 능력입니다. 그래서 공자는 다음과 같이 말하기도 했습니다.

子言衛靈公之無道也。康子曰: "夫如是, 奚而不喪?" 孔子曰: "仲叔圉
자 언 위 령 공 지 무 도 야   강 자 왈 부 여 시 해 이 불 상   공 자 왈 중 숙 어

治賓客, 祝駝治宗廟, 王孫賈治軍旅。夫如是, 奚其喪?"
치 빈 객 축 타 치 종 묘 왕 손 가 치 군 려 부 여 시

공자가 위나라 영공의 무도함에 대해 말씀하셨다. 계강자가 말했다. "위나라 상황이 무릇 이와 같은데, 어찌 망하지 않소?" 공자가 말씀하셨다. "비록 군자답지 못한 면모를 보인 적도 있긴 하지만, 실무능력이 있는 공문자가 외교를

맡아서 손님을 접대하고 축타는 종묘를 맡고 있으며 왕손가가 군대를 맡고 있으니, 어찌 위나라가 망하겠습니까?"

공문자는 5-14에서, 축타는 6-14에서, 그리고 왕손가는 3-13에서 설명했었습니다. 이들은 모두 정치에서 나름대로 업적들을 세웠지만, 또 그만큼 군자답지 못한 면모 역시 보였는데요. 그럼에도 불구하고 세 인물들이 모두 각자의 자리에서 능력을 발휘하고 있기 때문에 위나라가 존속할 수 있다고 말하고 있으니, 공자는 여기서 다시 한번 정치하는 이를 성인(대동사회의 지도자) - 군자(소강사회의 지도자) - 그릇(전문가)의 순서로 서열화하고 있죠. 또 14-11에서 이미 설명했던 것처럼 군자가 반드시 실무를 담당하는 뛰어난 전문가는 아니 듯, 실무를 담당하는 뛰어난 전문가가 반드시 군자는 아니라고 강조하고 있습니다.

14-9

或問子産。子曰:"惠人也。"問子西。曰:"彼哉, 彼哉。"問管仲。曰:
혹 문 자 산　자 왈　혜 인 야　문 자 서　왈　피 재 피 재　문 관 중　왈

"人也。奪伯氏騈邑三百, 飯疏食, 沒齒無怨言。"
인 야　탈 백 씨 병 읍 삼 백　반 소 사　몰 치 무 원 언

어떤 이가 정나라의 자산에 대해서 물었다. 공자가 말씀하셨다. "큰 나라 사이에서도 작은 정나라를 잘 다스리고 있으니, 백성들에게 은혜를 베푸는 사람이다." 이어서 초나라의 자서에 대해서 물었다. 공자가 말씀하셨다. "그 사람은 말이다, 그 사람은 말이다. (초나라 소왕이 나를 중용하려고 하자 반대했고 나라를 환난에 이르게 했으므로, 내가 뭐라고 말하기가 어렵다.)" 이어서 제나라의 관중에 대해서 물었다. 공자가 말씀하셨다. "재능있는 인물이다. 백언이 자기 소유의 '병읍'이라는 지역을 담화에게 맡겼는데, 담화는 백언 몰래 병읍 백성들을 갈취했다. 이를 참지 못한 병읍의 몇몇이 백언에게 상소했으나, 담화의 감언이설에 속은 백언은 계속해서 담화를 신뢰했다. 결국 병읍 백성들은 이 일을 관중에게 알렸고,

관중은 그 죄를 물어 담화를 극형에 처하고 백언의 땅 역시 몰수하여 국가에 귀속시켰다. 백언은 이에 변변치 않은 음식을 먹을 정도로 가난해졌지만, 관중이 정당하게 판결했으므로 한평생 그를 원망하지 않았다. 따라서 관중은 일을 공명정대하게 판단한 인물이라고 할 수 있다."

이 구절과 관련하여, 이제 이순신 장군의 공명정대한 자세를 엿볼 수 있는 세 가지 일화를 소개하겠습니다.

1. 율곡 이이가 이조판서로 재직 중일 때, 성과 본이 같은 문중의 이순신이 나라에 필요한 인재라고 생각하여 그와 나랏일을 이야기하고 싶었습니다. 그래서 이순신과 한동네에 살았던 류성룡에게 둘의 만남을 성사시켜 달라고 요청한 적이 있습니다. 하지만 이순신은 "율곡처럼 같은 문중의 어른을 뵙는 건 좋지만, 그분이 이조판서 자리에 계시므로 지금 만나는 것은 옳지 못하다."라며 거절했습니다.

2. 정5품의 고위직에 있던 서익은 자신의 친척 한 명을 승진시키려고 인사 압력을 가했지만, 이순신은 단칼에 거절했습니다. 결국 앙심을 품은 서익으로 인해 이순신은 파직되기도 했지만, 끝까지 뜻을 굽히지 않았습니다.

3. 병조판서 김귀영은 이순신의 인품을 높이 사서, 자기 딸과 혼인시키려고 했습니다. 하지만 이순신은 벼슬길에 갓 나온 자가 권세가에 발을 들일 순 없다면서 거절했는데요. 권세 있는 집안과 혈연관계가 되면, 결국 파벌 싸움에 휘말릴 수밖에 없다고 판단한 겁니다. 이에 김귀영은 더욱 감탄하며 이순신을 아끼게 되었다고 하죠.

子曰: "貧而無怨, 難; 富而無驕, 易。"
자왈　빈이무원　난　부이무교　이

공자가 말씀하셨다. "가난하면서도 원망하지 않기는 어렵지만, 부유하면서도
교만하지 않기는 쉽다."

공자가 이처럼 말한 의도를 이해하기 위해서, 먼저 다음 기록을 살
펴보겠습니다.

> 요임금의 이름은 방훈이다. 그 인자함은 하늘과 같았고, 그 지혜로움은 귀
> 신과도 같았다. 그를 좇으면 태양과 같았고, 그를 바라보면 구름과도 같았
> 다. 부유하면서도 교만하지 않고, 고귀하면서도 오만하지 않았다.
>
> 『사기』「오제본기」

대동사회를 이끌었던 성인 요임금은 부유했지만 교만하지 않았습
니다. 반면 공자는 6-9에서 "안회는 굶주림과 누추함이라는 어려운 환
경 속에서도 도를 배우는 즐거움을 견지하고 있다. 현명하구나, 안회
여!"라고 칭찬한 바 있습니다. 그렇다면 공자는 안회가 어쩌면 요임금을
뛰어넘을 수 있는 인물이 될 수 있다고 판단한 것은 아닐까요?

子路問成人。子曰："若臧武仲之知, 公綽之不欲, 卞莊子之勇,
자 로 문 성 인　 자 왈　 약 장 무 중 지 지　 공 작 지 불 욕　 변 장 자 지 용

冉求之藝, 文之以禮樂, 亦可以爲成人矣!"曰："今之成人者何必然?
염 구 지 예　 문 지 이 례 락　 역 가 이 위 성 인 의　 왈　 금 지 성 인 자 하 필 연

見利思義, 見危授命, 久要不忘平生之言, 亦可以爲成人矣。"
견 리 사 의　 견 위 수 명　 구 요 불 망 평 생 지 언　 역 가 이 위 성 인 의

자로가 육체와 정신의 발육이 완성단계에 이른 어른(성인)은 어떤 걸 갖춰야
하는지 물었다. 공자가 말씀하셨다. "만약 노나라 대부 장무중의 객관적으로
판단하는 지혜로움, 노나라 경(卿) 맹공작의 사사로이 이익을 탐하지 않는 검
소함, 한번에 두 마리 호랑이를 잡은 노나라 대부 변장자의 용감함, 염구가 갖
춘 여섯 가지 재주 즉 관료들에게 필히 요구되는 예(禮: 예절), 악(樂: 음악), 사
(射: 활쏘기), 어(御: 말타기), 서(書: 서예), 수(數: 수학)에다 도의 형식인 예악을 갖
추면, 성인이라고 할 수 있다." 또 공자가 말씀하셨다. "이미 시대가 변했으니,
오늘날의 성인이란 것이 어찌 반드시 그래야만 하겠는가? 이익이 생겼을 때
그것이 의로움에 부합되는지 먼저 생각하고, 위태로움을 보면 목숨을 바칠 수
있으며, 아무리 오래된 언약이라도 평생의 약속으로 잊지 않고 지킬 수 있으
면 성인이라고 할 수 있다."

장무중은 노나라 대부로서 장손흘(臧孫紇)이라고도 불렸는데, 공자
가 5-17에서 언급한 노나라 대부 장문중의 손자입니다. 『좌전』 「양공
23년」에 따르면 제나라 장공이 장무중에게 땅을 주려고 했는데, 장무중
은 그의 권세가 오래가지 못할 것임을 간파하고 일부러 이 일에 얽히지
않으려고 했습니다. 그래서 장무중은 고의로 "제나라 장공께서는 진(晉)
나라가 혼란스러울 때는 공격하고, 평안할 때는 섬기려 하시는군요. 이
러한 태도는 마치 낮에는 엎드려 있다가 밤이면 활동하는 한 마리 쥐와
같습니다."라고 말했죠. 화가 난 제나라 장공은 장무중에게 땅을 주지
않았는데, 얼마 가지 못해서 장공은 비참한 최후를 맞이하고 그와 관련

된 인물들도 모두 숙청되었습니다. 그리고 이 일을 들은 공자는 장무중이 지혜로운 사람이라고 칭찬했습니다.

여기서 공자는 나이가 찬 어른인 성인이 단순히 나이만 먹으면 되는 것이 아니라고 말합니다. '도'의 내용을 이루는 일부 구성요소들과 형식인 예악(禮樂)을 갖춰야 비로소 성숙한 어른인 성인이 될 수 있다고 말하죠. 하지만 공자가 생각해도 성인이 되기 위해 필요한 전통적인 구성요소들이 다소 많았나 봅니다. 그래서 시대가 바뀐 만큼 부담을 덜어줘야 한다고 말하죠.

자신이 처한 신분에서 마땅히 해야 할 일을 목숨을 걸고 지키는 의로움(義)
그 의로움(義)을 몸소 실천하는 용감함(勇)
그리고 내뱉은 말은 반드시 지키는 신뢰(信)

아무리 예전보다 많이 줄었다고는 하지만, 이 세 가지 역시 행하기가 그리 쉽진 않아 보입니다. 어른이 된다는 게 녹록치 않네요. 이어서 이 구절에 등장한 장무중과 관련된 구절을 함께 살펴보겠습니다.

14-14

子曰: "臧武仲, 以防求爲後於魯。雖曰不要君, 吾不信也。"
자왈 장무중 이방구위후어노 수왈불요군 오불신야

공자가 말씀하셨다. "장무중이 맹손씨 가문의 맹장자 때문에 반역자로 몰려서 도망갔다가, '방읍'을 점거하여 노나라 임금에게 자신의 후계자를 만들어줄 것을 청했다. 비록 장무중은 임금에게 요구한 것이 아니라고 말했지만, 나는 그 말을 믿지 않는다."

『좌전』「양공 23년」에 의하면, 노나라 계손씨 집안의 계무자에게는 본실에게서 난 아들이 없었고 첩에게서 난 아들로 장남인 공미와 차남인 도자가 있었습니다. 그런데 계무자는 도자를 더 사랑하여 후계자로 삼으려 했죠. 계무자가 장무중에게 이 일을 상의하자, 장무중은 술자리를 마련해 도자를 불러서는 자연스럽게 대부들이 그에게 예(禮)를 갖추도록 함으로써 계무자의 뜻을 이뤄줬습니다.

그런데 계무자가 장무중을 좋아한 반면, 맹손씨 집안의 맹장자는 장무중을 미워했습니다. 훗날 맹장자가 위중한 병에 걸렸는데, 그에게는 장남 질과 차남 갈이 있었습니다. 맹장자의 수레를 몰고 말을 관리하던 가신 풍점이란 인물이 갈을 좋아하여, 그를 맹장자의 후계자로 추대하려고 했습니다. 이에 풍점은 공미를 찾아가 갈이 맹장자의 후계자가 되면 장무중에게 복수를 하는 것이라고 설득했고, 공미는 계무자를 찾아가 맹장자의 후계자를 갈로 추대해달라고 하지만 거절당했습니다. 맹장자가 죽자 계무자는 질을 후계자로 세우려 했는데, 이때 공미가 나타나 "연장자라는 것이 어디 있습니까? 오로지 재능으로 판단할 따름이지요. 게다가 이는 맹장자의 뜻이었습니다."라고 말하여, 결국 차남 갈이 맹장자의 후계자가 되었습니다.

장무중이 맹장자의 장례식에 찾아왔을 때, 맹손씨 집안사람들은 차남이 후계자가 된 것이 다 장무중 탓이라고 여겨서 문을 걸어 잠그고, 계무자에게 장무중이 난을 일으키려 한다고 보고했습니다. 하지만 계무자는 그 말을 믿지 않았죠. 그해 겨울 맹손씨가 장사를 지내기 위해 길을 넓히려고 장무중에게 도움을 청하자, 장무중은 친히 군사를 이끌고 감시했습니다. 그런데 이때 맹손씨 집안이 다시 한번 계무자에게 장무중이 난을 일으키려고 한다고 보고하자, 계무자는 결국 분노하여 장무중을 공격하라고 명령을 내렸고 장무중은 이웃나라로 달아나게 됩니다.

그리고 이때 장무중은 제나라로 가기 전에 '방읍'을 점거하고는, 집안 제사가 끊어지지 않도록 자기의 후계자를 세워 달라고 임금에게 요구한 겁니다. 공자는 장무중의 이러한 태도가 신하가 임금에게 강요한 것이므로, 그가 어질지 못하다며(不仁) 이처럼 비판한 겁니다. 이처럼 공자는 잘한 것은 잘했다고 칭찬하고, 잘못한 건 잘못했다고 비판할 줄 아는 객관적이고도 공정하게 판단하는 자세(中)를 갖춘 인물이었습니다.

14-13

子問公叔文子於公明賈曰：“信乎？夫子, 不言, 不笑, 不取乎？”
자 문 공 숙 문 자 어 공 명 가 왈　신 호　부 자　불 언　불 소　불 취 호

公明賈對曰：“以告者過也。夫子, 時然後言, 人不厭其言。樂然後笑,
공 명 가 대 왈　이 고 자 과 야　부 자　시 연 후 언　인 불 염 기 언　낙 연 후 소

人不厭其笑。義然後取, 人不厭其取。”子曰：“其然？豈其然乎？”
인 불 염 기 소　의 연 후 취　인 불 염 기 취　자 왈　기 연　개 기 연 호

공자가 공명가에게 위나라 대부 공숙문자에 대해서 물으셨다. "확실한가? 어른께서는 말하지 않고 웃지 않으며 재물을 취하지 않는다는 것이?" 공명가가 말했다. "아뢴 사람이 지나치게 과장한 것입니다. 어른께서는 기회를 살핀 후에 말하므로, 사람들이 그의 말을 싫어하지 않습니다. 즐거워한 후에 웃으므로, 사람들이 그가 웃는 걸 싫어하지 않습니다. 옳은 것임을 확인한 후에 취하므로, 사람들은 그가 취하는 것을 싫어하지 않습니다." 공자가 말씀하셨다. "그러한가? 어찌 그럴 수 있는가?"

공명가가 누구인지 현재로선 알 수 없고, 공숙문자는 위나라 대부 공숙발(公叔拔)입니다. 『예기』 「단궁하」에 따르면 공숙문자가 죽자 그의 아들 '수'가 임금에게 부친의 시호를 내려 달라고 청했는데, 임금은 "위나라에 흉년이 들었을 때 죽을 쒀서 굶주린 이에게 주었으니 은혜로웠고(惠), 위나라에 어려움이 있었을 때 죽음을 무릅쓰고 과인을 호위했으니 곧았으며(貞), 정치를 맡아서 사직을 욕되게 하지 않았으니 위나라를

빛냈다(文). 따라서 시호를 정혜문자(貞惠文子)라고 하겠다."라고 했다고 합니다. 이 기록만 놓고 보면, 공숙문자는 분명 군자다운 풍모를 갖춘 인물이라고 할 수 있습니다. 하지만 공자는 공숙문자의 인물됨에 대해서 상당히 회의적인 태도를 보이고 있는데요. 왜 그런 걸까요?

『좌전』「정공 13년」의 기록을 살펴보죠. 공숙문자가 위나라 임금인 영공을 알현하여 그를 연회에 초대하고, 조정을 나서다가 축타를 만났습니다. 축타는 "당신은 부유하고 임금은 재물을 탐하니, 임금을 초대한 것은 재앙을 초래하는 일이오."라고 충고했고, 공숙문자는 "아, 내 잘못입니다. 하지만 임금께서 이미 허락하셨으니 어쩌지요?"라고 묻죠. 축타는 이에 "그대는 부유하지만 신중하게 신하의 도리를 다하고 있으니, 화를 면할 수 있을 것이요. 나는 부유하면서도 교만하지 않은 사람을 단 한 사람 보았는데, 바로 그대이요. 하지만 그대의 아들 '수'는 교만하니, 분명히 나라 밖으로 도망갈 일이 생길 것이요."라고 대답했습니다.

공명가는 공숙문자를 '기회를 살핀 후에 말하고 즐거워한 후에 웃으며 옳은 것임을 확인한 후에 취하는 인물'이라고 평했는데, 사실 이는 1-12에서 말한 바 있는 '예(禮)로 모자라거나 지나치지 않도록 절제하여, 조화로움(和)에 이르는' 이른바 '도'에 근접한 경지인 겁니다. 즉 공숙문자는 분명 신중하지 못한 구석이 있는 인물이므로, 공자는 공명가의 평가에 대해서 회의감을 표명한 거죠.

14-18

公叔文子之臣大夫僎, 與文子同升諸公。 子聞之曰: "可以爲文矣!"
공 숙 문 자 지 신 대 부 선   여 문 자 동 승 제 공   자 문 지 왈   가 이 위 문 의

공숙문자의 가신 대부 선이 공숙문자와 같은 공(公)의 자리에 올랐다. 훗날 공자가 듣고 말씀하셨다. "공숙문자에게 문(文)이라는 시호를 줄 만하다."

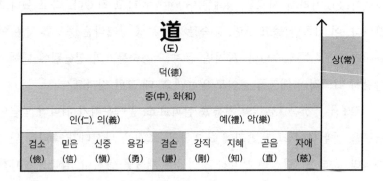

5-14에서 공자는 위나라 대부 공문자가 호문(好問)의 자세 즉 신중함(愼)과 변치 않고 초지일관하는 태도(常) 그리고 한쪽으로 치우치지 않는 객관적인 태도(中)와 겸손함(謙)이라는 도의 네 가지 구성요소를 실천해서 문(文)이라는 시호를 받았다고 설명했습니다. 그리고 이제 또 다른 위나라 대부 공숙문자의 경우를 들어서, 바로 자애로움(慈)이 문(文) 즉 '도'의 내용에 포함된다고 설명하고 있습니다. 이와 관련하여, 또 다음 구절도 함께 살펴보죠.

15-14

子曰:"臧文仲, 其竊位者與! 知柳下惠之賢而不與立也。"
자 왈 장 문 중 기 절 위 자 여 지 유 하 혜 지 현 이 불 여 입 야

공자가 말씀하셨다. "노나라 경(卿) 장문중은 자리를 도둑질한 자이다! 유하혜의 현명함을 알고서도 같은 자리에 세우지 않았다."

유하혜는 전금(展禽)으로, 장문중이 노나라 경(卿)의 자리에 있을 때 그를 보좌하여 대부를 지냈던 인물입니다. 『국어』「노어상」에 따르면 제나라 효공이 노나라를 공격하자, 장문중은 제나라 효공을 설득하여 물러

가게 할 심산으로 유하혜에게 서신을 써 달라고 했습니다. 그러자 유하혜는 "제가 듣기로 큰 나라는 작은 나라의 모범이 되어야 하고 작은 나라는 큰 나라를 잘 섬겨야 하니, 그래야만 환난을 막을 수 있다고 합니다. 작은 나라가 교만하여 큰 나라를 자극하면 결국 그 재앙을 가까이 하게 되니, 화려한 말로 문제를 해결할 수 있다는 말은 들어본 적이 없습니다."라고 대답했죠. 그럼에도 불구하고 장문중이 끈질기게 부탁하자, 유하혜는 값어치 없는 머릿기름을 가지고 제나라 효공을 찾아갔습니다. 제나라 효공이 유하혜에게 우리 군대가 두렵냐고 묻자, 유하혜는 자기는 두렵지만 저희 임금께서는 두려워하지 않는다고 대답했습니다. 제나라 효공이 너희 임금은 뭘 믿고 두려워하지 않느냐고 묻자, 유하혜는 "당시 주나라 성왕께서 노나라의 시조인 주공과 제나라의 시조인 태공에게 화목하게 지내며 주나라를 잘 보필하라고 명령하신 바 있으니, 노나라 임금께서는 이 때문에 두려워하지 않으십니다."라고 대답했습니다. 이 말을 들은 효공은 결국 제나라 군대를 철수시켰으니, 이를 통해서 유하혜가 얼마나 큰 공로를 세웠고, 또 얼마나 현명한 인물이었는지 가늠할 수 있을 겁니다. 하지만 위나라 공숙문자와 달리, 노나라의 장문중은 이처럼 훌륭한 유하혜의 공로를 치하하고 승진을 추천하지는 못할망정 오히려 숨기려 했으니, 공자가 이 소식을 듣고 얼마나 속상했을까요? 특히 장문중은 유하혜의 공로를 모른 척함으로써 현명한 신하를 군주에게 추천하지 못했으니, 이는 어질지 못한(不仁) 행위가 되는 겁니다. 이제 다음 구절도 함께 살펴보죠.

柳下惠爲士師, 三黜。人曰:"子未可以去乎?" 曰:"直道而事人,
류 하 혜 위 사 사 삼 출 인 왈 자 미 가 이 거 호 왈 직 도 이 사 인

焉往而不三黜! 枉道而事人, 何必去父母之邦?"
언 왕 이 불 삼 출 왕 도 이 사 인 하 필 거 부 모 지 방

유하혜가 재판관이 되었는데, 사사로움 없이 공정하게 처리하다가 수차례 내
침을 당했다. 어떤 이가 말했다. "그대는 왜 이 나라를 떠나지 않는가?" 그러자
유하혜가 말했다. "지금과 같은 춘추시대는 모든 나라들의 도가 땅에 떨어져
서 다 비슷한 사정일 터인데, 도를 바르게 하고 사람을 섬기자면 어디로 간들
수없이 내침을 당하지 않겠소? 또 기왕 도를 굽히면서까지 윗사람을 섬기려고
한다면, 굳이 부모의 나라를 떠나 다른 나라에까지 갈 필요까지 있겠소?"

이처럼 유하혜는 공정하게 일을 처리하다가 내침을 당하더라도, 조
국인 노나라에 남아서 끝까지 상관과 임금을 진심으로 섬기고 따르는
어짊(仁)을 실천한 인물입니다. 또 자리에 연연하여 옛 성현들의 통치이
념인 '도'를 굽히지 않았으니, 공자가 왜 이토록 그를 칭찬했는지 쉬이
이해할 수 있을 겁니다.

子曰:"其言之不怍 , 則爲之也難。"
자 왈 기 언 지 불 작 즉 위 지 야 난

공자가 말씀하셨다. "말하는 것을 부끄러워하지 않으면, 몸소 실천하기가 어
렵다."

子曰: "君子恥其言而過其行。"
자 왈   군 자 치 기 언 이 과 기 행

공자가 말씀하셨다. "군자는 자기가 말한 것이 몸소 행한 것보다 더 많은 것을
부끄러워한다."

　이 두 구절은 말을 함부로 내뱉으면 그것을 모두 실천하기가 매우
어려우므로, 말을 신중하게 해야 한다는 뜻입니다. 이와 관련하여 여기
서 소개할 인물은 그레타 툰베리(Greta Thunberg)입니다.

　그녀는 스웨덴의 청소년 환경 운동가입니다. 어린 시절 아버지의
영향으로 기후 변화에 관심을 가졌고, 2018년에는 매주 금요일마다 '기
후를 위한 학교파업'이라는 플랜카드를 걸고 시위를 하기도 했습니다.
이후 이 운동은 전 세계적으로 지지를 받았고, 덕분에 그녀는 2019년 유
엔(UN) 본부가 개최한 기후행동 정상회의에서 연설을 할 수 있었습니다.
여기서 도널드 트럼프 등 세계 지도자들에게 "기후변화에 대한 공약을
사실상 지키지 않는다."라고 비판했고,《타임(TIME)》지는 그런 그녀를
높이 평가하여 올해의 인물로 선정하기도 했습니다. 하지만 지금은 툰
베리의 이중생활이 문제가 되고 있습니다. 그녀는 자신이 음식 먹는 모

습을 SNS에 게시했는데, 사진 속 음식들은 하나같이 일회용 컵과 비닐 봉지 그리고 일회용 플라스틱 용기에 담겨져 있었기 때문이죠. 뿐만 아니라 그녀는 기후행동 정상회의에 참석할 때 온실가스를 과다 배출하는 비행기를 타지 않고, 대서양을 태양광 요트를 타고 2주간 횡단해서 도착했는데요. 엉뚱하게도 태양광 요트를 움직인 선원들은, 영국에서 비행기를 태워서 불러들였던 겁니다. 더군다나 그 태양광 요트는 2대의 비상용 디젤 엔진과 디젤 연료 탱크가 장착되어 있는 데다, 심지어 요트 자체가 플라스틱으로 만들어졌던 겁니다.

14-21

陳成子弑簡公。孔子沐浴而朝, 告於哀公曰:"陳恒弑其君,
진 성 자 시 간 공　공 자 목 욕 이 조　고 어 애 공 왈　진 항 시 기 군

請討之!" 公曰:"告夫三子。" 孔子曰:"以吾從大夫之後, 不敢不告也。
청 토 지　공 왈　고 부 삼 자　공 자 왈　이 오 종 대 부 지 후　불 감 불 고 야

君曰:'告夫三子者。'" 之三子告, 不可。孔子曰:"以吾從大夫之後,
군 왈　고 부 삼 자 자　지 삼 자 고　불 가　공 자 왈　이 오 종 대 부 지 후

不敢不告也。"
불 감 불 고 야

제나라 대부 진성자가 임금인 간공을 시해했다. 이 소식을 들은 공자가 목욕하고 임금을 배알했다. 그러고는 애공에게 알리셨다. "진성자가 그 임금을 시해했으니, 청컨대 그를 토벌하십시오. 이는 하극상으로 임금을 진심으로 섬기고 따르는 어짊에 위배됩니다. 또 노나라는 삼환이 임금보다 더 큰 권력을 휘두르고 있으므로, 제나라의 상황을 방관한다면 노나라 역시 같은 처지가 될 것입니다. 따라서 이 기회에 삼환에게 본보기를 보이셔야 합니다." 애공이 말했다. "나에게는 그럴 힘이 없소. 맹손씨, 숙손씨, 계손씨 삼환에게 말하시오." 공자가 말씀하셨다. "나는 대부의 말단인 하대부를 지냈기 때문에, 임금에게 올바른 도리를 간언하여 어짊을 따라야 한다. 그런데 임금께서는 '삼환 세 사람에게 말하라.'라고 하시는군." 그러나 공자가 세 사람에게 가서 알리니, 안된다고 했다. 공자가 말씀하셨다. "나는 삼환에게 거절당할 것을 알았지만, 대

어짊(仁)은 상관, 나아가 임금을 진심으로 섬기고 따르는 것입니다. 하지만 무조건적으로 맹종하는 것이 아니라, 그 최종 목표를 백성과 나라를 위하는 데 둬야 하죠. 이제 진정한 어짊(仁)이란 어떤 것인지 예시를 들어 살펴보도록 합시다.

1986년 4월, 체르노빌(Chernobyl) 원자력 발전소가 폭발하는 사건이 발생했습니다. 이 폭발로 인해 방사선이 누출되었고, 수많은 마을 주민들과 소방대원들이 방사능에 피폭되어 죽거나 다쳤습니다. 그런데 구소련 정부는 이 사고를 축소 은폐하려고 했고, 체르노빌 참사 조사위원회 책임자

인 발레리 레가소프(Valery Legasov)를 압박하여 그가 UN 사고 청문회에서 거짓 결과 보고서를 발표하게 했습니다. 과거 그는 체르노빌 참사 이전에 원자력 발전소가 새로운 안전 수단을 도입해야 한다고 강조한 바 있는데, 참사 후 사고 원인을 정확하게 파악했지만 그만 정부의 압력에 못 이겨서 UN 사고 청문회에서 날조된 결과 보고서를 발표하고야 말았

습니다. 하지만 오래가지 않아 그는 사건을 은폐했다는 죄책감에 시달렸고, 결국 사고 정황을 녹음한 테이프와 문서를 공개하고 목숨을 끊었습니다. 녹음 파일이 세상에 공개되자 체르노빌 원자력 발전소 폭발 사

건이 널리 알려지게 되었고, 체르노빌형 BMK 원자로 제어봉 설계에 문제가 있었다는 사실이 밝혀졌습니다. 발레리 레가소프가 죽기 전 사실을 공개한 행위는 언뜻 보기에 국가 기밀을 누설하여 명령을 어긴 것처럼 보일 수 있습니다. 하지만 그가 공개한 자료를 통해서 원자로의 제어봉 설계 오류를 변경할 수 있었고, 결과적으로 제2, 제3의 체르노빌 참사를 막을 수 있었습니다. 이것이야말로 진정한 어짊(仁)의 자세가 아닐까요?

14-23

子曰: "君子上達, 小人下達。"
자 왈 군 자 상 달 소 인 하 달

공자가 말씀하셨다. "올바른 지도자인 군자는 위로 통달하지만, 피지배계급인 소인은 아래로 통달한다."

2014년 2월 80대 모범택시 기사가 신라호텔 출입문을 들이받아 승객과 호텔 직원 등 4명이 다치고 회전문이 파손되는 사고가 발생했습니다. 택시 기사는 차량이 급발진한 것이라고 주장했지만, 경찰은 택시 기사의 운전 부주의로 결론을 내렸습니다. 택시 기사는 5,000만 원 한도의 책임보험에 가입되어 있었지만, 피해액이 5억이라서 4억이 넘는 금액을 호텔에 변상해야 했죠. 그런데 신라호텔 이부진 사장은 부사장에게 택시 기사의 충격이 클 테니 집을 방문해보라고 했습니다. 그리고 방문 결과 택시 기사는

낡은 반지하 빌라에서 뇌경색으로 쓰러진 아내와 함께 거주하고 있어서, 변상할 능력이 없는 것으로 판단되었습니다. 이에 이 사장은 사측에서 직접 피해를 해결하기로 결정하고, 4억 원 상당의 변상 신청을 취소했습니다. 이 사실이 알려지자, 많은 사람들은 그녀야말로 진정한 '노블레스 오블리주(noblesse oblige)'를 몸소 실천하는 리더라고 입을 모아 칭찬했습니다.

14-24

子曰: "古之學者爲己, 今之學者爲人。"
자왈   고 지 학 자 위 기   금 지 학 자 위 인

공자가 말씀하셨다. "옛날 도를 배우는 사람들은 오로지 자기 자신을 위해서 허물을 고치고 덕을 쌓는 데 힘썼다. 하지만 오늘날 도를 배우는 이들은 그저 남에게 잘 보이기 위해서 그런 척만 할 뿐, 혼자 있을 때는 그 본색을 드러낸다."

공자는 '도'를 닦는 것이 남의 시선을 의식해서가 아니라, 더 나아진 자아를 찾기 위해서라고 말합니다. 그래서 누가 보나 보지 않으나 항상 같은 모습을 보여야 한다고 강조하죠.

군자는 보이지 않는 바를 오히려 더 조심하고 삼가며, 들리지 않는 바를 오히려 더 두려워한다. 숨기려고 들면 더 드러나게 되고 작을수록 오히려 더 잘 드러나므로, 군자는 홀로 있을 때도 항상 신중하다. 『예기』「중용」

이제 이 구절과 관련된 인물을 소개하겠습니다. 혜민 스님은 종교학 박사이자 '마음 치유 학교' 교장이며, 유료 명상 프로그램인 코끼리

회사의 대표입니다. 베스트셀러『멈추면 비로소 보이는 것』의 저자로도 잘 알려져 있죠. 이 책에서 그는 "몸이든 마음이든 비우면 시원하고 편안해집니다. 반대로 안에 오랫동안 간직하고 있으면 몸이든 마음이든 병이 납니다. 뭐든 비워야 좋습니다."라고 서술한 바 있고, 또 한 방송에 출연하여 "명품 가방, 외제차 등 고가의 제품을 소유하면 행복할까요? 물론 고가의 제품을 갖고 있으면 좋겠지만, 물질적 소유의 한계는 없으며 소유에 방점을 찍으면 항상 우리는 결핍감을 느끼므로 욕망의 마음을 잠재워야 비로소 행복해진다며 행복은 소유가 아니라 감상입니다."라고 말하여 '무소유'를 강조해왔습니다. 그런데 그런 그가 또 다른 방송 프로그램을 통해서 남산이 보이는 자택을 공개하자, 사람들은 그의 이중적인 면모에 대해서 의심하기 시작했습니다. 이야기는 여기서 그치지 않았습니다. 그가 고급 스포츠카인 페라리(Ferrari)를 소유하고 있고 심지어 건물주라는 논란이 일자, 결국 다시 수행에 들어가겠다면서 서둘러 활동을 중단했습니다.

14-25

蘧伯玉使人於孔子。孔子與之坐而問焉, 曰: "夫子何爲?" 對曰:
거 백 옥 사 인 어 공 자   공 자 여 지 좌 이 문 언   왈   부 자 하 위   대 왈

"夫子欲寡其過而未能也。" 使者出, 子曰: "使乎, 使乎!"
부 자 욕 과 기 과 이 미 능 야   사 자 출   자 왈   사 호   사 호

위나라 대부 거백옥이 공자에게 사자(使者)를 보냈다. 공자가 그와 더불어 앉아 물으셨다. "선생은 어찌 지내시는가?" 그러자 사자가 대답했다. "선생께서는 과오를 적게 하려고 애쓰시지만, 뜻대로 되지 않아서 안타까워하십니다." 사자가 나가자, 공자가 말씀하셨다. "훌륭한 사자로다. 거백옥은 내가 평소 존경해온 인물인데, 거백옥의 사자 역시 거백옥의 인물됨을 정확하게 이해하는구나. 훌륭한 사자로다!"

테디 아틀라스(Teddy Atlas)는 7-7에서 소개했던 커스 다마토(Cus D'Amato)의 제자입니다. 트레이너 겸 해설가로 유명한 테디는 아버지가 의사인 유복한 집안 출신이었죠. 청소년 시절에는 복싱을 배우며 길거리 싸움 즐겼는데, 한번은 왼쪽 얼굴에 칼을 맞아서, 400여 바늘을 봉합하는 대수술을 받기도 했습니다. 이후 커스 다마토를 만나서 선수생활을 이어갔지만, 오래지 않아 허리 부상으로 트레이너가 되었는데요. 그는 다마토의 지도 방식에 감명을 받

아서, 유명 트레이너이자 해설가가 된 후에도 자선재단을 운영해왔습니다. 그가 세운 자선재단은 추수 감사절이나 크리스마스가 다가오면 어려운 집안에 선물과 먹을 것들을 나눠주고, 가난하여 치료받지 못하는 아이들을 위해 의료기기를 구입하는 등 불우이웃을 위해 활동하고 있습니다. 다마토가 선을 행하며 제자들에게 모범을 보이는 정면교사였듯이, 테디 역시 지금 이 순간에도 누군가의 정면교사가 되었을 겁니다. 유유상종이란 바로 이런 것을 두고 말하는 게 아닐까요?

14-31

子曰: "不患人之不己知, 患其不能也。"
자 왈　불 환 인 지 불 기 지　환 기 불 능 야

공자가 말씀하셨다. "남이 자기를 알지 못한다고 근심할 것이 아니라, 자기가 재능이 없음을 근심해야 한다."

이는 다음 구절과 같은 뜻을 가지므로, 함께 짚고 넘어가겠습니다.

15-19

子曰: "君子, 病無能焉, 不病人之不己知也。"
자 왈   군자 병무능언   불병인지불기지야

공자가 말씀하셨다. "군자는 자신이 무능함을 걱정하지, 남이 자기를 알아주
지 않는 것을 걱정하지 않는다."

이 두 구절이 시사하는 공통점은 자신의 계획이 잘 안 풀릴 때, 세
상이 자기를 알아주지 않는다고 생각할 게 아니라 오히려 자기에게 재
능이 부족함을 인지하고 더욱 갈고 닦아야 한다는 것입니다. 이제 이와
관련하여 다음 인물을 소개하겠습니다.

1965년 레바논 베이루트(Beyrouth)에서 태어난 스티브 커(Stephen
Douglas "Steve" Kerr)는 미국에서 대학교 농구선수로 뛰면서 기량을 인정
받았습니다. 2학년 때 FIBA 농구 월드컵
미국 대표팀으로 뽑혔고, 졸업반 시즌에
는 NCAA(남자농구 챔피언십)에서 팀을 4강
자리까지 올려놓았죠. 대학을 졸업하면
서 그는 1988년 NBA(미국프로농구)에 도
전했고, 2라운드 25번째로 피닉스 선즈
(Phoenix Suns)에 입단했습니다. 하지만
후보선수로 오랜 시간 벤치에 앉아있어

야 했고, 1년 후 클리블랜드 캐벌리어스(Cleveland Cavaliers)로 옮겼다가
다시 올랜도 매직(Orlando Magic)으로 트레이드 되죠. 이때까지 그는 키
191cm 마른 체격의 그저 그런 평범한 백인 선수였습니다. 하지만 그는

사람들이 자기를 알아주지 않는다고 원망하지 않았습니다. 오히려 자신의 부족함을 인정하고, 이 기간 동안 묵묵하게 앞으로 자기의 미래를 바꿀 무기를 하나 착실히 장착해왔죠. 그건 다름 아닌 3점 슛인데요. 1994-95시즌부터 3점 슛 라인의 거리가 짧아져서, NBA팀들 마다 3점 슛의 전술적 가치를 높게 보기 시작한 겁니다. 그리고 자유 계약 선수 신분이 된 스티브 커는 직접 시카고 불스(Chicago Bulls)에 역제의를 했고, 이에 시카고 불스는 스티브 커를 영입했습니다. 마침 그해에 마이클 조던(Michael Jeffrey Jordan)이 부친 사망에 충격을 받고 은퇴하면서 스티브 커는 시즌 모든 경기에 출전하게 되었는데, 주어진 기회를 놓치지 않고 3점 슛으로 자신의 존재감을 서서히 드러냅니다. 특히 스티브 커는 출전 시간이 길지 않아서 코트에 나오자마자 바로 슛을 성공시켜야 하는 부담감이 컸지만, 놀랍게도 그는 매번 팀이 필요로 할 때마다 3점 슛을 성공시키는 기염을 토했습니다. 게다가 마이클 조던이 복귀를 선언하면서 시카고 불스는 다시 강팀으로 급부상했고, 급기야 NBA 역대 시즌 최다 승인 72승을 거두면서 우승을 차지했습니다. 이후 3연속 우승 반지를 끼게 된 스티븐 커는 이듬해 샌안토니오 스퍼스(San Antonio Spurs)로 이적했는데, 거기서도 4번째와 5번째 우승을 하죠. NBA 통산 3점 슛 성공률 45.4%로 역대 1위의 기록을 남기고 은퇴한 그는 2014년 골든 스테이트 워리어스(Golden State Warriors) 감독으로 부임했고, 자신처럼 3점 슛을 잘 쏘는 스테판 커리(Stephen Curry)와 클레이 톰슨(Klay Alexander Thompson)을 중심으로 팀을 꾸린 결과 이번에는 감독으로서 3차례 우승 반지를 끼는 등 성공 가도를 달리고 있습니다.

子曰: "不逆詐, 不億不信。抑亦先覺者, 是賢乎!"
자 왈 불역사 불억불신   억역선각자   시현호

공자가 말씀하셨다. "나를 속이려고 드는 건 아닌지 예단하지 않고, 그를 믿을
수 없는 건 아닌지 함부로 억측하지 말아야 한다. 하지만 먼저 이러한 것을 깨
달을 수 있다면, 그는 사전에 상황을 명확하게 인지하여 파악할 수 있는 현명
한 인물이다!"

11-15에서 현명함(賢)이란 예(禮)로서 이성과 감성을 조율하여 지나
치거나 모자라지 않은 조화로움(和)에 이르게 하는 것이라고 설명한 바
있습니다. 이제 이 구절에 부합하는 인물과 관련된 기록을 여기서 다시
한번 살펴보겠습니다.

순의 아버지 고수는 고집 세고 어머니는 간사하였으며 동생 상은 교만하
여, 모두 순을 죽이고자 하였다. 하지만 순은 그들을 거스르지 않고 좇아
자식 된 도리를 잃지 않았고, 동생에게 형 노릇하여 효성스럽고도 자애로
웠다. 그들은 순을 죽이고 싶어도 죽일 수 없었지만: 그들이 부르면 순은
항상 그들 곁에 있었다.   『사기』「오제본기」

고수는 오히려 다시 그를 죽이려고 하여 순으로 하여금 지붕 위로 올라가
곳간을 매흙질하게 하고, 고수는 아래에서 불을 질러 곳간을 태웠다. 순은
이에 두 개의 삿갓으로 스스로 불을 막고 내려와 피하여 죽지 않았다. 후
에 고수는 또 순으로 하여금 우물을 파게 했는데, 순은 우물을 파면서 몰
래 옆으로 나오는 구멍을 만들었다. 순이 깊이 들어가자 고수와 상은 함께

흙을 부어 우물을 메웠지만, 순은 몰래 파놓은 구멍으로 나가서 피했다.

『사기』「오제본기」

순은 아버지 고수가 항상 자기를 죽이려고 하는 걸 알면서도, 아버지가 부르시면 의심하지 않고 항상 진심을 다해 응했습니다. 하지만 또 한편으로는 매사 신중히 상황을 판단하고 미리 준비하여, 자기 자신을 위험에 빠지게 하지 않고 잘 지켜냈죠. 따라서 공자는 바로 순이야말로 진정 '예(禮)로서 이성과 감성을 조율하여 지나치거나 모자라지 않은 조화로움(和)에 이르게 하는 현명한' 인물이라고 설명하고 있는 겁니다.

14-35

或曰: "以德報怨, 何如?" 子曰: "何以報德? 以直報怨, 以德報德。"
혹 왈   이 덕 보 원 하 여   자 왈   하 이 보 덕   이 직 보 원 이 덕 보 덕

어떤 이가 말했다. "덕으로 원한을 갚으면 어떻습니까?" 공자가 말씀하셨다. "어떤 것으로 덕을 갚을 것인가? 사사로운 정에 얽매이지 않고 공정하게 판단하는 올곧음으로 원한을 갚고, 덕으로 덕을 갚아야 한다."

이 구절이 말하고자 한 바가 무엇인지 파악하려면, 먼저 다음 기록을 살펴봐야 합니다.

"지도자가 덕으로 덕을 갚으면, 백성 역시 본받아서 선한 가르침을 받게 된다. 하지만 원한으로 원한을 갚으면, 백성 역시 본받아서 무력을 행하여 벌을 받게 된다. 지도자가 덕으로 원한을 갚으면, 백성 역시 본받아서 어질어져 지도자를 사랑하게 된다. 하지만 원한으로 덕을 갚으면, 백성 역시 본받아서 배은망덕해져 사형에 처해진다."

『예기』「표기」

이 두 기록을 종합해보면, 공자는 원한을 갚는 세 가지 경지에 대해서 이야기하고 있음을 알 수 있습니다.

1단계: 리더가 원한으로 원한을 갚으면, 백성 역시 그대로 본받아서 원한으로 원한을 갚으려고 할 겁니다. 그럼 당연히 무력을 써서 보복할 수밖에 없을 것이고, 결국 처벌 받을 일만 남게 되겠죠.

3단계: 반면 지도자가 자신의 잘못은 엄격하게 탓하고 타인의 잘못은 관대하게 대하는 '덕'으로 원한을 갚으면, 백성 역시 그를 본받고 어질어져서(仁) 더욱 자신의 리더를 진심으로 섬기고 따르는 사랑을 보이게 됩니다.

2단계: 그리고 이 구절에서 공자는 1단계와 3단계 사이의 경지를 이야기하고 있습니다. 1단계는 피지배계급인 소인의 처세술이고, 3단계는 성인의 경지에 오른 리더의 처세술입니다. 따라서 이제 군자는 어떻게 해야 하는지를 제시하고 있죠. 그건 바로 사사로운 감정에 휘둘리지 않고, 자신이 속한 사회가 정한 규칙대로 죗값을 치르게 하는 겁니다.

2004년 6월 대구의 한 노래방에서 살인사건이 발생했습니다. 한 남성이 술값이 비싸다며 휘두른 흉기에 카운터를 보고 있던 여성이 목숨을 잃은 겁니다. 하지만 범인은 잡히지 않았고, 결국 미제 사건으로 남았습니다. 그렇게 세월은 흘러서 고등학생이었던 여성의 아들은 2013년 드디어 꿈에 그리던 형사가 되었지만, 한번 미궁에 빠진 사건은 좀처럼 풀릴 기미가 보이지 않았습니다. 그러던 2017년 3월 대구에서 귀가 중이던 여성이 둔기에 맞고 손가방을 빼앗기는 사건이 발생했습니다. 경찰은 사건 현장 주변 CCTV에서 범인이 담배 피는 광경을 확인했고, 그곳에 떨어져 있던 담배꽁초 수십 개를 수거해 국립과학수사연구원에 보냈죠. 그런데 감식 결과 그 담배꽁초 중 하나에서 나온 DNA 정보가 2004년 대구 노래방 살해 현장에서 확보한 담배꽁초와 일치한 것이었습니다. 경찰은 곧 수사 전담팀을 꾸렸지만, 정작 피해자의 아들인 형사의 이름은 수사팀 명단에 없었습니다. 경찰에서 혹시나 발생할 수 있는 불상사를 사전에 차단한 건데요. 놀랍게도 그 형사는 반발하기보다, 동료들을 믿고 한 발짝 물러나는 모습을 보였습니다. 사사로운 감정에 휘둘리지 않고, 자신이 속한 사회가 정한 규칙대로 죗값을 치르게 하는 성숙함을 보인 겁니다. 이 기사를 접한 누리꾼들은 그를 '이 시대의 진정한 군자'라며 갈채를 보냈습니다.

14-36

子曰: "莫我知也夫!" 子貢曰: "何爲其莫知子也?" 子曰: "不怨天,
자 왈   막 아 지 야 부   자 공 왈   하 위 기 막 지 자 야   자 왈   불 원 천

不尤人; 下學而上達。知我者, 其天乎!"
불 우 인; 하 학 이 상 달   지 아 자 기 천 호

공자가 말씀하셨다. "나를 알아주지 않는구나!" 자공이 말씀하셨다. "어찌하여 스승을 알아주지 않는다고 말씀하십니까?" 공자가 말씀하셨다. "하늘을 원망하지 않고, 다른 사람을 탓하지 않았으며, 몸을 낮추고 도를 배워서 이제 위로 통달하였으니, 나를 알아주는 건 하늘뿐이구나!"

공자는 '도'를 배우기 위해서 정진하며 하늘을 향해 한 점 부끄러움이 없이 살아왔으므로, 그렇게 당당하게 살아온 자기를 알아주는 건 오직 하늘뿐이라고 말하고 있습니다. 그렇다면 왜 하늘만이 자기를 알아준다고 한 걸까요? 여기서 『도덕경』의 한 구절을 살펴보겠습니다.

56-3: 그러므로 친하다고 할 수 없고 소원하다고 할 수도 없으며, 이롭다고 할 수 없고 해가 된다고 할 수도 없거니와, 귀하다고 할 수 없고 천하다고 할 수도 없으니, 그러므로 세상이 귀히 여긴다.

하늘은 잘한다고 칭찬하거나 못한다고 꾸짖지 않습니다. 누구와 더 친하거나 소원하지도 않죠. 그저 항상 같은 자리인 위에서 묵묵히 내려다볼 뿐, 일체 우리의 삶에 간여하지 않습니다. 따라서 공자는 하늘만이 자기가 걸어온 길을 사심없이 공정하게 판단해준다고 생각한 거죠.

그리고 이것이 바로 노자가 『도덕경』에서 일관되게 강조한 '하늘의 도(天道)'의 특징인 무위자연(無爲自然)입니다. '무위자연'은 아무것도 하지 말고 자연으로 돌아가라는 뜻이 아닌, 말 그대로 억지로 하지 말고 스스로 그러한 즉 타고난 천성을 따르라는 말입니다. 따라서 공자는 이제 다음과 같이 말하기도 했습니다.

17-19

子曰: "予欲無言!" 子貢曰: "子如不言, 則小子何述焉?" 子曰:
자 왈   여 욕 무 언   자 공 왈   자 여 불 언   즉 소 자 하 술 언   자 왈

"天何言哉! 四時行焉, 百物生焉, 天何言哉?"
천 하 언 재   사 시 행 언   백 물 생 언   천 하 언 재

공자가 말씀하셨다. "나는 이제 말하지 않으려고 한다." 자공이 말씀하셨다. "스승께서 가르치지 않으시면, 저희가 어떻게 도를 배워서 따를 수 있겠습니까?" 공자가 말씀하셨다. "하늘이 무슨 말을 한단 말인가? 하지만 여전히 사계절은 찾아오고 만물 역시 생겨나니, 하늘이 무슨 말을 한단 말인가?"

공자는 68세에 노나라로 돌아와, 후학 양성에 전념했습니다. 그리고 이때부터 공자의 사상에 미세한 변화가 감지됩니다. 바로 그간 강조해온 애써 바로잡는 '사람의 도(人道)'보다, 천성에 따르는 '하늘의 도(天道)'에 더 가까운 논조로 발언하기 시작했다는 겁니다. 그래서 또 다음과 같이 말하기도 했죠.

公伯寮愬 子路於季孫。子服景伯, 以告曰:"夫子, 固有惑志於公伯寮。
공 백 료 소 자 로 어 계 손   자 복 경 백   이 고 왈   부 자   고 유 혹 지 어 공 백 료

吾力猶能肆諸市朝。"子曰:"道之將行也與, 命也; 道之將廢也與,
오 력 유 능 사 제 시 조   자 왈   도 지 장 행 야 여   명 야   도 지 장 폐 야 여

命也。公伯寮, 其如命何?"
명 야   공 백 료   기 여 명 하

공자의 제자 공백료가 계강자에게 자로를 비방했다. 그러자 오만한 성격의 노
나라 대부 자복경백이 공자에게 이 사실을 알려서 말했다. "계강자는 분명 현
혹되어서 공백료의 말을 믿고 계십니다. 저는 대부의 신분이기 때문에, 공백
료 정도의 인물은 죽여서 그 주검을 시정에 늘어놓을 수 있습니다." 공자가 말
씀하셨다. "도가 세상에 행해지는 것은 하늘의 뜻이고, 도가 무너지는 것 역시
하늘의 뜻이오. 공백료 같은 인물이 어찌 하늘의 뜻을 어찌할 수 있겠소?"

공자는 '도'가 땅에 떨어졌을 때, 안될 줄 알면서도 끝까지 포기하
지 않고 적극적으로 세상을 바꾸려 한 인물입니다. 그런 그가 왜 이렇듯
모든 건 하늘의 뜻에 맡겨야 한다며 달라진 모습을 보인 걸까요?

2-4에서 공자는 쉰 살에는 "천명이란 지도자가 백성을 통제하여 바
로잡는 것이 아니라, 그들의 천성에 따라 순리대로 다스려야 한다는 것
을 깨닫게 되었다. 이렇게 '도'를 깨달아 실천하게 되니, 예순 살에는 어
떤 말을 들어도 즉각 반응하여 기뻐하거나 화내지 않고 온화하고도 어
질고 순한 심성을 유지할 수 있게 되었다. 그리고 일흔 살에는 마음이 원
하는 바를 그대로 좇았으나, 이미 사사로운 욕망을 절제하는 것이 몸에
배어서 결코 세상의 법도에 어긋남이 없게 되었다."라고 한 바 있습니
다. 따라서 공자는 50세에 하늘의 뜻을 따르는 것이 순리라는 도리를 깨
닫고, 이후 나이가 들면서 서서히 '하늘의 도'를 따르는 달라진 모습을
보이기 시작했던 겁니다. 물론 노나라를 떠난 56세부터 다시 노나라로

돌아오는 68세까지 긴 세월 동안 전국을 돌아다니면서, 더 이상 자신의 뜻을 세상에 알리는 것이 어렵다는 현실의 벽을 몸소 체감한 것 역시 또 하나의 큰 이유였을 겁니다.

14-40

子擊磬於衛。有荷蕢 而過孔氏之門者, 曰:"有心哉, 擊磬乎!" 旣而曰:
자 격 경 어 위　유 하 궤　이 과 공 씨 지 문 자　왈　유 심 재 격 경 호　기 이 왈

"鄙哉, 硜硜 乎! 莫己知也, 斯已而已矣。'深, 則厲; 淺, 則揭。"子曰:
비 재 경 경 호　막 기 지 야　사 이 이 이 의　심 즉 라　천 즉 게　　자 왈

"果哉! 末之難矣!"
과 재 말 지 난 의

공자가 대략 60세일 때 위나라에 머물었는데, 하루는 타악기인 경쇠를 치고 있었다. 그때 삼태기를 등에 메고 공자의 집 문을 지나던 사람이 말했다. "마음에 뜻이 있구나, 경쇠를 치는 이여!" 이윽고 다시 말했다. "속되구나, 땅땅 울리는 소리여! 세상이 자기를 알아주지 않으면 그뿐일 따름이다. 『시경』「패풍(邶 風)·포유고엽(匏有苦葉)」에 '물이 깊으면 옷을 입은 채 건너고, 얕으면 옷을 걷어 올리고 건널 지니.'라는 말이 있지 않소?" 공자가 말씀하셨다. "과감하구나! 그 말에 나무랄 것이 없다!"

삼태기를 등에 메고 공자 집 문을 지나던 인물은 '도가 땅에 떨어지면, 세상을 등지고 유유히 떠돌라.'는 당시의 불문율을 따랐던 인물입니다. 그런데 그가 공자를 비판하자, 공자는 오히려 그 사람 말에 일리가 있다고 동조하고 있습니다. 따라서 여기서도 공자는

불문율을 따르는 것에 대해서 부정적이지 않은 태도를 갖고 있었음을 알 수 있습니다. 특히 앞에서 언급했던 것처럼 이때 공자 나이가 60세 무렵이었으므로, 어쩌면 '사람의 도'보다 '하늘의 도'에 더욱 마음이 기울어져서 '도'가 땅에 떨어지면 떠나야 한다는 불문율에 더 긍정적인 반응을 보였을 수도 있습니다.

14-43

子路問君子。子曰:"修己以敬。"曰:"如斯而已乎?"曰:
자 로 문 군 자   자 왈   수 기 이 경   왈   여 사 이 이 호   왈

"修己以安人。"曰:"如斯而已乎?"曰:"修己以安百姓。修己以安百姓,
수 기 이 안 인   왈   여 사 이 이 호   왈   수 기 이 안 백 성   수 기 이 안 백 성

堯舜其猶病諸。"
요 순 기 유 병 제

자로가 군자에 대해서 물으셨다. 공자가 말씀하셨다. "자기 자신을 수양하여 상대방에게 공손한 태도를 보이는 것이다." 자로가 말씀하셨다. "그렇게 하면 됩니까?" 공자가 말씀하셨다. "그다음은 자기 자신을 수양하여 타인을 편안하게 하는 것이다." 자로가 말씀하셨다. "그렇게 하면 됩니까?" 공자가 말씀하셨다. "좀 더 구체적으로 말해서, 자기 자신을 수양하여 백성을 편안하게 해야 한다. 그런데 자신을 수양하여 백성을 편안하게 하는 경지는, 군자보다 한 단계 위인 요임금이나 순임금과 같은 성인조차도 그렇게 하지 못할까 봐 늘 괴로워하셨다."

공자는 여기서 자로의 질문에 뛰어난 지도자가 거쳐야 하는 두 단계를 설명하고 있습니다. 1단계는 지도자가 백성에게 삼가 공손한 모습을 보이는 거죠. 그리고 이를 기반으로 2단계에서는 더 나아가 백성들을 편안하게 해야 하는 겁니다. 그런데 2단계가 얼마나 어렵길래, 공자는 요임금과 순임금조차도 그렇게 하지 못할까 봐 늘 괴로워했다고 설명하

는 걸까요? 이제 다음 두 기록을 통해서, 두 성인이 정치에 임할 때 지닌 마음가짐이 어땠는지 살펴보겠습니다.

요임금은 아들 단주가 못나고 어리석어서 그에게 세상을 넘겨주기에 부족하다는 것을 알았고, 그래서 이에 정권을 순에게 주었다. 순에게 주면 세상이 이로움을 얻고 단주 한 사람만 원망하지만, 단주에게 주면 세상이 원망하고 단주 한 사람만 이로움을 얻게 되는 것이다. 요임금이 말했다. "세상이 원망하는데도 한 사람만 이롭게 할 수는 없다" 그래서 마침내 세상을 순에게 주었다.

『사기』「오제본기」

순이 말했다. "용, 짐은 위선적인 말과 도리를 망치는 행위를 두려워하고 꺼리니, 이는 짐의 백성을 놀라게 하기 때문이요. 그대를 납언(승지: 임금의 뜻을 백성에게 선포하고, 백성의 뜻을 임금에게 상주하는 벼슬)으로 명하니, 아침저녁으로 짐의 명령을 전달하고, 오로지 백성들에게 믿음을 보이시오."

『사기』「오제본기」

지금까지도 인구에 회자되며, 우리는 '요순시대'를 대표적인 태평성대로 인지하고 있습니다. 그 이유는 무엇일까요? 바로 끊임없이 백성에게 공손하고 신뢰를 얻으며, 나아가 그들을 편안하게 하려고 부단히 노력한 진심 어린 자세에 있는 겁니다.

闕黨童子將命。或問之曰："益者與?"子曰："吾見其居於位也,
궐 당 동 자 장 명   혹 문 지 왈   익 자 여   자 왈   오 견 기 거 어 위 야

見其與先生並行也。非求益者也, 欲速成者也。"
견 기 여 선 생 병 행 야   비 구 익 자 야   욕 속 성 자 야

'궐'이라는 마을의 한 사내아이가 어른을 모시며 호위했다. 어떤 이가 물었다.
"그는 착실하게 향상되고 있는 아이입니까?" 공자가 말씀하셨다. "나는 그가
어른과 같은 자리에 앉고 어른과 나란히 걷는 모습을 보였소. 하나씩 배워가
면서 향상됨을 구하는 아이가 아니라, 그저 빨리 이루기만을 바라는 아이요."

GE(General Electric)는 제조업 기반의 다분야 기업으로, 2000년 시가총액이 약 5900억불로 당시 1위의 기업이었습니다. 하지만 지금은 1/5 수준까지 떨어지고, 다우존스(Dow Jones)산업 평균지수에서 111년만에 퇴출당하는 수모를 겪었습니다. 잭 웰치(Jack Welch) 회장은 1981년부터 2001년까지 GE를 이끌었고, '경영의 신'이라 불리면서 많은 기업들의 경영의 모범이 되었습니다. 그렇지만 지금은 그의 경영방식이 GE를 몰락시킨 주된 원인으로 평가받고 있죠. 5년

동안 8만 명을 해고했는데, 특히 연간 평가 하위 10%에 속하는 모든 직원을 해고했습니다. 또한 시장 점유율 2위 안에 들지 못하는 분야는 과감히 정리하고, GE의 전통적인 사업이 아닌 금융업에 치중했습니다. 그 결과 GE캐피탈(Capital)은 기업 전체 이익의 60%을 담당해 GE의 시가총액을 단적으로 증가시켰죠. 이처럼 그는 장기적인 안목으로 사업을 키

우기보다, 전형적인 단기 이익에 집중하는 행보를 이어갔습니다. 하지만 이는 기업에 약이 아닌 독이 되어 부메랑처럼 돌아왔습니다. GE 캐피탈에만 의존한 결과, GE는 당초 전문분야였던 전기와 관련된 기술에서 비교우위를 차지할 수 없게 된 겁니다. 설상가상으로 2008년 서브프라임 모기지 사태(subprime mortgage crisis)로 세계 금융위기가 발생하자, GE는 정부의 구제금융을 받아 간신히 부도를 겨우 면하게 됩니다. 하지만 이제 주력 산업이 없는 지금 모든 분야에서 매출 부진을 보임으로써, 끝이 보이지 않는 나락의 길을 걷고 있습니다.

제15편: 위령공(衛靈公)

허물을 고치지 않는 게 허물

衛靈公問陳於孔子。孔子對曰:"俎豆之事, 則嘗聞之矣; 軍旅之事,
위 령 공 문 진 어 공 자　　공 자 대 왈　　조 두 지 사　즉 상 문 지 의　　군 려 지 사

未之學也。"明日遂行。
미 지 학 야　　　명 일 수 행

위나라 영공의 부인 남자(南子)가 음탕하여 이를 수치스럽게 여긴 태자 괴외가
그녀를 죽이려 했으나 실패하자 송나라로 도망갔다. 이에 태자를 치고자 위나
라 영공이 공자에게 군대의 진을 치는 방법에 대해서 물었다. 공자가 대답하
셨다. "제사 때 쓰는 목기에 대한 것은 일찍이 들어본 적이 있지만, 군대를 동
원하여 무력을 쓰는 것에 대해서는 배우지 못했습니다." 그리고 다음 날 마침
내 위나라를 떠났다.

14-21에서 제나라 대부 진성자가 임금인 간공을 시해하자, 공자는
애공에게 군대를 이끌고 진성자를 토벌해야 한다고 청한 바 있습니다.
그런데 왜 여기에서는 무력을 사용하는 걸 반대하고 있는 걸까요?

30-1: 도로서 군주를 보좌하는 이는 무기로 세상을 강박하지 않으니, 그러
한 일은 좋은 보답을 받는다.

30-4: 병력을 잘 쓰는 이는 결과가 있으면 그뿐이지, 감히 강제로 취하지
않는다.

'하늘의 도'로 세상을 다스렸던 대동사회의 리더십을 설명한 『도덕
경』에서는, 참된 지도자는 원칙적으로 무력을 사용해서는 안 된다고 말
합니다. 그 이유는 무력으로 일을 해결하려 들면, 오히려 상대방의 진심
을 얻을 수 없기 때문이죠. 다음 기록을 보면 그 뜻을 이해할 수 있을 겁
니다.

삼십 일 동안 오랑캐인 묘족이 명을 거역했다. 그러자 익이 우를 도와 말했다. "오직 덕을 쌓아야 하늘을 움직이고, 먼 곳에서도 와 굴복합니다. 자만은 손해를 부르고 겸손은 이익을 받으니, 하늘의 도리는 늘 이와 같습니다. 순임금께서는 처음 '역산'에서 밭에 나가셨을 때, 매일 하늘과 부모에게 울부짖으시며 죄를 스스로 짊어지고 모든 죄를 자기 탓으로 돌렸습니다. 고수를 공경하여 받들고 조심하여 삼가셨으니, 고수 역시 진실로 따르게 되었습니다. 지극한 정성은 귀신을 감동시키니, 하물며 이 묘족이야 말할 나위가 있겠습니까?" 우는 훌륭한 말에 절하며 말했다. "그렇습니다!" 그러고는 군사를 이끌고 돌아가 제사를 바로잡았다. 순임금은 이에 위엄과 덕망을 넓게 펴고, 두 섬돌에서 방패춤(武舞)과 깃털춤(文舞)을 추시니, 칠십일이 지나, 묘족들이 감복했다. 『상서』「대우모」

결국 무력이란 적이 침략했거나, 신하가 임금을 시해하는 등 무도한 경우에 한해서 부득이하게 쓰는 겁니다. 따라서 위나라 영공이 명분이 서지 않는 상황에서 무력을 쓰려고 할 때, 공자는 이를 못마땅하게 여겨서 자기는 잘 모른다고 둘러대고 피했던 겁니다.

15-4

子曰: "由, 知德者鮮矣。"
자 왈   유 지 덕 자 선 의

공자가 말씀하셨다. "자로야, 이제는 공정하게 판단하는 객관적인(中) 태도 그리고 어느 하나 내치지 않고 모두를 감싸는 조화로움(和)으로 덕치를 펴는 지도자를 찾기가 힘들구나."

'덕'은 강함과 부드러움을 조화롭게 하는 절개와 지조로 나라를 다스리는 겁니다. 어느 한쪽으로 치우치면 안 되죠. 그렇다면 올바른 '덕치'는 어떻게 다스리는 걸까요? 다음의 두 기록을 먼저 살펴보겠습니다.

> 하늘이 죄 있는 이를 벌할 때는, 오형과 오용(다섯 가지 형벌)으로 합니다! 정치상의 업무는, 힘써야 합니다! 힘써야 합니다!
>
> 『상서』「고요모」

> 법에 따라 형벌을 내렸으니, 잔인한 다섯 가지 형벌은 유배형으로 용서하고, 채찍질로 관아의 형벌을 삼았고, 회초리로 학교의 형벌을 삼았으며, 금전으로 속죄하게 했다. 과실로 일어난 재해는 사면해주었지만, 뉘우치지 않으면 형벌로 다스렸다. "삼갈지니, 삼갈지니, 형벌의 신중함이여!"
>
> 『상서』「순전」

고대 중국의 잔인한 다섯 가지 형벌인 오형(五刑)에는 1) 이마에 죄질을 문신으로 새기는 벌, 2) 코를 베는 벌, 3) 발을 자르는 벌, 4) 생식기를 없애는 벌, 5) 사형이 있었습니다. 하지만 이를 모든 죄인에게 곧이곧대로 적용한 건 아닙니다. 범죄를 저지르면 응당한 처벌을 해야 합니다만, 과실이 인정되거나 진심으로 뉘우치면 감형을 해준 거죠. 그리고 죄값을 치루고 나면 다시 사회의 일원으로 되돌아갈 수 있도록 포용한 겁니다. 이것이 바로 강함과 부드러움을 조화롭게 하는 '덕치'인데, 이른바 '당근과 채찍'을 병행하는 통치법이라고도 할 수 있습니다. 따라서 앞에서 언급했듯이 '인권'만 외치면서 강력 범죄를 엄격하게 통제하지 않으면, 결국 대다수의 선량한 국민들만 피해를 입게 된다는 점을 잊지 말아야 합니다.

2020년 3월 대전시의 한 교차로에서 승용차 한 대가 경찰의 추격을 따돌리기 위해 신호를 위반하다가 그만 오토바이를 들이받았는데, 병원으로 옮겨진 오토바이 운전자는 결국 숨지고 말았습니다. 그는 올해 대학에 입학한 신입생으로, 코로나19로 인해 개강이 늦어지자 생활비를 벌기 위해서 배달 아르바이트를 하던 중이었습니다. 반면 사고를 낸 승용차에는 13세 운전자를 포함하여 또래 8명이 탑승하고 있었는데, 무면허 상태로 서울에서 렌터카를 훔쳐 타고 160킬로를 운전해서 대전까지 내려왔던 겁니다. 그런데 가해자들은 반성하기는커녕 SNS에 당당하게 인증사진을 남겼고, 시민들의 공분을 일으켰죠. 급기야 이 사건은 국민청원에 등장해 100만 명이 넘는 사람들이 가해자들에 대한 엄벌을 요구하게 되었는데, 그 이유는 바로 사고 가해자들이 만 14세 미만의 '촉법소년'이기 때문이었습니다. '촉법소년'은 10세 이상 만 14세 미만의 미성년자로서, 범법행위를 해도 보호 처분을 받습니다. 심지어 소년의 장래에 어떤 영향도 미치지 않도록 전과 기록이 남지 않고 소년원에 들어가므로, 소년범들의 경각심을 불러일으키지 못해 재범률이 오히려 90% 이상에 달합니다. 나아가 전과 기록이 남지 않아 소년범들은 자신의 범죄를 훈장으로 여긴다는 점에서, 많은 시민들이 "법이 범죄자를 옹호하고 있다!"라는 원성을 자아내고 있습니다.

15-8

子曰: "可與言而不與之言, 失人; 不可與言而與之言, 失言。知者,
자 왈 가 여 언 이 불 여 지 언 실 인 불 가 여 언 이 여 지 언 실 언 지 자

不失人, 亦不失言。"
불 실 인 역 불 실 언

공자가 말씀하셨다. "올바른 말을 해줘야 하는 상황인데 말하지 않으면 사람을 잃게 되고, 말하면 안 되는 상황인데 굳이 말하면 말을 잃게 된다. 지혜로운 사람은 상황을 객관적으로 판단하여 사람을 잃지 않고, 말 또한 잃지 않는다."

이제 이 구절과 관련된 인물을 소개하겠습니다. 여러분, 미국이 알래스카(Alaska)를 구입하게 된 배경에 대해 들어 보셨나요? 1867년 3월, 미국은 러시아로부터 알래스카를 매입하는 조약을 맺었습니다. 당시 러시아는 크림전쟁으로 재정적 어려움을 겪고 있어서 서둘러서 계약서에 서명했는데요. 한반도의 7배 크기(153만 694㎢)에 이르는 알래스카의 매입 가격은 720만 달러였습니다. 사실 알

래스카 매입을 적극적으로 주장하고 협상을 주도한 인물은 국무장관이던 윌리엄 헨리 수어드(William Henry Seward)였습니다. 그는 에이브러햄 링컨(Abraham Lincoln) 대통령 때부터 국무장관을 지냈습니다. 1865년 링컨이 암살을 당하자 앤드류 존슨(Andrew Johnson) 부통령이 대통령직을 승계했고, 수어드는 계속 국무장관직을 수행하면서 알래스카 매입을 추진했죠. 그런데 상당히 저렴한 비용으로 사들였음에도 불구하고, 미국에선 비싼 가격에 샀다는 비난 여론이 들끓었습니다. 이에 수어드는 사과하면서도 "얼음 속에 감춰진 보물들을 생각해보자"고 설득했지만, 여론을 더욱 악화시켰을 뿐이었습니다. 여기에 미국 의회도 가세하여 "극지의 쓸모없는

땅을 비싸게 샀다!"며 수어드를 비난했습니다. 심지어 '수어드의 바보짓(Seward's folly)', '수어드의 얼음창고(Seward's icebox)'라며 비웃었는데요. 결국 수어드는 1869년 결국 장관직에서 물러났고, 그로부터 3년 뒤인 1872년에 세상을 떠났습니다. 그런데 30년 후인 1897년, 알래스카에서 금광이 잇따라 발견됐습니다. 은, 철광석 등 각종

광물과 석유, 천연가스 등 에너지 자원도 발견됐죠. '극지의 쓸모없는 땅'에서 '기회의 땅', '자원 보고'로 바뀐 겁니다. 이에 미국 의회는 수어드에게 공식적으로 사과했습니다. "의회에서 당신이 했던 사과를 돌려드립니다. 알래스카는 얼음창고가 아니라 보물 창고였습니다." 수어드는 올바른 말을 해야 하는 상황에서 말을 함으로써 그가 섬기는 대통령이 큰 업적을 세우는 데 이바지했지만, 미국 의회는 말하면 안 되는 상황에서 굳이 말을 함으로써 체면만 구겼던 겁니다.

15-9

子曰: "志士仁人, 無求生以害仁, 有殺身以成仁。"
자 왈   지 사 인 인 무 구 생 이 해 인 유 살 신 이 성 인

공자가 말씀하셨다. "절개를 지키는 사람과 어진 사람은 살아서 어짊을 해치지 않고, 죽음으로 어짊을 이룬다."

무왕이 무력으로 상나라 주임금을 멸하고 주나라를 세우자, 상나라의 제후국인 고죽국의 왕자 백이와 숙제는 무왕이 인의(仁義)를 저버렸다고 말하며, 수양산으로 들어가 고사리를 캐어 연명하다 굶어 죽었습니다. 그렇다면 현대사회에서도 이런 사례를 찾아볼 수 있을까요?

이토 히로부미(伊藤博文)는 일제 강점기 조선 통감부의 초대 통감이었습니다. 조선 왕조 임금인 고종과 대신들을 위협해 을사늑약을 강제로 체결시킨 장본인이기도 하죠. 1909년 10월 이토 히로부미가 러시아 제국의 재무장관과 회담하기 위해 하얼빈(哈尔滨)역

에 도착했을 때, 미리 와서 그를 기다리던 안중근 의사는 그를 향해 총을 쏬습니다. 이토는 쓰러졌고 안중근은 그 자리에서 체포되었는데, 이때 그는 러시아어로 "코레아 우라, 코레아 우라(대한독립만세)"라고 연신 외쳤습니다. 이후 안중근은 체포되어 처형되기 직전까지 어떤 외압에도 굴하지 않는 모습을 보여줬습니다. 오히려 자신이 이토를 살해할 수밖에 없었던 13가지 이유를 제시하기까지 했죠. 일제는 그에게 사형판결을 내리면서도, 또 한편으론 실수한 것이라고 인정하면 특별 사면을 시켜주겠다며 집요하게 회유하기도 했습니다. 하지만 그는 이미 죽음을 각오했기에, 웃으며 그들의 회유를 거절합니다. 이처럼 그의 조국과 백성만을 생각하는 어진(仁) 태도는 일본인 간수들에게도 큰 울림으로 다가왔습니다. 특히 지바 도시치(千葉十七)는 처음에는 안중근을 증오했지만 점차 시간이 지나면서 그에게 고개 숙여 사과했고, 자신이 죽는 날까지 안중근 의사의 사진을 집에 모셔 두고 그의 명복을 빌었다고 합니다. 이처럼 안중근 의사는 죽음으로서 조국과 국민들을 위하는 진정한 어짊(仁)을 행했기 때문에, 오늘날까지도 한국인들의 깊은 존경을 받고 있습니다.

15-10

子貢問爲仁。子曰:"工欲善其事, 必先利其器。居是邦也,
자 공 문 위 인   자 왈   공 욕 선 기 사   필 선 이 기 기   거 시 방 야

事其大夫之賢者, 友其士之仁者。"
사 기 대 부 지 현 자   우 기 사 지 인 자

자공이 어떻게 해야 어짊을 행할 수 있는지 물으셨다. 공자가 말씀하셨다. "장인이 어떤 일을 잘하려면, 반드시 먼저 도구를 자신에게 편하도록 길들여야 한다. 어짊 역시 마찬가지로, 작은 것에서 시작하여 점차 큰 것으로 확대해야 한다. 따라서 이 나라에 머물면서 우선 대부 중에서 현명한 이를 섬기고, 선비 중에서 어진 이를 벗으로 삼는 것으로부터 시작해야 한다."

3단계	나라와 백성을 위해서 애씀
2단계	임금을 진심으로 섬기고 따름
1단계	현명한 대부를 섬기고, 어진 선비를 벗으로 사귐

14-17에서 참된 어짊(仁)은 단순히 임금을 섬기는 데 그 목표를 두지 않고, 임금을 진심으로 따르고 섬김으로써 궁극적으로는 나라와 백성들을 평안하게 하는 것이라고 설명했습니다. 따라서 공자는 그보다 앞서 먼저 작은 것 즉 임금보다 아래에 있는 현명한 대부를 섬기고 어진 선비를 벗으로 사귀는 것부터 실천해야 한다고 단계별로 설명하고 있죠. 마치 집에 지붕을 올리는 최종 작업을 하기 위해서는 먼저 사방에 벽을 세워야 하고, 그보다 앞서 땅을 단단하게 하는 기초 작업을 해야 하는 것처럼 말입니다.

15-11

顔淵問爲邦。 子曰:"行夏之時, 乘殷之輅, 服周之冕, 樂, 則韶舞。
안 연 문 위 방　　자 왈　　행 하 지 시　승 은 지 로　복 주 지 면　악　즉 소 무

放鄭聲, 遠佞人。鄭聲淫, 佞人殆。"
방 정 성　원 녕 인　　정 성 음　녕 인 태

안회가 어떻게 나라를 다스려야 하는지 물으셨다. 공자가 말씀하셨다. "농업은 한 나라의 근간 사업이므로, 하나라부터 내려온 음력(陰曆)에 따라 때를 맞춰 흉년이 들지 않도록 해야 한다. 상나라의 수레는 주나라의 것과 달리 나무로 만든 수레인데, 외형이 화려하지 않고 질박했다. 따라서 질박하고도 튼튼한 상나라의 수레를 타야 한다. 주나라는 하나라와 상나라 두 왕조의 예(禮)를 계승했으므로, 주나라의 면류관을 써야 한다. '소'는 순임금 때의 음악으로, 지극히 아름답고 또 지극히 선하다. 따라서 음악(樂)은 '소'로 해야 한다. 반면에 정나라의 음악은 버리고, 아첨하는 사람은 멀리해야 한다. 왜냐면 정나라의

음악은 '소'와 달리 도리에 어긋나고, 아첨하는 사람을 곁에 두면 위험하기 때문이다."

정치			
1) 국가 근간사업	2) 검소함	3) 예악제도	4) 간신 배척

안회가 어떻게 정치를 해야 하는지 묻자, 공자는 네 가지로 요약하여 설명합니다. 1) 국가 근간 사업을 잘 운영해야 합니다. 이는 백성들이 살아가는 데 가장 기본이 되기 때문인데, 국가 근간 사업을 제대로 운영하지 못하면 많은 백성들이 기아에 허덕이게 됩니다. 물론 당시는 시대적 상황상 농업일 수밖에 없었지만, 지금은 각 나라의 상황에 따라서 바뀔 수 있겠죠. 2) 나라의 곳간(국고)은 백성들에게서 거둬들여 채운 것이므로, 항상 아껴 써야 합니다. 3) 예악제도를 바로잡아야 합니다. 이는 정부의 관제(官制)와 의식(儀式), 그리고 관혼상제의 예절을 뜻하는데, 이 두 가지를 바로잡아야 국가의 기강이 서게 됩니다. 4) 그리고 아첨하는 사람을 곁에 두면 지도자가 올바른 판단을 할 수 없으므로, 결국 정상적인 국정운영을 할 수가 없습니다. 그렇다면 정나라 음악은 도리에 어긋나므로 위험하다는 말은 과연 무슨 뜻일까요?

정나라 음악은 『시경』 「정풍(鄭風)」을 가리킵니다. 3-25와 7-13을 설명할 때, 당시 음악(樂)은 음률뿐 아니라, 가사를 포함한 종합적인 형태라고 했죠. 천자의 나라인 주나라와 제후국 정나라는 본디 주종(主從)의 긴밀한 관계를 유지하고 있었습니

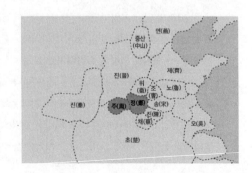

다. 하지만 주나라 환왕 때 정나라 장공은 주나라의 권위를 무시해서, 주나라가 정나라를 공격하지만 오히려 환왕이 부상을 당하게 되었습니다. 따라서 이것이 정나라 소리가 바른 정치를 어지럽힌다고 비판한 배경이 되니, 즉 종(從)인 정나라가 주(主)인 주나라를 배신하고 심지어 천자에게 상해를 입혔던 거죠. 이때부터 주나라 왕실이 약화되어 역사적으로는 춘추시대의 시작이 되었는데, 종법제도와 예악제도를 지극히 중시한 공자로서는, 정나라를 싫어할 수밖에 없었을 겁니다. 특히 『시경』「정풍」에 수록되어 있는 21수의 작품 주제들을 모두 살펴보면, 단 한 편의 작품을 제외하고는 모두 임금이 부덕하고 충신이 없어서 나라가 혼란스러워진 것을 개탄하고 있습니다.

1. 「치의」: "무공을 찬미한 것이다."

2. 「장중자」: "장공을 비판한 것이다."

3. 「숙우전」: "장공을 비판한 것이다."

4. 「대숙어전」: "장공을 비판한 것이다."

5. 「청인」: "문공을 비판한 것이다."

6. 「고구」: "조정에 충신이 없음을 비판한 것이다."

7. 「준대로」: "군자를 그리워한 것이다."

8. 「여왈계명」: "덕을 말하지 않음을 비판한 것이다."

9. 「유녀동거」: "장공의 세자 홀(忽)을 비판한 것이다."

10.「산유부소」: "장공의 세자 홀을 비판한 것이다."

11. 「탁혜」: "장공의 세자 홀을 비판한 것이다."

12. 「교동」: "장공의 세자 홀을 비판한 것이다."

13. 「건상」: "나라가 어지러우니, 큰 나라에 의해서 바로잡히기를 바라는 것이다."

14. 「풍」: "나라의 혼란스러움을 비판한 것이다."

15. 「동문지선」: "나라의 혼란스러움을 비판한 것이다."

16. 「풍우」: "군자를 그리워 한 것이다."

17. 「자금」: "도를 가르칠 학교가 폐지됨을 비판한 것이다."

18. 「양지수」: "세자 홀이 왕이 된 후 충신이 없음을 근심한 것이다."

19. 「출기동문」: "세자 홀이 왕이 된 후 혼란스러움을 근심한 것이다."

20. 「야유만초」: "전쟁으로 왕의 윤택이 아래로 못 가서 남녀가 만날 기회를 놓치니, 때를 만나기를 바라는 것이다."

21. 「진유」: "나라의 혼란스러움을 비판한 것이다."

정리해보면 『시경』「정풍」은 첫 작품인 「치의」 단 하나를 제외하고는, 모두 임금이 부덕하고 충신이 없어서 나라가 혼란스러워진 것을 개탄하고 있음을 알 수 있습니다. 따라서 공자는 해로운 것은 멀리해야 한다는 취지로 이렇게 말한 것임을 알 수 있습니다. 아울러서 이를 통해서도 당시의 음악은 단순히 음률 그 자체만을 지칭한 것이 아니라, 가사가 되는 '시'의 내용까지도 고려한 종합적인 형태로 인식하고 있는 것임을 다시 한번 확인할 수 있습니다.

15-12

子曰: "人無遠慮, 必有近憂。"
자 왈   인 무 원 려   필 유 근 우

공자가 말씀하셨다. "사람이 멀리 내다보고 생각하지 않으면, 반드시 가까운 시일 내에 근심할 일이 생기게 된다."

첸쉐썬(錢學森, QiánXuésēn)은 1935년 미국으로 건너가 MIT에서 유

학한 이후 줄곧 로켓 연구에 매진했습니다. 로켓 공학의 군사적 가치를 알아본 미군은 자금을 지원했고, 이것이 항공우주국(NASA)의 제트추진연구소(JPL)로 발전하게 됩니다. 그는 미국 최초의 제트엔진을 개발하는 데 공헌했고, 단번에 유명 인사가 되었죠. 하지만 중국이 공산화된 후 미국은 '적색

공포(Red Scare)'에 휘말렸고, 첸은 단순히 한 과학자의 자택 사교 모임에 참석했다가 그 모임이 공산당원 집회였다는 이유로 공산당원으로 몰려 미국을 떠나야 했습니다. 1955년 그는 가족들을 데리고 중국으로 돌아가야 했는데요. 그 당시 중국 과학자들은 로켓에 대해 생소했지만, 14년 후 중국은 인공위성을 발사하는 데 성공했습니다. 2007년 달 탐사 위성 발사에 성공했고, 그가 세상을 떠난 10년 후인 2019년에는 달 뒷면에도 탐사선을 착륙시켰습니다. 훗날 전문가들은 "첸을 추방한 건 미국이 한 일 중에 가장 어리석은 짓이었다."라는 날 선 비판을 쏟아냈는데, 공교롭게도 2008년 노벨 화학상 수상자인 중국계 미국인 과학자 로저 첸 박사(Roger YonchienTsien)는 첸의 5촌 조카였습니다. 눈앞에 보이는 불확실한 우연에 휘둘린 나머지, 장기적으로는 돈으로도 환산할 수 없는 미래를 가져다줄 한 천재를 내친 겁니다.

子曰: "不曰'如之何? 如之何?'者, 吾末如之何也已矣。"
자 왈   불 왈 여 지 하   여 지 하   자 오 말 여 지 하 야 이 의

공자가 말씀하셨다. "지도자가 '어떻게 해야 하나, 어떻게 해야 하나?'라고 늘
고민하면서 말하지 않으면, 나 역시 어찌 할 방법이 없다."

이 구절이 말하고자 한 것이 무엇인지 알기 위해서는, 먼저 다음 기
록을 살펴봐야 합니다.

『주역』 구삼효(九三爻)에서 "군자는 종일 의지하지 않고 저녁에도 두려워하
니, 위태로워도 재앙이 없다."고 했는데, 이는 무엇을 말하는가? 공자가 말
씀하셨다. "군자는 덕에 정진하고 공적을 쌓으며 한쪽으로 치우치지 않아
서 믿음을 주기에 더욱 덕에 정진하게 되고, 어떻게 해야 도를 행할 수 있
는지 이해하기 쉽게 설명하여 사람들이 확실하게 실천하게 하므로 공적을
세우게 된다. 힘써야 할 것이 무엇인지 알아서 그것에 힘쓰니 가히 쫓아서
살필 수 있고, 이뤄야 할 것이 무언인지 알아서 그것을 이루니 가히 쫓아서
의로움을 보존할 수 있다. 이러한 고로 윗자리에 처해도 교만하지 않고, 아
랫자리에 있어도 근심하지 않는다. 고로 자기가 잘 다스리고 있다고 생각
하지 않고 오히려 적절한 때를 맞추지 못할까 봐 늘 두려워하니, 이런 지도
자는 비록 위태로움에 처하더라도 재앙이 없는 것이다."   「문언」

참된 지도자는 아침부터 저녁까지 겸손한 마음으로 최선을 다하지
만, 늘 자신이 부족하다고 생각하여 걱정하고 더욱 몸을 숙입니다. 따라
서 자기가 정치를 잘하고 있다고 생각하여 교만에 빠진 지도자는, 공자

역시 그런 지도자를 어찌 할 방도가 없다고 푸념하고 있죠. 이어서 공자는 또 다음처럼 말합니다.

15-17

子曰: "群居終日, 言不及義, 好行小慧, 難矣哉。"
자 왈   군 거 종 일 언 불 급 의 호 행 소 혜 난 의 재

공자가 말씀하셨다. "여러 사람이 모인 자리에서 온종일 그들과 함께 있어도 의로운 말을 하지 못하고, 또 크게 생각하지 못하고 잔머리만 굴리려고 들면, 그런 사람은 참된 지도자가 되기 어렵다."

그렇다면 상술한 두 구절과 정반대되는, 참된 지도자는 과연 어떤 인물일까요?

15-18

子曰: "君子, 義以爲質, 禮以行之, 孫以出之, 信以成之。君子哉!"
자 왈   군 자   의 이 위 질 예 이 행 지 손 이 출 지 신 이 성 지   군 자 재

공자가 말씀하셨다. "참된 지도자인 군자는 자기가 처한 신분에서 마땅히 해야 할 의무를 다하는 의로움(義)을 바탕으로 하여, 지나치지도 모자라지도 않도록 절제하고 통제하는 예(禮)를 행하며, 자신을 낮추는 겸손함(謙)을 드러내고, 나아가 내뱉은 말은 반드시 지키는 신뢰(信)로 완성한다. 바로 이렇게 하는 지도자가 군자이다."

따라서 공자는 이 구절에서 '도'의 구성요소인 의로움(義)과 예(禮) 그리고 겸손함(謙)과 신뢰(信)를 부각하고 있음을 알 수 있죠. 물론 거듭 강조하지만, 그저 이 네 가지로 '도'가 실천되는 것은 아닙니다. 그런데 공자는 군자의 궁극적인 목표는 다름 아닌 자신의 이름을 세상에 드러 내는 것이라고 말합니다.

15-20

子曰:"君子, 疾沒世而名不稱焉。"
자 왈   군 자   질 몰 세 이 명 불 칭 언

공자가 말씀하셨다. "군자는 죽을 때 자신의 이름이 드러나지 못할까 근심한다."

앞에서 공자는 참된 지도자인 군자는 남이 자기를 알아주기를 바라 고 선을 행하는 인물이 아니라고 일관되게 강조해 왔습니다. 그런데 왜 여기서는 이렇게 말하는 걸까요? 오해를 풀기 위해서는, 다음 기록을 함 께 살펴봐야 합니다.

군자라는 것은 타인이 그의 명성을 올려주는 것입니다. 백성들이 군자의 명성에 몸과 마음을 의지하는 것, 그것을 일컬어서 군자의 자식이 되었다고 합니다. 이는 군자의 부모 역시 군자가 되게 하는 것이니, 이 때문에 그 부모의 명성 역시 올라가게 됩니다. 『예기』「애공문」

즉 공자는 군자가 죽을 때 이름을 드러내게 되면, 그의 부모 역시 군자로 칭송받게 된다고 말합니다. 다시 말해서 군자는 죽는 그 순간까지도 부모에게 효(孝)를 다하는 거죠. 이제 다음 실례를 보고, 공자의 말이 맞는지 생각해보겠습니다.

5.18 민주화 운동은 1980년 5월 18일부터 27일까지 전라남도 광주시에서 일어난 대규모 민주화 운동입니다. 1979년 12월 12일 전두환 등 신군부 세력이 군사 쿠데타를 일으켜서 정권을 장악하자, 광주시민과 전라남도민들은 거리로 나와 신군부 세력의 퇴진 및 계엄령 철폐 등을 요구했습니다. 당시 전라남도 안병하 경찰국장은 경찰이 무장하여 광주 시

내를 진압하라는 지시를 받았습니다. 하지만 안 경찰국장은 경찰이 역사의 죄인이 될 수 없고, 어떤 상황에서도 경찰은 시민에게 총부리를 겨눌 수 없다는 강한 신념을 가지고 있었습니다. 따라서 경찰 무장 명령을 거부하고, 오히려 무기를 거둬들여 경찰의 발포 여부 자체를 차단하고자 했습니다. 또한 안 경찰국장은 치안본부와 계엄군 소장에게 철수를 건의하고, 각 경찰서 총기 소산 및 각 동원부대와 기동대 철수를 지시한 것으로 알려졌습니다. 이처럼 그는 끝까지 광주시민을 향한 발포 명령을 거부했다가 직위 해제당했고, 육군 보안사령부에서 고문을 받기도 했습니다. 그리고 1988년 안타깝게도 그 후유증으로 인해서 세상을 떠났죠. 하지만 순직한 지 15년이 지난 2003년 마침내 광주 민주화 유공자로 인정받고, 2005년 국립 현충원 경찰묘역에 안장되었습니다. 2017년 경찰청은 그를 올해의 '경찰 영웅'으로 선정했고, 같은 해 11월 정부에 의해 한 계급 높은 치안감으로 특진 추서되면서 명예를 되찾을 수 있었습니다.

그리고 앞서 소개한 안중근 의사와 안병하 치안감. 한국 국민들은 비단 이 두 영웅을 존경할 뿐 아니라, 그들의 부모 역시 마음속에서 우러나오는 깊은 존경심을 표하고 있죠.

15-22

子曰: "君子, 矜而不爭, 羣而不黨。"
자 왈   군 자   긍 이 부 쟁   군 이 불 당

공자가 말씀하셨다. "군자는 삼가므로 타인과 함부로 다투지 않고, 다른 이들과 함께 무리를 이루지만 한쪽으로 치우쳐 무조건 그들과 똑같아지지는 않는다."

자기만 옳고 상대방은 잘못됐다고 생각하는 사람은 걸핏하면 타인과 다툽니다. 하지만 바른 지도자는 상대방의 말에 귀를 기울이죠. 그리고 그의 입장에 서서 생각하기 때문에, 분쟁보다는 타협과 배려에 익숙한 모습을 보입니다. 또한 자기가 소속된 단체나 정당의 결정에 무조건적으로 복종하기보다, 어느 것이 더 국민과 나라를 위한 것인지 살펴서 따르는 이성적인 모습을 보입니다. 이제 이 구절과 관련된 인물을 소개하겠습니다.

프레데리크 빌럼 데 클레르크(Frederik Willem de Klerk)는 16%에 불과한 백인을 위해서 84%의 흑인을 차별하는 정책 '아파르트헤이트(Apartheid)'가 시행되고 있던 남아프리카공화국에서 태어났습니다. 백

인 우월주의를 지지하는 보안관 출신 정치인 아버지 밑에서 성장한 그
는, 백인 엘리트 코스를 밟으면서 아파르트헤이트를 옹호하는 보수적 정
치인이 되었습니다. 1989년 그가 대통령이 되자 대다수 흑인들은 차별
정책이 계속될 것이라면서 시위를 벌였는데, 클레르크는 시민들의 시위
를 억지로 막지 않을 것이라고 말했죠. 그리고 그는 정말로 달라지기 시
작했습니다. 1990년에는 흑인 저항운동단체인 아프리카 국민회의(Afri-
can National Congress)를 합법화 선언하고, 1964년부터 무기징역으로 수
감 중이던 넬슨 만델라(Nelson Rolihlahla Mandela)를 석방했습니다.
1991년에는 아프리카 국민회의 구성원과 백인 공동회의를 주선하여 차
별정책을 폐지하고, 1992년에는 국민투표를 통해서 '아파르트헤이트'를
종식시켰으며, 1993년에는 국민당이 행한 정책들에 대해서 사과를 하는
모습까지 보였습니다. 그리고 드디어 그간의 공로를 인정받아서, 그는
넬슨 만델라와 함께 노벨평화상
을 받았습니다. 1994년 남아공
대통령이 된 넬슨 만델라를 도
와 부통령직을 수행하다가
1997년 정치계에서 은퇴하고,
지금은 세계 평화와 인종 및 민
족갈등을 해결하기 위해서 노력
하고 있습니다.

子曰:"君子, 不以言擧人, 不以人廢言。"
자왈　군자　불이언거인　불이인폐언

공자가 말씀하셨다. "군자는 말만 잘한다고 그 사람을 추천하지 않고, 또 사람
이 변변치 않다고 해서 그 말까지 함부로 버리지는 않는다."

공자는 또 다음과 같이 말하기도 했죠.

子曰:"衆惡之, 必察焉; 衆好之, 必察焉。"
자왈　중오지　필찰언　중호지　필찰언

공자가 말씀하셨다. "많은 사람들이 미워해도 그 이유가 합당한지 반드시 직
접 살피고, 많은 사람들이 좋아하더라도 그 이유가 합당한지 반드시 직접 살
펴야 한다."

이제 이 두 구절과 관련하여 한 인물을 소개하겠습니다. 이범렬 변
호사는 유신정권의 외압에 맞서서 사법부 독립을 외치다 법복을 벗고,
이후 변호사로 활동하며 억울한 옥살이
를 하는 시민들의 인권 문제 해결에 애쓴
인물입니다. 1972년 춘천의 한 마을 논둑
에서 관내 파출소장의 초등학생 딸이 시
신으로 발견되었습니다. 내무부 장관은
10일 안에 범인을 검거하지 못하면 수사
책임자를 엄중 문책하겠다고 으름장을

놓았고, 이틀 뒤 경찰은 범인이 동네 만화방 주인이었던 정원섭 씨라고 발표했습니다. 그리고 사건 담당 경찰들은 모두 1계급 특진 또는 내무부 장관 표창을 받았죠. 그런데 범행 일체를 자백했던 정원섭 씨는 재판을 앞두고 갑자기 범행을 부인하기 시작했습니다. 하지만 법원의 판결은 무기징역이었고, 정씨가 교도소 생활을 하던 중 그의 사연을 접한 이범렬 변호사가 찾아왔습니다. 정 씨는 이 변호사에게 경찰의 고문과 폭언과 폭행 때문에 허위자백을 했다고 털어놓았고, 수사 기록을 살펴보던 이 변호사는 모든 증거들이 조작된 것이라는 걸 알아냈습니다. 경찰이 빠른 수사 종결을 위해서 조작했던 거죠. 이 변호사는 이 증거들을 재판부에 모두 제출했지만, 2심과 대법원 모두 무기징역으로 판결을 내렸습니다. 그로부터 15년이 지난 후 모범수가 된 정 씨는 성탄절 특사로 가석방됐고, 다시 9년 뒤인 1996년 이 변호사는 20여 년간 모은 수사기록과 재판 기록을 정씨에게 건네고 세상을 떠났습니다. 그리고 2008년 드디어 정 씨에 대한 재심 재판이 열렸고, 정씨는 무죄를 선고받았습니다. 36년 만에 진실이 밝혀지게 된 거죠. 하지만 얼마 후 정씨는 뇌출혈로 쓰러졌고, 치매 진단까지 받았습니다. 그리고 2021년 3월 세상을 떠났습니다. 당시 경찰은 이처럼 무책임하게 한 가정을 무너뜨렸지만, 아직까지도 사실을 부인하고 있습니다. 또 일개 만화방 주인이라고 무시하여 그의 말을 믿어주지 않은 사람들 역시 그 책임에서 자유롭지 못할 겁니다. 반면 모든 사람들이 비난하고 관심을 갖지않았을 때, 끝까지 한 사람의 말을 경청하고 본인이 직접 확인하여 그의 억울함을 풀어주려 노력한 이범렬 변호사는 진정한 이 시대의 군자라고 할 수 있을 겁니다.

子曰: "吾之於人也, 誰毀, 誰譽? 如有所譽者, 其有所試矣。斯民也,
자왈 오지어인야 수훼 수예 여유소예자 기유소시의 사민야

三代之所以直道而行也。"
삼 대 지 소 이 직 도 이 행 야

공자가 말씀하셨다. "내가 타인을 대할 때 누구를 비방하고 또 누구를 칭찬하겠는가? 나는 항상 한쪽으로 치우치지 않고 공정한(中) 자세를 견지하려고 노력하므로, 만약 상대방을 칭찬한다면 분명 그럴 만한 객관적인 증거가 있다. 다시 말해서 내가 칭찬한 그 사람은 하나라와 상나라 그리고 주나라 삼대의 올바른 도를 행했기 때문이다."

앞에서 강조했듯이, 공자의 '도'는 소강사회를 이끈 여섯 군자들이 행한 '사람의 도(人道)'입니다. 따라서 이 구절에서도 공자는 자신의 옳고 그름을 판단하는 기준은 하나라, 상나라, 주나라 삼대를 통해 전해 내려오는 소강사회 '사람의 도'라고 피력하고 있죠. 그런데 공자는 뒤이어서 또 다음처럼 말합니다.

子曰: "吾猶及, 史之闕文也, 有馬者, 借人乘之。今亡矣夫。"
자 왈 오 유 급 사 지 궐 문 야 유 마 자 차 인 승 지 금 망 의 부

공자가 말씀하셨다. "내가 역사기록 중에 빠진 문장을 접했는데, 그건 말을 가진 사람이 남에게 자기 말을 빌려주어 타게 했다는 내용이다. 하지만 지금은 그런 미풍양속이 사라지고 없다."

앞서 대동사회에 대해서 소개할 때, 대동사회 사람들은 '재산을 귀히 여겨서 함부로 대하지 않았지만, 반드시 자기 집에 보관하려 하지는 않았다.'는 기록을 소개한 바 있습니다. 이를 현대적으로 재해석하면 다음과 같습니다. 어느 날 한 친구가 찾아와 말합니다. "나 데이트 있는데, 오늘 하루만 네 페라리를 빌려줄 수 있니?" 이 말을 들은 여러분은 어쩌면 너무나 당연하게도 속으로 "이 친구, 정신이 마실 나갔구나!"라고 생각하겠죠. 하지만 대동사회에서는 달랐다는 겁니다. "그래? 오늘 중요한 날이구나. 자, 페라리 자동차 키 받아. 데이트 잘해라!" 즉 공자는 여기선 대동사회를 그리워하고 있는 겁니다. 그렇다면 공자는 왜 소강을 외치다가, 다시 대동을 그리워하는 모습을 보이는 걸까요? 다시 한번 다음 기록을 살펴보겠습니다.

> 공자는 요임금과 순임금의 말씀을 근본으로 하여 그 뜻을 펴 서술하고, 문왕과 무왕을 규범으로 삼았으며, 위로는 하늘의 때를 법으로 따르고, 아래로는 물과 토양을 따랐다.　　『예기』「중용」

공자는 대동을 지극한 이상사회로 삼았지만 영원히 도달할 수 없는 이상향이기 때문에, 현실적으로는 회복이 가능한 소강사회로의 복귀를 외쳐왔습니다. 하지만 이젠 이마저도 어려운 현실의 벽에 가로막히면서, 공자는 막연하게 나마 대동을 그리워하며 추억에 잠긴 건 아닐까요?

子曰：“巧言亂德。小不忍，則亂大謀。”
자왈　교언난덕　소불인　즉난대모

공자가 말씀하셨다. "교묘하게 꾸며서 하는 말은 덕을 어지럽히고, 작은 것을
참지 못하면 큰일을 망친다."

이 구절은 두 부분으로 나눠서 설명하겠습니다. 먼저 "교묘하게 꾸
며서 하는 말은 덕을 어지럽힌다."는 말부터 살펴볼 텐데요. 이와 관련
하여 다음 구절 역시 함께 짚고 넘어가겠습니다.

19-8

子夏曰：“小人之過也，必文。”
자하왈　소인지과야　필문

자하가 말씀하셨다. "피지배계급인 소인은 잘못하면, 반드시 그 잘못을 꾸며
서 정당화한다."

'덕'이란 자기 허물은 엄격하게 대하는 반면, 타인의 잘못은 너그럽
게 포용하는 자세라고 했습니다. 따라서 공자는 참된 지도자는 잘못을
하면 바로 인정하고, 나아가 고치려는 자세를 갖춰야 한다고 말합니다.
반면 지도자가 구차하게 변명만 늘어놓고 심지어 잘못을 미화시켜 정당
화하려고 하면, 그건 피지배계급인 소인과 구분되지 않는 같은 수준이
될 뿐이라고 질타하고 있죠. 이제 소인의 수준이 어떤 건지 실례를 들어
보겠습니다.

2019년 8월 한강 마곡철교 부근에서 몸통만 남겨진 시신이 발견됐

습니다. 범인은 한 여관에서 일하는 장대호였습니다. 피해자가 숙박비용 4만 원을 내지 않겠다고 하자 장대호는 다른 모텔로 가라고 했고, 피해자가 배를 여러 차례 가격하자 위협을 느낀 장대호는 피해자를 객실로 안내했습니다. 그리고 피해자가 잠들어 있던 오전 6시경 문을 열고 들어가 쇠망치로 그를 살해한 후 시신을 훼손해서 한강에 유기한 겁니다. 살해 동기를 묻는 기자의 질문에, 장대호는 정중부의 수염 사건을 비유로 들어 설명했는데요. 정중부의 수염 사건은 조선 시대 문신이었던 김부식의 아들이 고위직 무신 정중부의 수염에 불을 붙였고, 이로 인해 무신들이 정변을 일으키게 된 사건입니다. 장대호는 자기 입장이 정중부와 같다면서, 자신의 행위를 합리화시켰는데요. 남들이 보기엔 그저 수염일 수 있지만 정중부에겐 정변을 일으킬 만큼 큰 분노였던 것처럼, 자신이 배를 수차례 맞은 것 역시 살인을 할 만큼 큰 분노가 되었다는 거죠. 심지어 그는 자기의 상황을 진주만 사건에 빗대어 정당화하기도 했는데요. 일본이 먼저 진주만을 공격해서 미국이 이에 일본에 핵폭탄을 투하하여 일본의 항복을 받아냈지만, 사람들은 미국을 전범 국가라고 비난하지 않는다는 겁니다. 즉 상대방이 먼저 공격을 했기 때문에, 자신의 보복은 정당방위였다는 거죠.

그렇다면 작은 것을 참지 못하면 큰일을 망친다는 건 어떤 경우일까요? 『좌전』 「은공 1년」에 다음과 같은 기록이 있습니다. 정나라 장공은 아버지 무공을 이어서 임금이 되었는데, 어머니 무강은 장공을 낳을 때 너무 고생해서 그를 미워했다고 합니다. 그래서 무강은 후에 남편 무공에게 왕위를 차남 공숙단에게 물려주라고 간청하기도 했죠. 결국 장공이 임금이 되자 어머니 무강은 장공을 닦달하여 동생 공숙단에게 도읍지를 봉지로 주게 하고는 그곳에서 공숙단과 왕위를 뺏을 음모를 짰는데, 사실 장공은 이미 그 계략을 간파하고 있었지만 때를 기다리며 내색을 하지 않았을 뿐이었습니다. 당장에 어머니와 동생의 음모를 미리 들쳐내면 괜히 자기만 불효자가 될 수도 있기 때문이었는데요. 그래서 대부 제중이 누차 공숙단의 음모에 대해서 간언을 했을 때에도, 그저 묵묵부답일 뿐이었습니다. 그리고 마침내 공숙단이 난을 일으키자 장공은 기다렸다는 듯 그를 처단했고, 동생을 부추긴 어머니를 감금하여 죽을 때까지 보지 않겠다고 맹세했던 겁니다. 역사적으로 장공은 정나라를 강한 나라로 키운 임금으로 평가받습니다. 하지만 공자는 왜 이처럼 말한 길까요? 1) 일이 작을 때 문세를 해결하지 않고 일을 키워서 반란이라는 국가적 혼란을 야기했으며, 결국 백성들을 불안에 떨게 했습니다. 2) 형은 선함으로써 동생을 감싸줘야 하는데 그렇지 못했으니, 이는 의로움(義)에 위배되죠. 3) 어머니를 진심으로 섬기고 그 뜻을 따르지 않았으니, 이는 어질지 못함(不仁)입니다. 4) 그리고 심지어 어머니를 감금했으니, 이는 불효(不孝)입니다. 결국 장공은 자기 목적을 달성하기 위해서 인륜은 저버렸으니, 공자는 지도자가 사사로운 감정에 연연하면 더 큰 일을 망치게 된다고 경고한 겁니다.

15-29

子曰: "人能弘道, 非道弘人。"
자 왈　인 능 홍 도　비 도 홍 인

공자가 말씀하셨다. "사람이 도를 넓힐 수 있지, 도가 사람을 넓히는 것은 아니다."

'도'는 '위대한 지도자가 걸어야 할 길' 즉 '리더십'이라고 했습니다. 따라서 '사랑'과도 같이 형이상학적인 추상명사라고도 했죠. 그렇다면 사랑은 무엇일까요? 남녀 간의 감정을 뜻할까요, 아니면 부모와 자식 간의 감정을 가리킬까요? 친구 간의 감정은? 이렇듯 사람이 '사랑'의 범위를 정의하고 확대해 나갈 수 있지, '사랑'이 사람에게 이런 게 사랑이라고 정의를 내릴 순 없는 노릇입니다. 우리가 사랑이라는 단어를 들으면 으레 떠올리는 '붉은 하트(heart)' 역시 오롯이 사람들의 머릿속에서 나온 형상이죠.

'도' 역시 마찬가지 원리입니다. 참된 리더십이란 개념은 사람이 만들어가는 겁니다. 어느 범위까지 선이고, 어디까지 악인지를 구분하는 기준을 정하는 것 역시 모두 사람의 몫입니다. 따라서 이 구절은 사람이 세상의 모든 기준이자 가치를 결정한다는 인본주의(人本主義)를 말하는 겁니다. 다만 모든 사람에게 이런 권한이 있는 건 아닙니다. 그저 끊임없이 반성하고 더 나아지려고 노력하는, 진심으로 '도'를 따르는 지도자만이 이성적으로 옳고 그름을 판단할 자격이 있겠죠. 그래서 우리는 옛 성현들의 지혜를 담은 고전을 읽어야 합니다.

15-33

子曰: "知及之, 仁不能守之, 雖得之, 必失之。知及之, 仁能守之,
자왈　지급지　인불능수지　수득지　필실지　　지급지　인능수지

不莊以涖之, 則民不敬。知及之, 仁能守之, 莊以涖之, 動之不以禮,
불장이리지　즉민불경　　지급지　인능수지　장이리지　동지불이례

未善也。"
미선야

공자가 말씀하셨다. "지혜롭더라도(知) 어짊(仁)을 지킬 수 없다면, 설령 이익을 얻게 되더라도 반드시 다시 잃게 된다. 지혜롭고(知) 어질더라도(仁) 신중하지(愼) 못하면, 백성들이 공경하지 않는다. 지혜롭고(知) 어질며(仁) 신중하더라도(愼) 예(禮)를 갖춰서 행하지 않으면, 선한 것이 아니다."

이 구절에서 공자는 '도'의 네 가지 구성요소를 부각시키고 있습니다.

1) 지혜로움(知): 솔선수범하여 백성들이 의로움(義)을 행하도록 권하고, 조상을 공경하되 그들의 초자연적인 힘에 의탁하지 않는 객관적인 판단력.
2) 어짊(仁): 상관, 나아가 임금을 진심으로 섬기고 따름으로써 나라와 백성의 안위를 위하는 것.
3) 신중함(愼): 언행에 엄격하고 신중함.
4) 예(禮): 조화로움(和)을 위해서 지나치지도 덜하지도 않도록 절제하고 통제함.

특히 앞에서도 누차 언급한 바 있듯이, '도'의 내용이 되는 구성요소인 지혜로움(知), 어짊(仁), 신중함(愼)은 '도'의 형식인 예(禮)와 합쳐져야 비로소 조화를 이룰 수 있다는 뜻이 됩니다. 즉 예(禮)는 '도'의 형식이지만, 내용 못지않게 반드시 필요하다고 강조하고 있죠.

子曰: "民之於仁也, 甚於水火。水火, 吾見蹈而死者矣,
자 왈　민 지 어 인 야　심 어 수 화　수 화　오 현 도 이 사 자 의

未見蹈仁而死者也。"
미 현 도 인 이 사 자 야

공자가 말씀하셨다. "백성들이 임금을 진심으로 섬기고 따르는 어짊(仁)을 행
하게 하는 것은, 물처럼 관대한 통치나 불처럼 엄격한 통치보다도 더 심오하
다. 사람들이 물에 빠지거나 불에 타 죽는 것처럼 관대한 통치나 엄격한 통치
를 하면 많든 적든 희생당하는 사람이 생기지만, 임금을 진심으로 섬기고 따
르다가 희생을 당하는 사람은 없다."

어짊(仁)은 '도'의 중요한 구성요소입니다. 그런데 『논어』를 보면,
공자가 유독 어짊(仁)을 강조하는 모습을 심심찮게 찾아볼 수 있습니다.
그 이유는 이미 앞에서도 언급했듯이, 노나라의 '삼환'이 임금보다 더 큰
권력을 휘두르면서 나라를 좌지우지했기 때문이죠. 이와 관련하여 또 다
음 구절을 보겠습니다.

子曰: "當仁, 不讓於師。"
자 왈　당 인　불 양 어 사

공자가 말씀하셨다. "어짊을 행해야 할 때는, 스승에게도 양보하지 않고 먼저
행하려고 노력해야 한다."

그래서 이처럼, 공자는 심지어 어짊(仁)을 행하는 건 스승한테도 양보해서는 안 된다고까지 말합니다. 이 모든 게 공자가 처한 독특한 시대적 배경과 결코 무관하지 않죠.

15-37

子曰: "君子, 貞而不諒。"
자왈　군자　정이불양

공자가 말씀하셨다. "군자는 올곧아서 사사로운 정에 얽매이지 않고 공정하게 판단하지, 자기만 옳고 남은 그르다며 고집을 피우진 않는다."

도(道)의 구성요소	호학(好學: 배우기를 좋아함)의 결과	불호학(不好學:배우기를 좋아하지 않음)의 결과
올곧음(直)	사사로운 점에 얽매이지 않고 공정하게 판단함.	자신에게는 엄격하고 남에게는 관대해야 하는데, 오히려 타인에게만 엄격하여 비방하게 됨.

17-8에서 '도'의 구성요소들을 배워서 실천하려고 해도 '도'의 형식인 예(禮)를 배워서 절제하지 못하면 폐단을 낳게 된다고 설명한 바 있습니다. '도'의 내용과 형식이 균형을 이뤄야 비로소 긍정적 효과를 기대할 수 있죠. 따라서 공자는 말합니다. 군자는 '도'의 내용과 형식을 온전히 배워서 실천하는 지도자이므로, 한쪽으로 치우치지 않고 올곧은 자세를 견지할 수 있다고 말입니다. 이제 이와 관련된 일화를 소개하겠습니다.

나이키(NIKE)는 대학 육상팀 감독과 선수 관계였던 빌 보워맨(Bill Bowerman)과 필 나이트(Philip Hampson Knight)가 공동 창업한 스포츠 용품브랜드입니다. 1962년 24살 대학원생이었던 필 나이트는 대학생 때 중거리 육상 선수였고, 또 신발에 관심이 많았습니다. 그래서 나이키의 전신인 블루 리본 스포츠(Blue Ribbon Sports)를 설립했고, 일본의 한 운동화 제작회사에 200켤레의 운동화를 주문하여 판매하기 시작했죠. 하지만 일본 회사가 협력 관계를 종료하자 독자적인 브랜드가 필요했고, 이에 필 나이트는 처음에는 상호를 '디멘션 식스(Dimension 6)'로 정했습니다. 하지만 최초로 고용한 직원 제프 존슨(Jeff Johnson)이 자신의 꿈에 나온 이름이라며 그리스 신화에 등장하는 승리의 여신 '니케(Nike)'를 제안했고, 필 나이트는 직원의 의견을 수렴하여 영어 명칭인 '나이키'로 확정하게 됩니다. 필 나이트는 또 그래픽 디자인 전공 대학생 캐롤린 데이비슨(Carolyn Davidson)에게 나이키의 로고 디자인을 35달러에 의뢰했고, 직원들과 상의 끝에 그녀가 제시한 승리(victory)를 표현하는 'V'를 부드럽게 뉘어 놓은 '스우시(swoosh)'를 선택했습니다. 그뿐 아닙

니다. 나이키는 당시 미국프로농구(NBA) 신인선수에 불과했던 마이클 조던(Michael Jeffrey Jordan)과 매년 50만 달러를 5년 동안 지급하는 파격적인 계약을 하기도 했습니다. 이후 마이클 조던이 미국프로농구(NBA) 역사상 그리고 세계에서 가장 유명한 선수가 되자, 나이키 역시 엄청난 매출을 올리면서 세계적인 브랜드로 거듭나게 됩니다. 하지만 필 나이트가 마이클 조던과의 재계약에 망설이자, 직원들이 직접 그를 설득하여 결국 재계약에 성공했다고 하죠. 상술한 내용을 보면, 필 나이트는 사업가로서 일부 부족한 점들이 있을 수 있습니다. 하지만 그에게는 누구보다도 뛰어난 장점이 있었습니다. 그건 바로 쓸데없는 자존심을 앞세워 고집부리지 않고, 직원들의 말에 귀 기울이며 사사로운 감정에 휘둘리지 않고 객관적으로 판단한 올곧음(直)이었던 겁니다.

子曰: "事君, 敬其事而後其食。"
자 왈   사 군 경 기 사 이 후 기 식

공자가 말씀하셨다. "임금을 섬긴다는 것은, 나랏일을 하는데 전력하고 자신
의 생계는 뒤로 미루는 것이다."

어짊(仁)은 임금을 진심으로 섬기고 따르는 것이라고 했습니다. 하
지만 그 최종 목표는 백성과 나라의 안위를 위하는 데 있다고 했죠. 따라
서 공자는 여기서 다시금 진정한 어짊(仁)이 무엇인지 강조하고 있음을
알 수 있습니다. 이제 이와 관련하여 한 인물을 소개하겠습니다.

마누트 볼(Manute Bol)은 1962년 10월
아프리카 수단 남부에서 태어났습니다. 그
는 세계에서 가장 키가 큰 부족 중 하나인
딩카족(Dinka tribe) 출신으로, 15살 때 소 떼
를 해치는 사자를 창으로 사살하는 용맹함
을 보이기도 했는데요. 이후 농구선수 제
의를 받아 미국행을 떠났고, 1988년부터
1994년까지 약 6년간 미국 프로농구(NBA)
에서 활동했습니다. 그의 키는 231cm로
NBA에서 가장 키 큰 선수 중 한 명이었는

데, 그는 이처럼 큰 키로 상대방의 슛을 막아내면서 꾸준한 활약을 했습
니다. 그런데 그는 농구 이외에도 풋볼, 권투, 아이스하키, 승마 등의 역
할을 동시에 소화해냈습니다. 그의 이러한 모습을 보고, 어떤 사람들은
돈에 눈이 멀었다면서 비난하기도 했습니다. 하지만 진정한 이유는 따로
있었는데요. 바로 그의 조국 수단과 가난한 동포들을 돕기 위해서 였는

데, 당시 수단은 남부와 북부의 내전으로 인해서 많은 국민이 억압과 가난에 시달리고 있었죠. 이를 지켜보고 있을 수 없었던 마누트 볼은 NBA 선수가 광대로 전락했다는 조롱 섞인 목소리를 들으면서까지 한 푼이라도 더 벌어서 조국에 보냈지만, 정작 본인은 파산상태가 되어 동료들의 도움으로 근근이 생활을 유지했습니다. 또 대중과 국제사회에, 억압받는 수단에 관심을 가져 달라고 호소하기도 했습니다. 선수 생활 동안 내내 부상에 시달렸고 이후 희귀병에 걸려 투병 생활을 하던 그는 급성 심부전까지 겹쳐서, 결국 2010년 6월 47세의 나이로 세상을 떠났습니다. 하지만 그의 이처럼 조국을 향한 순수한 열정과 노력 때문이었을까요? 1년 뒤인 2011년 7월 그의 조국 남수단은 수단으로부터 독립했습니다. 오직 조국과 국민을 위해서 자신의 생계를 뒤로 한 마누트 볼은 비록 타지에서 사망했지만, 결국 고향 땅에 묻히면서 지금까지도 영웅 대접을 받고 있습니다.

15-41

子曰: "辭達而已矣。"
자 왈   사 달 이 이 의

공자가 말씀하셨다. "말은 전달하면 그뿐이다."

여기서 공자는 말의 핵심 기능에 대해서 간단하고도 정확하게 서술하고 있습니다. 즉 말은 상대방에게 있는 그대로의 사실과 자기의 의사를 정확하게 표현하는 수단일 뿐, 화려한 말솜씨로 사람을 대하면 오히려 미움을 산다는 거죠. 이제 이와 관련된 인물을 소개하겠습니다.

앙겔라 메르켈(Angela Dorothea Merkel) 총리는 2020년 3월 있은 대국민 연설에서 최악의 경우 독일 인구의 3분의 2가 코로나19에 감염될 수 있고, 지금으로서는 백신도 치료제도 없는 상황이라고 밝혔습니다. 이는 "우리는 잘 대처하고 있어서, 타 국가의 방역 모범이 되고 있다." 또는 "코로나19는 독감과 별반 다를 게 없다."라며 낙관론을 펼쳤던 다른 국가 지도자들과는 사뭇 다른 표현이었습니다. 국민에게 있는 그대로의 현실을 알리는 데 중점을 둔 거죠. 이런 메르켈 총리의 연설은 국민이 현실을 직시하도록 하고, 나아가 국민과 정부가 함께 대응하는 분위기를 조성했다는 긍정적인 평가를 받습니다. 그뿐 아닙니다. 메르켈 총리는 코

로나19로 인한 경제적인 충격까지 언급했는데요. 2020년 12월 독일 연방 하원의 내년 예산안 의결을 앞두고 행한 연설에서 사상 최대 규모 적자 예산의 필요성을 밝히면서, "2023년부터 막대한 빚을 갚아 나가겠다."라고 발언했습니다. 코로나19의 위기 극복을 위해서 국가채무가 많이 생겼다는 현 상황을 사실 그대로 밝힌 거죠. 나아가 독일 국민이 채무 급증으로 인한 책임을 분담해야 하고, 동시에 국민의 책임 있는 행동이 필요하다고 설득하기도 했습니다. 이와 관련하여 미국 경제전문 매체 CNBC는 다수의 행동 심리학자들을 인용, 긍정적 결과를 더 강조하면 사람들이 감염 위험에 노출될 가능성이 더 높다고 보도했습니다.

제16편 : 계씨 (季氏)

국민이 정치에 무관심한 나라

季氏將伐顓臾。冉有季路見於孔子曰:
계 씨 장 벌 전 유   염 유 계 로 현 어 공 자 왈

"季氏將有事於顓臾。" 孔子曰:"求, 無乃爾是過與? 夫顓臾,
계 씨 장 유 사 어 전 유   공 자 왈   구 무 내 이 시 과 여   부 전 유

昔者先王以爲東蒙主。且在邦域之中矣, 是社稷之臣也。何以伐爲?"
석 자 선 왕 이 위 동 몽 주   차 재 방 역 지 중 의   시 사 직 지 신 야   하 이 벌 위

冉有曰:"夫子欲之。吾二臣者, 皆不欲也。" 孔子曰:"求! 周任有言曰:
염 유 왈   부 자 욕 지   오 이 신 자   개 불 욕 야   공 자 왈   구   주 임 유 언 왈

'陳力就列, 不能者止。' 危而不持, 顚而不扶, 則將焉用彼相矣?
진 력 취 열   불 능 자 지   위 이 불 지   전 이 불 부   즉 장 언 용 피 상 의

且爾言過矣。虎兕出於柙, 龜玉毁於櫝中, 是誰之過與?"
차 이 언 과 의   호 시 출 어 합   귀 옥 훼 어 독 중   시 수 지 과 여

冉有曰:"今夫顓臾, 固而近於費。今不取, 後世必爲子孫憂。"
염 유 왈   금 부 전 유   고 이 근 어 비   금 불 취   후 세 필 위 자 손 우

孔子曰:"求! 君子, 疾夫舍曰欲之而必爲之辭。丘也聞,
공 자 왈   구   군 자   질 부 사 왈 욕 지 이 필 위 지 사   구 야 문

有國有家者, 不患寡而患不均, 不患貧而患不安。蓋均無貧, 和無寡,
유 국 유 가 자   불 환 과 이 환 불 균   불 환 빈 이 환 불 안   개 균 무 빈   화 무 과

安無傾。夫如是, 故遠人不服, 則修文德以來之; 旣來之, 則安之。
안 무 경   부 여 시   고 원 인 불 복   즉 수 문 덕 이 래 지   기 래 지   즉 안 지

今由與求也, 相夫子, 遠人不服而不能來也, 邦分崩離析而不能守也,
금 유 여 구 야   상 부 자   원 인 불 복 이 불 능 래 야   방 분 붕 리 석 이 불 능 수 야

而謀動干戈於邦內。吾恐季孫之憂, 不在顓臾, 而在蕭墻之內也。"
이 모 동 간 과 어 방 내   오 공 계 손 지 우   부 재 전 유   이 재 소 장 지 내 야

계강자가 노나라에 의존하는 작은 나라인 전유를 정벌하고자 하였다. 염구와 자로가 공자를 뵙고 말씀하셨다. "계강자께서 전유를 무력으로 정벌하고자 합니다." 공자가 말씀하셨다. "염구야, 너는 어찌하여 허물을 바로잡지 않느냐? 전유라는 나라는 옛날 선왕께서 노나라 동몽산에서 열리는 제사의 주체로 삼으셨다. 또 노나라의 가운데에 있으니, 노나라의 신하이다. 어째서 정벌하려 하는가?" 염구가 말씀하셨다. "계강자께서 하고자 하는 것입니다. 저희 둘은 모두 원치 않습니다." 공자가 말씀하셨다. "염구야! 주임이라는 인물께서 '힘

을 다해 나아가 수행하다가 할 수 없으면, 그만둔다.'라고 하셨다. 위태로운데도 잡아주지 않고 엎어지는데도 부축해주지 않으면, 그런 담당자를 어디다 쓰겠느냐? 또 네 말이 지나치다. 맹수가 우리에서 뛰쳐나오고 귀한 물건이 나무로 만든 궤 안에서 망가지면, 이는 누구의 잘못인가? 따라서 일이 잘못되면 곁에서 계강자를 보좌하는 너희들 책임이 크다." 그러자 염구가 말씀하셨다. "지금 저 전유라는 나라는 견고하고, 또 계강자의 영토인 '비' 지역에 가깝습니다. 지금 멸망시키지 않으면, 후세에 반드시 자손의 근심이 될 것입니다." 공자가 말씀하셨다. "염구야! 군자는 하고 싶다고 솔직히 말하지 않고 반드시 해야 한다고 애써 명분을 만들어서 말하는 걸 미워한다. 내가 듣기로 나라를 이끄는 자는 백성 숫자가 적은 걸 근심하지 않고 그들에게 고르게 베풀어지지 않을까 근심하며, 백성이 가난할까 근심하지 않고 편안하게 지내지 못할까 근심한다고 한다. 고르게 베풀어지면 가난함이 없게 되고, 화목하면 외부 사람들이 몰려와서 백성이 되어 숫자가 적지 않게 되며, 편안하면 나라가 기울어지지 않게 된다. 따라서 나라 밖 먼 곳에 있는 사람들이 복종하지 않으면 곧 문(文)과 덕(德)을 닦아서 오게 하고, 이미 나라에 와 백성이 되었으면 편안하게 해줘야 한다. 이제 자로와 염구가 계강자를 도와서 전유를 전복시키려고 하니, 멀리 있는 이들이 계강자를 따르지 않게 되어 올 수가 없다. 나라는 흩어지고 쪼개져서 지킬 수 없게 되었는데도, 나라 안에서 전쟁을 도모하고 있다. 나는 계강자의 의도가 단순히 전유를 토벌하는 것이 아니라, 내부 변란을 일으켜 임금 자리를 노리는 데 있을까 두렵다."

계강자가 '전유'를 정벌했다는 기록은 어디에도 보이지 않습니다. 따라서 이는 실제로 발생한 사건은 아니죠. 그럼에도 불구하고 『논어』의 편찬자는 어떠한 의도로 이 대화를 집어넣은 걸까요? 이제 그 이유에 대해서 하나씩 분석해보도록 합시다.

1. "염구야, 너는 어찌하여 허물을 바로잡지 않느냐?"
   - 자기 잘못을 고칠 줄 아는 '개과물린(改過勿吝: 허물을 고치는 데 인색하지 마라)'의 자세에 위배됨.

2. "위태로운데도 잡아주지 않고 엎어지는데도 부축해주지 않으면, 그런 담당자를 어디다 쓰겠느냐?"

   - 자기가 처한 신분에서 마땅히 지켜야 할 의무인 의로움(義)에 위배됨.

3. "군자는 하고 싶다고 솔직히 말하지 않고 반드시 해야 한다고 애써 명분을 만들어서 말하는 걸 미워한다."

   - 교언(巧言: 말을 교묘하게 하는 것)에 해당함.

4. "이제 자로와 염구가 계강자를 도와서 전유를 전복시키려고 하니, 멀리 있는 이들이 계강자를 따르지 않게 되어 올 수가 없다."

   - 외지 사람이 몰려와 백성이 되게 하는 '도'의 궁극 목표에 위배됨.

5. "나라는 흩어지고 쪼개져서 지킬 수 없게 되었는데도, 나라 안에서 전쟁을 도모하고 있다."

   - '도'의 핵심인 비폭력주의에 위배됨.

6. "나는 계강자의 의도가 단순히 전유를 토벌하는 것이 아니라, 내부 변란을 일으켜 임금 자리를 노리는 데 있을까 두렵다."

   - 어짊(仁)에 위배됨.

즉 『논어』의 편찬자는 이들의 대화가 '도'를 집약적으로 잘 표현한 것이라고 판단해서 삽입한 것임을 알 수 있습니다.

16-2

孔子曰: "天下有道, 則禮樂征伐自天子出;
공 자 왈   천 하 유 도   즉 예 악 정 벌 자 천 자 출

天下無道, 則禮樂征伐自諸侯出。自諸侯出, 蓋十世希不失矣;
천 하 무 도   즉 예 악 정 벌 자 제 후 출   자 제 후 출   개 십 세 희 불 실 의

自大夫出, 五世希不失矣; 陪臣執國命, 三世希不失矣。天下有道,
자 대 부 출   오 세 희 불 실 의   배 신 집 국 명   삼 세 희 불 실 의   천 하 유 도

則政不在大夫。天下有道, 則庶人不議。"
즉 정 부 재 대 부   천 하 유 도   즉 서 인 불 의

공자가 말씀하셨다. "세상에 '도'가 있어서 지도자가 '도'로 다스리면 예악제도 시행과 다른 나라 정벌이 천자의 명령에서 비롯되지만, 세상에 '도'가 없으면 예악제도 시행과 다른 나라 정벌이 제후의 명령에서 비롯된다. 제후의 명령에서 비롯되면 대략 10대(300년) 후에 쇠락하여 권력을 잃게 되고, 그 명령이 대부에게서 나오면 5대(150년) 후에 권력을 잃게 되며, 대부의 가신이 국가의 명령을 장악하면 겨우 3대(90년)만 버틸 수 있을 뿐이다. 세상에 '도'가 있으면 세상이 안정되므로 정권이 대부에게 넘어가지 않고, 또 백성들이 정치를 논하지 않게 된다."

먼저 공자가 앞부분에서 말하고자 한 취지는 바로 의롭지 못한(不義) 신하들의 끝이 좋지 못하다는 겁니다. 세상의 모든 명령은 천자에서 비롯되어야 하는데, 천자 밑의 신하가 그 일을 대신한다는 것은 결국 자기 신분에 걸맞지 못한 행위이기 때문이죠. 그리고 마지막 부분의 "백성들이 정치를 논하지 않게 된다."는 뜻이 무엇인지 파악하기 위해서, 먼저 다음 두 기록을 살펴보겠습니다.

17-1: 가장 훌륭한 지도자는, 아랫사람들이 그 존재만을 안다. 『도덕경』

"해가 뜨면 일하고, 해가 지면 집에 돌아가 쉬며, 목이 마르면 우물을 파서 마시고, 배가 고프면 밭을 갈아서 먹으니, 임금이 나에게 해준 게 뭔가?"

『십팔사략』「오제」

따라서 공자는 이 구절을 통해 어쩌면 너무나도 당연한, 만고의 변치 않는 가치를 설명하고 있습니다. 즉 임금을 진심으로 섬기고 따르는

어짊(仁)과 자기가 처한 신분에서 마땅히 해야 할 일을 목숨을 걸고 지키는 의로움(義)이 존재하면 한 나라가 안정되고, 그렇게 되면 백성이 나라 정치에 무관심하게 되므로 세상이 평온하다는 거죠. 백성이 지도자가 누구인지도 모르는 나라, 그게 가장 이상적인 태평성대를 뜻하니까요.

16-3

孔子曰: "祿之去公室, 五世矣; 政逮於大夫, 四世矣。故夫三桓之子孫,
공 자 왈   녹 지 거 공 실   오 세 의   정 체 어 대 부   사 세 의   고 부 삼 환 지 자 손

微矣。"
미 의

공자가 말씀하셨다. "신하들에게 녹봉을 주는 일이 임금 손을 떠난 지 선공 성공 양공 소공 정공 5대째요, 나라를 다스리는 일이 대부 손에 떨어지고 나서 계무자 계도자 계평자 계환자 4대째이니, 저 노나라 환공의 자손인 맹손 숙손 계손의 자손들은 쇠락할 것이다."

16-2에서 공자는 "나라의 명령이 대부에게서 나오면 5대(150년) 후에 권력을 잃게 된다."고 했습니다. 따라서 이 구절은 맥락상 앞 구절과 이어지는 거죠. 즉 노나라가 대부 중 가장 높은 지위인 경(卿) '삼환'의 수중에 넘어간 지 4대째이므로, 이제 1대(30년)만 지나면 가세가 기울어져 권력을 잃게 된다는 겁니다. 물론 그 이유는 하늘이 정해준 윗사람과 아랫사람의 도리를 어기는 것은 자연의 순리에 어긋나기 때문인 거죠. 순리에 어긋나면 일정한 시간이 흐른 후 결국 다시 제자리로 돌아오니까요.

孔子曰: "益者三友, 損者三友。友直, 友諒, 友多聞, 益矣。友便辟,
공 자 왈   익 자 삼 우 손 자 삼 우   우 직   우 량 우 다 문   익 의   우 편 벽

友善柔, 友便佞, 損矣。"
우 선 유 우 편 녕 손 의

공자가 말씀하셨다. "이로운 벗이 셋, 해로운 벗이 셋이 있다. 올곧은(直) 이와 사귀고, 신중하게 살피는(諒) 이와 사귀며, 많이 들어서 지혜로운(知) 이와 사귀면 이롭다. 반면 한쪽으로 치우친 이와 사귀고, 유약한 이와 사귀며, 아첨하는 이와 사귀면 해롭다."

끼리끼리 어울린다는 '유유상종'이란 사자성어가 있습니다. 결국엔 성향이 비슷한 사람들끼리 서로 끌려서 함께 한다는 뜻입니다. 따라서 지도자가 될 사람은 '도'의 구성요소들을 실천하는 벗들을 사귀어야, 비로소 훗날 진정한 리더십을 발휘할 수 있는 겁니다. 특히 정치는 혼자 잘 한다고 되는 게 아니니까요. 즉 여기서 공자는 이로운 세 종류의 벗을 비유로 들어서 '도'의 세 가지 구성요소를 강조하고 있다고 봐야겠죠. 사사로운 정에 얽매이지 않고 공정하게 판단하는 올곧음(直)과 언행에 조심하는 신중함(愼) 그리고 많이 들어서 객관적으로 판단할 수 있는 지혜로움(知)이 바로 그것입니다.

孔子曰: "益者三樂, 損者三樂。樂節禮樂, 樂道人之善, 樂多賢友,
공 자 왈   익 자 삼 락 손 자 삼 락   락 절 예 악   락 도 인 지 선   락 다 현 우

益矣。樂驕樂, 樂佚遊, 樂宴樂, 損矣。"
익 의   락 교 락 락 일 유 락 연 락 손 의

공자가 말씀하셨다. "이로운 세 가지 즐거움이 있고, 해로운 세 가지 즐거움이

있다. 예약제도로서 지나치거나 모자라지 않도록 절제하는 걸 즐거워하고, 타인의 선함을 말하기를 즐거워하며, 현명한 벗이 주위에 많은 것을 즐거워하면 이롭다. 하지만 교만함을 즐거워하고, 빈둥거리는 것을 즐거워하며, 향락으로 방탕한 것을 즐거워하면 해롭다."

언제부터인가 선거철만 되면 정치인들은 자신의 철학이 담긴 참신한 정책을 제시하여 당선되기를 바라기보다는, 수단과 방법을 가리지 않고 경쟁 후보를 비방하고 폄훼하여 그를 떨어뜨리는 데만 혈안이 되어 있는 듯합니다. 정치의 유일한 목표는 나라와 국민의 안위를 위하는 것인데, 많은 정치인들이 자기만 옳고 상대방은 그르다는 교만함을 보이는 데만 열중하죠. 국민들이 상대방을 헐뜯는 데만 치중하는 정치인들의 모습을 보고, 과연 어떤 생각을 할까요? 이 문제를 해결하는 가장 좋은 방법은 의외로 간단합니다. 먼저 투표권을 행사하는 국민들이 정책으로 승부하는 정치인들을 선호하는 성숙한 풍토를 조성하는 겁니다. 그럼 정치인들도 자연스레 스스로의 모습을 부끄러워하여, 정치인 본연의 자세에 대해서 다시금 생각할 터이니까요.

이뿐만이 아닙니다. 2500년 전을 살다 간 공자는 마치 미래를 내다본 양, "빈둥거리는 것을 즐거워하며, 향락으로 방탕한 것을 즐거워하면 해롭다."라고도 했는데요. 실제로 주요 안건을 다루는 국감장에서 게임에 정신이 팔려 있거나, 코로나19로 사회적 거리두기 동참을 호소하고 있는 이때 룸살롱에서 나오는 국회의원들의 모습이 카메라에 찍히는 일까지 발생했습니다. 이 구절에서 공자는 자신에게 이로운 세 가지 즐거움에 대해서 언급했습니다.

1) 지나치거나 모자라지 않도록 스스로 절제하기
2) 타인의 단점을 비방하기보다는 장점을 말하기

3) 교만함과 안일함 그리고 방탕함을 멀리하도록 조언해주는 현명한 벗을 주위에 두기

누구보다 솔선수범을 보여야 하는 정치인들이 이 세 가지를 마음에 두고 실천하도록 노력해야 할 때입니다.

16-6

孔子曰:"侍於君子, 有三愆 言未及之而言, 謂之躁; 言及之而不言,
공자왈   시어군자 유삼건 언미급지이언 위지조 언급지이불언

謂之隱; 未見顔色而言, 謂之瞽。"
위지은 미견안색이언 위지고

공자가 말씀하셨다. "군자를 보필할 때, 세 가지 허물을 조심해야 한다. 말을 할 때가 아닌데도 말하는 걸 성급하다고 하고, 말을 해야 할 때인데도 말하지 않는 걸 은폐한다고 하며, 상대방의 안색을 보지 않고 말하는 걸 기색을 잘 살피지 못한다고 한다."

국가에 중대한 사건이 발생하면 담당자는 즉각 최고 지도자인 대통령에게 보고를 해야 합니다. 하지만 보고가 늦게 이뤄질 때면, 매번 여당과 야당 사이에서 '단순한 보고 지연'인지 아니면 '악의적 은폐 시도'인지에 대해서 설전이 오갑니다. 2014년 세월호 사건 보고 지연, 2015년 한국형 전투기(KF-X) 사업핵심기술 이전 차질 보고 지연, 2020년 북한군에 의한 국민 피살 사건 그리고 2021년 공군 성추행 피해자 사망 사건 허위 보고 및 축소 은폐 의혹 등이 그것이죠. 물론 사건마다 상황이 다를 수 있고, 또 세월이 흐를수록 정확한 의도를 더욱 파악할 수 없을 수도 있습니다. 하지만 한 가지는 확실하죠. 이는 책임을 지고 대통령에게 보고해야 할 담당자가, 자신의 신분에서 마땅히 해야 할 의무를 이행하지

못한 불의(不義)임을 말입니다.

孔子曰: "君子有三畏。畏天命, 畏大人, 畏聖人之言。
공 자 왈   군 자 유 삼 외   외 천 명 외 대 인 외 성 인 지 언

小人不知天命而不畏也, 狎大人, 侮聖人之言。"
소 인 부 지 천 명 이 불 외 야   압 대 인 모 성 인 지 언

공자가 말씀하셨다. "군자는 세 가지를 공경하고 두려워한다. 1) 백성이라는
것이 억압하는 것이 아닌 그들의 천성에 따라 순리대로 다스려야 하는 존재임
을 깨닫고, 선한 것과 옳은 것을 지켜야 하는 천명을 공경하면서도 두려워하
여 받드는 것이다. 2) 또한 대인 즉 지배계급인 천자와 제후를 공경하면서도
두려워하여 받듦으로써 어짊(仁)을 실천해야 한다. 3) 그리고 마지막은 대동의
사회를 이끈 성인의 말씀인 '도'를 공경하면서도 두려워하여 따르는 것이다.
하지만 피지배계급인 소인은 선한 것과 옳은 것을 지키는 천명이 무엇인지 몰
라서 두려워하지 않고, 지배계급인 천자와 제후를 업신여기며, 대동의 사회를
이끈 성인의 말씀인 '도'를 비웃는다."

먼저 피지배계급인 '소인'의 반대말 '대인'은 구체적으로 누구인지
살펴보겠습니다.

대인의 그릇이란 위엄이 있어서 사람들이 공경하는 것이니, 천자는 위엄이
있어서 함부로 점치지 않지만, 제후는 나라를 지키려고 점친다.

『예기』「표기」

따라서 군자는 바로 대인 즉 지배계급인 천자와 제후를 진심으로
섬기고 따르는 '어짊(仁)을 행하면서 선정을 베푸는 참된 지도자'를 뜻하
죠. 이제 군자와 반대되는 길을 걷고 있는 인물을 소개하겠습니다.

니콜라스 마두로(Nicolás Maduro Moros)는 노동자 가문의 아들로 태어났습니다. 우고 차베스(Hugo Rafael Chávez Frías)가 베네수엘라 대통령에 당선되자 외무장관으로 임명되었고, 2012년에는 부통령이 되었습니다. 2013년 차베스가 암으로 사망하자 임시 대통령직을 수행하다가, 대통령 선거를 통해 정식으로 대통령이 되었는데요. 베네수엘라는 석유가 국가 수출의 96%를 차지하는데,

마두로가 대통령이 된 후 본격적인 경제위기가 찾아왔습니다. 특히 2014년 미국발 셰일가스(Shale Gas) 혁명으로 세계 유가가 폭락하게 됩니다. 과거에는 기술 부족으로 입자가 작은 진흙층인 셰일에 포함된 천연가스를 추출하지 못했지만, 이제 가능해져서 석유 가격이 폭락하게 된 겁니다. 그러자 베네수엘라는 한 해에 인플레이션 비율만 56.2%를 넘어서면서, 생필품 부족에 시달리는 시민들의 불만이 커졌습니다. 시민들은 거리로 나와 기본권 보장에 대한 대규모 시위를 펼쳤는데, 마두로대통령은 민심을 달래기는커녕 오히려 군대를 동원하여 무력으로 진압하는 모습을 보였죠. 2015년 국회의원 총선거에서는 마두로의 퇴진을 요구하는 야권연합이 70% 이상의 의석을 차지하였는데, 마두로는 퇴진을 거부하고 경제개혁에는 아랑곳하지 않으며 부정부패만 가중시켰고, 결국 베네수엘라의 경제는 파탄이 나고 말았습니다. 이후 경제 악화와 지속적인 탄압으로 정부에 대한 신뢰도가 낮아진 시민들은 다시 마두로대통령의 퇴진을 요구하는 퇴진 시위를 벌였는데, 마두로대통령은 다시 한번 무력 진압 카드를 꺼내면서 언론까지 탄압하기 시작했습니다. 현재 마두로대통령의 지지율은 6%대로 알려져 있습니다.

孔子曰: "君子有九思。視思明, 聽思聰, 色思溫, 貌思恭, 言思忠,
공 자 왈   군 자 유 구 사   시 사 명   청 사 총   색 사 온   모 사 공   언 사 충

事思敬, 疑思問, 忿思難, 見得思義。"
사 사 경   의 사 문   분 사 난   견 득 사 의

공자가 말씀하셨다. "군자는 아홉 가지로 생각을 한다. 사실을 정확하게 보고 있는지 생각하고, 상대방의 말을 명확하게 듣고 있는지 생각하며, 온화한 얼굴빛으로 상대방을 대하고 있는지 생각하고, 공손한 태도로 임하고 있는지 생각하며, 말을 할 때 한쪽으로 치우치지 않고 공정하게 말하는지 생각하고, 상관과 임금을 섬기는데 공경하는 모습을 보이고 있는지 생각하며, 의문이 생기면 주저하지 않고 묻고 있는지 생각하고, 화가 났을 때는 순간의 충동을 못 이겨서 이후 발생할 수 있는 어려움을 생각하며, 이익을 얻게 되면 그것이 내가 처한 신분에서 받아도 정당한 의로움(義)에 어긋나는 건 아닌지 생각한다."

프랜시스 퍼킨스(Frances Perkins)는 미국 프랭클린 D. 루스벨트(Franklin Delano Roosevelt) 32대 대통령 당시 12년간 노동부 장관을 지냈습니다. 그녀의 정치철학에 가장 큰 영향을 미친 사건은 1911년 발생한 트라이앵글 셔츠웨이스트 공장 화재(Triangle Shirtwaist Factory fire)였는데, 146명이 사망하여 9·11 테러 전까지 가장 많은 사상자를 낸 사건으로 알려져 있습니다. 공장에서 불이 나자 노동자들은 대피하려고 했지만, 계단으로 연결된 비상구 문이 잠겨 있어서 많은 희생자가 발생했습니다. 프랜시스 퍼킨스는 이 사건을 직접 목격하면서 충격과 슬픔에 잠겼고, 이후 그녀는 정치계에 진출하여 열악한 환경 속에서 일하는 노동자들 편에 섰습니다. 특히 그녀는 사회적 약자를 위해

활동하면서 아동 노동 제한과 주당 48시간 노동 시간제, 고용보험, 최저 임금제 등 1930년대 미국의 사회보장제도를 창안해낸 인물이었습니다. 하지만 그녀는 개인적으로는 불행한 생활을 한 것으로 알려져 있습니다. 일각에서는 정신질환으로 시달린 남편과 딸을 간호했다고 하지만, 또 다른 전언으로는 남편의 폭력에 시달렸고 딸과의 관계도 상당히 좋지 않았다고도 합니다. 하지만 그녀는 개인이 불행한 이유를 타인에게 전가하거나 드러내지 않고, 홀로 가슴속에 품었습니다. 그뿐만이 아닙니다. 그녀는 자신의 능력이 부족하다고 생각해서 매번 업무를 제안 받을 때마다 다른 여성에게 그 기회를 양보하고, 심지어 개인 회고록을 출판할 기회가 있었지만 자기는 자격이 없다면서 거절하는 겸손함을 보인 건 지금까지도 유명한 일화로 전해지고 있습니다. 이후 은퇴한 그녀는 한 대학에서 강사로 일하다가, 1965년 조용히 세상을 떠났습니다.

16-14

邦君之妻: 君, 稱之曰夫人。夫人, 自稱曰小童。邦人, 稱之曰君夫人。
방 군 지 처 군 칭 지 왈 부 인 부 인 자 칭 왈 소 동 방 인 칭 지 왈 군 부 인

稱諸異邦曰寡小君。異邦人, 稱之亦曰君夫人。
칭 저 이 방 왈 과 소 군 이 방 인 칭 지 역 왈 군 부 인

한 나라 임금의 아내는, 임금이 그녀를 '부인'이라고 부른다. 부인은 스스로를 '소동(남의 집에서 심부름하는 아이)'이라고 칭한다. 그 나라 백성들은 그녀를 '군부인(임금의 부인)'이라고 부른다. 하지만 다른 나라 사람에게는 그녀를 '과소군(자신의 임금을 다른 나라 사람에게 말할 때 쓰는 겸손한 칭호)'이라고 칭한다. 그러면 다른 나라 사람들은 그녀를 다시 '군부인(임금의 아내)'이라고 부른다.

이 구절이 말하고자 한 바는 상호존중과 배려, 그리고 겸손이라고 할 수 있습니다. 특히 자기는 겸손하여 몸을 낮추는 반면, 타인은 배려하

여 존중하는 상호존중의 자세는 '덕'의 표본이라고 할 수 있습니다. 하루 빨리 나랏일에 종사하는 정치인들이 이런 성숙한 자세를 회복하길 바랍니다. 물론 앞에서 소개한 프랜시스 퍼킨스(Frances Perkins)의 태도에서도 역시 이러한 겸손함을 살펴볼 수 있는데요. 이제 다음 기록을 통해서, 왜 겸손함(謙)이 '도'의 중요한 구성요소가 될 수밖에 없는지 확인해 보겠습니다.

군자는 남을 귀히 여기고 자기를 천하게 여긴다. 남을 앞으로 하고 자기를 뒤로 하면, 곧 백성들이 겸손함에 이른다. 그러므로 남의 임금을 군이라고 칭하고, 자기 임금은 과군이라고 부른다. 『예기』「방기」

제17편 : 양화(陽貨)

성선설과 성악설

陽貨欲見孔子, 孔子不見, 歸孔子豚。孔子時其亡也而往拜之, 遇諸途。
양 화 욕 견 공 자 공 자 불 견 귀 공 자 돈   공 자 시 기 망 야 이 왕 배 지 우 제 도

謂孔子曰:"來, 予與爾言。"曰:"懷其寶而迷其邦, 可謂仁乎?"曰:
위 공 자 왈 래 여 여 이 언   왈 회 기 보 이 미 기 방 가 위 인 호 왈

"不可。""好從事而亟失時, 可謂知乎?"曰:"不可。""日月逝矣,
불 가   호 종 사 이 기 실 시 가 위 지 호 왈 불 가   일 월 서 의

歲不我與。"孔子曰:"諾, 吾將仕矣。"
세 불 아 여   공 자 왈 낙 오 장 사 의

양호가 공자를 만나서 정치에 대해서 의논하고 싶어 했으나 만나주지 않자, 공자에게 돼지를 보냈다. 공자는 그가 없을 때 그의 집에 가서 예를 갖추고, 돌아오는 도중에 그만 양호를 만나게 되었다. 양호가 공자에게 말했다. "오시오, 내 그대와 말 좀 합시다." 그리고 말했다. "뛰어난 능력이 있음에도 나라의 혼란스러움을 방관한다면, 어질다고 할 수 있소?" 공자가 말씀하셨다. "아닙니다." 양호가 말했다. "정치에 참여하여 나라를 바로잡기를 원하면서도 시기를 자주 놓쳐서 기회를 잡지 못한다면, 지혜롭다고 할 수 있소?" 공자가 말씀하셨다. "아닙니다." 양호가 말했다. "해와 달은 지는 법이니, 세월은 나를 기다리지 않소." 공자가 말씀하셨다. "알겠습니다. 나는 그대가 신하 신분으로 정권을 장악하여 어질지 못한 인물이기에 피하려 했는데, 기왕 벼슬을 하여 나라를 바로잡을 기회가 생겼으니 요청을 받아들여 벼슬을 하겠습니다."

양호는 자(字)가 화(貨)라서 양화라고도 불렸습니다. 그는 공자와 생김새가 무척 닮았다고 전해집니다. 9-5에서 소개한 바 있듯이 공자와 제자 일행이 '광' 지역을 지나는데, 그 지역 사람들이 공자의 모습을 보고 양호라고 오해하여 닷새 동안이나 그들을 포위한 적이 있죠. 이걸로 봐서 양호는 그리 훌륭한 지도자는 아니었던 것 같습니다. 그는 노나라 계손씨의 가신이 되어 계평자를 섬기다가, 정공 5년 즉 공자가 46세일 때 계평자가 죽자 권력을 장악했죠. 『사기』 「공자세가」에 의하면 그는 정공 8년 즉 공자가 49세일 때 공산불요와 함께 반란을 일으켜 계평자의 아

들 계환자를 체포했고, 이참에 삼환을 몰아내려 했으나 음모가 사전에 들통나는 바람에 오히려 '양관'으로 달아났다가 다시 제나라로 도망갔습니다. 따라서 둘의 대화는 공자 나이 46세에서 49세 사이에 이루어진 것으로 추측할 수 있는데요. 마침 공산불요가 등장했으니, 다음 구절도 함께 살펴보겠습니다.

17-5

公山弗擾以費畔, 召。子欲往。子路不說曰: "末之也已,
공 산 불 요 이 비 반　소　자 욕 왕　자 로 불 열 왈　말 지 야 이

何必公山氏之之也?" 子曰: "夫召我者而豈徒哉? 如有用我者,
하 필 공 산 씨 지 지 야　자 왈　부 소 아 자 이 기 도 재　여 유 용 아 자

吾其爲東周乎!"
오 기 위 동 주 호

공산불요가 '비' 지역을 점거하여 함부로 날뛰었는데, 공자를 기용하고자 했다. 공자는 공산불요의 요청을 받아들여서 가려고 했다. 그러자 자로가 불쾌해하며 말씀하셨다. "갈 곳이 없으면 그만이지, 어찌 공산불요 쪽으로 가려고 하십니까?" 공자가 말씀하셨다. "나를 부른 사람이 어찌 헛되이 불렀겠는가? 만약 내 재능을 알아주어서 나를 쓴다면, 내가 '비' 지역을 동쪽의 주나라로 만들겠다!"

역시 계손씨 집안의 가신이었던 공산불요는 양호와 함께 반란을 일으켜, 계환자를 체포하고 삼환을 제거하고자 했습니다. 하지만 일이 실패하자 양호는 '양관'으로 도망갔고, 공산불요는 '비' 지역을 무력으로 점거한 거죠. 이제 이 두 구절을 엮어서 공자가 이 두 사람에게 가려고 한 이유에 대해서 살펴보겠습니다.

『사기』「공자세가」에 따르면, 공자는 이 무렵 '도'를 배운 지 오래되었지만 등용되지 못하여 그간 배운 '도'를 시험해 볼 기회가 없어서

답답해했다고 합니다. 주지하다시피 '도'는 지위가 높을수록 시행하기가 쉬워집니다. 그래서 양호의 제안에 응하려고 한 거죠. 하지만 양호는 도 망갔고, 1년이 지난 50세 때 다시 공산불요의 요청을 받았던 겁니다. 그러자 공자는 "문왕과 무왕이 '풍'과 '호' 지역에서 일어나 주나라를 일으켰다. 지금 '비'라는 땅이 비록 작지만 나라를 다스리는 '도'를 실현할 수 있는 곳이다."라고 말하며 그의 제안을 받아들이려고 했습니다. 하지만 천운일까요? 양호와 공산불요의 계획은 모두 실패했고, 이에 공자는 그들의 밑에서 벼슬할 기회가 없었던 겁니다. 만약 공자가 조금만 더 일찍 두 명을 만나고 그들 밑에서 벼슬을 했다면, 우리는 역모에 가담했던 공자를 기억하게 되었을지도 모릅니다. 그렇다면 『논어』의 편찬자는 무슨 까닭으로 이 대화를 집어넣은 걸까요? 이 문제에 대한 해답을 찾기 위해서, 『도덕경』의 다음 두 구절을 살펴보겠습니다.

> 50-2: 무릇 듣건대 양생을 잘하는 이는 길을 가도 코뿔소나 맹호를 만나지 않고, 군대에 가도 무기가 미치지 않는다.

> 55-2: 벌과 전갈 독사가 쏘지 않고, 맹수가 달려들지 않으며, 맹금이 덮치지 않는다.

이 두 구절의 뜻은 '덕'을 쌓으면 그냥 자연스레 죽음을 피할 수 있다는 것이 아니라, 사리에 밝아져서 재앙에 미리 대처할 수 있게 된다는 뜻입니다. 즉 자기에게는 엄격하고 타인에게는 관대한 덕을 실천하는 이는, 설령 위험에 빠뜨릴 수 있더라도 죽음에 이르게 할 수는 없는 거죠. 결국 공자는 부단히 '덕'을 실천하고자 한 이른바 '양생을 잘하는 이'였으므로, 위기에 직면해도 자기를 해치지는 않을 수 있었을 겁니다. 이제 이와 관련된 일화 하나를 소개하겠습니다.

2020년 7월 미국 조지아주 보안관 사무소가 관리하는 교도소를 순회하던 워런 홉스(Warren Hobbs) 보안관은 자리에 앉자마자 의식을 잃고 바닥에 쓰러졌습니다. 그 과정에서 머리를 부딪쳐 피를 흘리고 있었는데요. 얼마 후 수감자인 미첼 스몰스(Mitchell Smalls)는 그의 쓰러진 모습이 이상하다고 느꼈고, 이에 소리를 지르고 문을 쾅쾅

두드리면서 모두에게 알렸습니다. 그러자 60명 이상의 수감자들이 철창을 두드리며 크게 소리를 질렀죠. 그 소리를 들은 워런 홉스는 순간적으로 의식을 되찾았고, 정신이 몽롱한 상태에서 수감자들이 도움을 요청하고 있다고 착각하여 감방 제어 해제 버튼을 누른 뒤 다시 쓰러졌습니다. 감방에서 뛰쳐나온 미첼 스몰스 등 3명은 무전기와 전화로 구조를 요청했고, 곧바로 달려온 구급대원에 의해서 병원에 이송되었습니다. 다행히 워런 홉스는 목숨을 건졌고, 뒤늦게 이 소식을 접한 그는 세 사람에게 감사 인사를 했습니다. 그러자 미첼 스몰스는 "그때 홉스를 보안관으로 생각하지 않았다. 다만 도움이 필요한 사람이 쓰러져 있다고 생각했을 뿐이었다."고 말했다고 합니다. 폭스 뉴스(Fox News)는 "수감자들이 보안관을 도운 건, 평소 수감자들의 존엄성을 지켜주며 선의로 대했기 때문이다. 많은 이들이 법 집행관과 범죄자에 대해 고정관념을 갖고 있지만, 이번 사건은 인간의 선함을 분명히 보여준 사례"라고 전했습니다.

이제 다음 구절도 함께 살펴볼 텐데요. 이때 공자가 처한 상황은 앞의 '도를 배운 지 오래되었지만 등용되지 못하여 그간 배운 도를 시험해볼 기회가 없어서 답답해한 상황'과는 분명히 다릅니다.

佛肸召, 子欲往。子路曰:"昔者由也聞諸夫子曰:'親於其身爲不善者,
필 힐 소 자 욕 왕 자 로 왈 석 자 유 야 문 제 부 자 왈 친 어 기 신 위 불 선 자

君子不入也。'佛肸以中牟畔, 子之往也, 如之何?"子曰:"然,
군 자 불 입 야 필 힐 이 중 모 반 자 지 왕 야 여 지 하 자 왈 연

有是言也。不曰堅乎, 磨而不磷; 不曰白乎, 涅而不緇。吾豈匏瓜也哉?
유 시 언 야 불 왈 견 호 마 이 불 인 불 왈 백 호 날 이 불 치 오 기 포 과 야 재

焉能繫而不食?"
언 능 계 이 불 식

진(晉)나라 경 조간자의 영토인 '중모' 지역 원님을 지내던 필힐이 반란을 일
으키고는 공자를 기용하고자 불렀는데, 공자는 필힐의 요청에 응하려고 하였
다. 이에 자로가 말씀하셨다. "옛날에 저는 스승께서 '지도자가 몸을 선하지 못
한 것에 가까이하면, 군자가 그 나라에 들어가지 않는다.'라고 말씀하시는 것
을 들었습니다. 필힐이 '중모' 땅에서 함부로 날뛰는 것은 옳은 일이 아닌데도
스승께서 그곳에 가시려 하니, 이는 어찌 된 것입니까?" 공자가 말씀하셨다.
"그렇다. 내가 그런 말을 한 적이 있다. 하지만 단단한 것은 아무리 갈아도 얇
아지지 않고, 흰 것은 검은 물을 들여도 검어지지 않는다는 말이 있지 않더냐!
내가 그곳에 가면 유혹에 빠지지 않고 도를 지킬 수 있다. 더구나 내가 어찌
조롱박과 같이 매달려 있어도 먹지 못하는 그런 무용지물이란 말인가?"

양호 그리고 공산불요와의 사건 이후로 공자는 정공에게 기용되어
서 '중도' 지역의 원님이 됩니다. 이어서 토지와 민사를 담당하던 사공
(司空)과 대사구(大司寇: 형조판서) 그리고 대부(大夫)로 승진하죠. 하지만 그
런 공자의 정치 능력을 두려워한 제나라가 미인계로 노나라를 방해하고,
이에 양호와 공산불요에게 체포되었다가 풀려난 계환자는 미인계에 빠
져서 정사를 소홀히 했으며, 임금은 제사를 지내고 난 후에도 대부들에
게 음식을 나눠주지 않았습니다. 그러자 공자는 노나라의 '도'가 땅에 떨
어졌다면서, 주저 없이 떠나게 된 겁니다. 그러고는 전국을 주유하며 유

세하여 자기의 '도'를 받아줄 나라를 찾았지만 뜻대로 되지 않았고, 나이 60이 되었을 때 기대했던 위나라에서조차 받아들여지지 않자 이 말을 했다고 합니다. 다시 말해서 이 말을 할 때의 공자는 과거 벼슬길에 목이 말랐던 상황이 아니었습니다.

즉 공자는 그간 벼슬했던 경험 특히 노나라 대부가 되었을 때 3개월 만에 나라의 풍토를 변화시킨 것처럼, 이제 세상을 바꿀 자신감으로 가득 차 있었습니다. 하지만 기회가 좀처럼 생기지 않았죠. 그래서 자로가 본문에서처럼 신랄하게 비판하며 지적하자, 공자는 이를 인정하고 자신의 발언을 번복해가면서까지 다시 정치적 기회를 잡아보고자 했던 겁니다. 결국 뜻대로 되지 않고 자꾸만 어려운 처지에 놓이게 되자, 이처럼 굳은 의지가 약해지고 심지어 방황하는 모습까지도 보이게 된 거죠. 이제 이와 관련하여 다음의 『도덕경』 구절을 보겠습니다.

20-5: 많은 이들이 화목하고 즐거워하는 것이, 마치 잘 차린 음식을 즐기는 듯하고, 봄날에 누각에 오르는 듯하다.

20-6: 나 홀로 담담하여 그러한 조짐이 없으니, 마치 순수함을 지녀서 아직 달래지지 않은 듯하다.

20-7: 지쳤으니, 마치 돌아갈 곳이 없는 듯하다.

20-8: 많은 이들이 모두 남음이 있는데, 그러나 나 홀로 빠진 듯하다.

20-9: 내 우직한 이의 마음이여, 혼란스럽도다.

20-10: 세속의 사람들은 명확하게 이해하는데, 나 홀로 혼미하도다.

20-11: 세속의 사람들은 너무나 똑똑하게 분별하는데, 나 홀로 매우 딱하구나.

20-12: 평안하고 고요하니, 그것은 마치 바다와도 같다.

20-13: 높이 부는 바람이니, 마치 그침이 없는 듯하다.

20-14: 많은 사람이 모두 근거로 함이 있는데, 나만 홀로 완고하여 궁색한 듯하다.

20-15 : 나 홀로 사람들과 달라서, 근본을 기르는 것을 귀히 여긴다.

공자도 노자와 마찬가지로, 아무리 강한 의지를 갖고 있더라도 버티기 힘든 때가 있었을 겁니다. 어쩌면 이야말로 정말 사람 냄새나는 공자와 노자의 모습을 보여주는 대목이 아닐까요? 그래서 『논어』 편찬자도 이 부분의 기록을 가감 없이 그대로 남겼고 말입니다. 그리고 공자는 역시 노자와 마찬가지로 방황하던 마음을 부여잡고, 다시 세상에 '도'를 전파하겠다는 강한 신념으로 이후 8년간의 긴긴 떠돌이 생활을 이어갑니다.

17-3

子曰: "唯上知與下愚, 不移。"
자 왈   유 상 지 여 하 우   불 이

공자가 말씀하셨다. "오직 위에 있는 가장 지혜로운 사람과 아래에 있는 가장 어리석은 사람만이 바뀌지 않는다."

'성선설'은 인간의 본성은 선하다는 것으로 맹자가 주장했습니다. 반면에 '성악설'은 인간의 본성은 악하다는 것으로 순자가 주장했죠. 그렇다면 공자는 어떨까요? 그는 7-21에서 "많은 사람이 함께 있으면, 그 안에는 반드시 나의 스승이 있다. 선한 인물을 선택해서 그를 닮으려고 배우고, 선하지 못한 인물을 거울삼아 나의 허물을 고친다."라고 했습니다. 이 말은 즉 선한 이들을 정면교사로 삼아서 배우고, 악한 이들을 반면교사로 삼아서 고쳐야 한다는 뜻입니다. 따라서 공자는 여기서 "사람에게는 세 부류가 있는데, 극소수의 지극히 선한 이들과 역시 극소수의 지극히 악한 이들은 우리가 바꿀 수 없다."고 말하고 있습니다. 절대선의 배트맨(Batman)과 절대악의 조커(Joker)로 설명하면 이해할 수 있을까요? 이 둘은 어느 누구 또는 어떤 상황에 의해서도 바뀌지 않을 터이니까요. 그렇다면 대다수의 사람들은 어떨까요? 앞에서 소개한 조지아주 교도소 수감수들이 범죄를 저질러 철창신세를 졌지만 또 남을 도운 것처럼, 어떤 선택을 할지에 따라서 자기 운명을 바꿀 수 있는 겁니다. 그리고 이것이 공자가 한평생을 바쳐서 사람들에게 '도'를 전파하려 한 유일한 이유이기도 합니다.

그리고 사실 이는 공자만의 관점이 아닙니다. 당시 사람들에게는 보편적으로 알려진 일종의 진리였죠. 그래서 동시대를 살았던 노자 역시 『도덕경』에서 다음처럼 말했습니다.

41-1: 수준이 높은 선비가 도를 들으면, 부지런히 그것을 행한다.

41-2: 수준이 중간인 선비가 도를 들으면, 있는 듯 없는 듯 반신반의한다.

41-3: 수준이 낮은 선비가 도를 들으면, 그런 게 어디 있느냐며 크게 비웃는다.

이제 우리에게 중요한 건 그간 걸어온 길을 반성하고, 앞으로 어떤 길을 걸을 것인지 결정하는 겁니다. 인생이 끝나갈 때 뒤를 돌아보면서 후회하는 건, 아무런 의미가 없습니다.

子之武城, 聞弦歌之聲。夫子莞爾而笑曰: "割鷄, 焉用牛刀?"
자 지 무 성   문 현 가 지 성   부 자 완 이 이 소 왈   할 계   언 용 우 도

子游對曰: "昔者偃也聞諸夫子曰: '君子學道, 則愛人; 小人學道,
자 유 대 왈   석 자 언 야 문 제 부 자 왈   군 자 학 도   즉 애 인   소 인 학 도

則易使也。'" 子曰: "二三子, 偃之言, 是也。前言, 戱之耳。"
즉 이 사 야   자 왈   이 삼 자   언 지 언   시 야   전 언   희 지 이

공자가 자유가 벼슬하는 '무성' 지역에 갔는데, 거문고에 맞춰 『시경』 작품들을 부르는 노랫소리를 들었다. 공자가 빙그레 미소를 짓고 웃으며 말씀하셨다. "닭을 잡는데(조그만 지역을 다스리는 것에 불과한데), 어찌 소 잡는 칼을 쓰는가?(어찌 천자와 제후가 쓰는 치국의 '도'를 가르치려 드는가?)" 자유가 대답하셨다. "예전에 저는 스승께서 '군자가 도를 배우면 자애로움으로 타인을 사랑하고, 피지배 계급인 소인이 도를 배우면 그들 역시 지도자를 진심으로 섬기고 따르므로 일을 시키기 쉬워진다.'라고 말씀하시는 것을 들었습니다." 공자가 말씀하셨다. "제자들아, 자유의 말이 옳다. 내가 방금 한 말은 그저 장난삼아서 놀린 것일 뿐이다."

2-7에서 공자는 자유가 문학(文學) 즉 '도'의 이론서가 되는 서적들 내용을 이해하는 데 뛰어났다고 평가한 바 있습니다. 실제로 공자는 14-42에서 "윗사람이 예(禮)를 좋아하면 백성 역시 예(禮)를 좋아하여 윗사람을 섬기고 따르므로, 일을 시키기 쉬워진다."라고 한 바 있죠. 나아가 공자는 여기서도 자기의 잘못을 고칠 줄 아는 개과물린(改過勿吝: 허물을 고치는데 인색치 마라)의 태도를 실천하고 있음을 확인할 수 있습니다. 이

제 지도자가 솔선수범하고 자애로움으로 대하면, 그들 역시 지도자를 따르므로 일을 시키기 쉬워진다는 도리를 실천한 인물에 대해서 살펴볼까요?

아스널 FC(Arsenal Football Club)는 잉글랜드 프리미어리그(English Premier League, EPL)에 속한 축구팀입니다. 그리고 아르센 벵거(ArsèneWenger)는 프랑스 출신으로, 1996년 10월 아스널 최초의 외국인 감독이 됐습니다. 축구 감독은 전통적 의미의 감독인 매니저(manager)와 현대적 의미의 감독인 헤드 코치(head coach)로 나뉘는데요. 헤드 코치는 단순히 경기 운영과 훈련에만 신경 쓰지만, 매니저는 그 외에도 선수 이적이나 계약 등 모든 부분을 신경 써야 합니다. 벵거 감독이 부임했을 때 팀은 선수들의 음주와 흡연에 관대했고, 심지어 감독은 축구팀의 놀림감 대우를 받았습니다. 그러나 벵거는 아스널을 조금씩 바꿔 나갔고, 2003과 2004 시즌에는 26승 12무의 무패우승라는 전무후무한 대업을 달성했습니다. 먼저 그는 스타 플레이어에 의존하기보다 젊은 신인의 발굴에 힘썼습니다. 잘 알려진 그의 명언으로는, "다른 팀들은 슈퍼스타를 사지만, 우리는 슈퍼스타를 만든다."라는 말이 있습니다. 또한 식사와 운동 그리고 수면 심지어 훈련장 햇빛의 양(일조량)까지 신경 썼는데, 이는 단순히 팀 성적을 위해서가 아닌 진심으로 그들을 챙기려는 동기에서 비롯되었다는 점입니다. 그래서 선수들의 일상 생활 및 가족 관계 안정에도 큰 관심을 기울였죠. 덕분에 그는 조금씩 선수들의 믿음을 얻을 수 있었습니다. 훈련을 시킬 때에도 고압적인 명령이 아닌, 그 훈련을 왜 해야 하고 또 훈련을 통해서 어떤 성과를 거두기 위한 것인지 항상 설명을 해 줬다고 합니다. 그리고 자신의 훈련 방식에 대한 선수들의 의견에 경청하고, 그들이 지적하는 불합리한 부분을 인정하고 고쳐 나가는 모습도 보여 줬다고 하죠. 벵거 감독은 2018년 은퇴 직전 응한 인터뷰 내용에서 다음과 같이 말했습니다. "감독 일을 함에 있어서는 자신과 단절하는 법을 배워야 했어요. 자신에 대해서는 잊고, 오직 풀어야 할 문제 즉 팀만을 생각해야 했죠. 이제 은퇴하고 나서는 제 자신과 다시 연결하는 법을 배워야 할 것 같습니다." 그리고 아르센 벵거는 역사상 최고의 감독 중 하나로 존경받고 있습니다.

17-6

子張問仁於孔子。孔子曰:"能行五者於天下, 爲仁矣。"請問之。曰:
자 장 문 인 어 공 자　공 자 왈　능 행 오 자 어 천 하　위 인 의　　청 문 지　왈

"恭寬信敏惠。恭, 則不侮; 寬, 則得衆; 信, 則人任焉; 敏, 則有功; 惠,
공 관 신 민 혜　공 즉 불 모　관 즉 득 중　신 즉 인 임 언　민 즉 유 공　혜

則足以使人。"
즉 족 이 사 인

자장이 공자에게 어짊(仁)에 대해서 물으셨다. 공자가 말씀하셨다. 다섯 가지를 세상에 행하면, 그것이 바로 어짊(仁)을 행하는 것이다. 자장이 다섯 가지에 대해 가르침을 청하여 물으셨다. 공자가 말씀하셨다. "상대방에 공손함, 관대함, 신뢰, 근면함, 자애로움 이 다섯 가지를 세상에서 실천할 수 있어야 한다. 예(禮)를 갖춰서 공손하고 자기를 낮추는 겸손함을 보이면 상대방이 업신여기지 못하고, 타인의 잘못에 관대하면 자기를 따르는 무리를 얻게 되며, 내뱉은 말은 반드시 실천하는 신뢰를 보이면 사람들이 일을 맡기고, 몸을 부지런히 하여 근면하면 반드시 공로를 세우게 되며, 약자를 아끼고 보호하는 자애로움을 보이면 상대방에게 일을 시키기 쉬워진다."

그리고 이 구절대로 실천하면 백성들의 삶이 안정되고 나아가 그들이 진심으로 임금을 따르고 섬기게 될 테니, 이것이야말로 신하로서 참된 어짊(仁)을 실천하는 것이 아닐까요? 이제 공자의 말을 앞서 소개한 아르센 벵거 감독과 선수들 그리고 팬과 아스널 팀의 관계로 설명해 보겠습니다.

1) 지도자가 다섯 가지를 실천하면, 2) 선수들의 마음을 얻게 되어서 자기 뜻대로 팀을 운영할 수 있고, 3) 그래서 좋은 성적을 얻으면 자연스레 팀을 지지하는 많은 팬들을 얻게 되어, 4) 결국 팀(임금)이 칭송받게 되므로, 이는 참된 어짊(仁)이 됩니다.

아스널은 광대하고 충성스런 팬들을 보유하고 있어서, 거의 모든 홈 경기들이 매진되고 있습니다. 특히 07-08시즌에는 평균 관중 60,070명의 99.5% 점유율을 보여서 리그 2위를 기록하기도 했죠. 또 아스널의 팬층은 매우 두터워서, 부유층과 노동자 계층 모두를 섭렵하고 있습니다. 그리고 영국 내 유색 인종의 7.7%가 아스널을 응원하고 있는 것으로 나타났는데, 이는 잉글랜드 축구 클럽 중 가장 높은 수치인 것으로 조사되었습니다. 어떻습니까? 공자가 언급한 이 다섯 가지를 실천한 한 감독으로 인해서 팀이 탁월한 성적을 얻었고, 그로 인해서 수많은 사람들이 몰려와 그 팀을 지지하고 있으니, 임금이 없는 오늘날에서는 이것이야말로 진정한 어짊(仁)이 아니겠습니까?

17-9

子曰: "小子, 何莫學夫詩? 詩, 可以興, 可以觀, 可以群, 可以怨。
자 왈   소 자 하 막 학 부 시   시 가 이 흥   가 이 관   가 이 군   가 이 원

邇之事父, 遠之事君, 多識於鳥獸草木之名。"
이 지 사 부   원 지 사 군   다 식 어 조 수 초 목 지 명

공자가 말씀하셨다. "제자들아, 어찌 『시경』을 배우지 않는가? 작품 구절을 인용하여 연상능력과 응용력을 발휘할 수 있고, 작품 내용을 통해서 한 나라의 흥망성쇠를 바라볼 수 있으며, 『시경』에 담겨진 '도'의 뜻을 이해하여 통치함으로써 나라 밖 사람들이 몰려와 백성이 되게 할 수 있고, 설령 임금일지라도 잘못한 점이 있으면 완곡하게 풍자하여 책망할 수 있게 된다. 가까이는 아버지를 섬기는 효(孝)를 다할 수 있게 되고, 나아가 멀게는 임금을 진심으로 섬기는 어짊(仁)을 행할 수 있게 되며, 그 밖에도 '작품'들을 통해서 날짐승과 들짐승 그리고 초목의 이름을 많이 알게 된다."

이 구절은 앞에서 『시경』과 관련한 모든 내용들을 집약적으로 정리했다고 볼 수 있습니다. 다만 '흥(興)'에 대해서는 좀 더 구체적인 설명이 필요해 보이는데요. 『시경』 작품들의 글쓰기 형식은 크게 세 가지로 나뉩니다. 이른바 '부(賦), 비(比), 흥(興)'이 그것인데요. 예문을 통해서 설명해보죠.

- 영희는 철수의 반 짝꿍이다.

  아무런 수식기교 없이 서술하는 부(賦)
- 영희의 집은 마치 대궐과도 같다.

  대궐로 부잣집을 단순 비유한 비(比)
- 철수는 오늘도 영희의 집을 지나치며, 둘이 함께 사는 모습을 그리네.

  은유적 비유를 통해서 작품 전체의 주제가 드러나는 흥(興)

흥(興)은 메타포(metaphor)라고 할 수 있습니다. 메타포는 미시적 관점과 거시적 관점으로 나눠서 설명할 수 있는데, 수사법 중 하나인 은유법으로 풀이되는 것은 미시적 관점에서의 접근입니다. 그렇다면 거시적 관점에서의 메타포란 무엇일까요? 가령 길을 걷다가 아이스크림을 먹고 있는 한 이성을 보고 첫눈에 반했다고 상상해봅시다. 그날 이후 아이스크림을 먹고 있는 사람 심지어 아이스크림이라는 단어만 접해도 이상하리만큼 자꾸 그 사람이 생각난다면, 이제 여러분에게 있어서 아이스크림은 첫눈에 반한 그 이성의 메타포가 되는 겁니다. 거시적 관점의 메타포는 단순히 부분적으로 빗대는 은유의 대상일 뿐만 아니라, 주제와 일체화된 대상 즉 그 자체가 되죠. 따라서 예시한 삼행시에서 특히 마지막 부분에 나와 있는 '영희의 집'은, 독자로 하여금 "철수는 부유한 여성과 결혼하고 싶다."라는 작품 전체를 관통하는 주제를 연상케 하는 메타포 즉 '흥'이 되는 겁니다.

17-12

子曰: "色厲而內荏, 譬諸小人, 其猶穿窬之盜也與!"
자 왈 색 려 이 내 임 비 제 소 인 기 유 천 유 지 도 야 여

공자가 말씀하셨다. "겉으로는 엄격하고 단호한 표정을 짓지만 안으로는 미루

2021년 8월 현재, 경제협력개발기구(OECD) 38개 회원국 가운데 코
로나19 백신 접종 완료율이 60% 이상인 국가는 아이슬란드, 칠레, 이
스라엘, 벨기에, 캐나다, 스페인 순으로 나타났습니다. 하지만 최하위권
국가들은 20%에도 미치지 못하고 있는데요. 그 주된 원인은 다름 아닌
'백신 부족'이었습니다. 그렇다면 백신 물량을 확보하지 못한 이유는 무
엇일까요?《뉴욕타임스(The New York Times)》와《가디언(The Guardian)》
은 '사회적 거리두기' 등으로 초기 바이러스 확산 억제에 성공했다고 자
축하면서, 정작 백신 확보에는 적극적으로 나서지 않고 미온적인 태도
를 보였기 때문이라고 분석했습니다. 2021년 7월 호주의 접종 완료율이
OECD 회원국 중 최하위를 기록했을 때, 스콧 모리슨(Scott John Morri-
son) 총리는 결국 "우리는 연초에 기대했던 목표를 달성하지 못했습니
다. 정말 죄송합니다."라며 공개 사과를 해야만 했습니다.

17-13

子曰: "鄉原, 德之賊也。"
자 왈　향 원　덕 지 적 야

공자가 말씀하셨다. "겉으로는 선량한 척하면서 백성들에게 돌아가야 할 혜택
을 중간에서 가로채는 촌락의 권세가들은, 자기에게 엄격하고 타인에게는 관
대해야 하는 '덕'을 갉아먹는 해충이다."

코로나19로 인해서, 이제 마스크는 생활필수품이 되었습니다. 지금이야 큰 문제가 없지만, 초기에는 공급량 부족으로 가격이 폭등하고 약국 앞에 긴 줄을 서서 기다려야 겨우 살 수 있었습니다. 온라인의 한 사이트에서는 가격이 몇 배나 더 비싼 가격에 거래되기도 하고, 줄을 서더라도 금세 다 팔려서 빈손으로 발길을 돌려야 하는 경우도 있었죠. 그런데 독거노인이나 장애인 등 사회적 취약계층은 금전적인 문제나 몸이 불편해서 마스크를 구하는 데 더 큰 애를 먹는 경우가 많았습니다. 그래서 정부와 지방자치단체들은 이들에게 무료로 마스크를 지원했는데요. 정작 주민들의 불편 해결을 해야 하는 마을 이장들이 중간에서 마스크를 빼돌린 사건이 발생했습니다. 이들은 가족이나 지인에게 무료로 마스크를 전달했고, 심지어 그들 중 일부는 중고거래 사이트에 몇 배 더 비싼 값에 마스크를 판매하여 금전적 이득을 취하기도 했습니다. 이는 분명한 업무상 횡령죄입니다.

17-14

子曰: "道聽而塗說, 德之棄也。"
자 왈   도 청 이 도 설   덕 지 기 야

공자가 말씀하셨다. "도를 행하는 도중에 말해버리면, 그건 덕을 버리는 것이다."

이 말이 무슨 뜻인지, 『도덕경』의 다음 구절로 설명하겠습니다.

41-7: 넓은 덕은 마치 부족한 듯하고, 덕을 세우는 것은 마치 남몰래 하는 듯하다.

노자는 이 구절에서 '덕'이란 다른 사람에게 자신을 드러내지 않고 행하는 음덕(陰德)이어야 함을 강조하고 있습니다. 자신에게 엄격하고 타인에게 관대함을 베푸는 지도자는 자신의 덕행을 남에게 드러내지 않죠. 그러므로 우리는 '덕'을 이야기할 때 드러나지 않는 음덕(陰德)이라고 부릅니다. 남에게 드러내면서 행하는 '양덕(陽德)'이라는 표현은 존재하지 않으니까요. 이제 이와 관련된 인물을 소개하겠습니다.

아틀란틱 박애재단(The Atlantic Philanthropies)의 설립자이자, 세계 최대 규모의 공항면세점인 DFS(Duty Free Shoppers Group)의 공동 창업자인 척 피니(Chuck Feeney). 하지만 만 원짜리 플라스틱 시계를 차고 서류가방이 아닌 비닐봉지에 서류를 넣고 다니며 자기 명의의 자동차와 집도 없이 사는 그의 모습을 보고, 언론은 '부유하고 냉철하며 돈만 아는 억만장자'라고 비난했습니다. 그러다가 1997년 면세점 매각 문제로 조사를 받았는데, 이 과정에서 비밀 회계장부가 발각되었죠. 그 장부에는 '뉴욕 컨설팅 회사' 이름으로 15년간 약 2,900회에 걸친 지출이 기록되어 있었고, 금액만 무려 총 40억 달러에 달했습니다. 이때부터 언론은 연일 그에 대해서 대서특필했습니다. 가뜩이나 안 좋은 이미지로 비춰진 그였는데 이런 일까지 생기니, 언론에서는 비난을 쏟아낼 기삿거리가 많아져서 신났던 거죠. 하지만 뜻밖의 일이 벌어졌습니다. 조사 결과 그 돈은 척 피니가 모두 어려운 이웃을 위해 기부한 돈이었는데, 이때까지 그의 선행이 알려지지 않았던 이유는 아틀란틱 재단(Atlantic Council) 본사가 미국이 아닌 영국령 버뮤다 섬에 있었거니와, 또 자신의 기부 사실을 외부에 알리면 기부를 끊겠다고 으름장을 놓았기 때문이기도 했습니다. 그렇다면 그는 왜 자신의 선행 사실을 알리지 않으려고 했을까요? 그의 어머니는 그에게 "도움을 받는 사람의 부담을 덜어주고 싶다면, 절대 자랑하지 말라!"는 가르침을 주었다고 전해집니다. 이후 그는 세계적인 부호 워렌 버핏(Warren Buffett)과 빌 게이츠(Bill Gates)가 가장 닮고 싶어하는 롤 모델이 되었습니다. 이처럼 아무리 세상이 모질어져도 여전히 '도'를 믿고 '덕'을 실천하는 사람들이 있기 때문에, 이 세상은 아직 살 만한 가치가 있는 것 같습니다.

17-15

子曰: "鄙夫, 可與事君也與哉? 其未得之也, 患得之; 既得之, 患失之。
자 왈   비 부   가 여 사 군 야 여 재   기 미 득 지 야   환 득 지   기 득 지   환 실 지

苟患失之, 無所不至矣。"
구 환 실 지   무 소 부 지 의

공자가 말씀하셨다. "어찌 마음씨가 올바르지 않은 사람과 함께 임금을 섬길 수 있겠는가? 그들은 사사로운 이익을 얻지 못하면 노심초사하고, 이미 얻었으면 또 그것을 잃을까 항상 걱정한다. 만약 이미 얻은 것을 잃을까 걱정하는 사람이라면, 그것을 잃지 않기 위해서 어떠한 행동도 불사한다."

1994년 서울 강남구 한 주택가에서 불이 났는데, 집에서 뛰어나온 박한상은 자신이 너무 다급하게 나오느라 부모님을 구하지 못했다며 흐느꼈습니다. 그런데 불이 잡힌 후 화재 현장에서 발견된 부모의 시신에서 수십 차례 칼에 찔린 상처가 발견되었습니다. 더구나 박한상의 발목에서는 누군가에게 물린 치아 자국이 발견되었는데, 감식 결과 그건 아버지의 것이었습니다. 박한상이 칼로 계속 찌르자, 고통을 참지 못한 아버지가 아들의 발목을 문 거죠. 쏟아지는 증거 앞에서, 박한상은 결국 자신이 부모를 살해했다고 자백했는데요. 그는 왜 이런 패륜을 저지른 걸

까요? 당시 23살이었던 박한상은 100억대 자산가 집안의 장남이자, 유흥에 빠진 대학생이었습니다. 부모님은 그런 아들을 유학 보냈는데, 그는 미국 LA로 유학을 가서도 유흥과 도박에 빠져 부모에게서 받은 돈을 모두 탕진했죠. 이에 부모는 박한상을 한국으로 불러들이면서 "호적을 파가라. 넌 무능한 놈이다!"라고 혼을 냈고, 화가 난 그는 이참에 유산을 상속받아서 빚을 갚으려고 범행을 저질렀다고 합니다. 2002년 개봉한 한국 영화 〈공공의 적〉은 이 실화를 바탕으로 제작된 것으로 알려져 있습니다.

17-18

子曰：“惡紫之奪朱也, 惡鄭聲之亂雅樂也, 惡利口之覆邦家者。”
자 왈   오 자 지 탈 주 야   오 정 성 지 난 아 악 야   오 리 구 지 복 방 가 자

공자가 말씀하셨다. "다른 색이 섞인 간색(間色)의 보라색이 정통의 올바른 색(正色)인 붉은색의 자리를 빼앗는 걸 미워하고, 임금이 부덕하고 충신이 없어서 나라가 혼란스러워진 것을 개탄한 작품들 일색인 『시경』「정풍」이 정통 음악(正樂)인 『시경』「소아」와 「대아」의 취지를 어지럽히는 것을 미워하며, 바른 말이 아닌 기만하거나 아첨하는 말로 나라를 뒤집는 것을 미워한다."

　여기서 공자는 당시의 올바르지 못한 것이 그럴듯하게 포장하여 올바른 척하는 세태를 한탄하고 나아가 비판하고 있습니다. 이제 이 구절과 관련된 사례를 들어볼까요?

　2011년 덴마크는 세계 최초로 비만세(fat tax)를 도입했습니다. 비만세는 포화지방 함유량이 2.3% 이상인 식품에 포화지방 1kg당 16크로네(kroner) 한화 약 3,400원을 부과하는 세금인데요. 비만은 암 발생을 증가시키는데, 덴마크는 2008년 국가별 암 발생률 통계에서 발생률 1위

의 불명예를 겪었기 때문에 비만율을 낮추는 게 시급했던 겁니다. 하지만 이 비만세는 순기능보다 역기능이 더 컸습니다. 본래 취지는 고지방 식품 소비 감소를 유도하여 비만을 억제하고, 나아가 건강증진을 도모함으로써 의료 재정을 건실하게 하려는 것이었죠. 하지만 햄버거, 피자 등 비만 유발 식품 외에도 고급 치즈 등 모든 식자재 값이 덩달아 상승했고, 덴마크 국민 48%가 외국으로 장을 보러 가게 되었으며, 그 비용이 105억 크로네(한화 2조 원)에 달한다는 통계가 발표되었습니다. 그뿐 아니라 덴마크 식품 산업이 위축되고 일자리가 줄어들었으며 저소득층일수록 값싸고 고열양인 가공식품을 구매하여 비만율이 오히려 높아지자, 비만세가 사회계층 양극화만 불러올 거라는 우려의 목소리만 커진 겁니다. 심지어 정부가 모자란 재정수입을 충당하는 세수 확보 수단으로 비만세를 이용한다는 비판에 직면하게 되자, 결국 정부는 1년 만에 이 정책을 폐지할 수밖에 없었습니다. 진정 국민의 건강을 위하는 마음에서 비롯한 순수한 빛깔의 정책이라고 느낀다면, 그로 인해 조금은 불편하더라도 반대할 사람은 드물 겁니다. 하지만 교묘하게 포장하여 그럴듯한 화려한 말로 현혹하려 든다면 얼마 못 가서 꼬리가 밟히고, 나아가 결국 국가의 혼란만 초래하게 되는 겁니다.

17-20

孺悲欲見孔子, 孔子辭以疾。將命者出戶, 取瑟而歌, 使之聞之。
유 비 욕 현 공 자 공 자 사 이 질   장 명 자 출 호   취 슬 이 가   사 지 문 지

유비가 공자를 뵙고자 하자, 공자는 병을 핑계로 사양하셨다. 노나라 임금 애공의 명령을 받드는 자가 집을 나서자, 공자는 비파를 손에 들고 노래를 불러서 유비가 듣도록 하셨다.

이 구절을 정확하게 이해하기 위해서는, 먼저 다음 기록을 함께 살펴봐야 합니다.

흉유가 죽자, 애공은 그의 장례를 치르기 위해서 공자에게 유비를 보내 선비(士)의 상례를 배우게 했다. 선비의 상례가 이에 기록되었다. 『예기』「잡기하」

유비가 누구인지는 알 수 없습니다. 다만 노나라 임금의 명령으로 공자를 방문한 것임을 알 수 있는데요. 하지만 공자는 왜 그가 임금의 명령으로 자신을 찾아왔음에도 불구하고, 이처럼 문전 박대한 걸까요? 더군다나 임금의 명을 받들어서 유비와 함께 온 사자에게는 몸이 안 좋다고 해놓고, 왜 그가 공자의 집을 나서자마자 비파를 연주하여 굳이 자신이 건강하단 걸 알렸을까요? 아마 유비는 인성이나 평소 행동거지에 문제가 있었을 겁니다. 그래서 일부러 그와 만나는 걸 원치 않는다는 사실을 알리려고 한 거죠. 하지만 여전히 의문점은 남습니다. 만나기 싫으면 안 만나면 그뿐이지, 왜 일부로 거절한 거라고 알린 걸까요? 분명 공자는 유비에게 뭔가 깨달음을 주기 위해서 그랬을 겁니다. 특히 위의 『예기』 기록을 보면, 공자는 결국 유비를 만나 선비가 지켜야 할 상례를 가르쳐 줬죠. 이처럼 공자는 한 사람에게 허물이 있더라도 그저 감정에 얽매여서 미워만 한 게 아니라, 자기 허물을 깨닫고 고칠 수 있는 기회를 줬으며, 반성하여 허물을 고치면 다시 그를 만나는 성숙함을 보인 겁니다.

2002년 작 〈캐치 미 이프 유 캔(Catch Me If You Can)〉은 프랭크 윌리엄 애버그네일 주니어(Frank William Abagnale, Jr)의 동명 회고록을 바탕으로 제작된 영화입니다. 아버지 사업이 망하면서 부모님이 이혼하게 되자 프랭크는 집을 뛰쳐나가고, 수표를 위조하면서 근근이 입에 풀칠만 하면서 살고 있었습니다. 하지만 그는 아버지가 물려준 타고난 재능 요컨대 뛰어난 유머 감각과 화려한 화술 심지어 여성을 유혹하는 능력이 있음을 깨닫고, 비행기 부기장이나 외과 전문의 또는 변호사 행세를 해 가면서 사람들의 돈을 갈취했죠. 그리고 이 과정에서 사랑하는 여인을 만나 결혼 직전까지 갔지만, 그간의 사기 행각을 추적하던 FBI 수사관 칼 핸래티(Carl Hanratty)가 약혼식장에 들이닥치는 바람에 홀로 미국을 탈출합니다. 이후 프랑스에 있는 한 시골 마을에 인쇄소를 차려서 다시

수표 위조를 계속하고, 전 유럽을 떠돌면서 돈을 흥청망청 쓰며 살다가 결국 체포되었습니다. 그런데 프랭크를 잡으려고 혈안이 되었던 칼은 그를 미국으로 이송하면서, 프랭크의 아버지가 이미 죽었다는 말을 전합니다. 그 말을 믿을 수 없었던 프랭크는 칼의 감시망을 또 피해서 과거 가족이 살던 집을 찾아가지만, 뜻밖에도 그곳에서 이혼한 어머니가 새 가정을 차린 것을 목격하고는 모든 것을 포기한

듯 순순히 붙잡히죠. 이후 칼은 프랭크가 갱생할 수 있도록 상부 사람들을 지속적으로 설득했습니다. 그리고 그런 칼의 모습에 마음이 움직인 프랭크는 반성하면서, 또 한편으로는 그동안 터득한 수표 위조 기술을 역으로 활용하여 위조 수표 감별사이자 보안 분야 고문으로 활동하기 시작했습니다. 프랭크가 고안한 수표 위조방지 시스템은 금융계에서 서로 앞다퉈가며 쓰려고 했고, 덕분에 기업에서 받는 특허권 사용료 수입만 연간 수백만 달러에 이릅니다. 그리고 무엇보다 프랭크는 자신을 체포한 칼과 여전히 좋은 친구로 지낸다고 합니다. 프랭크가 없었다면, 칼의 현재 삶은 상상할 수도 없겠죠?

子曰: "飽食, 終日無所用心, 難矣哉! 不有博奕者乎? 爲之猶賢乎已。"
자 왈   포 식 종일무소용심 난의재 불유박혁자호   위지유현호이

공자가 말씀하셨다. "배불리 먹고도 하루 종일 마음을 써서 노력하는 바가 없
으면, 참으로 어렵다! 윷놀이와 바둑이 있지 않은가? 그런 것이라도 하는 것이
오히려 현명하다."

2021년 8월 이슬람 극단주의 무장단체 탈레반(Taliban)이 파죽지세
로 아프가니스탄 수도 카불(Kabul)을 점령하자 미군은 서둘러서 철수했
고, 아프간 대통령 아슈라프 가니(Ashraf Ghani)는 돈 가방만 챙긴 채 탈
출했습니다. 그런데 영국《파이낸셜 타임스(Financial Times)》는 이 같은
결과가 탈레반의 전투력 때문이 아닌, 아프간 군대의 무능이 원인이었다
고 보도했습니다. 부패
한 정치와 군 수뇌부가
아프간 군을 무능한 상
태로 몰고 갔다는 건데
요. 실제로 탈레반이 도
착하는 곳곳마다 이들
에게 저항하는 아프간
군을 찾아보기가 어려
웠다는 겁니다. 호의호
식하면서 아무것도 하
지 않고 자기 주머니만
채우려는 정부를 바라
보면서, 자연스레 사기

가 땅에 떨어진 거죠. 사실 미군 철수의 주된 원인도 독립 후 20년간 천문학적인 금액을 투자했지만 나아지지 않는 나라 사정 때문이라는 가설이 힘을 받고 있습니다. 그래서 아프가니스탄 분쟁 전문가인 마이크 마틴(Mike Martin)은 "전쟁에서 가장 중요한 것은 훈련이나 무기 부족이 아니라 정치다."라고 강조하기도 했습니다. 윗물이 맑아야 아랫물도 맑다고 했던가요? 30만 명가량의 정규 아프간 군인 가운데 상당수는 실체가 없이 월급만 받기 위해 등록한 '유령 군인'이었다는 사실도 드러났다고 합니다. 이런 상황에서 미군 없이 탈레반과 전투하는 것에 두려움을 느꼈고, 결국 그들이 선택할 수 있는 건 '도망' 또는 '항복'이었던 겁니다.

17-25

子曰: "唯女子與小人, 爲難養也。近之, 則不孫; 遠之, 則怨。"
자 왈   유 여 자 여 소 인   위 난 양 야   근 지   즉 불 손   원 지   즉 원

공자가 말씀하셨다. "오직 여자와 피지배계급인 소인만이 다스리기 어렵다. 가까이 하면 불손하고, 멀리 하면 원망한다."

이 구절은 『논어』에서 가장 논란이 되는 부분 중 하나인데, 여성을 콕 짚어 피지배계급인 소인과 함께 폄하하고 있다는 거죠. 그래서 전근대적인 '남존여비(男尊女卑)' 사상이 공자에서 비롯되었다며 비판하곤 합니다. 하지만 16-14의 임금 부인 호칭을 논한 구절을 보면, 여성이라고 다 뭉뚱그려서 폄하하진 않았음을 알 수 있습니다. 또『국어』「노어하」에서 공자는 공보목백의 부인 경강에 대해서, 그녀가 도리에 어긋난 사람이 아니라고 평가하며 제자들에게 기억하라고 한 바 있습니다. 이유는 첫째 그녀가 아들 공보문백이 노나라 대부로서 직무에 충실하지 못한 태도를 보였다며 꾸짖었고, 둘째 그녀가 제사를 지낼 때 예(禮)를 갖췄기

때문입니다. 따라서 공자는 무턱대고 여성을 소인과 같은 수준으로 본 건 아님을 알 수 있는데요. 이는 당시 시대적 배경 즉 지도자 계급을 제외한 일반 여성의 지위가 상대적으로 낮아서 배울 기회가 많지 않았고, 또 정치에 참여할 수도 없었던 것과 관련이 있습니다. 따라서 여기서 공자가 말한 '여자'는 14-17의 "어찌 평범한 남자와 평범한 여자처럼 고집을 부려서, 스스로 목매어 다른 사람이 알지 못하도록 하는 게 옳다고 하겠는가?"라는 표현에 나오는 평범한 여자를 뜻함을 알 수 있습니다. 즉 공자가 사람을 구분한 기준은 '도'를 배워서 실천하느냐 유무이지, 단순히 성별로 차별한 인물은 아니었던 겁니다.

제18편 : 미자(微子)

예(禮)와 음악(樂)이 함께 하는 이유

18-9

大師摯, 適齊; 亞飯干, 適楚; 三飯繚 , 適蔡; 四飯缺, 適秦; 鼓方叔,
대 사 지 적 제 아 반 간 적 초 삼 반 료 적 채 사 반 결 적 진 고 방 숙

入於河; 播鼗武, 入於漢; 小師陽, 擊磬襄, 入於海。
입 어 하 파 도 무 입 어 한 소 사 양 격 경 양 입 어 해

노나라 악관의 수장인 태사 지는 제나라로 갔고, 식사 때 연주하는 벼슬인 아반 간은 초나라로 갔으며, 식사 때 연주하는 벼슬인 삼반 료는 채나라로 갔고, 역시 식사 때 연주하는 벼슬인 사반 결은 진(秦)나라로 갔으며, 북을 치는 방숙은 '하내' 지역으로 들어갔고, 작은 북을 흔드는 무는 한중 지역으로 들어갔으며, 악관을 보좌하는 소사 양과 돌로 만든 악기인 경쇠를 치는 양은 '해도' 지역으로 들어갔다.

이 구절이 말하고자 한 바는 노나라의 '도'가 땅에 떨어지자, 모두 나라를 떠나 세상을 등짐으로써 당시의 불문율을 따랐다는 겁니다. 특히 악관(樂官)들의 이름을 구체적으로 열거하면서 그들이 노나라를 떠났다는 것을 말한 이유는, 예악제도란 것이 예(禮)가 사라지면 음악(樂) 역시 존재할 수 없음을 말하기 위해서였습니다. 즉 예(禮)와 음악(樂)은 어느 한쪽이 사라지면 나머지 한쪽 역시 사라지는 불가분의 관계에 있는 겁니다.

18-11

周有八士: 伯達, 伯适, 仲突, 仲忽, 叔夜, 叔夏, 季隨, 季騧。
주 유 팔 사 백 달 백 괄 중 돌 중 홀 숙 야 숙 하 계 수 계 왜

주나라에는 여덟 명의 선비가 있었는데 백달, 백괄, 중돌, 중홀, 숙야, 숙하, 계수, 계왜가 그들이다.

선비(士)는 조정에서 벼슬을 하여 정치에 참여할 수 있는 최소의 신분이라고 했습니다. 그런데 나머지 일곱 명에 대해서는 알려진 바가 없고, 백달은 '단백달'이란 인물을 지칭한 것으로 보입니다.『좌전』「성공 11년」에는 주나라 무왕이 상나라를 멸하고 나서 소분생과 단백달을 황하 이북지역에 봉했는데, 후에 소분생은 북쪽 오랑캐인 적인(狄人)에게 투항했다는 기록이 있습니다. 만약 본문의 백달이 단백달을 지칭하는 것이 맞는다면, 그는 소분생과 달리 주나라를 진심으로 섬기고 따랐기에 공자가 이처럼 칭송한 것으로 추측할 수 있을 겁니다. 즉 위의 여덟 명은 모두 진심으로 주나라를 섬기고 따르는 어진(仁) 모습을 보인 인물들이었다고 판단할 수 있습니다.

제19편 : 자장(子張)

차원이 다르다는 것

子張曰:"士, 見危致命, 見得思義, 祭思敬, 喪思哀, 其可已矣。"
자 장 왈　사 견 위 치 명 견 득 사 의 제 사 경 상 사 애 기 가 이 의

자장이 말씀하셨다. "선비가 나라가 위태로움에 처하면 목숨을 바쳐서 막아내는 용감함(勇)을 보이고, 이익을 얻게 되면 그것이 자기가 처한 신분에서 마땅히 얻어도 되는지 먼저 생각하는 의로움(義)을 갖추며, 제사를 지내면 선조들을 진심으로 공경하는 어진(仁) 태도를 보이고, 상을 치를 때는 감정이 지나치거나 모자라지 않도록 조율하여 애도하는 예(禮)를 갖추면, 나랏일을 맡길 수 있다."

道 (도)									↑
덕(德)									상(常)
중(中), 화(和)									
인(仁), 의(義)				예(禮), 악(樂)					
검소 (儉)	믿음 (信)	신중 (愼)	용감 (勇)	겸손 (謙)	강직 (剛)	지혜 (知)	곧음 (直)	자애 (慈)	

이 구절에서 선비(士)가 갖춰야 할 네 가지는 다름 아닌 '도'의 구성 요소들임을 알 수 있습니다. 즉 선비는 나랏일을 돌보는 지도자가 될 인물이기에, 평소 '도'를 배워서 실천할 수 있도록 해야 하는 거죠. 그리고 이를 바로 앞에서 살펴본 18-11과 연결해보면, 여덟 선비의 품행이 어땠을지 상상할 수 있을 겁니다. 특히 "초상을 치를 때는 감정이 지나치거나 모자라지 않도록 조율하여 애도하는 예(禮)를 갖춘다."는 표현은 다음 구절에도 나오는데요.

子游曰: "喪, 致乎哀而止。"
자유왈 상 치 호 애 이 지

자유가 말씀하셨다. "상을 치르는 것은 슬픔에 이르러서 멈추는 것이다."

11-15에서 언급한 과유불급(過猶不及)은 바로 예(禮)의 범위를 규정한 것이죠. 자하는 슬픔을 누르지 못해서 선왕의 예(禮)를 다하지 못했으므로 부족했던 것이고, 반면 자장은 슬픔이 모자라서 선왕의 예(禮)를 다했으므로 지나쳤던 겁니다. 특히 이 구절은 도를 넘어서 지나치게 슬퍼하다가 자칫 자기 몸까지 해칠 수 있음을 경고하고 있는데, 실제로 자하는 어린 아들이 죽자 지나치게 슬퍼하다가 실명하고 말았죠. 따라서 예(禮)는 지나치지도 모자라지도 않는 조화로움(和)을 위해서 절제하고 통제하는 것임을 다시 한번 확인할 수 있습니다.

19-2

子張曰: "執德不弘, 信道不篤, 焉能爲有? 焉能爲亡?"
자장왈 집 덕 불 홍 신 도 불 독 언 능 위 유 언 능 위 망

자장이 말씀하셨다. "자신에게 엄격하고 타인에게 관대해야 하는 '덕'으로 다스린다고 하면서 타인에게 너그럽지 못하고, 옛 성현들의 통치이념인 '도'를 믿는다고 하면서도 전념하여 계속 유지하지 못한다면, 어찌 있다고 할 수 있겠고 또 어찌 없다고 할 수 있겠는가? 이는 아무런 영향을 미치지 못한다."

'덕'의 핵심은 타인의 허물에 관대한 것인데 그러지 못하면 어찌 '덕'이라고 할 수 있겠습니까? '도'의 핵심은 '덕'을 변치 않고 행하는(常)

자세에 있는데, 그러지 못하면 어찌 '도'라고 할 수 있겠습니까? 그러니 세상에 아무런 영향을 끼치지 못할 수밖에요. 따라서 이 구절에 어울리는 사자성어는 겉과 속이 다름을 표현한 '표리부동(表裏不同)'이 아닐까요? 이제 이와 관련된 한 인물을 소개할 텐데요. 다만 지금부터 이야기하는 '표리부동'은, 세상을 향한 긍정적인 울림이 된 경우입니다.

인도 배우 소누 수드(Sonu Sood)는 주로 악역을 맡아왔습니다. 중국과 인도의 합작 영화인 2017작 〈쿵푸 요가(Kungfu-Yofa)〉에서 홍콩 배우 성룡(Jacky Chan)과 함께 출

연하여, 보물을 노리는 악당 두목으로 등장하기도 했죠. 그런데 최근 그가 겉과 속이 다른 '표리부동'한 인물임이 밝혀져서 세간의 화제가 되었는데요. 2020년 5월, 영국 BBC는 소누 수드 덕분에 코로나19로 발이 묶인 만 명 이상의 인도 노동자들이 무사히 고향으로 돌아갔다고 보도했습니다. 인도 정부가 3월 봉쇄령을 내리자, 타지로 일하러 나왔던 노동자들은 일자리를 잃고 집으로 돌아갈 수도 없는 난민 신세가 되었습니다. 일부는 1,000㎞를 걸어서 집에 가기도 했는데요. 그 과정에서 100명 이상이 탈진하여 사망하기도 했습니다. 정부가 특별 열차를 편성했지만 역부족이었죠. 마침 소누 수드는 친구와 함께 코로나19로 고립된 사람들에게 음식을 나눠주는 자원봉사를 하고 있었는데, 이 소식을 접하자마자 그는 곧바로 개인 비용으로 버스 수백 대를 대여했습니다. 지금까지 소누 수드 덕분에 고향에 돌아간 사람만 1만 2,000여 명에 이르는데, 그는 한 인터뷰에서 "마지막 한 사람까지 집에 돌아갈 때까지 하겠다."라고

밝혔습니다. BBC는 그의 선행이 많은 이에게 감동을 줬다고 보도했고, 인도 현지에서도 "정치인들이 노동자들의 고통을 외면하는 것과는 대조적이다."라는 반응을 보이고 있습니다.

19-3

子夏之門人問交於子張。子張曰:"子夏云何?"對曰:"子夏曰,
자 하 지 문 인 문 교 어 자 장   자 장 왈   자 하 운 하   대 왈   자 하 왈

可者與之, 其不可者拒之。"子張曰:"異乎吾所聞。君子, 尊賢而容衆,
가 자 여 지 기 불 가 자 거 지   자 장 왈 이 호 오 소 문 군 자 존 현 이 용 중

嘉善而矜不能。我之大賢與, 於人何所不容? 我之不賢與, 人將拒我,
가 선 이 긍 불 능 아 지 대 현 여 어 인 하 소 불 용 아 지 불 현 여 인 장 거 아

如之何其拒人也?"
여 지 하 기 거 인 야

자하의 학생이 자장에게 사귐에 대해서 물었다. 자장이 말씀하셨다. "자하는 어찌 말하더냐?" 자하의 학생이 대답했다. "자하께서는 사귈 만한 사람과 사귀고, 그렇지 못한 사람과는 사귀지 말아야 한다고 하셨습니다." 자장이 말씀하셨다. "내가 들은 바와 다르다. 군자는 현명한 이를 공경하고 대중을 포용하며, 선한 사람을 아름답게 여기고 그렇지 못한 이를 동정한다. 내가 정말로 현명하다면, 남들이 어찌 포용하지 않을 것인가? 내가 정말로 현명하지 못하다면 남이 먼저 나를 거절할 텐데, 어떻게 남을 거절할 수 있겠는가?"

이 구절의 핵심은 자하와 자장 중에서 누가 스승의 가르침을 올바로 계승하고 있는지에 관한 것입니다. 그간 공자가 어떻게 가르쳤는지, 『논어』에서 관련 구절을 찾아보겠습니다.

1-8: 자기보다 못한 사람은 배울 것이 없으므로 가까이하지 말라.

9-24: 자기보다 못한 사람을 벗으로 삼지 말라.

12-23: 객관적이고도 공정한 마음으로 충고해주고 자기와 함께 도를 배우고 실천하도록 이끌어야 하지만, 아무리 해도 그렇게 할 수 없다면 더 이상 이끌려고 애쓰지 말고 거기서 멈춰야 한다. 그렇지 않으면 자기조차 도를 향한 배움의 자세를 잃을 수 있으니, 스스로를 욕되게 하지 말아야 한다.

그리고 11-2에서 공자는 "'도'의 이론이 되는 문장(文)을 배우는 데는 자유와 자하가 뛰어났다."고 평한 바 있죠. 따라서 자하는 공자의 가르침을 그대로 계승하여 제자들을 가르쳤음을 확인할 수 있습니다. 그렇다면 자장은 왜 자하와 다른 관점을 말한 걸까요? 먼저『도덕경』의 몇몇 구절들을 살펴보겠습니다.

27-3: 이 때문에 성인은 항상 사람을 잘 구제해서 버려지는 사람이 없고, 항상 사물을 바로잡아서 버려지는 사물이 없다.

49-2: 선량한 자는 내가 그를 선량하게 대하고, 선량하지 못한 자도 내가 그를 선량하게 대하면, 덕이 선해진다.

49-3: 믿을 수 있는 자는 내가 그를 신임하고 믿을 수 없는 자도 내가 그를 신임하면, 덕에 신의가 있게 된다.

49-4: 성인은 세상에서 거두어, 세상이 그 뜻을 뒤섞이도록 한다. 성인은 그들 모두를 어르고 달랜다.

62-3: 사람이 아름답지 못하다고 해서, 어찌 그를 버릴 수 있겠는가.

즉 자장의 가치관은 오히려 노자의 그것에 더 가깝다는 사실을 알 수 있습니다. 앞에서도 누차 언급했듯이, 공자는 춘추시대에 '하늘의 도'를 실행하는 것은 사실상 어렵다고 판단했습니다. 그럼에도 불구하고 자장은 여전히 이런 가치관을 갖고 있으니, 공자는 그가 자기의 가르침을 온전하게 이해한 제자라고 봤을 리가 없겠죠. 특히 자장은 2-18에서 녹봉을 받는 법에 대해서 물었고, 12-20에서는 이름을 날려서 명성을 얻는 데에만 급급해 하는 모습을 보였습니다. 따라서 자장은 '도'를 깨닫기보다는 정치에 참여하여 이름을 날리는 데만 몰두한 인물이었는데, 그런 그가 이제는 뜬금없이 대동을 논하고 있으니, 공자가 그런 자장을 치우쳐 편벽된 인물이라고 평한 것도 무리는 아닐 겁니다. 그렇다면 배움을 함께 했던 벗들은 그를 어떻게 평가하고 있을까요?

19-15

子游曰: "吾友張也, 爲難能也, 然而未仁。"
자 유 왈   오 우 장 야   위 난 능 야   연 이 미 인

자유가 말씀하셨다. "나의 벗 자장은 어려운 일을 처리함에 있어서는 재능이 있지만, 어질지는 못하다."

19-16

曾子曰: "堂堂乎! 張也。難與竝爲仁矣。"
증 자 왈   당 당 호   장 야   난 여 병 위 인 의

증자가 말씀하셨다. "위엄이 있고 당당하다, 자장이여! 하지만 그와 함께 나란히 서서 임금을 진심으로 섬기고 따르는 어짊을 행할 순 없다."

이처럼 자장은 하루라도 빨리 정치에 입문하여 이름을 날려서 출세하고자 했지, 상관, 나아가 임금을 진심으로 섬기고 따름으로써 나라와 백성의 삶을 안정시키려는 목표는 안중에 없었음을 확인할 수 있습니다.

子夏曰: "雖小道, 必有可觀者焉, 致遠恐泥, 是以君子不爲也。"
자 하 왈   수 소 도, 필 유 가 관 자 언, 치 원 공 니, 시 이 군 자 불 위 야

자하가 말씀하셨다. "비록 하찮은 재주일지라도 분명 볼 만한 가치는 있다. 하지만 나라를 다스리는 통치이념인 원대한 도에 이르는데 방해가 될까 봐 두려워서, 참된 지도자인 군자는 하찮은 재주를 섭렵하지 않는다."

공자는 15-34에서 "군자는 자잘한 것은 알 수 없어도 큰 것을 이어받을 수는 있다."라고 말한 바 있습니다. 이는 정치하는 이는 오직 정치에만 몰두해야 한다는, 당시 지배적인 가치관인 대동사회를 이끈 '하늘의 도'를 벗어난 파격적인 행보라고 설명했는데요. 따라서 여기서도 자하는 공자의 가르침을 받아서, 소강사회 '사람의 도'를 계승하고 있음을 확인할 수 있죠. 다음 구절 역시 이와 같은 맥락이므로, 여기서 함께 살펴보겠습니다.

子夏曰: "百工居肆, 以成其事; 君子學, 以致其道。"
자 하 왈   백 공 거 사, 이 성 기 사; 군 자 학, 이 치 기 도

자하가 말씀하셨다. "모든 기술자는 공장에 머무르기 때문에 일을 완성시킬 수 있고, 군자는 배워서 실천하므로 도에 이른다."

공자는 말합니다. 기술자가 오롯이 자기 일에 몰두해야 작업을 완성할 수 있듯이, 정치인 역시 온종일 나라와 백성의 안위를 생각해야 비로소 올바르게 나라를 다스릴 수 있다고요.

자동차 왕 헨리 포드(Henry Ford)는 "5%가 아닌 95%를 위한 물건을 만들어야 한다."라고 말했습니다. 그는 15살에 학교를 그만두고 발명왕 토머스 에디슨(Thomas Alva Edison)의 기계 공장에 취업하여, 기계공으로의 삶을 시작했습니다. 그리고 에디슨의 격려를 받고, 13년 동안 자동차 내연기관 개발에 몰두하죠. 1903년 자신의 이름을 딴 자동차 회사 '포드(Ford)'를 설립한 후, 포드 T형 자동차는 20여 년 동안 1,500만 대가 팔렸는데요. 그 이유는 포디즘(Fordism)이라고도 불리는 자동화 생산 시스템 덕분입니다. 이는 크게 두 과정으로 나뉩니다. 먼저 제품 생산에 필요한 공정을 여러 부분으로 나눈 후, 각 부분에 해당 업무만 전담하는 인력을 배치하는 분업화 과정을 거칩니다. 그런 후 기술자는 자기가 맡은 업무를 반복하는 전문화 과정을 거침으로써 숙련도를 완성하는 거죠. 이런 분업화와 전문화 과정이 생산성 증대로 직결된다는 것이 포드 생산 시스템의 골자입니다. 이처럼 공자의 취지는 어떤 분야를 막론하고, 충분한 시간을 갖고 오직 한 가지에 매달려야 비로소 결실을 맺을 수 있다는 겁니다. 그런데 한 가지에만 매달리라고 했더니, 일부 정치인들은 시간적으로 너무 여유가 있었나 봅니다. 앞에서 언급한 것처럼 국감장에서 게임에 정신이 팔려 있거나, 국민들에게는 사회적 거리두기를 요구하면서 정작 본인들은 룸살롱에 들락거리기까지 했으니까요.

19-5

子夏曰:"日知其所亡, 月無忘其所能, 可謂好學也已矣。"
자 하 왈　일 지 기 소 망　월 무 망 기 소 능　가 위 호 학 야 이 의

자하가 말씀하셨다. "날마다 자신이 모르는 바를 배워서 알아 나가고 달마다 자신의 재능을 잊지 않으면, 진정 도를 배우기를 좋아한다고 할 수 있다."

영국 프리미어 리그(EPL) 토트넘 홋스퍼 FC(Tottenham Hotspur Football Club)에서 활약하고 있는 손흥민 선수가 2020년 푸스카스 상(Puskás Award) 수상자로 뽑혔습니다. 이 상은 FIFA가 해당 전 연도 11월부터 해당 연도 10월까지 1년간 전 세계에서 나온 골 중 가장 멋진 골을 기록한 선수에게 수여하는데, 상의 이름인 푸스카스는 헝가리의 전설적인 공격수 푸스카스 페렌츠(Puskás Ferenc)에서 따왔습니다. 그는 2020년 12월 번리(Burnley)와의 16라운드 경기 중, 약 70m를 혼자 드리블하며 질주해서 골을 넣었습니다.

어떤 사람들은 그저 운이 좋아서였을 뿐이라고 말합니다. 하지만 세계 최고의 선수들 사이에서 12초 동안 홀로 드리블하며 넣은 골은, 오랜 세월을 거쳐 흘린 땀방울을 통해서 일궈진 결과일 수밖에 없습니다.

손흥민 선수는 한 인터뷰에서 말했습니다. 자신이 진짜 월드 클래스가 아닌, 남들이 보기에 그럴듯해 보이는 사람일 수도 있다고 말입니다. 하지만 지금의 화려함은 단지 짧은 순간의 모습일 수 있기에, 늘 그러했듯이 참고 견디며 변하지 않는 모습을 보이려고 애쓸 뿐이라고요. 일순간의 화려함보다는 꾸준한 모습을 보이고 싶다고 말입니다. 그리고 그는 "드리블과 슈팅 또 항상 같은 컨디션을 유지하고 부상을 방지하는 모습이 마치 재능이나 또는 운이 좋아서라고 보여질 수도 있지만, 이건 전부 제가 죽어라 노력해서 얻은 결과물입니다."라고 소회를 밝힌 바 있습니다. 손흥민 선수와 공자가 그토록 원한 군자의 모습이 교차되는 것은, 단지 저만의 착각일까요?

19-6

子夏曰: "博學而篤志, 切問而近思, 仁在其中矣。"
자 하 왈　　박 학 이 독 지　절 문 이 근 사　인 재 기 중 의

자하가 말씀하셨다. "널리 도를 배우고 나아가 도를 실천하겠다는 의지를 굳건히 하며, 간절하게 물어서 명확하게 이해하고도 명성에 집착하지 않고 가까이서 먼저 실천할 수 있는 것을 생각하면, 어짊이 그 안에 있다."

12-20에서 자장이 '통달'에 대해서 묻자, 공자는 '통달'이란 멀리 나가 명성을 떨치는 게 아니라, 내 가까이에 있는 것부터 실천하는 것이라고 가르칩니다. 그리고 가까이 있는 것은 다름 아닌 올곧고(直) 의로움(義)을 좋아하며, 말을 조심하고 얼굴빛을 살피며(愼), 남에게 몸을 낮추려고 애쓰는(謙) 거라고 설명합니다. 왜 그럴까요?

신하가 사사로운 정에 얽매이지 않고 공정하게 판단하면, 백성은 임금을 원망하지 않습니다.

신하가 자기가 처한 신분에서 마땅히 해야 할 의무를 다하면, 백성은 임금을 신뢰합니다.

신하가 말을 조심하고 얼굴빛을 살피는 신중함을 보이면, 백성은 임금을 공경합니다.

신하가 몸을 낮춰서 겸손함을 보이면, 백성은 진심으로 임금을 섬기고 따릅니다.

신하의 태도 하나하나는 백성들의 임금을 대하는 자세에 지대한 영향을 미칠 수밖에 없습니다. 그런데 이러한 도리는 사실 오늘날에도 여전히 유효합니다. 장관의 작은 실수로 인해서 총리나 대통령의 입장이 난처하거나, 심지어 국가 이미지가 크게 훼손되는 경우도 있으니까요.

2018년 7월, 영국의 신임 외무장관 제레미 헌트(Jeremy Hunt)는 중국을 공식 방문했다가 큰 곤욕을 치러야만 했습니다. 왕이(王毅) 중국 외교부장과 만난 자리에서 자신의 아내가 중국인이라는 사실을 말하려고 하다가, 그만 "제 아내는 일본인입니다."라고 말실수를 했기 때문인데요. 물론 헌트 장관은 즉시 발언을 정정했지만, 그리 간단히 해결될 문제가 아니었습니다. 왜냐면 일본은 중국을 침략한 역사가 있는 데다가 현재는 동중국해에서 영유권 관련 분쟁 중이라서, 그 어느 때보다 양국 간의 관계가 안 좋기 때문이었죠. 그뿐 아닙니다. 그는 당시 중국이 처한 민감한 사안들에 대해서 개인적인 의견을 종종 드러내 중국을 자극하기도 했는데요. 실제로 그가 외무장관을 지낸 기간 동안, 영국과 중국의 관계는 최악이었다고 평가되고 있습니다.

子夏曰: "君子有三變。望之, 儼然; 即之也, 溫; 聽其言也, 厲 。"
자 하 왈   군 자 유 삼 변   망 지   엄 연   즉 지 야   온   청 기 언 야   려

자하가 말씀하셨다. "참된 지도자인 군자의 인상은 세 번 변한다. 자기에게는
엄격하여 항상 신중하므로, 멀리서 바라보면 차갑고 엄숙한 인상을 줄 수 있
다. 하지만 타인에게는 관대하므로, 실제 가까이서 접하면 오히려 온화한 인
물이라는 것을 깨닫게 된다. 그리고 내뱉은 말은 반드시 실천하며 오로지 나
라와 백성의 안위만을 생각하므로, 그가 하는 말은 꾸밈없이 맑고 순수하다."

'휴렛-팩커드(Hewl-
ett-Packard Company)'는
1939년 윌리엄 휴렛(Wil-
liam Hewlett)과 데이비드
팩커드(David Packard)가 세
운 복합기 회사입니다. 당
시 IT 업계는 효율성과 성
장을 중요 가치로 여기는

중앙집권적 경영방식이 주류였습니다. 따라서 직원들은 창업자인 휴렛
과 팩커드가 엄할 것이라는 선입견 때문에 그들과 융화되지 못했고, 이
내 사내 분위기가 경직되었는데요. 그러자 두 창업자는 변혁을 시도했습
니다. 이른바 'HP 방식(way)' 즉 고객과 가장 가까이에 있는 직원들에게
권한을 위임 및 분산하여, 그들이 상사의 눈치를 보지 않고 능동적으로
업무를 수행할 수 있도록 한 겁니다. 덕분에 그들은 자신의 권한 범위 내
에서, 마음껏 창의력을 발휘할 수 있었죠. 그뿐 아닙니다. 이들은 늘 직
원들의 복지처우 개선을 우선시했는데, 이는 단순히 말에서 그치지 않았

습니다. 1942년 세계 최초로 전 직원 건강보험 비용 지원 및 임원과 직원 구분이 없는 개방식 공간(open floor) 문화 그리고 집단 보상 제도를 통한 이윤 분배를 실행했습니다. 덕분에 회사는 고도의 성장을 이룰 수 있었습니다. 이후 두 명의 공동창립자는 1960년대 HP의 주식 등을 기부해서 '휴렛 제단'과 '팩커드 재단'을 각각 만들었고, 지금까지도 선의의 경쟁을 하듯 앞다퉈서 미국과 세계 각국의 가족 및 환경보호사업에 나서고 있습니다.

19-10

子夏曰:"君子, 信而後勞其民, 未信, 則以爲厲 己也。信而後諫, 未信,
자하왈   군자 신이후로기민 미신 즉이위려 기야 신이후간 미신

則以爲謗己也。"
즉이위방기야

자하가 말씀하셨다. "군자는 먼저 신뢰를 얻은 뒤에 백성에게 일을 시키니, 신뢰가 없는 상황에서 일을 시키면 백성들은 지도자가 자기를 미워한다고 여긴다. 또 신뢰를 얻은 뒤에 임금에게 간언하니, 신뢰가 없는 상황에서 간언하면 그가 자기를 비방한다고 여긴다."

1597년 수도 한양으로 빠르게 북상하는 왜군 때문에, 조선은 국가 위기에 봉착했습니다. 당시 삼도수군통제사였던 이순신 장군은 원균 등의 모함을 받아 파면 당했고, 원균이 그 자리에 앉았습니다. 하지만 그는 칠천량 해전에서 대패했고, 많은 수군의 목숨과 배들을 잃었죠. 이에 선조 임금은 조선군의 손실이 너무 크다는 이유로 수군을 폐지하려고 했습니다. 그러자 이순신 장군은 선조에게 장기적인 차원에서 계책을 올렸습니다. "지금 신에게는 아직도 배 12척이 남아 있습니다. 죽을힘을 다하여 막아 싸운다면 그들을 대적할 수 있습니다. 비록 배의 수는 적지

만, 신이 죽지 않은 한 적은 감히 우리를 업신여기지 못할 것입니다." 결국 선조는 이순신 장군을 삼도수군통제사로 재임명했지만, 그에게는 전의를 상실한 병사들과 두려움에 가득 찬 백성들 그리고 고작 12척의 배들만 있었습니다. 그렇다면 이순신 장군은 이 위기를 극복할 수 있었을까요? 물론 지형과 조류 등을 완벽하게 파악한 전략과 전술이 주된 원인 중 하나였을 겁니다. 하지만 죽음에 대한 두려움 속에서도 지도자를 믿고 따른 부하들과 백성들 없이는 불가능했을 겁니다. 그리고 나약한 임금과 득세한 간신들이 나라를 혼란으로 몰고 갔을 때, 이순신 장군은 신뢰를 바탕으로 충언을 올렸기에 수군을 유지하고 통제사로 재임명됨으로써 나라를 구할 기회를 얻을 수 있었던 겁니다.

19-12

子游曰:"子夏之門人小子, 當灑掃應對進退, 則可矣。抑末也, 本之,
자 유 왈   자 하 지 문 인 소 자   당 쇄 소 응 대 진 퇴   즉 가 의   억 말 야   본 지

則無, 如之何?"子夏聞之曰:"噫! 言游過矣。君子之道, 孰先傳焉,
즉 무   여 지 하   자 하 문 지 왈   희   언 유 과 의   군 자 지 도   숙 선 전 언

孰後倦焉? 譬諸草木, 區以別矣。君子之道, 焉可誣也? 有始有卒者,
숙 후 권 언   비 저 초 목   구 이 별 의   군 자 지 도   언 가 무 야   유 시 유 졸 자

其惟聖人乎?"
기 유 성 인 호

자유가 말씀하셨다. "자하의 제자들은 물 뿌리고 비로 쓸며, 손님을 응대하여 나아가고 물러나는 예(禮)를 주관하는 작은 재주를 보이는 건 할 수 있다. 하지만 작은 일만 주관하고, 나라를 다스리는 통치이념인 원대한 도를 근거로 삼는 것은 없으니, 무슨 쓸모가 있겠는가?" 자하가 듣고 말씀하셨다. "아! 그렇게 말한 자유가 지나치다. 군자의 도에 어찌 먼저 전해야 할 게 있고, 뒤로 미뤄서 게을리 해도 될 게 있겠는가? 그것을 풀과 나무에 비유하여 표현하자면, 사람 몸에 중요한 풀 나무와 그렇지 않은 것을 구분하여 나누는 것과 같다. 군자의 도를 어찌 왜곡할 수 있겠는가? 시작과 끝을 명쾌하게 나눠서 먼저 해야

11-2에서 공자는 "'도'의 이론이 되는 문장(文)을 배우는 데는 자유와 자하가 뛰어났다."고 평한 바 있습니다. 하지만 이 구절에서는 둘의 의견이 갈리고 있음을 볼 수 있습니다. 그런데 자하는 19-4에서 "비록 하찮은 재주일지라도 분명 볼 만한 가치는 있다. 하지만 나라를 다스리는 통치이념인 원대한 도에 이르는데 방해가 될까 봐 두려워서, 참된 지도자인 군자는 하찮은 재주를 섭렵하지 않는다."라고 하여, 사실상 자유와 같은 가치관을 갖고 있었습니다. 그렇다면 자하는 왜 이처럼 가치관의 변화를 보인 걸까요?

이 문제를 풀기 위해서는, 13-17을 다시 한번 살펴봐야 합니다. 자하가 '거보' 지역의 원님이 되어서 정치에 대해 묻자, 공자는 "일을 빨리 처리하려 하지 말고, 눈앞의 작은 이익을 탐하지 말아야 한다. 빨리 처리하려 들면 이루지 못하고, 눈앞의 작은 이익을 탐하면 큰일을 이루지 못한다."라고 답하여, 작은 것부터 천천히 소중하게 실천해야 한다고 가르쳤던 겁니다.

『사기』 「중니제자열전」에 따르면, 공자가 세상을 떠나자 자하는 '서하'에 머무르면서 제자들을 가르쳤다고 합니다. 그런데 자유는 자하의 제자들에 대해서 평하고 있으므로, 이 대화는 공자가 세상을 떠난 후에 있었던 겁니다.

공자는 생전에 "아버지가 돌아가시고 상복을 입는 3년 동안 그의 뜻과 행적을 계승하여 따른다면, 진심으로 섬기고 따른다고 할 수 있다."라고 가르친 바 있습니다. 결국 자하는 스승인 공자의 유언을 받들기 위해서, 기존의 자유와 같았던 가치관을 바꾼 것으로 이해할 수 있는 거죠. 어쩌면 자하 나름대로 어짊(仁)을 실천하고 또 고인의 뜻을 기리기 위해서 취한 행동은 아니었을까요? 물론 자하는 마지막에 자기가 추구하는 건 어디까지나 군자의 '도'라고 밝힘으로써, 대동사회를 이끈 성인의 '하늘의 도'와는 다르다고 명확하게 선을 긋고 있습니다.

19-13

子夏曰: "仕而優, 則學; 學而優, 則仕。"
자 하 왈 사 이 우 즉 학 학 이 우 즉 사

자하가 말씀하셨다. "벼슬을 하여 우수한 행정능력을 보이면 이제 지도자가 갖춰야 할 리더십인 도를 배워야 하고, 도를 배워서 우수한 재능을 보이면 이제 나아가 벼슬을 하여 백성과 나라를 위해야 한다."

무림고수가 되는 방법은 두 가지가 있습니다. 1) 고수들이 즐비한 중원에서 산전수전 다 겪으면서 운 좋게 살아남아 점차 갖춰야 할 기술을 연마해가거나, 2) 입산하여 홀로 고된 연마를 하면서 고수가 된 후 중원으로 나와 일약 스타덤에 오르는 길이죠. 그렇다면 공자는 자하의 말에 동의했을까요?

11-24에서 공자는 자로가 자고를 '비' 지역 원님으로 앉히자, 자고는 부족해서 정치를 하기엔 이른 데도 벼슬자리를 주었다며 자로를 혼냈습니다. 따라서 공자는 기본적인 정치적 자질을 갖춘 후에 벼슬을 해야 한다고 말해왔습니다. 무술을 전혀 못하는데 중원에서 고수를 상대하면 살아남을 가능성이 전혀 없는 것처럼 말입니다. 그래서 6-6 계강자의 물음에는, 자로, 자공, 염구 모두 기본적인 자질이 있기 때문에, 정치하는데 어려움이 없을 것이라고도 말했던 겁니다.

물론 5-2의 '선보' 지역을 다스리던 자천이나, 대동의 요순임금을 능가할 것으로 기대한 안회는 고수가 된 후 중원으로 나온 경우가 되겠죠. 즉 자하는 공자의 뜻을 오롯이 계승한 겁니다.

19-17

曾子曰: "吾聞諸夫子, '人未有自致者也, 必也親喪乎。'"
증 자 왈   오 문 저 부 자   인 미 유 자 치 자 야   필 야 친 상 호

증자가 말씀하셨다. "내가 스승에게 듣기로는, '사람이 있는 힘을 다하는 것이 아직 없더라도, 부모의 상에는 반드시 있는 힘을 다해야 한다.'고 하셨다."

제주도 앞바다에서 활동하는 국제적 보호종인 남방 큰 돌고래 무리에서, 2주 이상 죽은 새끼를 등에 업고 다니는 어미 돌고래가 발견되었는데요. 새끼가 숨을 쉴 수 있도록 수면 위로 밀어 올리거나 등에서 떨어지면 주둥이로 받아 다시 업기를 반복하는 모습을 보였는데, 새끼는 태어난 직후 죽어서 상당 부분 부패가 진행된 상태였습니다. 전문가들은 돌고래의 이 같은 행동이 포유류가 지니는 본능적인 모성애라고 보았는데, 2008년에도 동해 앞바다에서는 참돌고래 떼가 아픈 동료를 수면 위로 밀어 올리며 숨을 쉬도록 도와주는 모습이 포착되기도 했습니다. 하물며 동물 부모도 이렇듯 자기 새끼한테 애틋한 모습을 보이는데, 우리 부모님이 자식에게 주는 내리사랑은 오죽할까요? 더군다나 2-7에서 공자는 사람과 짐승을 구분하는 기준이 예(禮)의 유무라고 했습니다. 따라서 자식 된 도리로서 사람이 이보다 못한 모습을 보여주면 안 되겠죠?

曾子曰: "吾聞諸夫子, '孟莊子之孝也, 其他可能也。
증 자 왈   오 문 저 부 자   맹 장 자 지 효 야   기 타 가 능 야

其不改父之臣與父之政, 是難能也。'"
기 불 개 부 지 신 여 부 지 정   시 난 능 야

증자가 말씀하셨다. "내가 스승에게 듣기로는, '맹헌자의 아들로 노나라 경(卿)
이었던 맹장자의 효성은 다른 이들도 할 수 있다. 하지만 아버지 맹헌자의 신
하들과 정책을 바꾸지 않고 계승한 것은 하기가 어렵다.'고 하셨다."

공자는 1-11에서 "아버지가 돌아가시고 상복을 입는 3년 동안 그의
뜻과 행적을 계승하여 따른다면, 진심으로 섬기고 따른다고 할 수 있으
니, 이것이야말로 참된 효도(孝)이다."라고 말한 바 있습니다. 따라서 증
자는 스승의 가르침을 따른 것임을 알 수 있는데요. 그렇다면 공자와 증
자는 아버지가 올바른 길을 걸었던 아니면 그렇지 않았던 간에 상관없
이 무조건적으로 아버지의 뜻을 따라야 한다고 말한 것일까요? 이제 다
음의 기록을 살펴보죠.

맹헌자가 말했다. "말 네 필을 길러서 집안 재산이 어느 정도 되면, 닭과 돼
지를 살피지 않는다. 필요할 때 쓰려고 강이나 못에서 얼음을 떠다가 보관
할 정도의 부유한 집안은, 소와 양을 기르지 않는다. 권세가 있는 경과 대
부의 집안은, 지위를 이용하여 백성들을 착취하는 신하를 기르지 않는다.
지위를 이용하여 백성들을 착취하는 신하를 가지느니, 차라리 도둑질하는
신하를 가지는 것이 낫다."   『예기』「대학」

맹헌자는 이처럼 청렴하고도 항상 나라와 백성들의 안위를 걱정했
기에, 공자는 『예기』「단궁상」에서 그를 다른 사람보다 한 수 위에 있는

인물이라고 칭송한 바 있습니다. 따라서 공자와 증자는 자식은 마땅히 아버지의 훌륭한 점을 계승해야 한다고 강조하고 있죠. 아울러서 맹장자가 아버지의 정책을 바꾸지 않았다고 했으니, 그 역시 아버지의 이러한 정치관을 이어받아서 나라와 백성들을 생각하는 정치를 했을 것이라고 추측할 수 있습니다.

19-19

孟氏使陽膚爲士師, 問於曾子。曾子曰: "上失其道, 民散久矣。
맹 씨 사 양 부 위 사 사   문 어 증 자   증 자 왈   상 실 기 도   민 산 구 의

如得其情, 則哀矜而勿喜。"
여 득 기 정   즉 애 긍 이 물 희

아버지 맹무백을 이어서 노나라 대부가 된 맹경자가 양부라는 인물을 사법관으로 임명하자, 양부는 앞으로 어떤 자세로 임해야 하는지 증자에게 물었다. 증자가 말씀하셨다. "윗사람이 도를 잃어서, 백성들의 마음이 떠난 지 오래되었다. 만약 백성의 마음을 얻고자 하면 그들을 불쌍히 여겨야 하지, 사법관이 되었다고 기뻐하지 말라."

1990년 1월 부산 낙동강의 한 갈대밭에서 두개골이 크게 훼손된 여성의 시신이 발견되었습니다. 그로부터 2년 후 용의자 2명이 검거되었는데요. 이들은 낙동강 주변에서 경찰을 사칭하며 돈을 갈취하고 다녔던 전력이 있었습니다. 10여 차례가 넘는 조사 과정에서, 이들은 진술을 번복하다가 결국 죄를 인정했고, 그 결과 무기징역을 선고받았습니다. 그로부터 21년 후 두 사람은 감형을 받아서 출소하자, 변호사들을 찾

아가 억울함을 호소했습니다. 경찰의 고문에 못 이겨서 어쩔 수 없이 허위 자백을 했다는 거죠. 이들의 말을 경청한 인물은 박준영 변호사였습니다. 그렇게 그는 두 사람의 억울함을 풀기 위해서 백방으로 뛰어다녔고, 2021년 2월 드디어 법원으로부터 무죄를 이끌어냈습니다. 법조언론인클럽은 박변호사에게 '2020 올해의 법조인 상'을 수여했고, 억울하게 옥살이를 했던 두 사람 중 하나인 장동익씨가 시상식에 참석해 축하 인사를 건넸습니다. 고맙게도 증자가 말한 바른 길을 걷고 있는 사회 지도자들이 있기에, 이 세상은 아직도 살 만한 것 같습니다.

19-20

子貢曰: "紂之不善, 不如是之甚也。是以君子惡居下流,
자 공 왈   주 지 불 선   불 여 시 지 심 야   시 이 군 자 오 거 하 류

天下之惡皆歸焉。"
천 하 지 악 개 귀 언

자공이 말씀하셨다. "상나라 마지막 왕이자 폭군의 대명사로 잘 알려진 주임금은 선하지는 않았지만, 그렇다고 우리가 아는 것처럼 그렇게 최악은 아니었다. 다만 몸을 수준이 낮은 하류에 가까이 둬서, 온갖 악한 것들에 물들어 그렇게 된 것이다. 이 때문에 군자는 몸을 하류에 두는 걸 싫어하니, 세상의 온갖 악함이 하류로 돌아가 모인다."

상수도는 우리가 그냥 마셔도 될 정도로 맑고 깨끗하지만, 하수도는 온갖 물질들을 다 거쳐서 흘러내려왔기 때문에 냄새가 나고 더럽습니다. 아무리 깨끗하게 샤워를 하고 새 옷으로 갈아입어도, 하수도에 가까이 다가가면 옷이 금세 더럽혀지고 또 몸에 냄새가 나게 되죠. 따라서 자공은 사치와 여색 간신 등을 하수도에 비유하여, 그런 것들을 가까이 하면 지도자의 자격을 잃게 된다고 설명하고 있습니다. 이제 이와 맥락

을 같이 하는 성어 하나를 소개하겠습니다.

그건 바로 맹모삼천지교(孟母三遷之敎)인데요. 맹자가 어렸을 때 그의 어머니가 묘지 근처로 이사를 가자, 얼마 지나지 않아서 맹자는 상여를 지고 곡을 하는 흉내를 내는 게 아니겠습니까. 맹자의 어머니는 자식 기를 곳이 못 된다고 생각하여, 시장 근처로 이사를 갔습니다. 그러자 역시 얼마 지나지 않아서 맹자는 장사 하는 흉내를 냈죠. 맹자의 어머니는 이곳도 자식 기를 곳이 아니라고 생각하여 다시 서당 근처로 집을 옮기니, 맹자가 곧 글 읽는 흉내를 냈습니다. 그러자 맹자의 어머니는 드디어 자식 기르기에 적합한 곳을 찾았다고 생각하여, 그곳에서 계속 거주했다고 합니다. 이처럼 그 사람이 처한 환경은 그 사람됨을 결정하는데 대단히 큰 영향을 미칩니다. 마찬가지로 우리가 어떤 선택을 하는가에 따라서, 우리 운명이 바뀌는 겁니다. 선한 것만 보고 들으면서 선한 사람을 가까이 하면 나 역시 선한 사람이 되고, 반대로 악한 것을 가까이 하면 악한 사람이 되는 거죠.

19-21

子貢曰: "君子之過也, 如日月之食焉。過也, 人皆見之, 更也,
자 공 왈   군 자 지 과 야   여 일 월 지 식 언   과 야   인 개 견 지   경 야

人皆仰之。"
인 개 앙 지

자공이 말씀하셨다. "군자의 허물은 일식이나 월식과도 같아서, 사람들이 모두 한눈에 알아볼 수 있다. 하지만 그 허물을 고치면, 모든 사람들이 해나 달을 바라보듯 그를 우러러본다."

이어서 다음 『도덕경』의 한 구절도 음미해 보겠습니다.

71-3: 성인은 결점이 없는데, 그 결점을 결점으로 여기기에, 이 때문에 결점이 없다.

허물이 없는 사람은 없습니다. 그런데 허물을 인정하고 부끄러워하여 진심으로 고치려 드는 사람은 무척이나 드뭅니다. 만약 지도자가 이와 같은 모습을 보인다면, 그 나라 국민들은 축복받은 거죠. 앞으로 꽃길을 걸을 일만 남았으니 말입니다.

19-22

衛公孫朝問於子貢曰: "仲尼焉學?"
위 공 손 조 문 어 자 공 왈   중 니 언 학

子貢曰: "文武之道, 未墜於地, 在人。賢者識其大者, 不賢者識其小者。
자 공 왈   문 무 지 도 미 추 어 지 재 인   현 자 식 기 대 자 불 현 자 식 기 소 자

莫不有文武之道焉。夫子焉不學? 而亦何常師之有?"
막 불 유 문 무 지 도 언   부 자 언 불 학   이 역 하 상 사 지 유

위나라 공손조라는 인물이 자공에게 물었다. "공자는 도를 어디에서 배웠습니까?" 자공이 말씀하셨다. "주나라 문왕과 무왕의 도가 아직 땅에 떨어지지 않고, 세상 사람들에게 남아 있습니다. 현명한 이는 큰 도리를 알고 현명하지 못한 이는 작은 도리라도 깨우치고 있으니, 문왕과 무왕의 도가 영향을 미치지 않는 곳이 없습니다. 따라서 스승께서는 어디를 가거나 또 누구를 통해서도 배울 수 있었으니, 어찌 고정된 스승에게서만 도를 배웠겠습니까?"

대동사회를 이끈 성인들은 '하늘의 도(天道)'로 세상을 이끌었으므로, 천성에 따라서 백성들을 다스렸습니다. 하지만 사람들 마음속에 서서히 소유욕과 이기심이 생기면서, 내 것과 네 것을 구별하고 나아가 하나라도 더 가지려고 하는 등 세상은 혼란스러워졌죠. 이에 군자들은 '사람의 도(人道)'로 스스로 통제하고 백성들을 절제시킴으로써 소강사회를

만들었습니다. 따라서 이 구절을 통해서 다시 한번 공자가 추구한 것은 '무위자연'의 천도(天道)가 아닌, 절제하고 통제하는 인도(人道)였음을 확인할 수 있습니다.

19-23

叔孫武叔語大夫於朝曰：“子貢賢於仲尼。”子服景伯以告子貢。
숙손무숙어대부어조왈　자공현어중니　　자복경백이고자공

子貢曰：“譬之宮牆, 賜之牆也, 及肩, 窺見室家之好。夫子之牆, 數仞,
자공왈　비지궁장 사지장야 급견 규견실가지호　부자지장 수인

不得其門而入, 不見宗廟之美, 百官之富。得其門者或寡矣, 夫子之云,
부득기문이입 불견종묘지미 백관지부　득기문자혹과의　부자지운

不亦宜乎?”
불역의호

숙손무숙이 조정에서 대부들에게 말했다. "자공이 공자보다 현명합니다." 그러자 노나라 대부 자복경백이 그 말을 자공에게 전했다. 자공이 말씀하셨다. "대궐의 담장으로 저와 스승을 비유한다면, 저의 담장은 어깨에 미칠 정도로 낮아서 담장 넘어 집의 좋은 것들을 엿볼 수 있지만, 스승의 담장은 너무 높아서 문으로 들어가지 않으면 왕실 사당의 아름다움과 많은 관료들의 모습을 볼 수 없습니다. 그런데 그 문에 도달한 이가 드무니, 어른께서 그렇게 말씀하시는 건 너무나 당연한 게 아닐까요?"

여기서 자공은 자신과 스승의 수준 차이를 담장의 높이로 빗대어 설명하고 있습니다. 담장이 낮은 집은 누구나 애쓰지 않고도 집과 안뜰을 훤히 들여다볼 수 있죠. 따라서 자공은 자기 수준이 낮아서 일반 사람들도 쉬이 가늠할 수 있다고 말합니다.

하지만 담장이 높은 집은 어떤 것도 엿볼 수 없습니다. 그렇다면 어떻게 해야 집 안이 어떤지 알 수 있을까요? 문을 통해서 들어가야 비로소 건물과 안뜰이 얼마나 아름다운지, 그리고 사람들은 얼마나 있는지

알 수 있죠. 따라서 자공은 스승의 수준이 자기와 달리 너무 높아서, 일반 사람들은 전혀 가늠할 수 없다고 말합니다.

그렇다면 어떻게 해야 공자의 수준을 파악할 수 있을까요? 공자는 6-15에서 "누가 출입구를 통하지 않고 집 밖으로 나갈 수 있겠는가? 마찬가지의 도리로 밖으로 나와 넓은 세상을 다스리려 하면서, 지도자들은 왜 이러한 도를 통해서 다스리려고 하지 않는가?"라고 말한 바 있습니다. 즉 '문'은 '도'를 뜻하죠. 따라서 자공은 '도'를 배우고 실천하는 과정이 얼마나 어려운 것인지 조금이라도 알아야 비로소 공자의 수준을 느낄 수 있다고 말합니다. 바꿔 말해서 자공은 숙손무숙이 '도'가 뭔지 모르는 인물이므로, 공자가 얼마나 대단한 인물인지 상상도 할 수 없는 게 어쩌면 너무나도 당연한 일이라고 말하는 겁니다.

19-24

叔孫武叔毀仲尼。子貢曰: "無以爲也。仲尼, 不可毀也。他人之賢者,
숙 손 무 숙 훼 중 니   자 공 왈   무 이 위 야   중 니   불 가 훼 야   타 인 지 현 자

丘陵也, 猶可踰也。仲尼, 日月也, 無得而踰焉。人雖欲自絶,
구 릉 야   유 가 유 야   중 니   일 월 야   무 득 이 유 언   인 수 욕 자 절

其何傷於日月乎? 多見其不知量也。"
기 하 상 어 일 월 호   다 견 기 부 지 양 야

숙손무숙이 공자를 비방했다. 자공이 말씀하셨다. "그렇다고 생각지 않습니다. 공자는 비방할 수 없습니다. 다른 사람의 현명함은 언덕과 같이 낮아서 넘을 수 있지만, 공자의 현명함은 해와 달같이 너무나도 높아서 감히 넘을 수 없습니다. 설령 사람들이 몸소 해와 달 없이 살고자 하더라도, 어떻게 해와 달을 없앨 수 있겠습니까? 그런 사람들은 자기의 분수를 모를뿐더러, 비방할수록 오히려 스스로 무지함만 드러내는 겁니다."

사람은 언덕이나 산을 넘을 수 있습니다. 하지만 아무리 해도 해나 달에 닿을 순 없죠. 이처럼 자공은 스승의 수준이 해나 달과 같아서 일반인들은 도달할 수 없을 뿐 아니라, 그를 비방하는 건 결국 '누워서 침 뱉기'가 될 뿐이라고 비유적으로 설명하고 있습니다.

19-25

陳子禽謂子貢曰:"子爲恭也, 仲尼豈賢於子乎?"子貢曰:
진 자 금 위 자 공 왈   자 위 공 야   중 니 기 현 어 자 호   자 공 왈

"君子, 一言以爲知, 一言以爲不知, 言不可不愼也! 夫子之不可及也,
군 자   일 언 이 위 지   일 언 이 위 부 지   언 불 가 불 신 야   부 자 지 불 가 급 야

猶天之不可階而升也。夫子之得邦家者, 所謂立之斯立, 道之斯行,
유 천 지 불 가 계 이 승 야   부 자 지 득 방 가 자   소 위 입 지 사 입   도 지 사 행

綏之斯來, 動之斯和。其生也, 榮; 其死也, 哀, 如之何其可及也?"
수 지 사 래   동 지 사 화   기 생 야   영   기 사 야   애   여 지 하 기 가 급 야

자금이 자공에게 말씀하셨다. "그대가 겸손한 것이지, 공자가 어찌 그대보다 현명하겠습니까?" 자공이 말씀하셨다. "군자는 말 한마디로 지혜롭게 되기도 하고, 말 한마디로 어리석게 되기도 하므로, 말에 신중하지 않으면 안 되오! 사다리로 하늘을 오를 순 없는 것처럼, 나는 감히 스승에 도에 미치지 못 하오. 스승께서는 도로 다스려서 나라의 기강이 흔들리지 않고, 내뱉은 말은 반드시 실천하며, 편안하게 해주니 다른 지역 백성들이 몰려오고, 또 그들이 옮겨와 살면 내치지 않고 포용하므로 나라가 화목해 지오. 그가 살아 계시면 나라는 영화로워지고, 그가 돌아가시면 사람들이 애통할 것이니, 어찌 내가 스승의 수준에 미칠 수 있겠소?"

여기서도 자공은 스승 공자가 차원이 다른 존재라고 설명하고 있죠. 어느 정도 높은 곳은 사다리로 오를 수 있지만, 공자의 수준은 하늘과 같아서 영원히 오를 수 없다고 말합니다.

제20편 : 요왈(堯曰)

다섯 가지 좋은 일과 네 가지 잘못의 덕

堯曰: "咨, 爾舜! 天之曆數在爾躬, 允執厥中! 四海困窮, 天祿永終。"
요 왈   자 이순 천지력수재이궁 윤집궐중 사해곤궁 천록영종

舜亦以命禹。曰: "予小子履, 敢用玄牡, 敢昭告于皇皇后帝。
순 역이명우   왈   여소자리 감용현모 감소고우황황후제

有罪不敢赦, 帝臣不蔽, 簡在帝心! 朕躬有罪, 無以萬方; 萬方有罪,
유 죄불 감사 제신불폐 간재제심 짐궁유죄 무이만방 만방유죄

罪在朕躬。"周有大賚, 善人是富。"雖有周親, 不如仁人。百姓有過,
죄 재짐궁   주유대뢰 선인시부   수유주친 불여인인 백성유과

在予一人。"謹權量, 審法度, 修廢官, 四方之政行焉。興滅國, 繼絶世,
재 여일인   근권량 심법도 수폐관 사방지정행언 흥멸국 계절세

擧逸民, 天下之民歸心焉。所重: 民食喪祭。寬, 則得衆; 信, 則民任焉;
거 일민 천하지민귀심언 소중 민식상제 관 즉득중 신 즉민임언

敏, 則有功; 公, 則說。
민 즉유공 공 즉열

요임금이 말씀하셨다. "아, 그대 순이여! 하늘의 운명이 그대 몸에 있다. 성실하게 객관적이고도 공정한 자세를 지키시오! 세상이 곤궁해지면, 하늘의 복되고 영화로운 삶이 영영 끊기게 되오." 순임금 역시 이처럼 우에게 명하셨다. 상나라 탕임금이 말씀하셨다. "제가 검은 수소를 제물로 올려서, 감히 거룩하신 하늘의 황제에게 밝혀 아룁니다. 제가 통치를 하면서 죄를 지은 자는 감히 용서한 적이 없고, 세상의 어진 이들을 드러내 등용하였으니, 제 통치가 옳았는지 분간하는 일은 하늘의 황제 마음에 달려 있습니다! 만약 저에게 죄가 있다면 그것은 세상 때문이 아니라 저 한 사람 때문이고, 세상에 죄가 있다면 모든 탓은 통치자인 저 하나 때문입니다." 상나라를 이은 주나라가 백성들에게 큰 덕을 베푸니, 선한 사람들이 부유해졌다. 주나라 무왕이 말했다. "비록 친척이 있기는 하지만, 자기 임금을 진심으로 섬기고 따르는 어진 이만 못하다. 만약 귀족들에게 허물이 있다면, 그 죄는 나 한 사람에게 있다." 무왕이 삼가 도량형을 정하고 법도를 살피며 폐기된 관직을 다시 정비하여 살리니, 세상의 정치가 바로 행해졌다. 망했던 나라를 일으키고, 끊어진 대를 이었으며, 민간에 파묻혀 있는 인재들을 드러내니, 세상의 민심이 돌아왔다. 나라를 다스리는 데 중요한 건 백성, 식량, 상례, 제례이다. 지도자가 너그러우면 많은 사람

을 얻게 되고, 지도자가 신의가 있으면 백성들이 그에게 지도자의 자리를 맡기며, 지도자가 근면하면 공을 세우게 되고, 지도자가 공평하면 온 세상이 기뻐한다.

결국 이 구절은 '지도자가 걸어야 할 길'을 나타내는 '도'는 요와 순임금으로 대표되는 대동사회 성인들이 세상에 베풀기 시작한 이래로, 소강사회의 지도자인 여섯 군자가 그 정신을 계승해왔다는 뜻이 됩니다. 물론 하늘이 내리신 천성에 따라서 다스리는 '하늘의 도(天道)'와, 지도자가 먼저 솔선수범하는 모습을 보이며 절제하고 통제하는 '사람의 도(道)'는 분명 차이가 있습니다. 하지만 그건 시대적 필요에 따라서 기본 원칙을 다소 세분화한 것이지, 둘이 근본적으로 다르다는 걸 의미하진 않습니다. 즉 대동으로부터 소강사회에 이르기까지, 지도자의 통치이념은 '도'라는 이름으로 면면이 이어져 내려온 겁니다.

20-2

子張問於孔子曰: "何如斯, 可以從政矣?" 子曰: "尊五美,
자 장 문 어 공 자 왈   하 여 사 가 이 종 정 의   자 왈   존 오 미

屛四惡, 斯可以從政矣." 子張曰: "何謂五美?" 子曰: "君子, 惠而不費,
병 사 악 사 가 이 종 정 의   자 장 왈   하 위 오 미   자 왈   군 자 혜 이 불 비

勞而不怨, 欲而不貪, 泰而不驕, 威而不猛." 子張曰: "何謂惠而不費?"
노 이 불 원 욕 이 불 탐 태 이 불 교 위 이 불 맹   자 장 왈   하 위 혜 이 불 비

子曰: "因民之所利而利之, 斯不亦惠而不費乎? 擇可勞而勞之,
자 왈   인 민 지 소 리 이 리 지 사 불 역 혜 이 불 비 호   택 가 로 이 로 지

又誰怨? 欲仁而得仁, 又焉貪? 君子, 無衆寡, 無小大, 無敢慢,
우 수 원 욕 인 이 득 인 우 언 탐 군 자 무 중 과 무 소 대 무 감 만

斯不亦泰而不驕乎? 君子, 正其衣冠, 尊其瞻視, 儼然人望而畏之,
사 불 역 태 이 불 교 호 군 자 정 기 의 관 존 기 첨 시 엄 연 인 망 이 외 지

斯不亦威而不猛乎?" 子張曰: "何謂四惡?" 子曰: "不敎而殺, 謂之虐.
사 불 역 위 이 불 맹 호 자 장 왈   하 위 사 악   자 왈   불 교 이 살 위 지 학

不戒視成, 謂之暴。慢令致期, 謂之賊。猶之與人也, 出納之吝,
불 계 시 성　위 지 포　만 령 치 기　위 지 적　유 지 여 인 야　출 납 지 린

謂之有司。"
위 지 유 사

자장이 공자에게 물으셨다. "어떤 것을 다해야 정치에 종사할 수 있습니까?"
공자가 말씀하셨다. "다섯 가지 좋은 일을 높이고, 네 가지 잘못을 물리치면,
이제 정치에 종사할 수 있다." 자장이 말씀하셨다. "무엇을 다섯 가지 좋은 일
이라고 합니까?" 공자가 말씀하셨다. "군자는 은혜로워서 백성에게 베풀지만
낭비하지는 않고, 백성을 수고롭게 하지만 원망을 듣지는 않으며, 원하는 대
로 하지만 탐내지는 않고, 스스로 마음을 편안하게 하지만 교만하지는 않으
며, 멀리서 보면 위엄이 있지만 다가가면 사납지 않다."

자장이 말씀하셨다. "무엇을 일컬어서 백성에게 베풀지만 낭비하지는 않는다
고 하는 겁니까?" 공자가 말씀하셨다. "백성들이 자기에게 꼭 필요하다고 여
기는 것을 선별하여 베풀면, 베풀지만 낭비하지 않는 것이 아니겠는가? 백성
을 수고롭게 할 만한 일을 골라서 수고롭게 하면, 또 누가 원망하겠는가? 진심
으로 어질어지고자 하여 어짊에 이르니, 어찌 그것이 탐내는 것이겠는가? 군
자는 많거나 적음 혹은 작거나 큼에 상관없이 감히 태만하지 않으니, 이것이
스스로 마음을 편안하게 하지만 교만하지 않은 것이 아니겠는가? 군자는 의
관을 바르게 하고, 몸을 낮춰서 주변에 보이는 모든 이들을 존중하며, 엄숙하
여 사람들이 바라보면 그를 경외하니, 이것이 멀리서 보면 위엄이 있지만 다
가서면 사납지 않은 것이 아니겠는가?" 자장이 말씀하셨다. "무엇을 네 가지
잘못이라고 합니까?" 공자가 말씀하셨다. "가르치지 않고 백성을 내보내 죽이
는 것을 모질다고 한다. 깨닫도록 이치를 잘 설명해주지 않고 백성에게 성과
를 바라는 것을 난폭하다고 한다. 태만하여 느슨하게 부리고는, 오히려 기한
내에 끝내라고 다그치는 것을 도적이라고 한다. 사람들에게 베풀어야 하는 게
주된 임무인데, 금전이나 물품을 빌려준 후 갚을 기한을 넉넉하게 주지 않는
것을 유사(사무를 맡아보는 직무)라고 한다."

이 구절에서 등장하는 것이 바로 나라를 다스리는 정치에 필요한
'오미사악(五美四惡)', 즉 다섯 가지 좋은 일을 높이고, 네 가지 잘못을 물
리치는 것입니다. 그렇다면 이 아홉 가지의 의미가 각각 무엇인지 알아

봐야 하는데요. 그전에 다음의 '육덕' 즉 여섯 가지 '덕'에 대해서 다시 한번 살펴보겠습니다.

구덕	육덕	삼덕
평천하(平天下)	치국(治國)	제가(齊家)
1. 관이율(寬而栗): 관대하면서도 엄격함	O	
2. 유이립(柔而立): 유하면서도 확고히 섬		O
3. 원이공(願而共): 정중하면서도 함께 함	O	
4. 치이경(治而敬): 다스리면서도 공경함	O	
5. 요이의(擾而毅): 길들이면서도 강인함	O	
6. 직이온(直而溫): 정직하면서도 부드러움		O
7. 간이염(簡而廉): 질박하면서도 청렴함	O	
8. 강이실(剛而實): 강직하면서도 정성스러움		O
9. 강이의(強而義): 굳세면서도 의로움	O	

이 여섯 가지의 '육덕'은 다름 아닌 '치국' 즉 정치를 하는 데 필요한 '덕'입니다. 따라서 공자가 설명하는 '오미사악(五美四惡)'의 아홉 가지는 바로 '육덕'과 직결되죠. 그렇다면 '육덕'과 '오미사악'이 각각 어떻게 연결되는지, 그리고 왜 육덕은 여섯 가지인데 공자는 오미사악의 아홉 가지로 설명한 건지 하나씩 풀어서 살펴보겠습니다.

1) **혜이불비**(惠而不費) - **백성에게 베풀지만**(부드러움) **낭비하지는 않음**(강함): 백성들이 자기에게 꼭 필요하다고 여기는 것을 선별하여 베풀면, 베풀지만 낭비하지 않는 것이 아니겠는가?

이는 '3. 원이공(願而共): 정중하면서도 함께 함'에 해당합니다. 백성이 진정으로 원하는 바를 이해하고 그들의 뜻을 따른다는 것은, 바로 지도자가 백성에게 엄숙하고도 공손한 모습을 보이는 겁니다(강함). 그렇게 되면 백성이 지도자를 따를 것이고(부드러움) 지도자 역시 백성을 섬기게 되는 것이니, 이야말로 진정 함께 하는 상생과 공생의 모습이 되죠. 따라서 공자는 말합니다. 지도자가 백성이 진정 원하는 것에 과감히 국고(國庫)를 열면, 이는 백성을 위한 것이므로 낭비가 되지 않는다고.

2019년 말부터 전 세계적으로 유행하는 코로나19 전염병이 수많은 사람들의 목숨을 위협하고 있습니다. 게다가 변이가 속출하면서, 백신 접종이 무엇보다 중요한 일이 되었죠. 한 나라의 지도자는 무엇보다 국민들의 건강을 우선시해야 하는 데요. 따라서 백신을 확보하기 위해서 부득이하게 막대한 비용을 지출해야 한다면, 과연 누가 지도자를 원망할까요?

2) 노이불원(勞而不怨) - 백성을 수고롭게 하지만(강함) 원망을 듣지는 않음(부드러움): 백성을 수고롭게 할 만한 일을 골라서 수고롭게 하면, 또 누가 원망하겠는가?

이는 '5. 요이의(擾而毅): 길들이면서도 강인함'에 해당합니다. 지도자 결정이 수긍할 만한 것이라면, 이를 따르지 않는 백성은 없습니다. 지도자가 그런 백성의 뜻을 헤아려서 수고롭게 한다면, 백성은 지도자의 뜻에 따라서 길들여지고(부드러움) 또 그러한 과정을 통해서 스스로 강인해지죠(강함). 따라서 공자는 말합니다. 지도자가 정당한 방법으로 그들을 수고롭게 한다면, 백성은 결코 지도자의 결정에 불만을 품지 않는다고.

국경지역에 튼튼한 성곽을 축조하여 적의 침략에 대비하는 것은, 지도자가 백성을 지키기 위해서 당연히 해야 할 일입니다. 그리고 이를 위해서는, 부득이하게 백성들을 동원할 수밖에 없죠. 하지만 한창 바쁜 농번기는 피해서, 반드시 농한기에만 백성들을 동원해야 하죠. 이처럼 백성들의 입장을 이해하면서 그들을 수고롭게 하면, 누가 지도자를 원망하겠습니까?

> 3) 욕이불탐(欲而不貪) - 원하는 대로 하지만(부드러움) 탐내지는 않음(강함): 진심으로 어질어지고자 하여 어짊에 이르니, 어찌 그것이 탐내는 것이겠는가?

이는 '4. 치이경(治而敬): 다스리면서도 공경함'에 해당합니다. 정치를 담당하는 지도자가 아래로는 백성을 올바르게 다스리고(강함) 또 위로는 임금을 진심으로 섬겨서(부드러움) 나라를 안정시키면, 백성 역시 진심으로 임금을 섬기고 따르게 됩니다. 그런데 이 어짊(仁)의 최종 목표는 나라와 백성의 안위를 위한 것이죠. 따라서 공자는 말합니다. 지도자가 백성을 잘 다스려서 나라가 안정되면, 이는 결국 지도자가 백성을 공경하는 것이라고. 물론 여기에는 한 치의 사적인 이익을 탐하는 마음이 있어서는 안 되겠죠.

1) 아래로 백성을 잘 다스리고, 2) 위로는 임금을 진심으로 섬기고 따르면, 3) 나라와 백성의 삶이 안정되므로, 최종적으로는 신하가 백성을 공경하는 결과로 돌아오게 되는 거죠.

> 4) 태이불교(泰而不驕) - 스스로 마음을 편안하게 하지만(부드러움) 교만하지는 않음(강함): 군자는 많거나 적음 혹은 작거나 큼에 상관없이 감히 태만하지 않으니, 이것이 스스로 마음을 편안하게 하지만 교만하지 않은 것이 아니겠는가?

이는 '7. 간이염(簡而廉): 질박하면서도 청렴함'에 해당합니다. 나랏일에 종사하는 사람이 재물에 집착하면 평상심을 잃게 되어 탐욕이 생기게 되고, 또 그렇게 되면 백성보다 자신의 이익을 먼저 생각하게 됩니다. 그러므로 참된 지도자인 군자는 재물에 집착하지 않아서 항상 마음을 평안하게 하지만(부드러움), 결코 태만한 모습을 보이지는 않죠(강함). 따라서 공자는 말합니다. 군자는 오직 나라와 백성의 안위만을 생각하므로, 청렴한 자세를 유지하기 위해서 탐욕을 생기게 하는 재물에 마음을 두지 않는다고.

세종대왕이 집권할 때 우의정과 좌의정을 지낸 맹사성은 벼슬이 낮은 사람이 찾아와도 관복을 갖춰 입고 대문 밖에 서서 맞이했고, 그가 돌아갈 때 역시 밖으로 나가 친히 배웅하는 겸손함을 보였습니다. 또 그는 매우 검소하여 재물에 관심을 보이지 않아서, 조정에서 받은 녹미로만 근근이 생활했다고 하죠. 하루는 임금이 그의 집을 방문했는데, 집이 너무 초라해서 놀랐다고 합니다. 특히 바깥출입을 할 때에는 소탈한 차림으로 소를 타고 다녀서, 대부분의 사람들은 그가 재상인 줄을 알지 못했다고 전해지죠. 하지만 그는 여진족 정벌에 큰 공을 세워서 조선왕조의 영토 확장에 지대한 영향을 끼쳤고, 나아가 조선의 특징을 살린 예악제도를 정비하는 등 맡은 업무에 태만하지 않고 혼신의 힘을 쏟는 모습을 보였습니다.

5) 위이불맹(威而不猛) - 멀리서 보면 위엄이 있지만(강함) 다가서면 사납지 않음(부드러움): 군자는 의관을 바르게 하고, 몸을 낮춰서 주변에 보이는 모든 이들을 존중하며, 엄숙하여 사람들이 바라보면 그를 경외하니, 이것이 멀리서 보면 위엄이 있지만 다가서면 사납지 않은 것이 아니겠는가?

참된 지도자인 군자는 항시 스스로를 추스르고　자신에게 엄격히
하며 올곧은 모습을 보이기에, 멀리서 보는 백성은 쉬이 다가서지 못합
니다(강함). 하지만 군자는 오로지 나라와 백성의 안위만을 생각하고 타
인의 허물에는 관대하며 백성의 마음을 이해하고 따르려 노력하므로, 가
까이 다가가면 그 누구보다도 인자하고 부드러운 모습을 띠는 거죠(부드
러움). 따라서 공자는 말합니다. 참된 지도자는 이처럼 엄격함과 관대함
을 모두 갖춘 조화로움(和)을 이룬다고.

　　이처럼 공자가 언급한 정치에 필요한 오미(五美: 다섯 가지 좋은 일)는
바로 '다섯 가지 미덕(美德)'을 뜻하는 것임을 알 수 있습니다. 하지만 한
가지 이해할 수 없는 게 있습니다. 그렇다면 공자는 왜 육덕(六德) 중 하
나인 9. 강이의(強 而義: 굳세면서도 의로움)에 대해서는 언급하지 않은 것일
까요? 더군다나 이 덕목은 다른 다섯 개와 달리, 강함과 부드러움의 조
화가 아닌 강함과 강함의 충돌은 아닐까요? 이제 다음 기록을 살펴보겠
습니다.

　　　자로가 강함에 대해서 물으셨다. 공자가 말씀하셨다. "네가 묻는 것은 남방
　　의 강함인가 아니면 북방의 강함인가, 그도 아니면 네 스스로의 강함인가?
　　너그럽고 부드러움으로 가르치며 무도함에 보복하지 않는 것은 남방의 강
　　함이니, 군자가 머문다. 반면 병기와 갑옷을 갖춰 입어 늘 전쟁을 하고 죽
　　어도 싫증내지 않는 것은 북방의 강함이니, 흉포한 자가 머문다. 따라서 군
　　자는 중(中)에 서지 한쪽에 치우치지 않으니, 강하도다 꿋꿋함이여! 중(中)
　　에 서서 한쪽으로 기울어지지 않으니, 강하도다 꿋꿋함이여! 나라에 도가
　　있으면 성실함이 변하지 않으니, 강하도다 꿋꿋함이여! 나라에 도가 없으
　　면 죽음에 이르러도 변하지 않으니, 강하도다 꿋꿋함이여!

　　　　　　　　　　　　　　　　　　　　　　　　　　　　『예기』「중용」

'굳셀 강(强)'의 중국어 발음과 성조는 2가지가 있습니다. '강하다, 세다'라는 긍정적인 의미를 나타낼 때는 [qiáng] 2성으로 발음하죠. 하지만 '억지로 하다, 강제로 하다'라는 부정적인 의미를 지닐 때는 [qiǎng] 3성으로 바뀝니다. 다시 말해서 긍정의 의미는 바로 '남방의 강함'을 나타내는 반면, 부정의 의미는 '북방의 강함'을 뜻합니다.

따라서 육덕(六德) 중 하나인 9. 강이의(强 而義: 굳세면서도 의로움)에서 '굳셀 강(强)'은 '남방의 강함' 즉 부드러움을 나타내고, '옳을 의(義)'는 어짊(仁)과 상반된 강함이 되는 겁니다. 즉 이 덕목은 "백성을 이끄는 지도자는 자기가 처한 신분에서 목숨을 걸고(강함) 누구보다 백성을 아끼고 보호해야(부드러움) 한다."는 뜻을 지니므로, 역시 강함과 부드러움의 조화를 나타내고 있죠. 그렇다면 공자는 왜 이 마지막 덕목에 대해서는 언급하지 않고, 바로 '사악(四惡)'의 네 가지 잘못으로 넘어간 걸까요? 이제 '네 가지 잘못'에 대해서 하나씩 살펴보면, 자연스레 그 해답을 얻을 수 있습니다.

1) 학(虐) - 가르치지 않고 백성을 내보내 죽이는 것을 모질다고 한다.

학병(學兵) 또는 학도병(學徒兵)은 일제강점기에 강제로 징집되어서, 태평양 전쟁 또는 제2차 세계대전에 참전한 일본 제국 식민지의 학생들을 일컫습니다. 1941년 일본은 태평양 전쟁을 일으켰는데, 이미 1937년부터 중일 전쟁을 치루는 중이라서 병력이 부족

한 상태였습니다. 그래서 고등학생 심지어 그 이하의 학생들까지도 차출했죠. 하지만 그들은 제대로 된 군사훈련을 받지 못한 채 전선에 투입되었습니다. 이건 그들에게 그냥 총알받이를 하다가 죽으라고 등을 떠민, 아주 잔인무도한 행위였습니다. 공자 역시 13-30에서 "가르치지 않은 백성들을 전쟁에 내보내는 것, 이를 일컬어 그들을 버리는 것이라고 한다."라고 한 바 있습니다.

2) 폭(暴) - 깨닫도록 이치를 잘 설명해주지 않고 성과를 바라는 것을 난폭하다고 한다.

주입식 교육은 교육 내용을 학생에게 일방적으로 주입시키는 교수법을 뜻합니다. 물론 살아가는 데 꼭 필요한 가장 기본적인 지식을 짧은 기간에 기억하게 하는 데는 분명 효과적일 수 있습니다. 하지만 교육의 궁극은 기초 원리를 최대한 쉽게 설명하여 이해시킨 후, 학습자로 하여금 스스로 창의적인 생각을 하도록 이끄는 겁니다. 매년 노벨상 수상자가 발표될 즈음이면, 한국의 여러 언론들은 교육 전문가들의 말을 빌어서 "한국 교육, 이대로는 안 된다!"라는 제목의 특집기사를 연일 내놓습니다. 하지만 며칠 지나면, 그걸로 끝입니다. 공자의 표현을 빌어서 표현하자면, 난폭함이 되는 거죠.

3) 적(賊) - 태만하여 느슨하게 부리고는, 오히려 기한 내에 끝내라고 다그치는 것을 도적이라고 한다.

매년 하반기 고용지표가 악화할 때마다, 한국 정부는 공공기관들을 압박하여 단기 일자리를 창출하라고 다그칩니다. 고용상황이 안 좋은 만큼 청년 취업시장과 중장년층 재취업시장에 활력을 불어넣어야 한다는 입장인데요. 문제는 단기 일자리가 취업자 수를 부풀려서, 고용지표를 왜곡할 가능성이 있다는 겁니다. 하지만 청와대까지 나서서 단기 일자리 확대가 고용지표 왜곡을 위한 '급조된 일자리'라는 비판을 강력하게 부인하고 있습니다. 매년 땜질하듯 급조된 단기 일자리를 만들 게 아니라, 충분한 시간을 갖고 중장기적인 차원에서 고민하고 풀어야 할 숙제입니다.

4) 유사(有司) - 사람들에게 베풀어야 하는 게 주된 임무인데, 금전이나 물품을 빌려준 후 갚을 기한을 넉넉하게 주지 않는 것을 유사(사무를 맡아보는 직무)라고 한다.

코로나19로 매출이 줄어든 신생 중소기업들이 은행의 대출 상환 독촉에 시달리고 있습니다. 대출 상환을 연기해 주는 대신, 기존 금리를 2배로 올리겠다는 은행까지 나와 논란이 되고 있는데요. 실제로 한 산업용 기계 제조업체 대표는 대출만기를 연장하기 위해서 거래은행을 찾았다가, 대출금리를 연 3%대에서 7%대로 올려야 한다는 말을 들었다고 합니다. 사실 이 업체는 전년보다 수주실적이 올랐지만, 코로나19로 인해 수출길이 막혀서 매출이 없는 상태입니다. 이런 기업들을 위한 정부의 적극적인 개입과 중재도 필요하지만, 무엇보다 약자를 보호하여 상생과 공존을 추구하고자 하는 금융당국과 은행의 자정노력이 필요해 보입니다.

결국 공자는 나라를 다스리는데(治國) 필요한 여섯 가지 덕(六德) 중 하나인 9. 강이의(强 而義: 굳세면서도 의로움)에 대해서 언급하지 않은 게 아니라, 이 덕목과 상반되는 네 가지 잘못(四惡)의 예들을 열거하여 '백성을 이끄는 지도자는 자기가 처한 신분에서 목숨을 걸고 누구보다 백성을 아끼고 보호해야 한다.'는 자세가 어떤 것인지 보다 구체적으로 풀어서 설명하고자 한 것임을 알 수 있습니다.

子曰: "不知命, 無以爲君子也; 不知禮, 無以立也; 不知言,
자 왈 부 지 명 무 이 위 군 자 야 부 지 예 무 이 립 야 부 지 언

無以知人也。"
무 이 지 인 야

공자가 말씀하셨다. "선한 것과 옳은 것을 지키는 것이 하늘의 명임을 깨닫지 못하면 참된 지도자인 군자가 될 수 없고, 지나치거나 모자라지 않도록 절제하고 통제하는 예(禮)를 알지 못하면 흔들리지 않고 확고히 할 수 없으며, 옛 성현들의 말씀을 알지 못하면 타인을 이해할 수 없다."

하늘이 명한 천명(天命)은 타고난 천성(天性)을 따르는 것이고, 천성은 자연(自然) 즉 문자 그대로 '스스로 그러한 성질'이므로, 바로 순리(順理)와 같은 뜻이 됩니다. 그리고 『좌전』 「양공 29년」에서 비심은 "선한 것이 선하지 못한 것을 대신하는 것이 천명입니다."라고도 했죠. 따라서 천명은 바로 하늘이 정해준 순리에 따라서 선한 것과 옳은 것을 지키는 것입니다.

예(禮)는 지나치거나 모자라지 않도록 절제하고 통제하는 '도의 형식'입니다. 그럼으로써 스스로 몸과 마음이 흔들리지 않고 확고할 수 있도록 바로잡는 역할을 하죠.

‘말씀 언(言)’ 문자의 변화과정은 다음과 같습니다. 왼쪽부터 갑골문-금문-소전-예서의 순서로 변했죠. 좀 더 구체적으로 말해서, ‘말씀 언(言)’은 ‘一’ 즉 ‘위 상(上)’과 ‘혀 설(舌)’이 합쳐진 문자인데요. 이는 신하가 상관, 나아가 임금에게 혀를 놀려서 간언하는 것이 바로 말씀이라는 뜻을 지닙니다. 그리고 그 말씀을 문자로 기록한 것이 문장(文)이므로, ‘도’의 이론 또는 내용이라고도 할 수 있겠죠. 따라서 이 구절의 마지막 부분은 ‘말씀’ 즉 ‘도의 내용’을 배워서 이해하지 못하면, 백성의 마음을 읽을 수 없게 되고, 또 그렇게 되면 나라를 잘 다스릴 수 없게 된다는 뜻이 됩니다.

참된 지도자인 군자는 자신의 마음을 백성의 마음과 같게 함(恕)으로써 그들이 진정 원하는 것이 무엇인지 깨닫게 되고, 그런 후에 정사에 전념하여 나라를 잘 다스릴 수 있게 됩니다. 또 그러기 위해서 필요한 것이 ‘도’의 내용과 형식을 배워서 조화롭게(和) 실천하는 과정입니다. 이제 이 구절이 왜 『논어』의 끝을 장식하고 있는지, 그 심오한 뜻을 이해할 수 있겠죠?

나오면서

『논어』는 짧은 운문으로 써져 있습니다. 게다가 2500년 전 사람들의 표현법으로 써졌으므로, 현대인들이 읽어도 쉬이 이해하기가 어렵습니다. 더군다나 『논어』는 공자 제자의 제자들에 의해 완성되었고, 또 여러 명이 긴 시간에 걸쳐서 편집했죠. 그래서 같은 내용이 중복되거나, 여기저기 흩어져 있기도 합니다. 간단히 말해서, 『논어』를 편안히 읽고 이해한다는 것은 그리 쉬운 일이 아니라는 겁니다. 그래서 먼저 기존의 체제를 깨고 가급적 서로 같은 의미를 지니는 구절끼리 묶어서 설명하려고 시도했습니다. 물론 짧고 난해한 운문을 오늘날의 쉬운 산문으로 풀어서 번역하려고도 애썼죠. 하지만 무엇보다 이 책을 다른 『논어』 풀이서들과 차별화시킨 건 바로 우리가 신문이나 뉴스를 보면서 접했던 인물들이나 사건들을 통해서, 각 구절이 어떤 의미를 지니는지 좀 더 쉬이 이해시키려고 노력했다는 겁니다.

이론   수사   실천

간략하게 말해서, 2500년 전 행해진 수사학(修辭學)을 다시 한번 현대의 수사학으로 풀이했다고 할 수 있는데요. 지금 언급하는 '수사학'은 서양 레토릭(rhetoric)의 동양 번역어로서의 수사학이 아닌, 공자가 처음 언급한 철저한 동양적 의미로서의 '수사학'을 말하는 겁니다. 공자가 말한 '수사'는 난해한 개념의 '도'를 최대한 알기 쉽게 풀이하여 상대방을 이해시킴으로써, 궁극적으로는 그들 역시 '도'를 배워서 실천하는 데 동참하도록 하고 있습니다. 마치 '사랑'이 무엇인지 이론적으로 알아야, 타인을 진심으로 사랑하는 행동으로 옮길 수 있듯이 말입니다.

옛사람들은 그들의 수준에서 '도'가 무엇인지 설명하려고 최대한 애썼습니다. 하지만 현재를 살아가는 우리가 2500년 전 사람들의 수사적 표현법을 단번에 이해하는 건 여간 어려운 일이 아닙니다. 따라서 저는 옛사람들의 수사학적 노력이 담겨 있는 『논어』의 각 구절을, 다시 한번 현대의 인물과 사건으로 풀어서 설명하여 여러분들의 이해를 돕고자 하는 겁니다. 물론 여기에는 또 다른 의도가 숨어있습니다. 그건 바로 『논어』가 '군자의 리더십'을 품고 있는 철저한 정치서적이라는 사실과 연결되는데요. 저는 이 책을 통해서 앞으로 대한민국을 이끌 리더들에게 '도'가 무엇인지, 그리고 어떤 길을 걸어야 하는지를 보여주고 싶은 겁니다. 그럼 이 책을 읽고 깨달은 정치 지도자들이 언젠가 '군자'가 되어 대한민국을 '도'로 이끄는 날을 기대하며, 이제 펜을 내려놓으려 합니다.

군자 프로젝트

『논어』에서 말하는 이 시대의 진정한 리더십

초판 1쇄 발행일 2022년 03월 09일
지은이 안성재
펴낸이 박영희
편집 박은지
디자인 어진이
마케팅 김유미
인쇄·제본 제삼인쇄
펴낸곳 도서출판 어문학사
　　　　서울특별시 도봉구 해등로 357 나너울카운티 1층
　　　　대표전화: 02-998-0094 / 편집부1: 02-998-2267, 편집부2: 02-998-2269
　　　　홈페이지: www.amhbook.com
　　　　트위터: @with_amhbook
　　　　페이스북: www.facebook.com/amhbook
　　　　블로그: 네이버 http://blog.naver.com/amhbook
　　　　다음 http://blog.daum.net/amhbook
　　　　e-mail: am@amhbook.com
　　　　등록: 2004년 7월 26일 제2009-2호

ISBN 978-89-6184-989-0(93150)
정가 27,000원
※잘못 만들어진 책은 교환해 드립니다.